그루터기 영문법
EZ Authentic English Grammar

지은이	김유문
초판발행	2019년 7월 1일
펴낸이	김정희
책임편집	이승호
등록	제2018-000008호
펴낸 곳	도서출판 ISAAC
등록한 곳	충청남도 홍성군 홍북읍 신대로 34. 104동 1902호
영업부	전화 (041) 977-0691
ISBN	979-11-966046-0-8 (53740)

이 책은 저작권법에 의해 보호를 받는 출판물입니다.
기록된 형태의 허락 없이는 무단 전재와 복제를 금합니다.

값 23,000원

**As the terebinth and oak leave stumps when they are cut down,
so the holy seed will be the stump in the land. (Isaiah 6 : 13)**

밤나무와 상수리나무가 베임을 당하여도 그 그루터기는 남아 있는 것 같이
거룩한 씨가 이 땅의 그루터기니라

I thank God for leading me to write this book and hope to glorify God with it.
이 책을 집필하도록 인도해 주신 하나님께 감사하며, 이 책을 통하여 하나님께 영광 드리기를 소망합니다.

머리말

건물을 지을 때 골격구조를 튼튼히 완성하면서 그 위에 필요한 살을 입혀 나아가야 튼튼하고 안정된 건물이 완성됩니다. 영문법은 바로 이와 같이 언어의 골격구조에 해당합니다. 어떤 이들은 문법을 무시하거나 경시하는 경우가 있는 것도 사실이지만, 본 저자는 외국 회사에서 근무할 때 문어체 및 구어체 실무영어를 체험하면서 문법의 중요성을 새삼 깨달은 바가 있습니다.

언어의 골격을 튼튼히 세우지 않으면 여기저기 부실한 흠이 보입니다. 그러므로 문법을 체계화하면서 그 바탕 위에 어휘력과 독해력을 쌓아간다면 완벽한 문어체 영어written English에 접근해 갈 수 있을 것입니다. 더 나아가서 구어체 영어spoken English에서도 브로우큰 잉글리쉬broken English가 아닌 품위 있는 고급영어를 구사할 수 있을 것입니다.

본 저자는 오랜 세월 동안 중고생부터 대학생 및 직장인에 이르기까지 각종 영어학습을 지도해 왔고 학생들에게 영어를 가르치면서 쌓아온 경험과 Know-how를 이 교재에 집약하여 영어 공부에서 반드시 필요한 핵심 문법을 기초에서부터 고급 문법 이론에 이르기까지 체계적으로 망라하면서도 군더더기 없는 영문법 교재를 집필하고자 심혈을 기울였습니다.

저는 감히 이 교재가 완벽한 책이라고는 말씀드리지 않겠습니다. 다만, 완벽에 가까운 교재가 되도록 노력하면서 이 교재를 공부하는 독자들의 영어 실력 향상에 조금이라도 도움이 되고자 최선을 다하였습니다.

이 영문법 교재는 중고생들의 내신과 수능 대비는 물론, 공무원 시험과 TOEIC, TOEFL, TEPS 등 각종 수험 준비를 하는 대학생 및 직장인에 이르기까지 영문법을 체계화하고자 하는 모든 독자에게 많은 도움을 줄 것으로 확신합니다.

이 책으로 꾸준히 영어학습을 하는 모든 독자에게 많은 영어 실력 향상이 있기를 기원합니다.

저자 올림

이 책의 구성과 특징

이 책의 구성

1 이 책은 다음과 같이 5개의 section으로 구성되어 있고 그 안에 총 18개의 chapter가 들어 있습니다. (➜ 세부사항은 목차 참조)
  * 동사 편 : 9 chapters
  * 수식어 편 : 3 chapters
  * 명사 편 : 2 chapters
  * 연결어 편 : 3 chapters
  * 구문 편 : 1 chapter

2 Chapter의 구성
각 chapter에는 문법 point 별로 소제목으로 나누고 소제목마다 연습문제(check-up questions)가 달려있습니다. 연습문제는 보통 어법에 알맞은 것 고르기 문제와 주요 어법의 경우 여기에 어법상 틀린 부분 고치기 문제들이 추가되어 있습니다.

3 종합문제의 구성
종합문제는 보통 다음과 같이 4개의 part로 구성되어 있습니다.
[A] 어법상 알맞은 것 고르기 10문제   [B] 장문 독해지문 안에서 어법을 따지는 문제
[C] 문법 이론을 활용하는 괄호 넣기 문장완성형 문제 5개
[D] 문법 원리를 응용하는 완전한 영작 문제 5개

4 해설집
해설집은 정답, 해설, 어휘, 번역의 4개 항목으로 알기 쉽게 배열하고 친절한 해설을 실어 놓았습니다.

이 책의 특징

1 핵심 실용문법 위주로 기초부터 고급 어법에 이르기까지 알기 쉽고 머리에 쏙쏙 들어오도록 설명 해놓았습니다.

2 중고등학교 학생들의 교과 과정에서 꼭 필요한 영문법 내용을 충실히 담았으며, 소위 문법을 위한 문법 및 활용도가 떨어지는 문법 내용은 과감히 배제하여 문법학습의 효율성을 높이도록 고려하였습니다.

3 현대 영어의 영문법에서 반드시 알아야 할 공식과 같은 내용 및 주요 사항들은 box로 묶어서 일목요연하게 알아볼 수 있도록 편집하였습니다.

4 가급적 풍부한 실용영어와 어휘를 소개하여 살아 있는 현대 영어의 실용적인 어법과 어휘를 익힐 수 있는 예문을 많이 수록하였습니다.

5 해설집에서 각 check-up questions와 종합문제에 대하여 친절하고 충실한 해설을 달아서 문법에 기초가 부족하거나 혼자 공부하는 독자들에게도 많은 도움이 되고자 노력하였습니다.

이 책의 학습 요령

본 교재는 중학생 이상의 영어학습을 필요로 하는 모든 분을 대상으로 하여 기초부터 고급 영문법까지 망라한 교재입니다. 각자의 영어 실력의 수준과 상황에 따라, 대체로 다음과 같은 요령으로 학습하기를 권합니다.

1 이 책을 보는 순서와 범위

이 책은 기초 이론부터 고급 문법까지 다 수록하였으므로 각자의 필요와 상황에 따라 처음부터 끝 까지 통독하는 방법과, 순서에 관계 없이 자기가 필요한 부분을 집중적으로 공부하는 방법이 있겠 습니다. 영문법을 처음부터 체계적으로 공부하고 싶은 학생들은 전자의 방법을 권합니다. 문법을 완전히 체계화하고자 할 때는 개인차가 있겠으나, 이 책을 3-4 회독 이상 학습할 것을 권합니다.

2 학습방법

1) 본문

각 문법 point 설명을 정독하면서 문법의 기본 pattern과 주요 사항들은 box로 묶어 두었으므로 이 내용은 완전히 숙지하는 것이 영문에 빨리 익숙해지며, 각종 문법 문제도 쉽게 풀 수 있을 것 입니다. 영문법을 처음 체계화 하고자 할 때에는 1회독 시 기초문법 부분만 먼저 보고, 2-3 회독 때부터 고급 문법 부분까지 보는 것도 한 방법입니다.

2) 연습문제(check-up questions)

본문 정독 후에 반드시 연습문제를 풀어보고 해설집을 참고하여 문법 원리를 체득하여야 합니다. 처음 시작하시는 분들은 연습문제와 종합문제의 선택형 문제를 먼저 풀어보고, [B] 형 틀린 부분 고치기 문제와 영작 문제는 2-3 회독할 때 풀어보는 것도 좋은 방법일 것입니다.

3) 종합문제의 활용

각 chapter 말미에 종합문제가 [A] 선다형 10문제, [B] 독해지문을 통한 어법 문제, [C] 영작용 문장 빈칸에 알맞은 단어 넣기 5문제 및 [D] 완전한 영작 문제 5개가 있습니다. 이들 문제는 앞 Chapter의 전체 내용을 종합하여 푸는 문제이므로 꼼꼼히 풀어보고 해설집을 참고하면, 문법원리를 자기의 실력으로 체득하는 데 도움이 될 것입니다.

> 참고 영작 문제를 통한 문법 활용 및 문법 원리 체득

우리가 영작할 때 그 사람의 영문법 실력의 알파와 오메가가 다 드러나기 마련입니다. 영문법 이론을 영작 연습문제를 통해서 영문법의 활용법을 익히고 나면, 문어체 영어이든 구어체 영어이든 어법에 맞는 영어를 구사하기가 더 수월해질 것입니다. 이런 의미에서 본 교재는 종합문제 부분에 영작 연습문제를 삽입해 놓았습니다. 본서가 이러한 요령으로 영어 공부하는 길잡이가 되기를 소망합니다.

목차 Contents

동사 편

Chapter 01 • 문장의 구성 Sentence Structures — 15

1. 1형식 문형 (S + V)
2. 2형식 문형 (S + V + SC)
3. 3형식 문형 (S + V + O)
4. 전치사와 상관관계를 이루는 3형식 동사
5. 4형식 문형 (S + V + IO + DO)
6. 5형식 문형
7. 원형동사가 목적격 보어인 경우

Chapter 2 • 주어와 동사의 일치 Subject-Verb Agreement — 41

1. 주어-동사 수의 일치
2. 단수 취급하거나 복수 취급하는 특수명사
3. 등위 상관접속사가 주어일 때
4. 기타 주의해야 할 수의 일치

Chapter 3 • 시제 Tenses — 57

1. 단순 시제 (simple tenses)
2. 진행 시제 (progressive tenses)
3. 현재완료 시제 (present perfect)
4. 과거완료 시제 (past perfect) / 미래완료 시제 (future perfect)
5. 시제 일치의 원칙
6. 시제 일치의 예외
7. 종속절에 원형 동사가 오는 경우

Chapter 4 • 수동태 Passive Voices — 81

1. 문형별 수동태
2. 능동-수동의 구별
3. 동사구(verbal phrases)의 수동태
4. 수동태로 할 수 없는 타동사
5. 주의해야 할 수동태
6. [be + P.P. + 전치사]의 형태

Chapter 5 • 부정사 Infinitives — 103

1. 부정사의 역할 / 부정사의 시제와 태
2. 부정사의 의미상 주어 표현
3. be to-부정사 / 의문사 + to-부정사
4. to-부정사를 목적어로 취하는 타동사
5. 가주어(formal subject) It / 가목적어(formal object) it
6. to-부정사를 늘 동반하는 경우

Chapter 6 • 동명사 Gerunds　　127

　1 동명사의 역할
　2 동명사의 주어 / 시제 / 태의 표현
　3 동명사를 목적어로 취하는 타동사
　4 동명사와 부정사 양쪽을 모두 목적어로 취하는 타동사
　5 명사와 동명사의 구별
　6 동명사와 상관관계를 이루는 동사
　7 to-부정사의 to와 전치사 to의 구별
　8 동명사가 들어가는 관용적 표현

Chapter 7 • 분사 Participles　　149

　1 분사의 용법
　2 분사의 구별(1) – 자동사의 경우
　3 분사의 구별(2) – 타동사의 경우
　4 감정유발 동사의 분사 용법
　5 분사구문 (Participle Clauses)

Chapter 8 • 가정법 Subjunctive Mood　　169

　1 가정법 현재와 가정법 미래
　2 순수가정 (가정법 과거 / 가정법 과거완료 / 혼합가정)
　3 If의 생략과 조건절의 축약
　4 I wish / as if / It's (high) time 용법

Chapter 9 • 조동사 Modal Verbs　　183

　1 can / could
　2 will / would
　3 may / might
　4 must / have to / should / ought to / shall / need
　5 기타 준 조동사 (had better / used to / dare)
　6 과거조동사 + have + P.P. 의 형태

수식어 편

Chapter 10 • 형용사 Adjectives　　209

　1 형용사는 명사를 수식한다
　2 형용사는 주격보어가 된다
　3 형용사는 목적격 보어가 된다
　4 주의해야 할 형용사 어휘(1)
　5 주의해야 할 형용사(2)

Chapter 11 • 부사 Adverbs   227

 1 부사의 역할과 위치
 2 주의해야 할 부사 파생어
 3 very와 much의 구별
 4 already / yet / still / almost / too / enough / also
 5 hardly/ scarcely/ barely와 seldom/ rarely 구별

Chapter 12 • 비교 Comparison   243

 1 원급 비교(동등 비교)
 2 비교급 비교
 3 최상급 비교
 4 비교 구문의 강조와 배수의 표현
 5 비교 구문에서 형용사와 부사의 구별

명사편

Chapter 13 • 명사와 한정사 Nouns & Determiners   263

 1 가산명사의 용법
 2 불가산명사의 용법
 3 한정사의 일반 용법
 4 한정사의 특별 용법

Chapter 14 • 대명사와 수량사 Pronouns & Quantifiers   283

 1 인칭 대명사
 2 대명사의 일치
 3 재귀대명사 (reflexive pronouns – oneself)
 4 부정대명사(Indefinite pronouns)의 일반 용법
 5 [부정대명사 + of the + 명사]의 형태
 6 지시 대명사
 7 수량 대명사/ 수량 형용사(구)와 숫자의 표현

연결어 편

Chapter 15 • 전치사 Prepositions   305

 1 시간 표시 전치사
 2 장소표시 전치사
 3 기타 중요 전치사 (1)
 4 기타 중요 전치사 (2)
 5 구전치사 (phrasal prepositions)

Chapter 16 • 접속사 Conjunctions　　　　　　　　　　　　　　　　　　　　　323
    1 등위접속사
    2 등위 상관접속사
    3 종속접속사(1) – 명사절
    4 종속접속사(2) – 동격절(appositive clauses)과 의문사절
    5 종속접속사(3) – 부사절
    6 종속 상관접속사
    7 접속부사 (연결부사)

Chapter 17 • 관계사 Relatives　　　　　　　　　　　　　　　　　　　　　　347
    1 관계대명사의 종류와 격
    2 관계대명사의 계속적 용법/ 이중한정/ 삽입절이 있는 경우/ 관계대명사 + to-부정사
    3 관계대명사 that 사용 불가의 경우
    4 관계대명사 what 용법
    5 복합관계대명사
    6 관계부사 / 관계형용사
    7 유사 관계대명사

구문 편

Chapter 18 • 병렬구조/도치/생략/부가 의문문 Parallelism/Inversion/Ellipsis/Tag Questions　373
    1 병렬구조
    2 도치 구문
    3 생략
    4 부가 의문문 (tag questions)

부록

* 주요 불규칙 변화 동사표

동사 편

Chapter1	문장의구성	Sentence Structures
Chapter2	주어-동사수의일치	Subject-Verb Agreement
Chapter3	시제	Tenses
Chapter4	수동태	Passive Voices
Chapter5	부정사	Infinitives
Chapter6	동명사	Gerunds
Chapter7	분사	Participles
Chapter8	가정법	Subjunctive Mood
Chapter9	조동사	Modal Verbs

Chapter 01
문장의 구성
Sentence Structures

> **Grammar Introduction**
>
> 영어 문장은 **주어**(Subject) / **동사**(Verb) / **목적어**(Object) / **보어**(Complement) / **수식어**(Modifier)의 다섯 가지로 이루어져 있다. 이 중 **주어**(S)와 **동사**(V)는 모든 일반 문장에는 원칙적으로 꼭 들어가며, **목적어**(O)와 **보어**(C)는 동사의 종류에 따라 그 필요 여부가 결정된다. **수식어**(M)는 문장구성의 필수 요소는 아니며 다만 보다 더 정확한 정보 내용을 전달하기 위해서 쓰인다. 영어의 동사에는 다섯 가지의 종류가 있으며 이들 동사에 따라 다섯 가지 문장 형식(문형)이 있다.

1 주어(S)+동사(V) (1형식 문형)

* A fire happened. 화재가 발생했다.
    S   V
* A big fire happened in my neighborhood last night. (주어+동사에 여러 개의 수식어가 붙은 경우)
    M1   M2   M3
  어제밤 우리 동네에서 큰 화재가 발생했다.

2 주어(S)+동사(V)+주격보어(SC) (2형식 문형)

* I am happy. (주어를 설명해주는 보어를 **주격보어**라고 한다) 나는 행복하다.
        SC
* I am happy to see you. (··· 주어+동사+보어에 수식어가 붙은 경우) 당신을 보게 되어 행복하다.
           M

3 주어(S)+동사(V)+목적어(O) (3형식 문형)

* I need exercise. (··· 주어+동사+목적어로 이루어진 문장) 나는 운동을 필요로 한다.
          O
* I need some exercise to keep healthy. (··· 주어+동사+목적어에 수식어가 붙은 경우)
        M1   M2
  난 건강을 유지하기 위하여 운동이 좀 필요하다.

4 주어(S)+동사(V)+간접목적어(IO)+직접목적어(DO) (4형식 문형)

* Jeff gave me a bunch of flowers. Jeff가 나에게 꽃다발을 주었다.
          IO   DO
* Jeff gave me a bunch of flowers as a birthday gift. (··· 4형식에 수식어가 붙은 경우)
                                 M
  Jeff가 나에게 생일 선물로 꽃다발을 주었다.

5 주어(S)+동사(V)+목(O)+목적격 보어(OC) (5형식 문형)

* I will make you happy. (목적어를 설명해주는 말을 **목적격 보어**라고 한다) 내가 너를 행복하게 해줄게.
                OC
* I will make you happy forever from now on. (··· 5형식에 수식어가 붙은 경우)
                    M1   M2
  내가 너를 이제부터 영원히 행복하게 해줄게.

1 1형식 문형 (S + V)

주어와 동사만 있어도 문장이 완성될 수 있는 경우에 이를 **1형식 문형**이라고 한다. 즉, **주어(S)+동사(V)**+(수식어)의 형태를 이루는 문장이다.

1 1형식 문형의 특징 (1형식 동사를 완전 자동사라고도 한다)

> S + 1형식 동사 + *전치사* + 목적어

1) 뒤에 바로 목적어가 오지 않는다.

2) 뒤에 목적어를 취하는 경우에는 동사 뒤에 반드시 전치사가 와야 한다.

3) 뒤에 목적어가 없으므로 수동태(be+p.p.)가 될 수 없다. (단, 동사 + 전치사가 **타동사구**를 이룰 때에는 수동태 가능 ➡ 자세한 것은 **Chapter 4** 수동태 참조)

* Their flight *arrived*. 그들이 탄 비행기가 도착했다.
* Their flight *arrived at* the airport ten minutes ago. 그들이 탄 비행기가 10분 전에 공항에 도착했다.
* I *apologize* my mistake.(×) (··· apologize는 1형식 동사이므로 뒤에 바로 목적어가 올 수 없다)
     1형식 V   목적어
  ➡ I *apologize for* my mistake. (○) 나는 내 실수에 사과한다.

2 자주 쓰이는 1형식 동사의 예

arrive 도착하다	**expire** 만기가 되다	**exist** 존재하다	**retire** 은퇴하다
resign 사임하다	**happen** 발생하다	**occur** 발생하다	**depend / rely** 의존하다
act 행동하다	**function** 기능하다	**last** 지속되다	**proceed** 계속 진행되다
work 일하다/작동하다	**rise** 상승하다	**look** 바라보다	**appear** 나타나다
wait 기다리다	**remain** 남아있다	**speak/talk** 말하다	**reply** 답변하다
respond 응답하다	**react** 반응하다	**insist** 주장하다	**focus** 초점 맞추다
concentrate 집중하다	**apologize** 사과하다	**participate** 참가하다	**collaborate** 함께 일하다
compete 경쟁하다	**cope** 대처하다	**emerge** 출현하다	**stay** 머물다
complain 불평하다	**disappear** 사라지다, etc.		

* The accident **happened** last Monday. 그 사고는 지난 월요일 발생했다.
                1형식 V   수식어(M)
* The prices of vegetables **rise** sharply in bad weather. 야채값은 날씨가 나쁠 때는 크게 오른다.
                           M1   M2
* Mr. Brown **will retire** at the end of this year. Brown씨는 금년 말에 은퇴할 거다.
* I am the vine; you are the branches. If a man **remains** *in* me and I **remain** *in* him, he will bear much fruit. (자동사 remain +전치사 + 목적어의 형태)
  나는 포도나무요 너희는 가지라. 사람이 내 안에, 내가 그 안에 거하면 그가 많은 열매를 맺을 것이다.
* The country **relies on** foreign countries for food. 그 나라는 식량을 외국에 의존한다.
                타동사구

3 유도부사 (There / Here + 1형식 동사 + S)

유도부사 There / Here 뒤에는 1형식 동사가 오며 그 뒤에 주어가 오는 도치 형태이다.

> There / Here + 1형식 동사 + S ➡ 1형식 문형

유도부사 There와 함께 쓰일 수 있는 1형식 동사의 예

| be | go | come | run | happen | occur | remain |
| live | result, etc. |

* **There** *happened* a large explosion last night. 어젯밤 대형 폭발사고가 일어났다.
* **There** *have resulted* job losses from automated manufacturing system.
  자동화 생산 체계로 인하여 일자리 상실의 결과를 가져왔다.
* **Here** *comes* our homeroom teacher. 우리 담임 선생님이 오신다.

further tips 자주 사용되는 1형식 동사+전치사 (타동사구) 의 예

insist on …을 주장하다	**interfere with** …을 방해하다
object to …을 반대하다	**reply to** …에 답변하다
react to …에 반응하다	**apologize for** …을 사과하다
apply for …에 지원하다	**lead to** …의 결과를 가져오다
subscribe to …을 구독하다	**wait for** …을 기다리다
head for/to …로 향하여가다	**refer to** …을 언급/참조하다
listen to …을 듣다	**participate in** …에 참여하다
cope with …에 대처하다	**run for** …에 입후보하다
suffer from …으로 고통 받다	**result from**+원인 …에 기인하다
comply with …을 준수하다	**result in**+ 결과 …을 초래하다
respond to …에 응답하다	**proceed with** …을 계속하다
contribute to …에 공헌하다	**run into** 우연히 마주치다/충돌하다
dispose of …을 처분하다	**wait on** …의 시중을 들다
focus on / concentrate on …에 집중하다	**agree with / to / on / about** …에 동의하다
speak(=talk) **to/with**+사람 …와 이야기하다	**speak of / talk about**+주제 …을 이야기하다
compete with/against+상대방 …와 경쟁하다	**compete for**+목표 …을 두고 경쟁하다
care for …을 돌보다 / 좋아하다 ➡ 부정문/의문문에서	
account for …을 설명하다 / 책임지다 / …비율을 차지하다	
deal with (= handle / do with / take care of) …을 다루다 / 처리하다	
go through …을 조사하다 / 겪다 / 서류 등을 훑어보다 / 검토하다	
depend on / rely on / rest on / count on / look to / turn to …에 의존하다	
look at /for /into /through /over …을 바라보다 / 찾다 / 조사하다 / 훑어보다 / 검토하다	
work / with+ 상대방 **/ on**+ 업무 **/ for**+ 직장 …와 함께 일하다/…에 대하여 일하다/…에서 일하다	

Check-up questions 1

A 어법상 알맞은 것을 고르시오.

01 The employees (worked /worked on) the project hard to meet the deadline.

02 All the citizens above 18 years old should (attend / participate) in the local election.

03 Many high school graduates _____ for the university.
   (A) applied   (B) responded   (C) reacted   (D) explained

04 The customer hasn't _____ to our suggestions yet.
   (A) answered   (B) replied   (C) accepted   (D) offered

05 The board members _____ about the recent dilemma of the company.
   (A) discussed   (B) said   (C) told   (D) talked

06 The contract requires that both the parties should comply _____ the terms of their agreement.
   (A) on   (B) for   (C) with   (D) to

07 How long it takes you to become physically fit by exercising _____ how unfit you are when you start to work out.
   (A) accounts for   (B) responds to   (C) depends on   (D) leads to

B 밑줄 친부분 중 어법상 틀린 부분만 알맞게 고치시오.

01 Small local stores can't <u>compete</u> the big national marts.

02 Korea <u>relies heavily</u> its export for its national economy.

03 Most industrial cities and towns have <u>suffered from</u> economically and environmentally since the 1970s.

04 If you have the same opinion as someone else's, you <u>agree</u> him or her.

05 The students have to <u>hand</u> their papers as soon as the bell rings at the end of the exam.

06 Our opposite party <u>objected to leave</u> out one of their requests which were controversial in the negotiation.

2 2형식 문형 (S + V + SC)

2형식 문장은 **주어 + 동사** 뒤에 주어를 설명해주는 말, 즉 **주격보어(SC)**가 붙어 있는 경우이다.

> 주어(S)+ 동사(V)+ 주격보어(SC)+(수식어)

1 2형식 문형의 특징

1) 2형식 문형은 동사 뒤에 주어를 설명해주는 어구가 와야 하며 이를 **주격보어(sc)**라고 한다.

2) 주격보어가 될 수 있는 것은 **형용사(구), 명사(구), 분사** 등이다.(⋯ 보어자리에는 –ly 형 부사가 올 수 없다)

* Most people usually **become** *wise* as they **get** *older*. (⋯ **형용사**가 주격보어인 경우)
  대부분의 사람들은 보통 나이가 들어감에 따라 현명해진다.
* He **is** *a biology professor* at a state university. (⋯ **명사구**가 주격보어인 경우)
  그는 한 주립대학의 생물학 교수이다.
* He **gets** *tired* when he returns home after work. (⋯ **분사**가 주격보어인 경우)
  그는 일과 후 귀가할 때는 피곤해진다.
* You should **stay** *in shape*. (⋯ **형용사구**가 주격보어인 경우) 너는 건강한 상태를 유지해야 한다.

2 2형식 동사의 종류

2형식 동사를 **연결동사**(linking verbs) 또는 **불완전 자동사**라고도 한다.

2형식 동사에는 다음과 같이 그 **의미에 따라서** 네 가지로 분류할 수 있다.

❶ become 류 (⋯한 상태로 되다)

> **be, become** + 형용사/명사, **go, come, get, grow, run, turn, fall**,
> **prove (to be)** + 형용사/명사 (⋯으로 판명되다/드러나다), **act** (⋯처럼 행동하다 / 가장하다), etc.

* The meeting is **growing** *late* today. 오늘은 회의가 늦어지고 있다.
* The workshop **proved** (to be) very *informative* to the participants.
  그 워크숍은 참가자들에게 매우 유익한 것으로 드러났다.

become류 동사의 사용례

* **become** *clear / wise / tired / a doctor* (분명해지다 / 현명해지다 / 피곤해지다 / 의사가 되다)
* **go** *bankrupt* (= out of business) / *bad / wild* (파산하다 / 음식 등이 상하다 / 난폭해지다)
* **come** *true / loose* (실현되다 / 느슨해지다)
* **get** *warm / cold / wet / dark / lost* (따뜻해지다 / 추워지다 / 젖다 / 어두워지다 / 길을 잃다)
* **grow** *old / impatient / rich* (나이가 들다 / 점점 화가 치밀어 오르다 / 부자가 되다)
* **run** *short / out* (부족해지다 / 고갈되다)
* **fall** *asleep / sick* (잠들다 / 병들다)
* **Turn** *pale / red* (창백해지다 / 붉어지다)
* **prove** (to be) *true / false / a failure* (사실로 판명되다 / 거짓으로 판명되다 / 실패로 드러나다)
* **act** *dumb* 벙어리처럼 행동하다

❷ seem 류 (…처럼 보이다)

> seem (to be) + 형용사/명사, appear (to be) + 형용사/명사, look + 형용사

CF. look like + 명사(구), (look는 감각동사로도 분류된다)

* Jane **looks** *pretty* in the pink dress. Jane은 그 분홍 드레스를 입고 있으면 예뻐 보인다.
* The fine salt **looks** *like* sugar. 그 고운 소금은 설탕처럼 보인다.
* The new employee **seems** *(to be)* competent. 그 신입사원은 유능해 보인다.
* Peter **appears** *very calm / a very calm person*. Peter는 아주 침착해 보인다 / 침착한 사람인 것 같다.

❸ remain 류 (…한 상태를 유지하다)

> remain, stay, keep, hold, continue, stand, etc.

* The student **remained** *steady* in studying English. 그 학생은 영어공부에서 꾸준함을 유지했다.
* They only **stay** *focused* on their target. 그들은 오로지 자기네 목표에만 계속 집중하고 있다.

remain 류 동사의 사용례

* **remain** *seated / stable* (계속 앉아 있다 / 안정 상태를 유지하다)
* **stay** *calm / warm / the same* (침착성을 유지하다 / 계속 따뜻하다 / 똑같은 상태를 유지하다)
* **keep** *fit / silent* (건강을 유지하다 / 침묵을 지키다)
* **hold** *good* (계속 효력을 유지하다)
* **stand** *firm* 꿋꿋하게 유지하다

❹ 감각 동사류

> **sound** …처럼 들리다   **taste** …한 맛이 나다   **smell** …한 냄새가 나다   **feel** …한 느낌이다
> **look** …처럼 보이다

주의 감각동사 뒤에 명사가 올 때 ➡ 명사 앞에 like를 붙인다. (taste와 smell은 of도 가능)

1) sound / feel / look *like* + 명사
2) taste / smell *like* or *of* + 명사

* Your suggestion **sounds** *good / nice*. 너의 제안은 좋은 것 같다.
* The fabric **feels** *like* cotton. 그 섬유는 면 같은 느낌이다
* This sofa **smells** *of* leather. 이 소파는 가죽 냄새가 난다.

주의 1, 2형식 문형을 만드는 자동사도 다른 의미로 쓰일 때는 타동사로서 뒤에 목적어를 받을 수 있는 경우를 주의하자.

* She can **speak** *three languages*. (⋯ 1형식 동사 speak가 타동사로 쓰인 예) 그녀는 3개의 언어를 말할 줄 안다.
* The suspect **proved** *his innocence*. (⋯ 2형식 동사 prove가 타동사로 쓰인 예)
  그 용의자는 자기의 결백을 입증했다.

Check-up questions 2

A 어법상 알맞은 것을 고르시오.

01 The teacher grew (impatient / impatiently) with the student's constant excuses.

02 My car is running (short / shortly / shortage) of gas.

03 The developing region _____ to be attractive to real estate investors.
    (A) became   (B) indicated   (C) proved   (D) reached

04 We are gradually _____ accustomed to the hot and humid weather on this island.
    (A) liking   (B) becoming   (C) looking   (D) saying

05 According to the weather forecast, it's going to _____ warm for the next few days.
    (A) stay   (B) exist   (C) happen   (D) rise

B 밑줄 친부분 중 어법상 틀린 부분만 알맞게 고치시오.

01 His talk about his dream sounded <u>strangely</u>.

02 It gets <u>darkness</u> early in the mountains.

03 John <u>showed</u> pale when he heard the news.

04 People generally feel <u>more coolly</u> in a blue room than they do in a room painted red.

05 Studies show that antioxidants in vegetables remain very <u>stably</u> under careful heating.

3 3형식 문형 (S + V + O)

주어 + 동사 뒤에 **목적어**가 오는 형태를 3형식 문형이라고 한다.

> S + V + 목적어 (O)

1 3형식 동사의 특징

1) 뒤에 목적어를 동반하는 동사를 **타동사**라고 하며, 3형식 문형을 만드는 동사는 **완전타동사**라고 한다.
2) 타동사 뒤에는 **전치사가 오지 않으며 바로 목적어가 온다.**
3) 타동사 뒤에 목적어가 없으면 비문법적인 표현이 된다.

* I *like*. (×) → I like *oranges*. (⋯ like는 타동사이므로 뒤에 목적어가 와야 한다) 난 오렌지를 좋아한다.
* They **discussed** *about* the financial problem. (×) → They *discussed* the financial problem.
  (⋯ discuss는 타동사이므로 about을 뺀다) 그들은 재정 문제를 의논했다.

2 목적어가 될 수 있는 것

타동사 뒤에 목적어로 올 수 있는 것은 **명사(구)/대명사(구)/동명사(구)/to-부정사(구)/명사절** 등이다.

* Most of the students **attended** *the class*. (⋯ 명사가 목적어) 대부분의 학생들은 수업에 참석했다.
* They **reached** *their annual sales targets*. (⋯ 명사구가 목적어) 그들은 연간 영업목표를 달성했다.
* Don't **mention** *it*. (⋯ 대명사가 목적어) 천만에요.
* We **enjoyed** *playing baseball*. (⋯ 동명사구가 목적어) 우리는 야구놀이를 즐겼다.
* Angela is **planning** *to travel around Europe* next year. (⋯ to-부정사구가 목적어)
  Angela는 내년에 유럽여행을 계획하고 있다.
* I **believe** *that the project will be successful*. (⋯ 명사절이 목적어) 난 그 사업이 성공할 거라고 믿는다.
* We **discussed** *who should handle the customer's complaints*. (⋯ 의문사절이 목적어)
  우리는 누가 그 고객의 불평을 처리할 것인지를 논의했다.

3 자주 쓰이는 3형식 동사의 예 (뒤에 전치사가 올 것으로 착각하기 쉬운 타동사)

* **discuss** the matter (문제를 논하다), discuss *about* (×)
* **attend** a seminar (세미나에 참석하다), attend *at* (×)
* **access** the computer (컴퓨터를 이용하다), access *to* (×)
  > CF. = **have access to** + 목 (⋯ 이 access는 명사)

* **affect / influence the result** (결과에 영향을 미치다), affect / influence *on* (×)
* **reach** the goals (목표를 달성하다), reach *at / to* (×)
* **explain** the new system (새 시스템을 설명하다), explain *about* (×)
* **answer** the question (질문에 답변하다), answer *to* (×) (⋯ 명사 answer 뒤에는 to가 붙는다)
  > CF. = **reply to** the question (○)

* **approach** the problem (문제에 접근하여 해결하다), approach *to* (×)

  CF. = make an **approach to** + 목 (··· 명사 approach 뒤에는 to가 붙는다)

* **address** the audience / conference (청중에게 / 회의에서 연설하다), address *to* / *at* (×)
* **handle** the report (보고서를 처리하다), handle *with* (×)

  CF. = **deal with** + 목 (○)

* **join** the company (회사에 입사하다), join *into* / *with* / *in* (×)
* **win** the contract (계약을 따내다), (반) **lose** the competition (시합에서 지다)
* **mention** the survey findings (조사 결과에 언급하다), mention *about* (×)
* **approve** the request / proposal (요청/계획서 등을 승인하다)

  CF. = **approve of** + 목 (○) (··· approve는 자동사 / 타동사 양쪽으로 쓰인다.)

* **contact** the help desk (지원부서로 연락하다), contact *with* / *to* (×)
* **inform** / **notify** the customer (고객에게 통지하다), inform / notify *to* (×)
* **enter** the employee lounge (직원 휴게실로 들어가다), enter *into* (×)
* **damage** the facilities (시설에 피해를 입히다), damage *to* (×) (··· 명사 damage 뒤에는 to가 온다)

4 기타 자주 사용되는 3형식 동사의 예

raise 인상하다/모금하다	**reduce** 인하하다	**regret** 유감으로 여기다
maintain 보수하다/유지하다	**instruct** 지시하다	**disclose** 밝히다
reveal 발표하다	**launch** 시작하다/출시하다	**inspect** 조사하다
indicate 나타내다	**confirm** 확인하다	**prove** 증명하다
arrange 배열하다/준비하다/처리하다, etc.		

* He **explained** *about* the financial matter. (×) (→ about을 뺀다) 그는 재정 문제를 설명했다.
* You had better **contact** *with* your supervisor in case of emergency. (×) (··· with를 뺀다)
  비상사태의 경우에 상관에게 연락하십시오.
* Would you like to **join** *with* us for dinner after work tonight? (×) (··· with를 뺀다)
  오늘 저녁 일과 후에 우리와 함께 저녁 식사하시겠습니까?
* Tourists can **access** *to* the national park either by land or by air. (×) (··· to를 뺀다)
  관광객들은 육로나 비행기로 그 국립공원을 출입할 수 있다.

5 3형식 동사 뒤에 전치사/부사 등을 동반하여 다른 뜻으로 쓰이는 경우

3형식으로 쓰이는 타동사도 마치 자동사처럼 뒤에 전치사나 부사(out, off 등)를 붙여 다른 뜻으로 쓰이는 경우가 있으므로 이를 주의하자.

* **admit to** one's mistake : 자기 잘못을 인정하다 / 고백하다 (→ 이 경우 **전치사 to**가 없어도 같은 의미)
* **allow for** the inflation : 물가상승을 고려하다 / 참작하다
* **approach to** accuracy : 거의 정확하다

　CF.　approach to (…에 접근하다 / 다가가다)

* **approve of** her marriage : 그녀의 결혼을 승인하다 (→ 이 경우 **전치사 of**가 없어도 같은 의미)
* **arrange for** you to pick up your pay : 당신이 봉급을 찾아가도록 배려하다
* **attend to** his words : 그의 말에 유의하다 / **attend on** a sick person : 환자를 시중들다 / 간호하다
* **carry on** the research : 연구를 계속 수행하다 / **carry out** the survey : 조사를 완수하다
* **change into** a handsome prince : 멋진 왕자로 변하다
* **check in** one's luggage : 짐을 맡기다 / **check it out** : 확인하다 / **check out** a book : 책을 대출하다
* **decide on** the proposal : 그 계획안을 택하기로 결정하다
* **enter into** an urgent discussion : 긴급 토의를 시작하다
* **give in to** their pressure : 그들의 압력에 굴복하다
* **join in** their conversation : 그들의 대화에 끼어들다 / 참가하다
* **leave out** the number : 그 숫자를 빼다 / **leave off** the work : 일을 중단하다
* **meet with** the senior director : 선임이사와 미팅을 갖다
* **pay for** the lunch : 점심값을 지불하다

　CF.　**pay + 비용 / 요금 / 금액**
　　　(e.g.) pay the bill(계산서)/ rent(임대료)/ fee(수수료)/ cost(비용)/ $100/ expense(비용), etc.
　　pay for + 구입하는 상품이나 서비스의 값
　　　(e.g.) pay for the product(상품값)/ goods(상품값)/ ticket(표값)/ piano lessons(피아노 교습비), / room(숙박비) / taxi (fare) (택시비), etc.

* **reach** (out) **for** the product on the shelf : 선반의 상품을 집으려고 손을 뻗다
　reach for a higher degree : 더 높은 학위를 구하다
* **return to** the main office : 본사로 돌아오다

Check-up questions 3

A 어법상 알맞은 것을 고르시오

01 The delegation from the country (arrived / reached) the hotel about an hour ago.

02 If you need any assistance, please (contact / speak) your supervisor.

03 A great number of residents in the city (attended / participate) the cultural event.

04 Customers who want to get a refund should (return / return to) the valid receipt.

05 The college students (discussed / talked) the contemporary American literature.

06 She (paid / paid for) the goods she bought, and also (paid / paid for) the bill at the restaurant.

07 He is (reaching / reaching for) the fruit on the shelves at the mart.

08 The sales people (reached / reached for) the sales goals for the last quarter.

B 밑줄친 부분 중 어법상 틀린 부분만 알맞게 고치시오.

01 Cindy is very good at <u>handling with</u> customers' complaints.

02 We should <u>allow</u> inflation when we shop for food at the grocery store.

03 The famous statesman <u>addressed to</u> the audience who gathered in the auditorium.

04 Researchers at Leuven University (A) <u>confirmed about</u> just how the link between temperature and taste of food (B) <u>works</u>.

05 The great nineteenth-century mathematician Carl Friedrich Gauss also (A) <u>admitted</u> that intuition often (B) <u>led</u> him to ideas he could not immediately (C) <u>prove to be</u>. He said, "I have had my results for a long time, but I do not yet know how I am to (D) <u>arrive at</u> them."

4 전치사와 상관관계를 이루는 3형식 동사

3형식 동사가 목적어 뒤에 오는 **전치사와 상관관계를 이루는 경우**를 주의해야 한다.
즉, [S + 3형식 동사 + 목 + 전치사 + 명사 / 동명사] 의 형태를 암기하자.

1 S + V + A with B 의 형태

* S + **compare A with B** : A와 B를 비교하다
* S + **replace A with B** : A를 B로 교체하다
* S + **endow A with B** : A에게 B를 부여하다
* S + **confuse A with B** : A와 B를 혼동하다
* S + **trust A with B** : A에게 B를 맡기다
* S + **associate A with B** : A를 B와 연상/결합시키다
* S + **provide/supply/present** 사람(A) **with** 사물(B) (= provide B for/to A) : A에게 B를 제공/공급하다
* S + **share** 사물(A) **with** 사람(B) : A를 B와 함께 공유하다

e.g. Online service **provides** people **with** lots of information.
= Online service **provides** lots of information **for/ to** people.
온라인 서비스는 사람들에게 많은 정보를 제공한다.

2 S + V + A for B 의 형태

* S + **ask A for B** : A에게 B를 요구하다
* S + **exchange / trade A for B** : A를 B로 교환하다
* S + **substitute A for / with B** : B 대신 A를 쓰다
* S + **blame A for B** : B 때문에 A를 비난하다

e.g. We can **substitute** yogurt **for/with** vinegar. 우리는 식초 대신 요구르트를 사용할 수 있다

3 S + V + A to B 의 형태

* S + **add A to B** : A를 B에 추가하다
* S + **prefer A to B** : B보다 A를 더 선호하다
* S + **attach A to B** : A를 B에 첨부하다
* S + **leave** ┌ A(사람) **to** B(사물) : A에게 B를 하게내버려두다
         └ A(사물) **to** B(사람) : A를 B에 맡기다
* S + **attribute / ascribe / impute/ owe A to B** : A를 B의 탓(덕)으로 돌리다

e.g. I **attribute/ owe** my success **to** my mother. 내 성공은 나의 어머니 덕분이다.

4 S + V + A of B 의 형태

* S + **assure A of B** : A에게 B를 보장하다
* S + **remind A of B** : A에게 B를 상기시키다
* S + **clear / deprive / rid / rob A of B** : A에게서 B를 치우다 / 빼앗다 / 없애다 / 강탈하다
* S + **convince A of B** : A에게 B를 확신시키다
* S + **inform / notify A of B** : A에게 B를 통지하다

e.g. The supervisor **reminded** the workers **of** the new dress code.
상관은 직원들에게 새로운 복장 규칙을 상기시켰다.

5 S + V + A on B 의 형태

* S + **impose A on B** : A(의무 / 부담 등)을 B에게 지우다
* S + **brief** 사람(A) **on / about** 사물(B) : A에게 B에 대하여 설명하다
* S + **spend A on B** : A를 B에 소비하다

CF. invest A in B : A를 B에 투자하다

e.g. Some parents tend to **impose** too heavy studying burden **on** their children.
어떤 부모들은 자기 자녀들에게 너무 지나친 학습 부담을 지우는 경향이 있다.

6 S + V + A from B / from V-ing 의 형태

* S + **distinguish / tell A from B** : A와 B를 구별하다
* S + **prevent / stop / keep / hinder / block / dissuade / discourage** 목(A) **from V-ing**
  : A가 …하는 것을 못하게 막다
* S + **prohibit / forbid / ban / inhibit** 목(A) **from V-ing** : A가 …하는 것을 금지하다
* S + **protect A from B** : B로부터 A를 보호하다.

e.g. The sun cream **stops** the sunlight **from burning** your skin. 선크림은 햇빛이 피부를 태우는 걸 막아 준다.
The sun cream **protects** your skin **from** the sunlight. 선크림은 햇빛으로부터 당신의 피부를 보호해 준다.

CF. S + **forbid + A + to + V**도 동일의미

* They **forbid** anyone *from smoking* in the area. 누구든 그 구역에서는 흡연을 금지하고 있다.
  = They **forbid** anyone *to smoke* in the area.

Check-up questions 4

A 어법상 알맞은 것을 고르시오.

01 The computer technicians (offered / provided) sales representatives with detailed instructions for accessing the client database.

02 The police (prohibited / noticed) people from entering the criminal site.

03 We regret to (say / inform) you of the delay of your shipments.

04 They (spent / invested) a lot of time and money on the new design for their Web site.

05 The conference organizers should _____ all attendees of any changes to the schedule.
  (A) announce   (B) explain   (C) express   (D) notify

06 The prime minister _____ the reporters about the current government policy.
  (A) said   (B) announced   (C) told   (D) noticed

07 The guest _____ of the hostess whether he could get another cup of coffee.
  (A) asked   (B) sought   (C) inquired   (D) told

08 You can substitute butter _____ olive oil when you cook.
  (A) for   (B) of   (C) in   (D) instead

09 At the staff meeting, the president _____ to all the employees that he would resign.
  (A) spoke   (B) talked   (C) told   (D) said

10 The financial analyst _____ the investors on the stock markets.
  (A) briefed   (B) notified   (C) told   (D) explained

B 밑줄 친부분 중 어법상 틀린 부분만 알맞게 고치시오.

01 I think Mary is very lucky because she <u>is endowed in</u> both looks and brains.

02 There are several things you can do to <u>protect</u> yourself from being bitten by insects.

03 It isn't just a superficial resemblance. Chimpanzees, especially, not only look like us, but they also <u>share us with human-like behaviors</u>.

04 It was Jonathan, one of my closest friends, that kept me <u>not to get frustrated</u> by all the tough circumstances.

5 4형식 문형 (S + V + IO + DO)

4형식문형은 목적어를 나란히 두 개 갖는 문장이다. 동사 바로 뒤에는 주로 사람인 **간접목적어**(IO)가 오며 그 뒤에 이어서 사물인 **직접목적어**(DO)가 온다.

> S + V + IO (간접목적어) + DO (직접목적어)

* The government **gave** *the researchers* *100,000 dollars* as a grant.
                             IO   DO
  정부는 연구원들에게 보조금으로 10만 달러를 주었다.

* He **told** *me* *that he wouldn't come to the reception.* 그는 나에게 연회에 오지 않을 거라고 말했다.
              IO   DO

1 4형식은 3형식으로 전환이 가능하다.

4형식 문형에서 간접목적어인 사람(IO) 앞에 **전치사**(to, for, of, on)를 붙여 직접목적어 뒤로 보내면 **3형식**으로 전환 된다. 전치사의 종류는 4형식 동사의 종류에 따라 결정된다.

> S + V + IO (사람) + DO (사물) ➡ S + V + DO + 전치사 + IO (3형식)
>   4형식   to/for/of/on 중 어느 하나

❶ to가 오는 4형식 동사

give 주다	**grant** 주다/허락하다	**offer** 제공하다 / 제안하다	**bring** 가져오다
send 보내다	**tell** 이야기하다	**award** 상을 수여하다	**allow** 허용하다
write 편지를 써 보내다	**show** 보여주다	**pay** 지불하다	**sell** 팔다
lend 빌려주다	**teach** 가르쳐주다	**deny** 거절하다	**read** 읽어주다
sing 노래를 불러주다, etc.			

* The restaurant **offers** customers good services. 그 식당은 손님들에게 훌륭한 서비스를 제공한다.
  → The restaurant **offers** good services *to* customers. (3형식)

❷ for가 오는 4형식 동사

find 구해다주다	**get** 갖다 주다	**buy** 사주다	**make** 만들어 주다
leave 남겨주다	**fetch** 가서 가지고 오다	**do** 호의를 베풀다	**cook** 요리해 주다, etc.

* I **found** James a job. (4형식) ➡ I **found** a job *for* James. (3형식) 나는 James에게 직장을 구해주었다.

❸ of 가 오는 경우 ➡ ask
    on 이 오는 경우 ➡ play

* Can I **ask** you a favor? ➡ Can I **ask** a favor *of* you? 내가 너에게 부탁하나 해도 될까?
* He **played** me a trick. ➡ He *played* a trick *on* me. 그가 나를 속였다.

2 직접목적어(DO)가 that-절인 경우

4형식동사가 **tell**(말하다), **inform/notify**(통지하다), **assure**(보장하다), **convince**(확신시키다)인 경우에는 뒤에 직접목적어(DO)는 명사(구)가 아니고 that-절이 온다. (단, tell은 명사/명사구가 DO로 가능)

> S + tell / inform / notify / assure / convince + 사람 + that-절
>   IO   DO

* He **informed** me *that the meeting would be delayed.* = He **informed** me *of* delay of the meeting.
  (→ 명사(구)가 올 때는 그 앞에 전치사 of가 온다) 그는 나에게 회의가 연기될 거라고 알려줬다.
* Our teacher **assured** us *that we would succeed.* = Our teacher **assured** us *of* our success.
  선생님은 우리에게 우리가 성공할 거라고 안심시켜 주셨다

3 4형식 동사로 혼동하기 쉬운 3형식 동사

다음 동사들은 S + V + IO(사람) + DO(사물)의 형식으로 쓸 수 없으며 사람 앞에 to 를 붙여 뒤로 보내서 S + V + DO + to + 사람의 형태로 쓰인다.

> **mention** …을 언급하다   **explain** …을 설명하다   **announce** …을 발표하다   **say** …라고 말하다
> **recommend** …을 권고하다   **introduce** …을 소개하다   **provide** …을 제공하다   **admit** …을 인정하다
> **prove** …을 증명하다   **inquire** (어 + 사람)~에게 묻다   **describe** …을 설명하다   **disclose** …을 밝히다
> **propose / suggest** …을 제안하다, etc.

* The boss *said me* that he would give me a promotion.(✗) (said → told or said to me) 상관은 나에게 승진시켜주겠다고 말했다.
* The lawyer *explained us* the new law.(✗) → The lawyer explained the new law *to us*.
  변호사는 우리에게 새로운 법률을 설명해 주었다.

4 주의해야 할 4형식 동사

다음과 같은 동사는 3형식으로 전환이 불가능하나, 3형식 문형 자체는 가능하다.

> **forgive** 용서해주다   **envy** 부러워하다   **save** 수고 등을 덜어주다   **cost** 비용이 들게하다, etc.

* God will **forgive** us our sin if we repent. 하나님은 우리가 회개하면 우리의 죄를 용서해 주신다.
                    IO   DO
  → God will **forgive** our sin for us if we repent. (✗)

> CF. I will never **forgive** you for what you did.(○) (→ 3형식) 네기 한 행위는 결코 용서하지 않겠다.

* I **envy** you your success.(4형식) 나는 너의 성공이 부럽다.
* The machine will **save** you a lot of trouble.(4형식) 그 기계는 너에게 많은 수고를 덜어줄 것이다.
* The investment **cost** him a lot of money. 그 투자는 그에게 많은 돈이 소요되게 만들었다.

Check-up questions 5

* 어법상 알맞은 것을 고르시오.

01 They (said / informed) me that they would hire me as an administrative assistant.

02 Could you (do / provide) me a favor and get a glass of water (for / to) me?

03 I was (notified / offered) that I passed the university entrance exam.

04 My family (asked / inquired) me why I wanted to return to school.

05 My coworker (explained / showed) me how to operate the copy machine.

06 The mother _____ her son nothing, which spoiled him after all.
   (A) said   (B) proposed   (C) denied   (D) proved

07 The director _____ us a month of extension to complete the new project.
   (A) provided   (B) suggested   (C) granted   (D) mentioned

08 The management sent the meeting agenda _____ every stockholder.
   (A) to   (B) for   (C) of   (D) on

09 The management consultant _____ the CEO that the expansion plans needed adjusting.
   (A) told   (B) explained   (C) provided   (D) recommended

10 Feeling pleased with myself for having made the great decision, I proudly _____ my dad my plan.
   (A) showed   (B) announced   (C) informed   (D) mentioned

11 At last the government offered the right to vote _____ women.
   (A) for   (B) to   (C) on   (D) of

12 The school authorities _____ their students full access to the school library so that they can take full advantage of all the books and data it houses.
   (A) provide   (B) suggest   (C) supply   (D) allow

6 5형식 문형

5형식 문형은 문장의 4가지 요소인 **주어 / 동사 / 목적어 / 목적격 보어**가 모두 포함된 형태이다.

> **주어 (S) + 동사 (V) + 목 (O) + 목적격 보어 (OC)**
> 　　　　　　　　　　　형용사/분사/명사/to-부정사, etc.

목적어 뒤의 목적격 보어의 자리에는 앞에 오는 동사의 종류에 따라서 **형용사 / 분사 / 명사 / to-부정사 / 원형동사** 등이 온다.

1 형용사/분사를 목적격 보어로 하는 동사 : [S + V + 목 + 형용사/분사]의 형태

find …한 상태로 있는 것을 발견하다	**keep** …한 상태를 유지하다
leave / set …의 상태로 놓아두다	**make** …한 상태로 만들다
consider …라고 여기다	**render** …의 상태로 만들다
prove …라는 것을 증명하다, etc.	

* They **found** the missing man seriously *injured*. (→ 과거분사가 목적격 보어)
  그들은 그 실종된 사람이 심하게 부상 당한 것을 발견했다.
* The tornado **left** the local residents *homeless*. (→ 형용사가 목적격 보어)
  토네이도(거대한 회오리바람)로 인하여 지역 주민들이 집을 잃게 되었다.
* The newly designed Web site **made** it *possible* to attract a lot of potential customers.
  새로 설계한 웹사이트가 고객이 될만한 사람들을 많이 끌어들이게 했다.
* He **proved** the hypothesis *wrong*. 그는 그 가설이 틀렸다는 것을 증명했다.

2 to-부정사를 목적격 보어로 하는 동사 : [S + V + 목 + to + V']의 형태

advise …하라고 충고하다	**invite** …하라고 초청하다 / 부탁하다
allow/permit …하는 것을 허용하다	**encourage** …하라고 권장하다
urge …하라고 촉구하다	**persuade** …하라고 설득하다
tell …하라고 말하다	**instruct** …하라고 지시하다
expect …할 것으로 예상하다	**remind** …하라고 상기시키다
cause …하는 원인을 제공하다	**want** …해주기를 바라다
need …할 필요가 있다	**warn** …하라고 경고하다
order …하라고 명령하다	**enable** …을 가능케 하다
would like …해 주기를 바라다	**teach** …하는 법을 가르쳐주다
get …하라고 부탁하다	**force / compel** …하라고 강요하다
lead …하도록 유도하다	**ask/require/request** …하라고 요구하다, etc.

* They do not **allow** children under the age of 6 *to enter* the area.
  그들은 6세 미만의 어린이들은 그 구역에 입장을 허용하지 않는다.

* His hard work **enabled** him *to join* the world-renowned company.
  그는 열심히 노력해서 세계적으로 유명한 회사에 입사가 가능했다.
* He **got** the mechanic *to fix* his car. 그는 정비공에게 자기 차를 고쳐달라고 부탁했다.

> **주의** 이 형태의 수동태는 S + **be + P.P. + to + v** 의 형태로 변한다는 것을 주의하자.
> * My mom **allowed** me **to play** with friends this weekend. (수동태 ➡ *I was allowed to play* with …)
>   엄마는 이번 주말에 친구들과 놀도록 허용하셨다.

3 명사(구)를 목적격 보어로 하는 동사 : [S + V + 목 + 명사(구)] 의 형태

| call …라고 부르다 | name …라고 이름 짓다 | entitle …에 어떤 칭호를 붙이다 |
| declare …라고 단언하다 | elect …으로 선출하다 | mark …이라고 표시하다, etc. |

* The author **entitled** his new book *Voyage to Future*.
  그 저자는 새 책에다가 Voyage to Future (미래로의 항해) 라는 표제를 달았다.
* God **called** the light "*day*", and he **called** the darkness "*night*".
  하나님이 빛을 "낮"이라 부르시고 어둠을 "밤"이라 부르시니라.

4 [S + 5V + 목 + as / to be + 목적격 보어] 의 형태

❶ consider A (as / to be) B : A를 B로 여기다 (consider 뒤에서는 as 나 to be는 생략 가능)

❷ regard
  see
  think of   A as B (A를 B로 보다 / 여기다 / 간주하다)
  look upon
  view

> **주의** 여기서 목적격 보어 B는 **형용사 / 명사** 모두 가능하다.

> **CF.** 이 동사들의 수동태 표현
> be [considered / regarded / seen / thought of / looked upon / viewed] as + 형용사 / 명사 (…으로 여겨지다) ➡ **- ly 형 부사**는 올 수 없다.

* We **consider** Shakespeare (*as / to be*) *a great playwright*. 우리는 셰익스피어가 위대한 극작가라고 생각한다.
* A further increase in interest rates is considered (**as / to be**) unlikely. (⋯ 수동태의 표현)
  추가 금리 인상은 없을 것으로 여겨진다.
* I don't **regard** him *as* *suitable* for the position. 나는 그가 그 직책에 알맞다고 여기지 않는다.

Check-up questions 6

A 어법상 알맞은 것을 고르시오.

01 He was (calling / called) a walking dictionary.

02 The ultimate power is the power to (get / let) people to do as you wish.

03 His fluency in English (made / enabled) him to get a new job in a foreign country.

04 If you want to stand out from a group, you have to (make / take) your ideas and feelings known to others.

05 In northern Finland, the snowmobile was faster and made trips for supplies more _____ than reindeer sleds.
   (A) efficient   (B) efficiency   (C) efficiently   (D) to be efficient

06 For safety reasons, we _____ all visitors to show their photo ID to our security guard.
   (A) keep   (B) announce   (C) ask   (D) notice

07 Mr. Morrison _____ himself self-motivated.
   (A) designated   (B) indicated   (C) revealed   (D) considered

08 I found the professional workshop incredibly _____ .
   (A) producing   (B) productive   (C) productivity   (D) productively

B 밑줄 친 부분 중 어법상 틀린 부분만 알맞게 고치시오.

01 With smaller herds, the nomadic people found it more <u>difficulty</u> to survive.

02 In most states in America, an adopted person who turns 18 years old <u>is permitted having</u> information about his or her birth parents.

03 Robert's grandfather did not (A) <u>hope</u> him to go to school; instead, his grandfather taught him (B) <u>to do</u> carpentry.

04 If students (A) <u>allowed to wear</u> uniforms, parents would spend less money on clothes. In addition, if students wore uniforms, it would make it (B) <u>easier</u> for them to get to school on time. I spend a lot of time in the morning (C) <u>deciding</u> what clothes to wear.

7 원형동사가 목적격 보어인 경우

1 사역동사 뒤에서

> S + make / have / let + 사역동사   [목(주로 사람) + 원형동사 (➡ 능동적인 경우)
> 목(주로 사물) + P.P.(과거분사) (➡ 수동적인 경우)]

* She **had** her maid *wash* and *iron* the clothes. = She **had** the clothes *washed* and *ironed* by her maid.
  그녀는 하녀에게 옷들을 빨아서 다리라고 시켰다.

2 지각동사 뒤에서

> S + 지각동사 + 목 + [V (원형) / V-ing ➡ 목적어가 능동적인 경우
> P.P. (과거분사) ➡ 목적어가 수동적인 경우]

지각동사의 예

notice 알아차리다	**see** 보다	**hear** 듣다	**watch** 지켜보다
feel 느끼다	**observe** 관찰하다	**behold** 보다	**perceive** 인식하다
listen to 경청하다	**overhear** 엿듣다, etc.		

* I **watched** your train *go away* from the empty platform.
  나는 당신이 탄 기차가 멀어져 가는 것을 텅 빈 승강장에서 지켜보았다.
* I **felt** myself *lifted up* in the air at the news of my success.
  나는 내 성공 소식을 듣고 공중으로 들어 올리어지는 느낌이었다.

3 help 뒤에서

> S + help + (to) 동사원형 ➡ 3형식
> S + help + 목 + (to) 동사원형 ➡ 5형식

* The new assistant **helped** *(to) arrange* our job interviews. (3형식)
  새로 온 보조직원이 입사 면접시험 준비를 도와주었다
* Mr. Perez **helped** Ms. Lopez *(to) edit* the sales report. (5 형식)
  Mr. Perez는 Ms. Lopez가 영업보고서 편집하는 것을 도와주었다.

Check-up questions 7

A 어법상 알맞은 것을 고르시오.

01 Sally had her car (to tow / towing / towed).

02 We need to help our sales people better (meet / meeting) clients' needs.

03 If you encounter any problems with our products, just let our customer service representatives (know / to know) at any time.

B 밑줄 친부분 중 어법상 틀린 부분만 알맞게 고치시오.

01 Some of the people, well aware of the values of their cultural assets, were shocked to see the occupying soldiers <u>stood by</u> as museums were ransacked.

02 When I was young, the only love I experienced was the immature, selfish love of "I love her because she makes me (A) <u>feeling good</u>." Now I think about the woman I love in terms of what she wants. I want to make her (B) <u>happy</u> because I cannot be happy when she is unhappy.

종합문제 (문장의 구성)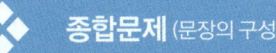

A 다음 빈칸에 어법상 알맞은 것을 고르시오.

01 All the local residents are allowed to _____ for the various free courses held in the community center.
  (A) attend   (B) register   (C) participate   (D) address

02 The new Thai restaurant at the corner always _____ customers courteous services.
  (A) delivers   (B) offers   (C) provides   (D) suggests

03 The director granted the decorating firm _____ for the renovation of the office building.
  (A) extend   (B) to extend   (C) extended   (D) an extension

04 At the annual meeting, the president _____ to all the staff members that he would transfer to another company.
  (A) spoke   (B) talked   (C) told   (D) said

05 Jason, a well-known graphic designer, _____ on the advanced online security programs with the IT experts from S&P Company.
  (A) renovated   (B) reformed   (C) collaborated   (D) scanned

06 Researchers are _____ to wear protective clothes at all times while they are performing in the laboratory.
  (A) insisted   (B) informed   (C) employed   (D) required

07 Mr. Morgan looked closely over the proposals before _____ to them.
  (A) agreeing   (B) allowing   (C) approving   (D) favoring

08 You have to _____ of the kitchen waste periodically to prevent offensive smell.
  (A) consist   (B) dispose   (C) remove   (D) relieve

09 The government official _____ the reporters on the government's plan for job creation.
  (A) briefed   (B) notified   (C) told   (D) explained

10 Crude oil prices have _____ relatively stable in the international petroleum market recently.
  (A) determined   (B) granted   (C) remained   (D) functioned

B 다음 각 질문에 답하시오.

[01–03] 밑줄 친 부분 중 어법상 틀린 부분을 알맞게 고치시오.

01 Heavy is the burden of fatigue and responsibility which <u>has laid</u> upon me without a break for years.

02 College's great significance is that it can in a systematic way and in a conducive environment <u>introduce the student the educational process.</u>

03 Exercise, everyone (1) <u>advises</u>! But immediately, when you try, you (2) <u>run into</u> trouble. There is so much contradictory, sometimes incorrect advice about exercising that you (3) <u>become confused</u>. Test yourself on the following true-false quiz. It will (4) <u>say</u> you what you need to know.

[04–05] 다음 괄호 안에서 어법상 알맞은 것을 고르시오.

04 We have tools that make collaborating (1) **(easy / easily)**, our stats and analytics help you (2) **(learn / learning)** what's working in your videos and what isn't, and our fully-customizable player lets your brand (3) **(is / be)** front and center (not ours). When I first started at E-Video, we were evolving as a brand. We've always been a place for you to host your best work and to go to find inspiration. And we'll always be that, but we're so much more now, and we want you and the rest of the world (4) **(knowing / to know)**: E-Video can help with your videos.

05 I am writing to (1) **(ask / inquire)** about employment with your firm. I am seeking employment in the cultural resource management field. Your company has been recommended to me as an excellent prospect. As the enclosed resume indicates, my primary interest (2) **(lays / lies)** in archeological fieldwork and data analysis. I will (3) **(contact / contact with)** you in the near future about (4) **(arranging / arranging for)** a meeting to discuss how my skills might (5) **(meet / meet with)** your needs.

06 I believe that a person can find truth in life by (1) **(emphasizing / focusing)** on one thing and mastering it. For example, I know a carpenter who has been (2) **(devoted himself / devoted to)** his work for years. He has got great skills and can also tell much about life. Unfortunately, today young people graduating from school quickly grow (3) **(impatient / impatiently)** with their unattractive, basic-level jobs. They wonder if their work will lead to anything meaningful, and they (4) **(ask / ask for)** different responsibilities — but they may never be satisfied. If our knowledge is broad but shallow, we really know nothing.

C 다음 우리말에 알맞도록 영문의 빈칸에 적당한 단어를 써넣으시오.

01 주지사는 4년 임기에 한 번 더 입후보할 거라고 기자들에게 발표했다.
The state governor (a   ) to the reporters that he will (   ) for another four year term.

02 그는 자기가 생각해낸 것을 표현하는 것이 거의 불가능하다는 것을 알았다.
He (f   ) it almost (   ) to express what he came up with.

03 앞으로 며칠 동안은 계속 따뜻할 것 같다.
It is likely to (s   ) (   ) for the next few days.

04 훌륭한 대중교통 체계는 시민들이 자기 차를 집에 놓아두도록 장려하는 결과가 될 것이다.
Great public transport systems will (e   ) citizens (   ) (   ) their cars at home.

05 정부는 그 회사에게 초고층 빌딩을 짓도록 허가를 내주었다.
The government (g   ) the company (p   ) to build a skyscraper.

D 다음 우리말을 주어진 단어들을 이용하여 영작하시오.

01 학생들은 수업에 참석할 때에는 강의에 집중해야 한다.
(수업 class, 강의 lecture, 참석하다 participate, 집중하다 concentrate)
_____.

02 관중들은 공연이 끝난 후에도 한동안 침묵을 지키며 자리에 계속 앉아 있었다.
(관중 audience, 공연 performance, 한동안 for a while, 계속….하다 remain)
_____.

03 그는 자기의 성공을 그의 어머니의 헌신적인 뒷받침의 덕분으로 돌렸다.
(헌신적인 뒷받침 dedicated support, A를 B의 덕분으로 돌리다 attribute A to B)
_____.

04 한 사서직원이 나에게 도서관 컴퓨터의 데이터베이스를 이용하는 법을 설명해 주었다.
(사서직원 librarian, 데이터베이스 data base, 이용하는 법 how to use, 설명하다 explain)
_____.

05 그 항공사는 승객들에게 각자 휴대용 짐은 하나씩만을 허용한다.
(항공사 airline company, 하나의 휴대용 짐 one item of hand luggage, 허용하다 grant)
_____.

Chapter 2
주어와 동사의 일치
Subject-Verb Agreement

> **Grammar Introduction**
> 영어에서는 주어가 **단수주어**인지 **복수주어**인지에 따라 뒤의 동사가 **단수동사**와 **복수동사**로 나누어진다. 영어는 **명사**와 함께 **동사**의 경우에도 **단수/복수라고 하는 수의 개념**이 발달한 언어이므로, 우리말과는 달리 이 수의 개념이 습관화되어 있어야 한다.

단수 주어인 경우 ➡ 뒤에는 단수 동사

1 단수 주어의 예
  1) **단수 가산명사** ⋯ a teacher, a company, a car, etc.
  2) **고유명사** ⋯ James, Mary, Warner Brothers(회사명), The United States, etc.
  3) **3인칭 단수 대명사** ⋯ he, she, it
  4) **물질명사** ⋯ money, time, furniture, etc.
  5) **추상명사** ⋯ freedom, knowledge, physics, etc.
  6) **부정대명사** ⋯ one, someone, somebody, anyone, anybody, something, anything, etc.

2 단수 동사의 예
  1) **be 동사** ⋯ is, am, was   2) **일반 동사** ⋯ has, works, goes, studies, etc.
   * *Warner Brothers* **is** a leading firm in the film industry. (⋯ 고유명사가 주어인 경우 단수동사)
     워너 브라더 사는 영화업계에서 첫째가는 회사이다.
   * *Freedom of speech* **has** been achieved through a prolonged period of time. (추상명사가 주어)
     언론의 자유는 오랜 기간을 통하여 쟁취된 것이다.

복수 주어인 경우 ➡ 뒤에는 복수 동사

1 복수 주어의 예
  1) **복수명사** ⋯ teachers, companies, people, the police, etc.
  2) **복수 대명사** ⋯ we, you, they

2 복수 동사의 예
  1) **be 동사** ⋯ are, were   2) **일반 동사** ⋯ have, work, go, study (즉 동사 원형이 복수동사이다)
   * *The teachers* of our school **are** going to give a test next Monday.
     우리 학교 선생님들은 다음 월요일 시험을 치르게 할 계획이다.
   * A lot of *people* **take** a rest and **enjoy** fresh air on the beach on weekends.
     많은 사람이 주말마다 바닷가에서 휴식을 취하며 신선한 공기를 즐긴다.

1 주어-동사 수의 일치

1 주어와 동사 사이에 수식어(구)가 끼어 있는 경우

1) 주어는 일반적으로 도치문을 제외하고, 문장 맨 앞에 나와 있는 명사나 대명사가 주어이다.
2) 주어와 동사 사이에 수식어구가 있을 때 … 수식을 받는 명사가 주어
3) 주어와 동사 사이에 관계사절이 있을 때 … 선행사가 주어
4) 전치사 + 명사가 문장 맨 앞에 나온 경우에, 이는 수식어이므로 전치사 뒤의 명사는 주어가 될 수 없다.

> 주어(S) + [부사(구) / 형용사구 / 분사구 / 관계사절] + 동사 (V) …
> 　　　　　　　　　　　　　　　　　　　　　　주어 S에 일치

* **The budget** *for the projects* **is** very tight. 그 사업들에 대한 예산은 매우 빡빡하다.
* **Any person** *planning to attend the courses* **have to** register for them.(x) (➔ has to)
  강좌에 참석할 계획을 세우고 있는 사람은 누구나 등록해야 한다.
* **Most of the people** *who live in our neighborhood* **are** friendly to others. (복수 주어)
  우리 동네에 사는 사람들 대부분은 다른 사람들에게 친절하다.

2 부분표시 어구의 수의 일치

1) 다음과 같은 명사나 대명사의 수는 of 뒤에 **셀 수 없는 명사**(불가산명사)가 오면 뒤에 단수동사 와 일치시키고, 복수명사이면 뒤에 복수동사가 온다.

> **All** 전부/ **Most** 대부분/ **Part** 일부분/ **Some** 얼마간　　＋ of　　불가산명사 ➔ 뒤에 **단수동사**가 온다
> **~percent** 퍼센트/ **The rest** 나머지/ 분수/ **Half** 절반　　　　　　복수명사 ➔ 뒤에 **복수동사**가 온다
> **The**(or A) **majority** 대다수/ **portion** 부분

* **Half** of the *work* is finished already. 벌써 그 일의 절반이 끝났다.
* **Half** of the *classmates* were absent from the weekend event.
  학급 학생들의 절반이 주말 행사에 결석했었다.
* **Three-fourths** of the *land* is not suitable for farming. 그 땅의 4분의 3이 농사에 부적합하다.
* **Three-fourths** of the boat *passengers* *have* been saved from drowning.
  선박 승객들 4분의 3이 익사로부터 구조되었다.

2) 다음과 같은 부분표시 어구는 of 뒤에 반드시 복수명사가 오지만 뒤에 동사는 **단수동사가 온다**.

> One / Each / Every one of + 복수명사 ➡ 단수동사

* **Each of the *students*** in the class *has to* submit his or her report by Friday.
  학급 학생들 각자는 금요일까지 가자의 보고서를 제출해야 한다.
* **One of my closest *friends*** *is* coming to visit me this weekend.
  나의 가장 절친한 친구 중 한 사람이 이번 주말에 나를 방문하러 올 것이다.
* **Each and every *employee*** *is* satisfied with the work environment.
  (each / every가 바로 명사 앞에서 한정사로 수식하는 경우도 단수 취급)
  각자의 모든 직원은 작업 환경에 만족한다.

3) 다음과 같은 부분표시 어구는 항상 복수명사와 함께 쓰이고 뒤에는 **복수동사가 온다**.

> Both / (a) few / Several / Many of + 복수 명사 ➡ 복수 동사

* **Both of his parents** *are* going to fly to Europe next week.
  그의 양친 두 분이 다음 주에 비행기로 유럽에 가실 예정이다.
* **A few of the invited guests** *have* not arrived at the reception yet.
  초청받은 손님 중 몇 분이 아직 연회에 도착하지 않았다.
* **Several of the workers** *come* from the local area. 근로자들 중 여러 명이 그 지방 출신이다.

4) 다음과 같은 부분표시 어구는 항상 단수 취급한다.

> a little / little / much of the + 불가산명사/단수명사 ➡ 단수동사

* **Little** of his money *is* now left. 그의 돈 중 남아 있는 돈은 이제 별로 없다.
* **Much** of the region *was* destroyed by the tornado. 그 지역의 많은 부분이 토네이도로 파괴되었다.
* **A little** of the former splendor of the historic site *has* been restored.
  그 역사적 장소의 예전의 명성이 조금은 회복되었다.

Check-up questions 1

* 어법상 알맞은 것을 고르시오.

01 The great diversity of cultural backgrounds (has / have) produced various religions.

02 The rest of the money that I received (has / have) already been spent.

03 Among the problems with international business (is / are) the problem of misunderstanding in their communication with each other.

04 Around three quarters of the island's population (has been / have been) victims of shark attacks.

05 (Each / Most) of us tend to imagine only vague and ghostlike forms in response to the words such as demon, devil and Satan.

06 Each year, about 55% of the world's potential food supply (is / are) lost to pests before and after harvest.

07 Part of the sunlight that strikes the Earth (is / are) reflected into the sky, and the rest (is / are) absorbed by the ground.

08 People who eat vitamin-rich fruits and vegetables have lower chances of cancer and (enjoy / enjoys) better health.

09 Every profession or trade, every art, and every science (has / have) its own technical vocabulary.

10 Over 95% of the English language (A) (consist / consists) of phrases, so one of the most effective ways to master English (B) (is / are) studying phrases.

2 단수 취급하거나 복수 취급하는 특수명사

1 단수취급 하는 명사

명사의 어미(단어 끝)가 복수 형태인 -s / -es를 취하는 경우에도 다음과 같은 **학과명, 단체명, 국가명** 등은 단수 취급한다.

1) 학과명

physics 물리학	**politics** 정치학	**mathematics** 수학	**economics** 경제학
ethics 윤리학	**statistics** 통계학, etc.		

주의 statistics가 "**통계자료**"의 의미일 때에는 복수 취급한다.
* Statistics on diseases *are* used in planning health care. (···▶ 여기서 statistics는 통계자료의 뜻)
  질병에 대한 통계자료는 건강관리를 계획하는 데 이용된다.

2) 고유명사

the United States 미합중국	**the United Nations** 유엔	**회사 이름 / 단체명**, etc.

* **The United Nations** *is* the world's largest international organization.
  국제연합은 세계에서 가장 큰 국제기구이다.

2 복수 취급하는 명사

다음과 같은 명사들은 어미에 -s / -es 를 붙이고 복수 취급한다.

1) 금액

sales 매출고	**earnings** 소득액	**savings** 저축금	**benefits** 급여혜택 /보험금
funds 기금	**contributions=donations** 기부금		**damages** 손해배상금
securities 유가증권	**proceeds** 수익금, etc.		

* **Our sales** for the first quarter *have* increased significantly. 1분기 우리의 매출은 크게 올랐다.

2) 사물

clothes 옷	**belongings** 소지품	**goods** 상품	**customs** 세관
surroundings 환경	**arms** 무기	**valuables** 귀중품	**movables** 동산
proceedings 절차 /공식기록		**consumer durables** 내구성소비재, etc.	

3) 쌍을 이루는 물건

| **trousers** 바지 | **pants** 바지 | **jeans** 청바지 | **glasses** 안경 |
| **scissors** 가위 | | | |

CF. a pair of trousers (바지 한 벌) ➡ 단수 취급

* A pair of new trousers is needed for me. (➡ A pair가 주어이므로 단수동사) 내 바지 새것 한 벌이 필요하다.

4) 기타 복수 취급하는 명사(어미에 –s/-es 를 붙이지 않음)

| **people** 사람들 | **the police** 경찰 | **the + 형용사** ~사람들 | **the + 분사** ~사람들 |

* **the rich** = rich people/ **the poor** = poor people/ **the old** = old people/ **the wise** (현명한 사람들) **the wounded** (부상 당한 사람들) / **the dying** (죽어가는 사람들)
* *The young are* easily misled into imitating celebrities. 젊은이들은 연예인을 모방하는데 쉽게 이끌린다.

주의 ① **a people** (한 나라의 국민전체), **peoples** (여러 나라들의 국민)
② **the + 형용사**가 사람일 때는 복수 취급하지만, 추상적 의미이거나 사물일 때에는 단수 취급한다.

e.g. **the true** = truth(진리) **the good** = goodness(선) **the beautiful** = beauty(미) ➡ 단수취급

5) the + 국가의 고유형용사

국가의 고유형용사의 어미가 –ese/ –sh/ –ch/ –ss 로 끝나는 나라들의 사람들은 어미에 –(e)s를 안 붙이고 복수취급 한다.

e.g. **the + Chinese/ Japanese/ English/ French/ Swiss** (⋯ 앞에 the가 있으면 모두 복수취급)
중국 사람들/ 일본 사람들/ 영국 사람들/ 프랑스 사람들/ 스위스 사람들

* *The Chinese have* a long and interesting history. (⋯ 중국 사람 전체이므로 복수동사)
중국 사람들은 오래되고 흥미로운 역사를 지니고 있다.

CF. a Chinese (한 사람의 중국인 ➡ 단수) / a few Chinese (몇 사람의 중국인들 ➡ 복수)

CF. 그 외의 나라는 어미에 s를 붙이면 복수취급 하고, s가 없으면 단수 취급한다.

e.g. the Koreans / the Greeks / the Germans / many Americans (⋯ 복수)

Check-up questions 2

* 어법상 알맞은 것을 고르시오.

01 Most of the (Swiss / Swisses) can speak a few languages.

02 Grims & Associates, a leading architectural and design firm, (seek / seeks) a project secretary with 3-5 years of experience.

03 Statistics released by the authorities concerned (show / shows) that about 35 percent of new businesses (fail / fails) in their first year.

04 All the _____ from the annual charity concert will go toward helping the people in need.
    (A) proceed   (B) proceeds   (C) proceedings   (D) proceeding

05 The _____ responsible for enforcing the law, protecting property and maintaining public order.
    (A) police is   (B) police are   (C) polices are   (D) polices is

3 등위 상관접속사가 주어일 때

등위 상관접속사가 주어로 나올 때는 뒤에 오는 동사는 다음과 같은 원칙을 따른다.

1 항상 복수 취급되는 경우

> Both A and B (A, B 둘 다) ➡ 항상 복수 취급

* **Both** you **and** I *are* responsible for editing the annual report. ➡ am (x)
  당신과 내가 연례보고서 편집업무를 맡고 있다.

2 뒤에 오는 명사(B)에 일치하는 경우

A or _B_ A 또는 B	**Either A or _B_** A, B 둘 중 어느 하나 / A, B 어느 쪽도
Neither A nor _B_ A, B 둘 다 아니다	**Not only A but also _B_** A 뿐만 아니라 B도
Not A but _B_ A가 아니라 B가	

* **Either** Jack **or** *the other students have* to take part in the science project.
  Jack이나 다른 학생들 둘 중 어느 한쪽이 그 과학 프로젝트에 참가해야 한다.
* **Neither** you **nor** *I are* to blame for the result.(x) (I 에 일치하므로 _are_ ➡ _am_)
  너나 나 둘 다 그 결과에 책임이 없다.

3 A에 일치하는 경우

> A as well as B (B 뿐만 아니라 A도) ➡ A가 주어
> A along with B = A together with B (B 와 함께 A 도) ➡ A가 주어

* *A remote house* **as well as** a few villages *was* damaged by the hurricane.
  몇몇 마을뿐만 아니라 한 외딴집도 허리케인으로 피해를 입었다.

Check-up questions 3

* 어법상 알맞은 것을 고르시오.

01 Lopez (and / or) Sandra is going to attend the seminar tomorrow.

02 Both the passengers and the driver (has / have) been saved in the accident.

03 Neither Susan nor her sisters (is / are) going to the party tonight.

04 Delivery service as well as discounts (is / are) offered to regular customers at the mart.

05 Not only hemophilia but other genetic defects almost always occur in offspring, and (is / are) passed from parents to children.

4 기타 주의해야 할 수의 일치

1 A number of + 복수 명사 / The number of + 복수 명사 의 구별

> A number of + 복수명사 ➡ (복수명사가 주어) 뒤에 **복수동사** (뜻 : 많은 …들)
> The number of + 복수명사 ➡ (The number가 주어) 뒤에 **단수동사** (뜻 : …들의 수가)

* **A number** *of* people *are* present at the public hearing. 많은 사람들이 그 공청회에 참석하고 있다.
* **The number** *of* people attending the forum *is* large. 그 토론회에 참석한 사람들의 수가 많다.

2 동명사(구) / to-부정사(구) / 명사절이 주어일 때 ➡ 단수취급

* *Walking on the beach* **is** good for your health. (➡ 동명사구가 주어) 바닷가에서 거니는 것은 건강에 좋다.
* *Whether she is coming here or not* **makes** no difference to me. (➡ 명사절이 주어)
  그녀가 여기에 올 것인가 말 것인가 하는 것은 나에게는 상관없다.
* *Jogging* almost everyday and *weight training* in the gym **are** how I keep fit.
  (⋯➡ 행위가 두 개이므로 복수동사 are가 온다.)
  거의 매일 조깅하고 체육관에서 역기운동 하는 것이 내가 건강을 유지하는 방법이다.

> **주의** what-명사절이 의미상 복수의 내용을 의미할 때는 복수 취급하는 경우가 있다.

* *What were once truths* **are** no longer truths in some cases.
  예전에 진리였던 것이 어떤 경우에는 더 이상 진리가 아닌 경우가 있다.

3 There (유도부사) + 1형식 동사 + 명사주어(S)

> There + V + 명사(s)의 구문에서 **동사는 뒤에 오는 명사**에 일치시킨다.

* There *are* **a lot of spectators** in the stadium. (a lot of spectators가 주어) 경기장에는 많은 관중들이 있다.
* There *remains* **the possibility** that our flight will be cancelled due to the bad weather.
  (⋯➡ the possibility가 주어)
  악천후 때문에 비행기가 취소될 가능성이 있다.
* How many **foreigners** *are* there at your company? 당신네 회사에는 외국인이 몇 명이나 있습니까?

4 단수 / 복수의 형태가 같은 명사

명사의 어미가 -s / -es 로 끝나지만 단수와 복수의 형태가 동일한 경우가 있다. 이 경우에는 명사 앞의 한정사나 수량형용사를 보고 단수 / 복수를 판단한다.

1) **means** (수단) : *a / every / each* **means** ➡ 단수 취급
   all / both / two / (a) few / various **means** ➡ 복수 취급

2) **series** (연속, 계열) : *a* **series** of computer games (일련의 컴퓨터 게임들) ➡ 단수 취급 (복수취급하는 견해도 있음)
   a few **series** of programs (여러 시리즈의 프로그램들) ➡ 복수 취급

3) **species** (동식물의 종) : *an* endangered **species** (멸종 위기에 처한 종) ➡ 단수 취급
   several **species** of animals (여러 종의 동물들) ➡ 복수 취급

4) 어미에 -S가 붙지 않고 단수/복수가 같은 명사

aircraft 항공기	offspring 자손	sheep 양	fish 물고기
deer 사슴	salmon 연어, etc.		

5 주격 관계대명사 뒤의 동사는 선행사에 일치한다.

> S + V + **선행사** + who/ which/ that + V' … (→ v'는 선행사에 일치한다.)

* *The train*, which **takes** only three hours, **is** quicker than the bus.
  (→ The train이 주어이면서 which의 선행사)
  기차는 세 시간밖에 안 걸리므로 버스보다 빠르다.
* *The candidates* who **have** applied for the position will be contacted for an interview.
  그 직책에 지원한 지원자들에게 면접을 위한 연락이 갈 것이다.

6 선행사와 관계대명사가 떨어져 있을 경우를 주의하자.

* Mr. Baker has received *two letters* from the client that **represent** favorable responses to his proposal. (→ 문맥상 two letters가 선행사이므로 복수동사 **represent**가 온다)
  Baker 씨는 자기 제안에 호의적인 반응이 표현된 두 통의 편지를 고객으로부터 받았다.
* By losing your game, you could learn a new *strategy* from your opponents which **makes** you a better player. (→ strategy가 선행사이므로 단수동사 makes가 온다)
  게임에 지면서 당신은 상대방으로부터 당신을 더 훌륭한 선수로 만들어주는 전략을 배울 수 있다.

> **주의**
>
> ❶ the + **only/서수/최상급 + one** of + 복수명사 +who/that + v(단수동사) → one이 선행사
>
> * Ms. Yun is *the only one* of the students who *is* able to speak English fluently.
>   Ms. Yun 이 그 학생들 중에서 영어를 유창하게 말하는 유일한 학생이다.
>
> ❷ (one 앞에 수식어가 없을 때) one of the +**복수명사** + who/that + v(복수동사) → 복수 명사가 선행사
>   **선행사**
> * Ms. Yun is *one* of *the students* who **are** able to speak English fluently.
>   Ms. Yun 은 영어를 유창하게 말하는 그 학생들 주의 한 사람이다.

7 Many a + 단수명사 의 수

> many a + 단수명사 + 단수 동사
> → 뜻은 복수이나 형식은 단수 취급하므로 뒤에 **단수 동사가 온다**.

* **Many an area** of the country **has been** damaged by recent heavy rain.
  그 나라의 많은 지역들이 최근의 폭우로 인하여 피해를 입었다.

8 도치문의 경우 주어-동사의 일치 → Chapter 18 [2] 도치구문 참조

* **Among the bushes was** *a baby deer*. (→ 강조어구가 문두로 나가서 도치되면 주어는 be 뒤로 간다)
  강조 부사구   주어
  덤불 속에 아기 사슴 한 마리가 있었다.

Check-up questions 4

A 어법상 알맞은 것을 고르시오.

01 Finishing this project on time with all the team members working together (is / are) a piece of cake.

02 (A number of / The number of) our branch stores has increased considerably recently.

03 I recognized David quickly, for he was the only man of the employees who (was / were) wearing a red tie in the office.

04 You are authorized to take whatever action you feel (is / are) necessary to ensure the success of the project.

05 Of all the money donated, most (is / are) spent on food and daily necessities for the flood victims.

06 Every means possible (has to / have to) be tried to meet the deadline.

07 Eating right and getting the right amount of exercise (is / are) the first things to lose weight naturally.

B 밑줄 친 부분 중 어법상 틀린 것을 알맞게 고치시오.

01 Dr. Nash is the first one of many physicians in America who (A) <u>have found</u> that music, used with conventional therapies, (B) <u>helps</u> heal the sick.

02 This booklet is based on my much larger book called *500 Commonly Mispronounced Words* which (A) <u>describes</u> typical error patterns in English. I have selected 100 words from the original book that (B) <u>is</u> considered to be the most important ones.

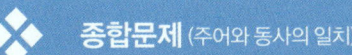 **종합문제** (주어와 동사의 일치)

A 다음 빈칸에 어법상 알맞은 것을 고르시오.

01 Not only _____ the stock market going up now, but it will reach a new high soon.
   (A) is   (B) are   (C) was   (D) will

02 The most important for the immigrants _____ economic : expectations for higher incomes and standards of living in the new land.
   (A) has been   (B) are   (C) have been   (D) were

03 What brought the Old Stone Age to a close _____ the Neolithic Revolution.
   (A) has termed   (B) have termed   (C) has been termed   (D) have been termed

04 Who we believe we are _____ a result of the choices we make about who we want to be like.
   (A) is   (B) does   (C) are   (D) do

05 To the north of Texas _____ New Mexico, Oklahoma and Arkansas.
   (A) lie   (B) lies   (C) lay   (D) lays

06 In Confucius' view, the lords of his country, only interested in their own personal gain, _____ responsible for the suffering of people.
   (A) be   (B) was   (C) were   (D) has been

07 The drug such as aspirin is no substitute for a low-fat diet rich in fruits, vegetables and grains, which, research suggests, _____ able to lower the risk of colon cancer.
   (A) are   (B) was   (C) were   (D) is

08 _____ of classroom bullies along with many loudmouthed, pushy adults are actually shy.
   (A) The number   (B) The numbers   (C) A number   (D) Great number

09 The Industrial Revolution is the name by which the huge social, economic, and technological shift that transformed Europe from an agrarian to an industrial society _____ .
   (A) know   (B) known   (C) is known   (D) are known

10 Participating countries _____ on to search aircraft and ships suspected of carrying weapons-related material.
   (A) calls   (B) called   (C) is called   (D) are called

B 다음 괄호 안에서 어법상 알맞은 것을 고르시오.

01 The birds that always have priority access to whatever food is sprinkled out in the yard in the morning (1) **(is / are)** the celebrity chickens. After them (2) **(come / comes)** the second-stringers, the hangers-on and wannabes.

02 Worldwide, there (1) **(is / are)** one million more births than death every 112 hours and well over 90% of this rapid population growth (2) **(is / are)** in the world's poorest countries. Since 1994, the number of unintended pregnancies in some groups of poor and vulnerable women (3) **(has / have)** increased.

03 Constantly on the move, water falls from clouds and flows along in rivers to oceans. The journey that water goes on as it circulates between the atmosphere, land, rivers, and oceans (1) **(is / are)** known as the water cycles. It may move around a lot, but the amount of water in the world (2) **(remains / remain)** exactly the same and (3) **(has / have)** since the planet was formed.

04 I have always wondered at the passion many people have to meet the celebrated. The prestige you acquire by being able to tell your friends that you know famous men (1) **(proves / prove)** only that you are yourself of small account. The celebrated usually (2) **(develops / develop)** a technique to deal with the persons they come across. They show the world a mask, often an impressive one, but take care to conceal their real selves. They play the part that is expected from them, and with practice (3) **(learns / learn)** to play it very well, but you are stupid if you think that this public performance of theirs (4) **(corresponds / correspond)** with the man within.

05 To have more cars, more houses, better houses, finer furniture, more expensively dressed wives and daughters than one's neighbor has - these are desirable in the West, and money is needed. But the average man of the East knows that he cannot ride in more than one car, nor (1) **(lives / live)** in more than one house at a time. And he does not want other people to envy his wife and daughters, nor does he (2) **(wants / want)** to envy theirs. So why does he need so much money?

　It is not that one man is more spiritual than the other, or more material. It is simply that the values in the East and in the West (3) **(is / are)** different. The man in the East wants more out of life itself than the man in the West does. If anything, the East is more materialistic than the West. The East, being so old, (4) **(knows / know)** how short life is. Man's years pass so soon. Therefore, enjoyment of life cannot be put off, for in old age the senses are dulled, and man can enjoy but a little. To waste one's youth, therefore, in making money would, to the man of the East, (5) **(seems / seem)** the sheerest folly.

C 다음 우리말에 알맞도록 영문의 빈칸에 적당한 단어를 써넣으시오.

01 Ms. Han 과 나머지 마케팅 부서 직원들 모두 그 세미나에 초청받지 못했다. (현재 시제)
Neither Ms. Han nor the (r   ) of the marketing team members (   ) invited to the seminar.

02 내가 방문하고 싶은 나라 중 하나는 헝가리이다.
(   ) of the (   ) I would like to visit (   ) Hungary.

03 그 지역의 많은 주민이 자기네 동네를 안전한 지역으로 만들고자 노력하고 있다.
(   ) great (n   ) of residents in the region (   ) trying to make their neighborhood stable.

04 Susan 과 Alex 둘 중 한 사람이 런던에 출장 가야 한다.
(   ) Susan or Alex (   ) to go on business trip to London.

05 그 상자 안에 있는 상품들의 숫자는 우리의 기대에 못 미친다.
(   ) (n   ) of the items in the box (   ) not meet our expectations.

D 다음 우리말을 주어진 단어들을 이용하여 영작하시오.

01 모든 남학생과 여학생들 각자는 지금 도서관에서 열심히 공부하고 있다.
(모든 남학생과 여학생들 각자 : each and every boy student and girl student)
_____.

02 각각의 제품에 있는 일련번호들은 중요한 역할을 한다.
(각각의 제품 : each product, 일련번호들 : a series of numbers, 역할을 하다 : play a role)
_____.

03 Timothy뿐 아니라 나도 그 과학 프로젝트에 참가하기로 되어 있다.
(과학 프로젝트 : science project, 참가하다 : participate in, ⋯하기로 되어 있다 : be supposed to +v)
_____.

04 Jones Brothers 사는 다른 경쟁사들과 더불어 아시아 시장에 진출할 계획을 세우고 있다.
(경쟁사 : competitor, ⋯와 더불어 : together with, ⋯에 진출하다 : expand into)
_____.

05 그 사건 이후로 주민들 대부분은 다른 도시로 이사 갔다.
(주민 : resident, ⋯이후로 : since .. , 다른 도시로 이사 가다 : move to other cities)
_____.

Chapter 3
시제
Tenses

> **Grammar Introduction**
> 영어에는 12개의 시제가 있으며 특정한 시점에 대한 동작이나 상태를 묘사할 때에는 거기에 알맞은 시제를 써야 한다. 12 시제의 형태를 익히고, 각 시제는 그와 친한 시간을 나타내는 부사 / 부사구 / 부사절 등이 있으므로 이들 부사 상당어구와 어느 시제가 어울리는지를 익혀 두어야 한다.

시제의 기본 형태

영어 시제에는 **현재**(present), **과거**(past), **미래**(future)를 기본으로 하여 12개의 시제가 있다.

1 단순 시제
1) **현재**   He always **does** a good job. 그는 항상 일을 잘 한다.
2) **과거**   He **did** a good job during his business trip. 그는 출장 여행 중에 일을 잘했다.
3) **미래**   He **will do** a good job in the future. 그는 앞으로 일을 잘할 것이다.

2 진행 시제
4) **현재진행**   He **is doing** a good job now. 그는 지금 일을 잘하고 있는 중이다.
5) **과거진행**   He **was doing** a good job when I saw him. 내가 그를 보았을 때 일을 잘하고 있었다.
6) **미래진행**   He **will be doing** a good job on the next project.
   그는 다음 프로젝트에 대하여 일을 잘할 것이다.

3 완료 시제
7) **현재완료**   He **has done** a good job since he joined the company.
   그는 회사에 입사한 후로 일을 잘해왔다.
8) **과거완료**   He **had done** a good job here before he transferred to our London branch.
   그는 런던 지점으로 전근 가기 전에 여기서 일을 잘했었다.
9) **미래완료**   He **will have done** a good job by the time he retires next year.
   그는 내년 은퇴할 때까지 일을 잘할 것이다.

4 완료진행 시제
10) **현재완료 진행**   He **has been doing** a good job since he was hired as my assistant.
    그는 내 비서로 채용된 후로 지금까지 일을 잘 해오고 있다.
11) **과거완료 진행**   He **had been doing** a good job before he was promoted to manager.
    그는 부장으로 승진하기 전에도 일을 잘해오고 있었다.
12) **미래완료 진행**   He **will have been doing** a good job until I return from my business trip.
    그는 내가 출장여행에서 돌아올 때까지 계속 일을 잘하고 있을 것이다.

1 단순 시제 (simple tenses)

1 현재시제

현재시제는 현재의 사실/ 정해진 규칙/ 과학적 사실/ 불변의 진리 및 습관적 반복 동작 등을 나타 낼 때 쓰인다.

현재시제와 친한 부사(구)

다음과 같은 빈도 부사(구)는 반복적 또는 습관적 동작을 나타내므로 주로 현재 시제와 함께 쓰인다.

> * 빈도 부사   usually, always, often, frequently(빈번하게), sometimes(때때로),
> * 빈도 부사구   every morning/ Sunday = each morning/ Sunday(매일 아침/ 매 일요일마다)
>   every week/ month/ October = each week/ month/ October(매주/매달/10월마다)
>   every two weeks(2주마다), in the mornings(아침마다), on weekends(주말마다), etc.

* The employees **usually** *go out for* lunch at noon. 직원들은 보통 정오에 점심 식사하러 외출한다.
* The sales team *holds* a staff meeting **every two weeks**. 영업팀은 2주마다 직원회의를 연다.

2 과거 시제

과거시제와 친한 부사(구)

다음과 같이 명백히 과거 시점을 나타내는 부사(구)는 과거시제와 함께 쓰인다.

> * **yesterday**, **last night/ Sunday/ week/ month/ fall** (어젯밤/지난 일요일/지난주/지난달/지난가을)
> * **기간 + ago**(…전에), **in + 과거 연도**
> * **When** (의문문에서 언제 …?), **at that moment** (그 순간에), **at that time** (그때에), etc.

* We really *enjoyed* our vacation **last August**. 우리는 지난 8월에 무척 즐거운 휴가를 보냈다.
* The construction of the bridge *began* about **six months ago**. 다리공사가 약 6개월 전에 시작되었다.

3 미래 시제

미래 시제와 친한 부사(구)

> * **tomorrow**, **next Sunday/ week/ month/ year** (다음 일요일/ 다음 주/ 다음 달/ 내년에)
> * **in + 기간**(..후에), **in + 미래 연도**, **soon/ shortly** (곧)
> * **at the end of the week/ month/ year** (이번 주말에/ 이달 말에/ 금 년 말에)
> * **in/over/during/for the next week** (다음 1주일 동안)

* They *will build* several parking structures **next year**. 내년에 여러 개의 주차 구조물을 지을 것이다.
* Our president's flight *will arrive* at the airport **in about two hours**.
  사장이 탄 비행기는 약 2시간 후에 공항에 도착한다.

주의 미래시제는 will + v 이외에도 다음과 같이 여러 형태의 시제나 관용적 표현들이 미래 시제를 나타 낼 수 있다.

> * 현재 진행형 ➡ s + is / are / am v-ing + 미래시점
> * be going to ➡ s + is / are / am going to + v
> * 미래 진행형 ➡ s + will be v-ing + 미래시점
> * be due to ➡ s + is /are due to + v (…할 예정이다)
> * be about to ➡ s + be about to + v (막 …하려고 하다)

* They **will hold** a meeting *at 4:00 this afternoon*. 오늘 오후 4시에 회의를 열 예정이다.
  = They **are holding** a meeting *at 4:00 this afternoon*.
  = They **are going to hold** a meeting *at 4:00 this afternoon*.
  = They **will be holding** a meeting *at 4:00 this afternoon*.
  = They **are due to hold** a meeting *at 4:00 this afternoon*.
  (⋯➤ 이 시제들은 거의 동일한 미래 시제의 의미를 가지고 있다)

4 과거의 습관/ 상태를 나타내는 would / used to + V

1) S + would + 동작동사(action verbs)

불규칙적인 습관을 나타내므로 정지된 상태를 의미하는 **상태동사**(stative verbs)는 would와 함께 사용할 수 없다.

> **습관 의미의 would와 함께 쓸 수 없는 상태동사의 예**
>
> be/ lie/ exist/ belong to/ contain/ concern/ consist of/ know/ lack/ include/ cost, etc.

* I **would pick** and **eat** cherries when I was young. 나는 어렸을 때 종종 버찌를 따 먹곤 했다.
* There *would be* a big tree in the back yard.(x) (⋯➤ be 동사는 상태동사이므로 would 사용 불가)
  ➡ There **used to be** a big tree in the back yard. 뒷마당에는 큰 나무가 있었다.

2) S + used to + V

규칙적 또는 습관적 동작이나 계속되는 상태 모두를 나타낸다.

* The car **used to belong to** me. 그 차는 (전에는) 내 것이었는데. (지금은 다른 사람의 것이다.)

3) used to 의 부정문과 의문문 ➡ 현대 영어에서는 주로 did와 함께 쓰인다.

* I **didn't use to** take a walk before. 예전에는 나는 산책을 하는 습관이 없었다.
  = I **didn't** *used to* take a walk.
  (⋯➤ 이 표현은 비문법적 표현이지만 구어체에서 쓰인다. 문법 시험이나 문어체의 경우에는 쓰지 않는 것이 좋다.)
* **Did** she **use to** (*or* used to) go to the fitness center when young?
  그녀는 젊었을 때는 헬스클럽에 다니곤 했었나요?

Check-up questions 1

A 어법상 알맞은 것을 고르시오.

01 The managers (are attending / attend) a meeting in the mornings.

02 The Paris branch of our company (opened / has opened) at this time last year.

03 Cindy (would / used to) be such a lively girl, but now she is not what she was.

04 The marketing division _____ new employees last Friday.
    (A) welcomed   (B) welcomes   (C) would welcome   (D) has welcomed

05 Following a speech by the president at the reception next Friday, dinner _____ to all the participants.
    (A) offers   (B) will offer   (C) is offered   (D) will be offered

06 The shipment of the computers that _____ delivered two weeks ago has almost been sold out.
    (A) is   (B) was   (C) has been   (D) had been

B 다음 문장에서 밑줄 친 부분 중 어법상 틀린 부분만 알맞게 고치시오.

01 When <u>have you filled out</u> the application form?

02 Ms. Marsh <u>has</u> the fifth wedding anniversary with her husband one week from this Wednesday.

03 A million motorists in our city (A) <u>have to go</u> to an emission center every year for a test, and more than three percent of them (B) <u>didn't pass it</u>.

04 All employees (A) <u>are required</u> to comply with the new dress code. In an effort to give a good impression to our customers, your dress (B) <u>is checked</u> every day starting April 1.

2 진행 시제 (progressive tenses)

1 현재 진행시제

지금 현시점에서 주어의 동작 진행 상황을 묘사할 때 사용된다.

현재 진행시제와 친한 부사(구)

> S + is/ are/ am + v-ing + now/ right now/ at this moment

* The committee *is discussing* the recent financial crisis **at this moment**.
  위원회가 지금 현재 최근의 금융위기를 논하고 있다.
* The personnel manager *is* **now** *reviewing* the applicants' resumes.
  인사부장이 지금 지원자들의 이력서를 검토하고 있는 중이다.

주의

❶ 현재진행형이 미래시점(예: tomorrow/next Friday, etc.)과 함께 쓰이면 **미래시제**를 나타낸다.
* I **am leaving** on vacation *this weekend*. 나는 이번 주말 휴가 떠날 거다.

❷ 현재 진행시제가 계속적 또는 반복적 빈도부사(예: always)와 함께 쓰이면 불만이나 짜증등을 나타내는 경우가 있다.
* That wretched copier *is* **always** *breaking down*. 저 형편없는 복사기는 뻑 하면 고장이다.

2 과거 진행시제

과거의 특정 시점에서 주어의 동작 진행 상황을 나타낸다.

과거 진행시제와 친한 부사(구)

> S + was/ were + v-ing + at that moment/ when + s' + 과거 동사 (주절과 **동시 동작**인 경우)

* Jack *was reading* the Bible **at that moment**. Jack은 그 순간에 성경을 읽고 있었다.
* Sarah *was editing* the annual report **when the boss entered her office**. (⋯ 동시 동작)
  Sarah는 상관이 자기 사무실로 들어왔을 때 연례보고서를 편집하고 있었다.

주의 주절의 동작과 when 이하의 동작이 **연속 동작**일 때에는 모두 **단순 과거시제**를 쓴다.
* *When he noticed* the job advertisement on the board, he *called* the firm. (연속 동작)
  그는 게시판에서 일자리 광고를 보고서 그 회사에 전화를 했다.
* *When he saw* a policeman, he *ran away* immediately. (연속 동작) 그는 경찰관을 보자 즉시 도망갔다.

3 미래 진행시제

미래의 특정 시점에서 주어의 동작 진행 상황을 나타낸다.

* Patricia **will be waiting** for you in the lobby *when you arrive* at the airport.
  당신이 공항에 도착할 때 Patricia가 로비에서 당신을 기다리고 있을 겁니다.

주의 미래 진행형도 미래시점을 나타내는 부사(구)와 함께 쓰이면 미래를 나타낸다.
* We **will be having** a company picnic *next Saturday*. 우리는 다음 주 토요일 회사 야유회가 있다.

4 진행형 불가 동사

다음과 같은 인식/ 상태/ 소유/ 감각/ 감정 등을 나타내는 상태동사(stative verbs)는 진행시제를 쓸 수 없으나 예외가 있다.

1) 인식/사유/의사표시 동사

notice 알아차리다	believe 믿다	perceive 인식하다	think (뒤에 that-절이 올 때)
recognize 인식하다	agree 동의하다	mean 의미하다	deny 부인하다
disagree 동의하지 않다	promise 약속하다	satisfy 만족시키다	surprise 놀라게하다
suppose 생각하다	doubt 의심하다	know 알다	understand 이해하다
remember 기억하다	recall 회상하다	realize 깨닫다	

2) 상태 표시 동사

consist of …으로 구성되다	lack 결여되다	seem/appear ..처럼 보이다
differ 다르다	resemble 닮다	contain 포함하다
exist 존재하다	equal 동등하다	fit/ suit 알맞다
depend 의존하다	involve 포함하다	matter 문제가 되다
need 필요하다	concern 관련되다	appreciate 인식하다/고마워 하다
include 포함하다	measure (길이가) …이다	
become 어울리다 (3형식 동사로 쓰일 때만 진행형 불가)		

3) 소유 동사

possess 소유하다	own 소유하다	belong to ..에 속하다	have 갖다

4) 감각 동사

sound 들려오다	smell 냄새가 나다	taste ..맛이 나다	feel 느껴지다
look ..처럼 보이다			

5) 감정 동사

like 좋아하다	love 사랑하다	hate 미워하다	prefer 선호하다
dislike 싫어하다	want 원하다	wish 바라다	envy 부러워하다

* The English test *is consisting of* listening, speaking, reading and writing.(x) (⋯▸ consists of)
  그 영어시험은 듣기, 말하기, 독해 그리고 작문으로 구성되어 있다.
* The flowers *are smelling* good.(x) (⋯▸ smell) 그 꽃들은 좋은 냄새가 난다.
* I *am thinking* that the government should support the senior citizens.(x) (⋯▸ think)
  나는 정부가 어르신들을 지원해 주어야 한다고 생각한다.

예외 진행형 불가 동사도 다른 뜻으로 쓰여 동작을 나타낼 때는 진행형이 가능하다.

* They *are having* a meal.(o) (⋯▸ 동작) 그들은 식사 중이다.
* The girl *is smelling* the flowers.(o) (⋯▸ 동작) 소녀는 꽃 냄새를 맡고 있다.
* I'm *thinking of* buying a new car.(o) (⋯▸ think뒤에 of가 올 때는 진행형 가능)
  나는 새 차를 하나 살까 생각 중이다.

Check-up questions 2

A 어법상 알맞은 것을 고르시오

01 They (are checking / check) the sales figures right now, so the results (are / will be) ready soon.

02 I don't know exactly when Ted (is coming / has come) back, but I'm sure he will be back before this coming Friday.

03 Joan (looked/ was looking) for someone to help her when I entered the room.

04 Tomorrow my assistant _____ the flight tickets for us to Chicago.
   (A) would buy   (B) buys   (C) buying   (D) will be buying

05 When they found the tickets to the theater sold out, they _____ to go to the art museum to see the sculptures from around the world instead.
   (A) decided   (B) were deciding   (C) have decided   (D) had decided

B 다음 문장에서 밑줄 친부분 중 어법상 틀린 부분만 알맞게 고치시오.

01 Human beings <u>are differing</u> from other animals in that they can speak and laugh.

02 All work on the project of the city (A) <u>stopped</u> suddenly as it (B) <u>was becoming</u> clear that public interest in it had almost disappeared.

03 The instruction manual for the new device (A) <u>is lacking</u> a clear explanation of how the parts (B) <u>are</u> to be assembled.

04 Cindy and I (A) <u>talked</u> on the phone about our exciting vacation last summer when the telephone line (B) <u>went</u> dead suddenly.

3 현재완료 시제 (present perfect)

1 완료시제의 의미

완료시제에는 **현재완료**(have + p.p.), **과거완료**(had + p.p.), **미래완료**(will have + p.p.) 세 가지가 있다. 이들은 공통적으로 다음과 같은 의미를 가지고 있으며, 다만 기준 시점이 서로 다를 뿐이다.

완료시제의 의미

1) 완료 의미 – 어떤 동작을 이미 끝냈을 경우

2) 경험 의미 – 과거나 미래에 어떤 경험을 했거나 하게 될 경우

3) 결과 의미 – 과거에 행한 동작의 효과나 결과가 어느 기준 시점까지 미치는 경우

4) 계속 의미 – 과거에서부터 어느 기준 시점까지 동작이나 상태가 계속되는 경우

2 현재완료 시제와 친한 부사 / 부사구 / 부사절

현재완료 시제는 현재 시점을 기준으로 현재까지의 **완료, 경험, 결과** 및 **계속**을 나타내며, 이러한 의미들과 친한 부사구/ 부사절은 다음과 같다.

1) 완료 의미

   just, already(긍정문에서 완료의미), yet(부정문에서 미완료 의미/ 의문문에서 완료여부에 대한 질문),

   as yet(부정문과 의문문에서 미 완료 의미 : 아직까지는)

2) 경험 의미

   once / twice / three times… (긍정문에 사용), ever(의문문에 사용), never

3) 결과 의미

   recently, lately, of late(최근에)

4) 계속 의미

   for + 기간, so far = up to now = until now (지금까지 계속)

   since + 과거시점 (last night/ last week/ three years ago, etc.) (…이후로)

   since + s + 과거 동사 … (s 가 …한 이래로)

   in/ for/ over/ during the last (or past) + 기간 : (지난 …동안 계속)

   * We *have* **already** *completed* the project. (완료)
     우리는 그 프로젝트를 이미 다 끝냈다.
   * No agreement *has been reached* between the two sides **yet**. (미 완료)
     양 당사자 사이에 아직 합의가 이루어지지 않았다.
   * There *has been* no sign of any interest rate increase **as yet**. (미 완료)
     아직까지는 어떤 금리 인상의 조짐이 없다.

* *Have* you **ever** *been* to Europe? Yes, I *have been* there **several times**. (경험)
  유럽에 가본 적 있나요? 예, 여러 차례 가본 적 있습니다.
* Oil prices *have increased* considerably **recently**. (결과) 유가가 최근에 크게 올랐다.
* The world's economic conditions *have got worse* **in the last few years**. (계속)
  세계 경제 상황이 지난 수년 동안에 (계속) 악화되어 왔다.
* I *have not heard* from Jane **since** she *went* abroad about a year ago. (계속)
  나는 jane이 약 일 년 전에 해외로 나간 이후 아무 소식을 듣지 못했다.

  주의   **현재완료 시제** (have + p.p.)와 **현재완료진행 시제** (have been –ing)의 차이
  두 시제는 문법적으로 거의 같은 의미로 사용되나, 현재완료진행 시제는 **현재완료 + 현재 진행형**의 의미를 가지므로 과거의 어느 시점으로부터 지금 현재까지의 계속적 진행상황을 강조한 표현으로 볼 수 있다.

* It **has rained** since last night. 어젯밤부터 계속 비가 왔다.
* It **has been raining** since last night. 어젯밤부터 계속 비가 왔고 지금도 오고 있다.

* He **has worked** here for ten years. 그는 여기서 10년 동안 일해 왔다.
* He **has been working** here for ten years. 그는 여기서 10년 동안 일해 왔고 지금도 일하고 있다.

Check-up questions 3

A 어법상 알맞은 것을 고르시오.

01 Recently Malcom Inc. aggressively (begins / has begun) to expand into new markets.

02 I (email / have emailed) my friend abroad every other week for the past few years.

03 The newly built town (became / has become) a popular shopping center since it was established at the beginning of 2014.

04 Our team (works / has been working) on the V project all this month.

05 Oil prices (are increasing / have been increasing) over the last three years.

06 She (worked / has worked) for the company since she (joined / has joined) it in 2012.

07 People who (traveled / have traveled) around the world would know that the most expensive part of traveling is paying hotel bills.

B 다음 문장의 밑줄 친부분 중 어법에 틀린 부분만 골라 알맞게 고치시오.

01 This is the third time I had visited Paris.

02 We are discussing the project to come up with good ideas for almost two hours.

03 I (A) have known Mr. Lee since I (B) had graduated from university.

04 Ms. Dorothy (A) was working on the design of toys for kids (B) for the past ten years.

05 It (A) is raining since three hours ago. But we (B) are still waiting for the rain to stop to hold the outdoor event.

4 과거완료 시제 (past perfect) / 미래완료 시제 (future perfect)

1 과거완료 시제 (had + P.P.)

과거의 어느 기준 시점 이전에 이루어진 동작이나 그때까지의 완료, 경험, 결과, 계속 등을 의미하며, 이를 **대과거**라고도 한다.

과거완료 시제와 친한 부사구 / 부사절

* by + 과거 시점 (last weekend / the end of last year / 과거 연도, etc.)
* by the time + S + 과거 동사 …
* 그 외 과거 기준 시점을 나타내는 절

* The customers **had already left** *when we arrived there.* (⋯ when-절이 과거 기준 시점)
  우리가 거기에 도착했을 때는 고객들이 이미 떠나고 없었다.
* The board of directors **had decided** on the new policy *by the end of last week.*
  이사회가 지난 주 말까지 새로운 방침을 정했었다.
* The staff meeting **had ended** *by the time I entered the meeting room.*
  내가 회의실에 들어갔을 때쯤 직원회가 다 끝났다.

2 미래완료 시제 (will have + P.P.)

미래의 어느 기준 시점까지의 동작의 완료, 경험, 결과, 계속을 나타낸다.

미래완료 시제와 친한 부사구 / 부사절

* by + 미래 시점 (tomorrow / the end of the month / 미래연도, etc.)
* by the time + S + 현재 동사 … (시간부사절이므로 will 사용 불가 ⋯ [6] 시제 일치의 예외 참조)

* I **will have worked** here for two years *by the end of this year.*
  금년 말이면 나는 여기서 2년 동안 일해 오는 셈이 된다.
* The assistant **will have finished** the report *by the time the manager gets back.*
  부장이 돌아올 때까지 비서는 보고서를 다 끝내 놓을 것이다.

Check-up questions 4

* 어법상 알맞은 것을 고르시오.

01 Sally (will meet / will have met) Jeff twice if she meets him tomorrow.

02 The manufacturing company (has operated / had operated) in Korea for a decade before it moved its factory to China.

03 As Ms. Yun (has taken / had taken) many great English courses, she was able to join a world-renowned company.

04 Such few tickets (were / had been) sold that the event had to be cancelled.

05 I _____ in the apartment for five years by this coming October.
(A) am living   (B) will live   (C) have been living   (D) will have been living

06 After returning from vacation, we found that a storm _____ our house.
(A) damaged   (B) has damaged   (C) will have damaged   (D) had damaged

07 By the time you get back from your business trip in Japan, the company _____ a new assistant.
(A) hires   (B) will have hired   (C) would hire   (D) is hiring

5 시제 일치의 원칙

복문에서 **주절 동사의 시제**와 **종속절 동사의 시제** 사이에 시제의 선후 관계가 문맥상 논리적으로 로 맞아야 한다. 이것을 **시제의 일치**라고 한다.

1 주절의 시제가 현재시제 및 현재완료 시제인 경우

종속절에는 모든 시제가 가능하다.

> S + 현재 시제 / 현재완료(have +p.p.) + that + S' + V' ⋯
>   주절의 시제   종속절의 시제 (모든 시제 가능)

* Erin **says** that she ⎡ *is engaged* ⎤ to Joash. (o)
                            ⎢ *will get engaged* ⎥
                            ⎣ *got engaged* ⎦
(⋯ 주절이 현재시제이므로 종속절은 모든 시제가 가능)
Erin 은 Joash 와 약혼 중이라고 / 약혼할 거라고 / 약혼했었다고 말한다.

2 주절이 과거 시제인 경우 ➡ 종속절도 주절 시제에 맞춰 주어야 한다.

> S + 과거 시제 + that + S' + V' ⋯
>   ⎡ 과거v ➡ 주절과 **동일 시제**인 때
>   ⎢ had + p.p. ➡ 주절보다 **앞선 시제**인 때(대과거)
>   ⎣ would/ could/ might + v' ⋯ 과거에서 바라본 미래/능력/추측

* The company **announced** that they *would* raise the prices of their products. (과거 미래)
회사는 자기네 제품 가격을 인상할 거라고 발표했다.
* They **reported** that every effort *had been made* to meet the deadline. (대과거)
그들은 마감 시간을 맞추기 위하여 온갖 노력을 다했다고 보고했다.
* They **brought** Jesus a demon-possessed man who *was* blind and mute, and Jesus **healed** him, so that he *could* both talk and see. (⋯ 주절과 동일 시제인 경우)
그들이 귀신들려 눈멀고 말 못 하는 사람을 예수께 데려왔고, 예수께서 그를 고쳐주셔서 그가 말하고 볼 수 있게 되었다.

Check-up question 5

A 어법상 알맞은 것을 고르시오.

01 There was less complaining about our new products than we (expect / expected).

02 The dramatists didn't believe that the theater audience (will / would) automatically understand their plays in the intended manner.

03 After dinner he built a fire, going out into the weather for wood he (piled / had piled) against the garage.

B 다음 문장에서 밑줄 친 **부**분 중 어법상 틀린 부분만 알맞게 고치시오.

01 One Saturday during the summer, I (A) <u>asked</u> my father if he (B) <u>went</u> down to the schoolyard and play basketball with me.

02 I took a cup of coffee with me to my next class Monday morning. It helped me lead the class. My pauses, as I drank the coffee, not only (A) <u>gave</u> my students time to think about what I (B) <u>had said</u>, but (C) <u>gave</u> me time to think about what I (D) <u>am going to</u> say next.

6 시제 일치의 예외

1 시간 또는 조건 부사절에서 will / would 사용 불가

시간이나 조건 부사절에서는 **미래 ➡ 현재 시제로 / 미래완료 ➡ 현재완료**로 표현한다.

1) 시간 부사절 접속사 ➡ when, after, before, until, as soon as, by the time

2) 조건 부사절 접속사 ➡ if, unless, once(일단 …하면), as long as(…하기만 한다면)

S+will+v…+	when/ after/ before/ until as soon as/ by the time if/ unless/ once/ as long as	+S'+현재동사/ 과거동사/ 현재완료… will+v / would+v / will have+p.p. (x)

* We *will have to finish* the work **before** we ***will leave*** the office.(x) (⋯➡ leave)
  우리는 퇴근하기 전에 그 일을 다 끝내야 할 것이다.
* I *will call* you **as soon as** the shipment **arrives** here. (will arrive ⋯➡ x)
  나는 운송물이 도착하면 즉시 당신에게 전화하겠습니다.
* **If** it **rains** tomorrow, we *will postpone* the company picnic. (will rain ⋯➡ x)
  내일 비가 오면 우리는 회사 야유회를 연기할 것이다.

주의 when이나 if가 **의문사로서 명사절을 이끌 때는** 미래 시제인 경우에 will/would를 사용한다.

S +	ask /don't know /wonder /see can't tell /doubt /have no idea	+ when / if + S + will / would + v… (o) (명사절)

* My colleague *asked* me ***if*** I ***would attend*** the seminar.(o) (⋯➡ 명사절)
  나의 동료가 세미나에 내가 참석할 것인지를 물었다.
* I *can't tell* exactly **when** the manager ***will return*** from his business trip. (o) (⋯➡ 명사절)
  나는 부장님이 언제 출장에서 돌아오는지 정확히 알 수 없다.

2 기타 시제 일치 예외의 경우

1) 불변의 진리/ 과학적 사실/ 정해진 규칙/ 반복적 습관의 경우 ➡ 현재시제를 그대로 쓴다.

* The front desk clerk at the hotel *said* that breakfast **begins** at 6:30 AM during the week.
  (⋯ 정해진 규칙)
  호텔 안내 직원은 아침 식사가 주중에는 오전 6시 30분에 시작된다고 말했다.
* Our teacher *explained* that a water molecule **consists of** hydrogen and oxygen. (⋯ 과학적 법칙)
  선생님은 물 분자는 수소와 산소로 구성되어 있다고 설명하셨다.

2) 종속절에 미래시점과 함께 쓰일 경우 ➡ 과거미래 would 대신 will 을 사용해도 된다.

* The management *announced* that their company **will merge** with AP Food Co. *next month*.
  (⋯ 뒤에 미래시점 next month가 있으므로 will merge도 맞다)
  경영진은 자기네 회사가 다음 달에 AP 식품회사와 합병할 거라고 발표했다.

3) 종속절이 가정법일 경우 ➡ 시제에 변화가 없이 원래의 가정법 시제를 그대로 사용한다.

* He *was told* that he **might be fired** if he **didn't work** harder. (가정법 과거 그대로)
  그는 더 열심히 일하지 않으면 해고될 수도 있다는 말을 들었다.

4) 종속절 내용이 역사적 사실인 경우 ➡ 항상 과거시제만 사용한다.

* We *were taught* that the French Revolution **broke out** in 1789. (had broken out ⋯ x)
  우리는 프랑스 혁명이 1789년에 일어났다고 배웠다.

Check-up questions 6

A 어법상 알맞은 것을 고르시오.

01 After he (retires / will retire) next month, he is going to move to the seaside.

02 If you (take / will take) this advice, you will save a lot of money.

03 You can go on vacation next week as long as you _____ the work you are handling now.
   (A) will finish   (B) have finished   (C) will have finished   (D) finished

04 Have you asked Linda if she _____ for the internship program at the company tomorrow?
   (A) apply   (B) applies   (C) will apply   (D) applied

B 다음 문장에서 어법상 틀린 부분을 알맞게 고치시오.

01 We learned that the electric light had been invented by Edison.

02 We experimented to test the theory that water froze at zero degrees Celsius.

03 He said he wishes that he could find a good job in a foreign country.

04 He asked me to wait in his office until he would get back there.

05 As soon as the manager will arrive, we can start the meeting.

7 종속절에 원형 동사가 오는 경우

주절에 주어의 의지를 강하게 나타내는 **의지 동사**가 오거나 **이성적/감정적 판단 형용사**가 오는 경우에 뒤의 종속절에는 **should + v**의 형태(일종의 가정법 시제)가 되는데 현대 영어는 should가 빠지면서 **원형동사**만 쓰는 경우가 많다.

1 S + 의지 동사 + that + S + (should) V(원형) …

의지 동사의 예

* 주장 — **insist, urge** 촉구하다
* 명령 — **order, command**
* 충고 — **advise, recommend**
* 요구 — **ask, require, request, demand**
* 제안 — **suggest, propose, move** 안건을 제안하다

* The staff **requested** that the manager (should) *reconsider* the decision immediately.
  직원들은 부장이 그 결정을 즉시 재고해달라고 요구했다.

* He **insisted** that she (should) *not be promoted* to marketing manager.
  그는 그녀가 마케팅부장으로 승진해서는 안 된다고 주장했다.

주의 실제로 일어난 **사실**의 경우에는 원형동사가 오지 않으며 일반 시제 일치의 원칙을 따른다.

* The consultant **recommended** that the project *was delayed*.
  상담전문가는 프로젝트를 연기하라고 권고했다. (그래서 연기했다)

2 It is + 이성적 판단 형용사 / 감정적 판단 형용사 (or 명사) + that + S + (should) V(원형)

이성적/ 감정적 판단 형용사의 예

* 필요   **necessary** 필요한, **essential/ vital** 필수적인, **imperative** 반드시 해야 하는
* 중요   **important** 중요한, **crucial** 중대한
* 기타   **natural** 당연한, **proper** 적절한, **right** 옳은, **wrong** 틀린, **good, useless, possible, impossible, no wonder** 놀랄 일이 아닌, **desirable/ advisable** 바람직스러운
* 감정   **strange** 이상한, **wonderful** 멋진, **regrettable** 유감스러운, **a pity** 유감

* It is **imperative** that these safety precautions *(should)* be complied with. 이 안전 수칙은 꼭 지켜져야 한다.

* It is **strange** that she *(should)* have married such a weird man.
  그녀가 그런 괴팍한 사람과 결혼했다는 것은 이상한 일이다.

주의 이성적/ 감정적 판단 형용사라고 해서 늘 뒤에 원형동사가 오는 것은 아니다. 현재나 과거의 사실을 언급할 때, 또는 화자(speaker)에 따라서는 원형동사를 쓰지 않고 일반 시제의 원칙 을 따르는 경우도 많다.

* It is very **important** that the machines *are checked* every two months.
  그 기계들은 2개월마다 점검받는 것이 매우 중요하다. (그래서 실제로 점검받고 있다)

Check-up questions 7

* 어법상 알맞은 것을 고르시오.

01 The customer requested that we (send / sent) the goods by express delivery, so we have to forward them as soon as possible.

02 The supervisor (suggested / said) that his staff hand in the report by Friday.

03 It is (essential / suitable) that the newcomer attend the presentation.

04 It is highly desirable that these days every student (is / be) familiar with computers.

05 The law firm _____ that the president not sign the contract until it is closely examined.
  (A) said   (B) advised   (C) explained   (D) mentioned

종합문제 (시제)

A 다음 빈칸에 어법상 알맞은 것을 고르시오.

01 The new law _____ any manufacturing company to recall defective products and make necessary repairs of them free of charge.
(A) required (B) requires (C) has required (D) is requiring

02 Investing in the IT sector now instead of waiting longer _____ of the best interest to us.
(A) is (B) is being (C) has been (D) was

03 They _____ baseball for three hours when it began to rain suddenly.
(A) played (B) were playing (C) have been playing (D) had been playing

04 The automobile manufacturing company announced last week that it _____ its workforce by 20 percent.
(A) reduces (B) will reduce (C) would reduce (D) will have reduced

05 The result of the survey conducted last year indicated that advertising on the Internet in US _____ steadily.
(A) increased (B) is increasing (C) has been increasing (D) had been increasing

06 Animal research found that in addition to the body's clock, which _____ your sleep schedule by the rise and fall of the sun, there is some time system in your body.
(A) controls (B) controlling (C) controlled (D) has controlled

07 People who _____ mountains would know that the greatest part of satisfaction in climbing _____ getting to the top of a mountain.
(A) climbed - is (B) climbed - was (C) have climbed - is (D) have climbed - was

08 I heard Linda say that she _____ involved in the whole affair if she didn't attend the discussion on the serious problem.
(A) didn't get (B) would not get (C) wouldn't have got (D) hadn't got

09 All shareholders will _____ of the schedule change by the start of the annual meeting.
(A) notify (B) be notified (C) have notified (D) have been notified

10 I _____ at the branch office in Denver from 2009 to 2012, and then I transferred to Chicago.
(A) worked (B) was working (C) have worked (D) have been working

B 각 질문에 답하시오.

[01] 밑줄 친 부분 중 어법상 틀린 부분을 골라 알맞게 고치시오.

01 The most concrete information we (1) <u>have</u> relating to college achievement and performance outside of college (2) <u>is</u> the now famous BT Company Study of 2012. BT examined the careers of 15,000 of its employees who (3) <u>were</u> college graduates. Success with the company was checked against the employees' academic performance, extra-curricular activities as well as the quality of colleges they attended. Those who (4) <u>ranked</u> high in their classes were found to be receiving the highest salaries in the BT System.

[02-04] 다음 괄호 안에서 어법상 알맞은 것을 고르시오.

02 She listened to the CBC radio broadcast where I (1) **(discussed / have discussed)** some issues. It left her asking herself deeper questions. She emailed me, asking if I had considered writing a book for a general audience. I suggested that she (2) **(watches / watch)** the lectures that I (3) **(did / have done / had done)** for a TVO program on my YouTube channel.

03 As you probably know, the recent slow economy has had a profound impact on our business. Our sales figures (1) **(dropped / have dropped)** nearly 45 percent in the last year. Even if we do not expect this current situation to be a long-term concern for our business, we don't think this slump will recover until our projected branch (2) **(opens / will open)** this coming summer. We regret to inform you that we (3) **(lay / are laying)** off all our hosts and hostesses next month. You are qualified for severance pay, which (4) **(is paid / will be paid)** in full on your next paycheck.

04 If you are prone to lose your temper, beware: being angry can make your lung weaker. A recent study by Harvard School of Public Health measured the lung capacity and (1) **(rated/ has rated)** the hostility of 670 men, three times over eight years. At the end of the study, the lung power of those who exhibited high levels of hostility (2) **(has become/ had become)** significantly worse compared to those with a low rating.

"When you're angry, you produce hormones to help your body prepare for a fight," says Dr. Moor Gillon. "These release chemicals that can cause cells in your bronchial tubes to inflame. The tubes then narrow and you (3) **(will feel/ felt)** breathless." Dr. Moor Gillon says this type of lung damage is tiny compared to the effects of smoking. But in the long term, irreversible damage can be caused. So if you're late and someone (4) **(cuts/ will cut)** into your lane in traffic, don't fly into a rage. Instead, take a deep breath and count to ten.

C 다음 우리말과 같은 뜻이 되도록 영문의 빈칸에 알맞은 단어를 써넣으시오.

01 내가 공항에 도착했을 때에는 이미 비행기가 떠나버렸다.
When I (   ) to the airport, the plane (   ) already (   ).

02 Jane 은 2011 년 회사에 입사한지 계속 그 회사에 근무해오고 있다.
Jane (   ) (   ) working for the company since she (j   ) it in 2011.

03 그는 다음 달 은퇴하면 자기 자신의 사업을 시작할 것이다.
If he (   ) next month, he (   ) (s   ) his own business.

04 나는 다가오는 12월까지 여기서 5년 동안 사는 셈이 될 것이다.
I will (   ) (   ) here for 5 years (   ) this coming December.

05 우리가 1 시간 정도 축구를 했을 때 비가 오기 시작했다.
We (   ) (   ) playing soccer for about one hour when it (   ) to rain.

D 괄호 안에 주어진 단어들을 이용하여 우리말을 영작하시오.

01 Peter는 두어 시간 후에 돌아올 것이다.
(두어 시간 : a couple of hours, 돌아오다 : get back/ return)
_____.

02 나는 중학교를 졸업한 이후로 영어공부를 더욱 열심히 해왔다.
(…를 졸업하다 : graduate from)
_____.

03 작년 이맘때는 눈이 엄청나게 많이 와서 우리는 집 밖으로 나갈 수가 없었다.
(작년 이맘때 : at this time last year, 엄청나게 : enormously)
_____.

04 그는 대학을 졸업한 후에 전자회사에 입사할 것이다.
(전자회사 : an electronics company, …에 입사하다 : join/ enter…)
_____.

05 어제 밤 그 콘서트가 끝났을 때 밖에는 비가 억 수로 내리고 있었다.
(밖에는 : outside/ outdoors, 억수로 : heavily)
_____.

마음의 문 열기

What Is Love?
사랑이란?

1 Corinthians 13:4-7

Love is patient, love is kind.
   사랑은 오래 참고, 사랑은 온유하며

It does not envy, it does not boast, it is not proud.
   사랑은 시기하지 않고, 자랑하지 않으며, 교만하지 않는 것이다.

It is not rude, it is not self-seeking, it is not easily angered, it keeps no record of wrongs.
   사랑은 무례하지 않고, 자기의 유익을 구하지 않으며, 성내지 않고, 악한 것을 생각하지 않는 것이다.

Love does not delight in evil but rejoices with the truth.
   사랑은 불의를 기뻐하지 않고, 진리와 함께 기뻐하는 것이다.

It always protects, always trusts, always hopes, always perseveres.
   사랑은 항상 보호해주고, 항상 믿어주고, 항상 바라며, 항상 견디는 것이다.

Chapter 4
수동태
Passive Voices

Grammar Introduction

능동태의 목적어가 주어로 나가면 동사는 **be + P.P.의 형태**가 되며 이런 형태를 수동태라 한다. 수동태는 동작을 행하는 행위 주체보다 동작을 받는 목적어를 강조해서 문두에 쓰이는 형태이므로, 수동태에서 중요하지 않은 **행위주체(by + 행위자)**는 생략되는 경우가 보통이다.

수동태의 시제와 형태

They do a good job.(그들은 일을 잘 한다)를 12 시제의 수동태로 표현하면 다음과 같다.

1 단순 3 시제의 수동태

1) 현재 시제 : A good job **is done**.   2) 과거 시제 : A good job **was done**.
3) 미래 시제 : A good job **will be done**.

2 진행 시제의 수동태

4) 현재진행 : A good job **is being done**.   5) 과거진행 : A good job **was being done**.
6) 미래진행 : A good job **will be being done**.

3 완료 시제의 수동태

7) 현재완료 : A good job **has been done**.   8) 과거완료 : A good job **had been done**.
9) 미래완료 : A good job **will have been done**.

4 완료 진행 시제의 수동태

10) 현재완료 진행 : A good job **has been being done**.
11) 과거완료 진행 : A good job **had been being done**.
12) 미래완료 진행 : A good job **will have been being done**.

조동사 can/could, may/might, would, should, must 등을 동반할 때에도 뒤에 be + P.P.가 온다.
  * A good job **can/ may/ would/ should/ must** be done.

5 문형과 수동태

능동태 문장 안에 있는 목적어가 주어로 나가면 수동태가 되므로 **목적어가 없는 자동사의 경우에는 수동태가 불가능하다.**

  * (1 형식) S + V ➡ 수동태 불가 (자동사)   * (2 형식) S + V + **보어** ➡ 수동태 불가 (자동사)
  * (3 형식) S + V + **목적어** ➡ 수동태 가능 (타동사)
  * (4 형식) S + V + **사람**(IO) + **사물**(DO) ➡ 보통 두 개의 수동태가 가능 (타동사)
  * (5 형식) S + V + **목적어** + **목적보어** ➡ 수동태 가능 (타동사)

1 문형별 수동태

1 3형식 문형의 수동태

> S + V + 목 ➡ 목(S') + be + P.P. + (by + S)

* The president *delivered* the opening speech. (과거 능동태) 사장이 개막 연설을 했다.
  ➡ The opening speech **was delivered** by the president. (과거 수동태)

* The president *will deliver* the opening speech. (미래 능동태) 사장이 개막 연설을 할 것이다.
  ➡ The opening speech **will be delivered** by the president. (미래 수동태)

* The president is *delivering* the opening speech. (현재 진행 능동태) 사장이 개막 연설을 하는 중이다.
  ➡ The opening speech **is being delivered** by the president. (현재 진행 수동태)

2 4형식 문형의 수동태

> S + V + IO + DO ➡ ┌ IO (사람) + be + P.P. + DO + (by + S)
>   └ DO (사물) + be + P.P. + 전치사 + IO + (by + S)
>   to/for/of (➡ 문장동사에 따라 결정됨)

1) to 가 오는 동사 ➡ give, grant(주다/ 허용하다), offer(제공하다), award(상을 수여하다), send, bring, show, tell, lend, write, hand(건네주다), pass, sell, pay, etc.

2) for 가 오는 동사 ➡ find(찾아다 주다/ 구해다 주다), get(갖다 주다), buy, make, leave(남겨주다), do(호의를 베풀다), cook(요리해주다), etc.

3) of 가 오는 동사 ➡ ask (묻다)

* They awarded *him* the grand prix. 그들은 그에게 대상을 수여했다.
             IO   DO
  ➡ *He* **was awarded** the grand prix. (수동 — 간접목적어 사람이 주어로 나간 경우)
  ➡ *The grand prix* **was awarded** *to* him. (수동 — 직접목적어 사물이 주어로 나간 경우)

* He *found* me a nice used car. 그가 나에게 멋있는 중고차를 구해 주었다.
  ➡ A nice used car **was found** *for* me by him.

* The reporters *asked* him many questions. 기자들이 그에게 많은 질문을 했다.
  ➡ Many questions **were asked** *of* him by the reporters.

3 5형식 문형의 수동태

> S + V + 목 + 보어 ➡ 목(s') + be + P.P. + 보어 + (by + S)
> 　　　　　형용사/ 분사/ to-부정사 등이 보어

1) 5형식에서 형용사/ 분사를 목적격 보어로 취하는 동사

> keep　　leave　　make　　consider　　render　　find　　set, etc.

* The jury **found** him *innocent*. (형용사가 보어인 경우)
  ➡ He **was found** *innocent* by the jury. 그는 배심원들에 의하여 결백하다고 판명되었다.

2) to-부정사가 목적격 보어인 동사

> advise　　allow　　permit　　ask　　require　　request　　encourage, etc.

(⋯ 자세한 것은 Ch.1 문장의 구성 [6] 5형식 문형 참조)

* The government **allowed** the company *to build the plant*. (to-부정사가 목적격 보어인 경우)
  ➡ The company **was allowed to build** the plant by the government.
  그 회사는 정부로부터 공장을 짓도록 허용받았다.

4 명령문의 수동태

> 1) 긍정 명령문 (V + 목⋯) ➡ Let + 목적어 + be + P.P.
> 2) 부정 명령문 (Don't + V + 목⋯) ➡ Let + 목적어 + not be + P.P.
> 　　　　　　　　　　　　　　　　　*or* Don't let + 목적어 + be + P.P.

우리말에는 명령문의 수동태가 없으므로 명령문의 수동태는 능동형으로 바꾸어 번역한다.

* Obey your God. ➡ **Let** your God **be obeyed**. 너의 하나님께 순종하라.
* Do it at once. ➡ **Let** it **be done** at once. 그것을 즉시 해라.
* Don't do that. ➡ **Let** that **not be done**. = **Don't let** that **be done**. 그것은 하지 마라.

Check-up questions 1

A 어법상 알맞은 것을 고르시오.

01 The filing cabinet was found (open / openly).

02 We (required / are required) to submit the report by next Monday.

03 Your shipment is (carrying / being carried) now by courier, so you will receive it before the end of the day.

04 Accommodations at a hotel in Paris have been finally (found / offered) for us during the busy holidays.

05 A lot of problems with the controversial subject have (left / been left) unsolved in spite of the heated debate at the open forum.

06 They were not permitted _____ the restricted area because they had no photo ID.
   (A) entering   (B) to enter   (C) entrance   (D) to enter into

07 As soon as the guests arrive at the reception, dinner _____ .
   (A) serves   (B) will serve   (C) will be served   (D) being served

08 I regret to inform you that the shipment of your order has been sent _____ a wrong address.
   (A) to   (B) for   (C) on   (D) toward

B 다음 문장을 수동태로 고치시오.

01 We haven't fixed the copier yet.
   ➡ _____.

02 They offered me a good position.
   ➡ I _____.
   ➡ A good position _____.

03 I will keep my room tidy from now on.
   ➡ _____.

04 Listen to me carefully.
   ➡ _____.

2 능동-수동의 구별

1 자동사의 경우

자동사(1형식 동사와 2형식 동사)는 뒤에 목적어를 취할 수 없으므로 수동태가 될 수 없다.

1) **1형식 동사의 예** — appear(나타나다), arrive, exist(존재하다), last(지속되다), wait, rise(상승하다), etc.

2) **2형식 동사의 예** — become, grow, look, seem, remain, stay, etc. (Ch.1 문장의 구성 참조)

* Their flight *has just been arrived* at the airport.(x) (⋯ **has just arrived**)
  그들이 탄 비행기는 방금 공항에 도착했다.
* The stock market *has been remained* stable recently.(x) (⋯ **has remained**)
  주식시장이 최근에는 안정 상태를 유지하고 있다.

2 타동사의 경우

1) 동사 뒤에 <u>목적어</u> (명사/ 명사구/ 명사절/ 동명사/ to-부정사 등)가 있으면 원칙적으로 능동형이다.

2) 동사 뒤에 목적어가 없고 부사(구)/ 전치사구/ 보어/ by + 행위자 등이 있으면 수동형이다.

> * S + V + 목적어 ➡ 뒤에 목적어가 있으므로 **능동형**
> * S + be + P.P. + 부사(구)/부사절/전치사 + N/by +행위자 ➡ 뒤에 목적어가 없으므로 **수동형**

* We should **send** *our client's orders* as soon as possible. (⋯ 뒤에 목적어가 있으므로 능동태)
  우리는 고객의 주문품을 가급적 빨리 발송해야 한다.
* Mr. Rivero **was scolded** *by his supervisor* for his frequent lateness.
  (⋯ 뒤에 by + 행위자가 있 으므로 수동태)
  Rivero 씨는 잦은 지각 때문에 상관으로부터 질책을 받았다.
* A lot of platters of various foods **are laid** *on the tables* in the buffet restaurant.
  (⋯ 뒤에 전치사구가 있으므로 수동태)
  그 뷔페 식당에는 다양한 음식을 담은 많은 접시들이 테이블 위에 놓여져 있다.
* The initial imbalance in your body should **be seriously taken** *when you feel it for the first time*.
  (⋯ 뒤에 부사절이 바로 연결되어 있으므로 수동태)
  당신이 당신의 몸에서 최초의 불균형을 처음으로 느꼈을 때 그것은 심각하게 받아들여져야 한다.

주의 뒤에 명사(구)가 온다 할지라도 목적어가 아니라 보어인 경우에는 **be + p.p. + 명사(보어)**의 형태를 취한다.

be + p.p. + 명사 보어의 예

* **be called** (……라고 불리다)
* **be named** (…라고 이름 지어지다)
* **be elected** (…으로 선출되다)
* **be declared** (…라고 선언되다)
* **be considered** (…라고 여겨지다)
* **be made** (…으로 만들어지다)
* **be marked** (…이라고 표시되다)

+ 명사
(보어 ⋯ 목적어가 아님)

* The new product **was called** *White Soap*. 그 신제품은 White Soap 라고 불렀다.
   (보어)
* Ms. Jones **was elected** *the first female mayor* of the city. Jones씨는 그 시의 최초여성시장으로 선출되었다.

참고 능동형 동사가 수동적 의미인 경우
sell(팔리다), **read**(읽혀지다), **show**(보여지다), **break**(부서지다), **open**(열리다), **close**(닫히다) 등은 능동형인 경우에도 문맥상 수동적 의미를 갖는 경우가 있다.

* The company's newly released product **sells** well. 그 회의 새로 출시된 제품은 잘 팔린다.
* The sign on the entrance of the restaurant **read** "Closed on Sundays."
  그 식당 입구 표지판에는 "일요일은 휴무"라고 쓰여 있었다.
* A tiny stain on the light-colored clothes will **show** easily. (= can be seen)
  옅은 색깔의 옷에 묻은 얼룩은 쉽게 눈에 띌 것이다.

Check-up questions 2

* 어법상 알맞은 것을 고르시오.

01 A famous architect (designed / was designed) our newly built office building.

02 The supplies we had been expecting (delivered / were delivered) this morning.

03 My passport has already (expired / been expired) recently.

04 The international music contest (takes place / is taken place) every two years.

05 The taxes on employees' earnings are estimated and collected by the employer and then (sending / sent) to the authorities concerned.

06 The lawyer will _____ the report on the pending case after finalizing it.
   (A) be prepare   (B) be prepared   (C) prepare for   (D) preparing

07 Please note that the entrance to the parking garage _____ on the east side of the main shopping mall.
   (A) locates   (B) locating   (C) is locating   (D) is located

3 동사구(verbal phrases)의 수동태

자동사는 수동태가 될 수 없으나 **자동사 + 전치사**(2어동사 two-word verb)의 경우에는 자동사가 전치사와 결합하여 타동사처럼 쓰이므로 수동태가 가능하다. 또한 **동사 + 명사 + 전치사** 또는 **동사 + 부사 + 전치사**가 타동사구를 이루는 경우도 마찬가지이다. 이들을 동사구(구동사)라고 한다.

1 자동사 + 전치사가 타동사구로 쓰이는 예

apply for …에 지원하다	**account for** …을 설명하다/…비율을 차지하다
comply with 규정 등을 준수하다	**look for/ into/ over** …을 찾다/조사하다/검토하다
focus on/ concentrate on …에 집중하다	**rely on/ count on** 의존하다/ 믿다
deal with …을 다루다	**refer to** …을 언급하다/ 참조하다
laugh at …을 비웃다	**wait on** 시중 들다
attend to …을 돌보다/처리하다	

* The employees should **comply with** the new company policy. (능동형)
  → The new company policy should *be complied with* (by the employees). (수동형)
  직원들은 회사의 새로운 방침을 지켜야 한다.

* Only one nearby farm *is relied upon* for agricultural products by the three villages.
  세 마을이 농산물(공급)을 인근의 딱 한 개의 농장에 의존하고 있다.

2 동사 + 명사 + 전치사가 타동사구인 예

take care of …을 돌보다/처리하다	**pay** (no) **attention to** …에 유의하다/유의하지 않다
find fault with …을 헐뜯다	**make fun of** …을 놀리다
take advantage of …을 이용하다	**take notice of** …을 주목하다
catch sight of …을 발견하다	**make much of** …을 중요시하다
make little of …을 경시하다	**make use of** …을 이용하다

* You should **take care of** the problem now. (능동형)
  → The problem should *be taken care of* now (by you). (수동형) 그 문제는 지금 처리되어야 한다.

* Archaeologists **make much of** the newly discovered relics from the Stone Age.
  → The newly discovered relics from the Stone Age *are made much of* by archaeologists.
  새로 발견된 석기시대의 유물들은 고고학자들에 의해서 중요시되고 있다.

주의 동사 + 명사 + 전치사에서 자주 쓰이지는 않지만, 명사 앞에 **수식어**(no / great / good, etc.)를 붙여 수동태의 주어로 하는 경우도 있다.

* ***Great*** care should ***be taken of*** the problem now.(o) (care가 주어로 나갈 때는 수식어를 붙인다)
  그 문제는 각별히 주의를 기울여야 한다.

CF. ***Care*** should be taken of the problem now.(x)

* ***No*** attention was paid to what he said. (o) 그가 한 말에 대해 아무도 주의를 기울이지 않았다.

3 동사 + 부사 + 전치사가 타동사구인 예

do away with …을 없애다		**put up with** …을 참다	
come up with …을 생각해내다		**look up to** …을 존경하다	
look down on …을 멸시하다		**catch up with** …을 따라잡다	
speak well/ highly of …을 칭찬하다		**speak ill/ badly of** …을 험담하다	
keep up with …에 뒤지지 않다/ 정통하다		**get away with** …을 용케 피하다	

* We should **do away with** the existing outdated policies. (능동형)
  → The existing outdated policies should ***be done away with*** (by us). (수동형)
  기존의 낡은 정책들은 폐지되어야 한다

* The students **look up to** their homeroom teacher.
  → Their homeroom teacher ***is looked up to*** by the students.
  그들의 담임 선생님은 학생들로부터 존경을 받는다.

주의 위에서 설명한 타동사구들은 이론적으로는 수동태가 가능하지만 실제로는 자주 쓰이지 않는 경우가 많다.

e.g. James is a sort of a person who could ***be depended on***.
  ⋯→ James is a sort of person who you could ***depend on***. (⋯→ 이 표현이 더 자연스럽다)
  james는 네가 믿을 수 있는 사람이다.

Check-up questions 3

A 어법상 알맞은 것을 고르시오.

01 The speaker was disappointed that little attention (paid / was being paid) to what he was saying.

02 The old politician's remark was not spoken as (highly / highly of) as before.

03 The supervisor's weird behavior has not (accounted for / been accounted for) as yet.

04 Jennifer (speaks well of / is spoken well / is spoken well of) by most of her colleagues.

05 The fragile items should be (dealt / dealt with) very cautiously.

B 밑줄 친 부분 중 어법상 틀린 부분을 골라 알맞게 고치시오.

01 The specifications say that there is preventive maintenance process that must be carefully <u>attended</u>.

02 A few sensitive terms on controversial feminism subject (A) <u>were referred</u> several times during the famous feminist leader's speech at the gathering. There were a lot of participants at the forum and (B) <u>much attention was paid to</u> her speech.

4 수동태로 할 수 없는 타동사

1 사역동사 – have, let (make 만 수동태 가능)

* She **had** the mechanic fix her car. 그녀는 정비공에게 자기 차를 고치게 했다.
  → The mechanic *was had* to fix her car by her. (x)
  She *had* her car *fixed* by the mechanic. (o)

* They let me enter the restricted area. 그들은 내가 그 통제구역을 들어가도록 허용했다.
  → I *was let* to enter the restricted area. (x)
  → I *was allowed to* enter the restricted area. (o) (let 의 수동형은 be allowed to로 한다)

2 소유동사 – have, own, possess(..을 소유하다), belong to(…에게 속하다)

* The fancy car *is belonged to* her. (x) (→ belongs to) 그 멋진 차는 그녀의 것이다.

> **주의** possess는 다음과 같이 관용적으로 수동태를 쓰기도 한다.
> *사람(S) + be possessed (with) : (…악령에) 사로잡혀 있다 / be possessed of : …을 소유하다

* They believe that she *is possessed*. 그들은 그녀가 악령에 사로잡혀 있다고 믿는다.
* Ms. Kim *is possessed of* a cheerful trait and polite manner.
  Ms. 김은 명랑하고 예의 바른 성격을 지니고 있다.

3 상태 동사 — resemble(..을 닮다), become/fit(..에 어울리다), lack(..을 결여하다), suit(..에 알맞다)

* Cindy **resembles** her mother. Cindy는 자기 엄마 닮았다.
  → Her mother *is resembled by* Cindy. (x)

* That scarf **becomes** you. 그 스카프는 너에게 어울린다.
  → You *are become by* that scarf. (x)

4 기타 관용어 — consist of(..으로 구성되다), result from(..에 기인하다), result in(..을 초래하다)

* Our sales team *is consisted of* ten people.(x) (→ consists of) 우리 영업팀은 10 명으로 구성되어 있다.

> **CF.** consists of 와 같은 의미로 **is composed of / is made up of** 는 수동태로 쓰인다.

Check-up questions 4

* 다음 문장을 어법에 알맞게 고쳐서 다시 쓰시오.

01 You are well fitted by your hat.
➜ _____.

02 A large electronics company is owned by my uncle.
➜ _____.

03 Their children are not let to go outside after 9:00 p.m.
➜ _____.

04 The department is consisted of five sales people and one manager.
➜ _____.

05 The accident in the workshop was resulted from careless supervision.
➜ _____.

5 주의해야 할 수동태

1 동사 뒤에 목적어가 있어도 수동태인 경우

4형식동사의 경우 간접목적어(IO)인 사람이 주어로 나가면 뒤에 직접목적어가 그대로 남아 있게 된다. 이 경우에는 뒤에 목적어가 있어도 수동태가 된다.

> S + V + IO + DO → IO (사람) + be + P.P. + DO(사물) → (o)
>   목적어

* He **gave** Sharon a birthday gift. → Sharon **was given** *a birthday gift* (by him). 샤론은 생일 선물을 받았다.

이런 형태로 자주 쓰이는 예

사람(s) +
- **be given** *a bunch of flowers* (꽃다발을 받다)
- **be awarded** *first prize* (1 등상을 수여 받다)
- **be granted** *a day of extension* (하루의 기한연장을 받다)
- **be offered** *a job position* (일자리를 제안받다)
- **be paid** *the payment* (대금을 지불받다)
- **be taught** *magic tricks* (마술 묘기를 배우다)

주의 4형식 문형에서 간접목적어인 사람을 수동태로 할 수 없는 경우
make, buy, write, sing, bring, lend, sell 등은 의미상 사람을 수동태의 주어로 하지 않는다.

* Mom made me cookies. → *I was made* cookies by mom.(x) 엄마가 나를 쿠키로 만들었다.

2 It is + P.P. + that-절 (that-절이 목적어인 경우)

that-절을 목적어로 하는 3형식 문장은 다음과 같이 두 개의 수동태가 있다.

> S + V + that + S' + V' → It is + P.P. + that + S' + V' (복문) (··→ 가주어 It를 사용함)
>   S' + be + P.P. + to + V' (단문)
>
> [참고] * 단문(simple sentences) : 한 문장에 S+V 가 하나만 있는 문장
>   * 복문(complex sentences) : 한 문장에 S+V가 종속접속사와 연결되어 두 개 있는 문장

* They say *that the president will resign at the end of the month*.
                              목적어
  → It *is said* that the president will resign at the end of the month.
     가주어   진주어
  = The president *is said to resign* at the end of the month. 사장이 이달 말에 사임할 거라고 한다.

이런 형태로 자주 쓰이는 동사의 예

> It is [said/thought/supposed/believed/considered/arranged/known / expected/predicted/estimated/reported/announced/assumed/agreed] + that + S + V

주의 감정 유발동사의 경우에는 다음과 같이 **It is + V-ing + that** … 의 형태가 된다

e.g. It is **surprising / disappointing / encouraging**(고무적인)**/ interesting** that + S + V…

* It is ***surprising*** that only a few people came to the party last night.
  어젯밤 파티에 극소수의 사람들만 왔다는 것은 놀라운 일이다.
* It is *encouraged* that our sales figures have been increasing since six months ago. (x)
  (…▶ **encouraging**) 6개월 전부터 우리의 매출고가 계속 증가해온 것은 고무적이다.
  (…▶ 감정 유발동사의 자세한 내용은 Ch.7 분사 [4] 참조)

3 사역동사 / 지각동사의 수동태 ➡ 능동태의 원형동사가 수동태에서는 to-부정사로 변한다.

1) 사역동사의 수동태

> S + **make** + 목 + 원형동사(v) (능동태) ➡ 목(S') + **be made to** + v… (수동태)
> S + **let** + 목 + 원형동사(V) (능동태) ➡ 목(S') + **be allowed to** + V… (수동태)

주의 사역동사 중 **have**와 **let**은 수동태로 쓸 수 없다.

* The bad weather has *made* us **delay** our departure.
  ➡ We ***have been made to delay*** our departure due to the bad weather.
  악천후로 인하여 우리는 출발을 연기하게 되었다.

* She doesn't *let* her children **stay up** late at night.
  ➡ Her children ***are not allowed to stay up*** late at night.
  그녀의 자녀들은 밤늦게까지 잠을 안 자는 것은 허용되지 않는다.

2) 지각동사의 수동태

> S + **see / hear / watch** + 목 + 원형동사(V) / v-ing (능동태)
> ➡ 목(S') + **be seen/ heard/ watched** to + V or V-ing + by + S (수동태)

* I *saw* the neighbors **drive off** for their vacation this morning.
  ➡ The neighbors *were seen **to drive off*** for their vacation this morning (by me).
  이웃 사람들이 오늘 아침 차를 몰고 휴가 떠나는 것을 보았다.

CF. The neighbors were seen *driving off* for their vacation this morning. (o)

Check-up questions 5

* 어법상 알맞은 것을 고르시오.

01 The manager (awarded/ was awarded) the first prize for his innovative idea on the marketing strategy.

02 It is (estimating / estimated) that passive smoking is as likely to cause lung cancer as direct smoking.

03 It is (reporting / reported) that most of our customers responded favorably to our new line of products.

04 All workers should _____ protective clothes before starting to work in the factory.
    (A) give   (B) be given   (C) be given to   (D) be giving

05 Our personal desires should not be _____ to influence public life.
    (A) let   (B) had   (C) allowed   (D) allowing

06 A plane was seen _____ into the clouds.
    (A) fly   (B) flying   (C) flew   (D) being flown

07 I wasn't able to make myself _____ when I tried to communicate with the natives.
    (A) understand   (B) understanding   (C) understood   (D) to understand

6 [be + P.P. + 전치사]의 형태

1 to 가 오는 경우 (···→ to-부정사의 to 와 구별해야 한다)

be dedicated/ devoted to (···에 헌신하다)
be attached to (···에 첨부되다)
be related to (···와 관련되다)
be engaged/ married to (···와 약혼/결혼하다)
be entitled to (···의 자격이 있다)
be committed to (···에 전념하다)

be attributed to (···에 기인하다)
be exposed to (···에 노출되다)
be chained/ tied to (···에 묶이다)
be known to (···에게 알려지다)
be used/ accustomed to (···에 익숙해지다)
be addicted to (···에 탐닉하다/중독되다)

2 for 가 오는 경우

be blamed for (···으로 비난받다)
be qualified for (···에 자격이 있다)
be suited for/ to (···에 적합하다)

be intended for (···을 대상으로 하다)
be scheduled for (···시간에 예정되다)
be known for (···으로 유명하다)

3 in 이 오는 경우

be included in (···에 포함되다)
be interested in (···에 흥미가 있다)
be skilled in/ at (···에 능숙하다)

be involved in (···에 참여하다/연루되다)
be engaged in (···에 종사하다)
be absorbed/ indulged in (···에 열중하다)

4 with 가 오는 경우

be equipped with (···을 갖추고 있다)
be covered with (···으로 덮이다)
be endowed with (···을 타고 나다)
be associated with (···와 관련되다/연합되다)

be crowded with (···으로 붐비다)
be filled with (···으로 가득 차다)
be connected/ linked with (···와 관계가 있다)
be contented with (···에 만족하다)

5 기타

be based on (···을 근거로 하다)
be comprised of (···으로 구성되다)
be known as (···으로 알려지다)
be known by (···을 보면 알 수 있다)
be made of (···으로 만들어지다 : 물리적 변화)

be composed of/ made up of (···으로 구성되다)
be concerned/ worried about (···을 걱정하다)
be accompanied by (···을 동반하다)
be caused by (··· 때문에 야기되다)
be made from (···으로 만들어지다 : 화학적 변화)

6 사람(s) + be + (감정 유발동사) P.P. + 전치사 의 경우

* **be surprised / alarmed / astonished / amazed / shocked at** (or by) (…에 놀라다)
* **be frightened /scared of** (…을 두려워하다, 무서워하다)
* **be satisfied / pleased / delighted / gratified with** (…에 만족해하다, 기뻐하다)
* **be embarrassed / confused / puzzled about** (…에 당황하다, 혼동하다)
* **be disappointed at / in / about / with** (…에 실망하다)
* **be tired of** (…에 정신적으로 싫증나다) / **be tired from** (…에 육체적으로 지치다)
* **be convinced of** (…을 확신하다)
* **be bored with** (…을 지루해 하다)

> **CF.** 감정동사는 **사물**이 주어로 나오면 [**사물(s) + be + V-ing (현재분사)**]의 형태가 된다.
>
> * The **kids** were *excited* at the game. 아이들은 게임에 무척 흥미 있어 한다.
> * The **game** was *exciting* to the kids. 그 게임은 아이들에게 무척 흥미 있었다.

7 [be + P.P. + to + V] 의 형태

5형식 문형의 목적격 보어(OC)가 to-부정사인 경우에 수동태가 되면 **be + P.P. + to + v** 의 형태가 되며 이러한 표현이 자주 쓰이므로 이들을 암기해두면 편리하다.

> S + V + 목 + <u>to + V'</u> (능동) ➡ 목(s') + be + P.P. + to + V' (수동)
>   OC

be + P.P. + to + V 의 예

* **be advised to v** …하라고 충고받다	* **be invited to v** …하라고 부탁받다
* **be encouraged to v** …하라고 권장 받다	* **be reminded to v** …하라고 주의받다
* **be urged to v** ..하라고 촉구받다	* **be instructed to v** …하라고 지시받다
* **be told to v** …하라는 말을 듣다	* **be enabled to v** …하는 것이 가능해지다

* **be allowed / permitted to v** …하라고 허용받다
* **be forced / compelled to v** …하라고 강요받다
* **be asked / required / requested to v** …하라고 요청 받다
* **be expected / supposed / scheduled to v** …할 것으로 예정되다

* They *encourage* people *to use* public transport instead of using their own car. (능동)
  ➡ People *are encouraged to use* public transport instead of using their own car. (수동)
  사람들은 자신의 승용차 대신에 대중교통을 이용하라고 권장 받고 있다.

Check-up questions 6

* 어법상 알맞은 것을 고르시오.

01 We at SP Electronics are always committed to (satisfy / satisfying) our customers.

02 The newly released products are intended (at / for) young adults.

03 Those who spend more than US $100 are (entitled / qualified) for a ten percent discount on almost all items in our store.

04 The assistant got quickly (boring / bored) with the routine tasks of keeping records of the daily business.

05 The college student was (disappointing / disappointed) to receive his poor results of the final exams.

06 The orientation for the new incentive system of the company sounded (stimulating / stimulated) to the participating employees.

07 Stella is well known (as / for) a talent for music.

08 The employees (allow / are allowed) to take a short break once in a while

종합문제 (수동태)

A 다음 빈칸에 어법상 알맞은 것을 고르시오.

01 The technical team has _____ to create new inventory storing system.
(A) decided (B) been deciding (C) been decided (D) to be decided

02 All the staff members were _____ to comply with the new company rules.
(A) reminding (B) remembering (C) reminded (D) remembered

03 The map of our office location _____ for your convenience in this letter.
(A) encloses (B) enclosed (C) has enclosed (D) is enclosed

04 We are _____ that you have decided to renew your subscription to our magazine.
(A) delighted (B) delightful (C) to delight (D) delightfully

05 The shipment of our orders has just _____ from our supplier in New York.
(A) arrived (B) been arrived (C) been arriving (D) to arrive

06 The parents gained better information when they _____ on the new school program.
(A) briefed (B) were briefed (C) were briefing (D) have briefed

07 College students are _____ to fill out the form if they are _____ in the internship.
(A) reserved - interested (B) required - intended (C) required - interested (D) reserved - intended

08 The management is now _____ whether to accept the demand of the union.
(A) consider (B) considering (C) considered (D) to consider

09 Having failed to complete the market survey by the date that _____, the planning manager asked for help from the general affairs office.
(A) had set (B) was set (C) was setting (D) had been set

10 Mr. Ayward _____ as wise and hardworking supervisor by his employees.
(A) looks up to (B) is looked up (C) is looked up to (D) is looking up

B 괄호 안에서 어법상 알맞은 것을 고르시오.

01 Philosopher and writer Rupert Read argues that philosophy is not a body of doctrine, but a practice, a vantage point from which life should be analyzed and, more importantly, **(act / acted / acted upon)**.

02 Ethics is not a part of life, not something we choose to (1) **(involve / be involved / be involved in)** when we are doing only certain things. Instead, ethics is the manner of our living. In some ways it could (2) **(explain / be explained)** as being a description of our lives.

03 The Puritans, a conservative religious group, played a vital role in American history. They (1) **(forced / were forced)** to flee from England after unsuccessfully trying to reform the Anglican Church. On arriving in America, they (2) **(established / were established)** various settlements in New England. The guiding principle of their new communities was religious exclusivity, so any settlers with other religious views (3) **(asked / were asked)** to either convert or leave the community.

04 In the 1990s, Lawrence Adams was accused of several crimes, and Gregory Clark was accused of robbery. The victims identified both men in police lineups, but both men were later (1) **(showing / shown)** to be innocent. Adams was cleared of the criminal charges when another man, Richard Mason, was arrested and (2) **(implicating / implicated)** in the violent assaults. Later, after Mason was convicted of the assaults, he also confessed to the robbery that Clark (3) **(had charged / had been charged)**.

　How is it possible that two men were identified by eyewitnesses and yet were innocent of those crimes? How reliable are eyewitnesses? How much significance do juries place on eyewitness testimony? Clearly, these are important questions to ask. In most cases of conviction of innocent people, mistaken eyewitnesses identification is the cause. In fact, it is (4) **(estimating / estimated)** that over 4,000 people each year in the United States are wrongly convicted of crimes based on sincere but inaccurate eyewitness identifications.

C 다음 우리말에 알맞도록 영문의 빈칸에 적당한 단어를 써넣으시오.

01 친구가 나를 방문해 왔을 때 한 참 저녁을 만드는 중이었다.
　　Dinner was (　　　　) (c　　　　　) when my friend (　　　　) me.

02 양 당사자는 협상을 계속하기로 합의를 보았다.
　　It was (　　　　　) that both the parties would (p　　　　　) with the deal.

03 그 회의에 대비한 보고서는 Sharon이 지금 준비 중이다.
　　The report is (　　　　) (p　　　) (　　　　) the meeting by Sharon.

04 그 문제를 심각하게 받아들여야 한다고 제시되고 있다.
　　It is (s　　　　) that the issue should be (t　　　　) seriously.

05 그 공장은 최신 자동화 시스템을 갖추고 있다.
　　The factory is (e　　　　) (　　　　) the state-of-the-art automated system.

D 괄호 안에 주어진 단어들을 이용하여 우리말을 영작하시오.

01 이 편지들은 모르는 사람에 의해서 나에게 써 보내진 것이다.
　　(모르는 사람 : unknown person)
　　_____.

02 Maggie는 그 피아노 연주대회에서 1등 상을 받지 못했다.
　　(1등상 : the first prize, 피아노 연주대회 : the piano competition)
　　_____.

03 어제 전기가 갑자기 나갔을 때 새로운 기계가 테스트 되는 중이었다.
　　(전기가 나가다 : the power goes out / fails)
　　_____.

04 시민들은 눈이 오는 날에는 가능한 한 대중교통을 이용하라고 권장 받고 있다.
　　(가능한 한 : as far as possible, 대중교통 : public transportation, 권장하다 : encourage)
　　_____.

05 그들은 재활용되는 깡통이나 신문을 수거해 간다.
　　(재활용하다 : recycle, 수거하다 : collect / pick up)
　　_____.

Chapter 5
부정사
Infinitives

> **Grammar Introduction**
>
> 부정사는 **준동사** 중의 하나이다. **준동사란 동사의 성격을 지니면서 다른 품사의 역할을 하는 것**을 말하며, 주어 뒤에 나오는 **술어동사**와는 구별된다. 준동사에는 **부정사, 동명사, 분사**의 세 가지가 있다. 이들 세 가지 준동사는 그 역할과 어법이 기본적으로는 유사한 면이 있으면서도 구체적인 용법에서는 성격이 다르므로 그 용법상의 차이점을 구별해서 익혀 두어야 한다.

준동사의 종류와 역할

1 부정사
 1) 종류 : to-부정사(to + V)와 원형 부정사(bare infinitives / verb root)가 있다.
 2) 역할 : **명사, 형용사, 부사** 역할을 한다.

2 동명사
 1) 형태 : **V-ing**(동사 원형에 -ing를 붙임)의 형태이며 현재분사와 같은 형태이나 역할이 다르다.
 2) 역할 : **명사**의 역할을 한다.

3 분사
 1) 종류 : **현재분사**(V-ing)와 **과거분사**(P.P.)가 있다.
 2) 역할 : **형용사** 역할을 한다.

부정사의 역할

부정사는 **명사, 형용사, 부사의 역할**을 하며 문장 속에서 다음과 같은 요소로 쓰인다.

1 명사 역할을 하는 경우
 명사로서의 부정사는 문장 속에서 **주어, 목적어, 보어**로서 쓰인다.

2 형용사 역할을 하는 경우
 형용사로서의 부정사는 문장 속에서 **보어**로 쓰이며 **명사**나 **부정 대명사**(something/ anything/ nothing/ someone/ anyone/ one/ somewhere/ anywhere/ nowhere, etc.)를 그 **뒤에서 수식**하기도 한다.

3 부사 역할을 하는 경우
 부사로서의 부정사는 문장 속에서 여러 가지 의미(**목적/ 원인/ 결과** 등)를 나타내며 **동사, 형용사, 분사** 및 **부사를 수식**하고, 문두에서 부사구로서 **문장 전체를 수식**하기도 한다.

1 부정사의 역할/ 부정사의 시제와 태

1 명사 역할

주어(문두에서) / **타동사의 목적어**(타동사 뒤에서) / **주격보어** (be 동사 뒤에서) 가 된다.

* **To join** a world-renowned company is my dream. (주어)
  세계적으로 유명한 회사에 입사하는 것이 내 꿈이다.
* I *hope* **to visit** as many countries as possible in the future. (타동사의 목적어)
  나는 장래에 가능한 한 많은 나라를 방문하기를 바란다.
* The role of rulers is **to secure** the happiness of their people. (주격 보어)
  통치자들의 역할은 자기네 국민의 행복을 보장해주는 것이다.

2 형용사 역할

명사와 **부정대명사**를 그 뒤에서 수식하는 경우와 보어로 쓰이는 경우 두 가지가 있다.

명사
부정대명사
(⋯ something/ anything/ nothing/
someone/ anyone/ one/ somebody/
somewhere/ anywhere/ nowhere, etc.)
+ **to-부정사** ⋯ 뒤에서 후치 수식

* The customers have *the right* **to request** a refund. (명사 수식) 고객들은 환불을 요구할 권리가 있다.
* Their flight *is* **to arrive** at 4:00 p.m. (주격보어) 그들의 비행기는 오후 4시에 도착할 예정이다.
* The doctor advised me **to do** exercise at least three times a week. (목적격 보어)
  의사는 나에게 일주일에 적어도 세 번씩 운동하라고 충고했다.
* The manager had *nothing* special **to tell** us at the meeting. (부정대명사 수식)
  부장은 회의 석상에서 우리에게 말할 뭐 특별한 것이 없었다.

3 부사 역할

to-부정사가 **동사/ 형용사/ 부사/ 분사/ 문장 전체** 등을 수식하여 **목적, 원인, 결과, 판단의 근거** 등을 나타낸다.

1) 목적을 나타내는 경우 ➡ 문맥상 "⋯하기 위하여" 라고 번역된다.
   * He *went abroad* **to conclude** the contract.(동사 수식) 그는 계약을 마무리 짓기 위하여 해외로 나갔다.
   * **To improve** her English, *she decided to go study abroad*. (뒤 문장 전체 수식)
     영어 실력을 향상 시키기 위하여, 그녀는 유학 가기로 결정했다.

   [목적의 강조] ➡ **in order to** + V / **so as to** + V 등을 사용한다.
   * The company launched new products **in order to (so as to)** increase their market share.
     그 회사는 자기네 시장 점유율을 올리기 위해 신제품을 출시했다.

2) 원인을 나타내는 경우 ➡ 감정유발 동사의 과거분사나 감정 형용사 뒤에서 그 감정을 유발한 원인이 된다.

S(사람)+ be [pleased / satisfied / surprised / amazed / frightened / disappointed / sorry / glad / sad / happy / unhappy / anxious/ proud, etc.] + *to + v* (원인)

* The directors were *pleased* **to know** that their profits were increasing. (분사 수식)
  이사들은 자기네 수익금이 증가하는 것을 알고 기뻐했다.
* I am *glad* **to inform** that you have been picked as our team member. (형용사 수식)
  당신이 우리 팀 구성원으로 선발되었음을 알리게 되어 기쁩니다.

3) 결과를 나타내는 경우 ➡ 우리말로 번역할 때 앞에서부터 차례대로 번역된다.

* They did their best in the final to win the championship, **only to lose** it(= but they lost it).
  그들은 우승을 얻기 위하여 결승에서 최선을 다했지만 결국 지고 말았다.
* I awoke up one morning **to find myself famous**. (Lord Byron의 시 *Childe Harold*)
  나는 어느 날 아침 깨어나서 보니 내가 유명해져 있는 것을 알았다.

4) 판단의 근거를 나타내는 경우 ➡ "…하는 걸 보니까"로 번역된다.

must+v(~임에 틀림없다)/ must have+p.p.(~했었음에 틀림없다) / cannot +v(~일 리가 없다)/ cannot have +p.p.(~했을 리가 없다)] +to-부정사(…하는 걸 보니까) (판단의 근거)

* He *must have worked* hard **to win** the first prize. 그는 일등상을 타는 걸 보니까 열심히 노력했음이 틀림없다.
* He *cannot be sane* **to say** such a thing. 그가 그런 말 하는 걸 보니까 제정신일 리가 없다.

5) 형용사/ 부사의 수식

* We left early *enough* **to catch** the first train.(부사 enough 수식)
  우리는 첫 기차를 탈만큼 충분히 일찍 출발했다.

4 to-부정사의 부정형

to-부정사의 부정은 to 앞에 **not** 나 **never**를 붙이면 된다.

* My motto is **never to tell** a lie. 내 좌우명은 결코 거짓말 하지 않는 것이다.
* I got up earlier than usual this morning **in order not to be** late for the meeting again.
  나는 오늘 아침 회의에 또 지각하지 않기 위해 평소보다 더 일찍 일어났다.

5 부정사의 시제

1) 단순 부정사 → 부정사의 시제와 술어 동사의 시제가 동일한 경우에는 **to + V**로 표한다.

2) 완료 부정사 → 술어 동사의 시제보다 부정사 시제가 앞선 경우에는 **to have + p.p.**로 표현한다.

* He *seems* **to practice** playing the violin hard. (현재 시제) 그는 바이올린을 열심히 연습**하는 것** 같다.
* He *seems* **to have practiced** playing the violin hard. (과거 시제) 바이올린 연습을 열심히 **했던 것** 같다.
* He *seems* **to win** the first prize at the next contest. (미래 시제) 그는 다음 시합에서 1등 상을 탈 것 같다.

6 부정사의 태

부정사의 능동-수동 원리도 일반동사의 능동-수동 구별과 동일하다.

1) 자동사의 경우

> **to + v** ⋯ 항상 능동 부정사

* The delegation from the country are **to arrive** at the airport this afternoon.
  (⋯ arrive는 자동사이므로 능동 부정사)
  그 나라 대표단은 오늘 오후에 공항에 도착할 예정이다.

2) 타동사의 경우

> **to + v** ⋯ 뒤에 목적어가 있을 때는 능동 부정사
> **to be + p.p. + 전치사구/ 부사(구)/ by + 행위자** ⋯ 뒤에 목적어가 없으므로 수동 부정사

* After a while, I began **to understand** what was happening. (⋯ 뒤에 목적어절이 있으므로 능동 부정사)
  한참 후에 나는 무슨 일이 일어나고 있는지를 이해하기 시작했다.
* They realized that I needed **to be included** in the soccer team. (⋯ 뒤에 전치사구가 있으므로 수동 부정사)
  그들은 내가 그 축구 팀에 포함될 필요가 있다는 것을 깨달았다.
* The stray animals need **to be taken care of** well. (⋯ 뒤에 목적어가 없고 부사 well만 있으므로 수동 부정사)
  길 잃은 동물들은 잘 돌봐줄 필요가 있다.

3) 4형식 동사인 경우

4형식 동사는 목적어를 2개(간목 IO + 직목 DO)를 필요로 하므로 사람인 간접 목적어(IO)가 주어로 나가면 수동태가 되어도 뒤에 직접목적어가 그대로 남는다. (⋯ Ch.4 수동태 [5] 참조)

* The applicant pretended **to have been paid** *a large salary* from the former employer.
  (⋯ pay는 4형식 동사이므로 뒤에 직접목적어 salary가 있어도 수동 부정사)
  그 지원자는 전에 근무했던 회사로부터 많은 봉급을 받았던 것처럼 행동했다.

Check-up questions 1

A 다음 괄호 안에서 어법상 알맞은 것을 고르고 그 용법을 설명하시오.

01 The purpose of the training is (upgraded / to upgrade) the employee productivity.

02 (Developed / To develop) new marketing strategies, the employees should present their ideas at the meeting.

03 We are pleased (to meet / meeting) the deadline for our clients.

04 He must love you dearly (sending / to send) such beautiful flowers to you.

05 Culture is considered (being / to be) a shared system of ideas about how people should act in a society.

06 We should try (to not talk / not to talk) aloud in public places

07 Andrew offered (helping / to help) me with my report.

08 The children were left alone at home (looked / to look) after themselves.

09 I have a lot of things (to deal / to deal with) before the end of the day.

10. The animal's adaptation capacity appears (to evolve / to have evolved) over the last centuries.

B 다음 문장을 주어진 말로 시작하여 다시 쓰시오.

01 It seems that the company has developed cutting-edge IT technology.
   = The company seems _____.

02 People say that he donated a lot of money to charities.
   = He is said _____.

03 It is believed that our rival team has been preparing thoroughly for the game.
   = Our rival team is believed _____.

2 부정사의 의미상 주어 표현

1 의미상의 주어를 표현하는 경우

to-부정사의 의미상 주어의 표현은 다음과 같이 표현된다.

> S + V + **for** + 명사(구)/ 대명사 + to-부정사
>   의미상의 주어

* It is natural **for** *the government* **to increase** the budget during the economic slump.
  불경기 동안에는 정부가 예산을 증액하는 것은 당연하다.
* We locked the door **in order** *for us* **to continue** the discussion undisturbed by anyone else.
  우리가 어떤 누구로부터도 방해받지 않고 토론을 계속하기 위하여 문을 잠갔다.

[주의] 성질 형용사 뒤에서는 *of* + 목적어 + to-부정사 의 형태가 된다.

* It is *kind / good / nice / * **of** you to take such action. (⋯▶ 성질 형용사 뒤에는 of 사용)
  당신이 그러한 조치를 취해 주셔서 감사 합니다.

[참고] 성질 형용사란?
어떤 사람이 행하는 행동을 보고 이를 주관적으로 평가하는 형용사를 말한다.

성질 형용사의 예

kind/ good /nice 친절한	**wise** 현명한	**clever** 영리한	**foolish/ stupid** 어리석은
polite 정중한	**cruel** 잔인한	**considerate** 사려 깊은	**impolite/ rude** 무례한
generous 관대한	**careless** 부주의한	**thoughtful** 사려깊은	**sweet** 상냥한, etc.

2 의미상의 주어를 표현하지 않는 경우

부정사의 의미상의 주어가 문장의 주어와 일치하거나 목적어와 일치하는 경우에는 부정사의 의미상 주어를 표현하지 않으며, 누구나 해당하는 **일반주어**의 경우에도 보통 생략한다.

* *Jane* refused **to accept** their job offer. (문장주어가 부정사의 의미상 주어와 일치하는 경우)
  Jane은 그들의 일자리 제안 수락을 거절했다.
* The manager reminded *us* **to come** to work early the next morning. (목적어가 의미상 주어)
  부장은 우리에게 다음 날 아침 일찍 출근하라고 상기시켜 주었다.
* It is not easy (for us/ for you/ for people) **to learn** a foreign language.
  (⋯▶ 누구나 해당하는 일반주어의 경우에는 의미상 주어를 보통 생략한다)
  (누구나) 외국어를 배운다는 것은 쉽지 않다.

3 무 인칭 독립 부정사구

to-부정사구의 주어를 생략하고 독립적으로 부사구처럼 쓰이는 관용적 표현을 말하며, 그 의미는 주로 조건이나 양보 등을 의미하고, 문두나 문중에 쓰여 문장 전체를 수식한다.

01) **to be sure** : 분명히 (말하면)

02) **to tell the truth** : 사실을 말하면

03) **to be honest (with you) / to be frank (with you)** : 솔직히 말하면

04) **to make matters worse** : 설상가상으로

05) **to begin with** : 우선(먼저) / 첫째

06) **strange to say** : 이상한 말이지만

07) **to sum up/ to be brief/ to make a long story short** : 요약하면

08) **not to mention/ to say nothing of/ not to speak of ~** : ~ 은 말할 것도 없고

09) **needless to say** : 말할 필요도 없이

10) **to do one's justice** : 공정하게 평가하면

11) **so to speak (= as it were)** : 즉 말하자면

12) **to conclude** : 결론적으로 / 마지막으로

13) **to put it briefly / clearly / in another way** : 간단히/ 분명히/ 표현을 바꾸어 말하면

* **Not to mention** income taxes, they collect my medical insurance and national pension premiums off my pay.
  소득세는 말할 것도 없고, 그들은 내 봉급에서 의료보험료와 국민연금 보험료를 징수한다.

Check-up questions 2

* 어법상 틀린 부분을 알맞게 고치시오.

01 It may be appropriate of you to suggest positive role models to your children.

02 Telephones require the use of your hand, which makes it difficult for you doing other tasks while you are talking on the phone.

03 The manager encouraged his employees to take short breaks in order them to remain productive.

04 It was really considerate for the professor to give the students extra time for their final reports.

05 The old lady lived for her to be 90.

3 be to-부정사 / 의문사 + to-부정사

1 be to-부정사 용법

주어(s) + be + to-부정사에서 to-부정사가 **명사 역할**과 **형용사 역할**을 하는 경우 두 가지 용법이 있으며, 이중 **형용사 역할**하는 경우를 **be to-부정사 용법**이라고 한다.

1) 주어(s) = to-부정사 인 경우 ➡ 명사 역할

   * The purpose of the course is **to improve** the communication skills. (명사 역할)
     그 강좌의 목적은 의사소통능력을 향상 시키는 것이다.

2) 주어(s) ≠ to-부정사 인 경우 ➡ 형용사 역할

be to-부정사의 의미

문맥에 따라 **예정/ 의무/ 가능성/ 의도/ 운명**의 의미를 지닌다.

a) 예정 의미 ⋯➡ S + be + to-부정사 + 미래의 시점 (⋯할 예정이다 = **be going to** + v)

   * We **are to have** a meeting *at 4:00 this afternoon*. = We are going to have a meeting ⋯
     우리는 오늘 오후 4시에 회의를 열 예정이다.

b) 의무 의미 ⋯➡ S + be + to-부정사 + by + 마감 시점 (⋯해야 한다 = **have to** + v)

   * You **are to submit** the report *by Friday*. = You have to submit ⋯ 금요일까지 보고서를 제출해야 한다.

c) 가능성 의미 ⋯➡ 부정주어 + be + to-부정사 (⋯할 수 있다 = **be able to** + v)

   * *No star* **is to be seen** in the sky due to clouds. = No star can be seen ⋯
     구름 때문에 하늘에 별을 하나도 볼 수 없다.

d) 의도 의미 ⋯➡ If + S + be + to-부정사 : if-절과 과 함께 (⋯할 의도라면 = **intend to** + v)

   * *If* you **are to pass** the exam, you should prepare for it thoroughly.= If you intend to pass ⋯
     너는 시험에 합격하려면 철저히 준비해야 한다.

e) 운명 의미 ⋯➡ 일어나기 어려운 일이나 비상식적인 내용인 경우(⋯할 운명이다= **be destined to**+v)

   * He left his hometown and **was never to return** again. = ⋯**and** was destined never to return **again**.
     그는 고향을 떠나 다시는 못 돌아올 운명이었다.

2 의문사 + to-부정사

의문사 + to-부정사는 **명사구**를 이루며 이것을 **명사절**로 바꿀 수 있다.

> who(m)/ what/ when/ where/ how/ whether + to + v ➡ 명사구
> = who(m)/ what/ when/ where/ how/ whether + s + should / can + v ➡ 명사절

* I didn't know **how to explain** my situation. (타동사의 목적어 역할)
 = I didn't know **how I should explain** my situation.
 나는 내 상황을 어떻게 설명할지를 몰랐다.

* We talked about **whom to select** as our team leader. (전치사의 목적어 역할)
 = We talked about **whom we should select** as our team leader.
 우리는 우리의 팀장으로 누구를 선출할 것인지에 대하여 이야기 했다.

* The important thing for us is **what to handle** first in case of emergency. (주격보어 역할)
 = The important thing for us is **what we should handle** first in case of emergency.
 우리에게 중요한 것은 긴급 상황의 경우에 맨 먼저 무엇을 처리하느냐이다.

* We talked for hours about **whether to open our own business or not**.
 = We talked for hours about **whether we should open our own business or not**.
 우리는 우리 자신의 사업을 시작할 것일지에 대하여 수 시간 동안 이야기했다.

Check-up questions 3

A 다음 문장을 우리말로 번역하고 문장 속의 to-부정사가 어떤 의미인지 [보기]에서 골라 괄호 안에 써넣으시오.

| [보기] | 예정 | 의무 | 가능 | 의도 | 운명 |

01 They are to get married this coming June (　　　　)

02 The missing diamond ring was nowhere to be found (　　　　)

03 The brothers were never to see each other again after parting from each other (　　　　)

04 He didn't know how he was to pay his debt (　　　　)

05 At what time am I to get to the airport tomorrow? (　　　　)

06 If you are not to be late for the flight, you should get up earlier than usual (　　　　)

B 다음 문장을 to-부정사를 이용하여 다시 쓰시오.

01 The problem is how we can secure the contract with the company.
= _____.

02 You should deal with the complaints our customers made.
= _____.

03 They haven't decided yet whether they should invest more money in the project or not.
= _____.

04 If you intend to succeed in your business, you need to put a lot of effort into it.
= _____.

05 They don't know when they should leave and where they should go.
= _____.

4 to-부정사를 목적어로 취하는 타동사

다음과 같은 타동사는 뒤에 동명사가 올 수 없고 **to-부정사**를 목적어로 취한다. (S +V+ **to + v'**)

to-부정사를 목적어로 취하는 동사의 예

afford to …할 여유가 있다	**agree to** …하는 것에 동의하다	**arrange to** …할 준비를 하다
ask to …할 것을 요청하다	**claim to** …할 것을 주장하다	**choose to** …을 선택하다
decide to …하기로 결정하다	**desire to** …하기를 바라다	**expect to** …을 기대하다
fail to …하지 못하다	**hope to** …을 희망하다	**learn to** …하는 법을 배우다
manage to …하게 되다	**offer to** 제안하다	**plan to** …할 계획을 세우다
promise to …하겠다고 약속하다	**prepare to** …할 준비하다	**pretend to** …하는 체하다
refuse to 거절하다	**tend to** …하는 경향이 있다	**order to** …하라고 명령하다
attempt to …하려고 시도하다	**aim to** …을 목표로 하다	**hesitate to** …하기를 망설이다
would like to = would love to…? …하기 원하십니까?		
would you care to …? (의문문에서) …하기 원하십니까?		

* After careful consideration we have *decided* **to push** ahead with the program.
  신중히 고려한 후에 우리는 그 프로그램을 계속 추진하기로 결정했다.

* We have *agreed* **not to proceed with** the deal.
  우리는 그 협상을 계속하지 않기로 합의를 보았다.

* They *arranged having* a meeting again right after lunch. (x) (⋯▸ to have)
  그들은 점심 직후에 회의를 계속하도록 준비를 했다.

* Cindy *promised* **to show up** at the housewarming party this weekend.
  Cindy는 이번 주말에 집들이 파티에 나오겠다고 약속했다.

* *Would you care* **to join** me for lunch?
  나와 함께 점심식사 할래요?

Check-up questions 4

* 어법상 알맞은 것을 고르시오.

01 We have decided (improving / to improve) our marketing strategies.

02 The new line of products aims (increasing / to increase) our market share

03 John (arranged / considered) to meet with Sue this weekend.

04 Jenny (manages / makes) to stay slim by jogging almost every day.

05 Today people (admit / tend) to do many things at the same time, and we have become so accustomed to this lifestyle.

06 Only such a big company can afford _____ the enormous advertising costs.
   (A) paying   (B) to pay   (C) to paying   (D) to payment

07 The children promised _____ late in the mornings.
   (A) not sleeping   (B) not sleep   (C) to not sleep   (D) not to sleep

5 가주어(formal subject) It / 가목적어(formal object) it

1 가주어 It

to-부정사구나 **동명사구** 및 **명사절**이 문두에 주어로 나올 경우, 이를 뒤로 돌리고 그 자리에 **It**로 내세우는 것이 더 세련된 표현이 된다. 이 **It**를 **가주어(형식주어)**, 뒤로 돌아간 **to-부정사구**나 동명사구 및 **명사절을 진주어**라 한다.(단, 현대 영어에서는 진주어인 동명사구를 to-부정사구로 바꾸어 쓰는 경향이 강하다)

> To-부정사구 / 동명사구 / That-절 + be+보어 (o)
>   주어(S)
>
> → It be+보어+ to-부정사구 / 동명사구 / that-절
>   가주어   진주어

* **To follow all the directions** is very important. (o) 모든 지시를 따르는 것은 아주 중요하다.
  → **It** is very important *to follow all the directions*.
     가주어   진주어

* **That the equipment should be checked every week** is essential.
  → **It** is essential *that the equipment should be checked every week*. 장비를 매주 점검하는 것은 필수다.

2 가목적어 it (⋯ 주로 5형식 문장에서 사용)

5형식 문형에서 목적어가 **to-부정사구**나 **명사절**일 경우에는 목적어는 반드시 문장 끝으로 돌리고 그 빈자리를 it로 채워 넣어야 한다. 이 **it**를 **가목적어**라 한다.

> S + V+ to-부정사 / that-절 + 보어 (x) ⋯ S + V + it + 보어+ to-부정사 / that-절 (o)
>   목적어   OC   가목적어   진목적어

가목적어 it를 사용하는 동사의 예

> S + think/ believe/ consider/ feel/ make/ find/ take + it + 보어 + to-부정사/ that-절
>   가목   진목

* I think **it** right for us *to cut funding for the project*.
  나는 우리가 그 사업에 대한 자금지원을 중단하는 것이 옳다고 생각한다.

* I found **it** easy *to install the software program*. 나는 그 소프트웨어 설치가 쉽다는 것을 알았다.

주의 가목적어 it 뒤에는 목적격 보어가 **형용사**나 **명사**가 와야 하며 **-ly 형 부사는 올 수 없다.**

CF. take it for granted to + v (…하는 것을 당연하게 여기다) 에서는 for granted 가 보어이다.

* I **consider it** *necessarily* to think over the matter for a while. (x) (⋯→ **necessary**)
  나는 그 문제를 잠시 숙고해보는 것이 필요하다고 여기는 바다.

* I take it **for granted** *that we should raise the prices of our products.* (⋯→ 보어)
  나는 우리 제품 가격을 인상하는 것을 당연하다고 여긴다.

참고 5형식 이외의 문형에서 가목적어 it를 쓰는 경우

1) S + **leave it to A + to-부정사** : ~하는 것을 A에게 맡기다 (3형식)
             가목   진목

2) S + **owe it to A + to-부정사** : A에게 ~해야 할 의무를 지고 있다 (3형식)

3) S + **see to it that-절** : 반드시 ~하도록 하다 (3형식)

* I'll **leave it to you** *to handle the matter*. 나는 그 문제 처리하는 것을 너에게 맡기겠다.
* A nation **owes it to its people** *to live in peace*. 국가는 국민이 평화롭게 살게 할 의무를 진다.
* Can you **see to it** *that everyone knows the schedule?* 모두가 그 일정을 꼭 알도록 해주시겠어요?

Check-up questions 5

A 어법상 알맞은 것을 고르시오.

01 They consider it right (increased / to increase) interest rates by 0.5 percent now.

02 I take it (granted / for granted) that rich people should help those in need.

03 If students wore uniforms, it would (let / make) it easier for them to get to school on time.

04 It is not easy to show moral courage and _____ relevant action in the face of either indifference or opposition.
    (A) take   (B) takes   (C) taking   (D) taken

05 The single-family home, the invention of television and computers have all _____ it possible for us to live private lives unimaginable to previous generations.
    (A) expected   (B) allowed   (C) made   (D) had

B 다음 문장에서 어법상 틀린 부분을 찾아 알맞게 고치시오.

01 I feel that strange for Lopez not to accept such a good job offer.

02 I will leave it to divine power of reaching the goal I have dreamed of

03 I think it importantly for you to look closely into the contract before you sign it.

04 The employees in the sales division make a rule to hold a weekly meeting every Monday morning.

05 The business consultant advised it necessary that we had better introduce up-to-date marketing strategies in order to expand into new international market.

6 to-부정사를 늘 동반하는 경우

1 to-부정사를 목적격 보어로 취하는 경우 (s +v + 목 + to-부정사)

to-부정사를 목적격 보어로 취하는 5형식 동사의 예

advise 충고하다	**invite** 정중히 부탁하다	**want** 원하다	**allow/ permit** 허용하다
encourage 권장하다	**remind** 상기시키다	**need** 필요로 하다	**instruct** 지시하다
enable 가능케 하다	**tell** 말하다	**order** 명령하다	**persuade** 설득하다
expect 기대하다	**convince** 확신시키다	**get** 하라고 시키다	**cause** 원인을 제공하다
warn 경고하다	**motivate** 동기부여하다	**force/ compel** 강요하다	**lead** 유도하다
ask/ require/ request 요구하다			

* Jack's hard work *enabled* him **to get** promoted to sales manager.
  잭은 열심히 노력하여 영업부장으로 승진이 가능해졌다.
* The marketing director *requested* all staff members **to attend** the monthly meeting.
  마케팅 부장은 모든 직원에게 월례회의에 참석하라고 요구했다.

주의 S + V + 목 + to + V' 의 수동태 ➡ 목(S') + **be + p.p. + to + V'**

* The sophomores ***were instructed to give*** a presentation on the subject. (수동태)
  2학년 학생들은 그 주제에 관하여 발표를 하라고 지시받았다.

2 뒤에 to-부정사를 동반하는 명사

명사를 그 뒤에서 수식하는 형용사적 용법이다.

ability 능력	**authority** 권한	**capacity** 능력	**chance** 기회
claim 주장	**decision** 결정	**effort** 노력	**opportunity** 기회
plan 계획	**reluctance** 싫어함	**right** 권리	**time** 시간
need 필요성	**way** 방법	**wish** 소망	**willingness** 기꺼이하기

* The sales people have made every **effort** *to reach* their sales goals for this quarter.
  영업사원들은 이번 분기에 영업목표를 달성하고자 하는 모든 노력을 기울여 왔다.
* All managers should have the **ability** *running* their department efficiently.(x) (… **to run**)
  모든 부장은 자기 부서를 효율적으로 운영할 수 있는 능력을 가지고 있어야 한다.

주의

❶ **chance** *of* + 동명사 : …할 가망성 (= possibility of)

* There is little **chance of** our **winning** the contract. 우리가 그 계약을 따낼 가망이 별로 없다.

❷ **way** 뒤에는 **to-부정사**나 **of + 동명사** 모두 올 수 있다.

* a way *to go on a diet* = a way *of going on a diet* (다이어트하는 방법)

Chapter 5 · 부정사 · 119

❸ 그 밖에 **명사 + of + 동명사**의 형태
   hope/ idea/ opportunity/ probability(개연성)/ **possibility**(가망성) **of** + **동명사** (⋯ "동격관계의 of")

   * There is no much **probability of his coming** here. 그가 여기에 올 가망성은 많지가 않다.

3 be + 형용사 + to-부정사 / be + P.P. + to-부정사 의 형태

be able to ⋯할 수 있다	**be anxious to** ⋯하기를 갈망하다
be afraid to do ⋯하기가 두렵다	**be happy to** ⋯하게되어 기쁘다
be eager to ⋯을 열망하다	**be apt / easy to** ⋯하기 쉽다
be ready to 준비가 되어있다	**be likely to** ⋯할 것 같다
be difficult to ⋯하기 어렵다	**be willing to** 기꺼이 ⋯하다
be reluctant to ⋯하기 꺼려하다	**be liable to** ⋯하기쉽다/의무가 있다
be pleased/ delighted/ rejoiced to do ⋯하게 되어 기쁘다	
be surprised/ astonished/ amazed/ shocked/ startled to do ⋯하고서 놀라다	

* The students **are eager to know** the results of the exams they took last week.
  학생들은 지난주에 치른 시험결과를 몹시 알고 싶어 한다.

* Any driver found guilty of speeding **is liable to** pay a maximum fine of $100.
  과속운전을 범한 것으로 확인된 운전자는 누구든지 최고 100달러의 범칙금을 지불해야 한다.

4 to-부정사가 들어가는 관용적 표현

1)
   S + V + **too** + 형용사 / 부사 + **to** + V' : 너무나 ⋯해서 ⋯할 수 없다
   = S + V + **so** + 형용사 / 부사 + **that** + S' + **can't** + V'

   * The sale at the department store this week is **too good a chance to miss**.
     = The sale at the department store this week is **so good a chance that we can't miss it**.
                                        = **such a good chance that**
     이번 주 그 백화점에서 있는 할인판매는 아주 좋은 기회여서 놓칠 수 없다.

2)
   * S + V + 형용사 / 부사 + **enough to** + V' : ⋯할 만큼 충분히 ⋯하다 (⋯ 뒤에서 수식)
   = S + V + **so** + 형용사 / 부사 + **that** + S' + (can) + V'
   * S + V + **enough** + 명사 + **to** + V : ⋯할 만큼 충분한 ⋯ (⋯ enough이 형용사인 경우)

   * He was **kind enough to give** us a ride to the airport.
     = He was **so kind that** he gave us a ride to the airport.
     그는 공항까지 우리를 태워다 줄 만큼 아주 친절한 사람이었다.

   * We have **enough time to get** the job finished on time. 우리는 그 일을 제시간에 끝낼 만큼 시간이 충분하다.

3) be about to-부정사 : 막 …하려고 하다

* The telephone rang when I **was about to leave** the office.
  내가 사무실을 막 떠나려고 했을 때 전화벨이 울렸다.

4) come / get to-부정사 : …하게 되다 (→ 일의 진전이나 목적의 달성 또는 결과 등을 나타내는 표현)

* I have **come to understand** your behavior. 나는 당신의 행동을 이제 이해하게 되었습니다.
* You will **get to speak** fluent English if you practice it steadily.
  너는 영어를 꾸준히 연습하면 유창한 영어를 말하게 될 거야.

5) to-부정사가 주격보어일 때 to를 생략하는 경우

All, Everything, The +서수/최상급+ 명사를 뒤에서 **관계사절**이 수식하는 경우 be 동사 뒤에서 주격보어인 to-부정사는 보통 to는 생략되고 **원형동사**가 온다.

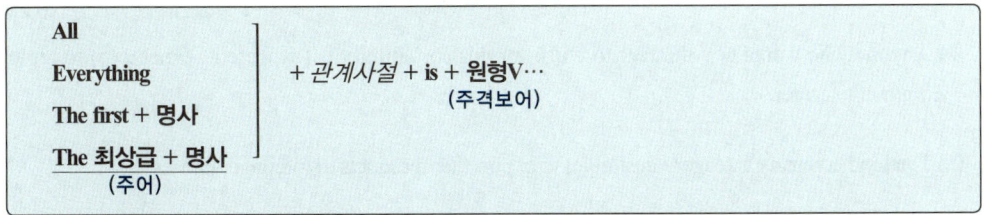

* In order to master English, **all** *you have to do* is **practice** it almost every day.
  영어에 숙달하기 위해서는 너는 거의 매일 영어를 열심히 연습만 하면 된다.
* **The first thing** *I do* when I arrive at work is **read** the e-mail messages.
  내가 직장에 도착해서 맨 처음 하는 일은 이메일 메시지를 읽는 것이다.

6) go/ come/ run/ try/ stay/ stop, etc. 뒤에서 원형 부정사나 and 가 오는 경우

특히, 구어체나 비격식체에서 이들 동사 뒤에 to가 생략된 원형동사를 쓰거나 and를 쓰기도 한다. (이러한 표현들은 관용적으로 쓰이는 경우가 많다.)

* I'll **come** *to see* you tomorrow.(격식체) 내가 내일 너를 만나러 갈게.
* I'll **come** *and see* you tomorrow.(구어체)
* She will **go** *study abroad* next year.(→ 관용적 표현) 그녀는 내년에 유학갈 꺼야.
* **go** *see* a movie/ a doctor (영화 보러 가다/의사의 진찰을 받으러 가다)
* **stop** *and have* a drink (하던 일을 멈추고 한잔하다)

7) 목적격 보어로 원형 부정사가 오는 경우 ➔ Chapter 1 문장의 구조 [7] 참조

Check-up questions 6

* 어법상 알맞은 것을 고르시오.

01 The committee was given the authority (settling / to settle) the problem.

02 For safety reasons, they (ask / keep) all visitors to the facilities to fill in the form.

03 The online language learning program allows its students (revising / to revise) their studying schedule by themselves.

04 Anyone who wants to volunteer to work for our community is (expected / expecting) to report to the community center.

05 The food company is (eager / desirable) to export their products to foreign countries.

06 He is tall (enough / too) to hang the painting on the wall.

07 Some parents are afraid (to be / being) strict enough to scold their children when they behave badly.

08 Whenever I face any kind of challenge, the very first thing I do is (think / thought) about the people who can help me with it.

종합문제 (부정사)

A 어법상 알맞은 것을 고르시오.

01 Ms. Lopez seemed to be reluctant _____ us for dinner after work tonight.
(A) to join (B) joining (C) join (D) to be joined

02 All passengers should be _____ to fasten their seat belt securely right before leaving.
(A) remembered (B) remembering (C) reminded (D) reminding

03 Mr. Thompson is arranging for the new employees _____ the auto manufacturing plant.
(A) explore (B) to explore (C) explored (D) exploring

04 The citizens of the city are _____ to use public transportation at least once a week instead of using their own car.
(A) encourage (B) encouraged (C) encouraging (D) encouragement

05 I made every effort to persuade Mary to take over some of my duties, only _____.
(A) to fail (B) failed (C) failing (D) to have failed

06 You should try _____ so loudly on the phone in public.
(A) to not talk (B) not talking (C) not to talk (D) no talking

07 There are lots of subjects _____ at the monthly meeting in the planning department.
(A) talking (B) to talk (C) talking about (D) to talk about

08 The company usually centralizes all purchasing functions _____ pay the full prices.
(A) in order not to (B) not in order to (C) not so as to (D) in no order to

09 He is judged _____ very hardworking when he was young now that he is well known as one of the greatest pianists in the world.
(A) to be (B) to have been (C) being (D) having been

10 It was very considerate _____ him to help us _____ the complaints of our customers.
(A) of - handle (B) for - handle (C) for - to handle (D) of - handling

B 각 질문에 답하시오.

[01-03] 다음 괄호 안에서 어법상 알맞은 것을 고르시오.

01 Teenagers need an average of 9 hours and 15 minutes of sleep every night, but the teen's stubborn body clock makes it difficult for them (1) **(falling / to fall)** asleep before 11 p.m. Early school start times mean that they miss out 1 hour 9 minutes of sleep every night. (2) **(Helping / To help)** teens get more time in bed, more than 80 school districts in the U.S. have changed school hours.

02 There is no living creature that does not need sleep or complete rest every day. If you want to know why, just try (1) **(going / to go)** without sleep for a long period of time. You would discover that your mind and body would become (2) **(enough / too)** tired to work properly. You would become irritable and find it (3) **(difficult / difficultly)** to think clearly or (4) **(concentrate / concentrating)** on your work.

03 It's that time of year again. As you all know, Christmas is our busiest season of the year. Every year it is a struggle (1) **(in order to / in order for)** management to find the time and energy to organize a staff Christmas party. This year, therefore, we have decided (2) **(postponing / to postpone)** the Christmas party until after our busy season. The party date is expected (3) **(to hold / being held / to be held)** on the second or third Saturday in January. We apologize that the celebration will have to wait until the next year. Anyone interested in volunteering to help out with the event (4) **(encourages / is encouraging / is encouraged)** to call Dorothy, our events coordinator.

[04] 밑줄 친 부분 중 어법상 틀린 것을 골라 알맞게 고치시오.

04 Friendship is above reason, for, though you find virtues in a friend, he was your friend before you found them. It is a gift that we offer because we must; (1) <u>to give</u> it as reward of virtue would be to set a price on it, and those who do that have no friendship (2) <u>to give</u>. If you choose your friends on the ground that you are virtuous and want virtuous company, you are no nearer to true friendship than if you choose them for commercial reasons. Besides, who are you that you should be setting a price upon your friendship? It is enough for any man that he has the divine power (3) <u>of making</u> friends, and he must leave it to that power (4) <u>of determining</u> who his friends will be. For though you may choose the virtuous (5) <u>to be</u> your friends, they may not choose you; indeed, friendship cannot grow where there is any calculated choice.

C 다음 우리말과 같은 뜻이 되도록 영문의 빈칸에 주어진 철자로 시작하여 알맞은 단어를 써넣으시오.

01 그는 걸핏하면 휴대전화를 집에 놓고 나온다.
   He is (l   ) to (l   ) his cellular phone at home.

02 그는 그 문제의 해결책을 찾는 것이 어렵다는 것을 알았다.
   He (   ) (   ) difficult (   ) (c   ) (   ) with a solution to the problem.

03 우리는 그들에게 우리의 주문품을 가능한 한 빨리 발송해달라고 촉구했다.
   We (u   ) them (   ) (f   ) our orders as soon as possible.

04 죄송하지만 이 짐 좀 운반하는데 저를 도와주시겠습니까?
   Would you be kind (e   ) to help me (   ) this baggage.

05 그는 가난한 사람들을 도와주는 걸 보니 자비로운 사람임에 틀림없다.
   He must be (b   ) (   ) (   ) people in need.

D 괄호 안에 주어진 단어들을 이용하여 우리말을 영작하시오.

01 나는 최선을 다 했기에 그 시합에서 이기는 것은 운명에 맡길 수밖에 없다.
   (시합 : contest, …을 운명에 맡기다 : leave … to fate, …할 수밖에 없다 : have no choice but to +v)
   _____.

02 모든 승객들이 안전벨트를 꼭 매도록 상기시켜 주어야 한다.
   (승객 : passenger, 안전벨트를 매다 : fasten a seat belt, 꼭 : securely)
   _____.

03 우리는 그를 설득하여 우리 동아리에 가입하게 하고자 많은 노력을 했다.
   (설득하다 : persuade, 동아리 : club, 노력을 하다 : make an effort)
   _____.

04 나는 한국 축구 국가대표팀이 우승했다는 소식을 듣고는 무척 기뻤다.
   (한국 축구 국가대표팀 : the Korean national soccer team, 우승하다 : win the championship [title], 기쁘다 : be delighted)
   _____.

05 너는 제 시간에 맞게 거기에 도착하려면 아침 6시 전에 일어나야 한다.
   (제 시간에 맞게 : on time, 거기에 도착하다 : get there)
   _____.

Chapter 6
동명사
Gerunds

> **Grammar Introduction**
> 동명사는 동사원형에 –ing를 붙여 **V–ing**의 형태를 취한다. 현재분사도 V-ing의 형태이므로 이들을 서로 구별해야 한다. 동명사는 **명사 역할**을 하므로 문장 속에서 일반 명사와 똑같이 **주어/ 목적어/ 주격보어** 등으로 쓰인다.

동명사와 현재분사와의 구별

1 동명사 ➡ 명사 역할을 하며 문장 속에서 주어/ 목적어/ 주격보어로 쓰인다.

2 현재분사 ➡ 형용사 역할과 동사의 진행형을 표현하는 데 쓰인다.

* The subject of the meeting **is increasing** its market share. (**동명사** ⋯➤ 명사 역할/ 주격보어)
  그 회의 주제는 시장점유율을 확장하는 것이다.

* I saw a lot of tourists **exploring** the historic site. (**현재분사** ⋯➤ 형용사 역할/ 목적격 보어)
  나는 많은 관광객이 그 역사적 장소를 둘러보는 것을 보았다.

* I **was traveling** in Mexico at this time last year. (**현재분사** ➡ 동사 역할/ 과거진행 시제)
  나는 작년 이맘때 멕시코를 여행하는 중이었다.

동명사의 용법

동명사는 명사 역할을 하면서도 동사의 성격을 그대로 가지고 있으므로 동명사 뒤에 **목적어, 보어, 수식어(부사/ 전치사구 등)**를 동반할 수 있다. 이를 **동명사구(gerund phrases)**라고 한다.

* I have just finished **editing** *the report*. (목적어를 동반한 경우)
  난 방금 보고서 편집을 끝냈다.

* **Growing** *rich* requires a lot of efforts and diligence. (보어를 동반한 경우)
  부자가 되는 것은 많은 노력과 근면을 필요로 한다.

* Her **singing** *well* is an advantage to her. (부사를 동반한 경우)
  그녀가 노래를 잘하는 것은 그녀에게 장점이다.

* My dream is **traveling** *around the world*. (전치사구를 동반한 경우)
  내 꿈은 세계를 여행하는 것이다.

1 동명사의 역할

동명사는 명사의 역할을 하므로 문장 속에서 일반 명사와 마찬가지로 **주어, 목적어, 보어**로 쓰인다.

1 주어 역할

* **Knowing** oneself is not easy. 자기 자신을 안다는 것은 쉬운 일이 아니다.
* **Mastering** English in a short time seems to be almost impossible.
  단기간에 영어에 통달한다는 것은 거의 불가능해 보인다.

2 주격보어 역할

* Working out is **doing** some kind of physical activity. 운동한다는 것은 어떤 종류의 신체활동을 하는 것이다.

> **CF.** 동명사가 주어로 쓰인 경우와 be 뒤에서 주격보어인 경우에는 to-부정사로 대신할 수도 있다.
> * **To work** out is **to do** some kind of physical activity. (O)

> **참고** 동명사는 일반적으로 목적격 보어로는 쓰이지 않는다.

3 목적어 역할

1) 타동사의 목적어

* I *enjoyed* **surfing** in the ocean near the island last summer. 난 지난여름 그 섬 근해에서 서핑을 즐겼다.

2) 전치사의 목적어

* I object *to* **investing** a lot of money in such a risky project.
  난 그런 위험한 사업에 많은 돈을 투자하는 것에 반대한다.

Check-up questions 1

* 다음 밑줄 친 부분이 동명사인지 현재분사인지를 구별하고 동명사의 경우 그 역할을 설명하시오.

01 Conserving a species is saving the whole species living in the same ecosystem.

02 Constructing a skyscraper like the Empire State Building requires highly advanced skills.

03 What you should keep in mind in learning a foreign language is having steady patience until you master it.

04 I am looking forward to going on safari in Africa this coming summer.

05 Putting a lot of efforts into our science project was a very hard and laborious process, but the result was rewarding.

06 The natural flow of water from higher pressure to lower pressure can be likened to children inheriting genetic factors from their parents.

07 Cultivating clear comprehension, knowing what we're doing and why, is a profound and transforming practice. It puts emphasis on understanding that mindfulness is more than simply being present.

2 동명사의 주어 / 시제 / 태의 표현

1 동명사의 의미상 주어 표현

1) 인칭 대명사/ 사람/ 생물이 의미상 주어일 때

소유격 대명사/ 명사 + 동명사의 형태가 원칙이나, 현대 영어에서는 소유격 대명사 대신에 **목적격 대명사**를 그대로 사용하기도 한다.

* I would appreciate **your/ you** *handling* this matter as soon as possible.
  = I would appreciate it if **you** *handle* this matter as soon as possible.
  당신이 이 문제를 가급적 빨리 처리해 주시면 고맙겠습니다.
* I don't know the reason for John refusing the offer.
  = I don't know the reason why John refuses the offer. 난 존이 왜 그 제안을 거절하는지 그 이유를 모르겠다.

> **주의** 동명사가 주어로서 문두에 나갈 때는 그 의미상 주어는 소유격이 원칙이다.
> * <u>**Our**</u> *making efforts* will lead to success. (→ *Us* making : x) 우리의 노력은 성공을 가져올 것이다.

2) 지시 대명사 (it, this, these, that, those)
　부정 대명사 (someone, anyone, something, all, each 등) ┐ ⋯ 동명사의 주어일 때
　무생물/ 명사구 ┘

이들이 동명사의 주어인 경우에는 동명사 앞에 그대로 둔다.

* I could hardly anticipate **that** *happening*. 난 그 일이 일어나리라고 거의 예상하지 못했다.
* She got angry about **someone** *laughing* at her noticeable dress.
  그녀는 누군가 자기의 눈에 띄는 드레스를 보고 웃는 것에 화를 냈다.
* Mary isn't used to **other people** *disagreeing* with her.
  Mary는 다른 사람들이 자기와 의견을 달리하는 것에 익숙하지 않다.

3) 의미상 주어가 필요 없는 경우

동명사의 주어가 누구나 해당되는 일반적인 경우(**일반주어**)/ 문장의 주어와 일치하는 경우/ 문장 가운데 주어가 뚜렷한 경우에는 동명사의 주어를 표시하지 않는다.

* **Seeing** is **believing**. (일반주어인 경우) 보는 것이 믿는 것이다.
* I am afraid of **making** a mistake at the presentation I will give. (문장의 주어와 일치하는 경우)
  나는 내가 할 설명회에서 실수를 저지를까 염려된다.
* My boss blamed *me* for **being** late for the meeting. (문장 속에 주어가 명백한 경우)
  나의 상관이 (내가) 회의에 늦었다고 나를 나무랐다.

2 동명사의 시제

1) 단순시제

동명사의 시제가 주문장 동사의 **시제와 동일하거나 미래를 나타낼 경우**에는 **V-ing**(단순 동명사)의 형태로 표현한다.

* She *is* proud of **being** a lawyer. (현재시제)
  = She *is* proud that she **is** a lawyer. 그녀는 자기가 변호사임을 자랑으로 여기고 있다.
* She *was* proud of **being** a lawyer. (과거시제)
  = She *was* proud that she **was** a lawyer. 그녀는 자기가 변호사임을 자랑으로 여기고 있었다.
* I *suggest* our **going** there by train. (미래시제)
  = I *suggest* that we should **go** there by train. 나는 우리가 거기에 기차로 갈 것을 제안한다.

2) 완료시제

동명사의 시제가 주문장 동사의 시제보다 **앞선 경우**에는 **having +P.P.**(완료동명사)로 표현한다.

* We *are* proud of our **having won** the first prize. (having won … 과거시제)
  = We are proud that we **won** the first prize. 우리는 우리가 일등 상을 받은 것을 자랑으로 여긴다.
* He *complained* about **not having got** enough service. (having got … 대과거)
  = He complained that he **hadn't got** enough service. 그는 자기가 충분한 서비스를 받지 않았다고 불평했다.

3 동명사의 태

동명사의 능동-수동의 구별도 일반 술어동사의 능동-수동 구별과 동일하다.

* I appreciate **being welcomed** warmly. 제가 따뜻하게 환영을 받는 것을 감사드립니다.
  = I appreciate *your* **welcoming** me warmly.
* I remember **having been served** politely by a waitress at the restaurant.
  나는 그 식당에서 여종업원으로부터 정중하게 서빙 받은 기억이 난다.

> [참고] remember 뒤에는 단순 동명사가 와도 과거의 일을 나타낸다.
> 다만, remember having + p.p.는 먼 과거의 일을 나타내는 뉘앙스를 풍긴다.

Check-up questions 2

A 어법상 알맞은 것을 고르시오.

01 I am used to (working / having worked) under pressure at this company.

02 She complained about (treating / being treated) badly by the officer.

03 I didn't anticipate _____ the first prize at the talent show.
    (A) winning   (B) being won   (C) my winning   (D) having won

04 The audience enjoyed the musicians _____ so brilliantly at the concert.
    (A) performance   (B) performing   (C) being performed   (D) having performed

05 Peter is ashamed of _____ by his teacher for being late frequently.
    (A) scolding   (B) being scolded   (C) having scolded   (D) having been scolded

B 다음 문장들을 동명사를 이용하여 완성하시오.

01 I didn't anticipate that Jennifer would get married to my friend.
    ⋯▸ I didn't anticipate _____.

02 I am sorry that I didn't keep up my piano lessons when young.
    ⋯▸ I am sorry about _____.

03 She had been paid wages unjustly by her employer, so she protested about that.
    ⋯▸ She protested about _____.

04 John didn't accept the excellent job offer. And his parents are disappointed about it.
    ⋯▸ John's parents are disappointed about _____.

3 동명사를 목적어로 취하는 타동사

다음과 같은 타동사 뒤에는 명사(구)나 **동명사**를 목적어로 취하고 to-부정사는 올 수 없다.

admit -ing 인정하다	**advise** -ing 충고하다	**anticipate** -ing 기대하다
appreciate -ing 고맙게 여기다	**avoid** -ing 피하다	**consider** -ing 고려하다
delay -ing 연기하다	**deny** -ing 부인하다	**discontinue** -ing 중단하다
dislike -ing 싫어하다	**enjoy** -ing 즐기다	**escape** -ing 피하다
excuse -ing 용서하다	**favor** -ing 찬성하다	**finish** -ing 끝내다
forgive -ing 용서하다	**imagine** -ing 상상하다	**keep** (on) -ing 계속…하다
mind -ing 꺼려하다	**miss** -ing 놓치다	**postpone** -ing 연기하다
practice -ing 연습하다	**quit** -ing 중단하다	**recommend** -ing 권고하다
resist -ing 저항하다	**resume** —ing 다시 시작하다	**risk** -ing 위험을 무릅쓰다
suggest -ing 제안하다	**tolerate** -ing 묵인하다	**understand** -ing 이해하다
reject —ing 거절하다	**stop** —ing 중단하다	**give up** -ing 포기하다

* I **appreciate** your *coming by* my office. 내 사무실에 들러주셔서 고맙습니다.

* I **suggested** *going* on a picnic for a change. 나는 기분전환 하러 소풍 가자고 제안했다.

* Mr. Baker is **considering** *to move* to the suburbs.(x) (⋯▶ moving)
  Baker씨는 교외로 이사 갈 것을 고려하고 있다.

* Jack is trying to **stop** *drinking*. (3형식) Jack은 술을 끊으려고 노력 중이다.

CF. stop뒤에 **to-부정사**는 목적어가 아니며 "**…하기 위하여 하던 일을 멈추다**"의 의미로 1형식문형이다.

* We **stopped** *to drink* on our way home. (1형식) 우리는 귀가 도중 한잔하려고 귀가를 멈추었다.

Check-up questions 3

* 어법상 알맞은 것을 고르시오.

01 You should (practice / exercise) speaking English for clear communication in international business.

02 The equipment manual recommends (exchanging / to exchange) some parts for new ones every six months.

03 The outdoor market is usually so crowded with tourists that most local residents avoid (shopping / to shop) there.

04 I think it would be better for us to postpone (leaving / to leave) on our trip until next month.

05 Linda (suggested / offered) taking the train to Wales instead of driving a car.

4 동명사와 부정사 양쪽을 모두 목적어로 취하는 타동사

1 의미상 차이가 있는 경우

1) remember/ forget + ┌ 동명사 ➡ 과거의 행한 일을 기억하다/ 잊어버리다
　　　　　　　　　　 └ to-부정사 ➡ 미래의 행할 일을 기억하고 있다 / 잊어버리다

* Please **remember** *to send* the package by overnight delivery. (미래의 일)
  그 소포를 익일 배송으로 보내는 걸 기억해두시오.
* I **remember** *meeting* her once during my stay in Paris. (과거의 일)
  내가 그녀를 파리에 머무는 동안 한 번 만난 기억이 난다.
* Don't **forget** *to complete* the sales report before the end of the month. (미래의 일)
  그 영업보고서를 이달 중으로 다 끝내는 걸 잊지 마시오.
* He **forgot** *filling out* the application form a week ago. (과거의 일)
  그는 일주일 전에 신청서를 작성한 사실을 잊어먹었다.

2) regret + ┌ 동명사 ➡ (과거의 일) …을 후회하다
　　　　　 └ to-부정사 ➡ (미래의 일) …하게 되어 유감이다

* I **regret** *to inform* you that I have to decline your offer.
  당신의 제안을 거절할 수밖에 없음을 통지하게 되어 유감입니다.
* He **regrets** *not going* to college. 그는 대학에 가지 않은 것을 후회하고 있다.

> 참고 I regret to say *or* We regret to announce that + S + V (유감이지만 …하다) 의 형태로 실무에서 자주 쓰인다.

3) try + ┌ 동명사 ➡ 시험삼아 …하다
　　　　 └ to-부정사 ➡ …하려고 애쓰다

* Why don't you **try** *putting* on the shoes? 신발 좀 신어보시겠습니까?
* She **tried** *to control* her temper when a few things went wrong.
  그녀는 몇 가지 일들이 잘못되어 갈 때 화를 참고자 애를 썼다.

4) need ┐
　 deserve ┘ + (능동) 동명사 (= to be + P.P.) ➡ 수동적 의미

need 와 deserve(…할 자격이 있다)는 뒤에 **수동 동명사(being + P.P.)는 올 수 없고 능동 동명사가 수동적 의미를 갖는다**. to-부정사는 능동형 및 수동형 모두 올 수 있다.

* The garden **needs** *being watered*. (x) (⋯ The garden needs watering *or* to be watered.)
  정원은 물을 줘야 된다
* A drunken driver **deserves** *punishing*(= to be punished). 음주 운전자는 처벌받아 마땅하다

2 의미상 차이가 없는 경우

1) 시작, 중단 : begin/ start/ commence(시작하다), **cease**(중단하다)

> **CF.** stop / quit / discontinue 뒤에는 동명사만 온다.

2) 감정 : like, love, prefer(선호하다), **hate**(싫어하다)

> **CF.** dislike 뒤에는 동명사만 온다.

3) 기타 : continue(계속하다), **propose**(제안하다/ 의도하다)

* My family **likes going** (*or to go*) camping in the camper. 우리 가족은 캠핑차를 타고 야영 가는 걸 좋아한다.

> **주의** would like/ would love 뒤에는 to-부정사만 온다.
>
> * **I'd like**(love) to go hiking this weekend. 이번 주말에 하이킹 가고 싶다.
>   going(x)

3 명사적 용법의 to-부정사와 동명사의 구별

to-부정사와 동명사는 각각 명사로 쓰일 수 있기 때문에 이를 구별해야할 경우가 있다.

1) to-부정사와 동명사가 각각 주어로 쓰이는 경우와 be 동사 뒤에서 주격보어로 쓰일 경우에는 원칙적으로 동일하게 사용된다.

* **Arranging** flowers is my hobby. (⋯▸ 주어로 쓰인 경우)
  = **To Arrange** flowers is my hobby.(○) 꽃꽂이 하는 것이 내 취미이다.

* My hobby is **arranging** flowers. (⋯▸ be 동사 뒤에서 주격보어로 쓰인 경우)
  = My hobby is **to arrange** flowers. 내 취미는 꽃꽂이 하는 것이다.

2) 타동사 뒤에서 목적어로 쓰일 때는 to-부정사와 동명사를 구별해야한다.

* We have *decided* **to go** surfing to the beach. (⋯▸ 타동사 뒤에서 to-부정사가 목적어로 쓰인 예)
  우리는 바닷가로 파도타기 하러 가기로 결정했다.

* I *enjoyed* **traveling** to Europe last summer. (⋯▸ 타동사 뒤에서 동명사가 목적어로 쓰인 예)
  나는 지난여름 유럽여행이 즐거웠다.

3) 전치사 뒤에는 명사나 동명사만 올 수 있으며 to-부정사는 올 수 없다.

* Jack is responsible **for** *to put* TV advertisements. (x) (⋯▸ putting 으로 고친다)
  잭은 TV 광고 내는 업무를 담당하고 있다.

Check-up questions 4

A 어법상 알맞은 것을 고르시오.

01 The hotel receptionist forgot (passing / to pass) the message on to Mr. Warren this morning, which made him upset.

02 Jenny finished gathering enough data and (laying / to lay) out the main points to cover in the report.

03 I remember (seeing / to see) several interesting sculptures when I visited the famous art museum in Paris.

04 Every country's emissions of greenhouse gas would need (cutting / being cut / to cut) by an average of three-quarters by 2050.

05 We regret (announcing / to announce) that we will have to raise the prices of our products by ten percent starting next month.

B 밑줄 친 부분 중 어법상 틀린 것을 골라 알맞게 고치시오.

01 The other day, I told Judy what I thought about her, and it hurt her. But I didn't (A) mean to offend her at all. To my embarrassment, expressing myself sincerely (B) means to offend others once in a while.

02 If parents are very social and enjoys (A) having parties and their child has a tough time (B) feeling comfortable in a group of people, the parents may become frustrated and angry with the child. Parents must observe the needs of their children and (C) try meeting them.

5 명사와 동명사의 구별

명사와 동명사는 모두 주어, 목적어, 보어 자리에 올 수 있으나 다음과 같은 원칙을 따른다.

> S + V + (전치사) + **명사** + *전치사* + *N* (···▸ 뒤에 **전치사구**가 있으면 **명사**가 온다)
> S + V + (전치사) + **동명사** + *목(명사)* (···▸ 뒤에 **명사/ 명사구**가 오면 **동명사**가 온다)

주의 동명사 앞에는 관사 a, an, the가 오지 않는 것이 원칙이다. 다만 **명사화된 동명사**는 예외적으로 그 앞에 관사가 올 수 있다.

관사와 함께 쓰일 수 있는 명사화 된 동명사의 예

a) a(n)/ the + meeting(회의)/ opening(개업, 공석)/ understanding(이해, 합의)/ finding(조사나 연구 결과)/ misunderstanding(오해)/ blessing(축복), helping = serving(식사 1인분)/ seasoning(양념), etc.

b) the + marketing(마케팅)/ funding(자금지원) / furnishings(가구를 비롯한 비품)

* *Developing* **of** communication skills is needed for the position.(x)
 (···▸ 뒤에 전치사 of 가 있으므로 명사 Development가 온다.)
 = **Developing** *communication skills* is needed for the position.(o)
 의사소통 능력을 기르는 것은 그 직책에 필요하다.

* All the raised funds will go toward **the** *purchasing* of computers for students. (x) (···▸ purchase)
 모금된 기금은 학생들을 위한 컴퓨터 구입에 사용될 것이다.

* They have succeeded in raising funds for **renovating** *the civic center*.
 (= renovation of the civic center)
 그들은 시민회관 수리작업에 필요한 기금 모금에 성공했다.

* There will be **an opening** in the marketing department if Linda transfers to the Tokyo branch.
 Linda가 도쿄지점으로 전근 가면 마케팅 부서에 빈자리가 생길 것이다.

주의 자동사인 경우에는 뒤에 전치사가 있어도 동명사가 온다.

* We would appreciate your **complying** (*or* compliance) *with* the posted rules. (o)
 우리는 여러분이 게시된 규칙을 준수하여 주시면 감사하겠습니다.

Check-up questions 5

A 어법상 알맞은 것을 고르시오.

01 The organic food company specializes in (process / processing) fresh fruits into baby food.

02 The monthly payment includes the cost of (maintaining / maintenance) of the whole building.

03 The world-renowned singer has announced the upcoming (participating / participation) in a charity concert for needy children.

04 Professor Hansen has left (instructing / instructions) which the students are to follow

05 The committee will review Mr. Ling's recommendation for (update / updating) the company's policies.

06 The plant can withstand drought conditions by (extracting / extraction) water from deeper layer in the soil because it has its deep tap root system.

B 밑줄 친 부분 중 어법상 틀린 것을 골라 알맞게 고치시오.

01 Proverbs give us an opportunity (A) <u>to glimpse</u> wider cultural norms. As they often focus on our (B) <u>relationship</u> with time, they serve as a highly convenient way of (C) <u>comparison</u> attitudes to time across different cultures.

02 In Burundi people's villages people do not wear watches; rather than (A) <u>organizing</u> their lives around specific times, they take a more activity-centered (B) <u>approaching</u> and meeting up is negotiated by (C) <u>arranging</u> a loose event time by saying something like, 'I'll meet you when the cows go out for grazing.' This might mean (D) <u>waiting</u> around for an hour or so.

6 동명사와 상관관계를 이루는 동사

1 S + V + 목 + V-ing 의 형태

1) S + spend/ waste + 시간/ 돈 + ⎡ **V-ing** (…하는데 시간/ 돈을 소비/낭비하다)
                                    ⎣ **on + 명사(구)** (…에 시간/ 돈을 소비/낭비하다)

* We **spent** a lot of money and time *renovating* our office building.
  우리는 사옥 건물을 전면 수리하는데 많은 돈과 시간을 소비했다.
* The government should **spend** more money *on* environmental conservation.
  정부는 환경 보존에 더 많은 돈을 써야 한다.

2) S + have + ⎡ trouble   ⎤ + ⎡ **V-ing** (…하는데 애를 먹다)
                  │ difficulty │   ⎣ **with + 명사** (…에 어려움을 겪다)
                  │ a hard time│
                  ⎣ a problem ⎦

S + have fun / a good time + V-ing (…하면서 즐거운 시간을 보내다)

* I **had trouble getting to** your office due to heavy traffic.
  나는 심한 교통량 때문에 너의 사무실까지 오는 데 애를 먹었다.
* The company is **having difficulty with** finance now. 그 회사는 지금 재정에 어려움을 겪고 있다.
* We **had a good time snorkeling** in the ocean around the island during the last vacation.
  우리는 지난 휴가 때 그 섬 근해에서 스노클링(잠수놀이)을 하며 즐거운 시간을 보냈다.

2 S + V + 목 + from + V-ing 의 형태

1) S + ⎡ prevent/ stop/ keep/ hinder   ⎤ **+ 목(A) + from + V-ing** : A가 ~하는 걸 못하게 막다
           ⎣ block/ discourage/ dissuade ⎦

* The star player's injury may **prevent** him *from playing* in the next game.
  그 인기선수는 부상으로 인하여 다음 게임에서 못 뛸지도 모르겠다.
* We should conduct a campaign to **discourage** young people *from smoking*.
  우리는 젊은이들을 설득하여 흡연을 못하도록 캠페인을 벌여야 한다.

2) S + prohibit/ inhibit / ban / forbid + 목(A) + from + V-ing : A가 …하는 것을 금지하다

> **CF.** S + forbid + 목 + to-부정사의 형태도 동일한 의미이다.

* The government **prohibits** them *from importing* such goods. 정부는 그러한 상품은 수입을 금지하고 있다.
* His parents **forbade** Jack *from going out* of the house as a punishment.
  = His parents **forbade** Jack *to go out* of the house as a punishment.
  그의 부모님은 Jack에게 벌로서 외출을 금지 시켰다.

Check-up questions 6

A 어법상 알맞은 것을 고르시오.

01 I should spend more of my time (studying / studied) economic conditions to keep up with the recent world business trends.

02 Any person is (notified / banned) from smoking in the public places such as restaurants and bus stops.

03 We should focus on (forcing / discouraging) children from drinking too much soda containing a lot of sugar.

04 The company is planning to (spend / invest) a lot of money in the proposed expansion project.

05 Aging people usually tend to have problems (sleeping / to sleep) soundly at night.

B 밑줄 친 부분 중 어법상 틀린 부분만 알맞게 고치시오.

01 There happened a big fire in the adjacent building to ours last night, and experts are now having trouble <u>to find</u> out about its cause.

02 We have enough difficulty <u>paid</u> the building maintenance bills because the building is getting worse.

03 It is troublesome that Korea's youth are spending their leisure time in front of a computer monitor (A) <u>to play</u> on-line games instead of (B) <u>playing</u> outdoor sports.

04 The psychologist tried (A) <u>to explain</u> to Mrs. Clinton that (B) <u>encouraging</u> her son's dependence prevents him (C) <u>from growing up</u> mentally and (D) <u>find</u> healthy relationship with other women.

7 to-부정사의 to와 전치사 to의 구별

모든 전치사 뒤에는 **명사(구), 대명사, 동명사, 의문사구(절)**만 올 수 있고, **to-부정사나 동사원형**은 올 수 없다. 따라서 전치사 to 뒤에도 동명사는 올 수 있지만 **동사원형**은 올 수 없다.

다음 어구에 나오는 **to는 전치사이므로 뒤에는 동명사나 명사만 오는 것에 주의하자.**

1 [동사 + to + 동명사]의 형태

* **object to v-ing** …에 반대하다
* **look forward to v-ing** …을 고대하다
* **reply to v-ing** …에 답변하다
* **refer to v-ing** …을 언급/ 참조하다
* **come close to v-ing** 거의 …할 뻔하다
* **admit to v-ing** …을 인정하다
* **lead to v-ing** …의 결과를 가져오다
* **respond to v-ing** …에 응답하다
* **react to v-ing** …에 반응하다
* **contribute to v-ing** …에 공헌하다/ 기부하다
* **take to v-ing** …의 습관이 들다

* We are **looking forward to** *leave* on a trip to Europe next week.(x) (⋯ leaving)
  우리는 다음 주 유럽 여행 떠나는 것을 고대하고 있다.
* I **object to** *waiting* for another hour. 나는 한 시간 더 기다리는 데 반대한다.

2 [be + P.P./형용사 + to + 동명사]의 형태

* **be used/ accustomed to v-ing** …에 익숙하다
* **be dedicated/ devoted to v-ing** …에 이바지하다
* **be committed to v-ing** …에 전념하다
* **be attributed to v-ing** …에 기인하다
* **be addicted to v-ing** …에 탐닉하다/ 중독되다
* **be comparable/ equal/ identical to v-ing** …와 맞먹다/동등하다
* **be opposed to v-ing** …에 반대하다
* **be subject to v-ing** …에 복종하다/영향 받다
* **be suited to v-ing** …에 적합하다
* **be subjected to v-ing** …을 받다/당하다
* **be likened to v-ing** …에 비유되다

* Ms. Grose **isn't accustomed to** *agree* with opposing points of view.(x) (⋯ agreeing)
  Grose 씨는 반대되는 견해에 동의하는 데 익숙해져 있지 않다.

주의 **be entitled to+V/V-ing**(…의 자격이 있다)와 **be liable to+V/V-ing**(…할 의무가 있다/…하기쉽다)는 to 뒤에 동사원형과 동명사(명사) 모두 올 수 있다.

3 문장 형태

* **When it comes to v-ing** (…에 관해서 말하면)
* **What do you say to v-ing …?** (…하는 것 어때요?)

* **What do you say to** *eating* out tonight? 오늘 저녁에는 외식 할까요?
* **When it comes to** *writing*, you'd better express yourself plainly. 글쓰기라면, 소박하게 표현하는게 좋다.

Check-up questions 7

A 어법상 알맞은 것을 고르시오.

01 If you are committed to (success / succeed), then you will adopt the behaviors that facilitate success, such as regular attendance, sufficient preparation, and studying.

02 I object to (build / building) factories near natural habitats of animals.

03 They are accustomed to (work / working) in the environment under pressure.

04 Some football players are so committed to playing football and (improve/ improving) their skills on the field that they use muscle-building drugs

05 What do you say to (go / going) on a picnic for a change next weekend?

B 밑줄 친 부분 중 어법상 틀린 부분만 알맞게 고치시오.

01 Some societies have taken to <u>use</u> the sea to bury dead bodies.

02 I know a father who devoted himself earnestly <u>to photograph</u> the birth of his first and only child.

03 They've got used to <u>live</u> in hot and humid weather since they came to the tropical island.

04 Postponing (A) <u>having</u> children is contributing to (B) <u>decrease</u> in family size. In the UK the rate is down to 1.6 children per family. In Japan the fertility rate is also the lowest it has ever been, down to 1.28 children per family. This latter decline is due to people (C) <u>marrying</u> later.

8 동명사가 들어가는 관용적 표현

1 go V-ing : …하러 가다

* They **go shopping/ swimming/ fishing/ biking/ surfing/ hiking/ jogging/ dancing** on weekends.

> **CF.** 이 표현은 주로 여가활동이나 스포츠 활동의 경우에 쓰이지만 "영화 보러 가다"는 **go to see a movie** 로 표현한다.
> * He *went seeing* a movie. (x) (→ went to see) 그는 영화 보러 갔다.

2 on/ upon + V-ing : …하자마자 (= as soon as + S + V)

* **On arriving** at the airport, I will call you up. (= As soon as I arrive …)
  내가 공항에 도착하면 바로 너에게 전화 걸게.

3 be busy + V-ing / with + N : …하느라고 바쁘다 / …으로 바쁘다

* The sales people **are busy reaching** their quarterly sales targets now.
  영업사원들이 분기별 영업목표를 달성하느라고 지금 바쁘다.

4 feel like + V-ing : …하고 싶은 기분이 들다(= feel inclined to +v/ be in the mood to+ v)

* I don't **feel like going** to the party tonight. 나는 오늘 밤 파티에 가고 싶은 기분이 아니다.

5 It is no good / use + V-ing : …해봐야 소용이 없다

* **It is no use arguing** with her because she won't listen to opposing opinions.
  그녀는 반대 의견을 들으려고 하지 않기 때문에 그녀와 논쟁을 해봐야 소용이 없다.

6 be worth + V-ing : …할 만한 가치가 있다(= worthwhile to+V/ v-ing = be worthy of -ing)

* Their proposal **is worth reviewing** carefully.
  = It is **worth reviewing** their proposal carefully.
  = It is **worthwhile to review** their proposal carefully.
  그들의 제안은 신중히 검토할 만한 가치가 있다.

7 make a point of + V-ing : 반드시 …하다, …을 중요시하다

* Our president always **makes a point of introducing** new marketing strategy.
  우리 사장은 새로운 마케팅 전략을 도입하는 것을 항상 중요시 한다.

8 There is no + V-ing : …하는 것은 불가능하다 (= It is impossible to + V)

* **There is no predicting** what our sales results for the coming year will be due to the slowdown.
  경기 침체 때문에 내년도 우리의 매출고가 얼마가 될지 예측이 불가능하다.

9 cannot help V-ing (= cannot but + V = have no choice but to+ V = cannot help but + V): …하지 않을 수 없다 (→ help 뒤에는 cry, laugh, wonder, think, admire 등 감정이나 생각을 나 타내는 동사가 주로 온다.)

* I **couldn't help laughing** at the sight of the ridiculous scene.
  나는 그 우스꽝스런 장면을 보고 웃지 않을 수 없었다.

Check-up questions 8

* 어법상 알맞은 것을 고르시오.

01 London is worth (taking / of taking) your time to see all its attractions.

02 (In / On) hearing the news of the rebellion in the country, many foreigners headed for the border.

03 I can't help (thinking / to think) that I must have done something to offend Laura since she turned her eyes away from me

04 (There is / It is) no use crying over spilt milk.

05 Lisa felt like (reading / to read) a book while she was waiting for her flight in the departure lounge.

세계에서 가장 많이 불리는 찬송 시
"Amazing Grace"

Amazing grace! (하나님의) 놀라운 은혜!
How sweet the sound! 얼마나 아름답게 들리는 말인가!
That saved a wretch like me! 그 은혜로 나 같은 죄인을 구하셨네!
I once was lost, but now am found; 예전엔 길을 잃고 헤매었지만, 이제는 길을 찾았네;
Was blind, but now I see. 예전엔 빛을 볼 수 없었지만, 이제는 광명을 찾았네.

이 찬송 시를 쓴 John Newton[1725-1807]은 영국에서 태어나 7세에 어머니를 여의고 불우한 어린 시절을 보냈으며 10대 후반에 해군에 강제 징집되었다가 나중에 노예선으로 보내져 험난한 삶을 살았다. 노예무역업자 밑에서 노예무역에 종사하다가 폭풍으로 항해를 쉬는 동안 The Imitation of Christ그리스도를 닮는 삶이라는 책을 읽고 크게 감동되어 노예무역에 종사하며 찌들었던 비도덕적이고 방탕한 생활을 청산하고 변화된 삶을 살며 성경공부에 전념하여 결국 성직자가 되었다.

이 찬송 시는 1779년 지어져 작곡가 미상의 곡조에 붙여 오늘날 세계에서 가장 많이 불리는 찬송가가 되었다. 이 가사의 의미는 죄인으로서 멸망으로 가는 삶을 살다가 하나님의 은혜로 구원을 받아 새 생명을 얻게 된 것을 감사하며 이를 찬양한다는 뜻을 담고 있다.

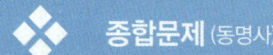 종합문제 (동명사)

A 다음 빈칸에 어법상 알맞은 것을 고르시오.

01 The environmental conservation campaign has contributed to _____ the level of public awareness of environment
(A) raise (B) raising (C) raised (D) rising

02 I remember my father _____ us to the cabin beside Lake Como every summer.
(A) take (B) taking (C) to take (D) taken

03 The National Financial Association is an organization dedicated to _____ small businesses get financial assistance with little difficulty.
(A) help (B) helps (C) helping (D) helped

04 The organizers of the festival didn't _____ such a large crowd gathering at the event.
(A) expect (B) predict (C) anticipate (D) think

05 The auto mechanic _____ changing engine oil at regular intervals.
(A) insisted (B) asked (C) recommended (D) urged

06 No company is allowed to prevent its employees _____ religious belief or cultural traits through their appearance.
(A) from expressing (B) expressing (C) to express (D) expressed

07 I think you have to apologize to her for _____ such an awful thing.
(A) saying (B) being said (C) having said (D) your saying

08 Kelley has some advantages over the other candidates in _____ to personnel manager.
(A) promoting (B) being promoted (C) having promoted (D) to be promoted

09 Charles seems to have forgotten _____ to the party as he hasn't appeared yet.
(A) inviting (B) being invited (C) to invite (D) to be invited

10 Most of the staff members in the sales department are busy _____ accounts for the last year.
(A) organizing (B) with organizing (C) to organize (D) being organized

B 다음 괄호 안에서 어법에 알맞은 것을 고르시오.

01 How do teenagers fill the time that is left over? During an average day, 54% of girls do housework for 36 minutes, while boys spend just 25 minutes (1) **(doing / to do)** the same. The average boy also spends less time (2) **(on / with)** religious activities and just 10 minutes (3) **(volunteering / to volunteer)** compared to girls' 22 minutes.

02 My name is Esther Taylor. My son's name is Peter W Taylor. He is a dutiful husband and loving father of two children. For the last six years my son has missed out on my grandchildren's birthdays and Christmases among many other things. Because my son is languishing in prison for a non-violent, first-time drug offense. He has been sentenced to 10 years for (1) **(catching / being caught)** driving a vehicle with drugs. He has tested negative for drugs, and he is not a user. He was involved in a gang distributing and dealing illegal substances which he deeply regrets. My son Peter has never denied (2) **(acceptance / accepting / to accept)** his responsibility for the criminal offense committed. He served more than half his sentence, displayed good behavior and conduct while under prison confines. Please give my grandchildren hope that they may live with their father again. I eagerly look forward to (3) **(consider /considering)** this request for leniency.

03 I have good reason to believe that some kind of knowledge is better acquired after twenty-one than before. Even if college is a place in which too many students learn too little, I still believe it is worth (1) **(giving / to give)** a youngster those four comparatively sheltered years in which to grow from boy to man.

　I missed (2) **(making / to make)** friends of my own age. I quite agree that making friends is one of the principle values of college life - but not for the cheap reason that often prompts the remark. I know it would have been better for me (3) **(having / to have)** formed friendships with boys of my own kind at my own stage of (4) **(developing / development)** than to find companionship as I inevitably did with the hard-bitten older men I met in business.

C 다음 우리말과 같은 뜻이 되도록 영문의 빈칸에 주어진 철자로 시작하여 알맞은 단어를 써넣으시오.

01 나는 공항에 도착하자마자 바로 수속카운터로 갔다.
(   ) (   ) at the airport, I immediately (p   ) to the check-in counter.

02 어느 팀이 최종 시합에서 승자가 될지 예측하기란 불가능하다.
(   ) is (   ) (p   ) which team will win the final game.

03 우리는 신제품을 개발하느라 많은 시간과 돈을 썼다.
We (   ) a lot of time and money (d   ) new line of products.

04 우리는 D&P 회사로부터 계약을 따내는 데 많은 어려움을 겪었다.
We had great (d   ) (s   ) the contract with D&P Company.

05 그가 런던으로 전근 가지 못한 것에 대하여는 몇 가지 이유가 있었다.
There were a few reasons for his (   ) (   ) (   ) transferred to London.

D 괄호 안에 주어진 단어들을 이용하여 우리말을 영작하시오.

01 그 경영상담 전문가는 우리가 M 프로젝트에 돈을 더 투자하는 것에 반대한다.
(경영상담 전문가 : management consultant, …에 투자하다 : invest in, …에 반대하다 : object to)
_____.

02 그는 자기 아들이 장학금을 받은 것을 자랑으로 여기고 있다.
(장학금을 받다 : win a scholarship, …을 자랑으로 여기다 : be proud of)
_____.

03 나는 그녀의 일기를 우연히 보았을 때 그것을 남몰래 살짝 보고 싶은 충동을 물리칠 수 없었다.
(우연히 by accident, 남몰래 …을 살짝 보다 : sneak a look at, 충동을 물리치다 : resist)
_____.

04 우리는 다음 달 초에 휴가 가는 것을 고대하고 있다.
(휴가 떠나다 : go on vacation, …을 고대하다 : look forward to)
_____.

05 그들은 자금이 부족해서 그 프로젝트를 완성하지 못했다.
(자금의 부족 : lack of money, A 로 인하여 B가 …하지 못하다 : A + prevent B from v-ing)
_____.

Chapter 7
분사
Participles

> **Grammar Introduction**
> 준동사로서의 분사는 일반 형용사처럼 명사를 직접 수식하는 한정용법과 보어로 쓰이는 서술용법이 있다. 그러나 분사는 동사적 용법으로만 쓰이는 경우도 있기 때문에, 형용사적 용법의 분사와 동사적 용법의 분사를 서로 구별해야 한다.

분사의 두 가지 개념

준동사로서 형용사로 쓰이는 분사와 **동사 그 자체로서 쓰이는 분사**가 있다.

1 형용사 역할을 하는 분사 (⋯ 준동사)

분사가 준동사로 쓰일 때는 형용사 역할을 한다. 따라서 문장 속에서 일반 형용사처럼 **명사를 수식하기도 하고 보어로 쓰이기도 한다**.

* They are concerned about **rising oil prices**. (현재분사 **rising**이 명사구 **oil prices**를 수식한다)
  그들은 오르는 유가를 걱정하고 있다.
* The repair person has fixed the **broken** copier. (과거분사 **broken**이 명사 **copier**를 수식한다)
  수리공이 고장 난 복사기를 수리했다.
* The soccer game between the two teams was very **exciting**. (주격보어로 쓰인 경우)
  그 두 팀 간의 축구 시합은 무척 흥미진진했다.

2 술어동사로서 쓰이는 분사

주어 뒤에서 **완료시제**나 **진행시제** 및 **수동태**에서도 분사가 쓰인다. 이 경우에 분사는 **동사**로 쓰인 것이며, 형용사적 의미는 없다.

* We *have* already *checked* the contract for errors. (현재완료 시제)
  우리는 오류가 있는지 계약서를 이미 확인했다.
* The ozone layer *is being destroyed*. (수동태) 오존층이 파괴되고 있다.
* We *are living* in a period of rapid change. (현재진행 시제) 우리는 빠른 변화의 시대에 살고 있다.

분사의 종류와 의미

분사에는 **현재분사(V-ing)**와 **과거분사(P.P.)**가 있으며 현재분사는 의미상의 주어가 **능동적**으로 행하는 경우이며, 과거분사는 의미상의 주어가 **수동적**으로 당하는 경우이다.

1 분사의 용법

분사는 **동사**와 **형용사**의 성격을 모두 지니고 있으므로 명사의 앞이나 뒤에서 그 명사를 수식하며, 문장 속에서 주어를 설명하는 **주격보어**와 목적어를 설명하는 **목적격보어**로 쓰인다.

1 명사를 수식한다 (한정용법)

1) 단독 수식의 경우 ➡ 분사가 명사 앞에 온다.

2) 분사구(분사 뒤에 목적어나 보어 및 수식어를 동반하는 어구)의 경우 ➡ 명사 뒤에 온다.

```
* 분사 ⋯ 분사 + 명사
* 분사구 ⋯ 뒤에서 앞 명사를 수식
   명사 + 분사 + ┌ 목
                │ 부사(구)
                │ 보어
                └ 전치사 + N
```

a) 분사가 명사를 수식하는 경우

  * **dancing** people (춤추는 사람들)   * **lost** lugggage (분실된 짐)

b) 분사구가 명사를 수식하는 경우

  * a man **wearing a red tie** (빨간 타이를 매고 있는 남자 ➡ 분사 + 목)
  * the employees **working hard** (열심히 일하는 직원들 ➡ 분사 + 부사)
  * the experts **involved in the project** (프로젝트에 참여하는 전문가들 ➡ 분사 + 전치사구)
  * feel-good chemicals **called endorphins** (엔돌핀이라고 불리는 기분좋게 해주는 화학물질 ➡ 분사 + 보어)

2 보어로 사용된다 (서술용법)

1) 주격보어 : S(주어) + 2형식 동사 + **분사**(주격보어)

분사를 주격보어로 취하는 2형식 동사의 예 (⋯ Chapter 1 [2] 참조)

| be | become | get | look | seem | remain | stay | feel, etc. |

  * The workers **became** *tired*. 직원들은 피곤해졌다.
  * The spectators **got** *excited* at the boxing match. 관중은 권투시합을 보고 흥분했다.
  * Most of the audience **remained** *seated*. 대부분의 관중은 자리에 그대로 앉아 있었다.

2) 목적격 보어 : S(주어) + 5형식 동사 + 목 + 분사 (⋯▸ 5형식 문형)

분사를 목적격 보어로 취하는 5형식 동사의 예 (⋯▸ Chapter 1 [6] 참조)

> **keep** ⋯을 어떤 상태로 유지하다　　　　**find** ⋯이 어떤 상태임을 발견하다
> **leave** ⋯을 어떤 상태로 놓아두다　　　　**make** ⋯을 어떤 상태로 만들다
> **have/get** ⋯하라고 시키다　　　　　　　**set** ⋯을 어떤 상태로 정하다
> **feel** ⋯하다고 느끼다　　　　　　　　　**see** 지각동사
> **hear** 지각동사

* They **keep** the warehouse door ***locked***. 그들은 창고 문을 계속 잠근 채로 놓아두고 있다.
* They **found** the paintings ***fascinating***. 그들은 그 그림들이 매력적이라는 것을 알았다.
* Please make sure you **leave** the filing cabinet ***closed***. 서류 보존함은 꼭 닫은 채로 놓아두시오.
* I will have to **have** my car ***fixed***. 내 차를 수리시켜야겠다.
* I **heard** the choir ***singing*** a gospel song impressively.
　나는 합창단이 복음성가를 감명 깊게 부르는 소리를 들었다.

Check-up questions 1

A 어법상 알맞은 것을 고르시오.

01 The airline apologized for the inconvenience (causing / caused) by the delay of the flight to Paris due to a mechanical failure.

02 Good friends can not only cheer you up through bad time but also help you stay (focus / focused) on your goals.

03 The only _____ problem is how we can design marketing strategy programs.
   (A) remaining   (B) remained   (C) remainder   (D) to remain

04 Because of bad weather, all flights _____ in Chicago have been cancelled.
   (A) originate   (B) will originate   (C) originating   (D) originated

05 For proper repair on our products, you are required to visit one of our _____ customer service centers.
   (A) authority   (B) authorized   (C) authorizing   (D) authoritarian

B 밑줄 친 부분 중 어법상 틀린 부분만 알맞게 고치시오.

01 I felt the building I was working in to shake.

02 Honey was used by the ancients to make a medical beverage to call "mead".

03 I asked myself who really needed me anymore. Suddenly, the tears came to rush out again, but for a different reason.

04 Combining genes from different organisms is generally (A) known as recombinant DNA technology, and the (B) resulted organism is said to be "genetically (C) modified."

2 분사의 구별(1) - 자동사의 경우

자동사는 원칙적으로 **명사 수식**(한정용법)이나 **보어**(서술용법)에서 모두 **현재분사로만 쓰인다**.

1 명사 앞에 오는 경우 (➡ 현재분사만 사용)

* **rising** prices 오르는 물가
* **remaining** guests 남아있는 손님들
* **lasting** impression 오래 남아있는 인상
* **opposing** opinions 반대 의견
* **existing** equipment 기존 장비
* **deteriorating** economy 악화되는 경제
* **missing** luggage 분실된 짐
* **growing** numbers 증가하는 숫자

예외 자동사인 경우에도 다음과 같이 **이미 이루어진 상태**를 표현할 때에는 과거분사가 오는 경우도 있다.

* **retired** director 은퇴한 이사 / **retiring** director 은퇴를 앞 둔 이사
* **expired** passport 만기가 된 여권 / **expiring** passport 만기가 다가오는 여권
* **fallen** leaves 땅에 떨어진 잎사귀들 / **falling** leaves 공중에 떨어지고 있는 잎사귀들

2 명사 뒤에 오는 경우 (⋯ 현재분사만 사용)

* tourists **waiting** for their flight 비행기를 기다리는 관광객들
* customers **sitting** at the table 식탁에 앉아 있는 고객들
* employees **working** in Accounting 회계부에서 일하는 직원들
* the office clerk **talking** on the phone 전화로 이야기하는 사무직원

* We'll have to replace some of the **existing** equipment with state-of-the-art facilities.
  우리는 기존 장비 일부를 최신식 시설로 교체해야 한다.

* The employee **looking** at the computer monitor is my new assistant.
  컴퓨터 화면을 바라보고 있는 직원이 내 보조직원이다.

* Our flight 757 to Paris has been cancelled due to the **approaching** storm.
  파리행 757편기가 다가오는 폭풍 때문에 취소되었다.

Check-up questions 2

* 어법상 알맞은 것을 고르시오.

01 (Fading / Faded) winds allowed crews to bring in helicopters to drop water on the fire.

02 I'm sorry to have kept you (waiting/ waited/ to wait) so long.

03 The pools feed water into the stream (flow/ flowing/ flowed) through the town.

04 In South Africa, there are various ethnic groups _____ different languages.
    (A) speak   (B) speaking   (C) spoken   (D) to speak

05 If the new cells in a brain have defects, the brain cells become short of oxygen and nutrients, _____ to forgetfulness.
    (A) lead   (B) leading   (C) led   (D) to be led

06 A boring discussion at the meeting continued for an hour or so last Friday, _____ in needless waste of time.
    (A) result   (B) resulting   (C) resulted   (D) to result

07 The plant species grows up quickly and healthily and is widely distributed, _____ from Canada to South America.
    (A) range   (B) ranged   (C) ranging   (D) to range

08 I suggested placing the plant pots out of doors beside the porch, but my sympathetic wife pointed out the _____ reduced chances of their survival.
    (A) resulting   (B) resulted   (C) to result   (D) result

3 분사의 구별(2) – 타동사의 경우

타동사는 **명사 앞**에 올 때는 **과거분사**가 오며, **명사 뒤에** 올 때는 **현재분사**와 **과거분사** 모두 올 수 있으나 일정한 원칙을 따른다.

1 명사 앞에서 수식하는 경우 (→ 과거분사만 사용)

* **attached** photos 첨부한 사진
* **designated** area 지정된 장소
* **organized** presentation 체계적인 설명
* **finished** products 완제품
* **dedicated** volunteers 헌신적인 자원봉사자들
* **signed** contract 서명한 계약서

* The company's **proposed** retail prices will be announced soon.
  (… propose가 타동사이므로 명사 앞에서 P.P.)
  그 회사의 소매가격 안이 곧 발표될 것이다.

2 명사 뒤에서 수식하는 경우

* **명사 + 현재분사 + 목**(명사/ 명사구) → 뒤에 목적어가 있으면 **현재분사**
* **명사 + 과거분사 +** [부사(구) / 전치사 + N / by + 행위자] → 뒤에 목적어가 없으면 **과거분사**

1) 현재분사가 오는 예 (… 뒤에 목적어가 있을 때)

* guests **attending** the reception (연회에 참석한 손님들)
  attended(x)

* tourists **visiting** the historic site (역사적 장소를 방문하는 관광객들)
  visited(x)

* We must give all customers a notice **saying** their rights under the law.
  (… 뒤에 목적어가 있으므로 saying)
  우리는 모든 고객에게 법이 보호하는 그들의 권리를 알려주는 통지서를 줘야 한다.

주의 뒤에 명사가 있을 때 **이 명사가 목적어가 아니라 보어일 때에는 과거분사를 사용한다.**

명사 + [**called** (…라고 불리우다)/ **named** (…이라고 이름 지어지다) / **elected** (…으로 선출되다)/ **entitled** (…의 제목이 붙다) / **declared** (…라고 선언되다)/ **marked** (…라고 표시되다)] + 명사 (보어)

* There is a pile of documents **marked** "*action*" on their cover.
  표지 위에 "작업 중"이라고 표시된 서류 더미가 있다.

2) 과거분사가 오는 예 (··· 뒤에 부사/ 부사구/ 전치사구/ by + 행위자 등이 올 때)

* the items **listed** *below* (아래에 열거된 물품들)
  listing(x) 부사
* the management positions **occupied** *by women* (여성들이 차지하고 있는 경영진 자리)
  occupying(x)   by+행위자
* passengers **injured** *in the car crash* (교통사고에서 부상 당한 승객들)
  injuring(x)   전치사구

* The government officials are concerned about the high unemployment rates **reported** *in this quarter's financial statement.* (··· 뒤에 전치사구가 있으므로 P.P.)
  정부 관리들은 이번 분기의 재정 명세서에서 보고된 높은 실업률을 걱정하고 있다.

* Preschoolers **enrolled** *in smaller classes* attain higher scores on first grade readiness tests.
  (··· 뒤에 전치사구가 있으므로 p.p.)
  규모가 더 작은 학급에 배정된 취학 전(유치원) 아동들은 1학년 학급 배정 시험에서 더 높은 점수를 받는다.

* Studies **conducted** *by some psychologists* show that laughing aloud is good for health.
  (··· 뒤에 by +행위자가 있으므로 p.p.)
  심리학자들이 실시한 연구에서 소리 내어 웃는 것이 건강에 좋다는 것을 보여주고 있다.

* The speech **made** *earnestly and enthusiastically* appealed to the audience.
  (··· 뒤에 부사만 있으므로 p.p.)
  진지하고 열성적으로 행해진 그 연설은 청중의 마음을 끌었다.

> **참고** 명사를 후치 수식하는 분사구와 관계대명사절과의 관계
> [명사 + 주격 관계대명사 + 동사(V) ...] 에서 관계대명사절을 축약하여 [명사 + 분사구]로 바꿀 수 있으며, 그 역도 마찬가지이다.
>
> * Older people typically have less light **which enters the eye**.
>   ···▶ Oder people typically have less light **entering the eye**. (··· 관계사절이 능동형이므로 현재분사가 온다)
>   노인들은 일반적으로 눈에 빛이 더 적게 들어 온다.
>
> * People **who were surveyed in the research** were asked to express themselves frankly.
>   ···▶ People **surveyed in the research** were asked to express themselves frankly.
>   (··· 관계사절이 수동형이므로 과거분사가 온다)
>   그 연구조사에서 조사받는 사람들은 자기네 생각을 솔직하게 표현해달라는 요청을 받았다.

Check-up questions 3

A 어법상 알맞은 것을 고르시오.

01 A ten percent discount is offered on every purchase (exceeding / exceeded) a value of US $100.

02 The partner returned the (signing / signed) contract to our office.

03 Experience and education are required of (qualifying / qualified) applicants for the job.

04 There are some (opposing / opposed) point of views on the current economic policies.

05 The consumers are (opposing / opposed) to the pricing policies of the big company.

06 Some investors are interested in the area _____ as a special tourism zone.
   (A) designated   (B) have designated   (C) designating   (D) to designate

07 All shops _____ their products in this classified section are well-known for their courteous and classy service.
   (A) advertising   (B) advertised   (C) have advertised   (D) to advertise

B 다음 문장에서 밑줄 친 부분 중 어법상 틀린 부분만 알맞게 고치시오.

01 Unlike ancient scrolled papyrus, now a reader can easily move backward in the text to find a previously <u>reading</u> passage.

02 Culture is considered to be a <u>sharing</u> system of ideas that a society has about how the world works and how people should act.

03 All of the images of the (A) <u>bleeding</u> and (B) <u>wounded</u> soldiers had a (C) <u>lasted</u> impact on the young boy.

04 New procedures (A) <u>implementing</u> by the management have made the (B) <u>filing</u> processes simpler and more accurate.

05 When the fuel cell becomes the automotive engine of choice, the car companies (A) <u>focused</u> on increasing the efficiency of the internal combustion engine may find themselves (B) <u>left</u> behind.

4 감정유발 동사의 분사 용법

사람의 감정이나 심리 상태를 유발시키는 동사는 주로 **사람이 의미상의 주어이면 과거분사**가 오고, **사물이 의미상의 주어이면 현재분사**로 표현된다.

> * **사람 (S) + be + (감정 동사의) P.P.** or **(감정 동사의) P.P. + 사람**
> * **사물 (S) + be + (감정 동사의) V-ing** or **(감정 동사의) V-ing + 사물**

감정유발 동사의 예

(1) 기쁨/ 만족/ 흥미   **amuse, delight, please, rejoice**(기쁘게 하다), **satisfy, interest, excite**

(2) 놀라움   **surprise, astonish, alarm, amaze, shock, stun/ startle**(깜짝 놀라게 하다), **frighten/ scare** (겁을 주어 놀라게 하다)

(3) 당황/ 혼동   **embarrass/ bewilder/ puzzle/ perplex**(당황케 하다), **confuse**(혼동시키다)

(4) 피곤/ 짜증/ 자극   **tire, bore**(지루하게 하다), **exhaust**(지치게 하다), **annoy**(귀찮게 하다), **irritate/ provoke**(자극하여 성질나게 하다), **upset**(속상하게 하다), **disgust**(역겹게 하다)

(5) 실망/ 낙담/ 용기   **disappoint**(실망시키다), **frustrate**(좌절케 하다), **depress**(우울하게하다), **stimulate**(자극하다), **discourage/ dismay**(낙담시키다), **encourage**(고무시키다), **motivate**(동기를 부여하다), **inspire**(영감을 주다)

(6) 매력/ 감동   **charm/ fascinate/ attract**(매혹시키다), **impress**(감명을 주다), **touch/ move** (감동시키다)

(7) 확신   **convince**(확신시키다), **reassure**(안심시키다)

(8) 휴식   **refresh**(원기를 회복시키다, 생기를 되찾게 하다), **relax**(긴장을 풀고 느긋하게 쉬다)

* The *customers* are generally **satisfied** with our finished products. (사람 주어)
  고객들은 대체로 우리 완제품에 만족해하고 있다.

* Both the sides reached a **satisfying** *agreement* to each other. (사물 수식)
  양 당사자는 서로에게 만족스러운 합의에 도달했다.

* *Laura* was **embarrassed** when I showed her the error she had made. (사람 주어)
  로라는 내가 그녀가 저지른 실수를 지적해주자 당황해 했다.

* The *questions* the politician was asked were acutely **embarrassing**. (사물 주어)
  그 정치인이 받은 질문들은 신랄하게 당혹스러운 것이었다.

* I find the *traffic signs* very **confusing**. (⋯ 5형식의 목적어가 사물인 경우 뒤에 **V-ing**)
  나는 그 교통 표지판들이 매우 혼란스럽던데요.

* *We* have been **encouraged** by the sales figures. (사람 주어) 우리는 매출고에 고무되었다.
  = The sales *figures* have been **encouraging** to us. (사물 주어) 매출고는 고무적이었다.

* I feel **relaxed** when I listen to **relaxing** music. 나는 편안한 음악을 들을 때 마음이 느긋해진다.

> **CF.** **사물**이 감정유발동사 P.P.의 의미상 주어이거나, **사람**이 현재분사의 의미상 주어인 경우도 있다.

* The book of poetry includes Byron's most **inspired** *poems*. (O)
  (⋯ 사람이 영감을 받아 쓴 시라는 뜻) 그 시집에는 Byron이 많은 영감을 받아 쓴 시들이 들어 있다.

* She is an **amazing** *musician* to hear. (O)
  (⋯ 사람들을 놀라게 할 정도로 훌륭한 음악가라는 뜻) 그녀는 듣고 있으면 놀랄 정도로 훌륭하게 연주하는 음악가다.

Check-up questions 4

A 어법상 알맞은 것을 고르시오.

01 Most people found the new 3D movie (fascinating / fascinated).

02 As the tour was (tiring / tired), we decided to stop over in the city for a day.

03 After a day's work, he returned home (exhausting / exhausted).

04 Our rivers and lakes are dying at an (alarming / alarmed) pace due to environmental pollution.

05 Most of the people attending the conference were (disappointing / disappointed) to hear the result of the negotiation.

06 Whenever I turn on the machine, there is an (annoying / annoyed) buzzing noise for about five seconds.

B 밑줄 친 부분 중에서 어법상 틀린 것을 골라 알맞게 고치시오.

01 When office workers are interrupted by ringing phones, chattering coworkers, and instant meetings, they may feel (A) <u>confused</u> and get (B) <u>upset</u>. This also can be (C) <u>frustrated</u> for the employer who is paying for this unproductive work time.

02 A businessman, after entertaining his guest, offered him joint partnership in a new business venture. The guest, (A) <u>delighted</u> with the (B) <u>satisfying</u> offer, suggested that they meet again the next morning to finalize the details. However, the former never showed up. The unexpected situation made the latter (C) <u>embarrassing and disappointing</u>.

5 분사구문 (Participle Clauses)

시간, 이유, 양보, 조건, 동시동작 등의 부사절에서 접속사와 주어를 생략하고 분사구의 형태로 간략하게 표현되는 구문을 분사구문이라 한다. 분사구문은 **부사절을 축약한 것이므로 부사절처럼 번역한다.** 단, 결과의미의 분사구문은 주절에 이어서 차례대로 번역한다.

1 부사절을 분사구문으로 전환하는 방법

> 부사절 접속사 + S + V … , S' + V' … 에서 다음과 같은 순서를 따른다.
> (부사절)   (주절)

a) 부사절 접속사 생략 (⋯ 단, 부사절 접속사를 강조하거나 오해할 염려가 있을 때는 생략 안 할 수도 있다.)

b) 부사절의 주어(S)와 주절의 주어(S')가 같을 경우, 부사절 주어(S)의 생략 (⋯ 다를 경우에는 생략하지 않으나 인칭 대명사가 부사절의 주어일 때는 주어의 주어와 일치시킨다. ⋯ P 161 [주의] 참조)

c) 부사절 동사(V)의 시제와 주절 동사(V')의 시제가 같을 경우 (⋯ 이를 **단순 분사구문**이라 한다)
 * 능동일 때 ⋯ **현재분사**(V-ing)
 * 수동일 때 ⋯ **과거분사**(P.P.)

d) 부사절 동사(V)의 시제가 주절 동사(V') 시제보다 앞선 경우 (⋯ 이를 **완료 분사구문**이라 한다)
 * 능동일 때 ⋯ **Having + P.P.**
 * 수동일 때 ⋯ **(Having been) + P.P.** (⋯ Having been은 생략할 수 있다.)

1) 분사구문의 시제가 주절 시제와 같을 경우 (➜ 단순 분사구문)

* When *John heard* the good news, *he jumped* for joy. (⋯ 주어와 시제가 같고 능동형)
 ⋯ **Hearing** the good news, John jumped for joy. John은 희소식을 듣고 기뻐서 껑충 뛰었다.

* Since the employees *were confused* about the directions, they *attended* the presentation.
 ⋯ **Confused** about the directions, the employees attended the presentation.
 직원들이 지시사항에 혼란스러워하므로 설명회에 참석했다.

* As he *knew* the market conditions inside out, he was able to succeed in his business.
 ⋯ **Knowing** the market conditions inside out, he was able to succeed in his business.
 시장의 조건들을 훤히 잘 알고 있었기 때문에 그는 사업에 성공할 수 있었다.

2) 분사구문의 시제가 주절보다 앞선 경우 (➜ 완료 분사구문)

* Although his film *has not made* much money, it *is* still highly rated by critics.
 ⋯ **Not having made** much money, his film is still highly rated by critics.
 비록 그의 영화는 많은 돈을 못 벌었지만, 여전히 평론가들로부터 높이 평가받고 있다.

* Even if the company *was established* only three years ago, it *is* now a leader in the relevant industry.
 ⋯ (Having been) **Established** only three years ago, the company is now a leader in the relevant industry.
 그 회사는 불과 3년 전에 설립되었지만, 현재 관련 업계에서 첫째가는 회사이다.

3) 독립 분사구문(주어가 서로 다를 경우) ➡ 분사 앞에 주어를 그대로 둔다.

* As *the photographs* were taken very long ago, *I* can hardly recognize them.
  ⋯▶ **The photographs** *(having been)* taken very long ago, I can hardly recognize them.
  그 사진들은 아주 오래전에 찍은 것이어서, 내가 거의 알아볼 수 없다.

* If *the weather* permits, we will go camping this weekend.
  ⋯▶ **Weather** *permitting*, we will go camping this weekend. (weather는 분사구문에서 the를 뺀다)
  날씨가 허용하면 우리는 이번 주말에 캠핑 갈 것이다.

비인칭 주어 It가 주어인 경우 (⋯▶ It를 생략하지 않는다)

* As *it* was snowing heavily last weekend, *we* didn't go out. (⋯▶ 주어가 다르다.)
  ⋯▶ *It* snowing heavily last weekend, we didn't… 지난 주말 눈이 많이 와서 우리는 외출하지 않았다.

주의 부사절의 주어가 인칭 대명사일 때는 분사구문을 사용하지 않거나 문장을 전환한다.
* When *they* informed Tony of the good news, he was delighted to hear it.
  ⋯▶ *They* informing Tony of the good news, Tony was delighted to hear it.(x)
  ⋯▶ When *Tony was informed of* the good news, Tony was… (⋯▶ 부사절을 수동태로 전환한다)
  ⋯▶ *Informed of* the good news, Tony was delighted to hear it. (o)
  Tony는 희소식을 전해 들었을 때 기뻐했다.

2 분사구문의 위치와 의미

1) 분사구문이 주절보다 앞에 있을 때

시간(When, While, As soon as)/ **조건**(If, Once)/ **이유**(Because, As, Since)/ **양보**(Although, Even if) 등의 의미를 나타낸다. 어떤 의미인지는 전후 문맥을 보고 논리적으로 판단한다.

* **Examining** the contract closely, he found no problem. (⋯▶ 양보 의미)
  = *Although* he examined the contract closely, he found no problem.
  그는 계약서를 꼼꼼히 살펴보았지만, 아무런 문제를 찾지 못했다.
* **Left** alone in the remote house, she was frightened. (⋯▶ 시간 의미)
  = *When* she was left alone in the remote house, she was frightened.
  그녀는 외딴집에 혼자 있게 되었을 때 무서워했다.

2) 분사구문이 주절보다 뒤에 있을 때

동작의 결과(and, so)/ **연속 동작**(and)/ **동시 동작**(as, while) 등의 의미를 갖는다.

* The hurricane hit the region, **leaving** many people homeless. (결과 의미 ⋯▶ 그래서)
  = The hurricane hit the region, *and* it left many people homeless.
  허리케인이 그 지역을 강타해서 많은 사람이 집을 잃게 되었다.
* The host greeted his guests at the party, **smiling** brightly. (동시 동작 의미 ⋯▶ …하면서)
  = The host greeted his guests at the party *as* he smiled brightly.
  주인은 환하게 웃으면서 파티에 온 손님들에게 인사했다.

참고 동시 동작을 나타내는 분사구문이 짧을 때는 주절 앞에 올 수도 있다.
* *Smiling brightly*, the host greeted his guests at the party. (o)

3 분사구문에서 주의할 점

1) 주절과의 사이에 커머(,) 가 있으면 분사구문이므로 부사절처럼 번역해야 한다. (⋯ 명사를 뒤에서 수식하는 형용사구인 분사구와 구별해야 한다.)

2) 분사구문에서도 현재분사와 과거분사의 구별은 명사를 뒤에서 수식하는 <u>분사구</u>의 경우와 똑같다.

> * 능동의 경우 ➡ V-ing + 목⋯ , S + V ⋯
> * 수동의 경우 ➡ P.P. + 부사(구) / 전치사구⋯ , S + V ⋯

3) 자동사의 경우에는 현재분사(V-ing) 만 온다.
   * **Arriving** at the airport, Jack called up his office. 공항에 도착하자 Jack은 사무실에 전화 걸었다.

4) 접속사의 뜻을 분명히 할 때는 분사 앞에 접속사를 생략하지 않고 그대로 쓸 수 있다.
   * **While watching** TV, Cindy fell asleep on the sofa. TV 를 보다가 Cindy는 소파에서 잠들었다.

5) 분사구문을 부정할 때는 not / never를 분사 앞에 둔다.
   * **Not** *knowing* what to say, I remained silent. 뭐라고 말해야 할지 몰라서 난 잠자코 있었다.
   * **Never** *having experienced* such tough situation, he is suffering hardships. (Having <u>never</u> : x)
     그는 그런 힘든 상황을 겪어본 적이 없었기 때문에, 지금 고초를 겪고 있다.

4 with-부대상황

with + 명사(구) + 분사/형용사/부사의 형태로 주절의 동작에 덧붙여서 가벼운 이유(⋯ 이니까)나 양태 (⋯이면서, ⋯한 채로) 의미의 부대적 상황을 나타낸다.

> with + 목 + 분사/ 형용사(구)/ 전치사구/ 부사(on, away, off, up, down, etc.)

* She was watching TV on the sofa *with her cat **dozing** on her laps*.
  고양이가 그녀의 무릎 위에서 졸고 있으면서 그녀는 소파에 앉아 TV를 보고 있었다.
* He was lost in his thought *with his eyes **fixed** to the front*.
  그는 시선을 정면에 고정한 채로 깊은 생각에 잠겼다.
* He went out of his room *with his sweater **on***. 그는 스웨터를 입고서 방 밖으로 나갔다.
* He was standing there *with his back **against the wall***. 그는 벽에 등을 기댄 채 거기에 서 있었다.
* Speaking *with your mouth **full*** at the table will be against etiquette.
  식탁에서 입에 음식을 가득 넣은 채로 이야기하는 것은 예의에 어긋나는 법이다.

5 관계대명사와 분사구문 및 분사구와의 관계 (p156 [참고] 참조)

관계대명사절을 축약하여 분사구문이나 분사구로 만들 수 있다.

* The woman ***who is** wearing a red sweater* is Ms. Yoon. 빨간 스웨터를 입은 여자가 Ms. 윤이다.
  = The woman **wearing a red sweater** is Ms. Yoon. (⋯ who is가 생략되어 분사구가 된 경우)
                  <u>분사구</u>
* Jack, *who had worked for the store for several years*, started his own business.
  = Jack, **having worked for the store for several years**, started his own business. (⋯ 분사구문)
  Jack은 그 가게에서 수년 동안 일했었는데 자기 자신의 사업체를 시작했다.

Check-up questions 5

A 어법상 알맞은 것을 고르시오.

01 (Spent / Having spent) all the budget, the company decided to temporarily discontinue the project.

02 (Situating / Situated) between a beach and mountains, the resort place is still attracting many tourists.

03 We hurried to the concert, (got / getting) there just on time.

04 Some people listen to music for its message, (appreciated / appreciating) its formal patterns or originality.

05 The first world meeting on the environment was held, (attending / attended) by more than 500 participants.

06 There are many causes for deforestation, _____ from slow forest degradation to sudden and catastrophic wildfires.
   (A) ranging   (B) range   (C) ranged   (D) to range

07 _____ as much space as a big classroom, the first electronic computer marked the beginning of the age of technological wonder.
   (A) Occupy   (B) Occupying   (C) Occupied   (D) Occupancy

08 _____ to complete the market survey by the date that had been set, Mr. Johnson decided to increase the number of workers.
   (A) Failing   (B) To fail   (C) Failed   (D) Having failed

B 다음 문장에서 밑줄친 부분 중 어법상 틀린 부분만 알맞게 고치시오.

01 <u>Building</u> as a seal hunting ship in 1995, the ship has become one of the icebreakers now in the Greenpeace fleet.

02 Cold and <u>exhausting</u>, I went to a small restaurant just beside the station, the only one which opened at night.

03 (A) <u>Attracting</u> by the (B) <u>blinking</u> lights and shiny surfaces, the squirrel monkeys have started stealing phones from visitors.

04 After (A) <u>moved</u> to a new city, I joined the company baseball team. (B) <u>Being</u> the oldest player, I had to play the outfield.

05 Many creatures use phosphorescence at night, and as you move through the water, you will cause plankton to release tiny pulses of light, (A) <u>left</u> beautiful glowing wakes (B) <u>trailing</u> behind you.

further tips

분사가 형용사처럼 명사를 수식하는 예

* **dedicated/ devoted** employees 헌신적인 직원들
* **visiting** guests 방문하는 손님들
* **designated** representative 지정된 담당자
* **authorized** agent 정당한 권한을 부여받은 대리인
* **concerned** managers 걱정하는 관리자들
* **approaching** typhoon 다가오는 태풍
* **retired** director 은퇴한 이사
* **overwhelming** number of people 압도적인 수의 사람들
* **managing** director 전무이사
* **missing/ lost** luggage 분실된 짐
* **relaxing** setting 느긋한 분위기/ 환경
* **proposed** budget 예산안
* **encouraging** sign 고무적인 징조
* **unexpected** changes 뜻밖의 변화
* **surprising** development 놀랄만한 발전
* **reserved** parking space 예약된 주차 공간
* **frightened** tourists 겁에 질린 관광객들
* **upgraded** desktop units 최신 탁상용 컴퓨터 기기
* **varied** ideas 다양한 아이디어

* **required** documents 필요한 서류
* **leading** company 첫째가는 회사
* **limited** speed 제한 속도
* **opposing** point of view 반대 견해
* this **coming** quarter 이번 분기
* **upcoming** workshop 다가오는 워크숍
* **organized** filing 체계적인 서류철
* **repeated** absenteeism 반복되는 결석
* **imported** clothing 수입 의류
* **detailed** maps 상세한 지도
* **certified** accountant 공인 회계사
* **disappointing** results 실망스런 결과
* **enclosed** files 동봉한 서류
* **remaining** problems 남아 있는 문제점
* **damaged** vehicles 파손된 차량
* **registered** cars 등록된 자동차
* **isolated** villages 외딴 마을들
* **updated** information 최신 정보
* **rewarding** service 보람 있는 봉사

무 인칭 독립분사구문

분사구문의 주어가 **일반주어**일 때 주절의 주어와 달라도 관용적으로 주어 없이 쓰이는 분사구문이다.

* **generally speaking** 일반적으로 말하면
* **strictly speaking** 엄격히 말하면
* **honestly speaking** 정직하게 말하면
* **relatively speaking** 상대적으로 말하면
* **judging from** … …으로 판단해보면
* **talking of** … …에 관해 말해보면

* **frankly speaking** 솔직히 말하면
* **roughly speaking** 대충 말하면
* **broadly speaking** 대체로 말하면
* **considering** that … …을 고려해 보면
* **seeing that** … …인 것으로 보아

종합문제 (분사)

A 어법상 알맞은 것을 고르시오.

01 My thinking gradually became _____ by living and working outside the United States.
   (A) temper   (B) tempering   (C) tempered   (D) temperance

02 Insurance should cover natural disasters _____ earthquakes and hurricanes.
   (A) includes   (B) included   (C) include   (D) including

03 Instead of treating different patients that display similar symptoms with the same drugs, doctors should identify root causes of disease to come up with a _____ treatment.
   (A) person   (B) personal   (C) personalizing   (D) personalized

04 When the _____ light hits the dew drops, it becomes _____ .
   (A) transmitted - scattered
   (B) transmitted - scattering
   (C) transmitting - scattered
   (D) transmitting - scattering

05 All these things _____, we concluded that it might be better to buy a new computer instead of repairing the old one.
   (A) considered   (B) considers   (C) considering   (D) consideration

06 _____ how he feels about the trip, he'll tell you he now knows what to do if he ever gets lost.
   (A) Ask   (B) Asked   (C) Asking   (D) If asking

07 With technology _____ the work place beyond the office walls, the next logical step in the working world is the introduction of "flextime."
   (A) expand   (B) expanding   (C) expanded   (D) to expand

08 Globalization is the process of increased political and economic control _____ by corporations, _____ to the eventual collapse of the nation-state.
   (A) taking - leading   (B) taken - led   (C) taken - leading   (D) taking - led

09 Each social group has certain standards of behavior _____ norms.
   (A) to call   (B) calling   (C) calls   (D) called

10 Thousands of the computer game players spend up to eighty hours a week _____ in space wars.
   (A) participate   (B) participating   (C) participated   (D) to participate

B 다음 괄호 안에서 어법상 알맞은 것을 고르시오.

01 Regions that share the same climate and support similar types of plants and animals are known as biomes. Earth's land can be divided into 10 major biomes, (1) **(ranging / ranged)** from almost barren deserts to fertile rain forest (2) **(teeming / teemed)** with all manner of life.

* biome 생물군계

02 Mary Streby, severely (1) **(injuring / injured)** in an auto accident, lay in the operating room of St. Luke's Hospital, (2) **(awaiting / awaited)** anesthesia. (3) **(Surrounding / Surrounded)** by a surgical team, Streby was hooked up, by earphones, to a tape recorder playing Vivaldi's *The Four Seasons* as well as to a computer that monitored her heart rate and brain waves. After leaving hospital, convalescing to music at home, Streby was even able to forgo her (4) **(prescribing / prescribed)** painkillers.

03 "Middle school is the onset of adolescence for most boys, and a (1) **(resulting / resulted)** social insecurity," says Dr. John Duffy, author of *The Available Parent*. "The less (2) **(saying / said)**, the less to be ridiculed for. In this way, the silence is a self-protective defense mechanism." While (3) **(worrying / worried)** parents might naturally leap to a nightmare scenario like I did, chances are good that an adolescent boy's silence is normal. It's just one symptom of the massive physical and mental changes (4) **(to cause / caused)** by puberty. "Most boys grow out of this phase with minimal damage (5) **(doing / done)**," says Duffy.

04 Gender is related to a person's sexual identity. Gender is socially and culturally constructed. For example, when a person follows the socially (1) **(defining / defined)** roles for males in a culture, society identifies that person's gender as male. A person (2) **(following / followed)** female roles is identified as female. However, gender is not only a label (3) **(applying / applied)** to an individual by society. Individuals can define gender for themselves.

Recently, there has been a growing movement (4) **(calling / called)** for the creation of a third gender, (5) **(calling / called)** transgender. Members of this third gender would include those who change their bodies through medical procedures to appear as the opposite sex.

C 다음 우리말에 알맞도록 영문의 빈칸에 적당한 단어를 써넣으시오.

01 우리는 런던행 비행기 지연으로 인하여 불편을 끼쳐드려서 사과드립니다.
We (a   ) for the inconvenience (c   ) (   ) the delay of the flight to London.

02 남아있는 유일한 문제는 누가 설명회를 할 것인가이다.
The (   ) (r   ) problem is who should give a presentation.

03 나는 그 흥미진진한 탐정 소설에 깊이 감명받았다.
I have been deeply (i   ) (   ) the (e   ) detective story.

04 나는 용돈을 다 써버렸기 때문에 시간제 일자리를 구해야 되겠다.
(   ) (s   ) all the pocket money, I'll have to look for a part time job.

05 이것은 중간고사 시험 결과에 실망한 학생들을 위하여 만들어진 강좌이다.
This is the course (d   ) for the students (d   ) with the results of the midterm exams.

D 다음 우리말을 주어진 단어들을 이용하여 영작하시오.

01 나는 그의 갑작스러운 질문에 어떻게 대답해야 할지를 몰라서 쩔쩔맸다.
(갑작스러운 질문 : unexpected question, 어찌할 줄 몰라 쩔쩔매다 : be at a loss)
_____.

02 우리는 여름 캠프에 수상 스포츠를 비롯하여 다양한 옥외 활동들을 즐기도록 계획을 세워 놓았다.
(수상 스포츠 : water sports/ aquatic sports, …을 비롯하여 : including, 옥외 활동 : outdoor activity)
_____.

03 그들은 "Broken Heart" 라고 하는 감동적인 영화를 보고 깊은 감명을 받았다.
(감동적인 : touching/ moving, …에 감명 받다 : be impressed by/ with)
_____.

04 나는 스페인어를 말하는 사람들과는 의사 소통을 할 수가 없었다.
(의사소통하다 : make oneself understood)
_____.

05. Judy는 분실된 자기 짐을 찾을 수 없다는 것을 알고 무척 실망했다.
(분실된 짐 : missing/ lost luggage)
_____.

Chapter 8
가정법
Subjunctive Mood

> **Grammar Introduction**
> **가정법**은 과거나 현재에 존재하지 않은 사실과 미래에 일어날 가능성이 전혀 없거나 희박한 내용을 "만일 …이라면"이라는 조건을 달아 표현하는 문장 형식을 말한다. 이에 대하여 실제로 존재하는 사실과 미래에 예정되었거나 예상되는 사실을 표현하는 문장은 **직설법**(indicative mood)이라고 한다.

가정법의 구조

가정법은 **조건절(종속절)**과 **귀결절(주절)**로 이루어져 있다.

$$\underbrace{If + S + V \cdots}_{(조건절)}, \underbrace{S' + 조동사 + V' \cdots}_{(귀결절)}$$

조건절에는 **조동사**가 함부로 오지 않지만, 귀결절은 명령형인 경우를 제외하고 반드시 **조동사(will/ would/ can/ could 등)가 와야 한다**. 귀결절에 조동사가 없으면 직설법이 된다.

* If they **had worked** hard, they **could have reached** their goals. (⋯▶ 가정법)
  그들이 열심히 노력했더라면, 목표를 달성할 수 있었을 것인데. (열심히 안 해서 목표를 이루지 못했다.)
* If your security level for your network **is high**, it **provides** stronger protection. (⋯▶ 직설법)
  당신의 네트워크에 대한 보안 수준이 높으면, 그것은 그만큼 더 강한 보호를 해준다. (일반적 사실의 표현)

가정법의 시제

가정법은 시제에 따라 다음과 같이 분류될 수 있다.

1) 가정법 현재
현재나 미래에 일어날 가망성이 불확실한 경우이며, 직설법과 가정법이 혼합된 경우이다.

2) 가정법 미래
미래에 일어날 가망성이 아주 희박한 경우이다. 이 경우도 어떤 일이 실제로 일어나면 직설법이 되므로 순수가정이 아니다.

3) 가정법 과거
현재의 사실과 정반대의 경우이다. 따라서 순수가정인 경우이다.

4) 가정법 과거완료
과거의 사실과 정반대되는 경우이다. 이 경우도 순수가정이다.

5) 혼합가정
조건절과 귀결절의 시제가 다른 경우이다. 조건절은 과거의 사실과 반대되는 가정법 과거완료시제가 오며, 귀결절은 현재의 사실과 반대되는 가정법 과거시제가 오는 것이 보통이다.

1 가정법 현재와 가정법 미래

1 가정법 현재

현재나 미래에 실현 가능성이 불확실한 내용을 표현하며 직설법과 가정법이 혼합된 형태이다.(가정법 현재를 직설법으로 보는 견해도 있으며 귀결절에 조동사가 없으면 완전한 직설법이다.)

> If + S + 현재동사 … , S' + will / can / may + V' … or 명령형

* If it ***rains*** tomorrow, we **will put off** our departure.
  내일 비가 오면, 우리는 출발을 연기할 것이다. (비가 올지 안 올지 모르는 경우)
* I **can finish** editing the report in time if he ***helps*** me.
  그가 나를 도와주면 보고서를 제 때에 끝낼 수 있을 것이다.
* If you ***are*** late for the meeting, **hurry up**. (… 주절이 명령형인 경우) 당신이 회의에 늦는다면 서두르시오.

2 가정법 미래

미래에 실현 가능성이 희박하거나 불가능한 경우

> 1) If + S + should + V…, S' + [will / would / can / could / may / might] + V' … or 명령형
> (실현 가능성이 희박한 경우)
>
> 2) If + S + were to + V…, S' + would /could /might + V'
> (… were to + v는 should + v의 경우보다 실현 가능성이 더 없거나 불가능하다고 판단되는 경우와 좋지 않은 결과에 대한 우려의 표명 및 양보적 의미를 나타낼 때 주로 쓰인다.)

참고 ❶ If + S + were to + v, S' + would/ could + v…는 형태가 가정법 과거시제와 같지만, 그 의미는 주로 미래를 의미하므로 여기서는 가정법 미래시제에 포함시켰다.
❷ 가정법 미래의 귀결절(주절)에서 조동사의 과거형 would/ could/ might를 사용하는 경우는 조동사의 현재형 will/ can/ may보다 가정성이 더 짙어서 실현 가능성이 더 희박하거나 더 불확실하다는 느낌을 준다.

* If it ***should rain*** tomorrow, we **will /would put off** our departure.
  (… 조동사의 과거형 would 가 현재형 will 의 경우보다 가정성이 더 강하다)
  내일 혹시라도 비가 오면, 우리는 출발을 연기할 것이다 / 아마 연기하게 될지도 모르겠다.
* If he ***should come*** here, I **will show** him how to handle his problem.
  그가 혹시 여기에 온다면, 그의 문제를 해결하는 방법을 알려 주겠는데.(실은 그가 여기에 올 것 같지 않다)
* If he ***were to*** beg my approval on his knees, I **would** still **refuse**.
  그가 무릎을 꿇고 내 승인을 간청할지라도, 나는 여전히 거절할 것이다. (양보적 의미인 경우)
* If he ***were to*** reject my proposal to make a deal, I **would be** devastated.
  그가 내 거래 제안을 거절한다면, 나는 엄청난 타격을 받을 텐데. (좋지 않은 결과에 대한 우려의 표현)

주의 If + S + would + v… 의 경우에는 주어 S의 강한 의지나 소망을 나타낸다.

* If you **would help** me, I would succeed in it. (주어의 의지)
  당신이 꼭 나를 도와줄 것 같으면, 난 그 일에 성공할 텐데.
* If you **would pass** the exam, you should study harder. (주어의 소망)
  네가 그 시험에 합격하기를 원한다면, 더 열심히 공부해야 할 것이다.

Check-up question 1

* 어법상 알맞은 것을 고르시오.

01 If I (will go / go) to Europe next week, I will stay there for about two weeks.

02 If our products (have / should have) any defects, you could get a refund on them.

03 If the wound were to become inflamed, I (will / would) see a doctor immediately.

04 If there is a problem with the car, you (are calling / can call) the service center.

05 If you (should / will) miss the training session, please contact Ms. Roi in Personnel.

06 If I finish the report early enough, I (will / would) go to the party tonight.

07 If you (come / should come) to the presentation this Friday, you could get some information on the subject.

2 순수가정 (가정법 과거 / 가정법 과거완료 / 혼합가정)

1 가정법 과거

현재의 사실과 완전히 반대되는 경우이므로 순수가정이다.

> If + S + were (was)…, S' + would / could / might + V'…
> 과거동사
> could + V

* If I ***were*** a bird, I ***would fly*** to you. (If I ***was*** a bird …. ➡ 구어체)
  = As I am not a bird, I don't fly to you. 내가 새라면, 너에게 날라 가겠는데.
* If I ***had*** a lot of money, I ***could travel*** around the world.
  = As I don't have a lot of money, I can't travel around the world.
  내가 많은 돈이 있다면, 세계여행을 할 수 있을 텐데. (실은 돈이 없어서 여행을 못한다.)
* If I ***could speak*** English fluently, I ***would apply*** for the foreign company.
  = As I can't speak English fluently, I don't apply for the foreign company.
  내가 영어를 유창하게 말할 수 있다면, 그 외국 회사에 지원하겠는데.

2 가정법 과거완료

과거의 사실과 완전히 반대되는 경우이다.

> If + S + had + P.P.…, S' + would / could / might + have + P.P. …

* If Jack ***had followed*** my advice, he ***might not have failed*** in his business.
  = As Jack didn't follow my advice, he failed in his business.
  Jack이 내 충고를 따랐더라면, 사업에 실패하지 않았을지도 모르는데.
* If we ***had been*** in a hurry to leave for the airport, we ***could have caught*** the plane.
  = As we weren't in a hurry to leave for the airport, we couldn't catch the plane.
  우리가 공항으로 서둘러 출발했더라면, 비행기를 잡아탈 수 있었을 것인데.

3 혼합가정

조건절과 귀결절의 시제가 서로 다른 경우이다. 주로 **조건절은 과거와 반대되는 가정법 과거완료**이고 **귀결절은 현재와 반대되는 가정법 과거**인 경우가 많다.

> If + S + had + P.P. …+ (과거시점), S' + would / could / might + V'… + (현재시점)

* If I ***had studied*** English harder *while in school*, I ***would work*** for a trading firm *now*.
  내가 학교 다니던 시절에 영어 공부를 더 열심히 했더라면, 지금 내가 무역회사에서 일하고 있을 텐데.
* If we ***had left*** our house earlier *this morning*, we ***would be*** in the flight to Paris *now*.
  우리가 오늘 아침에 좀 더 일찍 집을 나섰더라면, 지금쯤 파리행 비행기 안에 있을 텐데.

Check-up questions 2

A 어법상 알맞은 것을 고르시오.

01 If the man had been a qualified candidate, we (would hire / would have hired) him.

02 If it had not rained much enough last week, the crops (won't / wouldn't) be so promising.

03 The book dramatizing the fact showed it more vividly and impressively than mere talk or explanation _____ .
  (A) can do   (B) could do   (C) would do   (D) could have done

04 The researchers were curious about what _____ if the workers were told that their working was actually like exercising.
  (A) happens   (B) will happen   (C) happened   (D) would happen

05 If it hadn't rained heavily yesterday, we _____ tennis on the court right now.
  (A) can play   (B) could play   (C) are playing   (D) could have played

B 다음 문장에서 밑줄 친 부분 중 어법상 틀린 부분만 알맞게 고치시오.

01 What <u>would happen</u> if your piercing had got infected seriously last summer?

02 If you heard someone say your name, even if you (A) <u>were being pushed</u> around in a big noisy crowd, you (B) <u>will pay</u> attention and listen.

03 If people considered how space technology (A) <u>has improved</u> life on Earth, they (B) <u>would see</u> that space exploration (C) <u>was</u> actually important to civilization.

04 The more intelligent you are, the more you (A) <u>may be</u> inclined to consider rapidly many factors before making a decision. If you were slow-witted, you (B) <u>would have</u> little or no difficulty, for you (C) <u>won't be</u> able to think of a variety of possible consequences.

3 If의 생략과 조건절의 축약

1 If의 생략형태

가정법에서는 조건절의 If를 생략할 수 있다. 단 If를 생략하면 다음과 같이 문장이 도치된다.

> 1) If + S + *were* + 보어 (가정법 과거) ➡ Were + S + 보어
> 2) If + S + *should* + V (가정법 미래) ➡ Should + S + V (원형)
> 3) If + S + *had* + P.P. ⋯ (가정법 과거완료) ➡ Had + S + P.P. ⋯
> 4) If + S + *과거동사* ⋯ (가정법 과거) ➡ Did + S + 원형V ⋯

* If I were you, I **would not do** such a thing.
  ➡ **Were I you**, I **would not do** such a thing. 내가 너라면 그런 짓은 하지 않겠다.
* If he should go there, he **could meet** with a potential customer.
  ➡ **Should he go** there, he **could meet** with a potential customer.
  그가 거기에 가면 가망성 있는 고객을 만날 수 있을 것이다.
* If I had met with the potential client, I **might have secured** a contract with him.
  ➡ **Had I met** with the potential client, I **might have secured** a contract with him.
  내가 그 잠재적 고객을 만났더라면, 그와 계약을 따냈을 것인데.
* If I shared this good chance with you, I **would feel** happier.
  ➡ **Did I share** this good chance with you, I **would feel** happier.
  내가 이 좋은 기회를 너와 함께 한다면, 나는 더 행복할 텐데.

주의 If-절이 부정문일 때는 부정어가 문두에 나오지 않는다.

* If he hadn't gone there, he would be alive now.
  ➡ *Hadn't* he gone there, he would be alive now. (×)
  ➡ **Had** he **not** gone there, he would be alive now. (○)
  그가 거기에 가지 않았더라면, 지금 살아 있을텐데.

2 조건절의 축약

조건절을 **전치사구**나 **분사구** 또는 **to-부정사구**로 축약할 수 있다.

1) **If it were not for + 명사(구)** : ⋯이 없다면 (가정법 과거)
   = **Without/ But for/ Barring/ Were it not for/ If not for + 명사(구)**

   * **If it were not for** the last minute problem, we could finish the job on time.
     = **If not for/ Without/ But for/ Barring/ Were it not for** the last minute problem, we could finish the job…
     막판에 그 문제만 없다면 우리가 일을 제 때에 끝낼 수 있을 텐데.

2) **If it had not been for + 명사(구)** : … 이 없었더라면 (가정법 과거완료)
   = **Without / But for / Barring / Had it not been for / If not for + 명사(구)**
   * *If it had not been for* your timely advice, I **would have been** in danger.
     = **If not for/ Without/ But for/ Barring / Had it not been for** your timely advice, I **would have been** in danger.
     당신의 시기에 알맞은 충고가 없었더라면, 내가 위험에 빠졌을 것인데.

3) **With + 명사(구)** : …이 있다면
   * *With your assistance*, I **would have** little difficulty completing the project.
     = **If I had your assistance**, I would have littlt difficulty …
     너의 도움이 있다면 내가 그 프로젝트를 완성하는데 별 어려움이 없을 텐데.

4) **분사구문** : If-절이 분사구문으로 축약된 형태
   * *Given an option*, most people **would want** to spend their lives doing what they want to do.
     = **If most people were given an option**, they **would want** to spend their lives doing …
     대부분 사람은 선택권이 주어진다면, 그들은 자기들이 원하는 일을 하면서 인생을 보내고 싶을 것이다.

5) 기타 조건절이 축약된 형태
   * I would proceed with the project *in his place*. (= if I **were** in his place)
     내가 그의 입장이라면 그 프로젝트를 계속 진행하겠다.
   * He prepared for the contest thoroughly; *otherwise*(= *or else*) he **would have lost** it.
     = **If he had not prepared** for the contest thoroughly, he would have lost it.
     그는 시합에 철저히 대비했다. 그렇지 않았으면 그는 졌을 것인데.
   * *A true friend* would not leave me when I am in trouble. (= If he were a true friend, he would not leave …)
     진정한 친구라면 내가 어려움에 처할 때 내 곁을 떠나지 않을텐데.

6) to-부정사구가 조건을 나타내는 경우
   * I would be happier *to share this chance with you*. (= if I shared this chance with you)
     너와 이 기회를 함께하면 더 기쁠텐데.

   [참고] What if…? : …하면 어찌 될까? (⋯→ What 이하의 주절이 생략된 경우)
   if-절 이하는 일반 가정법 현재/ 과거/ 과거완료가 모두 올 수 있으며, what-절의 시제는 if-절 시제에 일치시키며 대체로 가정법 시제의 원칙을 따른다.

1) **What if + S + 현재동사 ?** = **What will happen if + S + 현재동사 ?** (가장법 현재)
   * **What if** I *resign* from the current job?
     = **What will happen if** I *resign* from … ? (⋯→ 직장을 그만둘지 말지 불확실한 경우)
     내가 현 직장을 그만두면 어찌 될까?

2) **What if + S + 과거시제 ?** = **What would happen if + S + 과거시제 ?** (가정법 과거)
   * **What if** I *resigned* from the current job? (⋯→ 실은 직장을 그만두지 않으면서 가정하는 경우)
     = **What would happen if** I *resigned* from …?

3) **What if +S +had +p.p.?** = **What would have happened if +S + had +pp?** (가정법 과거완료)
   * **What if** I had *resigned* from the current job?
     = **What would have happened if** I had resigned …?
     내가 현 직장을 그만두었더라면 어찌 되었을까?

Check-up questions 3

A 어법상 알맞은 것을 고르시오.

01 (If / Should) the patient's condition get worse, they will move him to an intensive care unit.

02 (Were / If) he eligible for the position, I would hire him.

03 (Had / Have) it not been for the error in your proposal, we would have accepted it.

04 But for these interruptions, the construction _____ a week ago.
   (A) would finish   (B) finished   (C) had finished   (D) would have finished

05 Had he worked harder on the science project, he _____ the first prize at the last contest.
   (A) won   (B) would win   (C) had won   (D) could have won

B 다음 문장에서 밑줄 친 부분 중 어법상 틀린 부분만 골라 알맞게 고치시오.

01 (A) <u>If</u> I known that you (B) <u>would come</u> to New York, I (C) <u>would have come</u> to the airport to pick you up.

02 (A) <u>Had</u> a new list of offices available for rent been posted on the company's web site, more office spaces (B) <u>might be rented</u>.

03 (A) <u>Were</u> there any applicants who (B) <u>have</u> prior experience on the computer software, we (C) <u>would have hired</u> them for the new position in the technical team.

04 Since a decade ago tobacco advertising (A) <u>has been banned</u> in this country. Otherwise, smoking (B) <u>is as</u> prevalent among teenagers as (C) <u>it is</u> in countries that do not ban such advertising. It is great that smoking rate among teenagers (D) <u>has dropped</u> thanks to the tobacco advertising ban policy.

C 다음 밑줄 친 부분을 완전한 if-절로 고치시오.

01 <u>Without his hard work</u>, he could not have accomplished the dream he wanted to come true in his life.

02 The police investigated the crime scene very closely. <u>Otherwise</u>, they would have missed the suspect.

03 I would accept their job offer from the foreign company <u>in your place</u>, for it is a very good opportunity for you to settle down in a foreign country.

4 I wish / as if / It's (high) time 용법

1 I wish 용법

I wish 뒤에는 **가정법 시제만 올 수 있으며 직설법(현재시제)은 올 수 없다.**

1) I *wish* + S + were/ 과거 동사/ could + V ➡ 현재의 사실과 반대되는 소망을 나타내는 경우
2) I *wish* + S + had + p.p. ➡ 과거의 사실에 대한 아쉬움, 후회 등을 나타내는 경우
3) I *wish* + S + would + V ➡ 미래에 이루어질 수 없는 소망을 나타내는 경우

* *I wish* I **could speak** English as fluently as you. (➡ 현재 이루지 못하는 소망)
  = I am sorry that I **can't speak** English as fluently as you. (직설법)
  내가 너만큼 영어를 유창하게 말할 수 있으면 좋겠다.
* *I wish* I **had not invested** so much money in the stocks. (⋯ 과거 사실에 대한 후회)
  = I am sorry that I invested so much money in the stocks. (직설법)
  내가 그 주식에 그렇게 많은 돈을 투자하지 않았더라면 좋았을 것인데.
* *I wish* I **would be** accompanied by my mom to the school event tomorrow. (⋯ 미래에 이루지 못할 소망)
  = I am sorry that I won't be accompanied by my mom ⋯
  내일 엄마가 나와 함께 학교행사에 가주시면 좋겠는데.

> [주의]
> ① **I wish to + v** ⋯ 이루어질 수도 있는 직설법 소망 (= I want to + v)
> ② **I hope + S + 직설법 동사** ⋯ hope 뒤에 오는 절은 이루어질 수 있는 희망이므로 직설법이 온다.

* I *wish to see* you soon. (문어적 표현) = I *want to see* you soon.
* I *hope* you **will come** to the party. 파티에 와주시기 바랍니다. (파티참석을 바라는 공손한 표현)
* I *wish* you **would come** to the party. 네가 파티에 오면 좋겠는데. (파티 불참석을 아쉬워하는 경우)

> [참고] I wish + 가정법을 **If only / Would that** + 가정법으로도 표현하며, 문미에 느낌표(!)를 붙이기도 한다.

* **If only** I had known the fact ! 내가 그 사실을 알았더라면 좋았을걸.
* **Would that** we *had seen* Jenny before she went abroad.
  우리는 Jenny가 해외로 나가기 전에 그녀를 만나 보았더라면 좋았을 텐데.

> [주의] only if는 "⋯하기만 하다면"의 뜻으로 조건절을 강조할 때 쓰인다.

* **Only if** I pass the bar exam, I will become a lawyer.
  내가 변호사시험에 합격하기만 하면 변호사가 될 것이다.

2 as if (or as though) 용법 (마치 …인 것처럼)

> 1) S +[V]+ *as if* + S' + 가정법 과거(were/ 과거동사) ➡ 주절동사 [V]와 동일 시제인 경우
> 2) S +[V]+ *as if* + S' + 가정법 과거완료(had + P.P.) ➡ 주절동사 [V]보다 앞선 시제인 경우

* He *acts* **as if** he **were** a child. (➡ act 가 현재이므로 he were 도 현재 시제)
  = *In fact*, he **isn't** a child. (직설법) 그는 마치 자기가 어린애인 것처럼 행동한다.
* He *acted* **as if** he **were** a child. (➡ acted 가 과거이므로 he were 도 과거시제)
  = *In fact*, he **wasn't** a child. (직설법) 그는 마치 자기가 어린애인 것처럼 행동했었다.
* He *talks* **as if** he **knew** the fact. 그는 마치 자기가 그 사실을 알고 있는 것처럼 말한다.(현재)
* He *talks* **as if** he **had known** the fact. 그는 마치 (과거에) 그 사실을 알고 있었던 것처럼 말한다.

주의 as if 뒤에서 불확실한 사실을 이야기할 때에는 직설법 시제가 오는 경우도 흔히 있다.
* You sound as if you are telling a lie. (직설법)
  너는 거짓말하고 있는 것처럼 들린다. (실제로 거짓말을 하고 있을 수도 있는 경우)
* It looks as if it is going to snow. (직설법) 눈이 올 것처럼 보인다. (… 눈이 올 가능성이 큰 경우)

3 It's (high / about) time + S + 가정법 과거 (… 현재와 반대)

It's time 뒤에 절이 올 때는 현재의 사실과 반대되는 **가정법 과거시제만 온다.**

> It's (high/ about) time + S + 가정법 과거 (were/ 과거동사) : 지금 (바로/대충) …할 시간이다
> = It's time for + 목(S) + to + V

* *It's (about) time* we **concluded** the meeting.
  = It's time **for us to conclude** the meeting.
  이제 회의를 마무리할 때가 (거의) 되었다.

* *It's time* you **decided** on your major at university.
  = It's time **for you to decide** on your major at university.
  이제 대학에서 너의 전공을 결정할 때가 되었다.

Check-up questions 4

A 어법에 알맞은 것을 고르시오.

01 I wish I (had / had had) a chance to talk to you before you left.

02 I (hope / wish) we will meet up again sometime next week.

03 Joan talks as if she (were / has been / had been) to Europe last summer. In fact, she went to Southeast Asia then.

04 The new employee spoke to me as if he (knew / had known) the current stock market well.

05 It's time you frankly (tell / told) us what you have thought.

B 다음 직설법을 가정법으로 고치시오.

01 I am sorry that she will not come to the party this weekend.
   = I wish _____.

02 I was sorry that he wasn't promoted to manager.
   = I wished _____.

03 He said that he had bought a building, but it wasn't true.
   = He said as if _____.

04 I wanted our team to win the game, but we lost it.
   = I wish _____.

05 I think you should have prepared for the presentation, but you haven't begun it yet.
   = I wish _____.

종합문제 (가정법)

A 다음 빈칸에 어법상 알맞은 것을 고르시오.

01 I'm sure John wishes he _____ Susan's advice and sold his stocks last week.
   (A) take   (B) took   (C) has taken   (D) had taken

02 If you _____ to see the new movie this Saturday, you might be disappointed at it.
   (A) go   (B) went   (C) should go   (D) will go

03 _____ I missed the ten-o'clock train, I would have been late for the seminar.
   (A) If   (B) Had   (C) Have   (D) Should

04 I studied hard for the exam last night, but I didn't do well on it as if I _____ at all.
   (A) didn't study (B) wouldn't study (C) haven't studied   (D) hadn't studied

05 _____ the unexpected problem, we could have completed the project before the deadline.
   (A) With   (B) If it were not for   (C) If it had not been   (D) Had it not been for

B 밑줄 친 부분을 주어진 말로 시작하여 의미가 같은 문장(절)으로 바꾸시오.

01 <u>A good student</u> would not behave in such a rude manner.
   → If _____, you would not behave in such a rude manner.

02 <u>But for the thick fog at the airport yesterday</u>, I would be in New York now.
   → If _____ yesterday, I would be in New York now.

03 It would be nicer <u>for you to stay here with us for a few more days</u>.
   → If _____ for a few more days, it would be nicer.

04 I am sorry <u>you didn't let me know that you would visit us beforehand</u>.
   → I wish _____ beforehand.

05 <u>With your advice</u>, I would not have purchased the stocks.
   → If _____, I would not have purchased the stocks.

C 다음 괄호 안에서 어법상 알맞은 것을 고르시오

01 I am far luckier than most men, for I have been since boyhood able to make a good living doing precisely what I have wanted to do — what I (1) **(would do / would have done)** for nothing, and very gladly, if there (2) **(were / had been)** no reward for it.

02 He had a car accident on his way home after he drank with his friends last night. He hurt his legs and is now in hospital. If he had not drunk and driven, he (1) **(would not be / would not have been)** injured and (2) **(wouldn't be / wouldn't have been)** in hospital now. I am sorry he (3) **(drove / had driven)** a car while intoxicated as if he (4) **(were not / had not been)** drunk.

03 Thank you for your inquiring about our offer agency system.
　We have the following policy on our agency system. We would allow you an official permission to open our offer agency in your region if you (1) **(can / could / will)** show over 50 thousand dollar sales performance. However, I regret to say that we have already had an agency in your country. We wish we (2) **(can grant / could grant / could have granted)** you a permission to open one at the moment, but we could consider your suggestion positively in a year if you still (3) **(will / should)** want to then. We look forward to doing business with you in a year.

04 "There was something I wanted to tell you," said old Sheppard, and his eyes grew dim remembering, "Now what was it? I had it in my mind when I started out this morning." His hands began to tremble, and patches of red showed above his beard.
　Poor old chap, he's on his last pins, thought the boss. And feeling kindly, he winked at the old man, and said jokingly, "I tell you I've got a little drop of something here that'll do you good before you (1) **(go / will go)** out into the cold again. It's beautiful stuff. It (2) **(doesn't hurt / wouldn't hurt)** a child." He took a key off his watch chain, unlocked cupboard below his desk, and drew forth a dark, squat bottle. "That's the medicine," said he. "And the man from whom I got it told me on the strict quiet it came from the cellars at Windsor Castle".
　Old Sheppard's mouth fell open at the sight. He couldn't have looked more surprised if the boss (3) **(produced / had produced)** a rabbit.

* be on one's last pins 빈사 상태에 있다 * squat 작달막한

D 다음 우리말에 알맞도록 영문의 빈칸에 적당한 단어를 써넣으시오.

01 그는 다음 달 은퇴하면, 바닷가로 이사 갈 것이다.
　　If he (　　　) next month, he (　　　) (　　　) to the seaside.

02 그 강풍만 불지 않았더라면 내가 타고 갈 런던행 비행기는 제시간에 출발했었을 것인데.
　　(　　　) (　　　) the strong wind, my flight for London (　　　) (　　　) (　　　) on time.

03 내가 그 사실을 깨달았더라면 내가 그에 대한 준비를 철저히 했었을 것인데.
　　(　　　) I realized the fact, I (　　　) (　　　) (　　　) for it thoroughly.

04 이제 우리가 그 프로젝트를 딱 시작할 시점이다.
　　It is (　　　) (　　　) we (　　　) the project.

05 컴퓨터가 없다면 우리는 정보를 얻는 데 어려움을 겪을 것이다.
　　(　　　) it (　　　) (　　　) computers, we (　　　) have difficulty getting information.

E 다음 우리말을 주어진 단어들을 이용하여 영작하시오.

01 내가 시험 준비를 열심히 해왔더라면 지금 그것을 걱정하지 않을 터인데.
　　(시험 준비하다 : prepare for the exam,　…을 걱정하다 : worry about)
　　_____.

02 당신이 그 집을 나에게 추천했더라면 내가 그 집을 구입하였을 것인데.
　　(추천하다 : recommend,　구입하다 : purchase)
　　_____.

03 내가 서울을 떠나기 전에 당신과 함께 점심 식사할 수 있으면 좋을 텐데.
　　(…와 함께 점심 식사하다 : have lunch with …)
　　_____.

04 내일 지구의 종말이 온다 할지라도, 나는 내 계획을 계속 추진할 것이다.
　　(종말이 오다 : come to an end,　…을 계속 추진하다 : proceed with …)
　　Even if the earth _____.

05 그 화가는 오늘날 태어났더라면 자기가 살던 당시보다 더 위대한 인물이 되어 있을지도 모른다.
　　(화가 : artist,　위대한 인물 : great man,　그가 살던 당시 : at the time when he lived)
　　_____.

Chapter 9
조동사
Modal Verbs

> **Grammar Introduction**
> 동사 앞에서 그 동사를 보충하여 특정한 상황에서 화자의 의도를 정확히 전달할 때 쓰이는 보조 동사를 **조동사**라고 하며 조동사 뒤의 동사를 **본동사**라고 한다. 조동사는 화자의 미묘한 의도를 나타낼 때와 시제, 가정법, 수동태, 의문문 및 부정문 등을 만들 때 주로 쓰인다.

조동사의 분류

영어에서 조동사는 그 문장의 성격과 용법에 따라 **법조동사/ have/ do/ be**의 4가지로 분류할 수 있다. (Ch. 9 에서는 법조동사만 다루며 그 밖의 조동사 have, be, do 등은 각각 해당 분야에 설명되어 있다.)

1 법조동사 (modals)
조동사 전문으로만 쓰이는 조동사들을 말하며, 화자의 정확한 의도를 나타낼 때 쓰인다. 여기에는 순수 법조동사와 이에 준하여 법조동사처럼 쓰이는 준조동사가 있다. 이들 법조동사 뒤에는 반드시 동사 원형만 온다.

1) 순수 법조동사
   will/ would, can/ could, shall/ should, may/ might, must, etc.

2) 준조동사
   have to/ ought to/ had better/ be going to/ used to/ would rather/ need/ dare, etc.

2 have 동사 → …완료시제나 가정법에서 사용 (⋯ Ch. 3 시제와 Ch. 8 가정법 참조)
현재완료 (have + p.p.), 과거완료 (had + p.p.), 미래완료 (will have + p.p.) 및 가정법에서 have동사는 조동사에 해당한다. 조동사 **have/ has/ had** 뒤에는 반드시 과거분사(p.p.)만 온다.

3 be 동사 → 수동태와 진행시제에서 사용 (⋯ Ch. 3 시제와 Ch. 4 수동태 참조)
진행시제 **be + -ving**와 수동태 **be + p.p.**에서 be 동사는 조동사 역할을 한다.

4 do 동사 ⋯ 의문문, 부정문, 도치문 및 동사의 강조에서 사용 (⋯ Ch. 18 도치문 참조)
의문문, 부정문, 도치문에서 그리고 **동사를 강조할 때**에도 do/ did 를 사용하며 이때 do/ did는 조동사이다.

* Never **did** I dream that such a thing would happen. (도치문) 나는 그런 일이 일어날 줄은 꿈에도 몰랐다.

1 can / could

can / could는 능력, 허가, 가능성, 의구심, 부정적 확신 등의 의미를 갖는다.

1 능력 의미

> * can ➡ 현재의 능력
> * will be able to ➡ 미래의 능력
> * could ➡ 과거의 능력
> * was/were able to ➡ 과거의 특수한 능력

* The athlete **can** run 100 meters in ten seconds. (= The athlete **is able to** run 10 meters ...)
  그 육상선수는 100m 를 10초 만에 달릴 수 있다.
* **Can** you run as fast as the athlete? (= **Are** you **able to** run as fast as ...)
  당신은 그 육상선수만큼 빨리 달릴 수 있나요?
* When I was young, I **was able to** swim across the river. (과거의 특수한 능력)
  내가 젊었을 때는 그 강을 헤엄쳐 건널 수 있었다.
* You **will be able to** speak English fluently only if you practice it steadily. (미래의 능력)
  네가 꾸준히 연습만 한다면 영어를 유창하게 말할 수 있을 거야.

2 허가 의미

> * can ➡ 일상적인 표현 (현재/ 미래시제에 모두 사용)
> * may ➡ 격식체에서 사용
> * 과거의 허가 ➡ was/ were allowed to를 사용

* **Can** I ask you a favor? ➡ (답변 : Sure / Certainly / Why not? / No, you can't.)
  내가 부탁 하나 해도 될까? (편한 사이에 사용) / 물론 되지. / 안 된다.

> **CF.** **Could / May** I ask you a favor? 제가 부탁 하나 해도 될까요? (공손한 표현)

* You **can** leave the office at six. 6시에 퇴근해도 된다.
* You **can't** park your car in front of the gate. 출입문 앞에 차를 주차해서는 안 된다.
* He **was allowed to** hang out with his friends last Saturday. (과거의 허가)
  그는 지난 토요일에는 친구들과 밖에서 어울려 노는 것을 허락받았다.

3 가능성 의미

> * can ➡ 확실한 가능성을 나타낼 때 사용
> * could ➡ 불확실한 가능성을 부드럽게 표현할 때 사용

* The solution to the problem **can** be found. 그 문제에 대한 해결책을 찾게 될 거야.
* The road **could** be blocked due to the heavy snow. (= Perhaps the road is blocked ...)
  아마 폭설 때문에 도로가 막혔을 거다.
* Going on vacation next month to Europe **could** be a great experience. (미래의 불확실한 가능성)
  다음 달 유럽으로 휴가 가는 것은 대단한 경험이 될 것이다.

4 강한 의구심 의미

> * **can** ➡ (의문문에서) **강한 의구심**(과연 ~일까?)
>   (부정문에서) **부정적 확신**(~일 리가 없다)
> * **cannot have + p.p.** ➡ 과거의 사실에 대한 의구심(~이었을 리가 없다)

* **Can** the rumor of his resignation really be true? 그의 사임 소문이 과연 사실일까?
* **Could** that really be true? (can 보다 더 강한 의구심의 표현) 과연 그게 정말 사실일까?
* The rumor **can't** be true. 그 소문은 사실일 리가 없다.
* They **can't have arrived** there in such a short time.
  그들이 거기에 그렇게 짧은 시간 만에 도착했을 리가 없다.

5 can의 관용적 표현

1) cannot help –ing /cannot but + v(원형) /cannot help but + v(원형): ~하지 않을 수 없다

   * The official **could not help resigning** from his post after reports of his scandal.
     그 관리는 자기의 비리 사건 보도가 나간 후 직책에서 물러나지 않을 수 없었다.
   * We **could not but burst** into a laugh at his joke. 우리는 그의 농담에 폭소를 터뜨리지 않을 수 없었다.

2) cannot + v … too + 형용사 / 부사 : 아무리 …해도 지나치지 않다
   cannot + v … enough : 아무리 …해도 부족하다

   * You **cannot** emphasize the value of time **too much**. 시간의 가치를 아무리 강조해도 지나치지 않다.
   * I **cannot** thank you **enough**. 제가 아무리 감사를 드려도 모자랄 정도입니다.

3) as + 형용사 *or* 부사 + as can be : 더할 나위 없이 …하는
   as … as + S + can / as … as possible : 가능한 한…하게, 더할 나위 없이 …하는

   * Please write me back **as soon as possible/ as soon as you can**. 가능한 한 빨리 답장 해 주세요.
   * He is **as busy as can be** now. 그는 지금 더할 나위 없이 바쁘다.

Check-up questions 1

A 다음 빈칸에 [보기]에서 알맞은 것을 골라 써 넣으시오. (한 번씩만 사용함)

[보기] can   can't   could   couldn't   can't have   be able to   was allowed to

01 He had prepared for the exam thoroughly; therefore, he _____ failed it.

02 There _____ be no doubt that the suspect is guilty.

03 He used to _____ swim across the river before, but he's getting a little old these days.

04 Last Friday I _____ leave the office early by my boss because I was scheduled to have a meeting with clients.

05 You _____ smoke around here because smoking _____ result in a fire danger.

06 It was raining heavily all day long last Saturday, so we _____ go out.

B 다음 [보기]에 주어진 문장의 밑줄 친 부분과 가장 가까운 의미를 갖는 것을 아래에서 고르시오.

[보기] If you are driving in thick fog, it might be good to focus on the fact that a car <u>could</u> be coming in the opposite direction.

(A) Books and videos <u>could</u> be checked out if you had a library card.
(B) We are concerned about the more frightful devastation wars in the future <u>could</u> bring.
(C) She <u>could</u> find the answers to such difficult problems other students couldn't solve.
(D) <u>Could</u> it be true that such a young boy has written this excellent composition?

2 will / would

1 will

> * will ➡ (긍정문에서) **미래시제, 주어의 의지, 일반적 경향/습성**
>   (부정문에서) **거절**
>   (의문문에서) **제안, 부탁** 또는 **상대방의 의향**을 물을 때 사용

* We **will** have a staff meeting this Friday at 4 p.m.(미래) (= We **are going to** have …)
  우리는 이번 주 금요일 오후 4시에 직원회의를 열 예정이다.

* I **will** help you with your business as far as I can. (주어의 의지) 나는 할 수 있는 한 너의 사업을 도와줄 거야.

* Although I have persuaded Sandra to participate in the seminar, she **won't** accept it.(거절)
  나는 Sandra가 세미나에 참여하도록 설득해 보았지만, 그녀는 그것을 받아들이려고 하지 않는다.

* Prices of particular products **will** increase when there's much demand for them.(일반적 경향)
  특정 상품에 대한 가격은 그들에 대한 수요가 많을 때는 오르기 마련이다.

* Dogs **will** bark at strangers. (습성) 개들은 낯선 사람들에게는 짖는 법이다.

* **Will** you do me a favor? (부탁) 내 부탁하나 들어 줄래?

2 would

> * would ➡ will 의 과거형(과거미래), 과거의 불규칙적인 습관, 정중한 부탁, 소망,
>   불확실한 추측(imagine, think, say 등과 함께), 가정법 등에서 사용

* They announced that they **would** call an urgent meeting to cope with the problem. (과거미래)
  그들은 그 문제를 대처하기 위하여 긴급회의를 소집할 것이라고 발표했다.

* When we attended the same university, we **would** often join together at the coffee shop. (과거의 습관)
  우리가 같은 대학을 다니던 시절에 그 커피숍에서 종종 함께 모이곤 했다.

* **Would** you get me some coffee ? (의문문에서 will 보다 더 정중한 부탁) 저에게 커피 좀 갖다 주시겠습니까?

* If anyone **would** come after me, he must deny himself and take up his cross and follow me.
  (주어의 소망)
  누구든지 나를 따라오려거든 자기를 부인하고 제 십자가를 지고 나를 따를 것이니라.

* I **would say** (that) the new project will be successful. (불확실한 추측) 새 프로젝트는 성공할 것이라고 본다.

* What **would** you do if you won the cash prize ? (가정법 과거) 너는 그 상금을 탄다면 무얼 할래?

3 would 의 관용적 표현

1) would rather + V (than + V') : (V 하기보다는) 차라리 V 하겠다.

* I **would rather** stay at home **than** go out on such a cold day like today.
  오늘처럼 추운 날에는 외출하기보다는 차라리 집에 있겠다.

2) Would that + S + 가정법 과거 or 가정법 과거완료 (= I wish의 대용) : …이면 좋겠는데

* **Would that** I *had seen* her once before she left for Paris.
  그녀가 파리로 떠나기 전에 한 번 만나 보았더라면 좋았을 텐데.

3) would-be : …을 지망하는, …가 되려고 하는

* a **would-be** author (작가 지망생)   * a **would-be** couple (부부가 되려고 하는 사람들)

4 will / be going to 의 구별

1) will

즉석에서 내리는 결정/ 상대방에 대한 제안/ 약속/ 위협 등의 경우에는 will을 사용한다.

* I'm very busy now. I **will** take a taxi.(급한 결정) 난 지금 무척 바빠서 택시를 탈거야.
* If you buy goods worth over $100, we **will** offer you a ten percent discount.(제안)
  100달러어치 이상의 상품을 구입하면 10퍼센트 할인을 해드리겠습니다.
* Don't worry. I **will** tell the boss your situation.(약속) 걱정마. 상관에게 너의 입장을 이야기 해줄게.
* If you don't stop playing the game, I **will** tell your mother.(위협)
  게임을 멈추지 않으면 너의 엄마에게 말할 거야.

2) be going to

사전에 미리 세운 계획이나 어떤 일이 일어날 징조가 보일 때에는 **be going to**를 쓴다.

* I **am going to** move to the beach after I retire.(사전계획) 난 은퇴 후 바닷가로 이사 갈 거야.
* I feel sick at the stomach. I **am going to** vomit.(징조) 속이 메스꺼워. 토할 것 같아.

> **CF.** 미래에 대한 예측은 will / be going to 모두 쓸 수 있다.

* According to the weather report, it **will/ is going to** turn fine tomorrow. (o)
  일기예보에 의하면 내일은 날씨가 맑아질 거라고 한다.

Check-up questions 2

A 어법상 알맞은 것을 고르시오.

01 The student has promised that he (won't / isn't going to) be late for the class again.

02 While staying in Paris, I (would / used to) often take a walk along the Seine River when I was free.

03 You look hungry. I (will / am going to) buy something to eat for you.

04 No one _____ tell me what happened right after the terrible accident took place.
   (A) will   (B) may   (C) would   (D) might

05 As the population of our society grows older, the number of people who have some type of physical or mental disability _____ increase.
   (A) may as well   (B) would   (C) would rather   (D) should

B 다음 주어진 문장의 밑줄 친 부분과 가장 가까운 의미로 쓰인 것을 고르시오.

01 <u>Will</u> you get to work earlier than usual tomorrow morning?

   (A) <u>Will</u> I be able to catch the bus if I start now?
   (B) <u>Will</u> you give me a hand to edit the annual sales report?
   (C) <u>Will</u> you register for the seminar which is scheduled to be held next week?
   (D) Judging from the long period of history of mankind, wars <u>will</u> break out constantly.

02 I <u>would rather</u> go to the art museum than go to the cinema.

   (A) You <u>had better</u> not stay up late at night.
   (B) I <u>would prefer</u> an aisle seat to a window seat.
   (C) You <u>might as well</u> ask as many questions as you want to do.
   (D) If you <u>would</u> succeed in the future, you will need steadiness and diligence.

3 may / might

1 may

* **may** ➡ **허가**(...해도된다), 현재나 미래에 대한 **불확실한 추측**(...일지도 모른다), **양보**(...일지라도)의 의미를 나타낼 때 및 **기원문** 등에서 쓰이며, **허가** 의미의 경우에는 **can**보다 더 **정중한 격식체**에서 주로 사용된다.

1) 허가

* **May** I use your computer for a moment? (허가) 답변 : Yes, you **may**. / No, you **may not**.
  제가 당신의 컴퓨터를 잠시 사용해도 될까요? 네, 사용하세요. / 아니오,

  CF. 허가의 경우에는 may 대신 **can / could**를 모두 사용할 수 있다. 단, may나 could는 can보다 더 정중한 격식체에서 사용된다.
* **May** I come in? / **Could** I come in? (공손한 격식체 – formal) 제가 들어가도 될까요?
* **Can** I come in? (비격식체 – informal)

2) 추측

* The oil prices **may** go up next month. (미래에 대한 추측) 유가가 다음달에는 모를지도 모르겠다.
* I think I **may** attend the presentation and try get some information. (불확실한 추측)
  (= I'm not sure if I'll attend the presentation...)
  설명회에 참석해서 정보 좀 얻어낼지 두고 보겠다.

3) 일반적 사실 ⋯→ 격식체에서 학술 분야나 화자가 일반적 사실이라고 믿는 내용을 표현할 때 can 대신 사용된다.

* You **may** see a cottage by a lake in the forest. 숲속의 호숫가에 오두막집이 보일 거에요.

4) 기원문

* **May** your business continue to thrive in the future! 그대의 사업이 앞으로 계속 번창하기를 빈다.

2 might

* **might** ➡ **may**보다 더 조심스러운 **추측/ 허가/ 정중한 충고나 제안**

1) 불확실한 추측 (may보다 더 불확실한 추측 의미)

* I **might** go to Canada to study English for a year.
  저는 아마 1년간 영어 공부하러 캐나다에 갈지도 모르겠어요.
* You **might** not like such a spicy Korean food.
  당신은 아마도 그런 매운 한국 음식을 좋아하지 않을지도 모르겠어요.
* He hasn't arrived on time; I think he **might have missed** the first train.
  (과거의 사실에 대한 추측 = **may have missed**)
  그는 제 시간에 도착하지 못했다. 내 생각으로는 첫 기차를 놓쳤는지도 모르겠다.

2) 정중히 허가를 구할 때 … 매우 격식을 갖춘 표현이며 사용빈도는 낮다.
   * **Might** I ask your age? … 답변 : Yes, I'm in early 30s.(o) / Yes, you *might*.(x)
   (… 이 때는 might로 답변하지 않는다)
   제가 당신의 나이를 여쭤봐도 될까요? 저는 30대 초반입니다.

3) 정중한 제안/ 충고 … 특히 like, prefer, want 등의 동사와 함께 잘 쓰인다.
   * You **might** like to put up in the youth hostel during your stay in Paris.
   파리에 머무는 동안 그 유스호스텔에 묵는 것이 좋을 거예요.

4) may의 과거시제 … 남의 말을 전할 때 시제 일치의 경우
   * His assistant *said* John **might** get back from his business trip later than expected.
   그의 비서는 John이 출장에서 예상보다 더 늦게 돌아올지도 모른다고 말했다.

5) 양보의 표현 … "비록 ~일지라도"의 양보 표현에서 사용된다.
   * Slow as he **may** be, he is sure to reach his goal. 그는 비록 느릴지라도 반드시 목표를 달성할 것이다.

3 may와 might의 관용적 표현

1) **may well** : …하는 것은 당연하다, 아마 …일 것이다, …해도 무리가 아니다
   * She **may well** have got angry when you offended her.
   네가 그녀의 기분을 상하게 했기 때문에 그녀가 화를 내는 것은 당연했다.

2) **may as well / might as well** : …하는 편이 (제일) 낫다 (might as well이 더 일반적인 표현)
   * You **might as well** take the subway to the airport. 공항까지 지하철을 타고 가는 것이 제일 낫다.

   CF. may *just* as well / might *just* as well 은 강조의 표현이다.

3) **be that as it may** : 그럼에도 불구하고 (= despite that, nevertheless)
   * It's really difficult, but **be that as it may**, we can meet the deadline for the project.
   어렵지만 그럼에도 불구하고 우리는 그 사업의 마감 시간을 맞출 수 있다.

Check-up questions 3

* 다음 빈칸에 [보기]에서 알맞은 것을 골라 써넣으시오. (두 번 이상도 가능)

| [보기] | may | might | may well | might as well | might have been |

01 The manager said that we _____ not proceed with the project without further funding from the company.

02 You _____ speak out to the boss about what you disagree with.

03 The students _____ start writing on the test paper as soon as the bell rings.

04 It was good for us to leave early; otherwise, we _____ late for the event.

05 A study shows that one variety of orchid _____ play a certain role in muscle building.

06 The paintings are excellent; we _____ be able to hang them on our walls.

07 _____ I take a photograph of you and your house here?

08 Our family _____ move to Australia in about a year, but I'm not sure whether or not.

4 must / have to / should / ought to / shall / need

1 must / have to

1) 강한 의무

> * **must** ➡ (긍정문에서) **강한 의무**, 주로 화자의 **주관적인 의무**
> * **must의 과거형** ➡ **had to** / **must의 미래형** ➡ **will have to**
> * **have to** ➡ (긍정문에서) **강한 의무**, 주로 **객관적인 의무**

* You **must** keep the secret between you and me. 너는 그 비밀을 우리끼리만 간직해야 한다.
* I **have (got) to** submit the report by this Friday.
  (미국 구어체에서는 have to 대신 have got to / I've got to 의 형태로 자주 쓰인다.)
  난 이번 주 금요일까지 보고서를 제출해야 한다.
* We **had to** work overtime last night to meet the deadline. (과거의 의무)
  우리는 어젯밤 마감 시간을 맞추느라 잔업을 해야만 했다.
* We **will have to** make everything clear before we sign the contract. (미래의 의무)
  우리는 계약서에 서명하기 전에 모든 사항을 분명히 해야 할 것이다.
* The students of this school **have to** wear the school uniform. (객관적 의무)
  이 학교 학생들은 학교 교복을 입어야 한다.

2) must not / don't have to 의 구별

a) **must not** : ~해서는 안된다

b) **don't have to** : ~할 필요가 없다 (= need not)

* You **must not** keep your room untidy. (≠ don't have to) 너의 방을 지저분하게 해서는 안된다.
* You **don't have to** worry about anything before it happens. (= You **need not** worry about.)
  너는 어떤 일이 일어나기도 전에 미리 걱정할 필요가 없다.

3) 강한 긍정적 확신

a) must ➡ 긍정적 확신(~임에 틀림 없다)을 나타낸다.

b) must have + P.P. ➡ 과거의 사실에 대한 확신(~했었음에 틀림없다)

c) cannot + v ➡ 현재의 사실에 대한 부정적 확신(~일 리가 없다: 현재)

d) cannot have + P.P. ➡ 과거의 사실에 대한 부정적 확신(~했었을리가 없다: 과거)

* They **must** be tired as they have been playing for three hours.
  그들은 3시간째 운동을 하고 있어서 틀림없이 피곤할 것이다.
* The client **must have left** without saying goodbye to us.
  그 고객은 분명히 우리에게 작별인사도 없이 떠나갔을 것이다.

> **CF.** The client **cannot have left** without saying goodbye to us. (could not have left: x)
> 그 고객이 우리에게 작별인사도 없이 떠나갔을 리가 없다.

2 should / ought to

> * should ➡ must/ have to보다 **가벼운 의무, 당위성, 충고, 감정, 기대, 놀라움, 추측**
> * ought to ➡ 주로 격식체에서 should보다 다소 딱딱한 표현
> (종속절에서 당위성을 나타내는 should 용법은 Ch.3 시제 [7] 참조)

* If your parents don't agree on it, you **should** give it up. (충고)
 자네 부모님이 그걸 동의하지 않으시면 포기해야 한다.
* All the staff members **should** not talk privately with clients. (의무)
 모든 직원은 고객들과 사적으로 대화를 해서는 안 된다.
* The sales people **ought to** make more efforts to reach their quarterly sales goals. (격식체)
 영업사원들은 분기별 영업목표를 달성하기 위해서는 더 노력을 해야 한다.
* You **ought not to** make such a mistake again. (부정문) 너는 다시는 그런 실수를 범해서는 안 된다.

3 shall

shall은 주로 영국식 영어에서 1인칭(I/ we) 긍정문에서 단순미래를 나타내지만, 현대 미국식 영어에서는 will을 사용한다. shall은 인칭에 따라서 그 용법이 다르다.

1) 제안 (1인칭 주어 의문문에서)

> **Shall I / Shall we**...? ➡ "제가/ 우리가 ~할까요?" 의미

* **Shall I** help you? 제가 도와 드릴까요?
* **Shall we** take a walk? 우리 산책 좀 할까?

2) 상대방의 의견을 물을 때 (3인칭 주어 의문문에서)

> **Shall he/ she/ they**~? ➡ "그에게/ 그녀에게/ 그들에게 ...하도록 시킬까요?" 의미
> (2인칭의 경우에는 **Will you**~?를 사용한다.)

* **Shall he** take the course? (= **Will you** let him take the course?) 그에게 그 강좌를 수강하게 할까요?

3) 화자(speaker)의 의지/ 명령의 표현

2인칭(you)과 3인칭이 주어인 경우에는 말하는 사람의 의지, 명령, 경고, 협박 등을 나타낸다.

* **You shall** pay for what you have done. (= **I will** make you pay for what you have done.)
 네가 한 일에 대하여 그 대가를 치르게 하겠다.
* **He shall not** (= **shan't**) have his own way in everything. (= **I won't let** him have his own way...)
 그가 매사를 제 마음대로 하도록 놓아두지 않겠다.

4) 법조문/ 계약서 등 공식문서에서 무의지 미래의 표현

* The contract **shall** cease to be valid when it is violated by either party.
 이 계약은 어느 한 당사자에 의해서 위반할 경우 무효화 된다.

4 need

need는 일반동사와 조동사 양쪽 모두 쓰이며, 그 용법이 서로 다르므로 주의해야 한다.

1) 조동사 need의 용법 ➡ need는 준 조동사로서 부정문과 의문문에서만 조동사로 쓰인다.

a) 부정문 : S + need not + v(원형) (영국식 영어) (= S + do not need to + v …› 일반동사 용법: 미국식 영어)
b) 의문문 : Need + S + v(원형) ~? (영국식 영어) (= Do + S + need to + v~? …› 일반동사 용법: 미국식 영어)

* You **needn't keep** the canned food in the fridge. 통졸임 식품은 냉장고에 보관할 필요가 없다.
  = You **don't need to keep** ... / You **don't have to keep** ...
* **Need** we **wait** for another hour? 우리가 한 시간 더 기다릴 필요가 있을까?
  = **Do** we **need to** wait for another hour?
* *No one* **need work** overtime tonight. 오늘 밤은 아무도 잔업 할 필요가 없다.

2) did not need to + v / need not have + P.P.의 구별

조동사로서의 need는 과거형이 없으므로 긍정과거는 **needed to**, 부정과거는 **did not need to**를 사용하며, **need not have + P.P.**와 **did not need to**는 구별된다.

a) **did not need to + v** : ~할 필요가 없어서 안했다.
b) **need not have + P.P.** : ~할 필요가 없었는데도 했다

* I **needed to** have my car fixed. 나는 차를 고쳐야 했다.
* **Did** you **need to** say such a thing at the party? 파티 석상에서 꼭 그런 말을 해야 했니?
* We **didn't need to** prepare so much food for the party.
  우리는 파티에 그렇게 많은 음식을 준비할 필요가 없었다. (그래서 많이 준비 안 했다.)
* We **needn't have prepared** so much food for the party.
  우리는 파티에 그렇게 많은 음식을 준비할 필요가 없는데 괜히 많이 준비했다.

5 should의 관용적 표현

1) I should say/ I should think : 아마도 ...이겠지 (자기의 의견이나 생각을 완곡하게 표현할 때)

* **I should say** she is over forty. 아무래도 그녀의 나이는 40은 넘었겠죠.
* **I should think** there will be lots of tourists there at this time of the year.
  매년 이맘때 그곳에는 관광객들이 많을 겁니다.

2) lest/ for fear (that) + S + (should) + V(원형)... : S가 ...하지 않도록/ ...하지 않을까

* He slipped out of the room lest anyone (should) **notice** him going out. (should가 빠져도 원형동사가 온다)
  그는 아무도 눈치채지 못하도록 그 방을 몰래 빠져나갔다.
* Pestalozzi picked up pieces of glass **for fear** (that) the children (should) **hurt** themselves.
  Pestalozzi는 아이들이 다칠까 봐서 유리 조각들을 주웠다.

3) who / what should + v + but … : 예상 밖의 놀라움의 표현 (누군가 했더니… 바로… / 무슨 일… 인가 했더니… 바로…)

* **Who should** call me up just at that moment **but** the President himself.
  바로 그 순간에 나한테 누가 전화했는가 했더니 바로 대통령 자신이었다.

* **What should** happen when I just arrived there **but** the alarm went off.
  내가 거기에 막 도착했을 때 무슨 일이 일어났느냐면 경고음이 울렸다.

4) should + S + V(원형)… : 혹시라도…하면

(가정법 미래 조건절에서 If를 생략한 도치문 형태 ⋯ Ch.8 가정법 [3] (1) 참조)

* **Should** you help me, it would be easier for me to edit the annual report.
  당신이 나를 도와주시면, 제가 연례보고서를 편집하는 것이 더 수월할 텐데요.

Check-up questions 4

* 다음 빈칸에 알맞은 것을 고르시오.

01 Not only can volunteering be rewarding for the volunteer, but also it (must / has to) benefit the community.

02 Bessy feels that she and her husband (need / should) share the household jobs.

03 Sea water contains oxygen which aquatic creatures (need / need to) breathe.

04 What (will / shall) we get for dinner tonight?

05 He insisted that we (should / would / might) invest some more money in the project we're working on.

06 Who (should / might / would) get married to the famous actress but my cousin himself?

07 The students (mustn't / don't have to) hand in their report until next Friday. They have been allowed a week of extension.

08 We (didn't need to buy / needn't have bought) so much food for the picnic; it wasn't necessary.

09 Jack (can / must / has to) be working in the office now. I saw him doing paperwork there about ten minutes ago.

10 We didn't dare to go out after the explosion accident in the street the other day lest we (should / should not) have a terrible accident.

5 기타 준 조동사 (had better / used to / dare)

1 had better

had better는 우리말로는 "~하는 편이 낫다" 로 번역되지만 "~하지 않으면 좋지 않은 결과가 생긴다" 는 경고적 의미가 들어 있으므로 상황에 맞게 사용해야 한다.

1) **긍정형** : had better + V(원형) : …하는 편이 낫다(그렇게 안 하면 좋지 않다)
2) **부정형** : had better *not* + V(원형) : …하지 않는 편이 낫다
3) **과거형** : had better have + p.p. : …하는 편이 나았었다(그런데 그렇게 하지 않았다)

> **CF.** had best + v : ~하는 편이 제일 낫다

* You **had better** (=You'd better) check the timetable first before registering for it.
  너는 등록하기 전에 먼저 시간표를 확인해야 할 것이다.
* We **had better not** make haste. 우리는 서두르지 않는게 낫다.
* **He'd better have taken** time to think about the matter.
  그는 시간적 여유를 가지고 그 문제를 천천히 생각하는 편이 나았었는데. (그러지 못했다)

2 used to

used to + V는 과거의 규칙적인 동작이나 계속적 상태를 표현할 때 사용된다. (→ 자세한 내용은…Ch.3 시제[1](4) 참조)

3 dare

dare는 조동사와 일반동사 양쪽으로 모두 사용되지만, **조동사로는 주로 부정문과 의문문에서** 사용된다. "감히 …하다/ …할 용기가 있다/ …할 엄두를 내다" 의 뜻을 나타낸다.

조동사 용법

> S + dare not/ daren't + V(원형) : 감히 …하지 못하다
> Dare + S + V(원형)~? : 감히 …할까?
> How dare + S + V(원형)~? : 어찌 감히 …한단 말인가?

* He **daren't make** a retort to the boss. (= He ***didn't dare to make*** a retort …)
  그는 감히 상사에게 대들지 못했다.
* **How dare he interfere** in my own affairs? 그가 어찌 감히 내 자신의 일에 간섭한단 말인가?

> **CF.** 본동사 dare 뒤에서 to를 생략하기도 한다.
* I can hardly believe they **dared** (to) **climb** up the dangerous cliff.
  그들이 무모하게 그 위험한 절벽을 올라갔었다는 게 믿기지 않는다.

Check-up questions 5

* 어법상 알맞은 것을 고르시오

01 If he (needs / dares) to make me angry again, I'll make sure he pays dearly for it.

02 That car (would / used to) belong to me, but I have handed it over to my son.

03 You (had not better / had better not) hang around with them late at night.

04 How dare she (go / goes / to go) into the forest by herself?

05 The politicians in power _____ focus on the immediate issues such as economic revitalization, youth unemployment, and security.
    (A) dare to   (B) used to   (C) would   (D) had better

06 What with one thing and another, we don't play tennis as often as we _____ .
    (A) were used to   (B) used to do   (C) used to   (D) used

07 Everyone in the classroom complains that she is too talkative, but nobody _____ say anything about it to her for fear of offending her.
    (A) doesn't dare   (B) daren't to   (C) does dare   (D) dares to

6 과거조동사 + have + P.P. 의 형태

1 would have + P.P.

1) 가정법 과거완료 ➡ ...했었을 것인데 (실은 하지 않았다) (⋯› Ch.8 가정법 [2] (2) 참조)

* If I had attended the presentation, I **would have picked up** very useful information.
  내가 그 설명회에 참석했더라면 유용한 정보를 얻었을 것인데.

2) 과거에 이루지 못한 아쉬움 ➡ 과거에 행하지 못한 아쉬움의 표현으로, 가정법 과거완료의 표현과 비슷하나 이 경우에는 if-절 없이 쓰인다.

* I **would have gone** on vacation last month, but I was busy completing the project. (이루지 못한 아쉬움)
  지난 달 휴가 가기 원했는데 프로젝트를 끝내느라 너무 바빠서 못 갔다.

2 should have + P.P.

1) 과거의 사실에 대한 후회 ➡ 과거에 했었어야 했거나 하지 말았어야 할 사실들에 대한 원망, 유감, 후회, 충고 등을 나타낸다

* I **should have purchased** the building last year; its price has soared now.
  작년에 그 건물을 매입했어야 했는데. 지금은 그 가격이 폭등했다.

* You **shouldn't have signed** the contract as I advised you not to.
  너는 내가 조언한 대로 그 계약서에 서명하지 말았어야 했는데.

2) 현재 마땅히 이루어졌어야할 사실 ➡ 현재까지 어떤일이 마땅히 이루어져야 하는데 아직 이루어지지 않고 있을 때 사용된다. 보통 by now(지금쯤) 와 함께 쓰이는 경우가 많다.

* The shipment of our orders **should have arrived** *by now*.
  (=If everything is fine, the shipment of our orders has arrived.)
  우리 주문품이 지금쯤 도착했어야 하는데.

3 could have + P.P.

1) 가정법 과거완료 ➡ "할 수 있었을 텐데 못했다" 의 의미 (⋯› Ch.8 [2] (2) 참조)

* If you **had helped** me with the report, I **could have finished** it on time.
  네가 보고서 작성을 도와주었더라면 내가 제시간에 맞게 끝낼 수 있었을 텐데.

> **CF.** If-절이 없으면 "할 수 있었는데도 안했다" 라는 의미로(긍정문에서), 부정문에서는 "하려고 했지만 못했다"는 의미로 쓰인다

* I **could have arrived** here earlier, but I left my house late. (긍정문)
  내가 여기에 더 일찍 도착할 수도 있었는데 집에서 늦게 출발했다.

* We **couldn't have met** the deadline for the customer. (부정문) (= It was impossible for us to meet ⋯)
  우리는 그 고객에게 마감 시간을 맞추어줄 수가 없었다.

2) 과거의 사실에 대한 추측 ➡ "…했었을런지도 모른다"의 의미 (= might have + P.P.)

* He is getting late; he **could have missed** the first train. (= he might have missed …)
그가 늦어지고 있다. 아마도 첫 기차를 놓쳤는지도 모르겠다.

3) cannot have + P.P. / could not have + P.P.의 구별

둘 다 과거의 사실에 대한 부정적 확신(..했을 리가 없다)을 나타낸다.

> * **cannot have + P.P.** ➡ 일상적이고 비교적 가까운 과거의 사실을 언급할 때 사용
> * **could not have + P.P.** ➡ 격식체와 역사적 기술과 같은 먼 과거의 사실을 언급할 때 사용

* Sally **cannot have failed** the exam yesterday as she had studied hard for it. (가까운 과거)
sally는 시험 준비를 열심히 해왔기 때문에 어제 시험에서 불합격했을 리가 없어.

* Ancients **couldn't have read** books at their will as printing didn't develop then. (먼 과거)
고대인들은 그 당시 인쇄술이 발달하지 않았기 때문에 책을 마음대로 읽었을 리가 없다.

4 might have + P.P. / may have + P.P.

1) 과거의 사실에 대한 추측 ➡ 둘 다 "…했을런지도 모른다" 의 의미

* I can't find the file; my assistant **might have placed** it in another cabinet. (= may have placed)
그 서류를 찾을 수 없다. 내 비서가 다른 보존함에 두었는지도 모르겠다.

2) 기타 의미

a) 현재나 미래의 불확실한 가능성 및 상대방이 마땅히 해야 할 일을 하지 않았을 때

* You **might have finished** it by now. (화가 나서 하는 말) 넌 지금쯤 그걸 다 끝냈어야지.

b) 현재나 미래의 가능성의 정도는 might have + P.P. 〈 may have + P.P. 〈 will have + P.P.의 순으로 확실성이 더 커진다.

* By the end of this month we **might have finished** the project. (미래의 불확실한 가능성)
이달 말까지는 아마 우리가 그 프로젝트를 다 끝낼 수도 있을 거야.

* By the end of this month, we **may have finished** … (미래의 가능성에 대한 추측)
* By the end of this month, we **will have finished** … (미래의 확실한 예정)

[must have + P.P.] ➡ (p 193 [4] must 참조)

Check-up questions 6

* 괄호 안의 동사를 [보기]의 조동사와 결합하여 문미의 지시와 같은 의미가 되도록 빈칸에 써넣으시오. (2번 이상 가능)

| [보기] would have   should have   could have   cannot have   might have   must have |

01 (not/ buy) I _____ the stocks as their prices have been dropping since the end of last year. (과거의 후회)

02 (reject) The officer _____ the bribes they offered. (과거의 충고)

03 (see) I _____ you before you left, but I had to attend the urgent meeting. (과거의 의지)

04 (win) The soccer team _____ the championship, but their star player wasn't able to play on account of his injury. (과거의 가능성)

05 (eat) There were some pieces of chocolate on the table, but someone _____ them. There is none now. (과거의 긍정적 확신)

06 (see) You _____ John playing soccer a while ago because I saw him studying in the library just now. (가까운 과거의 부정적 확신)

07 (sit) Amy looks tired. She _____ up late last night. (과거의 불확실한 추측)

08 (not/ know) Medieval people _____ the fact that the Earth moves round the sun as the Copernican theory was not yet recognized at the age. (먼 과거의 부정적 확신)

종합문제 (조동사)

A 다음 빈칸에 어법상 알맞은 것을 고르시오.

01 The employment contract says that the employer _____ pay the employees overtime allowances after they have worked overtime.
   (A) will   (B) can   (C) shall   (D) may

02 We have lots of fruit left in the fridge, so we _____ go shopping for fruit now.
   (A) don't need   (B) must not   (C) need not to   (D) don't have to

03 When I met James last week, he said he had been working overtime on an urgent project over a few weeks. He _____ tired at that time.
   (A) had to be   (B) must have been   (C) might have been   (D) would have been

04 I think you _____ stay here another night as it _____ snow later. It's dangerous to drive while it's snowing.
   (A) had better — might   (B) should — can   (C) ought to — must   (D) would rather — may

05 A : Have you solved all the math problems the teacher assigned last week yet?
   B : I had trouble solving the last one, but finally I _____ come up with the solution to it after almost an hour of struggling.
   (A) can   (B) could   (C) was able to   (D) was allowed to

06 The climate of the Pamirs _____ be very harsh for the few people living there.
   (A) can   (B) could   (C) is able to   (D) may

07 It's strange the delivery person hasn't showed up yet; normally he _____ have appeared by now.
   (A) would   (B) must   (C) might   (D) should

08 I have been looking for the file all around my desk, but I _____ find it. Somebody _____ taken it.
   (A) couldn't — had   (B) won't — could have   (C) can't — might have   (D) needn't — must have

09 My customer is waiting for our meeting to start in another room, so I _____ leave now.
   (A) should   (B) must   (C) ought to   (D) will have to

10 I _____ like playing tennis when I was a college student, but I'm always too busy to now.
   (A) would   (B) used to   (C) was used to   (D) would rather

B 다음 각 질문에 답하시오.

[01-02] 밑줄 친 부분 중 어법상 틀린 것을 골라 알맞게 고치시오.

01 In my own life anxiety, trouble, and sorrow have been allotted to me at times in such abundant measure that (1) <u>had my nerves not been</u> so strong, I (2) <u>must break</u> down under the weight.

02 (2 군데)
A : I can't find the file that I downloaded yesterday.
B : It (1) <u>must be</u> there. I saw Sam open it a while ago.
A : No, it isn't. He (2) <u>must have done</u> something wrong. I (3) <u>must have made</u> a backup copy.
B : Don't worry. We can download it again from the Internet. I'll do it for you if you like.
A : That's kind of you. I was looking forward to watching it tonight.
B : Well, I (4) <u>won't be able to do</u> it until tomorrow. I've got to finish editing the report first.
A : But you (5) <u>don't have to</u> hand it in until next Monday.
B : I know. But I (6) <u>had better</u> proceed with it. You know I'm not getting on fast with this job.
A : Why don't I help you finish it?
B : No, we (7) <u>won't get</u> help from anyone else. It (8) <u>has to</u> be all our own work. But thanks for offering.

[03] 다음 괄호 안에서 어법상 알맞은 것을 고르시오.

03 A manned expedition to Mars is on the cards. Dr. Ernst Schiller, an American space-scientist, believes that Mars is more interesting from every point of view than the moon. A manned Mars-probe (1) **(must / might)** uncover traces of a civilization there that died when the weak gravity (2) **(could / would)** no longer retain oxygen. There (3) **(might well / had better)** be archaeological remains to prove it.
　For Mars is the only planet where some form of advanced life (4) **(could / should)** once have been sustained. Observation revealed that there were far fewer craters made by meteorites than had been predicted. Thus most of the craters (5) **(must have been / should have been)** eroded, possibly by wind and water.

C 주어진 영문과 똑같은 의미의 영문을 알맞은 조동사를 이용하여 다시 쓰시오.

01 Perhaps the president will attend the meeting himself, but I'm not sure.
= The president _____.

02 Amy won the first prize in the final exams. I'm sure she had studied very hard.
= Amy _____.

03 I can hardly believe what he said because he is a big talker. (big talker : 허풍쟁이)
= What he said _____.

04 I suggest you see your close friends before you go abroad.
= You _____.

05 I would like us to go on a picnic this weekend for a change.
= _____ we _____?

D 다음 우리말을 괄호 안의 조동사를 이용하여 영문으로 쓰시오.

01 너는 이 제품을 구입할 때 결함이 있는지 꼼꼼히 살폈어야 했는데. (should)
(제품 : product, 결함 : defect, 살피다 : check)
_____.

02 내 주머니에 내 휴대전화가 없는 걸 보니 내가 그것을 집에 놓아두고 온 것 같다. (might)
(놓아두고 오다 : leave)
_____.

03 나는 늘 각별히 주의해 왔기 때문에 그 둘을 혼동했을 리가 없다. (can)
(각별히 주의하다 : be extra careful, 그 둘을 혼동하다 : confuse one with the other)
_____.

04 우리는 공항에 그렇게 일찍 올 필요가 없었는데 괜히 일찍 왔다. (need)
_____.

05 그 동물은 위험할 수 있으니 손을 대지 않는 게 좋다. (might / had better)
_____.

영시와의 산책

The Road Not Taken
가지 않은 길
By Robert Frost (1874–1963, American poet)

Two roads diverged in a yellow wood,	노랗게 물든 숲속에 갈라진 두 갈래 길,
And sorry I could not travel both	두 길 모두 갈 수가 없어서
And be one traveler, long I stood	안타까운 마음으로 나는 오랫동안 서 있었지요.
And looked down one as far as I could	나는 한쪽 길이 관목 숲속으로 구부러져
To where it bent in the undergrowth;	사라진 데까지 바라보면서
Then took the other, as just as fair,	그러다 다른 길을 택했지요,
And having perhaps the better claim,	똑같이 좋아 보이고 아마도 더 나을 거라고 여기면서.
Because it was grassy and wanted wear;	그 길은 풀이 무성하고
Though as for that the passing there	사람이 가주기를 원하기도 했으니까요.
Had worn them really about the same,	그 두 길은 사람이 다닌 흔적은 비슷했지만,
And both that morning equally lay	그날 아침 두 길은 똑같이 아무 발자국도 나지 않은
In leaves no step had trodden black.	낙엽 속으로 이어져 있었지요.
Oh, I kept the first for another day!	아, 나는 첫 번째 길은 훗날에 가 보기로 했지요!
Yet knowing how way leads on to way,	길은 서로 이어져 있다는 것을 알면서도
I doubted if I should ever come back.	내가 과연 다시 돌아올 것인지 자신이 없었지요.
I shall be telling this with a sigh	오랜 세월이 지난 후 어디쯤에선가에서
Somewhere ages and ages hence:	나는 한숨 지으며 이렇게 말하겠지요:
Two roads diverged in a wood, and I—	두 갈래 길이 숲속에 나 있었어요,
I took the one less traveled by,	그런데 난 사람들이 더 적게 다닌 길을 택했었지요,
And that has made all the difference.	그것이 바로 내 모든 것을 바꾸어 놓았어요 라고.

Frost는 미국의 20세기 대표적인 시인으로 전원생활의 사실적 묘사로 잘 알려져 있다. 이 시는 1916년 그의 최초의 시집 *Mountain Interval* 에 실려 있다. 어느 인생행로를 택하느냐에 따라서 돌이킬 수 없이 인간의 운명이 달라진다는 주제의 시로서 수능 언어영역에 출제된 몇 안 되는 시중의 하나이다.

수식어 편

Chapter10　형용사 Adjectives

Chapter11　부사 Adverbs

Chapter12　비교 Comparison

Chapter 10
형용사
Adjectives

Grammar Introduction

형용사는 문장 속에서 두 가지 역할을 담당한다. 즉, **명사를 수식해주는 역할**(한정용법)과 **보어로 쓰이는 역할**(서술용법)을 한다. 형용사에 따라서는 한정용법으로만 쓰이는 경우도 있고 서술용법으로만 쓰이는 경우도 있으므로 이들을 구별할 필요가 있다.

형용사의 역할

* They are **beautiful** *flowers*. (명사를 수식하는 경우) 그것들은 아름다운 꽃들이다.
* *The flowers* are **beautiful**. (주어를 설명해주는 주격보어로 쓰이는 경우) 그 꽃들은 아름답다.
* The last rain made *the flowers* more **beautiful**. (목적어를 설명하는 목적격 보어로 쓰이는 경우)
  지난번 비가 와서 꽃들을 한층 더 아름답게 해주었다.

형용사 어휘의 형태

형용사의 어미(단어 끝)는 주로 다음과 같은 형태로 끝나는 경우가 많다.
1) **-ous** : dangerous(위험한), delicious(맛있는)
2) **-ive** : active(활동적인), positive(긍정적인) 〈예외〉 representative(대표, 담당자) ➡ 명사
3) **-al** : natural(자연스러운), essential(필수적인) 〈예외〉 arrival(도착), approval(승인) ➡ 명사
4) **-ent** : diligent(부지런한), dependent(의존하는)
5) **-able** : reliable(믿을만한), resonable(합리적인) 〈예외〉 enable(가능케 하다) ➡ 동사
6) **-ible** : responsible(책임 있는), possible(가능한)
7) **기타** : -ic/ -le/ -some/ -ful/ 재료명사+en/ 명사+y/ 명사 +ly, etc.
   romantic(낭만적인)/ simple(단순한)/ handsome(잘생긴)/ golden(황금의)/
   sunny(해가 비치는)/ friendly(친절한)

형용사의 종류

형용사는 그 특성이나 의미에 따라 **대소/ 성상/ 신구/ 색채/ 재료/ 소속** 등을 나타낸다.
1) **성상/ 대소/ 재료 형용사** ➡ 사물의 상태나 성질 등을 나타내는 형용사를 말한다.
   a **tall** man, **beautiful** flowers, **cold** weather, **wooden** furniture, **large** houses
2) **고유형용사** ➡ 고유명사의 형용사 형태를 말한다.
   American people, **Chinese** history, **French** culture, **Victorian** age(빅토리아 여왕 시대)
3) **수량형용사** ➡ 수나 양 등을 나타내는 형용사를 말한다.
   (⋯ 수량 형용사(구)와 숫자의 표현은 Chapter 14 대명사와 수량사 [7] 참조)
   a) **부정(불특정) 수량형용사** — few/ several/ many/ little/ much/ enough
   b) **수사** —(기수) one, two, three… (서수) first, second, third…

1 형용사는 명사를 수식한다

형용사가 명사 앞이나 뒤에서 그 명사를 직접 수식하는 경우를 한정용법이라 한다.

1 명사 앞에서 수식하는 경우 ➡ (한정사) + 형용사 + 명사

* We are now checking *our* **current** equipment for damage by the fire.
  우리는 화재로 인한 손상이 있는지 현재 사용 중인 장비를 확인하는 중이다.
* They developed *a* **creative** marketing strategy. 그들은 독창적인 마케팅 전략을 개발했다.

2 명사 뒤에서 수식하는 경우 ➡ 형용사가 다른 수식어를 동반할 때에는 명사 뒤에서 수식한다.

명사 +	형용사 + 부사
	형용사 + 전치사 + N
	(형용사구)

* They are *the employees* **responsible** *for M project*. (= the employees **who are** responsible…)
  그들은 M 프로젝트를 담당하는 직원들이다.
* The youth hostels are *accommodations* **available** *for students*.
  (= accommodations **which are** available…)
  유스호스텔들은 학생들이 이용할 수 있는 숙박시설이다.

> **주의** those, something, anything, nothing, somebody, anybody, nobody, someone, anyone, somewhere, anywhere, nowhere 등은 형용사가 단독 수식하는 경우에도 뒤에서 수식한다.

* *Those* **present** at the event will be given a souvenir. 행사에 참석한 사람들은 기념품을 받게 될 것이다.
* They are preparing *something* **special** for Linda's retirement reception.
  그들은 Linda의 은퇴기념 연회에서 뭔가 특별한 것을 준비하고 있다.
* Is there *somewhere* **comfortable** where I can take a rest? 내가 쉴 수 있는 편안한 장소 어디 없습니까?

Check-up questions 1

* 어법상 알맞은 것을 고르시오.

01 Once his father dies, Mr. Charlstone will be the (successive / succession) heir to his family's food business.

02 She has decided to break up with her (current / currently) boyfriend.

03 Because of improving (economy / economic) conditions, investment is increasing.

04 Anyone _____ for the errors in the report should correct them.
   (A) responses   (B) responsive   (C) responsible   (D) responsibly

05 We are sorry that there was always something a little _____ about the dead actress who was very popular.
   (A) sad   (B) sadly   (C) sadness   (D) being sad

06 I took a deep look at my _____ life, and then God opened my eyes to many things.
   (A) spirit   (B) spiritual   (C) spirited   (D) spiritually

07 I think there is no _____ enough to believe such a complete nonsense.
   (A) anyone stupid   (B) stupid anyone   (C) stupid one   (D) one stupid

2 형용사는 주격보어가 된다

형용사는 동사 바로 뒤에서 주어를 설명해주는 역할을 해주는 주격보어가 된다. 이 때 이 문장은 2형식 문형이 되며, 2형식 문형에서 쓰이는 동사를 연결동사(linking verbs)라고도 한다.

> S(주어) + 2형식 동사 + 형용사
>   (연결동사) (주격보어)

연결동사 (2형식 동사)의 예 (⋯▸ Ch.1 [2] 2형식 문형 참조)

1) become 류 (…한 상태로 되다) : be, become, go, get, grow, run, fall, come, turn, prove

* I am **running** *short of pocket money*. 나는 용돈이 부족해지고 있다. (형용사구가 보어)
* Most of the leaves **turn** *red* in the fall. 가을에는 대부분의 나뭇잎들이 붉게 물든다.

2) seem 류 (…처럼 보이다) : seem, appear, look

* You **look** *cheerful* today; what happened? 너는 오늘 명랑해 보인다. 무슨 일 있어?
* The new employee **seems** *to be hard-working*. 그 신입사원은 근면하게 보인다.

3) remain 류 (…한 상태를 유지하다) : remain, stay, hold, keep, continue, stand

* The audience **remained** *quiet* during the performance. 관객들은 공연하는 동안 계속 조용했다.
* The discounted prices **hold** *good* until this weekend. 할인가격은 이번 주말까지 계속 유효하다.

4) 감각 동사류 : sound, smell, taste, feel, look

* The apple mangoes **taste** very *delicious*. 그 애플 망고는 매우 맛있다.
* This soup **smells** *spicy*. 이 수프에서는 매운 냄새가 난다.

further tips

[S + be + 형용사 + 전치사 + N] 와 [S + be + 형용사 + to + V]의 형태를 알아두자!

01) **be aware / conscious / cognizant of** (…을 알고 있다 / 인식하고 있다)
02) **be capable of -ing** (…할 능력이 있다 = be able to +V)
03) **be comparable to + N** (…에 필적하다)
04) **be compatible with** (…와 일치하다 / 호환성이 있다)
05) **be similar / equal / identical to + N** (…와 유사 / 동일하다)
06) **be consistent with** (…와 일치하다) / **be inconsistent with** (…와 일치하지 않다)
07) **be eligible for/ qualified for** (…의 자격이 있다 = **be entitled to + N/ V**)
08) **be responsible for** (…의 책임이 있다)
09) **be responsive to + N** (…에 민감한 반응을 보이다)
10) **be reliant on** (…에 의존하다 = **be dependent on**)
11) **be compliant with** (…을 준수하다)
12) **be envious of/ jealous of** (…을 부러워하다/ 시기하다)
13) **be appreciative of / grateful for / thankful for** (…을 고맙게 여기다)
14) **be likely to + v** (…할 것 같다)
15) **be liable to + V / N** (…하기 쉽다/ ..할 의무가 있다)

e.g. **be liable** *to pay* the cost (비용을 지불 할 의무가 있다 ➡ 동사가 온 경우)
be liable *to injury* (부상 당하기 쉽다 ➡ 명사가 온 경우)

Check-up questions 2

* 어법상 알맞은 것을 고르시오.

01 The consultant's arguments sounded (persuasive / persuasively).

02 The teacher encouraged the students to take short breaks in order for them to remain (productive / productively).

03 We are running (short / shortage) of funds for the project.

04 It is the home and the school environments that help determine how (smart / smartly) a child will become.

05 I am _____ that I can overcome the force of circumstances with my strong will.
 (A) confidence (B) confident (C) confident of (D) confidently

06 Surprisingly, the little kid _____ calm in the embarrassing situation.
 (A) exercised (B) stayed (C) obeyed (D) showed

07 The furniture we have just bought _____ some chemicals.
 (A) smell (B) smells (C) smells of (D) smelling

08 The newly purchased machine is _____ of manufacturing several hundred products an hour.
 (A) able (B) ability (C) capable (D) capability

09 I, as manager of this department, am _____ of all the effort that the employees put into meeting the deadline of the project on time.
 (A) appreciative (B) thankful (C) grateful (D) gratitude

10 According to a study, the measures of companies to protect environment are _____ with increase of their profits.
 (A) comparable (B) consistent (C) comparative (D) compatible

3. 형용사는 목적격 보어가 된다

형용사는 **5형식 문형**에서 목적어 바로 뒤에 와서 목적어를 설명해주는 역할을 하며 이를 **목적격 보어**라고 한다.

> S(주어) + 5형식 동사 + 목 + 형용사(목적격 보어)

형용사(구)를 목적격 보어로 동반하는 5형식 동사의 예

find …한 상태임을 발견하다	**keep** …한 상태를 유지하다	**leave/ set** …한 상태로 놓아두다/정하다
make …한 상태로 만들다	**render** …한 상태로 만들다	**consider/ deem** …라고 여기다

* The coat **keeps** me *warmly*. (x) (⋯▸ warm, 보어 자리에는 -ly 형 **부사**가 올 수 없다)
  코트는 나를 따뜻하게 해준다.
* I like to **leave** the window *open*. 나는 창문을 열어 놓은 채 놓아두기를 좋아한다.
* I **found** German *easy*. 나는 독일어가 쉽다는 것을 알았다.
* I **found** it *impossible* to express myself when I was asked the question.
  내가 질문을 받았을 때 나는 내 의견을 표현하는 것이 불가능하다는 것을 알았다.
* The policy **made** the stock market *alive*. 그 정책으로 주식시장이 살아났다.

주의 5형식 문형이 수동태로 될 경우를 주의하자.

e.g.
* **be considered/ deemed + 형용사** (…라고 여겨지다)
* **be found + 형용사** (…상태로 발견되다)
* **be kept + 형용사** (…상태로 보존/유지되다)
* **be left + 형용사** (…상태로 놓여지다)
* **be made/ rendered + 형용사** (…상태로 만들어지다)
* **be set + 형용사** (…한 상태로 정해지다)
* **be born + 형용사** (…한 상태로 태어나다)

* They **found** the children **safe**. (능동) ⋯▸ The children *were found* **safe**. (safely : x)
  아이들이 안전한 채로 발견되었다.

Check-up questions 3

* 어법상 알맞은 것을 고르시오.

01 New employees may find themselves _____ on their coworkers right after they join the company.
　(A) dependent　　(B) dependence　　(C) dependently　　(D) to depend

02 The mailing envelop delivered to the office should be cut _____ along the dotted blue line.
　(A) opening　　(B) open　　(C) openly　　(D) to open

03 I would gladly consider myself _____ of the favorable conditions as I have worked hard.
　(A) worth　　(B) worthy　　(C) worthily　　(D) worthwhile

04 The newly released song has _____ the pop singer very popular all over the world.
　(A) taken　　(B) suggested　　(C) encouraged　　(D) made

05 The suspect was found _____ and immediately set _____ .
　(A) innocent - free　　(B) innocent - freely　　(C) innocence - free　　(D) innocently - freely

4 주의해야 할 형용사 어휘(1)

다음과 같이 어미(단어 끝)가 **-ly 로 끝난 형용사**를 주의하자.

1 명사 + -ly ➡ 형용사로 변한다.

명사-ly 형 형용사의 예

timely 시기가 적절한/ 시기가 알맞은	**costly** 비용이 비싼	**elderly** 나이가 연로한
friendly 친절한	**lovely** 사랑스런	**orderly** 잘 정돈된/ 질서 있는
heavenly 하늘의/ 천국의	**bodily** 신체의	**cowardly** 겁이 많은/ 비겁한

* The financial analyst gave me **timely** advice about the stock.
  재정 분석가는 주식에 관하여 나에게 시기에 알맞은 충고를 해주었다.
* We had better replace the current **costly** process with something reasonable.
  우리는 비용이 많이 드는 현 공정을 저렴한 것으로 교체해야 한다.

2 시간명사 + -ly ➡ 형용사 / 부사로 양쪽 모두 사용된다.

hourly 시간 마다의/ 매시간 마다	**daily** 매일의/ 매일	**weekly** 매주의/ 매주 마다
monthly 매달 마다의/ 매월	**quarterly** 분기별의/ 분기별로	**yearly** 일 년의/ 매년

* We have to submit the **quarterly** status reports. (형용사로 쓰인 예)
  우리는 분기별 상황 보고서를 제출해야 한다.
* We have to submit the status report **quarterly**. (부사로 쓰인 예)
  우리는 분기별로 상황 보고서를 제출해야 한다.

3 기타 -ly 로 끝난 형용사

1) lively : 생기 있는, 활기찬, 활발한, 흥미진진한
   * a **lively** applause/ child/ interest/ vacation (힘찬 박수/ 활발한 아이/ 흥미진진한 관심/ 활기찬 휴가)

2) likely : 형용사로 쓰일 때 ➡ …일 것 같은 (보어) / (명사 앞에서) 있을 법한, 알맞은
           부사로 쓰일 때 ➡ 아마도 (=probably)

   * Sales are **likely** to increase next year. (형용사) 내년에는 매출이 늘어날 것 같다.
   * a **likely** story (그럴듯한 이야기) / a **likely** place to build a house (집짓기에 알맞은 장소)
   * I would **likely** have done the same thing in your situation. (부사)
     내가 너의 입장이었더라도 나도 아마 (너처럼) 똑같이 그렇게 했었을 것이다.

3) silly(어리석은)/ lonely(외로운)/ deadly(치명적인)/ sickly(허약한)/ kindly(친절한)/ ugly(추한), etc.
   * I get **lonely** when I am on my own. 나는 혼자 있으면 외로워진다.

Check-up questions 4

* 어법상 알맞은 것을 고르시오.

01 He gave us a (time / timely) reminder that we should check the terms of the contract before we renew it.

02 The company has been producing environmentally (friend / friendly) washing powder since it started.

03 We'll have to come up with the way to handle the recruitment process in a less (cost / costly) manner.

04 You should be careful not to make remarks that are (like / likely) to offend others.

05 In addition to being a (dead / deadly) disease, cancer is an especially insidious one, often hiding in the body for years before it becomes apparent.

마음문 열기

Enter through the narrow gate.

For wide is the gate and broad is the road that leads to destruction,

and many enter through it.

But small is the gate and narrow the road that leads to life,

and only a few find it. (Matthew 7:13-14)

좁은 문으로 들어가라. 왜냐하면, 멸망으로 인도하는 문은 크고 그 길은 넓어서
그리로 들어가는 자는 많으나, 생명으로 인도하는 문은 좁고 길이 협착하여
찾는 자가 매우 적기 때문이다.

5 주의해야 할 형용사(2)

대부분의 형용사들은 명사를 수식하는 한정용법과, 보어로 쓰이는 서술용법 양쪽 모두에 사용될 수 있으나, 어떤 특정 형용사들은 **한정용법으로만 쓰이거나** 또는 **서술용법으로만 쓰이는 경우**가 있으므로 이를 구별할 필요가 있다.

1 명사 앞에서만 쓰이는 형용사

다음과 같은 형용사들은 명사 앞에서만 쓰이고, 보어 자리에는 올 수 없다. (어미가 **-er, -re, -en 으로 끝난 형용사**가 주로 여기에 해당된다).

main 주된	**major** 대부분의/ 주요한	**chief** 주된/ 최고의	**entire** 전체의
total 총계의/ 전부의	**former** 이전의	**spare** 여분의	**upper** 위쪽의/ 상류의
lone 외로운	**lesser** 더 작은/ 덜 중요한	**wooden** 나무로 만든	**inner** 내부의
outer 외부의	**only** 유일한	**mere** 단순한	**nearby** 인근의
elder 손위의	**next** 다음의	**drunken** 술 취한	**live** 살아있는/생방송의

e.g. main idea (주제), the entire staff (전 직원), the former President (전 대통령), upper class (상류 계층) inner circle (핵심계층), wooden furniture (목재 가구), outer space (외계), nearby city (인근 도시) a mere child (단순한 어린애)

* The idea is *main*.(x) The furniture is *wooden*.(x)

2 보어로만 쓰이는 형용사

다음과 같이 주로 **a- 로 시작되는 형용사**는 보어로만 쓰이고, 명사 앞에 올 수 없다.

alive 살아 있는	**aware** 알고 있는	**asleep** 잠든	**alike** 비슷한
awake 깨어있는	**alone** 외로운	**ashamed** 수줍어하는	**afraid** 두려워하는
absent 결석한	**aloof** 냉담한	**content** 만족한	**worth** 가치 있는
drunk 술 취한	**fond** 좋아하는	**well** 건강한	**glad** 기쁜/반가운
sorry 유감스러운/ 미안한/안쓰러운		**unable** 할 수 없는	

* The identical twins look **alike**. 일란성 쌍둥이는 똑같이 보인다. (*alike* twins ⋯ x)

* Most of the employees are **content** with their jobs. (*content* employees ⋯ x)
직원들 대부분이 각자의 업무에 만족하고 있다.

3 한정용법과 서술용법에 따라 뜻이 달라지는 형용사

단어	한정용법(명사 앞에서)	서술용법(보어)
certain	어떤	확실한/ 확신하는
ill	나쁜	아픈
able / capable	유능한	할수있는
present	현재의	출석한/ 참석한
late	사망한/ 작고한	늦은/ 지각한

* You can get discounted at the store on **certain** days of the year. (한정용법 ⋯→ 어떤)
그 가게에서는 일 년 중 어떤 날들에는 할인받을 수 있다.

* It seems **certain** that our team will defeat our rival. (서술용법 ⋯→ 확실한/ 확신하는)
우리 팀이 상대방을 물리치리라는 것은 확실해 보인다.

* The **late** former prime minister was a great statesman. (한정용법 ⋯→ 작고한)
작고한 전 수상은 위대한 정치인이었다.

* The prime minister was **late** for the meeting. (서술용법 ⋯→ 지각한) 수상은 회의에 지각했다.

further tips   like / unlike / alike 의 구별

1) like/ unlike ➔ 형용사 겸 전치사. 뒤에 목적어가 꼭 필요하며 단독으로 쓸 수 없다.

2) alike ➔ 형용사 / 부사. 단독으로 사용되며 뒤에 명사가 올 수 없다.

* Beginning studying anatomy is **like** *learning a new language*. (뒤에 목적어가 있으므로 like가 온다)
해부학을 처음 공부하는 것은 마치 새로운 언어를 배우는 것 같다.

* Most politicians are **alike** to me. (형용사) 정치인 대부분은 내가 보기에는 똑같다.

* We should treat all customers **alike**. (부사 = equally) 우리는 모든 고객을 똑같이 취급해야 한다.

Check-up questions 5

A 어법상 알맞은 것을 고르시오.

01 Psychologists have found that the number of social contacts we have is not (only the / the only) reason for loneliness.

02 Studies show that life span is related to metabolism, which is the rate at which a(n) (alive / living) thing uses energy.

03 Do you think it is (worth / worthy) investing in real estate at this time?

04 Mike had a (content / contented) look in his face to note that they passed the inspection.

05 The (sorry / main) reason why the national soccer team was defeated was lack of confidence.

B 각 질문에 답하시오.

01 다음 밑줄 친 부분의 의미가 나머지와 다른 것 하나를 고르시오.
  (A) I am certain that we will secure the contract.
  (B) She looked certain to pass the exam.
  (C) It seems certain that there will be a strong wind over our area tonight.
  (D) There must be a certain unknown secret about his continuous victories.

02 밑줄 친 부분 중 어법상 옳은 문장을 고르시오.
  (A) The subjects we will discuss at the meeting are very main.
  (B) I always confuse the alike twins with each other.
  (C) We are making every effort to keep our industry alive.
  (D) You should not let the drunk man drive.

03 다음 밑줄 친 부분 중에서 틀린 부분을 고르시오. (2 군데)
  Automobiles can be (A) handsome things, particularly if they are (B) foreign, but they bestow none of their power and beauty on their passengers. It is not (C) only that the people in them face in one direction, (D) alike gulls in a wind or curious penguins, but that the sleekness and brightness of the cars' exterior makes them look (E) mere.

further tips 구별해야 할 주요 형용사 파생어

어휘&뜻 | **용례**

01 responsive (to) : …에 민감한
be *responsive* to customer satisfaction
고객만족에 응하도록 최선을 다하다

responsible (for) : …에 책임 있는
be *responsible* for the seminar arranging
세미나 준비를 맡아 하다

02 comparable (to) : …와 견줄만한/ 비슷한
The features of the machine are *comparable to* those of others.
그 기계의 성능은 다른 기계들에 뒤지지 않는다.

compatible with : …와 일치하는/ 호환 가능한
compatible with the company's policy 회사의 방침과 일치하는

comparative (with) : …와 비교되는
comparative study 비교 연구

03 considerate (of) : (사람주어) 사려깊은/ 배려하는
사람(S) + be *considerate of* others 다른 사람들을 배려하다

considerable : (양, 정도 등이) 꽤 많은/ 상당한
considerable increases in sales 상당한 매출 증가

04 persuasive : 설득력 있는
persuasive arguments 설득력 있는 주장

persuadable : (사람주어) 설득에 잘 넘어가는
Jack is very *persuadable*. Jack은 귀가 얇다

05 regrettable : (사물주어) 유감스러운
It is *regrettable* that you missed the meeting.
당신이 회의 빠진 것은 유감이다

regretful : (사람주어) 후회하는
I am *regretful* for my carelessness. 내 부주의를 후회한다

06 confident : (사람주어) …을 확신하는/자신하는
I am *confident* of my success. 나는 내 성공을 확신한다

confidential : (사물주어) 비밀의
a *confidential* report / meeting 비밀 보고서/회의

07 effective : 유효한/ 효과적인
The prices remain *effective* until the end of the year.
그 가격은 금 년 말까지 유효하다

efficient : 능률적인/ (사람이)유능한
an *efficient* heating system / efficient employee
효율적인 난방 체계 / 유능한 직원

08 respective : 제각각의, (ad) respectively 각각
They returned to their *respective* rooms.
그들은 각자의 방으로 돌아갔다

respectful : (사람주어) 정중한/ 공손한
a *respectful* bow 정중한 인사

09 favorite : 좋아하는
my *favorite* restaurant/actor/subject/music
내가 좋아하는 식당/배우/과목/음악

favorable : 호의적인/ 찬성하는/ 유리한
We received *favorable* responses from clients.
우리는 고객으로부터 호의적인 반응을 받았다

10 comprehensive : 광범위한/ 포괄적인, (사람주어)이해가 빠른
comprehensive study/ coverage 광범위한 연구 / 취재

comprehensible : (사물주어)이해하기 쉬운
The presentation was *comprehensible* to me.
그 설명회는 나에게는 이해하기 쉬웠다

11 prospective : (명사 앞서만 사용) 가망성 있는/ 장래성 있는
a *prospective* customer/ youth
고객이 될만한 사람 / 장래가 유망한 청년

perspective : (n) 관점/ 전망/ 견해
The accident gave him a new *perspective*.
그 사건으로 그에게 새로운 관점을 갖게 했다

12 arguable : (사물주어) 논쟁거리가 되는(=controversial)
argumentative : (사람주어) 논쟁을 좋아하는

the *arguable* subject/ theory 논쟁거리가 되는 주제/ 이론
Don't become *argumentative* with customers.
고객들과는 시비를 일으키지 마라

13 beneficial : 유익한

beneficent : 자비로운/ beneficiary : (n) 수혜자

They reached a *beneficial* agreement to each other.
그들은 서로에게 유익한 합의에 도달했다
They are *beneficiaries* of the tax cuts.
그들은 세금 삭감의 수혜자들이다

14 practicable : 실행 가능한 (=feasible)

practical : 실용적인, 실제적인, (반) theoretical 이론적인

They came up with a *practicable* scheme.
그들은 현실성 있는 계획을 수립했다
practical affairs 실무

15 appreciative (of) : (…을) 고마워하는

appreciable : 평가할 수 있는 / 상당한/ 분명한

We are *appreciative* of your help.
우리는 당신의 도움에 감사합니다
appreciable change/ difference 뚜렷한 변화/차이

16 informative : 정보가 풍부한/ 유익한

informed : 정보에 입각한/ 현명한

He gave a very *informative* presentation.
그는 아주 유익한 설명을 해주었다
They made an *informed* decision on the policy.
그들은 그 정책에 대하여 현명한 결정을 내렸다

17 opposing : (명사 앞에서만 사용) 반대되는/대립되는
opposed (to) : (보통 be 동사 뒤에서) …에 반대하는
opposite : 반대 방향의

opposing point of view/opinions/ideas 대립되는 견해/의견/생각
He is *opposed* to the plan. 그는 그 계획에 반대한다
opposite effect/ side /direction 반대 효과/ 반대쪽 /반대방향

18 dependent (on) : 의존하는 (= reliant)

dependable : 믿을만한 (= reliable)

They are *dependent* on others to finish the project.
그들은 그 사업의 완료를 다른 사람들에게 의존한다
Their products are *dependable*/ reliable. 그들의 제품은 믿을만하다

19 successful : 성공적인
successive: 연속하는/ 계속적인 (= consecutive)

successful business 성공한 사업
five *successive* victories 5연승

20 economic : 경제의
economical : 경제적인/ 절약되는

economic development 경제 발전
economical solar power 경제적인 태양광 발전

21 historic : 역사적으로 중요한/ 유명한
historical : 역사의

historic site 역사적으로 유명한 장소
historical background 역사적 배경

22 healty : 건강한/건전한/건강에좋은
healthful : 건강에 좋은

healthy child/ economy 건강한 아이/ 경제
healthful diet/ clmate 건강에 좋은 식사/ 기후

23 imaginable 상상할 수 있는
imaginary 상상 속의/ 가상적인
imaginative 상상력이 풍부한/ 창의적인

every means *imaginable* 상상가능한 모든 수단
imaginary enemy 가상적
imaginative writer 상상력이 풍부한 작가

종합문제 (형용사)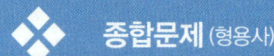

A 다음 빈칸에 어법상 알맞은 것을 고르시오.

01 We recruited outside supporters who gave _____ and other types of aid to help us carry out the new programs.
(A) finance (B) financial (C) financially (D) financier

02 The shutter of a camera will become wider in darkness in a way _____ to the pupil of man's eye.
(A) similar (B) similarity (C) more similar (D) similarly

03 The fungus, which invades the animal's skins and disrupts their water balance, is running _____ in the Americas and parts of Australia.
(A) wild (B) wilderness (C) wildly (D) wildness

04 The opinions reflect the basic moral view that citizens should be _____ of the dangers of driving while drunk.
(A) awake (B) aware (C) available (D) accountable

05 _____ as it may be to accept, freedom of speech is an all-or-nothing proposition.
(A) pain (B) pains (C) painful (D) painfully

06 The technical team is trying to make the process of storing customer data base _____ .
(A) simple (B) simplicity (C) simply (D) simplifiedly

07 Every employee should keep all customer information collected through accounts with them strictly _____ .
(A) confidential (B) confident (C) confidently (D) confidentially

08 The national soccer team of the country was defeated in the worst circumstances _____ .
(A) imaginable (B) imaginary (C) imaginative (D) to imagine

09 We can't forget the hospitality that the native tribe showed us in a _____ manner.
(A) friend (B) friendship (C) friendly (D) friendless

10 The prices of fruit are _____ to drop this fall due to its good harvest.
(A) like (B) alike (C) liking (D) likely

B 괄호 안에서 어법상 알맞은 것을 고르시오.

01 Unless you give us (1) **(other / the other)** instructions, your account will automatically be renewed for a term (2) **(identical / identified / identically)** to the current term listed above.

02 The knowledge and theories that students learn at school should have (1) **(practical / practicable)** value in the real world; in other words, what they learn at school should be (2) **(beneficial / beneficent)** to their success in the future.

03 If you are (1) **(like / alike)** most people, you don't often think about lobsters — unless you're eating one. However, these interesting and delicious crustaceans are very much (2) **(worth / worthy)** considering. Their nervous systems are comparatively simple, with (3) **(large / largely)**, easily observable neurons. Because of this, scientists have been able to map the neural circuitry of lobsters very (4) **(accurate / accurately)**.

04 You ask me, in brief, what satisfaction I get out of my life, and why I go on working.
　I go on working for the same reason that a hen goes on laying eggs. There is in every (1) **(alive / living)** creature an obscure but powerful impulse to perform (2) **(active / actual)** functions. Life demands to be lived. Inaction is painful and dangerous to the (3) **(healthy / healthful)** organism - in fact, it is almost impossible. (4) **(Only the / The only)** dying can be really idle.

C 다음 우리말에 알맞도록 영문의 빈칸에 적당한 단어를 써넣으시오.

01 제 구실을 못하는 사람은 누구나 정리 해고될 것이다.
Anyone not (w   ) his or her salt will be (l   ) off.

02 다른 회사들과는 달리 우리 회사는 상상할 수 있는 가장 융통성 있는 시간표를 가지고 있다.
(   ) other companies, our firm has the most (f   ) time schedules (i   ).

03 그 실종된 광부들은 어제 밤 살아 있는 채로 발견되었다.
The (m   ) miners were found (   ) last night.

04 내가 좋아하는 그 새로 생긴 중국집은 우리 회사 맞은편에 있다.
The new Chinese restaurant which I am (f   ) of is on the (o   ) side from our office.

05 그 테니스 선수가 5연승 한 것은 어떤 비결이 있는 것 같다.
There seems to be a (c   ) secret about five (s   ) victories of the tennis player.

D 다음 우리말을 주어진 단어들을 이용하여 영작하시오.

01 현재의 수상은 그 행사에 참석했지만 전 수상은 결석했다.
(현재의 : current, 수상 : prime minister, 행사 : event)
_____.

02 소비자들은 보통 믿을만한 제품에만 의존한다는 것은 확실하다.
(소비자 : consumer, 믿을만한 : reliable/ dependable, 제품 : product, 확실한 : certain)
_____.

03 회의에 참석한 사람들은 한동안 침묵을 지켰다.
(참석한 : present, 침묵의 : silent)
_____.

04 나는 그 정책이 금년 말까지 계속 효력을 유지해야 한다는 제안에 반대한다.
(정책 : policy, 효력을 유지하다 : hold good, …에 반대하다 : be opposed to…)
_____.

05 나의 손 위의 형이 나의 유일한 형제이다.
(손 위의 : elder/ older, 형제 : sibling)
_____.

Chapter 11
부사
Adverbs

> **Grammar Introduction**
> 부사는 **동사**, **형용사(구)**, **부사(구)**, **분사**, **문장 전체** 등을 수식하는 **역할만 하며** 보어로는 쓰이지 않는 것이 원칙이다. 다만, -ly가 붙지 않은 부사(예: on, off, up, down, away, etc.)는 보어로 쓰일 수 있다. 부사는 파생어가 많고 이들의 의미와 용법이 서로 다른 경우가 있으므로 이들을 구별해두어야 한다.

부사의 역할

* He *worked* **hard** to meet the deadline. (동사를 수식하는 경우)
  그는 마감 시간을 맞추기 위하여 열심히 일했다.
* The scenery of the sunset was **extremely** *fantastic*. (형용사를 수식하는 경우)
  그 일몰 경치는 굉장히 환상적이었다.
* Nancy enjoys swimming **very** *much*. (부사를 수식하는 경우) Nancy는 수영을 무척 즐긴다.

부사의 형태

부사의 형태는 1) 형용사에 -ly를 붙여서 쓰이는 경우 2) 독립적으로 쓰이는 경우 3) 형용사와 동일한 **형태**가 있다.

1) **형용사-ly 형** — kindly, dangerously, reliably, essentially, necessarily…
2) **독립 형** — well, away, almost, perhaps, soon, now, always…
3) **형용사와 같은 경우** — early, fast, late, far, clear, high, close, hard…
4) **보어 역할도 할 수 있는 부사** — away, off, on, in, up, down, out…

  * She was not **in** when I called on her. (주격보어) 그녀는 내가 방문했을 때 안에 없었다.
  * I'll be lonely with you **away**. (목적격 보어) 당신이 멀리 가고 없으면 나는 외로울 거에요.

부사의 종류

1) **단순 부사** — 장소, 시간, 정도, 빈도, 강조 등을 나타내는 일반 부사
2) **의문 부사** — when, where, how, why
3) **접속 부사** — however, therefore, moreover, etc.
4) **관계 부사** — when, where, why, how

(⋯ 접속부사와 관계부사는 뒤의 연결어 편 참조)

1 부사의 역할과 위치

1 부사의 역할

부사는 다음과 같은 것들을 수식한다.

1) 동사 수식 ➡ 동사 수식 부사의 위치는 다양하다. (⋯ 아래 **2** 동사 수식 부사의 위치 참조)

2) 형용사(구) / 부사(구) / 분사 / 문장 수식 ➡ 바로 그 앞에서 수식한다.

* Flower arranging is becoming an **increasingly** *popular* hobby. (형용사 수식)
  꽃꽂이가 점점 더 인기 있는 취미가 되어가고 있다.
* Many applicants applied for the **newly** *created* position. (분사 수식)
  많은 지원자들이 새로 창설된 직책에 지원했다.
* **Surprisingly**, *the little girl won the speech contest.* (문장 전체 수식)
  놀랍게도 그 어린 소녀가 말하기 대회에서 우승했다.

2 동사 수식 부사의 위치

> 1) S + (조동사) + **부사** + V ⋯
> 2) S + be + **부사** + P.P. ⋯
> 3) S +(수식어구)⋯ be + P.P. + **부사** (⋯ 5형식 동사의 be + P.P. 뒤에는 **형용사**가 온다)
> 4) S + 타동사 (3형식 v) + 목 + **부사**
> 5) S + 자동사 + **부사** + 전치사 + 목

* They **closely** examined the terms of the contract. (➡ 주어와 동사 사이)
  = They examined the terms of the contract **closely**. (➡ 타동사 + 목적어 뒤에)
  = They *looked* **closely** *into* the terms of the contract. (➡ 자동사와 전치사 사이)
  그들은 계약 조건을 면밀히 조사했다.
* The country *relies* **heavily** on other countries for its food. (➡ 자동사와 전치사 사이)
  그 나라는 식량을 외국에 크게 의존하고 있다.
* The resumes of the applicants *were reviewed* **carefully**. (➡ be + p.p. 뒤에)
  지원자들의 이력서는 꼼꼼하게 검토되었다.

Check-up questions 1

* 어법상 알맞은 것을 고르고 문장 속에서 하는 역할을 설명하시오.

01 The company will (steady / steadily) grow unless its sales go down significantly.

02 We confirm that we have received your credit information (proper / properly).

03 The customers replied (favorable / favorably) to our offer.

04 The (irresistible / irresistibly) romantic gardens have the reputation as "the place where poets go to die."

05 The computers were replaced more (rapid / rapidly) than was initially expected.

2 주의해야 할 부사 파생어

1 hard : 열심히
hardly : 거의 … 아니다
* He studies English **hard**. 그는 영어를 열심히 공부한다.
* I can **hardly** believe it. 나는 그것이 믿겨지지 않는다.

2 late : 늦게
later : 나중에
lately : 최근에
* He returned home **late** last night. 그는 어젯밤 늦게 귀가했다.
* I'll review the documents **later**. 나는 그 서류를 나중에 검토하겠다.
* Oil prices have risen **lately**. 최근에 유가가 올랐다.

3 near : (시간/공간 등이) 가까이
nearly : 거의(=almost)
* Don't sit too **near** to the TV set. TV에 너무 가까이 앉지마라.
* **Nearly** all of the seats are booked. 거의 모든 좌석이 예약되어 있다.

4 close: (시간/공간)가까이
closely : 면밀히, 밀접하게
* The test day has come **close** at hand. 시험날짜가 가까이 다가왔다.
* They are **closely** related to each other. 그들은 서로 밀접하게 관련되어 있다.

5 high : (공간, 목표, 순위, 직위, 수준, 가치, 비용, 성적 등이) 높이
highly : (평가) 높이, (형용사 / 부사 / 분사 앞에서 강조하여) **매우, 높이**
* The kite is soaring **high** in the sky. (공간) 연이 하늘 높이 솟아오르고 있다.
* She scored **higher** than anyone else. (성적) 그녀는 다른 어느 누구보다도 점수를 더 높이 땄다.
* The manager speaks **highly** of you. 부장은 당신을 높이 평가하고 있다.
* **highly** *successful* business/ *skilled* workers/ *educated* women/ *paid* experts (… 강조)
  매우 성공한 사업/ 아주 능숙한 직원들/ 고등교육을 받은 여성들/ 높이 봉급 받는 전문가들

6 wide : (문, 창문, 눈, 입 등이) **활짝** (열려 있는)
widely : (장소, 범위 등이) 널리
* open/ spread + 목 + **wide** (… 을 활짝 열다), wake **wide** (완전히 잠이 깨어 있다)
* My grandfather spread his arms **wide** in welcoming us when we visited him.
  할아버지는 우리가 방문했을 때 팔을 크게 벌려 우리를 환영했다.
* **widely** publicized news (널리 알려진 소식) / a **widely** read magazine (널리 읽혀지는 잡지)
* The travel book was written by an author who had traveled **widely** around the world.
  그 여행기는 널리 세계여행을 다닌 작가가 쓴 것이다.

7 freely : 마음대로, 아무 제한 없이, 솔직히, 아낌없이

free : 무료로 (= for free, free of charge)

* This ticket allows you to travel **free** around Europe for two weeks.
  이 티켓으로 당신은 2주 동안 유럽을 무료로 여행할 수 있다.
* Freedom of press means that you can write **freely** without fear of arrest.
  언론의 자유는 체포의 두려움 없이 마음껏 글을 쓸 수 있다는 것을 의미한다.

8 most : (앞에 the 가 있으면 much 의 최상급) **가장** (많이), **최대한/** (the 없이) **매우**(= very)

mostly : 대개, 통상적으로, 주로

* *the* **most** boring movie 가장 지루한 영화 / *a* **most** interesting novel 무척 재미있는 소설
* The immigrants are **mostly** from Europe. 그 이민자들은 주로 유럽출신이다.

further tips 형용사/ 부사 양쪽 모두 사용되는 단어의 예

형용사	부사
* **deep** : 깊은/ deep wound 깊은 상처	깊이/ deep into the night 밤늦게
* **only** : 유일한/ the only daughter 외동딸	오직… 뿐/ for staff only 직원 전용
* **most** : 대부분의/ most people 대부분의 사람들	가장, 매우/ a most cheap 매우 싼
* **fast** : 빠른/ a fast car 빠른 차	빨리, 꽉, 단단히/ hold fast 꽉 붙잡다
* **free** : 자유로운/ set a person free 석방하다	무료로/ free of charge 무료로
* **far** : 먼/ far from here 여기서 먼	멀리/ far into the night 밤늦도록
* **alone** : 혼자 있는/ be left alone 혼자 남겨지다	혼자서, … 뿐/travel alone 혼자 여행하다
* **loud** : 시끄러운/ a loud voice 큰 목소리	큰 소리로/ speak loud 큰 소리로 말하다
* **nearby** : 바로 이웃의/a nearby airport 인근공항	바로 가까이에/work nearby 옆에서 일하다
* **enough** : 충분한/ enough time 충분한 시간	충분히/ warm enough 아주 따뜻한
* **alike** :똑같은/ alike in many ways 여러가지 똑같은	똑같이/be dressed alike 똑같이 입다
* **pretty** : 예쁜/ a pretty doll 예쁜 인형	꽤, 대단히/ pretty cold 꽤 추운
* **kindly** : 친절한/ kindly neighbors 다정한 이웃들	친절하게 / guide us kindly 친절하게 안내하다

Check-up questions 2

A 어법상 알맞은 것을 고르시오.

01 Ms. Kim was (high / highly) recommended to the new firm by her former boss.

02 The annual sales figures recorded up to now have come (close / closely) to this year's sales estimates.

03 I was (most / mostly) surprised to hear that Mary got engaged to my cousin Tom.

04 The association has made their information (free / freely) available to its members.

05 The flight for Paris departed two hours _____ due to a mechanical failure.
    (A) late   (B) later   (C) lately   (D) of late

B 밑줄 친 부분 중 어법상 틀린 부분만 알맞게 고치시오.

01 The snow was getting so (A) <u>deep</u> that they could (B) <u>hard</u> drag their little legs through it, and the trees were thicker and (C) <u>more like</u> each other than ever.

02 We left New York Airport for Seoul three hours (A) <u>late</u> due to the bad weather. As soon as we arrived there, we tried to conclude the proposed contract with our partner, and finally reached the satisfying agreement to each other a week (B) <u>late</u>.

3 very와 much의 구별

1 very

very는 <u>형용사 원급/ 부사 원급/ 분사</u>(형용사적 의미) 등을 수식한다.

* It's **very** *kind* of you to help me. (형용사 수식) 저를 아주 친절하게 도와 주셔서 고맙습니다.
* Vehicles are moving **very** *slowly* on Elm Street due to an accident. (부사 수식)
  차들이 Elm 가에서 사고 때문에 매우 천천히 움직이고 있습니다.
* They asked him **very** *embarrassing* questions. (분사 수식) 그들은 그에게 무척 당황스러운 질문을 했다.
* We only use *the* **very** *best* ingredients in the dishes we cook. (최상급 수식 … the 뒤에서)
  우리가 만드는 요리에는 단연 최상의 재료만 사용한다.

2 much

much는 동사/ 형용사와 부사의 비교급과 최상급/ 보어로만 쓰이는 형용사(alike, afraid, etc)를 수식한다.

* We *are looking forward* to your visit next week so **much**. (동사 수식)
  우리는 다음 주에 당신의 방문을 무척 기다리고 있습니다.

> 주의 ① 동사를 수식하는 much는 주로 **so/ very/ too/ how** 등과 함께 사용되는 경우가 많다.
> ② very는 단어 하나만을 수식하며 구는 수식하지 않는 것이 일반적이다.

e.g. **very** *the same* (구) (x) ➡ the **very** same/ **much** the same (o)

* *How* **much** does it cost to go to Paris and back to Seoul by air? (동사 cost 수식)
  서울에서 파리까지 비행기로 왕복하는 비용이 얼마나 듭니까?
* You will get a **much** *better* view of Seoul if you see it from the Namsan Tower. (비교급 수식)
  남산 타워에서 보면 훨씬 더 나은 서울의 경치를 볼 수 있다.
* This is **much** *the most exciting* movie that I have ever seen. (최상급 수식)
  이것은 내가 지금까지 보았던 것 중 단연 가장 흥미진진한 영화다.
* Cindy and her mother are **much** *alike* in many ways. (보어로만 쓰이는 형용사 원급 수식)
  Cindy와 그녀의 어머니는 많은 점에서 무척 닮았다.
* She *was* **much** *loved* by her colleagues. (수동태의 be +p.p.는 much가 수식)
  그녀는 동료들부터 무척 사랑을 받았다.

Check-up questions 3

* 어법상 알맞은 것을 고르시오.

01 Culture shock is relatively mild in comparison with the (very / much) more serious future shock.

02 Paradoxes were popular in ancient Greece among philosophers. Zeno's paradox, for instance, was (very / much) discussed at that time.

03 The houses were built in (very / much) the same style.

04 Fiona had a (very / much) delighted look in the face at the good news.

05 I was surprised to see another woman wearing the (very / much) same dress as mine at the party.

06 My friends and I have the same general tastes, and are (very / much) alike in the ways of thinking.

4 already / yet / still / almost / too / enough / also

1 already : 1) 의미 ➡ 주로 긍정문에 사용하며 "이미, 벌써" 의 의미
2) 위치 ➡ S + (be/ 조동사) + already + V…

* They have **already** completed the K project. 그들은 이미 K 프로젝트를 다 끝냈다.

2 yet : 1) 의미 ➡ 부정문에서 "아직도" 의미 / 의문문에서 "완료여부"에 대한 질문
2) 위치 ➡ (부정문) S + 조동사 + not yet + V… / 또는 문장 끝에 온다
   (의문문) 문장 끝에 온다
3) 관용어 ➡ S + have yet to + V (아직 … 하고 있지 못하다)

* Susan *hasn't* submitted her report **yet**. Susan 은 리포트를 아직 제출하지 못했다.
* He **has yet to** pass the bar exam. 그는 변호사 시험에 아직 합격하지 못하고 있다.

3 still : 1) 의미 ➡ 긍정, 부정, 의문 문장에서 "동작이나 상태의 계속" 의미
2) 위치 ➡ (긍정문, 의문문) S + be / 조동사 + still + V…
   (부정문에서는 부정어 앞) S + still isn't/ don't/ won't/ haven't + V…

* Jim is **still** expecting your reply to his letter. (⇢ 동작의 계속)
  짐은 아직도 자기 편지에 대한 너의 답장을 기다리고 있다.
* They **still** haven't completed the construction of the bridge. (➡ 부정문에서 상태의 계속)
  그들은 여전히 그 다리 공사를 끝내지 못하고 있다.

4 almost : 1) 부사이므로 명사 앞에 사용 불가
2) 동사 앞에서 동사 수식
3) almost + all / every / everybody / any / no / nobody / nothing / 숫자

주의 nearly + all/ every/ everybody …(o), nearly +*any/ no/ nobody/ nothing*… (x)

* We have **almost** *finished* the work. 우리는 그 일을 거의 다 끝냈다.
* **Almost** all of the employees attended the meeting. 직원들 거의 모두가 회의에 참석했다.
* You can find the meaning of **almost** any word in the dictionary.
  그 사전에서는 거의 어떤 단어라도 그 뜻을 찾아 볼 수 있다.
* **Almost** no one has come to the party yet. 파티에 아직 거의 아무도 오지 않았다.

CF. *almost* of my friends / *almost* money (x) (⇢ most로 바꾼다)

5 too + 형용사/ 부사 + to + V : 너무 … 해서 … 할 수 없다

* The free trip to Europe is too good a chance to lose. 그 무료 유럽여행은 너무 좋은 기회여서 놓칠 수 없다.

6 형용사/ 부사 + enough to + V or for + N : … 할 만큼 충분히 … 하다

enough 은 반드시 형용사나 부사를 그 뒤에서 수식한다. (**후치수식**)

* Would you be *kind* **enough** to let us know if you are participating in the reception?
  연회에 참석 여부를 저희에게 알려 주시겠습니까?

CF. enough 은 부사 이외에 **형용사**와 **명사**로도 쓰인다.

* There wasn't **enough** wine for everyone. (⋯▸ 형용사로 쓰인 예)
  모두가 마실 만큼 포도주가 충분히 있지 않았다.
* We have done more than **enough** for the competition. (⋯▸ 명사로 쓰인 예)
  우리는 그 시합에 대비하여 할 만큼 충분히 했다.

7 "또한" 의미의 too / also / either의 구별

1) too ➡ 긍정문에 사용하며 주로 문장 끝에 위치한다. 주어를 수식할 때에는 주어 바로 뒤에 온다.
   (**as well**도 too와 용법이 거의 똑같다.)

   * The product is useful and *cheap* **too**/ **as well**. 그 제품은 유용하면서 또한 값도 싸다.
   * *You* **too** can come to the party. 너도 그 파티에 갈 수 있다.

2) also ➡ 주어 뒤/ be 동사나 조동사 뒤(부정 축약형일 때는 그 앞에)/ 일반 동사 앞에 온다.

   * I **also** agree to the suggestion. 나 또한 그 제안에 동의한다.
   * Could you **also** carry that baggage? 저 짐도 또한 운반해 주실래요?
   * I **also** don't like physics. (= I don't like physics, either.) 나도 또한 물리학을 좋아하지 않는다.

3) either ➡ 부정문에서 사용되며 문장 끝에 온다.

   * She can't swim, and I can't, **either**. (*too* ⋯▸ x) 그녀는 수영을 못하는데, 나도 못한다.

Check-up questions 4

A 어법상 알맞은 것을 고르시오.

01 The agreement has (already / ever) been signed by all the parties concerned.

02 David's deli was (so / too) busy for some of the customers to occupy the table last weekend.

03 The design team has not (still / yet) finished constructing the proposed building.

04 He said he would never tell a lie again and I was credulous _____ to believe him.
   (A) very   (B) much   (C) too   (D) enough

05 _____ all residents in this town speak two languages.
   (A) Most   (B) Mostly   (C) Almost   (D) At most

B 다음 빈칸에 알맞은 것을 주어진 단어들 중에서 골라 써넣으시오. (한 번씩만 사용)

| already   yet   still   almost   too   enough   also   either |

01 They _____ can't find the solution although a lot of time went by.

02 It was windy _____ for us to enjoy surfing last weekend.

03 They sell _____ everything in the flea market beside the park.

04 Would you be so kind as to understand my situation as I have _____ mentioned above?

05 The project took _____ long time for us to proceed with.

06 I don't have enough time to travel and _____ don't have enough money to.

07 Joan has _____ to finish the report and me _____ .

5 hardly/ scarcely/ barely와 seldom/ rarely 구별

1 hardly/ scarcely/ barely (거의 … 아니다 = almost not)

1) 의미 ➡ 사실/ 능력/ 정도에 대한 부정적 의미를 나타낸다.

2) 위치 ➡ 동사 앞에서 쓰이는 것이 원칙이며, 문두에서 도치문을 이끄는 경우도 있다.

3) 용법 ➡ 다른 부정 어구 (not/ never/ no/ few/ little/ impossible, etc.)와는 함께 사용 불가

* He was so surprised that he could **hardly** (or scarcely/ barely) speak. (…➡ 능력의 부정)
  그는 너무 놀란 나머지 거의 말을 할 수 없었다.
* My hometown has **scarcely** changed since I left it several years ago.(…➡ 정도의 부정)
  내가 수년 전 고향을 떠난 이후로 내 고향은 거의 변화되지 않았다.
* There is <u>hardly no</u> pollution in the forest.(x) (…➡ hardly any) 그 숲은 오염이 거의 없다.

hardly / scarcely / barely 의 관용적 표현

1) hardly any + 명사 …➡ ..이 거의 없다 = almost no / very few / very little
   * There is **hardly any** money left in my account. 내 계좌에 남은 돈이 거의 없다.

2) hardly ever + 동사 …➡ 거의 … 하지 않다 = almost never
   * She **hardly ever** went there. 그녀는 거기에는 거의 가지 않았다.

3) barely …➡ 주로 문장 뒤쪽에 와서 "겨우/ 가까스로"의 뜻을 나타내기도 한다.
   * We caught the plane **barely**. 우리는 겨우 비행기를 잡아탔다.

4) S + had [hardly / scarcely / barely] + P.P. + [before / when] + S' + 과거동사 (S가 ..하자마자 S'가 ..했다)

   * I *had* **hardly/ scarcely/ barely** sat down **when**(or before) the phone rang.
     내가 앉자마자 전화벨이 울렸다.

> **주의** hardly/ scarcely/ barely/ seldom/ rarely 가 문두에 오면 도치문이 되는 것이 일반적이다.

* **Hardly had** I **sat** down when the phone rang. 내가 앉자마자 전화가 울렸다.

2 seldom/ rarely (좀처럼 … 하는 경우가 없다 = not often)

빈도의 부정을 나타내며 부정어구와 함께 사용되지 않는다. 위치는 동사 앞에 온다.

* She **seldom** reads such classical literature. 그녀는 좀처럼 그런 고전문학은 읽지 않는다.
* Such a marketing strategy is **rarely** used in modern business management.
  그러한 마케팅 전략은 현대 경영에서는 사용되는 경우가 별로 없다.

Check-up questions 5

* 어법상 알맞은 것을 고르시오.

01 The concert hall was so crowded that we could (hardly / seldom) even move last Friday.

02 She hardly (any / ever) wore a dress as she liked trousers so much.

03 Mr. and Mrs Taylor are so old that they (almost / rarely) go outside nowadays.

04 (Scarcely / Rarely) had I opened the door when a strong cold wind rushed in.

05 I (almost / hardly) never went dancing as I get nervous in public.

종합문제 (부사)

A 다음 빈칸에 어법상 알맞은 것을 고르시오.

01 It gave me the idea of recording myself when I was angry, upset or depressed, then listening to it _____ .

(A) lately (B) late (C) later (D) of late

02 A servant has the ear of the king, and a humble servant often becomes a king, for he is the popular choice of the people. He who serves _____ grows the fastest.

(A) most of (B) mostly (C) the most (D) a most

03 Every summer an _____ famous classical Wagner music festival takes place in the garden of the Villa Rufolo.

(A) international (B) internationalized (C) internationalizing (D) internationally

04 The road is _____ under construction, so there are always traffic jams there.

(A) still (B) already (C) yet (D) also

05 The company has _____ to settle its financial problems, and the value of its stocks is falling, _____ .

(A) already - too (B) still - either (C) yet - as well (D) never - also

B 밑줄 친 부분 중 어법상 틀린 부분을 골라 알맞게 고치시오.

01 We started our own business (A) almost seven months ago, and we have had difficulty running it (B) since then. (C) Besides, we (D) hardly have little money left already.

02 The speaker was speaking so (A) fast that I could (B) hardly understand what he said. I asked the person sitting (C) next to me if he could get it, and he said he couldn't, (D) too.

03 I was (A) very worried about my future (B) right before I graduated from university because it seemed (C) too uncertain to me. Not only I but also other students were aware of (D) nearly nothing about their future.

C 괄호 안에서 어법에 알맞은 것을 고르시오.

01 I got stuck in a heavy traffic jam on my way to the main office to attend a monthly meeting yesterday, so I got there a bit (1) **(late / lately / later)**. In fact, I have been determined never to be late again (2) **(late / lately / later)**, only to fail.

02 The typical jobs and pay in a country depend on a variety of factors. In less (1) **(economical / economically)** developed countries, up to two-thirds of people do (2) **(informal / informally)** jobs — small scale, unofficial ways of making money that are not regulated in any way or included in official statistics but are (3) **(huge / hugely)** important to the economy. Informal sector workers tend to be (4) **(poor / poorly)** paid and (5) **(vulnerable / vulnerably)** in financial crisis.

03 Today we're announcing some major improvements for our WeViDeo Hub, where you manage your video projects and media files. You'll notice we've polished our user interface for you to (1) **(smooth / smoothly)** make things simpler and more intuitive for you. We have also added contextual online help and new videos. (2) **(Hopeful / Hopefully)**, you will also notice the significant performance improvements we have accomplished. Our team also worked (3) **(close / closely)** with multi-user accounts customers and partners to collect feedback and come up with the improvements for our Walled Garden solution.

04 People in the crowded countries of the East have lived so (1) **(close / closely)** together that they know the happiness of all depends on the happiness of the individual. Individuals can (2) **(hardly / only)** be happy when they are allowed personal freedom inside the close human unit of family and community. Therefore, each individual must be dealt with by others as an individual. Grandfather has grandfather's needs. He is old and talkative, and somebody must listen to his talk and answer him and make him feel welcome and respected. And little grandson is small. He does not know how to behave (3) **(yet / still)** and so too much must not be expected of him. He must be taught, without frustrating him (4) **(too much / much too)**, that he must consider the needs of others, not only his own.

D 다음 우리말에 알맞도록 영문의 빈칸에 적당한 단어를 써넣으시오.

01 나는 그 수학 문제를 거의 이해할 수 없었으며 너무 어려워서 풀 수가 없었다.
I could (h   ) understand the math question and it was (   ) difficult for me (   ) solve.

02 내가 무척 놀랍게도 그들의 의견은 우리와 정반대되는 것이었다.
(M   ) to my surprise, their opinion was (d   ) opposed to ours.

03 부장이 사무실에 30분 늦게 도착했기 때문에 직원회의가 예정된 시간보다 1시간가량 후에 시작되었다.
As the manager got to the office 30 minutes (   ), the staff meeting started about one hour (   ) than the (s   ) time.

04 Chris는 전에는 좀처럼 운동을 하는 경우가 드물었으나, 요즘에는 거의 매일 운동을 한다.
Chris (s   ) did exercise (b   ), but she does (   ) every day nowadays.

05 전화로 그의 목소리가 너무나 작아서 내가 거의 알아들을 수가 없었다.
His voice was (   ) low on the phone that I could (s   ) hear him.

E 다음 우리말을 주어진 단어들을 이용하여 영작하시오.

01 Peter는 그의 지도교수로부터 그 회사에 높이 추천되었다.
(지도교수 : academic advisor, 높이 추천되다 : be highly recommended)
_____.

02 Michael은 인근 공항으로 급히 차를 몰고 갔다.
(인근의 : nearby, 급히 : hurriedly)
_____.

03 면접관들은 지원자들이 자기네 질문에 답변하는 것을 면밀히 지켜보았다.
(면접관 : interviewer, 지원자 : applicant, 지켜보다 : watch)
_____.

04 나는 대학에 입학하자마자 영어회화 동아리에 가입했다. (도치문으로 쓰시오)
(… 하자마자 : hardly … when, 동아리 : club, 가입하다 : join)
_____.

05 그 작가는 그의 두 번째 소설을 아직 끝내지 못하고 있다.
(아직 … 하지 못하고 있다 : have yet to + v)
_____.

Chapter 12
비교
Comparison

> **Grammar Introduction**
> 비교는 형용사와 부사를 이용하여 둘 또는 셋 이상을 비교할 때 쓰이는 표현 방법을 말하며, 여기에는 **원급, 비교급, 최상급**의 세 가지 표현 방법이 있다. 각 비교 구문은 일정한 표현 방식이 있으며, 이것들은 공식처럼 쓰이는 어구이므로 익혀둘 필요가 있다.

비교의 종류

* 둘 사이의 비교 ➡ **원급과 비교급** 사용   * 셋 이상의 비교 ➡ **최상급**을 사용

비교의 변화

1 단음절 형용사의 비교변화 ⋯➤ 어미에 -er, -est를 붙인다.
 tall – taller – tallest / large – larger – largest / big – bigger – biggest

2 2음절 형용사의 비교변화
 1) 어 미가 -y/ -er/ -ow/ -le/ 두 번째 음절에 강세가 있는 경우 : -er, -est를 붙인다.
  happy – happier – happiest / clever – cleverer – cleverest
  narrow – narrower – narrowest / noble – nobler – noblest
  * 강세가 2음절에 있는 경우 : políte – politer – politest / sevére – severer – severest
 2) 2음절 이상의 형용사와 분사의 경우 : more, most 를 붙인다
  important – more important – most important/ exciting – more exciting – most exciting

3 두 가지 비교변화가 모두 쓰이는 경우
 pleasant, common, often, quiet, cruel, solid, narrow, simple, unhappy, unfriendly, etc.
 * common – commoner – commonest / more common – most common

4 부사의 비교 변화
 형용사에 -ly 를 붙인 부사는 more, most 를 붙인다.
 * easily – more easily – most easily / highly – more highly – most highly
  CF. early – earlier – earliest / fast – faster – fastest (⋯➤ 형용사/ 부사 공용인 경우)

5 불규칙 변화하는 경우
 * good (well) – better – best / bad (ill) – worse – worst / many (much) – more – most / little – less – least
 * far – farther – farthest (거리가 먼) / far – further – furthest (정도, 더 이상, 더 많은)
  old – older – oldest (나이가 많은) / old – elder – eldest (손위의)
  late – later – latest (시간이 늦은) / late – latter – last (순서가 뒤인, 후자의)

6 비교변화가 없는 형용사
 complete(완전한), **equal**(동등한), **favorite**(좋아하는), **perfect**(완전한) 등은 그 의미상 비교급과 최상급이 없다.

1 원급 비교(동등 비교)

* 비교의 종류 ➡ 동등비교, 우등비교, 열등비교, 최상급
* 둘의 비교 ➡ 동등비교/ 우등비교/ 열등비교
* 셋 이상의 비교 ➡ 최상급

1 원급을 사용하는 동등 비교의 형태

> A(S) + V + as 원급 as + B (A는 B 만큼 …하다)

* This process is **as *efficient* as** that one. 이 공정은 그 공정만큼 효율적이다.
* This brand is **as *good a product* as** the one I bought. 이 상품은 내가 산 것만큼 좋은 제품이다.
* I read **as *many books* as** you did. 나도 너만큼 많은 책을 읽었다.

주의 부정문에서는 as 원급 as와 so 원급 as(주로 문어체에서) 둘 다 쓸 수 있다.

> A(S) + not + V + as / so 원급 as + B (A는 B 만큼 …하지 못하다)

* Their products are **not as/ so reliable as** ours. 그들의 제품은 우리 것만큼 믿을만하지 못하다.
* My house is **not quite so large as** yours. 우리 집은 너의 집만큼 별로 크지가 못하다.

2 원급비교를 이용한 관용적 표현

1) as 원급 as possible = as 원급 as + S + can : 가능한 한 …하도록

* We should forward their orders **as soon as possible**.(= as soon as we can)
  우리는 가능한 한 빨리 그들의 주문품을 발송해야 한다.

2) as good as … : 거의 …나 마찬가지인

as good as done/ finished (= almost done/ finished) : 거의 끝난

as good as dead/ ruined/ useless : 거의 죽은/ 파괴된(멸망한)/ 쓸모없는

* The project is **as good as** finished. 그 프로젝트는 거의 끝났다.
* The old-fashioned marketing strategy is **as good as** useless. 그 낡은 마케팅 전략은 거의 쓸모가 없다.

3) as much as to say (s + v…) : 마치 …라고 말하는 것처럼

* He shrugged, **as much as to say** that was ridiculous.
  그는 그건 말도 안 돼 라고 말하는 것처럼 어깨를 으쓱했다.

4) not so much A as B : A라기보다는 B이다

* I think that nursing is **not so much** *a job* **as** *a way of life*.
  난 육아는 일이라기보다는 삶의 한 형태라고 생각한다.

5) not so much as + V (…조차 하지 않다) / **without so much as + 동명사** (…조차 하지 않고)

* She **didn't so much as** *thank* me for my help. 그녀는 내 도움에 고맙다는 말조차 하지 않았다.
* He left **without so much as** *saying* goodbye. 그는 작별인사조차 하지 않고 떠나갔다.

6) (as) likely as not : 아마도

* **(As) likely as not**, we will never win our supervisor's approval.
  아마도 우리는 상관의 승인을 얻지 못할 것이다.

3 동등 비교와 비슷한 표현

A(S) +V + ┌ **similar to/ equal to/ equivalent to/ identical to+B** (A는 B와 유사한/ 똑같은/ 동등한)
          │ **the same as** B (A는 B와 똑같은)
          └ **like** B (A는 B와 마찬가지인)

* Cindy was wearing **the same** dress **as** I was at the party.
  Cindy는 파티에서 내가 입고 있던 옷과 똑같은 옷을 입고 있었다.

* A mile is roughly **equal to** (=**as long as**) 1.6 km. 1마일은 1.6 km와 대충 똑같다.

> **CF.** I think *Jane* is **equal to** the task. 나는 제인이 그 일을 감당할 능력이 있다고 생각한다.
> ➜ 주어가 사람일 때는 "…할 능력이 있다" 의 뜻

4 비교 대상의 병렬구조 (➜ Ch.18 [1] 병렬구조 참조)

모든 비교 대상(특히 동등 비교와 비교급 비교에서)은 똑같은 내용과 구조를 갖는다.

* *The climate of Italy* is as mild as *Korea*. (x)
  (이탈리아의 기후와 한국의 기후를 비교하므로 Korea ➜ **that of Korea** 또는 **Korea's**)
  이탈리아의 기후는 한국의 기후만큼 온화하다.

* It is more blessed *to give* than *receiving*. (x)
  (receiving은 to give와 병렬구조를 이루므로 receiving ➜ **to receive**)
  주는 것이 받는 것보다 더 복이 있다.

Check-up questions 1

* 어법상 알맞은 것을 고르시오.

01 I don't like her as a woman (so much / too much) as an actress.

02 Colleges are complaining that the students coming to colleges are not as well prepared (as / than) they were before.

03 The director's latest movie is not _____ interesting as his preceding ones.
   (A) so   (B) as much   (C) so much   (D) such

04 Sonia didn't so much as _____ the report the manager had asked her to.
   (A) write   (B) writing   (C) to write   (D) written

05 The newly introduced system will prepare students for employment after high school _____ further specialized study at university.
   (A) as   (B) as many as   (C) as much as   (D) as far as

06 John was as famous for his fits of temper on the court _____ he was for his tennis skills.
   (A) as   (B) so   (C) that   (D) than

07 Generally, owners of small businesses start out using their own savings and soon borrow _____ they can.
   (A) as   (B) as many as   (C) as much as   (D) as well as

2 비교급 비교

1 우등비교

> A(S) + V + 비교급 than + B (A는 B보다 더 …하다)

* Temperatures of this weekend will get **lower than** today's. 이번 주말의 기온이 오늘보다 더 낮아질 것이다.
* This exam is **more difficult than** the last one. 이번 시험이 지난번 것보다 더 어렵다.

2 열등 비교

열등비교는 little의 비교급 less를 사용한다. (little – **less** – least)

> A(S) + V + less 원급 than + B (A는 B보다 덜 …하다)

* Their warranty is **less good than** ours. 그들의 (A/S) 보증 제도는 우리 것만큼 좋지 않다.
  less *better* than (x) (··· less 뒤에는 **원급**이 오며 **비교급**은 오지 않는다.)

* The second part of the play was **less *interesting*** than the first.
  그 연극의 후반부는 전반부보다 재미가 덜했다.
* There was **less *time*** to prepare for the seminar **than** I expected. (less가 명사를 수식하는 경우)
  세미나를 준비하는 시간이 내가 예상했던 것보다 더 적었다.

3 비교급 앞에 the가 오는 경우

최상급 앞에만 the가 오는 것이 원칙이지만 다음과 같은 경우에는 비교급 앞에도 the를 붙인다.

1) **The + 비교급** +A(S) +V… , **the + 비교급** +B(S') +V'… (A가 …하면 할수록, B가 더욱 더… 한다)

   * **The higher** we go up, **the colder** we feel. 우리가 높이 올라가면 올라갈수록 더욱 추위를 느낀다.
   * **The more** we discussed the matter, **the more confused** we became.
     우리가 그 문제를 논하면 논할수록 더욱더 혼란스러워졌다.
   * **The more successful** you become, **the more criticism** you will receive.
     성공하면 할수록 더 많은 비판을 받을 것이다.

2) **of the two** (그 둘 중에서) / **of A and B** (A와 B 중에서) 와 함께 쓰이는 비교급 앞에 the가 온다.

   * ***Of the two companies***, SC Co. is **the more reliable**. 그 두 회사 중에서 SC 사가 더 믿을만하다.
   * I have decided to enter **the larger** company ***of HR Co. and Alpha Corporation***.
     나는 HR 사와 Alpha 회사 중에서 더 큰 회사에 입사하기로 결정했다.

4 주의해야 할 비교급

1) 비교 대상이 없는 비교급 ➡ 이를 절대 비교급(뒤에 than이 필요없는 비교급) **이라고 하며 명사 앞에서만 쓰인다.**

higher 상층의	**lower** 하층의	**upper** 위쪽의	**latter** 후자의
former 이전의	**elder** 손위의	**younger** 젊은	**inner** 안쪽의
outer 바깥쪽의**, etc.**			

e.g. **higher** education (고등교육), **upper** class (상류층), the **latter** part (후반부), the **former** president (전 대통령), **inner** circle (핵심멤버), **outer** space (외계), **younger** generation (젊은 세대)

2) 라틴어에서 온 비교급[-(i)or]은 뒤에 than 대신에 to를 사용한다.

senior 상급의	**junior** 하급의	**major** 주된	**minor** 사소한
superior 우수한	**inferior** 열등한	**interior** 내부의	**exterior** 외부의
prior 이전의	**anterior** 앞쪽의	**posterior** 뒤쪽의	

* He is three years **senior** *to* me. (= He is my senior by three years.) 그는 나보다 세 살 연장이다.
* The newly released car is **superior** *to* its rivals. 새로 출시된 차가 경쟁 차들보다 우수하다.

5 비교급을 이용한 관용적 표현

1) more often than not (종종, 대체로)

* **More often than not**, people don't realize that corruption is the cancer of society.
  사람들은 부패가 사회적 암이라는 것을 흔히 깨닫지 못한다.

2) no more than (…에 불과한 = only)

A + no more + v~ than B + v'~ (A가 ~아닌 것은 B가 ~아닌 것과 같다) ➡ (B이하도 부정적 의미)
no less than (…만큼이나 = as much/ many as) ➡ 많다는 의미

* Tom is **no more than** a student. Tom는 단지 학생에 지나지 않는다.
* A whale is **no more** a fish **than** a horse is. 고래가 물고기 아닌 것은 말이 물고기 아닌 것과 같다.
* He is **no more** fit to be a teacher **than** I am. 내가 교사에 맞지 않듯이 그도 교사에 적합하지 않다.
* The soccer games were shown on TV in **no less than** 100 countries. (=as many as)
  그 축구 시합들은 100개국에서나 TV로 방영되었다.

3) much less = still less (= let alone) : (부정문 뒤에서) 하물며 …은 말할 것도 없이

* He *cannot speak* English, **much less** French. 그는 영어를 할 줄 모른다. 불어는 말할 것도 없고.

4) not + v… + any longer(*or* more) **= no longer + v** (더 이상 …아니다)
　　　　　(주로 문장 끝에 온다)　　(주어와 동사 사이에 온다)

* He does **not** work here **any longer**.
  = He **no longer** works here. 여기서 더 이상 일을 안한다.

Check-up questions 2

A 어법상 알맞은 것을 고르시오.

01 I didn't intend to offend her, (much more / much less) hit her.

02 The more intelligent you are, the (more / most) you may be inclined to consider rapidly many factors before making a decision.

03 There is some concern that tennis players may suffer arm and ligament injuries as they swing harder trying to draw _____ speed out of the ball.
  (A) much   (B) less   (C) than   (D) more

04 A recent study shows that kids who watch a lot of TV are _____ to be overweight than those who do not.
  (A) likely   (B) as likely   (C) more likely   (D) most likely

05 Your contributions helped _____ 3,000 students achieve their dream of a _____ education.
  (A) more - high   (B) more than - high   (C) more than - higher   (D) more - higher

B 밑줄 친 부분 중 어법상 틀린 부분만 알맞게 고치시오

01 The application period has closed prior <u>than</u> the designated date.

02 (A) <u>The sooner</u> I try to finish this report, the more it becomes (B) <u>difficult</u>.

03 I'm not very successful in business, because I'm (A) <u>the youngest</u> child and thus (B) <u>less aggressive</u> than my (C) <u>old</u> brothers and sisters.

04 Dad came to football games whenever I played. He would stand on the sidelines and watch the game attentively. When I left the field at the end of a period, he would call me over with his hands. He always said the same thing. "You're playing good, Ron. Bend your knees (A) <u>a little more</u>." I would respond to his comments by bending my knees (B) <u>more</u> and running (C) <u>fast</u> when I got back to the game.

3 최상급 비교

1 최상급의 형태

최상급은 셋 이상을 비교할 때 쓰이며 다음과 같은 어구와 함께 쓰인다.

> A(S) + V + the 최상급 +
> - of all (the + 복수 명사)
> - in the + 집합명사 (team, group, department, class, etc.)
> - in the + 장소명사 (area, region, city, country, world, etc.)
> - (that) + S + have ever + P.P. …

* Jim is **the most competent** member *of all the employees* / *in his department*.
  Jim은 모든 직원들 중에서/자기 부서에서 가장 유능한 직원이다.
* S&S Inc. is **the largest** company *in the country*. S&S 사는 그 나라에서 가장 큰 회사이다.
* This is **the biggest** fish *that I have ever caught*. 이것은 내가 지금까지 잡은 것 중에서 가장 큰 물고기이다.

2 최상급과 같은 뜻을 나타내는 원급과 비교급 표현

다음과 같이 원급이나 비교급을 이용하여 최상급의 의미를 나타낼 수 있다.

> 1) No (other) + 명사 + V + as/ so + 원급 + as + A (A만큼 …한 것/사람은 없다)
> 2) No (other) + 명사 + V + 비교급 than + A (A보다 더 …한 것/사람은 없다)
> 3) A + V + 비교급 than any other + 단수 명사 (A는 다른 어떤 …보다 더 …하다)
> 4) A + V + 비교급 than all the other + 복수 명사 (A는 다른 모든 …보다 더 …하다)
> 5) A + V + as 원급 as any other + 단수 명사 (A는 다른 어느 …만큼 …하다)

CF. 3)과 5)의 경우 <u>any other + 단수명사</u> 대신에 **anyone else/ anything else/ any others** 등을 쓸 수 있다.

* Jeff is **the tallest** boy in his class. Jeff가 자기 반에서 가장 키가 큰 소년이다.
  = **No (other) boy** in his class is **as** (*or* **so**) **tall as** Jeff.
  = **No (other) boy** in his class is **taller than** Jeff.
  = Jeff is **taller than any other boy** (*or* **anyone else**) in his class.
  = Jeff is **as tall as any (other) boy** (*or* **any others**) in his class.
* **Nothing is more precious than** health. 그 어떤 것도 건강만큼 귀중한 것은 없다.

3 최상급에 관사(the)가 없는 경우

1) 동일한 사람이나 동일 사물 내에서 다른 속성과 비교할 때 ➡ 최상급이라도 the 없이 쓰인다.

* I am **happiest** when I'm alone. (… 다른 사람과 비교하지 않음) 나는 혼자 있을 때 가장 행복하다.

  CF. He is *the* **happiest** (employee) *in the department*. 그는 부서에서 가장 행복한 직원이다.
  At the party last night I was ***the* happiest** *that I had ever been*.
  (… 뒤에 관계사절의수식을 받을 때에는 the 를 붙인다)
  어제 밤 파티에서 내가 겪은 것 중에서 가장 행복했다.

2) a/소유격 대명사 + most + 형용사 ⋯› very + 형용사의 의미이다. (단음절 형용사에도 most가 온다)
* The new employee is ***a*** **most competent** one.(= **very competent**) 신입사원은 매우 유능한 직원이다.
* I met one of my old friends and ***his*** **most pretty** wife. 난 옛 친구와 그의 아주 예쁜 아내를 만났다.

3) 부사의 최상급은 the를 붙이지 않아도 된다.
* The scenery of Seoul can be **best** viewed from the Namsan Tower. (부사 well 의 최상급)
  서울의 경치는 남산타워에서 가장 잘 볼 수 있다.
* He studies **hardest** of all the students. 그가 그 학생들 중에서 가장 열심히 공부한다.

4 최상급과 친한 표현들

1) one of the 최상급 + 복수명사 (가장 …한 것들 중 하나)
* Seoul is **one of the most densely populated cities** in the world.
  서울은 세계에서 가장 인구밀도가 높은 도시 중의 하나이다.

2) the + 서수 + 최상급 (몇 번째로 가장 …하는)
* The Golden Gate Bridge is **the world's ninth longest**. 금문교는 세계에서 아홉 번째로 긴 다리이다.

3) the last + 명사 to-부정사/ (that) + S + V (전혀…하지 않을/ 전혀 기대하지 않은)
* He is **the last person to come** here. 그는 결코 여기에 올 사람이 아니다.
* **The last thing we want** is sharp increases in prices. 우리가 결코 바라지 않는 것은 급격한 물가상승이다.

4) the 최상급 + to have ever + p.p. (= that have ever + p.p.)
* He is **the greatest tennis player to have ever played**.
  = He is the greatest tennis player *that has ever played*.
  그는 지금까지 뛴 선수 중에서 가장 훌륭한 테니스 선수이다.

5) 기타 관용어
* **at least** : 적어도
* **at best** : 기껏해야
* **at most** : 많아야
* **not in the least/ not the least** : 조금도 …않다(= not at all)
* **to say the least** (of it) : 줄잡아 말해도

Check-up questions 3

A 어법상 가장 알맞은 것을 고르시오.

01 That was (very / the most) violent storm last night that we have experienced.

02 JK Inc. is the largest of (all the / any other) companies in the country.

03 There is no (taller / tallest) building in the city than The Tower Building.

04 The tourist attraction in the region was more beautiful than any other (place / places) that I had ever visited.

05 Health is more precious than anything _____, but nothing is _____ valued than it.
   (A) others - more   (B) else - more   (C) others - less   (D) else - less

06 Health is the _____ precious thing, but it is the _____ valued.
   (A) most - least   (B) most - less   (C) more - less   (D) more - least

B 밑줄 친 부분 중 어법상 틀린 부분만 알맞게 고치시오.

01 Although his family was not well-to-do, John studied harder than <u>all students</u> in the class.

02 It has turned out that the backdraft is one of <u>the very dangerous</u> phenomena in fire fighting.

03 Writing an apology to her was (A) <u>the most</u> unpleasant a task (B) <u>as ever</u> had happened to him.

4 비교 구문의 강조와 배수의 표현

원급, 비교급, 최상급의 강조어구는 각각 다르다.

1 원급의 강조

```
very
so     + 원급 (… much 는 원급 강조 불가)
too
```

* Mr. Ryes has proved that he is **very competent**. Ryes 씨는 자기가 아주 유능하다는 것을 증명했다.

2 비교급의 강조

```
much
a lot
far
even          + 비교급 (… very, so, too 등은 비교급 강조 불가)
still
a great deal
```

* Our new policy has proved to be **much more efficient** than we expected.
  우리의 새 방침이 예상했던 것보다 훨씬 더 효율적이라고 판명되었다.
* Sally usually studies **far longer** hours than I do. Sally는 보통 나보다 훨씬 더 오랜 시간 공부한다.

3 최상급의 강조

```
much/ by far the + 최상급
the very + 최상급
```

* Misspelling is **by far the most common** errors in the report.
  그 보고서에서 틀린 철자가 단연 가장 흔한 오류이다.
* We only use **the very best and safest** ingredients in the cuisine.
  우리는 요리에 단연 최상의 그리고 가장 안전한 재료를 사용합니다.

4 배수의 표현

"A는 B보다 몇 배 더 …하다"의 표현은 다음과 같이 한다.

> * A + v + 배수 + as 원급 as + B
>   **half** (절반)
>   **twice** (두 배)
>   **three times** (세 배)
>   분수 (**a third**: 1/3, **two thirds**: 2/3, **a quarter**: 1/4, etc.)
> * A + v + 배수 + 비교급 than B (단, 비교급 표현은 3배 이상일 때 ⋯➤ 주로 구어체에서 사용)

* Tom has **half/ twice/ three times** *as many* books as I do.
  = Tom has **half/ twice/ three times** *the number of* books that I do.
  톰은 나보다 절반의/ 두 배의/ 세 배의 책을 가지고 있다.

CF. Tom has **three times** *more books than* I do. Tom은 나보다 3배나 더 많은 책을 가지고 있다.
Three times *more people than* we expected came to the event.
= **Three times** *as many people as* we expected came to the event.
우리가 예상한 것보다 3배나 많은 사람이 그 행사에 왔다.

Check-up questions 4

* 어법상 가장 알맞은 것을 고르시오.

01 The London Bridge is (so /more /too /even) wider than the Golden Bridge.

02 Sending money online is far (quick as /quicker than) by express mail.

03 The state-of-the-art packaging machines enable the workers to perform much _____ .
    (A) efficiently   (B) more efficiently   (C) most efficiently   (D) more efficient

04 This year one of our company's goals is to establish even _____ ties between our partners and ourselves.
    (A) strong   (B) stronger   (C) the stronger   (D) the strongest

05 Mr. James' report contains a _____ lengthy description on the marketing strategies.
    (A) even   (B) far   (C) too   (D) much

06 The population of the region in 2010s was twice _____ that of 1990s.
    (A) as many as   (B) as large as   (C) more than   (D) larger than

5 비교 구문에서 형용사와 부사의 구별

형용사와 부사의 구별은 비교구문의 어법과는 직접 관련이 없으나 비교 구문에서 이들이 자주 쓰이므로 형용사와 부사의 구별에 주의해야 한다.

1 형용사가 올 경우

형용사는 2형식 동사 뒤에서 **주격보어 자리**와 5형식 문형에서 목적어 뒤의 **목적격 보어 자리**에 오므로 비교 구문에서도 이와 똑같은 위치에서 형용사의 비교변화가 이루어진다.

1) A(S) + be / 2형식동사 + ┌ as + 형용사 원급 + as + B
　　　　　　　　　　　　│ 형용사 비교급 + than + B
　　　　　　　　　　　　└ 형용사 최상급

2형식 동사의 예

be, become, run, get, prove, turn, fall, look, seem, remain, stay, etc.

* AB Company's prices *are* as **expensive** as CD Company's. AB 사의 가격은 CD 사만큼 비싸다.
* If organs of our body begin to fail, the chemical reactions in them *become* less **efficient**.
　우리 신체 기관의 기능이 떨어지기 시작하면 그 안의 화학작용은 효율성이 덜해진다.

2) S + 5형식 동사 + 목 + 형용사의 비교 (원급/ 비교급/ 최상급)
　S'(목) + be + P.P.(5형식 동사의 수동태) + 형용사의 비교 (보어) + (by + S)

5형식 동사의 예

find, leave, make, consider, keep, render, etc.

* We are trying to *make* our assembly line **more productive**.
　우리는 조립 생산 라인을 더 생산성이 더 높아지도록 만들려고 애를 쓰고 있다.
* The new employee is *considered* **more competent** than I am.
　그 신입사원은 나보다 더 유능하다고 여겨진다.

2 부사가 올 경우

A(S) + (2형식 동사 이외) V　　　　　　　 + as + 부사 원급 + as + B
A(S) + be + P.P. (3, 4형식 동사의 수동태)　 부사 비교급 than + B

* All the seat belts should *be fastened* **as securely as** possible. (⋯▶ 3형식 동사의 수동태)
　모든 좌석벨트는 가능한 한 안전하게 매야 한다.

Check-up questions 5

* 어법상 가장 알맞은 것을 고르시오.

01 The computer course has become less (expensive / expensively) than before.

02 The economy of the new developing country is growing more (rapid / rapidly) than that of any other country.

03 Chronic fatigue or back pain keeps you from working and deprives your family of income as (sure / surely) as any thief.

04 Animals with _____ metabolism burn energy _____ and have slower heart rates.
  (A) slower - slower   (B) slower - more slowly
  (C) more slowly - slower   (D) more slowly - more slowly.

05 One who can no longer pause to wonder and stand rapt in awe is as _____ as dead.
  (A) good   (B) well   (C) much   (D) many

마음문 열기

Above all else, guard your heart,

for it is the wellspring of life. (Proverbs 5:23)

모든 지킬만한 것 중에서도 더욱 네 마음을 지키라.

왜냐하면, 그것은 생명의 원천이기 때문이다.

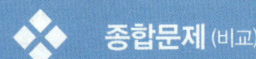 종합문제 (비교)

A 다음 빈칸에 어법상 알맞은 것을 고르시오.

01 Aging is the process that the chemical reactions in the body's cells and organs become less _____ .
   (A) efficiency   (B) efficient   (C) efficiently   (D) more efficiently

02 Many orchestras often hire _____ known musicians full of talent and they play _____ better than some of the famous musicians.
   (A) less - very   (B) less - much   (C) lesser - much   (D) lesser - very

03 When you are planning to make a presentation, edit your slides as _____ as your talk.
   (A) care   (B) careful   (C) carefully   (D) carefulness

04 He can _____ speak French than I can speak Chinese.
   (A) no more   (B) no less   (C) no longer   (D) no better

05 Generally speaking, the larger the animal is, _____ it lives.
   (A) the longer   (B) longer   (C) the long   (D) the longest

06 Futurists are not _____ interested in predicting the future as in creating desirable futures.
   (A) as much   (B) any longer   (C) any more   (D) so much

07 This year DH Inc. has decided to make the partnership between its associates _____ .
   (A) strength   (B) stronger   (C) strongly   (D) more strongly

08 In a medical imaging technique, the lower the frequency of sound waves is, the less _____ the image of structures in the body will become.
   (A) clear   (B) clearer   (C) clearly   (D) more clearly

09 Fabrics made of Egyptian cotton are softer, finer and last longer than _____ in the world.
   (A) any cotton   (B) another cotton   (C) other cotton   (D) any other cotton

10 If advertising is on television, the more _____ a commercial is run, the more people it will reach.
   (A) frequent   (B) frequency   (C) frequently   (D) frequence

B 다음 각 질문에 답하시오.

[01-02] 다음 괄호 안에서 어법상 알맞은 것을 고르시오.

01 A classic does not survive for any ethical reason. It does survive because it conforms to certain canons. It survives because it is a source of pleasure, and because the passionate few can (1) **(no more / not more)** neglect it than a bee (2) **(can / cannot)** neglect a flower.

02 Sometimes people are bullied because they can't fight back. This can happen to people who are (1) **(weak / weaker)**, physically, than their opponents. This is one of the (2) **(common / more common / most common)** reasons for the bullying experienced by children. Even the (3) **(tough one / toughest)** of six-year-olds is no match for someone who is nine.

[03-05] 밑줄 친 부분 중 어법상 틀린 것을 골라 알맞게 고치시오.

03 It's difficult to enjoy a cup of tea on a mountain. Water boils at a (1) <u>lower</u> temperature (2) <u>the higher</u> you get, so (3) <u>the further</u> up the mountain you are, (4) <u>the colder</u> your tea will be.

04 Tropical rain forests are the world's (1) <u>fertile</u> biome. They enjoy (2) <u>warm</u> temperatures all year round and support more species of animals and plants than (3) <u>any other environments</u>. (2 군데)

05 TV watching not only contributes to making us (1) <u>more violent</u> — primarily by modeling violence as a conflict-resolution strategy of first resort — it also serves to make us more frightened of the society we live in. Studies conducted by George Gerbner, founder of the Cultural Environment Movement, show that the more TV people watch, (2) <u>the more violently</u> they believe the world around them to be, and hence, (3) <u>the less likely</u> they are to leave their homes or interact with other people. He calls this the "Mean World Syndrome." Of course, (4) <u>the less</u> people leave their homes, the more they watch TV. Hence, as they become trapped and isolated in front of their TV sets, (5) <u>the meaner</u> they believe the world they no longer interact with to be. (1군데)

C 다음 우리말에 알맞도록 영문의 빈칸에 적당한 단어를 써넣으시오.

01 그녀는 내가 그런 곳에서 만나리라고는 전혀 예상하지 못했던 사람이다.
She is the (l　　　) person I (e　　　) to meet in such a place.

02 금강석은 일반 금속보다 90배나 더 단단하다.
Diamond is 90 (t　　　) the (h　　　) of common metals.

03 호랑이는 자기의 크기보다 세 배 이상 더 큰 수소를 죽일 수 있다.
A tiger can kill a bull three times (　　　) (　　　) its (s　　　).

04 Hannah는 나보다 세 살 연상이다.
Hannah is (s　　　) (　　　) me (　　　) three years.

05 개발도상 국가들의 인구는 선진국의 인구보다 훨씬 더 빠른 속도로 성장한다.
The populations of developing countries grow at a rate that is (m　　　) (f　　　) than (　　　) of advanced nations.

D 다음 우리말을 주어진 단어들을 사용하여 영어로 쓰시오.

01 우리는 그들의 요구를 충족시키기 위하여 가능한 한 열심히 일했다.
(meet / demand / hard / possible)
_____.

02 그 원숭이는 마치 "날 잡아봐라!" 라고 말하는 것처럼 도망갔다.
(as much as / catch / run away)
_____.

03 우리 팀원들 중에서 Daniel 만이 나와 똑같은 의견을 가지고 있었다.
(among / hold / mine)
_____.

04 나는 지난 기말고사에서 내가 지금까지 받았던 평점 중에서 가장 높은 평점을 받았다.
(final exams / grade point average(평점) / ever)
_____.

05 그 나라는 작년에 세계에서 세 번째로 많은 무역량을 달성했다.
(trade volume / achieve)
_____.

명사편

Chapter13 명사와 한정사 Nouns & Determiners

Chapter14 대명사와 수량사 Pronouns & Quantifiers

Chapter 13
명사와 한정사
Nouns & Determiners

Grammar Introduction

명사는 셀 수 있는 명사인지 아닌지에 따라서 그 어법이 다르며, 한정사의 용법도 그 종류에 따라서 명사의 종류와 밀접한 관계가 있으므로 이들의 관계를 파악해 두는 것이 중요하다.

명사의 위치

명사나 명사구는 문장 속에서 **주어, 목적어, 보어** 자리에 온다.

1 주어 자리

* **Travelers** had better carry their passports while in foreign countries.
  여행객들은 외국에 있을 동안에는 여권을 소지하는게 좋다.

2 타동사의 목적어 자리

* Passengers should *present* their **ticket** to the officer when boarding the plane.
  승객들은 비행기에 탑승할 때에 담당자에게 표를 제시야 한다.

3 전치사의 목적어 자리

* Breakfasts are included *in* **the hotel charges**.
  조반 식사비는 호텔 요금에 포함되어 있다.

4 주격보어 자리

* The subject of the presentation is **improvement** of communication skills.
  그 설명회 주제는 의사소통 능력의 향상이다.

5 목적격 보어 자리

* The employees consider Mr. Schmitt a competent **supervisor**.
  직원들은 Schmitt 씨를 유능한 상관이라고 여긴다.

명사의 종류

명사는 크게 셀 수 있는 **가산명사**(**countable nouns**)와 셀 수 없는 **불가산명사**(**uncountable nouns**)로 나누어진다.

1 가산명사 : 주로 보통명사(car, house, boy, etc.), 집합명사(family, team, group, etc.)

2 불가산명사 : 물질명사(water, money, butter, etc.), 추상명사(wisdom, knowledge, news, happiness, etc.) , 고유명사(Korea, New York, John, etc.)

한정사

1 한정사란?
   한정사(**determiners**)는 명사를 수식하는 것 중에서 일반 형용사를 제외한 모든 수식어를 말한다.

2 한정사의 종류(넓은 의미)
   1) **관사** – a, an, the
   2) **소유 형용사** – my, your, his, her, its, our, their
   3) **지시 형용사** – this / these, that / those
   4) **부정 형용사** – each, every, all, both, most, another, other, some, any, no, either, neither, half
   5) **의문 형용사** – what, which
   6) **수량 형용사** – few, several, many, little, much

1 가산명사의 용법

1 단수 가산명사

단수 가산명사 앞에는 반드시 **한정사**(a, the, my, our, your, his, this, that, each, every, etc.)가 와야 한다. 즉, **한정사 + (형용사) + 단수 가산명사**의 형태로 사용된다.

* That is *magnificent* **mansion**. (x) (⋯ **a** *magnificent mansion*) 저것은 웅장한 대저택이다.

2 복수 명사

단독 사용 또는 한정사와 함께 사용 모두 가능하다.

* They are *rare* photos / **the** *rare* photos. (o) (⋯ 둘 다 맞다) 그것들은 희귀한 사진들이다.
* The company is trying to induce *many* qualified **applicant** to apply.(x)
  (⋯ 앞에 many 가 있으므로 **applicants**)
  그 회사는 자격을 갖춘 지원자들을 많이 유치하고자 애를 쓰고 있다.
* Our market share has fallen as our competitor had developed cheaper and better ***product***. (x)
  (⋯ 형용사 cheaper and better 앞에 한정사가 없으므로 복수명사 **products**가 온다)
  경쟁사가 더 값싸고 더 우수한 제품을 개발했기 때문에 우리의 시장점유율이 떨어졌다.

> **주의** 명사 앞에 한정사(a, the, my, our 등)가 없으면 **복수명사나 불가산 명사가 온다**.

* The company has produced good dairy **products** for a long time.
  그 회사는 오랫동안 훌륭한 낙농 제품을 생산해 왔다.
  → 여기서 good dairy 는 형용사구이고 그 앞에 한정사가 없으므로 복수명사 *products* 가 와야 한다. 만약, good dairy 앞에 부정관사 a 가 있다면 a good dairy *product* 가 맞다.

3 가산명사의 종류

1) 사람 개인을 지칭하는 모든 명사 (⋯ 보통명사)

student, teacher, employee(직원), manager(부장), supervisor(상관), director(이사), etc.

2) 개별적인 물건이나 사물 및 시간/ 무게/ 금액/ 거리 등의 단위명사 (⋯ 보통명사)

table, car, company(회사), building, device(기계, 기구), report(보고서), advertisement(광고), week, year, pound, dollar, inch, yard, mile, etc.

> **CF.** won, yuan, yen 등 화폐단위는 불가산명사

3) 형상이 없는 사물 명사 (⋯ 보통명사)

idea, suggestion(제안), proposal(신청, 계획안), problem, increase(증가), decrease(감소), discount(할인), recommendation(권고, 추천), goal/ target/ aim/ purpose/ objective(목표), etc.

4) 사람의 집합을 나타내는 명사 (⋯▶ 집합명사)

family, team, group, department(부서, 학과), board(이사회), committee(위원회), etc.

* Why don't we go see **a movie** this weekend? - That's **a good idea**. (단수 보통명사)
  이번 주말에 영화 보러 갈까요? – 좋은 생각입니다.
* Various labor-saving **devices** have been invented today. (복수 보통명사)
  오늘날에는 다양한 노동 절약식 기계들이 발명되었다.
* How many **families** live in the apartment? (복수 집합명사) 그 아파트에는 몇 세대나 살고 있나요?

4 가산명사의 복수형(plural forms)

1) 규칙변화 명사의 복수형

a) 일반적으로 명사 어미에 **s**를 붙인다.

books, cups, schools, bananas, proverbs, houses, days, years, months, stomachs(위), etc.

b) 명사 어미가 –s, –x, –ch, –sh 로 끝난 경우 ➡ **es**를 붙인다. (⋯▶ [-iz]로 발음된다.)

buses, addresses, boxes, churches, bushes(덤불), etc.

c) 자음 + y 로 끝난 경우 ➡ y를 **ies**로 바꾼다.

ladies, babies, diaries, cities, fairies(요정), therapies(치료/요법), etc.

> **CF.** 모음 + y로 끝난 경우는 s만 붙인다. (e.g.) days, toys, monkeys, journeys, etc.

d) 자음 + O 로 끝난 경우 ➡ **es**를 붙인다.

heroes, potatoes, tomatoes, volcanoes(화산), cargoes(화물), etc.

> **CF.** 단어를 축약하거나 외래어인 경우에는 자음 + O 뒤에도 s만 붙인다.
> **e.g.** photos, pianos, solos, sopranos, etc.

e) 모음 + O 로 끝난 경우 ➡ **s**만 붙인다.

radios, studios, bamboos(대나무), zoos, curios(골동품), etc.

f) –f, –fe 로 끝난 경우 ➡ f/ fe를 **ves**로 바꾼다.

wives, knives, wolves, halves(절반), leaves(나뭇잎), thieves(도둑), shelves(선반), etc.

> **CF.** 예외 : roofs, safes(금고), chiefs(우두머리), beliefs(신념), cliffs(절벽), etc.

2) 불규칙 변화 명사의 복수형

a) 모음이 변화하는 경우 ➡ 단어의 중앙에 있는 모음이 바뀐다.

man - men, woman — women, tooth — teeth, foot — feet, goose — geese, mouse — mice

b) 어미에 -(r)en을 붙이는 경우

child — children, ox — oxen, brother — brethren(동포 or 남자 교우들)/ brothers(형제)

c) 단수-복수가 같은 형태인 경우 ➡ 일반적으로 떼지어 사는 동물들이 여기에 속한다.
(⋯ 국민을 의미하는 국가의 고유명사와 기타의 경우는 chapter 2 [2] 참조)

trout(송어), salmon(연어), carp(잉어), deer, swine(돼지), sheep, fish(물고기 ⋯ 물고기 종류를 의미할 때는 fishes)

3) 라틴어/ 그리스어 계열 명사의 복수 형태

a) -um으로 끝난 명사 : -um ⋯ -a (발음: [-ə])

datum(자료) - data, medium(매체) - media

b) -on으로 끝난 명사 : -on ⋯ -a (발음: [-ə])

phenomenon(현상) - phenomena, criterion(기준) - criteria

c) -us로 끝난 명사 : -us ⋯ -i (발음: [-ai])

alumnus(남자 동창생)- alumni, stimulus(자극)- stimuli, fungus(곰팡이류)- fungi, focus(초점)- foci

d) -a로 끝난 명사 : -a ⋯ -ae (발음: [-i])

alumna(여자 동창생) - alumnae, formula(공식) - formulae

e) -is로 끝난 명사 : -is ⋯ -es (발음: [-iz])

basis(기반) - bases, hypothesis(가설) - hypotheses

f) 기타 복수형태

bacteria(박테리아), agenda(의제), algae(조류), larvae(유충), theses(논문), radii(반경)

Check-up questions 1

A 어법상 알맞은 것을 고르시오.

01 Popular reality (game / games) will be easily downloadable through various websites.

02 Ms. Susan has made an outstanding (contribution / contributions) to the improvement of education levels.

03 They have asked (shopper / shoppers) not to bring food or beverages to the inside of the shop.

04 Snorkeling beginners will have a chance to take a lesson, and participating (attendee / attendees) can rent snorkeling gear.

05 The project is considered a major (success / successful) even though it has been completed later than expected.

06 My coworker called me to ask for _____ in packing the finished products.
   (A) assistant   (B) assistance   (C) assist   (D) assistances

07 The spokesman of the electronics company has announced to _____ that their profits are likely to increase next year.
   (A) investor   (B) investment   (C) investors   (D) investing

B 밑줄 친 부분 중에서 어법상 틀린 부분만 알맞게 고치시오.

01 The quarterly (A) <u>report</u> Mr. Leigh edited yesterday is full of spelling (B) <u>error</u>.

02 Some (A) <u>airlines</u> were telling (B) <u>passengers</u> that new government security (C) <u>regulation</u> prohibit them from leaving their (D) <u>seats</u> right before taking off and landing.

03 After going to see the (A) <u>accommodations</u> on the ocean liner, Mr. Lee came up to the purser's desk and inquired if he could leave his (B) <u>valuable</u> in the ship's (C) <u>safe</u>.

04 Only the current (A) <u>members</u> of the (B) <u>charity organization</u> are able to get fifteen percent (C) <u>discount</u> on all items in the souvenir store located on the second floor at the opposite (D) <u>end</u> of the exhibition hall.

05 A famous quote by Alexander Pope says "To err is human, to forgive is divine." In simple (A) <u>term</u>, he is saying that although making (B) <u>mistakes</u> is normal and human, the ability to forgive requires godlike (C) <u>qualities</u>. We can see how uncommon and unnatural he thought (D) <u>forgiveness</u> to be.

2 불가산명사의 용법

* 불가산명사 앞에는 한정사가 올 수도 있고 오지 않아도 된다. 단, 부정관사 a / an을 붙일 수 없으나 정관사 the는 붙일 수 있다. (기타 한정사의 경우는 뒤의 **[3] 한정사** 참조)
* 복수형은 존재하지 않는다.   * 항상 단수 취급한다.

자주 사용되는 불가산명사의 예

1 집합적 물질명사 (물건의 집합을 나타내는 명사)

1) 일반형 — furniture(가구류), traffic(교통, 차량 전체), merchandise(상품), mail(우편물), equipment(장비), luggage/ baggage(짐), produce(농산물), food(식량, 식품), etc.

2) -(e)ry 형 — stationery(문구류), machinery(기계류), laundry(세탁물), jewelry(보석류), etc.

3) -ing 형 — advertising(광고 류), clothing(의류), washing(세탁물), carpeting(깔개 류), etc.

주의

① goods(상품), clothes(옷), furnishings(가구, 카펫, 커튼 등의 비품) 등은 복수로 쓰이며, finding(조사결과), opening(빈자리), booking(예약), living(생계비), helping(한 그릇), filing(기록물) 등은 **-ing**가 붙어 있어도 가 산명사이다.

② 불가산명사를 셀 경우(불가산명사의 계량화) ➔ (p272 further tips 참조)

* We need *several pieces* of office **equipment** for the new office.
  우리는 새 사무실에서 쓸 사무용 장비가 몇 점 필요하다.
* I would like to check in my *luggages*. (x) (⋯ luggage) 내 가방을 맡기겠습니다. (공항에서 탑승 수속을 밟을 때)

2 추상명사 (형태가 없는 성질, 상태, 사람의 행동 등을 지칭하는 명사)

advice 충고	**information** 정보	**news** 뉴스	**progress** 진행
wisdom 지혜	**evidence/proof** 증거	**arrival** 도착	**refusal** 거절
assistance 도움	**knowledge** 지식	**access** 접근, 이용	**security** 안전, 보안
spending/ expenditure 소비지출, etc.			

* My teacher gave me *a word of* **advice** and I took it.
  선생님은 나에게 충고 한마디 해 주셨으며, 나는 그것을 받아들였다.

3 물질명사 / 행위명사 / 고유명사

1) 물질명사의 예 – water, coffee, tea, wine, sugar, meat, money, wood, rice, fish(생선), cash(현금), etc.

2) 행위명사의 예 – accounting(회계업무), advertising(광고업무), pricing(가격 결정), processing(수속) seating(좌석 배정), ticketing(발권), shopping(쇼핑), funding(자금지원), etc.

3) 고유명사의 예 – 사람 이름 / 국가, 도시, 거리 등의 이름 / 산, 호수, 바다 등
　　John, China, New York, Elm Street(엘름가), Mt. Everest
　　Lake Michigan(미시건 호)

> **주의** 가산(c) / 불가산(u) 양쪽으로 모두 쓰이는 명사의 예 (영어에는 이러한 명사들이 많다)

room : (u) 공간 make *room* for (…의 공간을 확보하다) / (c) 방 book a *room* (방을 예약하다)

duty : (u) 의무 a sense of *duty* (의무감) / (c) 업무 official *duties* (공식 업무)

responsibility : (u) 책임 have *responsibility* for (…의 책임이 있다) / (c) 업무 (= duties)

study : (u) 공부 time for *study* (공부할 시간) / (c) 연구, 조사, 학문, 서재 social *studies* (사회학)

time : (u) 시간 kill *time* (소일하다) / (c) 기회, 횟수 every *time* (매번), three *times* (세 차례)

light : (u) 빛, 광선 bright *light* (밝은 빛) / (c) 등, 조명 traffic *lights* (교통 신호등)

weight : (u) 무게, 체중 lose *weight* (체중이 빠지다) / (c) 추, 역기 lift *weights* (역기를 들어 올리다)

Check-up questions 2

A 어법상 알맞은 것을 고르시오.

01 For prompt security (process / processing), visitors should fill out this form.

02 The advertising director has decided to put a television (advertisement / advertising).

03 The passengers are asked to carry only a piece of (bag / luggage) into the plane.

04 The manager expected to receive a great deal of (information / informations) from the overseas partners.

05 Thanks to on-line (ticket / ticketing), passengers can save a lot of time.

B 다음 문장에서 밑줄 친 부분 중 어법상 틀린 부분만 알맞게 고치시오.

01 He has to get another part-time job to make decent living for his family.

02 A company spokesman announced that they have increased worker (A) productivity while decreasing labor (B) cost.

03 The news of Ms. Lopez's (A) resignation spread quickly as she has many friends and (B) acquaintance in the company.

04 I know that I have eaten the wrong (A) food : (B) sweets for breakfast, soda and chips for lunch and second (C) helpings at dinner.

05 NASA's New Program has come up with some new (A) ways to control the temperature in a spacecraft, without adding (B) weights, using too (C) much power or taking up too (D) much room.

further tips

[make a + 명사]의 형태로 쓰여서 "…하다"의 의미를 갖는 표현을 익혀두자!

* **make an accusation** against… : 고소하다
* **make adjustments** to + N : 조정/ 조절하다
* **make an announcement** : 발표하다
* **make an appointment** : (만날) 약속하다
* **make arrangements** for… : 준비/ 계획하다
* **make an assessment** : 평가하다
* **make an attempt** : 시도하다
* **make a bargain** : 협상하다
* **make a change** to + N : 변경하다
* **make a complaint** : 항의하다
* **make a compromise** : 화해/ 타협하다
* **make a contribution** : 기부/ 기여하다
* **make a decision** : 결정하다
* **make an effort** : 노력하다
* **make a deposit** : 예금하다
* **make a difference** : (자) 차이가 나다
* **make an example** of : 본보기로 삼다
* **make a plan** for : 준비/ 계획하다
* **make an exception** of : 예외로 하다
* **make a judgment** : 판단을 내리다
* **make a payment** : 지불하다
* **make a profit** : 이익을 내다
* **make a promise** : 약속을 하다
* **make a recommendation** : 추천하다
* **make a start** on : 시작하다
* **make progress** : 발전하다 (a 없음)
* **make use of** : …을 이용하다 (a 없음)

불가산명사의 계량화 표현

불가산명사는 숫자와 바로 결합시켜 수량을 나타낼 수 없으므로 다음과 같은 측정명사를 이용한다. 기타 군집명사 및 쌍을 이루는 명사들도 측정명사로 표현한다.

1 물질명사의 경우

* **a piece/ slice/ loaf of** bread (빵 한 조각/ 덩어리)
* **two sheets of** paper (종이 두 장)
* **a spoonful/ lump/ pound of** sugar (설탕 한 스푼/한 덩어리/ 1파운드)
* **a cake/ bar/ cube/ tablet of** soap (비누 한 개)
* **a(n) piece/ article of** clothing/ furniture (의류 한 점/ 가구 한 점)
* **a piece/ pound of** meat (고기 한 조각/ 1파운드)
* **a bottle/ glass of** wine (포도주 한 병/한 잔)
* **a stroke/ bolt of** lightning (벼락의 일격)

2 추상명사의 경우

* **a piece/ word of** advice (충고 한 마디)
* **an act of** kindness/ charity/ justice (친절/ 자선/ 정의 행위)
* **a piece of** information (정보 한 가지)

3 기타 명사의 경우

* **a school/ shoal of** fish (물고기 한 떼)
* **a pair of** trousers/ glasses/ scissors (바지/ 안경/ 가위 한 벌)
* **a swarm of** bees/ locusts/ mosquitoes (벌/ 메뚜기/ 모기 한 떼)

3 한정사의 일반 용법

1 한정사의 중복사용 불가

1) 한정사는 겹쳐 쓰이지 않는다. 단, **all/ both/ half** 등(전치 한정사)은 <u>다른 한정사 앞에</u> 올 수 있다.
2) 형용사와 같이 쓰일 때는 반드시 형용사 앞에 온다.

* ***most the*** people / ***these some*** people / ***this my*** car (x) (… 둘 중 하나만 사용한다)
* ***all*** *the* people / ***both*** *my* brothers / ***half*** *an* hour (o)
* ***my old*** car / ***those beautiful*** scenes (o) ⟨cf.⟩ *old my* car (x)

2 단수 가산명사 앞에서만 쓰이는 한정사

> **a(n), each, every, another, either, neither** + 단수 가산명사

* **a** car / **each** school / **every** employee / **either** side / **neither** parent
* *every people* (x) (… every *person*) / *either sides* (x) (… either *side*)

3 복수 명사 앞에서만 쓰이는 한정사

> **both, these, those** + 복수명사

* **both** (the) parties (양 당사자들) / **these** tourists / **those** customers

4 복수 명사와 불가산명사 양쪽에 모두 쓰이는 한정사

> **all, most, some, any, other** + 복수 명사/ 불가산명사

* **all** (the) attendees/ **most** people/ **other** countries/ **some** guests/ **any** rooms (… 복수 명사 앞)
* **all** (the) furniture/ **most** luggage/ **other** equipment/ **some** money/ **any** oil (… 불가산명사 앞)

5 모든 명사에 다 쓰이는 한정사

> **the, no, some, any,** 소유형용사(**my, your, his, their**…) + 단수 가산명사/ 불가산명사/ 복수 명사

* **the** client / **our** car / **their** skill / **no** bus (… 단수 가산명사 앞에)
* **the** clients / **our** cars / **their** skills / **no** buses (… 복수 명사 앞에)
* **the** information / **our** luggage / **their** furniture / **no** money (… 불가산명사 앞에)

6 이중소유격 용법

한정사는 겹쳐 쓰이지 않으므로 다음과 같이 표현한 것을 **이중소유격**이라고 한다.

소유 형용사와 **한정사**(a, an, this, that, some, any, each, every, which, what, etc.)가 겹칠 때는 다음과 같이 표현한다.

> 소유 형용사(my, our, your, his, her, their) + 한정사 + 명사 ➡ (x)
>
> ➡ 한정사 + 명사 + of + 독립 소유대명사 (mine, ours, yours, his, hers, theirs)
> 한정사 + 명사 + of + 명사's (my father's, our country's, etc.)

* *my this* car (x) ➡ **this car of *mine*** (나의 이 자동차)
* *that our company's* building (x) ➡ **that building of our *company's*** (우리 회사의 저 건물)
* *Which your* car is more comfortable? (x) ➡ **Which car of *yours*** is more comfortable?
  당신의 차 중에서 어느 것이 더 편합니까?

Check-up questions 3

A 어법상 알맞은 것을 고르시오.

01 This simple process will solve almost (all / every) the problems with your computer.

02 It is a good idea to put a name tag on (all / every) baggage when you travel.

03 After having some problems with the partner company, they decided to work with (another / other) company.

04 If the new measure doesn't work, we'll have to find _____ ways to solve the problem.
  (A) another   (B) the other   (C) other   (D) each

05 I am far luckier than _____ men, for I have been able to make a good living doing what I have wanted to do.
  (A) another   (B) almost   (C) most   (D) the other

B 다음 문장에서 밑줄 친 부분 중 어법상 틀린 부분만 알맞게 고치시오.

01 They have decided to inform <u>the every students</u> of his or her final exam results as soon as possible.

02 Dozens of wild flowers of countless varieties cover the ground of <u>either sides</u> of the path.

03 Many government officials are worried about <u>recent some</u> labor troubles that are taking place in the auto manufacturing industry.

04 More than (A) <u>the half women</u> with little children under the age of six hold jobs, and (B) <u>sixty-eight percent</u> of the women who have school-age children are employed.

05 The Bible says we are like a mist, a vapor; we are here for (A) <u>a moment</u>, then we are gone. Life is flying by, so don't waste (B) <u>other</u> moment of your precious time being angry, unhappy, or worried.

4 한정사의 특별 용법

1 another / every의 주의해야 할 용법

1) another + 숫자 + 복수명사

another가 단독으로 사용될 때는 뒤에 단수 가산명사만 올 수 있으나, 숫자와 결합 될 때는 뒤에 복수명사가 와서 **"얼마 더"**의 의미로서 주로 **양/ 시간/ 거리/ 금액** 등을 추가할 때 쓰인다.

* **another** two weeks (2주 더) = two *more weeks*
* I need **another** fifty dollars. 나는 50달러 더 필요하다.

2) every + 숫자 + 복수명사

every 도 단독으로 사용될 때는 뒤에 단수 가산명사만 올 수 있으나, 숫자와 결합할 때에는 뒤에 복수명사가 와서 **"매 ~ 마다"**의 의미를 갖는다.

* **every** two *weeks* = **every** second week (단수) = **every** other week (단수) (매 2주마다)
* **every** ten people (매 열 명마다)
* You should change engine oil for your car **every 10,000 kilometers**.
  당신은 매 10,000 킬로미터마다 차의 엔진오일을 교환해야한다.

2 other의 특별용법

other는 다른 한정사(the, some, any, no, every, many, 숫자 등) 뒤에서 겹쳐 사용할 수 있으며 뒤에 오는 명사는 모든 종류의 명사가 올 수 있다.

* **any other** company / **the other** plane(나머지가 하나) / **the other** planes(나머지가 둘 이상)
* **no other** equipment / **every other** country / **many other** examples (많은 다른 예들)

* I'm busy now; I'll call you back **some other** time.
  나는 지금 바빠서 내가 다른 때에 너에게 다시 전화 걸게.
* Do you know **how many other** people are attending the workshop?
  당신은 다른 사람들은 몇 명이나 워크숍에 참석하는지 아십니까?

> **주의** other가 단독으로 명사를 수식할 때에는 뒤에 단수 가산명사는 올 수 없다.
> 단, other 앞에 다른 한정사와 함께 쓰일 때는 뒤에 단수 가산명사는 올 수 있다.
>
> **e.g.** other *company* (x) → other *companies* (o) / the other *company* (o)

3 no / not / none / never 의 구별

1) no + 모든 종류의 명사(단수 가산명사 / 복수 명사 / 불가산명사 모두 가능)

* There is **no** *bus* running in this part of town.(단수 명사 앞 → 강한 부정)

> **CF.** There are **no** *buses* running in this part of town.(복수 명사 앞) 시내 이 지역에는 운행되는 버스가 없다.

* There is **no** *milk* in the refrigerator. (불가산명사 앞) 냉장고에는 우유가 없다.

2) not 와 never의 구별

둘 다 부사이므로 뒤에 바로 명사가 올 수 없다. 단, **not 뒤에 다른 한정사 a(n)/ any/ many/ much 등과 함께 쓰이면 명사가 올 수 있다.**

a) not / never + 명사 (x)

b) not a + 단수 가산명사/ not any + 모든 종류의 명사 (o)

c) not many + 복수 명사/ not much + 불가산명사 (o)

* There is **not any** room available at the resort hotel during the holidays. (o) (= **no** room)
  연휴 기간에는 그 휴양지 호텔에 이용할 방이 하나도 없다.

3) none 용법

단독으로만 사용된다 (대명사이므로 뒤에 명사가 올 수 없다.)
none + 명사 (x)

* I was going to lend you some money, but there is **none** left. (none money : x)
  너에게 돈을 좀 빌려주려고 했는데 남은 돈이 하나도 없다.

4 no / not 의 구별

1) no ➡ 주로 명사와 비교급 앞에서 쓰인다.

* There was **no reason** at all Jenny should get angry at the forum.
  Jenny가 공개 토론회에서 화를 내야 할 이유가 전혀 없었다.
* I went **no *further* than** the subway station. 나는 지하철역까지밖에 가지 않았다.

2) not ➡ a, any, all, every, many, much, enough 등의 앞에서 특히 잘 쓰인다.

* **Not *many*** citizens participated in the council election. 지방선거에 참여한 시민들은 별로 많지 않았다.
* There was **not *enough*** food for all the guests invited to the party.
  파티에 초청된 손님들 모두가 먹을 만큼 음식이 충분하지 않았다.

3) no / not 의 관용적 표현

* **no good** (전혀 좋지 않은) / **of no use** (전혀 쓸모없는)
* **no better than** (…나 마찬가지인) / **no more than** (오직 …뿐 = only) / **no less than** (…만큼이나)
* **not A but B = B, not A** (A가 아니라 B) ➡ 이 때 A 자리에는 명사도 올 수 있다
* **not all/ both/ every/ always/ necessarily** (모두가 / 둘 다 / 항상 / 반드시 그런 것은 아니다) ⋯➤ 부분부정
* **not a few/ little** (적지 않은) / **not long ago** (바로 얼마 전에) / **not seldom** (종종)
* **not more than** (기껏해야 = at most) / **not less than** (적어도 = at least)

Check-up questions 4

A 어법상 알맞은 것을 고르시오.

01 There have been (no / not) any responses to our suggestions from the other party yet.

02 We need (another / other) two weeks of extension for the project to be completed.

03 The organization holds an international conference (all / every) two years.

04 It soon became evident that their knowledge was limited and of _____ practical value.
   (A) any   (B) no   (C) none   (D) not

05 When Mr. Leech went on board the ship, he found _____ passenger was to share the cabin with him.
   (A) other   (B) each other   (C) every   (D) another

06 About forty in _____ hundred lion cubs die before the age of one.
   (A) all   (B) another   (C) other   (D) every

07 Many advertisers distribute pens or diaries instead of _____ promotional items.
   (A) any   (B) such   (C) all   (D) any other

B 다음 문장에서 밑줄 친 부분 중 어법상 틀린 부분만 알맞게 고치시오.

01 Our newly developed product is more reliable than <u>another item</u> on the market.

02 There is often <u>not</u> more effective way to help the staff understand the message than to have it modeled for them by the manager.

03 I have had an extraordinarily pleasant life, despite the fact that I have had the usual share of woes. <u>No</u> many men, I believe, are so fortunate as I.

[종합 문제] (명사와 한정사)

A 다음 빈칸에 어법상 알맞은 것을 고르시오.

01 I would like you to put two _____ of sugar in my coffee.
   (A) spoons   (B) spoonful   (C) spoonfuls   (D) spoon

02 We placed an order for three _____ for the new employees.
   (A) furnitures   (B) furniture   (C) piece of furniture   (D) pieces of furniture

03 The unexperienced worker was at a loss as to how to handle those _____ .
   (A) machines   (B) machinery   (C) machineries   (D) machine

04 The construction of a plant in the region will eliminate the need for the local residents to pay large shipping _____ when they make orders.
   (A) fee   (B) fees   (C) money   (D) cash

05 The editor received some incorrect _____ from the reporter.
   (A) informing   (B) information   (C) informations   (D) a piece of information

06 The planning team has designed a creative marketing strategy for new _____ they are now manufacturing.
   (A) product   (B) production   (C) productivity   (D) products

07 The flight attendants have to make sure that _____ passenger is properly seated.
   (A) every   (B) all   (C) all the   (D) each the

08 _____ college student interested in internship should sign up in his or her department.
   (A) Any   (B) All   (C) All the   (D) Most

09 Please show consideration for _____ audiences by turning off your cell phone.
   (A) another   (B) some   (C) the other   (D) every

10 _____ member offered his or her opinion at the board meeting.
   (A) No every   (B) Not every   (C) Not all   (D) No any

B 다음 괄호 안에서 어법상 알맞은 것을 고르시오.

01 From the tiniest (1) **(bacterium / bacteria)** to the biggest elephant, (2) **(all / every)** organism needs energy in order to survive. The way energy is passed from organism to organism in an environment is known as the food web. Plants (producers) get their energy from the Sun. Part of (3) **(this / these)** is then passed on to plant-eating (4) **(animal / animals)** (primary consumers), who in turn pass part of their energy on to carnivorous animals (secondary and tertiary consumers). Eventually, (5) **(all these / these all)** organisms will be broken down by decomposers, and the process will start again.

02 The season tickets for our musicals are going on sale next month, and we wanted you to be among the first to know. We hope that you will take this opportunity because we are finding it necessary to raise the price of our season tickets beginning next year. We rely on season-ticket (1) **(holder / holders)** to fill 30 % of the seating at (2) **(each / another / some)** event. To purchase tickets for the next season, please visit our website at www.tmusical.net, or call the ticket agent (3) **(representation / representative)** at (721) 450-8977. We look forward to having you in our audience again next year.

03 A symbol is a sign or object that represents something else. All (1) **(symbol / symbols)** operate as if they were two-sided coins. On one side are the physical (2) **(characteristic / characteristics)** and on (3) **(another / the other)** side are the meanings, or what the symbols stand for. Metaphor, a kind of symbol, is an important analytical concept used by anthropologists in the study of symbolic systems. A metaphor is an idea that people use to stand for (4) **(another / other)** set of ideas. Games are often used as a metaphor for life. Games involve struggles and competition. Sometimes you win and sometimes you lose, but games must be played according to a set of rules.

C 다음 우리말에 알맞도록 영문의 빈칸에 주어진 철자로 시작하여 적당한 단어를 써넣으시오.

01 나는 너 이외에 다른 친구가 없다.
I have (n   ) (a   ) friend other than you.

02 우리는 매 2 주마다 부서 직원회의를 연다.
We hold an internal staff meeting every (   ) week.

03 우리가 그 보고서 편집을 다 끝내는데 3일 더 걸릴 것 같습니다.
It is (l   ) to take (a   ) three days for us to finish editing the report.

04 구조대원들은 홍수 이재민들을 구하기 위하여 온갖 노력을 기울이고 있다.
The rescue party is making (e   ) (e   ) to save the flood victims.

05 나는 출발할 때 탑승 수속 대에서 세 개의 짐을 맡겼었는데 그중 하나는 아직 찾지 못했다.
I had (c   ) in three (p   ) of (l   ) at the check-in counter when I left, but I haven't found one of them yet.

D 다음 우리말을 주어진 단어들을 이용하여 영작하시오.

01 이 감자요리는 10분 더 익혀야 되겠다.
(감자요리 : potato dish, 익히다 : heat/ cook)
_____.

02 우리 선생님은 매 3개월마다 모든 학부모와 상담을 하신다.
(학부모 : students' parents, …와 상담하다 : have a talk with)
_____.

03 아름다운 해변은 그 섬의 또 하나의 인기 있는 관광지이다.
(관광지 : tourist attraction)
_____.

04 우리는 해외 협력 업체로부터 국제 시장 동향에 관하여 많은 정보와 조언을 얻는다.
(해외 협력 업체 : overseas partner , 시장 동향 : trend in the market, 조언 : advice / tip)
_____.

05 그들은 그 프로젝트에서 성공하기 위해 온갖 노력을 기울였지만 아무런 소득을 얻지 못했다.
(온갖 노력을 기울이다 : make every effort, 소득을 얻다 : get returns)
_____.

Chapter 14
대명사와 수량사
Pronouns & Quantifiers

> **Grammar Introduction**
> 대명사는 인칭대명사 뿐만 아니라 부정대명사도 자주 쓰인다. 그 종류가 많고 다양하며 용법도 각각 다르므로 이들의 용법상의 차이점을 구별하여 익혀두는 것이 중요하다.

대명사의 종류

1) **인칭 대명사** : 주격(I/you), 소유격(my/your), 목적격(me/them), 소유대명사(mine/yours), etc.
2) **재귀 대명사** : myself, yourself, himself, herself, itself, yourselves, ourselves, themselves
3) **부정 대명사** : one, each, both, all, most, another, other(s), either, neither, some, any, etc.
4) **지시 대명사** : this/ these, that/ those
5) **의문 대명사** : who(m), what, which, etc.

수량형용사/ 수량 대명사

다음과 같은 수량사들은 **대명사/ 형용사 양쪽**으로 다 사용되는 것에 주의하자.
단독으로 쓰이면 **수량 대명사**이고, 뒤에 명사가 오면 **수량형용사(한정사)**가 된다.

1 복수 명사와 함께 쓰이거나 이들의 수를 나타내는 경우

* **a few** : 몇 개(사람)은 있다 ➡ 긍정의미
* **few** : 거의 없다 ➡ 부정적 의미
* **several** : 여러 사람(개)
* **many** : 많은 수(의)

* **A few** (*people*) left the party early. 몇몇 사람들이 파티를 일찍 떠나갔다. (⋯➡ 긍정의 뜻)
* **Few** (*people*) left the party early. 파티를 일찍 떠나간 사람들이 거의 없다. (⋯➡ 부정의 뜻)
* I have been to New York **several** *times*. 나는 뉴욕에 여러 차례 다녀왔다.

2 불가산명사와 함께 쓰이거나 양을 나타내는 경우

* **a little** : 조금은 있다 ⋯➡ 긍정의미
* **little** : 거의 없다 ⋯➡ 부정의미
* **much** : 많은 양(의)

* There was **a little / little** to be gained from the investment in stocks.
  주식에 투자해서 얻은 것이 조금은 있었다 / 거의 없었다.
* I don't have **much** *time* to travel. 나는 여행할 시간이 많지 않다. (⋯➡ 수량 형용사)
* He didn't say **much** about the result of the negotiation. (⋯➡ 수량 대명사 : say의 목적어)
  그는 협상 결과에 대해 말을 많이 하지 않았다.

1 인칭 대명사

1 주격 대명사 (I, we, you, he, she, it, they)

주격 대명사는 동사 앞(문두)에 와서 문장의 주어가 된다.
* *He* will attend the seminar next Tuesday. 그는 다음 화요일 세미나에 참석할 것이다.

2 소유 형용사 (my, our, your, his, her, its, their)

1) 소유 형용사 ➡ 단독 사용할 수 없으며 명사(구)나 동명사 앞에만 온다.
* I expect Jenny to accept **my** offer. 나는 제니가 내 제안을 받아들일 것으로 기대한다.

2) 소유격의 강조 ➡ one's own + 명사 = 명사 + of one's own의 형태로 강조한다.
* Erin has been managing **her own** business for over a decade.
  Erin은 자신의 사업을 십 년 이상 경영해 오고 있다.
* I have **my own** house. = I have a house **of my own**. 나는 내 자신의 집을 가지고 있다.

> **주의**
> * This car is *my one*. (x) (소유 형용사 뒤에 one 사용 불가 ⋯➡ **mine**)
> * This car is *my old one*. (o) (one 앞에 형용사 등 수식어가 있으면 가능하다)
> * This car is *my own one*. (x) (my own 뒤에도 one 사용 불가 ⋯➡ **my own**)

3 목적격 대명사 (me, us, you, him, her, it, them)

목적격 대명사는 타동사나 전치사 뒤에 와서 목적어가 된다.
* I will *ask* **him** why he left so early ? (⋯➡ 타동사 뒤에) 나는 그가 왜 그처럼 일찍 떠나갔는지 물어 보겠다.
* An important assignment was given *to* **him**. (⋯➡ 전치사 뒤에) 중요한 임무가 그에게 맡겨졌다.

4 독립 소유대명사 (mine, ours, yours, his, hers, theirs)

1) 소유대명사의 용도 ➡ 앞에 나온 명사의 반복을 피하기 위하여 사용된다.

> S + V + ⋯ 소유 형용사 + 앞에 나온 명사 ➡ S + V + ⋯ 소유대명사 (⋯의 것)

* Ms. Yoon used my computer because **hers** was out of order. (= her computer 대신 사용)
  Mz. Yoon은 자기의 컴퓨터가 고장이 나서 내 컴퓨터를 사용했다.
* While my car was being fixed at the garage, he allowed me to use **his**.
  (= his car ⋯➡ 소유 형용사 his와 소유대명사 his가 철자가 같으므로 문맥을 보고 판단해야 한다)
  내 차가 정비소에서 수리되고 있는 동안 그는 내가 자기 차를 사용하도록 허용해 주었다.

2) 소유대명사 용법상 주의할 점

소유대명사는 단독 사용되어 **주어/ 목적어/ 보어 자리**에 오며 **명사 앞에는 오지 않는다.**

* This car is *mine car*. (x) (⋯➡ mine : 명사 앞에 사용 불가) 이 차는 내 것이다.
* This is not *my car*. **Mine** is over there. 이것은 내 차가 아니야. 내 차는 저쪽에 있어.

Check-up questions 1

A 어법상 알맞은 것을 고르시오.

01 While your car is in the repair shop, you can use (mine / my one).

02 The automobile company has decided to improve (its / it's) service system next year.

03 Mr. Lee took Ms. Kim's suitcase as its appearance just looked like (his / him).

04 He tells people how to save money, but he is actually so lavish with (his own / himself).

05 Most of (we / us) biologically have particular default modes with time.

B 다음 밑줄 친 부분 중에서 어법상 틀린 부분만 알맞게 고치시오.

01 Mr. Smith completed his work and offered to help Ms. Jones finish her.

02 The fear hangs around freelance writers, who see the work of other writers appearing in magazines while their own one keeps returning in the mail.

03 When you look for a management consultant, you might as well choose (A) the one whose vision and management philosophy match (B) you.

2 대명사의 일치

1 대명사는 자기가 지칭하는 명사와 성, 수, 격 등이 문맥에 맞게 일치해야 한다.

* The *company* is well known for the high quality of **its** products.
  그 회사는 자사 제품의 고급 품질로 유명하다.
* The quality control officer should check all the *items* for defects before **they** are shipped.
  품질관리 담당자는 물품들을 발송하기 전에 결함이 있는지 모두 확인해야 한다.

2 A and B를 지칭할 경우

1) A and B ➡ A와 B가 독립적일 경우에는 they로 받는다.
   * *Tom and Judy* participated in **their** science project. Tom과 Judy가 그들의 과학 프로젝트에 참여했다.

   주의 A and B가 **단일한 개념**일 경우에는 it(사물)나 he/ she(사람)로 받는다.
   * *Curry and rice* is my favorite food; I often eat **it**. 카레라이스는 내가 좋아하는 음식이어서 자주 먹는다.
   * *A politician and writer* showed up at the event, and **he** was warmly welcomed.
     정치가이자 작가인 사람이 그 행사에 나타났고, 그는 따뜻하게 환영받았다.

2) A and I ➡ we로 받는다.
   * *Mr. Roberts and I* quit the company and started **our own** business.
     Roberts씨와 나는 회사를 그만두고 우리 자신의 사업을 창업했다.

3) you and B ➡ you로 받는다.
   * The team is composed of *you and other students*, and **your** team will play in the second game.
     팀은 너와 다른 학생들로 구성되어 있고, 너희네 팀은 두 번째 게임에서 뛰게 될 거다.

3 부정 대명사를 지칭할 경우

1) someone/ somebody/ anyone/ anybody/ nobody/ everyone/ everybody ⋯ he or she(격식체) 또는 they(비격식체)로 받는다.
   * *Anybody* who wants to take the courses should submit **his or her** application.
     그 강좌를 수강하고 싶은 사람은 누구나 자기의 신청서를 제출해야 한다.
   * **Everybody** has submitted **their** report, haven't **they**? (이 경우 부가 의문문은 항상 they로 받는다)
     모두 다 리포트 제출했죠?

2) something/ anything/ nothing/ everything ⋯ it로 받는다.
   * I feel there's *something* strange in my eye, and I have to check **it** out.
     내 눈에 뭔가 이상한 것이 있다고 느껴진다. 그것을 확인해보아야겠다.

3) 기타 -> 문맥의 상황에 맞추어 주면 된다.
   * In everything, do to *others* what you would have **them** do to you.
     무엇이든지 남에게 대접을 받고자 하는 대로 너희도 남을 대접하라.

   참고 인칭대명사는 미리 앞에서 뒤의 명사를 지칭할 경우가 있으며 이를 전치 대명사라한다.
   * **His** parents expects *John* to succeed their family business.
     (⋯ His는 뒤에 있는 John을 지칭하는 전치 대명사이다)
     그의 부모는 John이 그들의 가업을 이어받기를 기대한다.

Check-up questions 2

A 어법상 알맞은 것을 고르시오.

01 The information is outdated, so we cannot use most of (it / them) any longer.

02 Every year the United States exports "cultural products" to the rest of the world, while (it / they) only imports similar products to theirs from other countries.

03 Foolishly arrogant as I was, I used to judge the worth of a person by _____ intellectual power and attainment.
(A) its (B) it's (C) his or her (D) my

04 If you dare to take the initiative in self-revelation, the other person is much likely to reveal secrets to _____.
(A) you (B) him (C) himself (D) them

05 Everybody in the mixed chorus has put on _____ uniform, but everybody on the female chorus even hasn't been given _____ uniform yet.
(A) his — her (B) their — his (C) their — his or her (D) his or her — her

B 다음 밑줄 친 부분 중에서 어법상 틀린 부분만 알맞게 고치시오.

01 A brilliant friend of (A) <u>mine</u> once told me, "When you suddenly see a problem, something happens that you have the answer — before you are able to put (B) <u>them</u> into words."

02 Coins reflect both a country's history and (A) <u>their</u> aspirations, and it is natural that (B) <u>their</u> collections based on the place of origin should develop.

03 Much of the essential work of Greenpeace would be impossible without (A) <u>its</u> small fleet of ships. All of (B) <u>this</u> were originally working ships of some sort.

04 A famous psychiatrist was leading symposium on the methods of getting patients to open up about themselves. The psychiatrist challenged (A) <u>his</u> colleagues with boast: "I'll bet that my technique will enable (B) <u>them</u> to get a new patient to talk about the most private things during the first session without (C) <u>my</u> having to ask a question."

3 재귀대명사 (reflexive pronouns - oneself)

소유격(my, our, your) 및 목적격 대명사(him, her, it, them) 뒤에 **-self**(단수일 때) 또는 **-selves**(복수일 때)를 붙인 형태를 재귀대명사라고 하며, 일반적으로는 **oneself**로 표현한다.

1 재귀적 용법

주어와 목적어가 일치하면 목적어 자리에는 반드시 주어와 일치하는 재귀대명사가 온다.

> 즉, S + V + <u>oneself</u> (→ S = 목적어일 때)
>   목적어

* To be successful, *you* must believe in **yourself**. (⋯ you : x)
  성공하기 위해서는 당신 자신(의 능력)을 믿어야 한다.

  주의 준동사인 to-부정사/ 동명사/ 분사 뒤에 붙는 목적어도 그 준동사의 의미상 주어와 일치할 경우에는 재귀대명사가 온다는 것을 주의하자.

* <u>The children</u> are often left alone at home, *looking after* **themselves**.
  (⋯ 분사구문의 주어는 The children이므로, looking after의 목적어 자리에 themselves가 온다)
  아이들은 종종 집에 홀로 남겨져서 그들 스스로를 돌보게 된다.

* It is only through steady reflection that *you* really begin *to know* **yourself**.
  당신 자신을 진정으로 알기 시작하는 것은 오직 꾸준한 자기반성을 통해서이다.

2 강조 용법

재귀대명사는 **주어, 목적어, 보어** 등을 바로 그 뒤에서 강조하는 데 쓰인다. 단, 짧은 문장에서는 주어를 강조하는 재귀대명사는 문장 끝에 오는 경우가 많다. (⋯ 강조용법의 재귀대명사는 생략할 수 있다)

* *Laura* painted the pictures **herself**. (⋯ 주어의 강조) Laura 자신이 직접 그 그림들을 그렸다.
* To my surprise it was *the president* **himself** who called me last night. (⋯ 보어의 강조)
  내가 놀랍게도 어젯밤 나에게 전화를 한 사람은 사장 자신이었다.
* Jack incorrectly translated *the English original* **itself** into Korean. (⋯ 목적어의 강조)
  Jack은 영어 원본 자체를 한국어로 잘못 번역하였다.

3 재귀대명사의 관용적 표현 (전치사 + oneself의 형태)

> **by oneself** : 혼자서 (= alone/ on one's own), 혼자의 힘으로 (= without others' help)
> **for oneself** : 혼자의 힘으로 (= by oneself)   **in itself** : 본질적으로, (사물) 그 자체로서
> **of itself** : 저절로 (= by itself)   **in spite of oneself** : 자기 자신도 모르게
> **beside oneself** (with surprise/ sorrow/ joy) : (놀라서/슬퍼서/기뻐서) 제정신이 아닌

* She was scared of staying in the remote house **by herself**. (= alone/ on her own)
  그녀는 외딴집에 혼자서 머무는 것을 무서워했다.
* The child has completed the difficult homework **by himself / for himself**.
  그 아이가 어려운 숙제를 혼자의 힘으로 다 해냈다.
* I laughed at the ridiculous sight **in spite of myself**.
  나는 그 우스꽝스러운 광경을 보고 나도 모르게 웃어버렸다.

Check-up questions 3

A 어법상 알맞은 것을 고르시오.

01 The president greeted the guests invited to the reception (himself / themselves).

02 The employees should make every effort to work effectively on (their own / themselves) to improve their productivity.

03 Daniel has decided to have his car repaired rather than take care of it (itself / himself).

04 You should all be proud of (you / yourself / yourselves) for having achieved such an impressive sales record.

05 They were (by / beside) themselves with joy when they finally won the championship in the final tournament.

06 Most of the stores still distribute leaflets on their merchandise, which _____ is a very conventional way to advertise their goods.

    (A) themselves   (B) in itself   (C) by itself   (D) by themselves

B 다음 밑줄 친 부분 중 어법상 틀린 부분만 알맞게 고치시오.

01 The online language learning program allows (A) its trainees to revise their studying schedule (B) by itself.

02 I have seen people who are very good at their jobs but are poor at presenting (A) them and, hence, have difficulty convincing them of (B) their capabilities.

03 One afternoon, I was playing an important singles match against John. When things didn't go (A) his way, he began to go downhill, complaining about the game, screaming at (B) him, and slamming (C) his racket.

04 In the field of distance learning, despite the fact that the prime focus has been placed on the role of technology in distance learning, experienced educators insist that technology (A) in it is not as important as other factors. Instead, (B) they identify learner motivation and teacher responsiveness, as being of great importance in distance learning.

4 부정대명사(Indefinite pronouns)의 일반 용법

부정대명사의 종류

one 불특정한 하나	both 둘 다	all 셋 이상일 때 모두	most 대부분
some 얼마간	any 어떤 것	another 또 하나	either 둘 중 어느 하나
neither 둘 다 아닌 것	the other(s) 특정한 나머지		

1 one (단수) / ones (복수)

불특정한 셀 수 있는 명사(사람, 사물 모두 포함)를 가리킬 때 쓰인다. 하나일 때는 one, 둘 이상일 때에는 ones로 표현한다.

* We need to replace the old *bed* with a new **one**. (→ 막연한 침대 하나를 가리킴)
  우리는 낡은 침대를 새것으로 교체해야 한다.
* **One** should ask *oneself* how we should lead a full and righteous life. (→ 막연한 일반주어)
  사람은 어떻게 하면 완전하고도 의로운 삶을 영위해야 하는지 스스로 자문해 보아야 한다.
* I will take the green folders rather than the yellow **ones**. (→ 복수일 때)
  나는 노란 폴더보다는 녹색 폴더를 택하겠다.

2 다수 중 일부의 표현

1) one / the other ➡ A, B 둘일 때 (A : one, B : the other)

* I have *two brothers*. **One** lives in Seoul and **the other** (lives) in New York.
  나는 두 형제가 있는데 한 사람은 서울에 살고 나머지 한 사람은 뉴욕에 산다.

2) one / another / the other(s) ➡ 셋 이상 특정한 수일 때

  a) [A, B, C]에서 A, B, C 셋을 하나씩 열거할 때
  A ➡ one, B ➡ another, C ➡ the other / the third / the last one

* There are *three flights* to Denver we can take. **One** leaves at 9:30 in the morning, **another** at noon, and **the other** (*or* **the last one**) at 7:30 in the evening.
  우리가 탈 수 있는 덴버행 비행기가 3대가 있다. 하나는 오전 9시 30분에 출발하고, 또 하나는 정오에 나머지 하나는 저녁 7시 30분에 출발한다.

  b) [A, B, C]에서 A 와 [B, C] 를 열거할 때
  A ➡ one, [B, C] ➡ the others

* I have three dogs. **One** is white and **the others** are light brown.
  나는 3마리의 개를 가지고 있다. 하나는 흰색이고 나머지들은 옅은 갈색이다.

c) [A, B, C]에서 [A, B]와 C를 열거할 때
   [A, B] ➡ **two of them / some**, C ➡ **the other**

* There are three native speakers of English at my company. **Two of them** are from the United States and **the other** (is) from Canada.
  우리 회사에는 영어를 모국어로 하는 사람이 세 명 있다. 그중 두 사람은 미국 출신이고 나머지 한 사람은 캐나다 출신이다.

d) A, B, C, D, E, F …. 와 같이 많은 수일 때 (즉, 막연한 범위인 경우)
   [A, B, C] ➡ **some**, [D, E, F…] ➡ **others** (➡ 불특정한 경우에는 the를 붙이지 않는다.)

* **Some** (people) agree to the proposal, but **others** object to it.
  어떤 사람들은 그 제안에 찬성하지만 다른 사람들은 그것에 반대한다.

3 each other / one another / one after another / one by one의 구별

1) **each other = one another** : 서로 (현대 영어에서는 거의 구별 없이 쓰인다. 단, 대명사구이므로 명사 앞에 올 수 없으며 주로 동사나 전치사의 목적어로만 사용된다. ⋯ 주어로 사용 불가)

   * They looked at **each other**. 그들은 서로를 바라보았다.
   * John and I have known **one another** for several years. 존과 나는 서로 알게 된 지 여러 해 되었다.

2) **one after another = one by one** : 차례차례로, 하나씩 (⋯ 부사구)

   * The combat planes took off **one after another**. 전투기들이 차례차례 이륙했다.
   * The candidates are asked a question **one by one** by the interviewer.
     지원자들은 면접관으로부터 한 사람씩 질문을 받았다.

Check-up questions 4

A 어법상 알맞은 것을 고르시오.

01 You can transfer money online at any time from one account to (another / other).

02 While manned space missions are more costly than unmanned (one / ones), they are more successful.

03 Belief in God is not essential to belief in immortality, but it is difficult to dissociate one from (another / the other).

04 At present there are only a handful of street parking spaces near the library, so you would be lucky to find _____ free.
  (A) it (B) that (C) the one (D) one

05 When you are in a negotiation meeting, your party and _____ party are usually sitting across a table.
  (A) another (B) other (C) the other (D) each other

B 다음 밑줄 친 부분 중 어법상 틀린 부분만 알맞게 고치시오.

01 There are some people who believe that <u>no other</u> should be trusted.

02 In the animal world, (A) <u>some</u> species crowd together and require physical contact with (B) <u>each other</u>. However, (C) <u>the others</u> avoid touching.

03 Even within families, we attach (A) <u>ourselves</u> to (B) <u>our own</u> territories. For example, the kitchen tends to "belong" to (C) <u>the someone</u> who prepares the meals.

04 People desire to make money exchanges for many reasons. (A) <u>Some</u> are concerned with the import or export of goods or services between one country and (B) <u>each other</u>. (C) <u>Others</u> wish to move capital from one area to (D) <u>another</u>.

5 [부정대명사 + of the + 명사]의 형태

1 일반적 형태

> all / both / each
> one / most / some   + of + 한정사 + 복수명사 (단, all of/some of 뒤에는 불가산명사도 가능)
> either / neither
>
> of 뒤 명사 앞에는 주로 **한정사**(the, my, our, his, their, those, etc.)가 온다.

* **Most of** *the employees* are present at the meeting. 직원들 대부분이 회의에 참석해 있다.
* **Both of** *the movies* are exciting. 그 영화 둘 다 무척 재미 있어.
* **Neither of** *those people* knew the way. 그 사람들 둘 다 그 길을 몰랐다.

2 단수 취급되는 경우

> one / each
> either / neither   **of the + 복수 명사/ 복수 대명사 ➡ 단수취급**(뒤에 단수동사)

* **Each of the students** in the class **is** studying hard. 그 반 학생들 각자는 열심히 공부하고 있다.

CF. **Each student** in the class is working hard.(o) (⋯ of 가 없으면 the도 빠지고 뒤에 단수 명사가 온다)

주의 Neither of the + 복수명사 뒤에는 **단수동사/ 복수동사 모두** 올 수 있다.
* **Neither of the two restaurants** *is / are* expensive.(o) 그 식당 둘 다 비싸지 않다.

3 복수 취급되는 경우

> all/ both
> most/ some   **of the + 복수 명사/ 복수 대명사 ⋯ 복수취급**(뒤에 복수동사)

CF. all/ most/ some of the + 불가산명사/ 단수대명사(it) ⋯ 단수취급 (뒤에 단수동사)

* **Most of the restaurants** in the region *are* able to provide service in English.
  그 지역 식당들 대부분이 영어로 서비스를 제공할 수 있다.
* **Most of the merchandise** in the store *is* arranged on the shelves and the rest of **it** *is* placed on the floor. (⋯ merchandise가 불가산명사이므로 단수동사 is가 오고 뒤에서 it로 받는다)
  가게 상품의 대부분은 선반에 진열되어 있고 나머지는 바닥에 놓여있다.

주의 other 의 주의할 점
① **the other** ➡ 한정된 범위 안에서 나머지가 하나일 때
② **the others** ➡ 한정된 범위 안에서 나머지가 둘 이상일 때
③ **others** ➡ 막연한 범위에서 나머지들을 가리킬 때

* I don't like this T-shirt. Please show me *other*. (x) (⋯ another ; other는 단독 사용 불가)
  나는 이 T셔츠가 마음에 들지 않아요. 다른 것을 보여주세요.

Check-up questions 5

A 어법상 알맞은 것을 고르시오.

01 (Each / Most) of the shoppers at the mart are satisfied with the affordable prices.

02 The parents did everything possible to avoid favoring one child over (others / the others).

03 (Most / Most of) the department stores are having a sale this week.

04 All of the board (member / members) attended the meeting on the product development.

05 Students can find detailed information of _____ of the newly published books on the school's Web site.
   (A) some   (B) ones   (C) others   (D) them

B 다음 밑줄 친 부분 중 어법상 틀린 부분만 알맞게 고치시오.

01 One of <u>the main principle</u> I follow when I draw outside is not to select a subject that is too difficult or odd.

02 A violin creates tension in its strings and gives <u>each of it</u> an equilibrium shape : a straight line.

03 Online chatting allows you to create any image of yourself that you want and to tell <u>another</u> person anything about yourself that you want.

6 지시 대명사

1 앞에 나온 명사의 반복

> **that of + 명사**(*or* 기타 전치사구) … ➡ 앞에 나온 **단수명사**를 반복할 때
> **those of + 명사**(*or* 기타 전치사구) … ➡ 앞에 나온 **복수명사**를 반복할 때

주의 that 대신에 it/ one/ this 등을 사용할 수 없으며, those 대신 them/ ones/ these를 사용할 수 없다.
주로 비교 구문에서 이 표현을 많이 사용한다.

* The *climate* of the Arctic is as cold as **that of** Antarctic. (⋯ climate의 반복)
  북극지방의 기후는 남극대륙의 기후만큼 춥다.
* In my opinion the finest *cell phones* in the world are **those from** Korea. (➡ cell phones의 반복)
  내 의견으로는 세계에서 가장 훌륭한 휴대전화는 한국산이라고 본다.

2 "막연한 사람(들)"의 표현

> 1) **one/ someone/ anyone + 형용사구/ 분사구/ 관계사절** (…하는 사람) ➡ **단수**인 경우
> 2) **those + 형용사구/ 분사구/ 관계사절** (…하는 사람들) ➡ **복수**인 경우

* **Anyone** (who *is*) interested in the internship should fill out *his or her* application form. (⋯ 단수인 경우)
  수습사원 제도에 관심 있는 사람은 누구든지 각자의 신청서를 작성해야 한다.
* **Those** (who *are*) traveling in foreign countries should carry *their* passport at all times. (⋯ 복수인 경우)
  외국에서 여행하는 사람들은 항상 여권을 가지고 다녀야한다.

* **those** responsible for the project (⋯ 형용사구 앞에 쓰인 경우) 그 프로젝트를 담당하는 사람들
* **those** involved in the discussion (⋯ 분사구 앞에 쓰인 경우) 토론에 참여한 사람들

Check-up questions 6

A 어법상 알맞은 것을 고르시오.

01 We thank all candidates for their application, but only (them / those) who are qualified for the position will be contacted early next week.

02 Thanks to foreign exchange market, people can easily exchange one country's money with (that / those) of another.

03 Ms. Lopez's manner at the meeting was that of (someone / something) that is not accustomed to listening to others' points of view.

B 다음 밑줄 친 부분 중 어법상 틀린 부분만 알맞게 고치시오.

01 On the flights of Trans Continental Airlines, alternative meal options are available on request for <u>them</u> undergoing a dietary cure.

02 A research shows that nearly two-thirds of all college graduates within five years of (A) <u>their</u> graduation are engaged in a field completely different from (B) <u>those</u> for which they thought they were preparing in college.

7 수량 대명사/ 수량 형용사(구)와 숫자의 표현

1 a few/ few/ several/ many + of the 복수명사 ➡ 수량 대명사 (복수취급)
　a few/ few/ several/ many + 복수명사 ➡ 수량 형용사 (복수취급)

* **A few of the delegates** *have* already arrived at the convention center.
　몇몇 대표들이 벌써 컨벤션 센터에 도착했다.
* **Many of the** leading **economists** *predict* that global economy will be getting better next year.
　많은 주요 경제학자들이 내년에는 세계 경제가 호전될 거라고 예측하고 있다.
* **Many** predict that the new policy will work in the near future. (··· Many 자체가 주어)
　많은 사람들이 그 새로운 정책이 곧 효과가 있을 거라고 예측하고 있다.

2 a little/ little/ much + 불가산명사 ➡ 수량 형용사 (단수취급)
　a little/ little/ much of the + 불가산명사/ 단수명사 ➡ 수량 대명사 (단수취급)

* **Little of their** *splendor* now *remains*. 그들의 영광은 지금 거의 남아있지 않다.
* **Much of the** *village has* been damaged by the recent hurricane.
　최근의 태풍으로 그 마을의 많은 부분이 피해를 입었다.

3 수량 형용사구 ("많은"의 표현)

1) a lot of
　lots of ｝ + 불가산명사 / 복수 명사 (··· 단수 가산명사는 불가)
　plenty of

2) a (great/ good/ large) number of + 복수명사 (= numbers of + 복수명사)

3) a great ｝ + ｛ deal / amount / volume / quantity ｝ of + 불가산 명사
　a good

* There are **a lot of** *tourists* at the historic site. 그 역사적인 장소에는 많은 관광객들이 있다.
* There still **remains a great deal of** *work* to be finished. 아직 끝내야할 일이 많이 남아 있다.

4 숫자의 표현

1) 구체적인 숫자 : 숫자 + dozen/ hundred/ thousand/ million/ billion + 복수명사
　　　　　　　　　　　　　　　단수 형태

2) 막연한 숫자 : dozens/ hundreds/ thousands/ millions/ billions of + 복수명사
　　　　　　　　복수 형태 (수십의/ 수백의/ 수천의/ 수백만의/ 수십억의)

* There are about **five thousand people** in the gymnasium. 체육관에는 약 5000명의 사람들이 있다.
* They carry **thousands of items** at the mart. 그 마트에서는 수천 가지의 상품을 취급한다.
* **Tens of thousands of people** are expected to participate in the annual event.
　수만 명의 사람들이 그 연례 행사에 참가할 것으로 예상된다.
* **dozens of** people 수십 명의 사람들

few / little의 관용적 표현

1) few

* **only a few** : 아주 적은 수의, 극소수의
* **quite a few/ a good few/ not a few** : 꽤 많은 수의, 상당수의
* **no fewer than** : 적어도 (= at least / not less than)

2) little

* **only a little** : 아주 적은 양의, 극소량의
* **not a little/ no little/ quiet a little** : 상당히 많은
* **little better than/ no better than** : …나 (거의) 다름없는
* **make little of / think little of** : …을 깔보다, 경시하다

5 복수 숫자 뒤에서도 단수명사가 오는 경우

다음과 같이 복수 숫자 뒤에 단위명사가 와서 복합 형용사가 되어 다른 명사 앞에서 그 명사를 직접 수식할 경우에는 단위명사는 반드시 단수라야 한다. 이 경우는 형용사구의 한정용법이므로 숫자와 단위명사 사이에는 보통 하이픈 (–)이 온다.

```
[ 숫자 – 단위명사 – (형용사) ] + 명사
          (단수명사)
```

e.g.
* a ten-*year*-old boy (열 살 먹은 소년)   * a five-*story*-(tall) building (5층짜리 건물)
       years(x)   stories(x)
* a fifty-*dollar* bill (50달러 짜리 지폐)   * a ten-*day* backpack trip (10일간의 배낭여행)
       dollars(x)   days(x)

* She has a **ten-year-old** son. 그녀에게는 10살 된 아들이 하나 있다.
* He has bought a **seven-story-tall** building recently. 그는 최근에 7층 짜리 건물을 하나 샀다.

CF. 위와 같은 복합 형용사가 **보어로 쓰일 때(서술용법)**는 하이픈도 빠지고 **단위명사는 복수가 살아난다는 것을 주의하자.**

* The boy is **ten *yeas* old**. 그 소년은 열 살이다.

* The building is **five *stories* tall**. 그 건물은 5층 짜리이다.

Check-up questions 7

A 어법상 알맞은 것을 고르시오.

01 Robots and astronauts use (much / many) of the same equipment in space.

02 You may think that moving a short distance is so easy that you can do it in no time with (few / little) effort.

03 When searching for a new job, you must talk to (lot of / plenty of) people who work in the field for useful information.

04 The ancient kingdom had lasted about three (hundred / hundreds of) years before they were conquered by foreign invaders.

05 _____ our staff members are satisfied with the company's flexible shift systems.
　(A) Many　　　　(B) Much　　　　(C) Many of　　　　(D) Much of

06 Many _____ me about my unusual experience of living with a native tribe in Africa.
　(A) questions　　(B) questioned　　(C) questionable　　(D) questioning

07 We'll have to put a help-wanted advertisement again because _____ qualified applicants have applied for the vacancy in the marketing department.
　(A) few　　　　(B) a few　　　　(C) few of　　　　(D) a few of

B 다음 밑줄 친 부분 중 어법상 틀린 부분만 알맞게 고치시오.

01 Noah's fixtures cost about twice as (A) <u>many</u> as regular items. Their lowest-priced products are $40, but (B) <u>those</u> in the deluxe series cost as high as $150.

02 The national organization has succeeded in registering (A) <u>hundred thousands of</u> voters, helped elect many officials, affected public policy, and helped secure professional positions for minorities in (B) <u>numbers of</u> different fields.

03 Webster began to work on (A) <u>three simple books</u> on English, a spelling book, a grammar, a reader. (B) <u>80 millions of</u> copies under the title of The American Spelling Book were sold during the (C) <u>next hundred</u> years.

종합문제 (대명사와 수량사)

A 다음 빈 칸에 어법상 알맞은 것을 고르시오.

01 There are several stores selling Korean traditional products on _____ side of the street in Insadong, Seoul.
(A) one   (B) either   (C) both   (D) another

02 One group of the residents in the city believes that the budget for the road improvement should be cut, but _____ is strongly opposed to the cut.
(A) another   (B) the other   (C) either   (D) others

03 Of all the money donated to charity, _____ is spent on food and clothes for the victims of disasters.
(A) the most   (B) most of them   (C) all of them   (D) most

04 The microwave I purchased at your store last week isn't working well, so I demand that you exchange it for _____ .
(A) the other   (B) one   (C) another   (D) one another

05 "While you're out, don't forget to buy the books I asked you to." "Okay, I'll remember to get _____ ."
(A) ones   (B) them   (C) some   (D) it

06 The system of politics and economy of one country is not always the same as _____ .
(A) that of another   (B) that of the other   (C) those of another   (D) those of the other.

07 These days, _____ citizens have established charities devoted to helping the people in need.
(A) lot of   (B) a plenty of   (C) a number of   (D) a great amount of

08 Successful managers are _____ who anticipate and adjust to changing circumstances.
(A) that   (B) the one   (C) them   (D) the ones

09 A majority of child psychologists appear to feel that spanking does _____ good, but rather _____ harm to young people.
(A) little - much   (B) little - many   (C) a little - much   (D) a little - many

10 The characteristic of the present time is that the commonplace minds, knowing _____ to be commonplace, have assurance to proclaim the rights of the commonplace.
(A) them   (B) itself   (C) themselves   (D) oneself

B 괄호 안에서 어법에 알맞은 것을 고르시오.

01 Cultures change over time. Sometimes the change occurs so slowly and gradually that it is hard to notice (1) **(it / them)** happening. At other times it is rapid or sudden. A number of western cultures, such as (2) **(that / those)** of the United States, experienced rapid cultural changes in the late 1960s, with the beginnings of a mass youth culture. The youth challenged (3) **(many / much)** of the values of their parents in relation to social relationships and materialism. They expressed (4) **(itself / themselves)** differently from the older generation in behavior, dress, and music.

02 To Alumni of Nostridge University,

Of the five most highly rated universities in this state, our university has been ranked last in terms of cost. However, we may not be able to offer the students (1) **(our / their)** academic services at affordable prices because State funding has dropped from 70% to 40% for the last ten years. Student fees still cover only 30% of the cost educating our students. That means the rest - 30% - must come from (2) **(another / other)** source. That source is our alumni. If you want your alma mater to continue to be the highly rated and affordable university, it is time for you to give something back for your juniors. We are sure that the greatness of a university is the greatness of (3) **(its / our / their / your)** alumni. Thank you very much for your cooperation.

03 Foreign tongues are also extremely important. Knowledge of French, Russian, Chinese or any other language provides a far deeper knowledge of (1) **(our own/ ours)** language. Moreover, a real insight into foreign culture is only possible when (2) **(one/ anyone)** knows the language of that culture.

Then there are nonlinguistic "languages" that the student must master. Statistics and mathematics are clearly indispensable to roles in technology or science. But these "languages" are also essential for social sciences and arts. (3) **(Someone/ Those)** who assumes that he can safely ignore math is sadly mistaken and will be shut off from (4) **(many/ much)** of the modern world.

C 다음 우리말에 알맞도록 영문의 빈칸에 적당한 단어를 써넣으시오.

01 그 일자리에 지원한 두 지원자는 둘 다 채용되는 기회를 얻지 못했다.
   (   ) of the two (   ) for the job has had a chance to be hired.

02 이 프로젝트는 앞에 있었던 프로젝트들보다 더 어렵다.
   This project is more challenging than the preceding (   ).

03 그 학생들 대부분은 자기 자신의 휴대전화를 가지고 있다.
   (   ) of the students have (   ) (   ) cell phones.

04 나의 양친 두 분 다 다음 주에 비행기로 유럽으로 가신다.
   (   ) of my (   ) are flying to Europe next week.

05 그 책들 중 몇 권은 한국어로 쓰여있고 나머지는 영어로 되어 있다.
   (   ) of the books are written in Korean and (   ) (   ) are in English.

D 다음 우리말을 주어진 단어들을 이용하여 영작하시오.

01 우리 회사의 금년도 매출고는 작년도의 그것보다 훨씬 많다.
   (매출고 : sales figures, 훨씬 많은 : much larger)
   _____.

02 관리부의 빈자리에 관심 있는 사람은 누구나 각자의 이력서를 제출해야한다.
   (관리부 : the administrative department, 빈자리 : vacancy, 이력서 : resume, 제출하다 : submit)
   _____.

03 그 기계는 수백만 명의 농부들에게 많은 수확의 부담을 경감시켜 준다.
   (수확 : harvest, 부담 : burden, A 에게서 B 를 경감 시키다 : relieve A of B)
   _____.

04 당신은 당신 자신이 판에 박힌 일상적인 일에 갇혀 있다는 것을 발견하면 그 틀에서 스스로를 해방 시키도록 노력해야 한다.
   (판에 박힌 일상적인 일 : routines, 갇혀 있는 : imprisoned, 해방 시키다 : release/ set free)
   _____.

05 나는 어떤 때는 과학자가 되기를 원했으며 또 다른 때는 사업가가 되어서 많은 돈을 벌기를 갈망 했다.
   (어떤 때는 : at some times , 다른 때 : at other times, 사업가 : businessman, 많은 돈을 벌다 : make a fortune, 갈망하다 : long)
   _____.

연결어 편

Chapter15　전치사 Prepositions

Chapter16　접속사 Conjunctions

Chapter17　관계사 Relatives

Chapter 15
전치사
Prepositions

> **Grammar Introduction**
> 전치사는 단독으로 쓰이지 않으며 **단어**와 **구**를 연결하는 일종의 **연결어**이다. 그러나 전치사는 의문사절은 제외하고 그 밖의 다른 **절**(S + V …)은 연결하지 않는다. 전치사 어법은 이론적이기보다는 관용적으로 쓰이므로 이들의 용법을 습관적으로 익히는 것이 좋다.

전치사의 위치

전치사는 다음과 같이 다른 단어에 종속되어 사용된다.

1 뒤에 오는 명사에 종속되는 경우 (전치사 + 명사)

e.g. in *demand*(수요가 있는)/ on *display*(진열된)/ on *sale*(세일 중인)/ in a *row*(일렬로)

2 앞에 오는 명사에 종속되는 경우 (명사 + 전치사)

e.g. a *change* to the schedule(일정에 대한 변경)/ a *report* on the survey(조사에 관한 보고서)/ an *increase* or a *decrease* in our profits(수익금의 증가 또는 감소)

3 자동사 뒤에 오는 경우 (자동사 + 전치사)

e.g. look *for/ at/ into/ through/ over* (…을 찾다/바라보다/조사하다 /훑어보다/검토하다)/ speak *with*(…와 이야기하다)/ comply *with*(…을 준수하다)/ respond *to*(…에 반응하다)

4 형용사와 P.P.(과거분사) 뒤에 오는 경우 (be + 형용사 / P.P. + 전치사)

e.g. be *aware* of(…을 알다)/ be *eligible* for(…의 자격이 있다)/ be *afraid* of(…을 두려워하다)/ be *satisfied* with(…에 만족해하다)/ be *committed* to(…에 몰두하다)/ be *involved* in(…에 참여하다)

5 앞에 있는 타동사와 상관관계를 이루는 경우 (S + V + 목 + 전치사 + N)

e.g. *provide* A with B(A 에게 B 를 제공하다)/ *inform* A of B(A 에게 B 를 알리다)/ *ask* A for B(A에게 B를 요구하다)/ *replace* A with B(A를 B로 교체하다)

전치사 뒤에 올 수 있는 것

전치사 뒤에는 **명사 상당어**만 올 수 있다. **전치사 + 명사(구)/ 대명사(구)/ 동명사(구)/ 의문사절**

주의 절(S + V …)/ that-절/ to-부정사/ 동사원형 ➡ 전치사 뒤에 올 수 없다

* He wrote a report **on** *what could be done regarding the situation*. (➡ 의문사절의 예)
  그는 그 상황에 관하여 무엇을 할 수 있는지에 관하여 보고서를 썼다.

* They had a discussion **about** *to handle* their current dilemma.(x) (⋯ handling/ how to handle)
  그들은 현 딜레마(궁지)를 처리하는 것에 대하여 토론을 벌였다.

1 시간 표시 전치사

1 in / on / at

1) in + 연도/ 계절/ 달/ 세기 등 시간 폭이 긴 경우

* **in** 2010 / summer / October / the 21st century (2010년에/ 여름에/ 10월에/ 21세기에)
* **in** the past / the future (과거에/ 미래에) ⟨cf.⟩ at present (현재에)
* **in** the morning/ afternoon/ evening (오전에/ 오후에/ 저녁에)

2) on + 날짜 / 요일 / 특정 요일의 아침(오후, 저녁)

* **on** October 1st / Sunday / my birthday (10월 1일에/ 일요일에/ 내 생일날에)
* **on** Monday morning/ afternoon/ evening (월요일 아침에/ 오후에/ 저녁에)

3) at + 시각 / 시점 등 시간 폭이 짧은 경우

* **at** 7 o'clock/ lunch (time)/ the moment (7시에/ 점심때/ 그 순간에)
* **at** dawn/ noon/ night/ midnight (새벽에/ 정오에/ 밤에/ 자정에) ⟨cf.⟩ during the day(time) (낮에)
* **at** the beginning of the month/ the end of the year (이달 초에/ 금년 말에)

> 관용어 at a time (일시에)/ at one time (과거 한 때)/ at times (때때로)/ at all times (항상)
> on time (정시에, 정해진 시간에)/ in time (제 시간에 알맞게) ⟨cf.⟩ at time (x)

2 for / during 의 구별 (…동안)

1) for + 숫자/ a few/ several/ many + 기간

* **for** three years/ a few weeks/ several days (3일 동안/ 2,3주 동안/ 여러 날 동안)

> CF. **for** days/ weeks/ years (수일 동안/ 수 주 동안/ 수년 동안)

2) during + (한정사) + 기간 표시 명사

* **during** the class (수업 중에) / my stay in Paris (내가 파리에 머무는 동안) / the daytime (낮에)

3 by / until (= till) 의 구별 (…때까지)

1) S + V (완료 의미 동사) + by + 미래시점

finish, complete, submit, return, pay, be over, etc.

* They will *complete* the survey **by** the end of the month. 월말까지 조사를 마칠 것이다.

2) S + V (계속 의미 동사) + until + 미래시점

last, wait, work, stay, keep, be open/away/effective/valid, etc.

* The store is usually *open* **until** midnight. 그 가게는 자정까지 문을 열어 놓는다.

> 주의 not … until 용법 (S + not + V … until + 미래시점 : …때가 되어서야 비로소 …하다)
> * He will **not** return **until** (*or* **before**) next Friday. 그는 다음 금요일이나 되어서야 돌아올 것이다.

4 in + 기간 / within + 기간

1) **in + 기간** : …후에 (미래시제에서) / …만에 (완료의미의 동사와 함께) / …동안 (계속)
   * I will get back **in** a couple of hours. 두어 시간 후에 돌아올 것이다.
   * We have finished the project **in** three months. 우리는 그 프로젝트를 3개월 만에 끝냈다.

   CF. 명사 앞에서는 after가 온다. e.g.) **after** lunch/work/the meeting(점심 후에/일과 후에/회의 후에)

2) **within + 기간** : …이내에
   * You can get a refund **within** a week. 일주일 이내에 환불받을 수 있다.

5 through / throughout + 기간 : …기간 동안 내내 (➡ 강조의 표현)

* I stayed on the island **through/ throughout** my vacation. 난 휴가 기간 내내 그 섬에 머물렀다.

6 기타 중요 시간 표시 전치사

1) **from + 기준시점**

   어떤 동작이나 상태가 시작되는 시점만을 나타내며 현재시제/ 과거시제/ 미래시제와 함께 쓰인다.
   * They started the construction work **from** the beginning of last month.
     (⋯ 일을 시작한 시점만을 알려주며 그 후 공사가 계속되는 지는 알 수 없다)
     그들은 지난달 초부터 그 공사 일을 시작했다.
   * The meeting will start **from** 2:00 p.m. 회의는 오후 2시부터 시작될 것이다.

2) **since + 과거시점**

   과거 어느 시점부터 지금까지 동작이나 상태가 계속되어 오고 있음을 나타내며, 현재완료나 현재 완료 진행시제와 함께 쓰인다.
   * They have engaged in the project **since** the end of last month.
     그들은 지난달 말부터 그 사업에 계속 종사해 왔다.

3) "**지난**(과거) …**동안**"의 표현

   in/ for/ over/ during the last(past) + 숫자/ few/ several/ many + 기간 (➡ 이들 네 개의 전치사를 모두 쓸 수 있으며 현재완료나 현재완료 진행시제와 함께 쓰인다.)
   * The law firm has been in business **in/ for/ over/ during** the last six years.
     그 법률회사는 지난 6년 동안 사업을 해왔다.
   * I have been living in this apartment **for** the past few years. 난 이 아파트에서 과거 수년 동안 살아오고 있다.

Check-up questions 1

A 어법상 알맞은 것을 고르시오.

01 I have been working for the company (from / since) last March.

02 If we do not deliver your purchases (by / through) this Friday, we will offer you a ten percent discount.

03 Passengers are asked to measure their carry-on luggage _____ taking it onto a plane.
    (A) by   (B) until   (C) during   (D) before

04 _____ the workshop on managerial skills, the executives discussed how to develop incentives for their employees.
    (A) For   (B) When   (C) During   (D) In

05 It is amazing that we have finally completed the rest of the project _____ a day.
    (A) in   (B) on   (C) at   (D) for

06 An employer will discover any false information in the employee's resume — either immediately or _____ the months after you are hired.
    (A) while   (B) in   (C) during   (D) for

B 밑줄 친 부분 중 어법상 틀린 부분만 알맞게 고치시오.

01 Mr. Matt has worked at Decker Enterprises <u>during</u> more than 15 years.

02 One of my clients called to ask if our meeting could be postponed <u>to</u> later this week.

03 The store policy requires customers to return their defective products <u>in</u> 30 days of the purchase date.

2 장소표시 전치사

1 in / on / at

1) in + 둘러싸인 공간 내부/ 넓은 장소

* **in** the **kitchen**(주방에서)**/ room/ office/ box/ garden/ parking lot**(주차장에서)**/ corner**(실내 구석에)
* **in** the **region/ area/ city/ country/ world/ sea/ ocean/** (무관사) **New York/ Korea**
* **in** the **book/ newspaper/ magazine/ file/ document**(서류)

2) on + 접촉된 표면 위

* **on** the **table/ desk/ third floor**(3층에)**/ wall/ ceiling/ bulletin board**(게시판)**/ grass/ ground**
* **on** the **street/ road/ way/ highway/ corner**(사거리 모퉁이에서)**/ platform/ map/ page 30/ menu**
* **on** the **computer/ laptop**(노트북에)**/ screen/ web site/ Internet**

> **CF.** in the street (O)

3) at + 좁은 장소

* **at** the **table/ desk/ door**(문가에)**/ restaurant/ hotel/ store/ lobby**(로비에서)**/ house/** (관사 없이)**home**
* **at** the **station/terminal/airport/ bus stop/ corner**(모퉁이에)**/ intersection**(교차로)**/ meeting**(회의에서)

> **CF.** in the restaurant/ store/ lobby (… 공간 내부를 의미함)

* They are having a sale **at** *the store*. 그 가게에서는 세일을 하고 있다.
* We offer a ten percent discount on all the items **in** *the store*.
  매장에 있는 모든 제품에 대하여 10퍼센트 할인을 제공한다.

2 "…옆에" 의 표현

by / near / beside the church = **next *to* / close *to*** the church (교회 옆에)

> **CF.** by/ near는 "막연히 옆에, 가까이에"를 의미하고, beside는 "오른쪽이나 왼쪽 바로 곁에"를 의미한다.

3 between / among 의 구별 (…사이에)

1) between + 둘 사이 : between A and B / the two / both the +복수명사

2) among + 셋 이상 : among + 복수명사

* They will build a new highway **between** Sheffield **and** Manchester.
  쉐필드와 맨체스터 사이에 고속도로를 만들 것이다.
* His honesty is **among** his merits. 정직은 그의 장점 가운데 하나다.

4 through + 장소 명사 : …을 통과하여 / throughout + 장소 명사 : …전역에 걸쳐서

* **through** the tunnel (터널을 통과하여) / **throughout** the country (전국적으로)

5 across the street / river / bridge : 거리 / 강 / 다리 등을 건너서, 가로질러서
across the country / village / all sections : 전국에 걸쳐서 / 마을 전역에 / 모든 부문에 걸쳐서

* **across from** the post office : 우체국 맞은편에 (= **opposite** the post office)

6 over + 장소명사 : …위에(떨어져서) ↔ under + 장소명사 : …아래에(떨어져서)
above : (기준) 위에 ↔ below : (기준) 아래

* A lamp hangs **over** the table. 테이블 위로 램프가 걸려있다.
* A boat is passing **under** the bridge. 배 한 척이 다리 아래에서 지나가고 있다.

* The sun has risen **above** the horizon. 태양이 지평선 위로 솟았다.
* The sun has set **below** the horizon. 태양이 지평선 아래로 졌다.

* 500m **above/ below** sea level 해발 5백 미터 / 해수면 아래 5백 미터
* The Dead Sea is 410m **below** sea level. 사해는 해수면 아래 410m에 위치해 있다.

7 기타 장소 표시 전치사

1) around(..주위에, ..사방에) : sit around the table(테이블을 둘러싸고 앉다)/ around here(이곳 주변에)

2) beyond(..을 넘어서, ..건너서) : two doors beyond my house(우리 집에서 두집 건너)

3) to(..으로)/ toward(s)(..쪽으로) : go to Seoul(서울로 가다)/go toward the beach(바닷가 쪽으로 가다)

4) in front of(..앞에)/ behind(..뒤에) : in front of the gate(정문 앞에)/ behind the building(건물 뒤에)

5) alongside(..옆에, ..와함께 나란히) : sit alongside each other(서로 옆에 나란히 앉아 있다)

Check-up questions 2

A 어법상 알맞은 것을 고르시오.

01 Martin's new office is just a short drive away from here (across / between) the Golden Bridge.

02 The B&B Icecream Shop is located (close to / within) walking distance from my house.

03 There is a vending machine (in / on) the left corner of the third floor.

04 The giant auto manufacturing corporation has a large number of offices (through / throughout) the world.

05 You will see the Tower Building _____ the corner _____ your left.
   (A) at - on   (B) at - at   (B) in - on   (D) in — at

06 Enclosed is a list of restaurants whose services are well received by customers _____ the special tourism zone.
   (A) in   (B) on   (C) at   (D) between

07 The company has to install a new server to support the increasing on-line traffic _____ its web site.
   (A) at   (B) on   (C) in   (D) by

B 밑줄 친 부분 중 어법상 틀린 부분만 알맞게 고치시오.

01 Painter Vincent Bill has always lived <u>next</u> Grand Park since he moved to the city.

02 Mark is trying to get a lot of information on marketing before making a presentation <u>in</u> a sales conference to be held early next month.

03 If you would like to become a member of our organization, pick up a brochure placed <u>at</u> the reception desk.

04 They are eager to modernize the infrastructure (A) <u>at</u> the industrial region which has lagged behind economically (B) <u>in</u> the last five years.

05 Seals are designed for life (A) <u>in</u> the sea. They store oxygen (B) <u>in</u> their blood and muscles. This helps them hold their breath (C) <u>below</u> water for a long period of time. In addition, their bodies are designed to help them move quickly (D) <u>through</u> the water.

3 기타 중요 전치사 (1)

1 수단 의미 전치사 by/ through/ with

1) **by + 동명사** (v-ing) : ···함으로써
2) **through + 명사** : ···을 통하여 (➔ 매개수단)
3) **with + 도구 / 물건**

* He made a fortune **by** *investing* in real estate. 그는 부동산에 투자하여 큰돈을 벌었다.
* The new employee has been hired **through** the complicated process.
  그 신입사원은 복잡한 과정을 통하여 채용되었다.
* Please write **with** *a pen*. 펜으로 쓰시오.

2 주제 의미 전치사 (···관하여)

1) **about + 일상적인 보통의 주제**
2) **on + 전문적 또는 특수한 주제**
3) **regarding / concerning / relating to / as to** : ···에 관하여 (주로 실무에서 자주 사용됨)

* What do you think **about** the new ad campaign ? 새 광고 캠페인을 어떻게 생각하십니까?
* the report/ policy/ rules/ lecture/ presentation/ meeting **on** the stock market (특수한 주제)
  주식시장에 관한 보고서/ 정책/ 규칙/ 강연/ 설명회/ 회의
* I'm calling you **regarding** our sales meeting. 우리 영업회의 건으로 당신에게 전화하는 겁니다.

3 목적 / 용도 / 대상 의미 전치사 for

* He was educated **for** the law. (목적) 그는 법률가가 되기 위하여 교육받았다.
* We need some furniture **for** the new office. (용도) 우리는 새 사무실에 쓸 가구가 좀 필요하다.
* The salespeople have set the sales goals **for** the third quarter. (대상/해당)
  영업사원들은 3분기의 영업목표를 정해놓았다.

4 "소속" 의미의 전치사 of/ on/ to

1) **직책명 + of +부서/ 회사**
2) **구성원(member) + on +집합명사(단체)**
3) **직책명 + to + 개인**

* He is the director **of** *sales/ the company*. 그는 영업담당/ 그 회사의 이사이다.
* Mr. Jordan is a member **on** *the board/ committee/ staff*.
  Jordan 씨는 이사회/ 위원회/ 직원 중의 한 사람이다.
* She is the secretary **to** *the president*. 그녀는 사장의 비서이다.

Check-up questions 3

* 어법상 알맞은 것을 고르시오.

01 Companies can increase their market share (by / with) developing new products.

02 Jenny got her job (with / through) an employment agency on the Internet.

03 I would like you to give me good advice (for / on) what stocks I should invest in.

04 I am writing this email to reply (regarding / relating) your recent inquiry.

05 Ms. Lohan has bought a pretty doll as a birthday present (for / to) her young daughter.

06 We have already reached our sales targets (in / for) this year.

07 Mr. Thompson is a member (in / on) the promotion review committee.

4 기타 중요 전치사 (2)

1 by + (관사 없음) 교통/ 통신/ 결재수단

1) **by** + **bus**(버스로)/ **train**(기차로)/ **plane**(비행기로)/ **car**(승용차로)
   - **CF.** **on** *a*/ *the* bus/ train/ plane (⋯ on 뒤에는 관사 붙임)

2) **by** + **phone**(전화로)/**letter**(편지로)/**fax**(팩스로)/**email**(이메일로)/**airmail**(항공우편으로)/**courier**(택배로)
   - **CF.** **on** *the* phone / **over** *the* phone (⋯ on / over 뒤에는 the 붙임)

3) **by** + **check**(수표로)/ **credit card** (신용카드로)
   - **CF.** *in* cash (현금으로)

2 정도의 차이를 나타내는 by

* Our sales figures for last year increased **by** 20 percent. 작년도 매출이 20퍼센트 늘었다.

3 진행과정을 나타내는 under (..하는 중/..을 받고 있는)

* **under** +construction(공사 중인)/ discussion(토론 중인)/ repair(수리 중인)/ attack(공격 중인)
* **under** +control(통제하고 있는)/ influence(영향을 받고 있는)/ pressure(압력/스트레스를 받고 있는)

4 제외 의미의 전치사 except/ excepting/ except for/ but/ save (⋯을 제외하고)

1) **except** : except 뒤에는 **동사원형/to-부정사/전치사구**가 올 수 있으며, 보통 문두에는 쓰이지 않는다.

   * The store is open **except** *on Monday*. 그 가게는 월요일만 빼고 문을 열어놓고 있다.
   * The policy had no effect **except** *to increase prices*. 그 정책은 물가 인상의 효과만 가져왔다.

2) **excepting** : 주로 문두나, every/ all/ not/ without/ always 등과 함께 쓰인다.

   * **Excepting** *the president,* **all** executives were present. 사장을 제외하고 모든 중역들이 참석했다.
   * *Everyone* should observe the law, not **excepting** the President.
     누구나 법을 지켜야 한다, 대통령도 예외가 아니다.

3) **except for** : except 와 같은 용법으로 쓰이는 것 이외에 "⋯이 없다면"의 의미로 가정법과 함께 쓰이기도 한다.

   * My family members are out **except for** me. 나만 빼고 가족들이 모두 외출 중이다.
   * **Except for** your help, the business *would not have been* possible. (= **But for/ Without**)
     여러분의 도움이 없었더라면 그 사업은 불가능했을 겁니다.

4) but/ save

  a) but ➡ all/ nothing/ anything/ the last/ the next 뒤에서 잘 쓰인다.

  b) save ➡ except 와 같은 의미로 주로 문어체에서 쓰인다.

   * *All* **but** John were present today. 오늘 John만 빼고 모두 출석했다.
   * I answered all the questions **save** one in the test. 난 시험에서 한 문제만 빼고 모두 답했다.

5) but/ except/ save의 관용적 표현

   * **all but** (거의= nearly/ almost)
   * **anything but** (결코 …아니다)
   * **nothing but** (그저…일 뿐=only) / **do nothing but + v**(원형) : 오직 …만 하다
   * **but that/ save that/ except** (that) +S +V… (S가 …하는 경우를 제외하고)

   * The completion of the project would be **all but** impossible without additional funding.
     추가 자금지원이 없으면 그 사업의 완성은 거의 불가능할 텐데.
   * The old wooden bridge is **anything but** safe.
     그 오래된 나무다리는 결코 안전하지 않다.
   * I did well on the exam **except that** I couldn't answer the last question.
     나는 마지막 문제를 답하지 못한 것을 제외하고는 시험을 잘 치렀다.

Check-up questions 4

* 어법상 알맞은 것을 고르시오.

01 Can I pay for the goods (by / in) check?

02 Who did you talk to (by / on) the phone?

03 The possibility of relocating the factory abroad is (on / under) consideration.

04 The oil price has fallen (by / in) a further 2 dollars a barrel.

05 The vice president's office is the last (but / only / near) one along the corridor.

06 Nicol would have moved to seaside _____ her occupation.
  (A) except that   (B) except for   (C) but that   (D) nothing but

07 Anyone is not allowed to enter the area _____ to authorized visitors.
  (A) only   (B) but for   (C) except   (D) except that

08 They did _____ talk about other people whenever they meet.
  (A) anything but   (B) all but   (C) nothing but   (D) except that

further tips 자주 쓰이는 전치사구의 관용적 표현

01) **after all** (결국) : They rejected my proposal ***after all***. (그들은 결국 내 제안을 거절했다)
02) **as a result of** (…의 결과)
03) **at/in school** (재학 중)/ **at work** (근무 중)/ **at table** (식사 중)/ **at church** (예배 중)/ **at rest** (휴식 중)
04) **behind schedule** (예정보다 늦은)/ **ahead of schedule** (예정보다 빠른)/ **on schedule** (예정대로)
05) **by accident** (우연히) / **by mistake** (실수로)/ **by all means** (반드시, 물론)/ **by no means** (결코…아니다)
06) **for all** (…에도 불구하고) : ***For all*** his efforts, the test ended in failure. (모든 노력에도 불구하고)
07) **from now on** (지금부터 앞으로)/ **from my point of view** (내 견해로는)/ **in my opinion** (내 의견으로는)
08) **nine in ten** (십 중 팔구)/ **one in every ten** (열에 하나)/ **in all** (다 합쳐서)
09) **on foot** (걸어서)/ **on arrival** (도착할 때)/ **on one's return** (…가 돌아올 때)/ **on v-ing** (…하자마자)
10) **all over the region/ country/ world** (…도처에서)
11) **face to face** (마주 보고서)/ **back to back** (서로 돌아서서)
12) **to one's liking/ taste** (…의 취향에 맞추어서)
13) **to one's surprise/ sorrow/ joy/ annoyance** (…가 놀랍게도/ 슬프게도/ 기쁘게도/ 귀찮게도)
14) **under the name of** (…의 이름으로): reserved ***under the name of*** George. (죠지라는 이름으로 예약된)
15) **with all** (…에도 불구하고)/ **with one's eyes closed** (눈을 감은채로 ➡ 부대상황의 with)

-ing 형의 전치사

1) **including** (…을 비롯하여)
2) **excluding/ excepting** (…은 제외하고)
3) **considering** (…을 고려하면) ⟨cf.⟩ (= given ~ : ~을 고려하면)
4) **regarding/ concerning/ relating to** (…에 관하여)
5) **barring** (…을 제외하고, …이 없으면)
6) **following** (…에 뒤 이어서)
7) **notwithstanding** (…에도 불구하고)

* **Barring** storm, the plane will depart on time. 폭풍만 없다면 비행기는 제 때에 출발할 것이다.
* I am writing this email **concerning** your recent inquiry.
  당신의 최근 문의 건에 관하여 이메일을 쓰는 겁니다.
* **Following** his speech, there will be lunch time for an hour.
  그의 연설에 뒤 이어 한 시간의 점심시간이 이어질 것이다.

5 구전치사 (phrasal prepositions)

두 단어 이상이 합쳐서 하나의 전치사처럼 쓰이는 구전치사는 자주 쓰이는 표현이므로 다음과 같은 구전치사들을 암기해두는 것이 좋다.

* **because of/ due to/ owing to/ on account of** heavy traffic : 심한 교통량 때문에
* **thanks to** on-line ticketing : 온라인상의 발권 덕분으로
* **in advance of** the deadline : 마감시간 전에 미리 〈cf.〉 **in advance** : 미리
* **in favor of** the proposal : 그 제안에 찬성하여
* **in spite of** bad weather : 악천후에도 불구하고 (= **despite**)
* **instead of** going there : 거기에 가는 것 대신에
* **regardless of** experience : 경험에 상관없이
* **in case of/ in the event of** delay : 지연될 경우에 (대비하여)
* **in addition to** the errors : 오류 이외에도 (= **besides**)
* **according to** their announcement : 그들의 발표에 의하면 〈cf.〉 according *as* + S + V(절)
* **on/ in behalf of** the president : 사장을 대신하여
* **in honor of** Mr. Johnson : 존슨씨를 축하하여/ 기려서 / 주빈으로 하여
* **in response to** your request : 당신의 요구에 응하여
* **in reference to** the topic : 그 주제와 관련하여
* **by means of** signs : 신호를 수단으로 하여
* **in comparison with/ to** last year : 작년과 비교하여

* **in accordance with** the rules : 규칙에 따라서 / 일치하여 (= **in keeping with**)
* **in terms of** economy/ the contract : 경제의 측면에서 / 계약 조건으로서 / …으로 환산하여
* **in defiance of** the direction : 지시에 반발하여
* **in/ with regard to** the marketing strategy: 마켓팅 전략에 관하여 (=**in relation to/ as regards**)
* **prior to** the deadline : 마감시간 전에
* **apart from/ aside from** Sunday : 일요일은 제외하고(= **except for**) / …외에도(= **in addition to**)
* **ahead of** the deadline : 마감시간보다 앞에 (미리)
* **contrary to** expectations : 기대감과는 반대로

* **by means of** online marketing : 온라인 판매를 수단으로 하여
* **by way of** Alaska : 알래스카를 경유하여 (= **via**)
* **as for** the the result : 그 결과에 대해서 말하자면
* **up to** ten people/ now/ the place : 최고 10명까지/ 지금까지 / 그 곳까지

* **on top of** the financial problem : 재정문제 이외에도
* **out of** the bulding/ every ten people : 건물 밖으로/ 매 10명 중에서
  control/ stock/ work : 통제를 벗어난/ 재고가 바닥난/ 실직한
  breath/ date/ reach : 숨이 찬/ 시대에 뒤진/ 손이 미치지 않는

Check-up questions 5

* 어법에 알맞은 것을 고르시오.

01 The departure of the flight 757 to Paris has been delayed _____ the current snowstorm.
(A) because   (B) due   (C) due to   (D) on account

02 We should always handle all the complaints in _____ of customer satisfaction.
(A) means   (B) comparison   (C) relation   (D) terms

03 All the agenda should be distributed at least an hour _____ the meeting.
(A) in advance of   (B) in regard to   (C) in addition to   (D) in response to

04 They prepared for another indoor program _____ rain.
(A) in case   (B) in the event of   (C) in event of   (D) in the case of

05 They presented various opinions _____ the uncertainty of international finance.
(A) in regard to   (B) in regards to   (C) as regard   (D) relating

06 He gives lectures at the university _____ running his own research company.
(A) in addition   (B) in addition to   (C) beside   (D) in accordance with

07 _____ all their efforts to save themselves from debt, the company finally went bankrupt.
(A) In spite   (B) Despite of   (C) In spite of   (D) In despite of

종합문제 (전치사)

A 다음 빈칸에 어법상 알맞은 것을 고르시오.

01 The global population of youth grew _____ 13.2 percent _____ 1995 and 2005.
(A) by - between (B) by - in (C) for - between (D) for - in

02 The Greenstone Building is _____ the intersection of Elm Street and Darmat Avenue.
(A) in (B) on (C) at (D) between

03 The technical support team is committed to handling customer complaints _____ their low-speed internet service.
(A) including (B) excluding (C) considering (D) regarding

04 We recommend that all the applicants arrive at least thirty minutes _____ the interview.
(A) according to (B) due to (C) prior to (D) in advance

05 Many advertisers give away pens _____ other promotional items because of their utility.
(A) instead of (B) in spite of (C) excepting (D) on behalf of

06 The new CEO has promised to boost the company's profits by at least 30 percent _____ a year.
(A) after (B) in (C) during (D) since

07 Han's Restaurant is located _____ the heart of Seoul and _____ ten-minute walk from your hotel.
(A) in - in (B) in - within (C) at - within (D) at - in

08 _____ a 20 percent increase in revenue, this company has set the sales record.
(A) For (B) As (C) With (D) From

09 There was noticeable enthusiasm _____ consumers expecting the new smart phones.
(A) for (B) between (C) to (D) among

10 William will oversee the sales promotion in Asian markets _____ senior marketing manager.
(A) as (B) for (C) in (D) of

B 다음 각 질문에 답하시오.

01 다음 빈칸에 알맞은 전치사를 써넣으시오.

(1) Through worldly loss he came to an insight _____ spiritual truth _____ which he might otherwise have been a stranger.

(2) Since oriental ideas of woman's subordination _____ man prevailed in those days, she dared not meet with men _____ an equal basis.

02 밑줄 친 부분 중 어법상 틀린 부분을 알맞게 고치시오. (1군데)

The Limousine leaves downtown every hour (1) <u>at twenty past the hour</u> and arrives at the airport forty minutes later. It runs (2) <u>on</u> the same schedule (3) <u>in</u> the opposite direction, beginning (4) <u>from</u> 5:20 a.m. (5) <u>till</u> midnight.

[03–04] 다음 괄호 안에서 어법상 알맞은 것을 고르시오.

03 Trans World Hotel system is the nation's biggest hotel network with 1,000 locations (1) **(through / throughout)** the world. Each hotel provides the many services and luxuries demanded by the discriminating world traveler. Participation by TWH system (2) **(for / in)** Avian Airways Travel Bonus Program will be effective July 1, 2020 for all hotels in the US. Simply (3) **(by / in)** staying at one of the hotels, you will receive 1,000 bonus miles (4) **(to / towards)** your next FREE Travel Bonus ticket!

04 I'll need the attention of all sales department employees. Many of you had questions (1) **(regarding / relating)** correct procedures for submitting expense vouchers. Please remember that expense vouchers must be submitted no later than one month (2) **(after / in)** the date of the expense. All vouchers must contain the following information : the date of expense, the official reason (3) **(of / for)** the expense, the amount of reimbursement requested, and signature of sales department manager. Incomplete vouchers will cause delays (4) **(in / on)** processing procedure. If you have further questions, please refer to the updated written notice outlined in submission procedures. This will be circulated (5) **(at / on)** the end of the week.

C 다음 우리말에 알맞도록 영문의 빈칸에 적당한 단어를 써넣으시오.

01 이사들 대부분은 공장 하나를 더 짓는 것에 대하여 찬성하는 발언을 했다.
Most of the directors spoke (　　　) (　　　　) (　　　　) building another plant.

02 정부 기관은 성별, 종교에 상관없이 새 직원을 뽑는다.
Government organizations select new employees (　　　　) (　　　　) gender and religion.

03 조국을 위하여 죽은 사람들을 기려서 기념비가 세워졌다.
A memorial has been built (　　　) (　　　　) (　　　　) those who died (　　　) their own country.

04 우리는 고객 만족의 관점에서 우리 정책을 시행합니다.
We implement our policies (　　　) (　　　　) (　　　　) customer satisfaction.

05 그는 연례 시상식에서 사장을 대리하여 연설하였다.
He gave a speech (　　　　) the annual awards ceremony (　　　) (　　　　)(　　　　) the president.

D 다음 우리말을 주어진 단어들을 이용하여 영작하시오.

01 나는 마감 기한 하루 전에 그 피아노 대회에 등록했다.
(마감 기한 : deadline, 피아노 대회 : piano competition, …에 등록하다 : sign up for/ register for)
_____.

02 금년도 한국의 수출실적은 작년도와 비교하여 9 퍼센트 증가하였다.
(수출실적 : export record, 증가하다 : increase)
_____.

03 그들은 그 전투에서의 승리를 기념하여 기념비를 세웠다.
(전투에서의 승리 : victory in the battle, 기념비를 세우다 : set up a monument)
_____.

04 보도에 의하면 악천후에도 불구하고 그 비행기는 이륙했다.
(보도 : news report, 악천후 : bad weather/ inclement weather, 이륙하다 : take off)
_____.

05 나이, 성별 및 피부색과는 상관없이 누구나 그 행사에 참가 할 수 있다.
(피부색 : skin color, 행사 : event, 참가하다 : participate in)
_____.

Chapter 16
접속사
Conjunctions

Grammar Introduction

접속사에는 **등위접속사**(coordinating conjunctions)와 **종속접속사**(subordinating conjunctions)가 있으며, 여기에 **접속부사**와 **전치사**를 포함하여 **연결어**(linkers)라고 한다. 연결어는 **단어, 구, 절** 등을 연결해주며, 이 네 가지 연결어는 그 역할이 각각 다르므로 그 용법상의 차이를 구별해야 한다.

접속사의 종류와 그 역할

1 등위 접속사의 역할

등위접속사는 서로 대등한 것을 연결해주며, 다음과 같이 두 가지 부류가 있다. 모두 **문두에 올 수 없다**는 공통점이 있으나, 그 용법은 다르다.

1) and/ or/ but / nor ➡ **단어, 구, 절** 세 가지를 모두 연결할 수 있다.
2) so(그래서)/ yet(그러나)/ for(왜냐하면) ➡ **절**만 연결한다. 단 yet은 단어와 구도 연결할 수 있다.

2 종속접속사의 역할

종속접속사는 **명사절, 형용사절, 부사절**을 이끌어주는 역할을 하며, **절**만 연결하고 **단어**와 **구**는 연결할 수 없다. 그 위치는 **문두, 문중** 모두 올 수 있다.

1) **명사절 접속사** (that/ what/ 각 종 의문사 who, when, why, how 등) ➡ 명사절은 명사와 마찬가지로 문장 속에서 **주어(절), 목적어(절), 보어(절)** 역할을 한다.
2) **형용사절 접속사** (**관계대명사** who/ which/ that 등과 **관계부사** when/ where/ why) ➡ 관계사절은 형용사절이라고 하며 이 어법은 Chapter 17 관계사에서 다룬다.
3) **부사절 접속사** (when/ while/ because/ if/ although/ so that 등) ➡ 시간, 이유, 조건, 양보 등의 뜻을 갖는 종속절로 그 종류와 의미가 가장 다양하다.

3 접속부사(연결사)의 역할

접속부사는 원래 부사(구)이나 문장과 문장을 연결해주는 역할을 하므로 마치 종속접속사처럼 쓰인다. 그 위치는 다른 문장에 이어서 자기가 이끌어주는 문장의 문두에 올 때는 뒤에는 커머(,) 가 오며, 문중에 올 때는 앞뒤에 커머가 오는 것이 원칙이다.

[접속부사의 예]

however/ nevertheless/ therefore/ as a result/ otherwise 등

* Cellular phones are considered harmful to our health. **However**, there has not been any clear evidence for that yet.
  휴대전화는 건강에 해롭다고 여겨진다. 그러나 그에 대한 명확한 증거는 아직 없다.

1 등위접속사

1 종류

1) **and** (나열하거나 결과 의미), **or** (선택적 의미), **but** (대조 의미), **nor** (부정문 뒤에서 부정의 반복)

2) **so** (결과: 그래서), **yet** (대조: 그러나), **for** (이유: 왜냐하면)

2 용법

1) and, or, but, nor 의 용법

a) 병렬구조 (parallelism)

A and /or / but/ nor B 에서 A와 B는 문법적 성격 및 구조가 동일해야 한다. 이를 **병렬구조(대등구조)**라고 한다. (⋯ 자세한 내용은 Chapter 18 [1] 참조)

b) 연결 형태

A와 B는 각각 **단어, 구, 절** 모두 가능하다. A와 B가 문장일 때에는 접속사 앞에 커마(,)가 온다. and와 or는 셋 이상을 연결할 때에는 커머로 연결하다가 맨 마지막 어구 앞에만 and나 or를 쓰는 것이 일반적이며, 이 때는 보통 영국식 영어에서는 커머가 없으며 미국식 영어에서는 커머가 오는 경우가 많다.

* black and white (⋯ 단어와 단어 사이에는 커머가 없다)
* a dress in black and one in white (⋯ 구와 구 사이에도 커머가 없다)
* Cindy is dressed in pink**, and** Jane (is dressed) in white. (⋯ 문장과 문장 사이에는 커머가 온다)
  Cindy는 분홍색 옷을 입었고, Jane은 흰 옷을 입고 있다.
* black, white, **pink and** red (⋯ BrE 영국식 영어)
* black, white, pink**, and** red (⋯ AmE 미국식 영어)

c) 사용 위치 ➡ 앞에 문장이 없고, 독립된 문장인 경우에는 문장 처음에 사용하지 않는다.

* He **and** I will attend the meeting. (⋯ 단어와 단어의 연결. He 가 주격이므로 I 도 주격)
  그와 내가 회의에 참석할 것이다.

* The tribe is *hostile* **or** *friendly* to others. (⋯ hostile 이 형용사이므로 friendly 도 형용사)
  그 부족은 타 부족에게 적대적이거나 또는 우호적이다.

* *I'd like to take a break*, **but** *I have to finish the report first*. (⋯ 절과 절을 연결)
  나는 휴식을 취하고 싶지만, 보고서를 먼저 끝내야 한다.

* Cindy *talked*, *danced* **and** *sang* very gracefully. (⋯ 셋 이상을 연결할 때)
  Cindy는 아주 우아하게 말하고, 춤추고, 그리고 노래를 불렀다.

* *And* I returned home exhausted.(x) (⋯ 앞에 문장이 없을 때는 등위접속사는 문두에 쓰지 않는다)
  그리고 나는 지친 채로 집에 돌아왔다.

* John doesn't eat spinach, **nor** does he touch cucumber.
  John은 시금치를 안 먹는데, 또한 오이에도 손을 대지 않는다.

2) so, yet, for 의 용법

a) so/ yet/ for는 독립된 문장에서는 문두에 사용할 수 없다는 점은 and/ or/ but 의 용법과 같다.

b) so와 for는 절과 절만을 연결하나, yet은 단어, 구, 절을 모두 연결할 수 있다.

c) for는 주로 주관적 이유일 때 사용하며 항상 결과문장 뒤에 온다. 이런 점에서 because/since/as와는 그 의미와 사용되는 위치가 다르다.

* There was no food in the house, **so** I went out to the grocery store to get something to eat.(결과)
  집에 식품이 없었다. 그래서 먹을 것을 사러 식료품점에 갔다.
* Jane didn't eat the chocolate I gave her, **for** she was on a diet.(이유)
  Jane은 내가 준 초콜릿을 먹지 않았는데, 다이어트 중이었기 때문이다.
* Tom is a naughty little boy, **yet** you can't help loving him.(대조)
  Tom은 말썽꾸러기 어린 소년이다. 그러나 그를 귀여워할 수밖에 없다.
* John drove a car *quickly* **yet** *safely*. (→ yet 는 단어와 단어 연결 가능)
  John은 차를 빠르게 그러나 안전하게 운전했다.

further tips | but과 yet의 구별

but과 yet은 접속사로서는 거의 구별 없이 쓰이나, yet은 "그럼에도 불구하고"의 의미가 들어있는 양보적 대조(concessive contrast)에서 주로 쓰이므로 미묘한 뉘앙스(nuance) 차이가 있다.

1) but → 접속사 (그러나), 부사 (~뿐), 전치사 (~은 제외하고)

2) yet → 접속사 (그러나), 부사 (아직도)

* The police warned them not to cross the police line, **yet** (*or* **but**) someone went beyond it.
  (→ 양보적 대조이므로 모두 사용 가능)
  경찰은 그들에게 경찰 저지선을 넘지 말라고 경고했으나, (그럼에도) 누군가 그 선을 넘어갔다.
* Jane has blond hair, **but** her sister has brown hair. (→ 역접 대조인 경우에는 yet보다 but이 좋은 표현이다)
  Jane은 금발 머리를 가지고 있으나 그녀의 언니는 갈색 머리를 가지고 있다.
* The purpose of the plan is *not* to make profits **but** to increase our market share.
  (→ not A but B는 상관관계이므로 yet 사용 불가)
  그 계획의 목적은 수익을 올리는 것이 아니라 시장 점유율을 늘리는 것이다.

명령문 뒤에서 and와 or의 구별

1) 명령문, and + S + V : …해라, 그러면 …일 것이다

2) 명령문, or + S + V : …해라, 그렇지 않으면 …일 것이다

* *Search the Internet*, **and** you will find the information.
  = If you *search* the Internet, you will find the information.
  인터넷을 검색해보아라, 그러면 그 정보를 찾게 될 거다.

* *Check your decision for errors*, **or** you will regret it.
  = If you *don't check* your decision for errors, you will regret it.
  너의 결정에 오류가 있는지 확인해 보아라, 그렇지 않으면 후회할 것이다.

Check-up questions 1

* 어법에 알맞은 것을 고르시오.

01 They are designing web sites and also (analysis /to analyze /analyzing) security systems.

02 I heard a strange noise from outside, (so / and / yet) I got out of bed to check it out.

03 He wanted to see the popular play, _____ the ticket for it had already been sold out.
(A) and   (B) however   (C) but   (D) so

04 Mark _____ Scott is going to attend the seminar.
(A) and   (B) or   (C) but   (D) yet

05 _____ Mr. Shindler concluded his business in time in London, he was able to catch the earlier flight back home.
(A) For   (B) And   (C) But   (D) Because

06 Nicol didn't want to go to the cinema last weekend, _____ did she go to the beach.
(A) and   (B) but   (C) nor   (D) not

07 Climbing up the cliff seems very dangerous, _____ he is planning to try it next week.
(A) yet   (B) however   (C) so   (D) and

08 They found it increasingly difficult to proceed with the project, _____ they were running short of fund.
(A) because   (B) but   (C) so   (D) for

09 All of a sudden, it began to rain heavily, _____ the baseball game had to be suspended.
(A) therefore   (B) so   (C) for   (D) yet

10 Parents sometimes use a rod to discipline their children not because they hate them _____ because they love them.
(A) and   (B) yet   (C) or   (D) but

2 등위 상관접속사

다음과 같이 동일한 성격의 단어, 구, 절 등을 상관관계로 연결해주는 것들을 등위 상관접속사 라고 한다.

등위상관 접속사의 예

both A and B A와 B 둘 다	either A or B A 나 B 둘 중 어느 하나
neither A nor B A와 B 둘 다 아니다	not only A but (also) B A 뿐만 아니라 B 도
not A but B A가 아니라 B가	B as well as A A 뿐만 아니라 B 도

1) A와 B는 병렬구조가 적용된다. (⋯ 일반 등위 접속사의 경우와 동일하다.)

2) A와 B는 단어와 단어, 구와 구, 문장과 문장 모두를 연결할 수 있다.

* The child can **not only** read **but also** write. (➡ 단어와 단어의 연결)
  그 아이는 읽을 줄 뿐만 아니라, 쓸 줄도 안다.

* He was educated **both** in Korea **and** in America. (➡ 구와 구를 연결)
  그는 한국과 미국 양쪽에서 교육을 받았다.

* It's your choice! **Either** you transfer to another department **or** I will. (➡ 문장과 문장을 연결)
  당신이 선택할 일이다. 당신이 다른 부서로 옮기든지 아니면 내가 옮기겠다.

* The goal of the policy is **not** to help business owners **but** to provide jobs for young people.
  그 정책의 목표는 기업주들을 도와주기 위한 것이 아니라 젊은이들에게 일자리를 제공하기 위한 것이다.

* He owns a villa on the East Coast **as well as** a house in Seoul.
  그는 서울에 집을 가지고 있을 뿐만 아니라 동해안에 별장도 하나 소유하고 있다.

Check-up questions 2

* 어법상 알맞은 것을 고르시오.

01 The company policy requires visitors to show (either/ neither) a driver's license or a passport to enter their facilities.

02 The university admission review committee will analyze _____ the student's academic performance record but also his or her potential in the future.
   (A) both   (B) not only   (C) either   (D) as well as

03 Mr. Green was promoted to manager not because of his good personal relations _____ because of his outstanding managerial skills.
   (A) either   (B) neither   (C) but   (D) as well as

04 Offering low prices makes the car _____ economically practicable to general public and affordable to young consumers.
   (A) as   (B) both   (C) so   (D) not only

05 The manager encourages team members to present their good ideas at the meeting _____ to meet on a regular basis.
   (A) as good as   (B) or else   (C) as soon as   (D) as well as

3 종속접속사(1) - 명사절

종속 접속사가 이끌어 주는 절을 **종속절**이라고 하며, 종속절에는 **명사절/ 부사절/ 형용사절**이 있다.

> s + v… + **종속 접속사** + s' + v'…
> 주절　　　종속절(명사절/ 부사절/ 형용사절 중 하나)

명사절 접속사의 종류와 용법

> * 명사절을 이끌어주는 접속사 → that, what(관계대명사), if/ whether(선택의문사 : …인지 안닌 지),
>   의문사(who, what, when, where, why, how, etc.)
> * 명사절의 역할 → **주어절**(문두에서), **목적어절**(타동사 뒤에서), **보어절**(be 동사 뒤에서)의 역할을 한다.

1 that : that + S' + V' … (→ 명사절의 that은 문두에 오는 경우 외에는 원칙적으로 생략 가능하다)
　　　　　완전한 문장(분명한 사실이나 정보)

* **That** *both genders should be treated equally* is natural. (주어절 → that 생략 불가)
  = **It** is natural **that** *both genders should be treated equally*.
  남녀를 평등하게 취급해야 한다는 것은 당연하다.

* The mayor suddenly announced **that** *he would resign*. (목적어절 → that 생략 가능)
  시장이 갑자기 사임하겠다고 발표했다.

* The test result is **that** *current RUV cars are more dependable than earlier models*. (보어절)
  시험결과는 현 레저용 차들은 예전 모델보다 더 믿을만하다는 것이다.

2 what(관계대명사) : what + S' + V' …
　　　　　　　　　　주절　　불완전한 문장 (주어, 목적어, 보어 중 빠진 것 있음)

* **What** *the children really need* is some love and care. (주어절)
  그 아이들이 필요로 하는 것은 사랑과 보살핌이다.
* I can't forget **what** *I experienced during the safari*. (목적어절)
  나는 사파리 여행 중에 겪은 것을 잊을 수 없다.
* The first thing that you should do is **what** *is thought to be the most important*. (보어절)
  첫 번째로 네가 해야 할 일은 가장 중요하다고 생각되는 일이다.

3 if / whether : S + V + if/ whether + S' + V' (완전한 문장이며 불확실한 내용을 이끈다)
　　　　　　　　　　　　　　　　완전한 문장

if / whether-절은 다음과 같은 경우에 주로 쓰인다.

1) S + [don't know/ wonder/ doubt/ ask/ can't tell/ be not sure/ see/ be confused about] + if/ whether-절 (…인지 아닌지를)
　　　　　　　　　　　　　　　　　　　　　　　　　　　　목적어절

2) Whether + S + V + is [**uncertain**(불확실한) / **doubtful** (의심스러운) / **unknown** (알려지지 않은) / **not decided** (결정되지 않은)]   (➡ 주어절에서는 If 사용 불가)
　　주어절

* Mr. Lee called to **ask if** (*or* **whether**) *the staff meeting could be rescheduled.*
  이 씨는 직원회의 일정을 다시 조정할 수 있냐고 전화를 걸어 물었다.
* **Whether** *he is willing to resign is* **uncertain**. 그가 기꺼이 사임할 것인지는 불확실하다.
* *I'll call them and* ***see if*** *I can get a refund.* 그들에게 전화해서 내가 환불받을 수 있는지 알아보겠다.

주의 다음과 같은 경우에는 if 를 쓰지 않고 whether를 사용한다.

① 주어절에 if 사용 불가 (➡ 문두에서)
② 보어절에 사용 불가 (➡ be 동사 뒤에서)
③ 전치사 뒤에서 사용 불가
④ if or not + s + v…의 형태로 사용불가 (⋯➡ whether or not + s + v)
⑤ if to + v의 형태 사용불가 (⋯➡ whether to + v)

* The problem is ***if*** they will accept our suggestion.(x) (보어절이므로 if 대신 whether가 온다)
  문제는 그들이 우리 제안을 받아줄 것인가의 여부이다.
* They haven't yet decided ***if*** **or not** they will invest in the project.(x)
  (바로 뒤에 or not이 있으므로 if ⋯➡ **whether**)
  그들은 그 사업에 투자를 할 것인지 말 것인지를 아직 결정하지 않았다.

참고 if 뒤의 or not을 if-절 맨 끝으로 옮길 경우, 미국식 영어(AmE)에서 쓰이는 경우가 있지만 격식체에서는 주로 whether를 쓴다.

* They haven't yet decided ***if*** they will invest in the project **or not**. (⋯➡ AmE에서 쓰이는 표현)
* I argued with them ***about if*** we should replace our leader with another.(x)
  (전치사 about 뒤 이므로 if ⋯➡ whether)
  나는 우리 지도자를 다른 사람으로 교체해야 할 것인가에 관하여 그들과 논쟁했다.
* *It* doesn't matter ***if*** we will leave today or tomorrow. (x)
  (It는 가주어이고 if-절은 진주어절이므로 if ⋯➡ whether)
  우리가 오늘 떠나든 내일 떠나든 상관없다.

참고 위 문장에서 가주어 It을 내세우고 진주어절을 뒤로 보내는 경우에도, 격식체에서는 if보다는 whether를 쓰는 것이 일반적이다. 특히 or와 함께 쓰여서 선택적 의미가 강한 때에는 if는 어색한 표현이 된다.

Check-up questions 3

A 어법상 알맞은 것을 고르시오.

01. I believe (that / what / if) he told me.

02. I believe (that / what / if) the project will proceed.

03. _____ he won the first prize is hardly surprising.
   (A) That   (B) What   (C) Whether   (D) If

04. I'm confused about _____ we should invite every member on the department.
   (A) that   (B) what   (C) whether   (D) if

05. Ms. Lory worked hard to ensure _____ the annual ceremony was well publicized.
   (A) if   (B) that   (C) what   (D) even if

06. _____ he likes best for pastime is playing games on the computer.
   (A) Whether   (B) That   (C) If   (D) What

07. _____ we will relocate our factory abroad hasn't been decided yet.
   (A) Whether   (B) If   (C) That   (D) What

B 다음 문장에서 밑줄 친 부분 중 어법상 틀린 부분만 알맞게 고치시오.

01 It's your choice <u>if</u> you leave or extend your stay here.

02 The question is (A) <u>if</u> we should proceed with the project or not. So we will have to hold a meeting urgently to discuss the matter and decide (B) <u>whether</u> or not to support it.

03 The quality of a human's life is seen to be in direct proportion to the satisfaction of desires. But one cannot equate (A) <u>that</u> makes a person's life meaningful with (B) <u>what</u> satisfies a person's desires.

4 종속접속사(2) – 동격절(appositive clauses)과 의문사절

1 동격절의 that

명사 + *that* + S + V··· 의 형태로서 앞에 있는 **명사**와 뒤의 **that−절**이 의미상 동일한 내용을 나타낼 때 that−절을 **동격절**이라고 한다. **동격절은 완전한 절이 온다.** (···➔ 이점이 **관계대명사 that**과 다른 점이다.)

동격의 that−절과 함께 쓰이는 명사의 예

fact 사실	**idea** 생각	**hope** 희망	**possibility** 가망성
thought 생각	**opinion** 의견	**news**	**belief** 신념
suggestion 제안	**problem**	**feeling** 느낌	**remark** 언급
wish 소망	**report** 보고서, etc.		

* The *fact* **that he is honest** is one of his merits. 그가 정직하다는 사실은 그의 장점 중의 하나다.
* I don't agree with the *idea* **that only human beings can communicate with each other**.
  오로지 인간만이 서로 의사소통할 수 있다는 발상에 나는 동의하지 않는다.
* The *new policy* came from the executive director **that the company would adopt a new dress code**. (···➔ 동격 명사와 that−동격절이 떨어져 있는 경우)
  = The *new policy* **that the company would adopt a new dress code** came from the executive director.
  회사가 새로운 복장 규칙을 채택할 것이라는 새로운 방침은 전무이사로부터 나온 것이다.

2 의문사절 / 간접의문문

각종 **의문사**(who/ what/ when/ where/ which/ how/ why)도 문장 속에서 명사절로 쓰여서 **주어절, 목적어절, 보어절** 역할을 한다. 이를 **간접의문문**이라고도 한다.

1) 평서문일 경우의 어순 (뒤에 ?가 없을 때) ➔ S + V + 의문사 + (S') + V'의 어순이다

* I can't understand **why** he rejected their good offer. (목적어절)
  난 그가 왜 그들의 좋은 제안을 거절했는지 이해할 수 없다.
* **What** he is thinking now doesn't matter, but **how** he will behave is important. (주어절)
  그가 지금 무엇을 생각하고 있느냐 하는 것은 중요하지 않고 그가 어떻게 행동할 것이냐가 중요하다.
* The question is **who** can solve the matter. (보어절) 문제는 누가 그 문제를 해결할 수 있느냐이다.

2) 의문문일 경우의 어순 (뒤에 ?가 있을 때)

a) 의문사가 문장 앞에 오는 경우 ➔ 주절의 동사가 생각을 나타내는 동사 think/ believe/ guess/ expect/ suppose/ imagine/ say 등일 때에는 의문사가 문장 앞에 온다.

* **When** do you *expect* they will arrive here? 그들이 여기에 언제 도착할 거라고 예상하십니까?
  CF. Do you *expect* **when** they will arrive here? (x)

b) 의문사가 문장 가운데 오는 경우 ➡ 주절의 동사가 생각동사 이외의 동사 know/ ask/ decide/ tell 등이 올 때는 의문사가 문두에 오지 않고 문장 중간에 온다.

* Do you *know* **when** they will arrive here? 그들이 여기에 언제 도착하는지 아십니까?

CF. When do you know they will arrive here? (x)

접속사 that의 다양한 용도

접속사 that은 다음과 같이 다양한 용도로 쓰인다. 여기서는 that이 사용되는 용도만 소개되어 있고 구체인 내용은 해당 부분에 설명되어 있다.

1) 명사절 접속사로 쓰이는 경우 ➡ p 329, [3] 종속접속사(1) – 명사절 참조
2) 동격절을 인도하는 that ➡ p 332, [4] (1) 동격절의 that 참조
3) 관계대명사 that ➡ Chapter 17 관계사 참조
4) It … that 강조구문의 that ➡ p 377, Chapter 18 [2] 도치구문 (4) 참조
5) so/ such … that 종속 상관접속사 that ➡ p 339, [6] 종속 상관접속사 (1), (2) 참조
6) 관계부사로 쓰이는 that ➡ p 362, [참고] 관계부사로 쓰이는 that 참조

Check-up questions 4

A 어법상 틀린 문장을 고르시오. (01-02)

01 (A) The police report that a dead body had been found in the mountain appeared on TV yesterday.
(B) What do you know the newly released cell phone is like?
(C) I had a gut feeling that we would win the championship in the soccer tournament.
(D) They discussed who should be delegated to the international conference.

02 (A) Jane's parents wonder what her new boy friend is like.
(B) A message that they won't participate in our event to be held next week has just arrived.
(C) The news came from the general affairs division which some old-fashioned policies would be abolished.
(D) I have no idea yet when and where we should take a trip.

B 다음 문장 중 어법상 틀린 부분을 고쳐 쓰시오.

01 The fact which most lung cancer is caused by smoking is well known.

02 What do you know is the reason for his sudden resignation?

03 Many soccer fans wonder how could the weakest soccer team in the league defeat the strongest one.

04 Did you ask Kimberly when would she go study abroad?

05 Peter didn't like the opposite party's suggestion, even their final one in the negotiation, which he should give up on one of his claims.

5 종속접속사(3) – 부사절

1 부사절 접속사의 종류

1) 시간표시 접속사

> **when, since** (…이후로)**, as, until, before, after, while, as soon as, by the time** (…할 때까지/ 할 때쯤)
> **the moment/ the instant/ the minute/ immediately/ soon after/ shortly after +S+V** (… 하자마자)
> **every time** (= whenever) (…할 때마다)

* I have lived abroad for several years **since** I graduated from university.
  나는 대학을 졸업한 이후로 수년 동안 해외에서 살아왔다.
* We can resume the negotiation **as soon as** the message from the main office arrives.
  우리는 본사로부터 메시지가 도착하는 대로 바로 협상을 재개할 수 있다.
* **The moment** I arrived at the airport, I rented a car to explore the area.
  나는 공항에 도착하자마자 그 지역을 탐사하기 위하여 차를 빌렸다.

2) 이유표시 접속사

> **because, since, as, now that** (…이니까)**, in that** (…이라는 점에서)

* Human beings are different from other animals **in that** they can speak and laugh.
  인간은 말을 할 수 있고 웃을 수 있다는 점에서 다른 동물들과는 다르다.
* **Now that** we have overcome the last difficulty, we will be able to finish the work on time.
  우리가 마지막 난관을 극복했으니까, 그 일을 제시간에 끝낼 수 있을 것이다.

3) 조건표시 접속사

> **if, unless** (…이 아니라면)**, once** (일단 …하면)**, as long as/ so long as** (…이기만 한다면)**,**
> **providing** (that)**/ provided** (that) (만약 …이라면)**, supposing** (that) (…이라면)**,**
> **in case** (that)**/ in the event** (that) (…일 경우에 대비하여)

* I won't be able to study abroad **unless** I win a scholarship.
  나는 장학금을 따내지 못하면 유학 갈 수 없을 것이다.
* **Provided** (that) you offer full warranties for your products, I will purchase them.
  당신네 제품에 대하여 완전한 품질 보증만 해준다면, 나는 그 제품들을 구입하겠다.

4) 양보표시 접속사

> **although/ (even) though/ even if** (비록 …이지만)**, while/ whereas** (…인 반면에)**,**
> **whether A or B** (A이든 B이든 간에)**, whether … or not** (…이든 아니든 간에)**,**
> **형용사/부사/명사 + as + S + (may) + V**(S가 아무리 ~해도)**, 동사 + as + S + may** (S가 ~한다 할지라도)

* **While** the director is usually generous, he is very strict about punctuality.
  그 이사는 보통 관대한 반면, 시간 엄수에 대해서는 매우 엄격하다.
* *Hard **as** he tried* (= *Try as he might*), he couldn't catch up with the progress of the classes.
  그는 열심히 노력했지만 수업의 진도를 따라잡을 수가 없었다.

5) 비교/ 양태 표시 접속사

> **as** (···와 같이, ···함에 따라)   **as if/ as though** (마치 ···인 것처럼)

* He talks **as if** he could speak French well. (양태) 그는 마치 불어를 잘하는 것처럼 말한다.
* **As** the boy gets older, he can increasingly get to express himself better. (양태)
  그 아이는 나이가 들어감에 따라, 점점 더 자기의 의사를 잘 표현할 수 있게 되었다.
* All you have to do is follow **as** others do. (비교) 너는 다른 사람들이 하는 대로 따라서 하기만 하면 된다.

6) 목적표시 접속사

> **so** (that)+ s + can/ may/ will + v (···하기 위하여/···할 수 있도록 ···▶ 미래시제일 때 will 생략 가능)
> = **in order that** + s + can /may /will + v (➜ 이 경우는 that 생략 불가)

* Taller people need to stand at the back **so** (that)/ **in order that** everyone **can** see it.
  모든 사람들이 볼 수 있도록 키가 더 큰 사람들은 뒤에 서야 된다.

> **주의** 주절과 so that 사이에 커머(,)가 없으면 "···하기 위하여"(목적) 뜻이고, 커머가 있으면 "그래서"의 뜻으로 결과를 나타낸다. 결과 의미일 때에도 that을 생략할 수 있다.

* We put all our efforts into the project **so** (that) we could meet the deadline.
  우리는 마감 시간을 맞추기 위하여 그 프로젝트에 우리의 모든 노력을 쏟아부었다.
* We put all our efforts into the project **, so** (that) we could meet the deadline.
  우리는 그 프로젝트에 우리의 온갖 노력을 쏟아부었다. 그래서 마감 시간을 맞출 수 있었다.

7) 제외표시 접속사

> **except that/ but that** (···은 제외하고)

* Nothing else matters to the plan **except that** we are short of fund.
  우리가 자금이 부족하다는 것만 제외하고 그 계획은 그밖에 문제 될 것은 없다.

8) 기타 접속사

> **lest / for fear** (that) +S +(should) + v(원형동사) (= so that + S + not + v) (···하지 않도록)
> **as far as / (in) so far as** + s + v (···하는 범위 내에서는/ ···하는 한)

* He hurried up to the main office **lest** (for fear) **that** he _miss_ the monthly meeting.
  (➜ that 뒤의 동사는 원형이다)
  그는 월례회의를 놓치지 않기 위하여 본사에 서둘러 갔다.
* You have to remind him of it **lest** he (should) forget.
  너는 그가 그것을 잊지 않도록 상기시켜 주어야 한다.
* **As far as** I know, all the employees will get a bonus at the end of this month.
  내가 아는 한, 모든 직원이 이달 말에 보너스를 받게 될 것이다.
* **As far as** crude oil prices are concerned, they are susceptible to the international situation.
  원유가격에 관한 한, 국제 정세에 민감하게 영향을 받는다.

[접속사 as의 다양한 의미] ···→ 접속사 as는 그 의미가 다양하므로 문맥을 보고 판단한다

1) 시간 (···할 때 = when/ ···하면서 = while)
   * **As** I was young, I would often go fishing. 나는 어렸을 때, 종종 고기 잡으러 가곤 했다.

2) 이유 (···이기 때문에 = because)
   * **As** you look tired, you might as well take a rest. 너는 피곤해 보이기 때문에, 쉬는 게 좋겠다.

3) 양태 (···함에 따라/ ···할수록)
   * **As** time passed, more people left the village. 시간이 흘러가면서 더 많은 사람들이 마을을 떠나갔다.

4) 비교 (···와 같이)
   * You should organize the files **as** I told you. 내가 너에게 말한 대로 서류를 체계화해야 한다.

5) 양보 (비록 ···이지만 = although)
   * Try **as** I might, I couldn't meet their needs. 내가 애를 썼지만, 그들의 필요를 충족시킬 수 없었다.

6) 유사 관계대명사 (···→ Chapter 17 관계사 [7] 유사관계대명사 참조)

2 부사절 접속사의 용법

1) 부사절의 위치와 커머의 유무

부사절은 **문두/ 문중**에 모두 올 수 있다. 단, 부사절이 주절 앞에 올 때는 주절과의 사이에 커머가 오지만, 주절 뒤에 올 때는 커머가 오지 않는 것이 일반적이다.(긴 주절 뒤에서는 커머가 오는 경우도 있다)

> s + v···+ **부사절 접속사** +s' +v'··· (부사절이 뒤에 올 때는 주절과 부사절 사이에 커머가 오지 않는다)
> = 부사절 접속사 + s' + v' ···, s + v ···(부사절이 문두에 오면 주절과의 사이에 커머가 온다)

* When I was young , I would often go to my grandparents' house in the country. (주절 앞에)
  = I would often go to my grandparents' house in the country when I was young. (주절 뒤에)
  난 어렸을 때 종종 시골에 있는 조부모님 댁에 가곤 했었다.

2) 부사절 접속사 뒤에 올 수 있는 것

절(s + v···)만 오며, 단어나 구는 연결할 수 없다.

* The baseball game was called off because *rain*.(x) (→ it rained *or* because of rain)
  비가 와서 야구시합이 취소되었다.

[주의] **부사절 접속사 + s + be + 분사/형용사**에서 주절의 주어와 부사절의 주어가 같을 경우, 또는 비인칭 주어 it가 올 때는 [s + be]를 싸잡아 생략할 수 있다.

* Children are not allowed to enter unless (they are) accompanied by a guardian.
  (생략 가능)
  어린이들은 보호자를 동반하지 않으면 입장이 허용되지 않는다.

* If (it is) **possible**, return it in three days. 가능하면 3일 후에 그것을 돌려주세요.
  (생략 가능)

Check-up questions 5

A 어법상 알맞은 것을 고르시오.

01 _____ the marketing head transfers to Singapore, there will be an open position.
(A) So   (B) Wherever   (C) If   (D) Then

02 _____ all the paperwork has been filed, you will be officially registered as an accountant at this firm.
(A) Whether   (B) Yet   (C) Since   (D) Once

03 The value of the dollar will continue to drop _____ the American economy undergoes a dramatic revival.
(A) unless   (B) whether   (C) even   (D) whenever

04 Staff members have received hundreds of phone calls _____ the promotion was aired on television a few hours ago.
(A) before   (B) during   (C) since   (D) until

05 A gathering of all the company's senior managers has been arranged _____ they can discuss some problems involving customer dissatisfaction.
(A) in order   (B) so that   (C) because   (D) such

06 _____ you would like to handle the matter or not, you'll have to take care of it.
(A) That   (B) Once   (C) When   (D) Whether

07 You can take a trip anywhere _____ you get back here by next Monday.
(A) until   (B) as soon as   (C) as long as (D) as far as

B 빈칸에 알맞은 것을 주어진 단어들 중에서 골라 써넣으시오. (한 번씩만 사용함)

| while | whether | so that | in case | if | as | since | until |

01 Popular _____ he is, the famous actor almost always feels lonely when he is alone.

02 You should be ready for the test _____ it is given sooner or later.

03 We should pack the glassware with great care _____ it won't get broken.

04 I am just working at the store part-time _____ I get a full-time job at a big company.

05 It has been almost two years _____ the construction began.

06 The region has lots of land suitable for farming _____ the land of this one is all barren.

07 She can be very demanding to work with _____ her colleagues like her or not.

6 종속 상관접속사

1 so ··· that

> s + v ... so + 형용사/ 부사 + that + s' + v' ··· (s가 너무나 ···해서 s' 가 ···한다)

* The manual is **so** *complicated* **that** customers are confused.
  사용설명서가 너무 복잡해서 고객들이 혼란스러워 한다.

2 such ··· that

> s + v ... such (a) + 형용사 + 명사 + that + s' + v' ··· (s가 너무 ···한 것이어서 s' 가 ···한다)

주의

① such a + 형용사 + 명사 + that-절 = so + 형용사 + a + 명사 + that-절
② many/ much/ few/ little + 명사 앞에는 so를 쓴다.

`e.g.` **so much** food / **so few** people that ···

* It is **such** *a tiny room* **that** I don't have to do much to keep it clean. (= so tiny a room)
  그것은 너무 작은 방이어서 내가 그 방을 깨끗하게 유지하는데 일을 많이 할 필요가 없다.
* The woman basketball team is composed of **such** *tall players* **that** it is rarely defeated.
  그 여자농구팀은 매우 키가 큰 선수들로 구성되어서 지는 경우가 거의 없다.
* In the Middle Ages, there were **so few books that** most people were illiterate.
  중세에는 책이 너무나 적었기 때문에 사람들 대부분은 문맹이었다.

3 (Just) as + s + v, so + s' + v'

> (Just) as + s + v ... , so + s' + v' ··· (s가 ···하는 것처럼 s' 도 ···한다)

* **Just as** the French enjoy their wine, **so** the Germans enjoy their beer.
  프랑스 사람들이 자기네 포도주를 즐기는 것처럼 독일 사람들도 자기네 맥주를 즐긴다.

4 hardly/ scarcely ··· when/ before 와 no sooner ··· than

> s + had hardly/ scarcely +p.p. ... + when/ before + s' +과거 v' (s가 ···하자마자 s'가 ···했다)
> = s + had no sooner +p.p. ... + than + s' + 과거 v'

* **Hardly** *had* I arrived at the station **when** the train *left*. 내가 역에 도착하자마자 기차가 떠났다.
  = **No sooner** *had* I arrived at the station **than** the train *left*.

Check-up questions 6

* 다음 문장 중 어법에 틀린 부분을 고쳐 쓰시오.

01 The taekwondo tournament was so popular games that the gymnasium was always crowded on contest days.

02 Hardly had I parked my car by the curb on the street as soon as I was given a parking ticket.

03 No sooner I had opened the door than cold strong wind came in.

04 Just like the American people love baseball, so the English love soccer.

05 She has so fancy a car as her friends envy her.

06 There were such many cars in the parking lot that I couldn't find a parking place.

7 접속부사 (연결부사)

1 종류

1) 추가 의미 : besides/ in addition/ plus (게다가), moreover/ furthermore (더구나)

2) 결과 의미 : therefore (그러므로), hence/ thus (그래서), consequently/ as a result (그 결과)
   then (그리고 나서, 그 때), in conclusion/ finally (끝으로)

3) 대조 의미 : however (그러나), nevertheless/ nonetheless (그럼에도 불구하고), still(그러나)
   on the contrary/ conversely (그와는 반대로), in contrast / by contrast (대조적으로)

4) 비교 의미 : similarly / likewise (마찬가지로)

5) 조건 의미 : otherwise / or else (그렇지 않으면)

6) 전환 의미 : meanwhile (한편), on the other hand (다른 한편), instead (그 대신에)

7) 예시 의미 : for example / for instance (예를 들면)

8) 상황 의미 : actually / in fact / as a matter of fact (사실은)

9) 우선 의미 : above all / most of all / first of all (무엇보다도/ 그중에서도)

2 용법

1) 다른 문장에 이어서 쓰이고, 독립된 1개 문장의 문두에서는 쓰이지 않는다.

2) 접속부사 뒤에는 원칙적으로 커머(,)가 온다. 단, 문장 가운데(주로 주어와 동사 사이)에서 삽입어구로 쓰이기도 하며, 이 때에는 앞뒤에 커머가 온다.

3) 뒤에는 절(s' + v'…)만 온다. (단어나 구 앞에서는 사용 불가)

* Artificial sweetening is used in toothpaste and sugarless gum. **In addition**, it is used in many diet foods.
  인공 감미료는 치약과 무설탕 검에 쓰인다. 게다가 많은 다이어트 식품에도 사용된다.

* You should take care near the cliff. **Otherwise / Or else**, you might fall.
  절벽 가까이에서는 주의해야 한다. 그렇지 않으면 떨어질 것이다.

* He tried to reassure me a few times. I, **nevertheless**, could not help feeling anxious.
  그는 여러 차례 나를 안심시키려고 했다. 그럼에도 나는 불안을 느끼지 않을 수 없었다.

* The artist painted a lot of superb paintings. **Above all**, this painting really appeals to me.
  그 화가는 뛰어난 그림을 많이 그렸다. 그중에서도 이 그림이 내 마음에 쏙 든다.

Check-up questions 7

* 어법상 알맞은 것을 고르시오.

01 We were tired and sleepy ; _____, we kept on working.
   (A) then   (B) therefore   (C) because   (D) nevertheless

02 They got two free tickets for trip to Europe. _____, they would never have been able to afford to go there.
   (A) However   (B) In addition   (C) Otherwise   (D) Even though

03 _____ writing the sales report, she has to edit annual financial reports.
   (A) In addition   (B) Beside   (C) In addition to   (D) Because

04 Please remember that we will process your application form for the membership now. _____, your renewal term will not begin until the current membership cycle is completed.
   (A) However   (B) When   (C) Besides   (D) Similarly

05 I was notified that it would be best to postpone the date of the conference in which I was supposed to participate until late in April. _____, I cancelled the reservation for the hotel accommodations.
   (A) Furthermore   (B) In fact   (C) Meanwhile   (D) As a result

06 The population of developing countries generally is growing fast. _____, that of advanced countries is increasing very slowly.
   (A) As a result   (B) First of all   (C) In contrast   (D) In fact

07 The United States won most of the track and field events in the last Olympic Games. _____, in swimming, the top three places went to Americans.
   (A) In conclusion   (B) Similarly   (C) On the other hand   (D) Meanwhile

종합문제 (접속사)

A 어법상 알맞은 것을 고르시오.

01 Customers may choose _____ regular mail, or for an extra charge, express mail.
(A) both　　　(B) either　　　(C) as well as　　　(D) not only

02 Ms. Lee would like to review the gathered data _____ the quarterly report is compiled.
(A) as soon as　　　(B) while　　　(C) before　　　(D) by the time

03 _____ Mr. Sokolv joined JC Software Company five years ago, he has proved himself to be a most skilled member in his team.
(A) Since　　　(B) After　　　(C) When　　　(D) As

04 You had better leave things _____ they are until all the facts are made clear.
(A) as　　　(B) if　　　(C) although　　　(D) likewise

05 Some doctors prescribe new medicines under trials. _____, it is not yet clear that they work effectively and are safe.
(A) Therefore　　　(B) In addition　　　(C) As a result　　　(D) However

06 Vaccination against smallpox is _____ effective _____ few people have the disease nowadays.
(A) as - as　　　(B) such - that　　　(C) so - that　　　(D) not - but

07 _____ did the tribes fail to cooperate with each other, but they fought among themselves.
(A) No sooner　　　(B) Not only　　　(C) Never　　　(D) Hardly

08 Even though Mary didn't go to college, _____ is a very knowledgeable woman.
(A) she　　　(B) and she　　　(C) yet　　　(D) but she

09 Substantial calorie reduction can not only reduce the rate of cell proliferation, _____ the maximum life span of various organisms.
(A) also extend　　　(B) but also extending　　　(C) and extend　　　(D) but extend

10 Icarus, a youth in a Greek myth who had a pair of wings made from wax, probably did not know _____ wax melts when heated, _____ he flew into the heat of the sun and lost his wings.
(A) that - for　　　(B) if - for　　　(C) whether - as　　　(D) that - if

B 각 질문에 답하시오.

01 밑줄 친 부분 중 어법상 틀린 부분을 골라 알맞게 고치시오.

To the question (1) whether I am a pessimist or an optimist, I answer (2) that my knowledge is pessimistic, but my willing and hoping are optimistic. I am pessimistic (3) in that I experience in its full weight (4) that we conceive to be the absence of purpose in the course of the world happening.

[02-04] 다음 괄호 안에서 어법과 문맥에 알맞은 것을 고르시오.

02 (1) **(During / While)** this course you will have the opportunity of not only learning about Poverty and Population from lectures and readings, (2) **(and / but)** you will be able to follow policy debates (3) **(as / until)** they unfold.

03 Every story must have action. (1) **(Otherwise/ Therefore)**, it becomes an essay or a character sketch. Near the beginning of the story something happens that starts the action rolling. Two characters are in disagreement, serious or otherwise, over some matter; or within the mind of a single character there is some indecision, some doubt troubling him. (2) **(In contrast / In other words)**, there is some kind of conflict or problem. You learn about the problem at the start of the story. (3) **(In addition / Accordingly)**, you are curious to see how it will be worked out.

04 We want to stop watching so much TV, but demonstrably, we also want to watch lots of TV. So (1) **(that / what)** we really want, it seems, is to stop wanting. We are trapped deep in a paradox: deciding on the best course of action, then doing something else. The way around this is to see (2) **(if / that)** habits are responses to needs. This sounds obvious, but countless efforts at habit change ignore its implications. For example, if you eat badly, you might resolve to start eating well. (3) **(However / Therefore)**, if you are eating burgers and ice cream to feel comforted, relaxed and happy, trying to replace them with broccoli and carrot juice is like dealing with a leaky bathroom tap or repainting the kitchen. What is required is not a better diet, (4) **(or / but)** an alternative way to feel comforted and relaxed.

C 다음 우리말에 알맞도록 영문의 빈칸에 적당한 단어를 써넣으시오.

01 그 책은 아주 쉬운 영어로 쓰여 있어서 초보자들조차도 쉽게 이해할 수 있다.
The book is written in (   ) easy English (   ) even beginners can understand it easily.

02 노조는 봉급인상을 요구했을 뿐만 아니라 근로시간 감축도 요구했다.
(   ) (   ) did the union ask a pay raise, (   ) it asked working hours to be reduced as well.

03 그들은 어디로 가는지 또 언제 떠나는지 모두 모르고 있다.
They know (   ) where to go (   ) when to leave.

04 관리 담당 직원들이 회의실의 전기고장을 알아냈다. 그렇지 않았더라면 회의가 제시간에 열리지 못했을 것이다.
The maintenance workers found out about the power failure in the conference room. (   ), the meeting could not have been (h   ) on time.

05 내가 사무실에 들어가자마자 전화벨이 울렸다.
(H   ) (   ) I entered the office (   ) the phone rang.

D 다음 우리말에 어울리도록 괄호 안에 있는 영어단어들을 어법에 맞게 연결하시오.

01 우리가 해야 할 필요가 있는 것은 공부도 열심히 하며 규칙적으로 운동도 하는 것 둘 다이다.
(to study, we, both, do, to, What, is, need, to do, exercise, and, hard, regularly)
_____.

02 그 축구 경기는 너무나 흥미진진해서 내가 관심을 딴 데로 돌릴 수 없었다.
(so, my attention, I, that, The soccer game, to, others, turn, was, couldn't, exciting)
_____.

03 그곳 사람들은 매일 무얼 먹을 것인가를 걱정하고 있다.
(worried, what, are, The people, eat, about, they, every day, there)
_____.

04 우리의 경쟁사는 우리가 자본이 부족하다는 사실을 모르고 있다.
(the fact, short, we, know, Our competitor, funds, are, doesn't, that, of)
_____.

05 내가 버스에 올라타자마자 휴대전화를 집에 놓아두고 왔다는 것을 깨달았다.
(had, the bus, than, I, my cell phone, I, got, No, had, at home, left, on, sooner, realized, that, I)
_____.

Chapter 17
관계사
Relatives

Grammar Introduction

관계사에는 대표적으로 관계대명사 계통과 관계부사 계통으로 나누어지는데, 이들은 선행사를 매개로 하여 두 개의 문장을 엮어서 부연 설명해주는 영어의 독특한 표현 방법이다. 관계사 용법은 우리말에는 없는 영어의 독특한 어법으로, 영문에서는 관계사가 아주 중요한 역할을 하므로 이들의 종류와 역할 및 용법을 잘 익혀두자.

관계사의 종류

1 관계대명사   who, whom, whose, which, that, what

2 복합관계대명사   whoever, whomever, whosever, whichever, whatever

3 관계부사   when, where, why, how/ the way

4 복합관계부사   whenever, wherever, however

5 (복합)관계형용사   which, what / whichever, whatever

관계사의 원리 및 관계대명사와 관계부사의 구별

관계사는 두 개의 문장을 하나의 문장으로 결합할 때, 겹치는 부분을 관계사로 표현한다. 겹친 부분이 **명사(구)**이면 **관계대명사**가 오고, **부사(구)**가 겹치면 **관계부사**가 온다.

1 관계대명사가 오는 경우

관계대명사절은 뒤에 **주어/ 목적어/ 보어/ 소유형용사** 중 어느 하나가 빠져있어야 한다.

   * **Jack** is *my colleague*. **He** is recognized as a hard-working employee.(⋯ my colleague와 He가 겹치고 주격이므로 He대신 who가 온다)
   → Jack is *my colleague* **who** is recognized as a hard-working employee.
            (선행사)   관계사절 (주어가 빠져 있으므로 주격 관계대명사 who가 온다)
   Jack은 열심히 일하는 직원으로 인정받고 있는 내 동료이다.

2 관계부사가 오는 경우

관계부사절은 뒤에 빠진 것 없이 완전한 문장이 온다.

   * The island is a famous *summer resort*. I stayed **there** during my vacation. (⋯ summer resort와 there가 겹치므로 there대신 관계부사 where가 온다)
   → The island is a famous *summer resort* **where** I stayed during my vacation.
               (선행사)   관계사절 (빠진 것이 없는 완전한 문장)
   그 섬은 내가 휴가 때 머물렀던 유명한 피서지이다.

1 관계대명사의 종류와 격

관계대명사는 자기가 지칭하는 명사(구)를 **선행사**라고 하며 이 선행사가 **사람**이냐 또는 **사물**이냐에 따라서 **관계대명사의 종류**가 결정된다. 뒤의 관계사절 내에서 주어가 필요하면 **주격 관계대명사**, 목적어가 빠져있으면 **목적격 관계대명사**가 온다. 빠진 것이 없으면 **소유격 관계대명사**가 온다.

선행사	주격	목적격	소유격
사람	who/that	whom(who)/that	whose
사물/동물	which/that	which/that	whose/of which
없음	what	what	없음

* Dr. Cornel is a famous *scientist* **who** was awarded the Nobel Prize. (선행사가 사람 – 주격)
  Cornel 박사는 노벨상을 받은 유명한 과학자이다.

* I will show you a list of *products* **whose** prices are reasonable. (선행사가 사물 – 소유격)
  나는 당신에게 가격이 저렴한 제품 목록을 보여 드리겠습니다.

* He is *the man* **who/whom/that** the famous actress got married to in the end.
  (선행사가 사람 – 목적격 관계대명사는 **who/whom/that** 모두 가능)
  그는 그 유명한 여배우가 결국 결혼한 남자이다.

* He is <u>*my coworker with*</u> **whom** I share the office space. (선행사가 사람 – 전치사의 목적어)
  그는 내가 사무실을 같이 쓰는 내 동료이다.

* This is the *marketplace* **which/ that** is always crowded with people. (선행사가 사물 – 주격)
  이곳은 사람들로 늘 붐비는 시장이다.

* **What** makes you happy is a feeling of satisfaction with yourself. (선행사가 없는 경우 – 주어)
  당신을 행복하게 해주는 것은 당신 자신에 대한 만족감이다.

주의해야 할 관계대명사 용법

1 선행사와 관계대명사가 떨어져 있는 경우 ➜ 뒤에 오는 관계사절의 문맥을 보고 판단한다.

* The workers of *the company* **which** *manufactures* cars are working hard.
  (the company 가 선행사이므로 관계대명사는 which이다)
  자동차를 제조하는 그 회사 직원들은 열심히 일하고 있다.

* *The workers* of the company **who** *take* pride in their jobs are working hard.
  (The workers 가 선행사이므로 관계대명사는 who이다)
  자기 업무에 자부심을 갖고 있는 그 회사 직원들은 열심히 일하고 있다.

2 관계대명사를 생략할 수 있는 경우

1) **목적격 관계대명사는 생략할 수 있다** (단, 전치사가 관계사 앞에 있을 때는 생략할 수 없다.)
   * I need an assistant (whom/who) I can depend on. (⋯ 생략 가능)
     = I need an assistant **on whom** I can depend. (⋯ 생략 불가) 나는 내가 의존할 수 있는 비서가 필요하다.

2) **관계대명사가 주격보어나 목적격 보어인 경우**
   * Cindy is not the cheerful girl (who) she *used to be*. Cindy는 예전처럼 명랑한 소녀가 아니다.

3) 선행사 + 주격 관계대명사 + be + 분사/형용사의 경우

[주격 관계대명사 + be]를 생략할 수 있다. (··→ 생략하면 분사구나 형용사구로 변한다.)

* That woman (**who is**) *talking on the phone* is my assistant. (··→ 분사구가 된다)
  전화로 이야기하고 있는 저 여자는 내 비서이다.
* Those (**who are**) *responsible for breaking the window* have to pay for it. (··→ 형용사구가 된다)
  유리창을 깬 책임이 있는 사람들이 그것을 변상해야 한다.

> **참고** 선행사가 사람일 때도 which를 쓰는 경우
> 선행사가 사람일지라도 그 사람의 성격이나 인격/ 직업/ 직능 등을 의미할 때는 which를 쓴다.
> * He is not *the man* **which** his parents want to be. (O) 그는 그의 부모님이 원하는 그런 인물이 아니다.

3 관계대명사 that과 친한 선행사

관계대명사 **that**은 who와 which 대신 사용되는 경우가 종종 있으나, 특히 선행사 앞에 **한정성이 강한 수식어구**(최상급/ the only/ 서수/ the same 등)이 오거나 기타 **–thing으로 끝난 대명사** (e.g. anything/ nothing)가 올 때는 주로 that을 사용하며, 의문사가 선행사일 때도 that을 쓴다.

```
최상급
the only
the same      + 선행사 + that + (S) + V··· / 의문사가 선행사일 때/ –thing이 선행사일 때
the very
all/ no/ every
```

* The World Cup soccer final was *the best game of soccer* **that** I had ever seen.
  월드컵 축구 결승전은 내가 본 것 중 가장 훌륭한 축구 경기였다.
* We insist that he should be responsible for *everything* **that** has happened until now.
  우리는 지금까지 발생한 모든 일에 대하여 그가 책임져야 한다고 주장하는 바다.
* *Who* **that** has a sense of duty doesn't do his best in his responsibilities? (··→ who가 선행사)
  의무감이 있는 사람이라면 누가 자기가 맡은 일에 최선을 다하지 않겠는가?

4 소유격 관계대명사 whose / of which 용법

```
              ┌ whose + 명사        ┐
선행사 +      │ the + 명사 + of which │ + (S) + V···
              └ of which the + 명사   ┘
```

* *That house* **whose roof** is red is my uncle's. 지붕이 빨간 저 집은 우리 삼촌네 집이다.
  = **the roof of which**
  = **of which the roof**

Check-up questions 1

A 어법상 알맞은 것을 고르시오.

01 We have just installed a machine (who / which) can assemble 200 devices a minute

02 This is the artist (who / whose / whom) paintings we talked about.

03 The government will soon carry out (which / that / what) needs to be done now.

04 The developer of the program (who / which) worked in the technical team received a prize for his innovative ideas.

05 This is the list of restaurants in the region _____ services are welcomed by customers.
   (A) which   (B) who   (C) whose   (D) what

06 All the employees of the marketing team _____ were considering transferring overseas were invited to the seminar on the recent trend of global markets.
   (A) who   (B) which   (C) what   (D) whom

07 The student always reviews _____ his teachers teach him.
   (A) which   (B) of which   (C) what   (D) that

08 If the company cannot find the qualified applicants in accounting _____ they are looking for, they will postpone the interviews.
   (A) which   (B) who   (C) what   (D) for whom

09 The musicians _____ names you've heard regularly earn $30,000 and $50,000 for a single performance.
   (A) who   (B) their   (C) whose   (D) of whom

10 In a new study of 75 children between the ages of 6 and 7, the researchers found that those _____ index fingers were short compared with their ring fingers tended to excel at numbers.
   (A) who   (B) whose   (C) whom   (D) of whom

B 밑줄 친 부분 중 어법상 틀린 부분만 알맞게 고치시오.

01 This is the very computer (A) that I told you about (B) it.

02 When children speak in the one-word stage, (A) what children hear others say influences (B) that they themselves say.

03 The number of women scholars in the past which were almost totally self-educated was very large.

04 The city is a major international port and a banking center that export includes machinery, instruments and grains.

05 Some people exchange their services for money, (A) and they then use to buy the specialized goods and services (B) which they need from others.

2 관계대명사의 계속적 용법/ 이중한정/ 삽입절이 있는 경우/ 관계대명사 + to-부정사

1 관계대명사의 두 가지 용법과 그 차이점

1) **제한적 용법** (defining clauses) ⋯ 관계대명사 앞에 커머가 없는 경우 (⋯ 관계사절부터 번역)
2) **계속적 용법** (non-defining clauses) ⋯ 관계대명사 앞에 커머가 있는 경우 (⋯ 앞에서부터 차례로 번역)

* The company has *two subsidiaries* **which** produce computer parts. (⋯ 자회사가 적어도 둘 이상)
  그 회사는 컴퓨터 부품을 생산하는 두 개의 자회사를 가지고 있다.
* The company has *two subsidiaries*, **which** produce computer parts. (⋯ 자회사가 딱 둘)
  그 회사는 두 개의 자회사를 가지고 있는데, 이들은 컴퓨터 부품을 생산한다.

2 계속적 용법에서 주의할 점

1) **선행사** ➡ 앞 문장 중에 있는 **단어**나 **구** 또는 **앞 문장 전체**를 모두 선행사로 받을 수 있다.
   (구/절이 선행사인 때 ⋯ which)

* *The train*, **which** takes only two hours, is quicker than the bus. (선행사가 단어인 경우)
  기차는 두 시간밖에 안 걸려서 버스보다 더 빠르다.
* *The police arrived*, after **which** the situation became settled. (선행사가 앞 문장 전체인 경우)
  경찰이 도착했다. 그리고 난 후 상황은 수습되었다.

2) **계속적 용법에 사용할 수 없는 관계사** ➡ that, what, why, how는 커머 뒤에 사용 불가

* The gift was a pack of batteries, *that* was not the one I wished for. (x) (that ⋯ which)
  그 선물은 건전지 꾸러미였는데 그것은 내가 원했던 것이 아니었다.

3) **계속적 관계대명사 = 접속사 + 대명사**의 형태이므로 다른 접속사와 함께 사용 불가

* This is Mr. Allen, *and who* I work with. (x) (⋯ and 를 뺀다) 이분이 Allen씨인데, 내가 그와 함께 일한다.

4) **계속적 용법은 특히 다음과 같은 형태로 잘 쓰인다**

> S + V ⋯ , all /one /most /each/ 숫자 of whom + (S') + V' ⋯ (⋯ 선행사가 사람일 때)
> S + V ⋯ , all /one /most /each/ 숫자 of which + (S') + V' ⋯ (⋯ 선행사가 사물일 때)

* Several applicants have applied for the position, **most of whom** have necessary skills.
  몇몇 지원자들이 그 직책에 지원했는데, 그들 중 대부분이 필요한 능력을 갖추고 있다.
* The shipment of our order for computer parts arrived, **two of which** were broken.
  우리가 주문한 컴퓨터 부품 운송물이 도착했는데, 그중 두 개가 고장 나 있었다.

3 관계대명사의 이중한정 용법

하나의 선행사를 두 개의 관계대명사절이 공동으로 수식하는 경우를 이중한정 용법이라고 한다. 번역의 순서는 앞에 있는 관계사절부터 차례대로 번역하는 것이 일반적이다.

> S + V + *선행사* + [관계대명사 + v' …]+ [관계대명사' + v"…]
> 공통선행사   관계사절(1)   관계사절(2)

* If there is *anything* **that you really want** **that you don't have yet**, then you should work, save, and get it.
  관계사절(1)   관계사절(2)
  네가 정말로 원하는 것 중에서 아직 가지고 있지 않은 것이 있다면, 너는 일해서 저축하여 그것을 얻어야 한다.

4 관계사절 안에 삽입절이 있는 경우

관계사절 안에 [사람(s) + 생각 동사(think/ believe/ consider/ feel, etc.)]가 관계사 바로 뒤에 오는 경우를 주의하자. 이 삽입절은 관계사절과는 직접적으로 관계가 없으므로 생략되어도 상관없다.

> S + V + *선행사* + *관대명사* + [s + think/ believe/ consider/ feel…] + V'….
>   삽입절(주로 생각/ 사유를 나타내는 동사가 온다)

* My neighbor has lost his wife recently, **which** *I think* must have really hurt him.
  내 이웃사람이 최근에 상처했는데 (내 생각으로는) 그것이 그의 마음을 크게 아프게 했었을 것이 틀림없다.

5 관계대명사 + to-부정사

관계대명사 + S + V…에서 S + V…를 to + V로 축약하여 **관계대명사 + to + V**…로 표현하는 경우가 있다. 이 표현은 관계대명사 앞에 전치사가 있고 관계대명사절의 주어와 주절의 주어가 일치하거나 일반주어인 경우에 주로 사용된다.

> 선행사 + 전치사 + whom/ which + to + v의 형태로 쓰인다.

* He is not the person **on** *whom you can rely*. 그는 믿을 만한 인물이 아니다.
  = He is not the person **on whom to rely**. (o)

  CF. He is not the person *whom to rely on*. (x)
  He is not the person *that / who to rely on*. (x)
  He is not the person *on that to rely*. (x)

* Today consumers have a new social media **through** *which they can easily compare prices*.
  = Today consumers have a new social media **through which to easily compare prices**.
  오늘날 소비자들은 쉽게 가격을 비교할 수 있는 소셜 미디어를 가지고 있다.

Check-up questions 2

* 어법상 알맞은 것을 고르시오.

01 He said that he was a student, (who / which) was a lie.

02 Jeff has been selected to replace Hansen, (he / who) is retiring at the end of the month.

03 The sales team is composed of ten people, _____ are under the age of 30.
  (A) they　　　　(B) most of them　　　　(C) most of who　　　　(D) most of whom

04 The residents of the city are proud of the tourist attractions in the area, and the most outstanding one of _____ is its great spa.
  (A) what　　　　(B) which　　　　(C) that　　　　(D) them

05 The human race evolved amid a diversity of languages, _____ formed a rich pool of varied ideas and world views.
  (A) they　　　　(B) who　　　　(C) that　　　　(D) which

06 A sculptor named Gutzon Borglum chose four presidents _____ he thought were symbols of America to create the monument in South Dakota.
  (A) who　　　　(B) whom　　　　(C) which　　　　(D) what

07 I wrote to my partner _____ I thought expected to receive some information from me on an important matter.
  (A) who　　　　(B) whom　　　　(C) which　　　　(D) of whom

08 There's going to be a new manager next month, _____ I think will be a good opportunity for a change of our department.
  (A) who　　　　(B) which　　　　(C) that　　　　(D) in which

09 Last week I met the most famous music therapist _____ had demonstrated music therapy on TV a couple of months before.
  (A) which　　　　(B) whom　　　　(C) that　　　　(D) what

10 There were dozens of summer cottages on the hill commanding the sea, _____ were burnt out by the last forest fire.
  (A) some of them　　　　(B) and some of them　　　　(C) some of that　　　　(D) and some of which

3 관계대명사 that 사용 불가의 경우

1 전치사 뒤에 사용 불가

* This is the newly released cell phone **about** *that* we talked. (x)
  → This is the newly released cell phone *about* **which** we talked. (o)
  = This is the newly released cell phone **which** (*or* **that**) we talked *about*. (o)
  이것이 우리가 이야기했던 새로 출시된 휴대전화이다.

2 계속적 용법에서(커머 뒤에서) that 사용 불가

* He didn't respond to their proposal, *that* made them nervous. (x) (… which로 바꾼다)
  그는 그들의 제안에 응답하지 않았는데, 그것이 그들을 초조하게 만들었다.

3 관계대명사와 전치사

1) 일반 원칙

관계사절 내에서 관계대명사가 전치사의 목적어일 때에는 이 전치사를 관계대명사 앞에 둘 수 있다. 이때 목적격 관계대명사는 whom 또는 which라야 하며 that은 올 수 없다.

> S + V + 선행사 + **전치사** + **whom/ which** + S' + V' …

* Who is the woman **who**(m)/ **that** you were speaking *to*? 네가 이야기하고 있던 그 여자가 누구냐?
  = Who is the woman *to* **whom** you were speaking? (… 전치사 뒤에서는 whom만 사용)
  = Who is the woman you were speaking *to*? (전치사가 뒤에 올 때는 관계대명사 생략 가능)

  CF. Who is the woman *to that* you were speaking? (x)

2) 기타 유의할 점

a) 전치사 뒤의 관계대명사는 선행사가 사람이면 **whom**, 사물이면 **which**이다.

b) 선행사가 없으면 전치사 뒤에는 대체로 **what**이 온다.

* We talked *about* **what** the director ordered us to do. (… 선행사가 없고 전치사 뒤이므로 what)
  우리는 이사님이 우리에게 하라고 명령한 것에 대하여 논의했다.

c) 다음과 같은 전치사는 그 성격상 관계대명사 앞에만 온다.
  during, beyond, besides, except, concerning, than, as to, etc.

* I really enjoyed my vacation, **during which** I stayed on the island.
  나의 휴가는 무척 즐거웠었는데, 휴가 동안 나는 그 섬에 머물렀었다.
* This is Mr. James **than whom** there are few more competent employees in the company.
  이분이 James 씨라는 분으로 회사 내에서 그분보다 더 유능한 직원은 별로 없습니다.

Check-up questions 3

* 어법상 알맞은 것을 고르시오.

01 Ants set up a narrow track (that / along which) they can travel from their burrow.

02 About 2,400 years ago, Hippocrates prescribed willow bark, (which / that) contains a natural form of aspirin.

03 A job interview is a situation _____ a first impression can determine one's future earning capacity.
   (A) which   (B) in that   (C) in which   (D) in what

04 Pesticides have killed off the insects _____ skylarks fed upon, and year-round harvesting has driven the birds from their winter nests.
   (A) that   (B) on that   (C) on which   (D) on what

05 While autism is generally a lifelong struggle, there are some reported cases _____ kids who were identified as autistic and treated at an early age no longer exhibit symptoms.
   (A) which   (B) that   (C) with which   (D) in which

4 관계대명사 what 용법

1 관계대명사 what 앞에는 선행사는 없다.

what 자체 속에 선행사가 포함되어 있다(**what = the thing which**의 관계). what 뒤에는 불완전한 문장이 오며 뜻은 "**…하는 것**"의 의미이다.

> S + V + (전치사) + **what** + (S') + V' …
> (뒤에 주어, 목적어, 보어 중 빠진 것 있는 불완전한 문장이 온다)

2 what-절의 역할

관계대명사 what-절은 명사절이며 문장 속에서 **주어절, 목적어절, 보어절** 역할을 한다.

* **What** *I like best for breakfast* is cereals. (⋯ 주어절) 내가 아침식사로 제일 좋아하는 것은 시리얼이다.
* People usually like **what** *they are familiar with*. (⋯ 목적어절)
  사람들은 대체로 자기들이 잘 알고 있는 것을 좋아한다.
* This reply is **what** *I came up with after careful consideration*. (⋯ 보어절)
  이 답변은 내가 신중히 고려한 후에 생각해낸 것이다.

3 관계사 what은 계속적 용법(커머 뒤)에서 쓰이지 않는다.

* He has made every effort to reach his goal, ***what*** enabled him to achieve his dream.(x)
  (선행사는 앞문장 전체이고 커머 뒤이므로 what ⋯ which)
  그는 목적을 달성하기 위하여 온갖 노력을 해왔고 그것이 그의 꿈을 이루게 했다.

> **주의** 관계대명사 what과 명사절을 인도하는 접속사 that과의 구별

① **관계사 what** ➡ 뒤에 불완전한 절이 온다. (주어, 목적어, 보어 중 빠진 것 있음)
② **접속사 that** ➡ 뒤에 완전한 절이 온다. (빠진 것 없음)

* **What** *kids really need* is love and care. (⋯ need 의 목적어가 빠져 있으므로 what)
  아이들이 진정으로 필요로 하는 것은 사랑과 보살핌이다
* I found **that** *the staff meeting had been cancelled*. (⋯ 뒤에 완전한 문장이므로 that)
  나는 직원회의가 취소되었다는 것을 알았다.

관계대명사 what의 관용적 표현

1) A is to B what C is to D : A와 B와의 관계는 C와 D와의 관계와 같다

* Leaves are **to** the plant **what** lungs (are) **to** the animal. 잎과 식물과의 관계는 폐와 동물과의 관계와 같다.

2) what is called / what we(you *or* they) call : 소위

* Sylvia is **what we call** an elegant lady. Sylvia는 소위 요조숙녀이다.

3) what is better : 더욱더 좋은 것은, 금상첨화로
   what is more : 더구나, 게다가
   what is worse : 설상가상으로

* The product is very useful, **what is better**, very affordable.
  그 제품은 아주 유용한데, 더욱 좋게도 값도 저렴하다.

4) what with A, and what with B : A이기도 하고 B이기도 해서

* **What with** heavy workload, **and what with** financial worries, he is suffering from unpleasant circumstances.
  과중한 업무도 있고 재정적인 걱정거리도 있고 해서, 그는 불우한 처지에 시달리고 있다.

Check-up questions 4

* 어법상 알맞은 것을 고르시오.

01 I'll show you (that / what) I thought about the program we are planning to create.

02 When you give to the needy, do not let your left hand know (that / what) your right hand is doing.

03 Contrary to _____ we usually believe, the best moments in our lives are not the passive, receptive, relaxing times but active and strenuous ones.

    (A) that   (B) which   (C) of which   (D) what

04 _____ the builders of the Erie Canal had not considered was _____ the advent of the railroad would assure the canal's instant downfall.

    (A) What - that   (B) What - what   (C) That - that   (D) That - what

05 I am happy to join with you today _____ will go down in history as the greatest demonstration for freedom in the history of our nation.   (Martin Luther King Jr. 목사)

    (A) in which   (B) that   (C) in what   (D) what

5 복합관계대명사

1 복합관계대명사의 종류

1) whoever = anyone who (누구든지) ➡ 주격 관계대명사 who의 강조형
2) whosever = anyone whose (누구의 것이든지) ➡ 소유격 관계형용사 whose의 강조형
3) whomever = anyone whom (누구든지) ➡ 목적격 관계대명사 whom의 강조형
4) whichever = any thing which (어느 것이든) ➡ 두어 개 중에서 선택적일 때
5) whatever = anything that (무엇이든지) ➡ 선택 범위가 넓을 때

2 복합관계대명사의 용법

1) 복합관계대명사는 선행사를 포함하므로 앞에 선행사가 올 수 없다.
2) 복합관계대명사 절은 **명사절**이 되고 문장 속에서 **주어절/ 목적어절/ 보어절**로 쓰인다.
3) 명사 앞에서 형용사로 쓰일 수 있으며 이 경우에는 **복합관계형용사**가 된다.

* **Whoever** *wants to go there* should be here on time tomorrow morning. (주어절)
  거기에 가고 싶은 사람은 누구든지 내일 아침 시간에 맞게 여기에 도착해야 한다.
* We'll delegate to the international conference **whoever** *can speak English well*. (목적어절)
  우리는 누구든지 영어를 잘하는 사람을 국제회의에 파견할 것이다.
* I will buy you **whichever** *you choose*. (목적어절) 네가 어느 것을 선택하든 내가 그것을 사주겠다.
* You can take **whatever** *you like best*. (목적어절) 네가 제일 좋아하는 것이 무엇이든 가져가도 된다.

> **주의** 복합관계대명사는 양보를 나타내는 **부사절**로도 쓰인다.
> 이 경우는 주절과의 사이에 주로 커머가 온다. (뜻 ➡ "**아무리 …한다할지라도**")

* whoever = no matter who
* whatever = no matter what
* whichever = no matter which
* whosever = no matter whose

* **Whoever** (*may*) *asks me to leave* here, I won't. (= **No matter who** asks me to leave,)
  어느 누가 나더러 여기를 떠나라고 요청할지라도 난 안 떠날 것이다.
* **Whatever** *you do*, do your best in it. (= **No matter what** you do,) 무엇을 하든지 간에 그 일에 최선을 다하라.

Check-up questions 5

* 어법상 알맞은 것을 고르시오.

01 (Which / Whichever) way you look at the situation, the result will be the same.

02 (Who / Whoever) is involved in the scandal should be punished.

03 She won't agree with (which / that / whatever) I offer.

04 I will hire the person (whose / whosever) qualification is best for the position.

05 I will follow (whichever / whatever) way you will take, the train or the plane.

6 관계부사 / 관계형용사

1 관계부사의 종류

1) 형태 ➡ 관계부사 절은 주어, 목적어, 보어 중에서 빠진 것이 없는 완전한 문장을 이끈다.

> S + V + 선행사 + **관계부사** + S' + V' ···
> (완전한 문장)

2) 관계부사와 관계대명사 which와의 관계

관계부사는 다음과 같이 **전치사 + which**의 형태로 바꿀 수 있다.

선행사	관계부사	전치사 + which
시간 의미 명사	when	at/ on/ in/ during which
장소 의미 명사	where	at/ on/ in which
이유 의미 명사	why	for which
방법 (선행사없음)	how/ the way	in/ by which

* I know a *store* **where**(=at which) I can get discounts. 할인 받을 수 있는 가게를 하나 알고 있다.
  which(x)   (완전한 문장)
* The president visited the office *this morning* **when**(= in which) you were away.
  사장님이 오늘 아침 당신이 없을 때 사무실을 방문했다.
* *The reason* **why**(= for which) he missed the meeting is not known. 그가 회의에 빠진 이유는 안 알려져 있다.
* Foreigners have to understand **how/ the way** the people do things in this culture.
  외국인들은 이러한 문화 속에서 사람들이 행동하는 방식을 이해해야 한다.

2 관계부사의 용법

1) 관계대명사와의 구별 ➡ 관계부사는 **접속사 + 부사**의 형태이다.

> e.g. when = and then, where = and there/ here

관계대명사는 불완전한 문장을 이끌지만, 관계부사는 완전한 문장을 이끈다.

* This is the restaurant, ***and*** we usually have lunch ***here***.
  ➡ This is the restaurant **where** we usually have lunch. (= and here)
  이곳이 우리가 보통 점심을 먹는 식당이다.

2) 계속적 용법과의 관계 ➡ 커머 뒤에서 when/ where만 올 수 있고, why/ how는 사용할 수 없다.

* I was about to go out of the room, **when** there was a loud knock at the door.(= and then)
  내가 막 방 밖으로 나서려는데 문을 세차게 두드리는 소리 들렸다.
* I went to Paris, **where** I worked in the fashion industry.(= and there)
  나는 파리로 가서, 거기서 패션 업계에 종사했다.

3) how 와 the way 는 중복 사용 불가 (⋯ how 나 the way 앞에는 보통 선행사가 없다)

> S + V + **how**/ **the way**/ **the way in which**/ **the way that** + S' + V'⋯ 의 형태로 쓰인다.

* I told them **how**/ **the way** I had won the contract. 내가 계약을 따낸 방법을 그들에게 말해주었다.
  = **the way in which**(o)/ **the way that**(o)/ ***the way how*** (x) 내가 계약을 따낸 방법을 그들에게 말해주었다.
* I have altered **the way** I kept files on customers. 고객 관련 서류를 보존하는 방법을 변경했다.

4) 관계부사 및 선행사의 생략

관계부사의 선행사가 분명한 경우에는 선행사나 관계부사 둘 중 어느 하나를 생략할 수 있으며, 생략된 경우에는 **명사절**로 변한다.

* This is ***the place*** the accident happened. (=This is **where** the accident happened.)
  이곳이 그 사고가 발생한 곳이다.
* That is ***the reason*** Jim resigned. (=That is **why** Jim resigned.) 그것이 Jim이 사임한 이유이다.
* Monday is ***the day*** I'm busiest. (=Monday is **when** I'm busiest.) 월요일이 내가 가장 바쁜 날이다.

3 복합 관계부사

whenever, wherever, however 등을 **복합관계부사**라고 하며 **강조 또는 양보의 의미**를 가지고 있으며, 앞에 선행사가 오지 않는다. **양보의 의미**일 때에는 **no matter when/ where/ how**로 바꿔쓸 수 있다.

1) **whenever** = at any time when (= no matter when) ⋯▸ 어느 때라도

2) **wherever** = at any place where (= no matter where) ⋯▸ 어느 곳에라도

3) **however** + 형용사/ 부사 (= no matter how + 형용사/ 부사) ⋯▸ 아무리 ⋯할지라도

* I hope you will come and see me **whenever** it is convenient for you. (강조의미)
  자네에게 편리한 때이면 언제든지 나를 만나러 와주기 바라네.
* **Whenever** you (may) come here, you will be welcomed. (양보의미 = **No matter when**)
  자네가 언제 여기에 온다 할지라도 환영을 받을 걸세.
* **However** humble it may be, there is no place like home. (양보의미 = **No matter how**)
  아무리 초라해도 내 집 같은 곳은 없다.

> [참고] 관계부사로 쓰이는 that
> 시간(time, moment), 이유(reason), 방법(way, manner) 등을 나타내는 관계부사(when/ why/ how)는 that을 대신 사용할 수도 있다. (⋯ 그러나 실제로는 관계부사 that은 사용빈도가 드물다.)

* The moment **that** I entered the room, the phone began to ring. (= when)
  내가 방으로 들어간 순간 전화벨이 울리기 시작했다.
* He followed ***the way*** **that** (= *the way* **in which**) we did the work. 그는 그 일을 우리가 했던 방식을 따라 했다.

4 관계 형용사 / 복합관계 형용사

관계대명사가 다른 명사를 수식해주는 형태이다.

* He installed *a new program* on the computer, **which** *program* I am not familiar with.
  그는 컴퓨터에 새 프로그램을 설치했는데, 나는 그 프로그램에 익숙하지 않다.
* I will take **whichever** *action the consultant recommends*. (복합관계형용사)
  그 고문이 어떤 조치를 권고하든 나는 그것을 택하겠다.

* I will support **whichever** *position* you choose. 나는 네가 선택하는 어느 직책이든지 지원해 주겠다.
* We will give the flood victims **what** *help* we can. 우리는 수재민들에게 가능한 모든 도움을 주겠다.
  = **all the help that**
  = **as much help as**

Check-up questions 6

* 어법상 알맞은 것을 고르시오.

01 He is trying to figure out (which / how) the system works.

02 Mr. Hughes told us _____ he got to start his own business five years ago.
   (A) what   (B) in that   (C) how   (D) in which

03 The day is approaching _____ I will have to leave Seoul.
   (A) how   (B) when   (C) which   (D) at which

04 Leave the file _____ it was originally placed.
   (A) when   (B) how   (C) which   (D) where

05 Please seek _____ the matter can be taken care of best.
   (A) the way   (B) what   (C) the way which   (D) in which

06 We parted in the same cordial fashion _____ we met each other first.
   (A) how   (B) which   (C) the way   (D) that

07 And with a swift turn a guy disappeared to the place from _____ he had come.
   (A) which   (B) that   (C) where   (D) what

08 I really want you to drop by _____ it's convenient for you.
   (A) whichever   (B) whenever   (C) however   (D) wherever

09 _____ excellent his talent for playing the piano is, he has to practice ceaselessly.
   (A) Although   (B) How   (C) However   (D) Whatever

10 He insisted on the way _____ he had done the work.
   (A) that   (B) how   (C) which   (D) at which

7 유사 관계대명사

접속사 **as, than, but**은 특정한 어구와 상관관계를 이루어 관계대명사 역할을 하는 경우가 있다.

1 as

1) such/ so/ as/ the same 뒤에 오는 경우

> S + V + such/ so/ as/ the same + 선행사 + as + S' + V'…
> (주어, 목적어, 보어 중 빠진 것 있음)

* Jonathan is not *the same* person **as** he was. Jonathan은 예전과 똑 같은 사람이 아니다.
* Children need to read *such* books **as** are instructive. 아이들은 교훈이 되는 책들을 읽어야 한다.
* I will give you **as** much money **as** you need. 너에게 필요한 만큼의 돈을 주겠다.

2) 계속적 용법에서 앞 문장 또는 뒤 문장을 선행사로 받는 경우

* He *was an Englishman*, **as** I noticed by his accent. 그는 영국인이었는데, 나는 그것을 그의 액센트로 알았다.
* **As** usually happens, *prices of produce have soared due to the rainy season*.
  (··· → 선행 문장이 뒤로 돌아간 경우)
  흔히 일어나는 일인데 장마철 때문에 농산물 가격이 폭등했다.

2 than

than은 비교급 뒤에 온다.

> S + V + 비교급 + 선행사 + than + S' + V'…
> (불완전한 문장)

* There were *fewer people* at the party **than** had been expected.
  파티에는 예상했던 것보다 사람들이 더 적었다.
* Children should not have *more money* **than** is needed. 아이들은 필요 이상의 돈을 가져서는 안 된다.

3 but

but은 **no + 선행사** 뒤나 의문사 뒤에서 쓰이며 **부정적 의미**를 가지고 있다.

> S + V + no + 선행사 + but + S' + V' … (= no + 선행사 + that does/did not + V')
> (불완전한 문장이며 부정적 의미)

* There is *no rule* **but** has exceptions. (= There is *no rule* that doesn't have exceptions.)
  예외 없는 규칙은 없다
* *Who* is there **but** commits errors? (··· → 의문사 who가 선행사) (= ··· that doesn't commit errors)
  실수를 저지르지 않는 사람이 누가 있겠는가?

Check-up questions 7

* 어법상 알맞은 것을 고르시오.

01 The board rejected the president's suggestion, (that / as) was expected.

02 (Which / As) is often the case, the union is opposed to the management's decision on the lay-offs.

03 Such advice and assistance (as / which) they gave us were timely and helpful.

04 There are much more things in the world _____ you think in your mind.
   (A) that   (B) which   (C) as   (D) than

05 There is no one _____ wishes to succeed in the world.
   (A) that   (B) but   (C) who   (D) as

종합문제 (관계사)

A 다음 빈칸에 어법상 알맞은 것을 고르시오.

01 All the customers _____ purchase merchandise on our Web site are eligible for a ten percent discount.
(A) who　　　(B) whose　　　(C) whom　　　(D) whoever

02 Participants in the talent contest are permitted to show _____ they like.
(A) where　　　(B) that　　　(C) whichever　　　(D) whatever

03 The financial analyst advised me to invest in stocks _____ value was rising steadily.
(A) which　　　(B) that　　　(C) whose　　　(D) whosever

04 I have reviewed your suggestion, but I also wonder _____ anyone else's proposal is like.
(A) why　　　(B) what　　　(C) that　　　(D) how

05 When I was young, I had some competition with birds for the cherries in the backyard, and they would gather together in the tree, eating the fruit quickly _____ I wasn't there.
(A) how　　　(B) whenever　　　(C) where　　　(D) which

06 Teach yourself to use your camera in a way _____ neglects your ongoing experiences, by truly looking at things and noticing _____ is beautiful and meaningful.
(A) which - that　　　(B) that - what　　　(C) how - what　　　(D) how - that

07 A spoken language is a communication system _____ the words are pronounced through the mouth.
(A) which　　　(B) that　　　(C) in which　　　(D) of which

08 Some psychologists found that the difference _____ men and women orient themselves in a new situation could be attributed to physiological causes.
(A) how　　　(B) in how　　　(C) where　　　(D) in which

09 Speech, as a means of communication, is of major importance because it is _____ culture is shared and passed on.
(A) what　　　(B) in which　　　(C) where　　　(D) the way in which

10 _____ the government officials didn't say turned out to be more important than _____ they did.
(A) What - what　　　(B) What - that　　　(C) That - that　　　(D) That - what

B 괄호 안에서 어법상 알맞은 것을 고르시오.

01 Though English is the official language of the United States — the language (1) **(which / in which / where)** its laws and public documents are written, the language (2) **(that / what)** is spoken more or less by nearly all of its citizens — it differs in some respects from the English spoken in England.

02 (1) **(That / What)** the foreigner finds most objectionable in American life is the lack of basic comfort. No nation with any sense of material well-being would endure the food the Americans eat, the cramped apartments (2) **(which / where)** they live in, the noise, the crowded subways and buses.

03 Aristotle's view that slavery is expedient both for master and for slave has attracted a great deal of criticism, much of (1) **(it / which)** is obvious and justified. Is there anything to be said in its favor? It clearly relies on the assumption that most masters are rational and slaves are not; or rather, (2) **(that / which)** men fall readily into two classes, rational and irrational, and (3) **(that / which)** the former should rule the latter.

04 You see the world as one big contest (1) **(which / where)** everyone is competing against everybody else. You feel that there is a set amount of good and bad fortune out there. You believe that there is no way (2) **(that / how)** everyone can have everything. When other people fail, you feel there's a better chance for you to succeed. However, there is not a limited supply of resources out there. When one person wins, everyone wins. Every victory one person makes is a breakthrough for all. (3) **(Whoever / Whenever)** an Olympic swimmer sets a new world record, it inspires others to bring out the best within them and go beyond that achievement to set new records of human performance. Whenever a geneticist unlocks new secrets of the DNA molecule, it adds to our knowledge base and enables us to better the human condition. Remember that life is a game (4) **(which / where)** there are multiple winners.

C 다음 우리말에 알맞도록 영문의 빈칸에 적당한 단어를 써넣으시오.

01 오늘 오후에 다시 전화를 해주십시오, 그때는 부장님이 사무실에 계실 테니까요.
You had better call again this afternoon, (　　　) the manger will be in the office.

02 누구든지 매출기록을 세우는 사람이 올해의 직원상을 받을 것이다.
(　　　) sets a sales record will (w　　　) the Employee of the Year Award.

03 그가 승진했는데, 그것은 그의 유능과 근면의 증거이다.
He was promoted, (　　　) is the proof of his (c　　　) and diligence

04 당신이 좋아하는 음식이면 무엇이든지 마음대로 드십시오.
Help (　　　) to (　　　) food you like.

05 당신은 당신의 생각과 다르다 할지라도 여기서는 우리가 하는 방식대로 따라야 합니다
You'll have to follow (　　　) we do things here, even if it is different from (　　　) you think

D 다음 우리말에 어울리도록 괄호 안에 있는 영어단어들을 어법에 맞게 연결하시오.

01 서식지의 다양성은 생물이 존재하는 장소의 다양성을 의미한다.
(means, places, exist, Habitat diversity, the variety, living things, of, where)
_____.

02 우리 부서에는 10명의 직원들이 있는데 그들 중 3명은 외국인들이다.
(our department, ten employees, There, three, whom, foreigners, are, are, in, of)
_____.

03 치료를 받은 자폐증 어린이가 증세를 더 이상 보이지 않는 사례가 있다.
(a case, an autistic child, no longer, There, symptoms, who, in which, is, was, exhibited, treated)
_____.

04 그는 그녀가 요구하는 것은 무엇이든지 주겠다고 약속했다.
(give, promised, He, she, her, to, asked, whatever, for)
_____.

05 한 생물 종이 이익을 보고 다른 생물 종이 피해를 받는 관계는 기생 관계(parasitism)라고 불린다.
(the other, benefits, which, A relationship, one species, is, is, called, harmed, in, and, parasitism)
_____.

자주 쓰이는 영어속담

- **A bird in the hand is worth two in the bush.**
  손안에 쥐고 있는 새 한 마리가 숲속의 새 두 마리보다 낫다. (현재의 적은 이익이 미래의 불확실한 큰 이익보다 더 낫다)

- **A drowning man will catch at a straw.**
  물에 빠진 사람은 지푸라기라도 잡으려고 한다.

- **A friend in need is a friend indeed.**
  어려울 때 친구가 진정한 친구이다.

- **A good medicine tastes bitter.**
  좋은 약이 입에 쓴 법이다. (현재의 어려움을 이기고 노력하면 좋은 결과가 온다.)

- **A journey of a thousand miles begins with a single step. / Step by step one goes a long way.**
  천리 길도 한 걸음부터.

- **Do not count your chickens before they hatch.**
  알이 깨기도 되기 전에 병아리부터 세지 마라. (김칫국부터 마시지 마라.)

- **Everybody's business is nobody's business.**
  모든 사람의 일은 그 누구의 일도 아니다. (공동 책임은 책임지는 사람이 없다.)

- **It is never too late to learn.**
  너무 늦어서 배울 수 없는 경우란 없다. (아무리 늦어도 배우는 것이 더 낫다.)

- **It never rains but it pours.**
  비만 왔다 하면 꼭 퍼붓는다. (엎친 데 덮친 격 – 불행은 한꺼번에 찾아온다.)

- **One man's meat is another man's poison.**
  한 사람의 음식이 다른 사람에게는 독이다. (한 사람이 이익을 보면 다른 사람에게는 손해다.)

- **Still waters run deep.**
  깊은 물이 조용히 흐른다. (벼는 익을수록 고개를 숙인다. 빈 수레가 요란하다.)

- **The early bird catches the worm.**
  일찍 일어난 새가 벌레를 잡는다. (부지런해야 성공한다.)

- **The pot calls the kettle black.**
  가마솥이 주전자 보고 검다고 한다. (자기 눈의 들보는 못 보고 남의 눈의 티만 본다.)

- **There is no accounting for tastes.**
  취미에는 이유가 없다. (각인각색)

구문 편

Chapter18 병렬구조 Parallelism

　　　　　　도치 Inversion

　　　　　　생략 Ellipsis

　　　　　　부가 의문문 Tag Questions

Chapter 18
병렬구조/도치/생략/부가 의문문
Parallelism/Inversion/Ellipsis/Tag Questions

> **Grammar Introduction**
>
> 병렬구조, 도치, 생략 및 부가 의문문의 네 가지 어법은 상호 관련성이 없으나, 마지막 장에서 나란히 설명되어 있다. 이들 용법 중 병렬구조와 도치는 특히 문어체 영어에서 많이 사용되므로 각종 영어 시험에서 자주 출제되는 어법이다. 생략과 부가 의문문은 특히 구어체에서 자주 쓰이는 어법이나, 생략은 문어체에서도 많이 접하는 부분이다.

[병렬 구조]

등위접속사와 **등위상관 접속사**가 연결하는 단어/ 구/ 절 등은 **문법적 성격 및 구조**가 동일해야 한다. 그리고 **비교구문**에서도 비교되는 두개의 대상은 똑같은 내용이어야 한다. 이를 **병렬구조(parallelism)** 또는 **대등구조/ 대구법**이라고도 한다.

1 등위접속사로 연결되는 경우

A and/ or/ but B ➜ A와 B는 병렬구조를 이룬다. 즉, A가 주격이면 B도 주격, A가 형용사 이면 B도 형용사라야 한다. 또 A가 단어/구이면 B도 단어/구이고, A가 절이면 B도 절이라야 한다.

2 등위상관 접속사로 연결되는 경우

both A and B(A, B 둘 다)/ **either A or B**(A, B 둘 중 어느 하나)/ **neither A nor B**(A, B 둘 다 아니다)/ **not only A but also B**(A 뿐만 아니라 B도)/ **not A but B**(A가 아니라 B가)/ **B as well as A**(A뿐만 아니라 B도) ➜ A와 B는 병렬구조를 이룬다.

3 비교구문의 경우

<u>A(s) + V + as 원급 as/ 비교급 than + B</u>에서 A와 B는 원칙적으로 동일한 내용이라야 한다.

[도치]

부정어구(not/ never/ hardly/ seldom 등)나 **강조어구** 등이 문두에 나가면 **조동사**나 **be동사**가 주어보 다 앞에 나온다. 이를 **도치문**이라고 한다.

즉, **부정어구/ 강조어구 + 조동사/ be 동사 + 주어(S) + 본동사/ 보어**의 형태로 도치된다.

[생략]

반복되는 어구나 오해할 염려가 없는 분명한 내용은 과감히 생략할 수 있고, 그 밖에 관용적으로 생략하는 경우가 있다.

[부가 의문문]

평서문 뒤에 붙여서 be 동사나 조동사의 축약형과 대명사 주어로 이루어지는 간결한 의문문 형태를 **부가 의문문**(tag questions)이라고 한다. 부가 의문문과 주문장의 긍정-부정의 관계는 정 반대이다. 주문장이 긍정문이면 부가 의문문은 부정, 주문장이 부정문이면 부가 의문문은 긍정이 된다.

* You sat up late last night, **didn't you?** 너는 어젯밤 늦게까지 잠을 안 자고 있었지?

1 병렬구조

등위접속사와 **등위상관접속사**가 A와 B를 연결하는 경우, A와 B는 병렬구조가 이루어진다.

1 등위접속사로 연결되는 경우

* **He and** *me* **will go there.**(x) (⋯➔ 주격과 주격이므로 me를 I 로 고친다) 그와 나는 거기에 갈 것이다.
* *Jogging* almost every day **and** *to exercise* in the gym keep him healthy.(x)
  (⋯➔ 동명사와 동명사가 병렬구조를 이루므로 exercising 으로 고친다)
  거의 매일 조깅하고 헬스클럽에서 운동을 해서 그의 건강을 지킨다.

* **Mr. Murppy told me** *what he thought* **and** *how he felt*. (⋯➔ 의문사절과 의문사절의 연결)
  Murppy씨는 자기가 무얼 생각했는지 그리고 어떻게 느꼈는지를 나에게 이야기 했다.
* **The equipment is a very** *expensive* **but** immensely *useful* **device.** (⋯➔ 형용사와 형용사 연결)
  그 장비는 매우 비싸지만 굉장히 유용한 기구이다.

2 등위 상관접속사로 연결되는 경우

* He was educated **both** *in Korea* **and** *America*.(x) (⋯➔ **in America**) 그는 한국과 미국 양국에서 교육을 받았다.

* I came here **not** *to judge the world* **but** *to save it*. (⋯➔ to-부정사와 to-부정사의 연결)
  나는 여기에 세상을 심판하러 온 것이 아니라 세상을 구원하러 왔다.

* **Not only** did he set the sales record **but also** he won the contract with OP company.
  (⋯➔ 절과 절의 연결 / but also 이하는 도치하지 않는다)
  그는 영업기록을 세웠을 뿐만 아니라 OP 회사와의 계약을 따냈다.

3 비교 구문의 경우

* I **prefer** *having* vegetable juice **to** *drinking* soda. (⋯➔ 동명사와 동명사의 연결)
  나는 탄산음료를 마시기보다는 야채 주스 마시기를 더 좋아한다.

* *Our current market share* is **greater than** *theirs*.
  (⋯➔ 우리의 시장 점유율과 그들의 시장 점유율을 비교하므로 theirs를 them으로 쓰면 안 된다)
  우리의 시장점유율이 그들의 것보다 더 많다.

* *The attendance at the English class* is **larger than** *the French class*. (x)
  (⋯➔ attendance를 나타내는 that을 써서 ***that*** at the French class 로 바꾼다)
  영어강좌 출석자 수가 불어강좌 출석자 수보다 더 많다.

Check-up questions 1

A 어법상 알맞은 것을 고르시오.

01 His diligence and (intelligent / intelligence) made him a successful business man.

02 The researcher will not only collect the data but also (analyzes / analyze) them.

03 Filling out applications and (prepare / preparing) for the interview for jobs could make you tiresome.

04 All the tenants in the building should pay the rent at _____ before the end of each month.
　(A) also　　　　　(B) but　　　　　(C) both　　　　　(D) or

05 The technical support team _____ and distribute the software program manual to all staff members.
　(A) creates　　　(B) will create　　(C) created　　　(D) has created

06 Business owners looking for _____ and competent employees can find them on the website advertised in the newspaper.
　(A) experience　(B) experiences　(C) experiencing　(D) experienced

07 I would rather work at one of our domestic locations than _____ to an overseas branch office.
　(A) transfer　　(B) transferring　(C) transferred　　(D) will transfer

B 다음 밑줄 친 부분 중 어법상 틀린 부분만 알맞게 고치시오.

01 Houses in hotter countries have many features that are different from <u>colder countries</u>.

02 My breakfast is a low-fat meal and <u>keeping</u> me from overeating at lunchtime.

03 The cable-splicing scissor-and-knife kit is designed for cutting cable or telephone wire and <u>to strip</u> insulation.

04 When a fox is running after a rabbit, zigzagging is easier for a rabbit, which is small, than <u>the larger fox</u>.

05 Ms. Nightingale was born into a wealthy English family in 1820. She began visiting hospitals at home and (A) <u>those</u> in other countries. She took a course in nursing and (B) <u>has become</u> superintendent of a London hospital.

06 The Sahara, the largest of all deserts, has an area greater than (A) <u>the United States</u> excluding Alaska. But in all that open desert, there are much fewer people than (B) <u>there are</u> in one large city.

2 도치 구문

1 부정 어구 뒤에서 도치되는 경우

부정 어구가 문두에 오면 be 동사나 조동사가 주어보다 앞에 나와서 **부정어구+ be/조동사 + S + 보어/ 본동사**의 형태로 된다. 이를 도치문이라 한다.

문두에 나와서 도치문을 만들 수 있는 부정 어구의 예

Not a + 명사 하나도 …하지 않다	Never/Little 결코 …않다
Nor/Neither …도 또한 …않다	Hardly/ Scarcely/ Barely 거의 …않다
Seldom/ Rarely 좀처럼 …않다	Not only …뿐만 아니라
No sooner …하자마자	Not until …때가 되어서야 …하다
Nowhere 어디에서도 …않다	

* **Never** (or **Little**) *did I dream* that we would encounter so many problems.
  난 우리가 그처럼 많은 문제에 부딪히리라고는 결코 꿈에도 몰랐다.

* **Not a word** *did* he *say* about the result of the meeting. 그는 회의 결과에 대해서 한마디도 언급하지 않았다.

* **Hardly/ Scarcely/ Barely** *had the game started* when it began to rain.
  = **No sooner** *had the game started* than it began to rain. 게임이 시작되자마자 비가 오기 시작했다.

* **Not only** *has the assistant booked* the accommodations at a hotel for my business trip, but also she has arranged my itinerary.
  비서는 내 출장 여행을 위하여 호텔 방을 예약해 놓았을 뿐만 아니라, 내 여행 일정도 준비해놓았다.

2 강조 어구가 문두에 오는 경우

1) only + 시간 / 장소 / 수단 부사(구)가 문두에 오는 경우

* **Only recently** *did I hear* that she got married several months ago.
  최근에서야 그녀가 수개월 전에 결혼했다는 말을 들었다.
* **Only in front of the university** *do they sell* the book. 오직 그 대학 앞에서만 그 책을 판다.

2) 기타 부사(구)가 문두에서 강조 또는 문장의 균형이나 감정을 표현하기 위하여 도치되는 경우

* **Well** *do I remember* what he said. 나는 그가 말한 내용을 잘 기억하고 있다.
* **Among his possessions** *is the painting of Picasso*. 피카소 그림도 그의 소유물 중의 하나다.
* **Many a time** *has he given* me good advice. 여러 차례나 그가 나에게 좋은 충고를 해 주었다.

> **주의** 강조 부사구가 문두에 나온 경우에도 그 뒤에 커머(,)가 오면 도치되지 않는다.

* **Right after lunchtime**, *the meeting began again*. 점심시간 직후에 회의가 다시 시작되었다.

3 도치문에서 주의할 점

1) **자동사(1형식 동사)의 경우 → 부사(구) + 자동사 + 주어** (… 조동사 없음)
   보어를 강조하는 2형식 동사의 경우 → 보어(강조) + 동사 + 주어

   * **There** comes our teacher. (1형식) → There does our teacher come.(x) 저기 우리 선생님이 오신다.
   * **Here** she comes. (… 대명사가 자동사의 주어일 때는 도치하지 않는다) → Here comes she.(x)
     그녀가 이리로 온다.
   * **Before them** extended the moor in all directions. 그들 앞에는 황무지가 사방으로 펼쳐져 있었다.
   * **Blessed** are the poor in spirit. (… 2형식 / 보어의 강조) 마음이 가난한 자는 복이 있도다.

2) **응답문에서의 도치** (…도 또한 그렇다/ 그렇지 않다)

   a) 긍정문의 응답
   * He can play the piano, and **so can I**. (= I can, too.) 그는 피아노를 잘 치는데, 나도 잘 쳐.

     CF. A : You can play the piano well. 넌 피아노 잘 치더라.   B : **So I can**. 그래 맞아, 나 잘 쳐.

   b) 부정문의 응답
   * He didn't do his homework, and **neither did I**. (= I didn't, either.) 그는 숙제를 안 했는데, 나도 안 했어.

4 It … that 강조구문

It is + 강조어구 + that + (S) + V … 에서 강조어구가 명사이면 that은 관계대명사 역할을 하며, 강조어구가 부사(구)이면 that은 관계부사 역할을 한다.

* Sara met Ted in the park last night. (… 다음과 같이 강조할 수 있다.)

* It was **Sara that** [who] met Ted in the park last night. Ted를 만난 사람은 바로 Sara였다.

* It was **Ted that** [whom] Sara met in the park last night. Sara가 만난 사람은 Ted였다.

* It was **in the park that** [where] Sara met Ted last night. Sara가 Ted를 만난 것은 공원에서였다.

* It was **last night that** [when] Sara met Ted in the park. Sara가 Ted를 만난 것은 어제 밤이었다.

* **It** was Calvert **who** first believed that inside a large hill on the Turkish plain lay the lost city of Troy.
  (… that 대신 who를 쓴 경우)
  터키의 평야 지대에 있는 커다란 언덕 안에 Troy라는 잃어버린 도시가 놓여있다는 것을 최초로 믿은 사람은 Calvert였다.

5 neither / nor 의 구별

neither는 nor와 상관관계를 이룰 때는 접속사로 쓰이지만, 단독으로 사용될 때는 단순히 **부사**이므로 **커머 뒤에서는 접속사 and/ but 등에 이어서 쓰이고**, nor는 그 자체가 **등위접속사로 쓰이므로** 커머 뒤에서도 다른 접속사와 같이 쓰이지 않고 독립적으로 오는 것이 원칙이다. 다만 현대 영어 (특히 구어체)에서는 neither와 nor가 구별 없이 쓰이기도 한다.

* Kerry hasn't completed the report yet, **nor** have I. (= **and neither** have I)
  Kerry는 보고서를 다 끝내지 않았고 나도 마찬가지이다.

* She can't speak English fluently. **Neither/ Nor** can I. (… 마침표 뒤이므로 둘 다 맞다)
  그녀는 영어를 유창하게 할 줄 모르고 나도 또한 마찬가지이다.

* Cindy didn't attend the meeting, **and neither** did Joe. (… and 뒤에서는 접속사 nor 사용 불가)
  Cindy는 회의에 참석하지 않았고 Joe도 마찬가지였다.

Check-up questions 2

A 어법상 알맞은 것을 고르시오.

01 Only three years later (they met / did they meet) each other again.

02 They think Linda is the right person for the marketing manager, and (so do I / so I do).

03 The police didn't believe the words the suspect said and _____ did the public.
    (A) nor   (B) neither   (C) either   (D) so

04 _____ could we find such a perfect place to take a rest as the garden overlooking the ocean.
    (A) Nowhere   (B) Anywhere   (C) Somewhere   (D) Not a place

05 Not until six o'clock p.m. _____ .
    (A) our flight will depart   (B) will depart our flight
    (C) will our flight depart   (D) won't our flight depart

B 다음 밑줄 친 부분 중 어법상 틀린 부분을 알맞게 고치시오.

01 Along the rocky New England coast small areas of sand beach <u>are</u>.

02 It was only in 1920 that <u>did women in the United States gain</u> the right to vote.

03 From across the country <u>did people interested in the contest came</u> to see it.

04 Among the widespread and persistent myths shared by college students (A) <u>are</u> that wit, charm, the socal graces, and a record of campus activities (B) <u>will be</u> more important to the first employer after college than any other single fact, especially mere grades.

3 생략

1 반복을 피하기 위한 생략

1) 반복되는 동사, 조동사, 주어, 목적어, 기타 어구 등의 생략

반복되는 동사, 조동사, 주어, 목적어, 기타 어구 등을 생략할 수 있다.

* Judy **works** in Accounting and I (*work*) in Marketing. (반복되는 **동사**의 생략)
  Judy는 회계부에서 일하고 나는 마케팅부에서 일한다.

* If you want to **go out**, you may (*go out*). (조동사 뒤에서 앞에 나온 **본동사**의 생략)
  외출하고 싶으면 외출해도 된다.

* All the data **have been** collected and (*have been*) compiled into a book.
  (··· 동일 주어 뒤에 두 개의 동사가 올 때 두 번째 동사 앞에서 조동사나 be 동사가 반복되면 보통 생략한다)
  모든 자료가 수집되어서 책으로 편집되었다.

* Kerry **was** preparing the dinner and John, her husband, (*was*) talking with the guests.
  (주어가 다를 때에도 반복되는 조동사나 be 동사는 생략이 가능하다)
  Kerry는 저녁을 준비하고 있었고 그녀의 남편인 존은 손님들과 이야기하고 있었다.

2) 앞에 나온 동사를 대신하는 do/ does/ did 용법 ··· 이를 대동사(pro-verb)라고 한다.

앞에 나온 동사의 반복을 피하고 그 동사대신 do를 사용한다. 주어의 수와 시제에 주의해야 한다.

* I *enjoed* dancing at the party as much as my friends **did**. (··· enjoyed를 대신하는 대동사)
  나는 파티에서 내 친구들만큼이나 춤을 즐겼다.

2 주어 + be의 생략

주어와 be 동사를 동시에 생략할 수 있는 경우는 다음과 같다.

1) 주절의 주어와 부사절의 주어가 같은 경우 ➡ 종속절에서 [주어+ be]를 함께 생략할 수 있다.

> S + V + 부사절 접속사 (when/ while/ if/ although 등) + (S'+be) + 분사/보어
> ➡ S=S'일 때 [S' + be]는 생략할 수 있다.

* I was caught in a shower **while** (*I was*) jogging. 나는 조깅하는 동안 소나기를 만났다.

2) 막연한 상황을 나타내는 주어가 it인 경우 ➡ it is를 생략할 수 있다.

* I'd like to go to see your new house whenever (*it is*) convenient for you.
  당신이 편리한 때면 언제든지 당신의 새집을 보러 가고 싶다.

3) 기타 관용적인 표현에서 생략하는 경우

* (*I am*) Sorry I can't make it to the meeting. 회의 갈 수 없어서 미안해요.
* (*I am*) Glad to meet you. = (*It is*) Nice to meet you. 만나서 반가워요.

3 기타 생략의 경우

1) 대부정사 (to-부정사에서 to 뒤에 오는 동사가 반복될 때 이를 생략하는 경우)

* A : Who is going to *edit the report?* 보고서 편집은 누가 할 건가요?
  B : I asked my assistant **to** (*edit the report*). (이 때 to까지 생략하면 비문법적인 표현이 된다)
  내 비서에게 (보고서 편집을) 하라고 부탁했어요.

2) 의문사 뒤에서 ➡ 반복되는 절은 생략하고 의문사만 쓸 수 있다.

* A : Do you know when *we will leave for the conference?* 우리가 회의하러 언제 떠나는지 아세요?
  B : Nobody has told me **when** (*we will leave for the conference*).
  나한테 언제 떠난다고 아무도 말 안 해 주었어요.

3) 생각이나 사유를 나타내는 동사 (think/ suppose/ guess/ hope/ be afraid, etc.) 뒤에서

뒤에 오는 절이 긍정문이면 **so**, 부정문이면 **not**로 대신하는 경우

* A : Can our team win the game tomorrow? 우리 팀이 내일 시합에서 이길 수 있을까요?
  B : I *hope* **so**. (앞에 나온 말을 긍정으로 받는 경우) 그러길 바랍니다.
      I'*m afraid* **not**. (앞에 나온 말을 부정으로 받는 경우) 아무래도 이기지 못할 것 같은데요.

4) 비교 구문에서 ➡ 분명한 내용일 때 비교 대상의 생략

* The new machines make the process **much easier** (*than the old machines*).
  새 기계들이 (이전 것들 보다) 공정을 훨씬 더 쉽게 해준다.

Check-up questions 3

A 어법상 알맞은 것을 고르시오.

01 They convinced me to buy their brand-new smartphone, and I (decided so / decided to).

02 The audition for the play will be held at the theater and _____ by many applicants.
(A) attend   (B) attended   (C) is attended   (D) attending

03 Some tourists purchase trip insurance to protect against losing money while _____.
(A) traveling   (B) it is traveling   (C) travel   (D) are traveling

04 The performance of the employees will be evaluated, but the review result _____.
(A) publicized not (B) not publicizing   (C) won't publicize   (D) not publicized

05 I know that it is difficult for us to win the game, but we will _____.
(A) try   (B) try so   (C) try to do   (D) be trying

B 다음 문장 중 밑줄 친 부분 중 어법상 틀린 부분만 알맞게 고치시오.

01 I would like to have a cup of coffee while <u>to get</u> ready to work in the morning.

02 Many adults think children today read fewer books than those of 20 years earlier <u>were</u>.

03 All the customers are advised to refer to the enclosed manual <u>if unable</u> to control the device.

04 M : Why don't we try snorkeling during this coming vacation?
F : (A) <u>I'd like</u>, but I think it takes some time to get used to it.
M : All we need to do is (B) <u>take</u> some hands-on lessons for a few hours and then we can dive into the water right after that.
F : We'll have to buy snorkeling gear. Plus, I'm somewhat afraid of water.
M : (C) <u>So am I</u>. But I hope I can get used to swimming in the water.
F : I hope (D) <u>you can</u>.

4 부가 의문문 (tag questions)

1 부가 의문문의 원칙과 형태

1) 일반 원칙

a) 부가 의문문은 주문장의 동사가 be 동사이면 be, 일반동사이면 do/ does/ did, 조동사가 있으면 그 조동사로 부가 의문문을 만들며, 부정 부가 의문문은 be 동사나 조동사의 축약형을 쓴다.

b) 주문장이 긍정문이면 부가 의문문은 부정, 주문장이 부정문이면 부가 의문문은 긍정이 된다.

c) 주문장의 주어가 명사일 때 부가 의문문의 주어는 대명사로 바꾸어 쓴다.

* *Jane attended* the seminar, **didn't she?** Jane은 세미나에 참석했었죠, 그죠?
* *It's* very cold today, **isn't it?** 오늘은 매우 춥네요, 그렇죠?
* *You couldn't* meet the deadline, **could you?** 마감시간을 맞출 수 없었죠, 그렇지요?

2) 유도부사 There be… 뒤에서 ➡ 부가 의문문은 there로 받는다.

* *There was* lots of work to do yesterday, **wasn't there?** 어제는 할 일이 많았었지요?

3) Let's … 뒤에서 ➡ shall we?로 받는다.

* *Let's take* a taxi, **shall we?** 택시를 잡읍시다.

4) This나 That 가 주문장의 주어일 때 ➡ it 로 받고, These 나 Those일 때는 they 로 받는다.

* *This* is your car, **isn't it?** 이것은 당신의 차인가요?
* *Those* are your shoes, **aren't they?** 저것들은 당신의 신발이죠?

5) 주문장의 주어가 부정 대명사(someone, somebody, everybody, everyone, nobody, no one)일 때 ➡ 부가 의문문은 they로 받으며, nothing은 it로 받는다.

* *Nobody* has arrived yet, **have they?** 아무도 아직 도착하지 않았죠?
* *Everyone* is present now, **aren't they?** 다 출석했죠?
* *Nothing* quite fits here, **does it?** 여기에 딱 들어 맞는 것은 하나도 없죠?

6) 주문장이 I am으로 시작하는 긍정문에서 ➡ aren't I로 받는다.

* *I'm* the first, **aren't I?** (⋯ am't I? : x) 내가 맨 처음이죠?

7) 주문장의 조동사가 used to (과거의 습관)일 때 ➡ did로 받는다.

* *You used to* paly tennis when young, **didn't you?** 젊었을 때는 늘 테니스를 치곤 했었죠?

8) 긍정 명령문 뒤에서 ➡ will you/ won't you? 둘 다 받는다.
   부정 명령문 뒤에서 ➡ will you?만 쓴다.
   정중한 권유나 부탁의 경우 ➡ won't you?를 쓴다.

   * *Stop* smoking here, **will you?** *or* **won't you?** 여기서는 담배를 피우지 마세요.
   * *Don't make* a nose here, **will you?** 여기서 떠들지 마시오.
   * (You'll) bring the camera for the picnic, **won't you?** 소풍 갈 때 카메라 좀 가져오실까요?

9) I think/ believe/ feel that + s + v… 뒤에서
   ➡ 부가 의문문은 that-절의 내용을 따르고, 긍정/ 부정은 주절을 따른다.

   * I *don't think they'll come* here, **will they?** 난 그들이 여기에 오지 않을 거라고 생각한다.

10) 두 개의 문장이 등위접속사(and, or, but, so)나 마침표로 연결된 경우
    ➡ 부가 의문문은 일반적으로 뒤 문장을 따른다.

   * It's very cold outside, *so wear your coat*, **will you?** 밖은 무척 춥다. 그러니 코트를 입어라, 알았지?
   * It's already 10 o'clock. *They will get here soon*, **won't they?** 벌써 10시다. 그들이 여기에 곧 도착하겠지?

2 부가 의문문의 억양(Intonation)과 그 의미

1) 부가 의문문의 억양이 올라갈 때 ➡ 질문 내용을 잘 몰라서 상대방에게 확인하는 경우이다.

2) 부가 의문문의 억양이 내려갈 때 ➡ 질문 내용을 확신하면서 상대방의 동의를 구하는 경우이다.

   * She got top grade in the English exam, **didn't she?** ↗ 그녀가 영어시험에서 최고 점수를 받았죠?
     (➡ 그녀가 영어시험에서 최고 점수를 받았는지 확신할 수없어서 상대방의 확답을 원하는 경우이다.)
   * She got top grade in the English exam, **didn't she?** ↘ 그녀가 영어시험에서 최고점을 받은 거 맞죠.
     (➡ 그녀가 영어시험에서 최고점을 받은 사실을 알고서 상대방의 동의를 구하는 기분으로 말하는 경우이다.)

Check-up questions 4

* 어법에 알맞은 것을 고르시오.

01 Laura can play the piano well, (doesn't / can't) she?

02 I have arrived here on time, (didn't / haven't) I?

03 There are lots of tourists in the resort town, (aren't they / aren't there)?

04 Let's go camping to the beautiful lakeside this weekend, (shall we / won't you)?

05 They used to go skiing every winter season, (usedn't they / didn't they)?

06 Nothing is appealing in the souvenir store, (is it / isn't it / are they)?

07 Everyone understood the meaning, (didn't he / didn't they)?

08 Listen carefully to what I say, (won't you / don't you)?

09 Don't speak with your mouth full, (will you / won't you)?

10 That is your house, (isn't that / isn't it)?

11 They rarely eat meat, (do / don't) they?

12 Hardly anyone dared to do it, (did they / didn't they / did he / didn't he)?

13 He studied German when in school, but he can't speak it well, (didn't / can't / can) he?

종합문제

A 다음 빈칸에 어법상 가장 알맞은 것을 고르시오.

01 You are witnesses, and _____, of how holy, righteous and blameless we were.
(A) too is God (B) so is God (C) God is so (D) so God is

02 Like a magician pulling a rabbit from a hat, so _____ the wonder and the magic of life.
(A) we experience (B) experience we (C) we do experience (D) do we experience

03 Don't forget to send the samples of your products I _____ as soon as possible.
(A) asked you to (B) asked you (C) asked (D) asked you to do

04 Sarah will send out her resume to the company and _____ for them to call her.
(A) wait (B) waiting (C) waited (D) to wait

05 Seldom _____ a meeting and discuss the employees' duties.
(A) the team has (B) the team have (C) does the team has (D) does the team have

06 Only now does Kelly understand the importance of the training session and _____ to attend it.
(A) plans (B) plan (C) does plan (D) do plan

07 Applicants who are not qualified will not be considered for the interview, and _____ will those who do not submit the required documents.
(A) also (B) nor (C) neither (D) only

08 Laughter helps lower stress levels, and _____.
(A) so does exercise (B) so exercise does (C) either does exercise (D) either exercise does

09 A : Are you going to attend the artists convention in Paris?
B : I _____.
(A) don't hope so (B) hope so (C) am afraid so (D) am afraid to

10 Among casualties in the bomb blast _____ some innocent civilians included.
(A) do (B) did (C) was (D) were

Chapter 18 • 생략/부가 의문문 • **385**

B 다음 각 질문에 답하시오.

[01-02] 밑줄 친 부분 중 어법상 틀린 부분을 알맞게 고치시오.

01 I do not want you to be unaware, brothers, that I planned many times to come to you — but (1) <u>have been</u> prevented from (2) <u>doing</u> until now — in order that I might have a harvest among you, just as I (3) <u>have had</u> among the other Gentiles.

02 Let us now consider a related ambiguity in Nature. (1) <u>As</u> has already been hinted, some life scientists and environmentalists tend to run together at least two senses of Nature — one, in which Nature is everything, is inescapable and all-encompassing, (2) <u>because totalized</u>; a second, in which Nature is something (3) <u>certainly not wholly</u> dominated by man, and is separable from Culture. Only in the second sense (4) <u>Nature can have</u> a normative role — as something to destroy, to fight, to master, to explore, and (5) <u>to become</u> one with. (1군데)

03 다음 괄호 안에서 어법상 알맞은 것을 고르시오.

　　Years ago, when I was a young assistant professor at the Yale Business School, I thought that the key to developing managerial leadership lay in raw brain power. I thought the role of business schools was to develop future managers who knew all about the various functions of business — to teach them how to define problems succinctly, (1) **(analyze/ analyzing)** these problems and identify alternatives in a clear, logical fashion, and, finally, (2) **(teaching/ to teach)** them to make an intelligent decision. My thinking gradually became tempered by living and working outside the United States and (3) **(serving/ by serving)** seven years as a college president. During my presidency of Babson College, I added several additional traits or skills that I felt a good manager must possess. The first is the ability to express oneself in a clear fashion. Second, one must possess that intangible set of qualities called leadership skills. To be a good leader one must understand and be sensitive to people and (4) **(able/ be able)** to inspire them toward the achievement of common goals. Third, I concluded that effective managers must be broad human beings who not only understand the world of business but also (5) **(have/ having)** a sense of the cultural, social, political, and particularly, the international aspects of life and society.

C 다음 우리말에 어울리도록 빈칸에 주어진 단어들을 알맞게 배열하여 써넣되 동사는 어법에 맞추어 변형시키시오.

01 그와 같이 평범한 미국인의 삶에서 또 하루가 지나간다.
   (day, go, So, another, do, by)
   _____ in the life of an average American.

02 1차 세계 대전이 되어서야 운동장에서 바지가 여성들에게 허용되었다.
   (World War I, until, do, Not, become)
   _____ pants on the playing field _____ acceptable for women.

03 그의 희생정신은 그의 여러 장점 가운데 하나다.
   (Among, be, his, spirit of self-sacrifice, merits, his)
   _____.

04 코끼리 코의 끝에는 손가락 같은 모양으로 된 두개의 근육이 있다.
   (At, be, an elephant's trunk, the end, two, muscles, of)
   _____ shaped like fingers.

05 그녀가 필요로 하는 것은 자기와 함께해주고 자기 말을 들어주고 자기를 이해해줄 사람이다.
   (What, is, someone, she, need, listen to, understand, to, to)
   _____ to be with her, _____ her
   and _____ her.

D 주어진 문장을 괄호 안의 지시대로 고쳐 쓰시오.

01 The sun hit down on the farmers' head all day long. (down을 강조하여 문두로 시작하여)
   ➔ _____.

02 They didn't believe a word she said, and we didn't, either. (nor를 사용하여)
   ➔ _____.

03 I rarely forget the names and telephone numbers of others I meet. (rarely를 문두로)
   ➔ _____.

04 That a record of campus activities will be more important to the first employers is among the most widespread myths shared by college students. (among을 문두로 시작하여)
   ➔ _____
   _____.

부록

주요 불규칙 변화 동사표

주요 불규칙 변화 동사표

현재 (present)	과거 (past)	과거분사 (past participle)	뜻
arise	arose	arisen	(어떤 일이) 생기다
awake	awoke / awakened	awoken	깨다/ 깨우다
bear	bore	borne	낳다/ 참다
beat	beat	beaten	이기다/ 때리다
become	became	become	~이 되다/~해지다
befall	befell	befallen	~일이 닥치다
begin	began	begun	시작하다
behold	beheld	beheld	보다
bend	bent	bent	굽히다
bet	bet / betted	bet / betted	내기에 걸다
bid	bid / bade	bid / bidden	입찰에 응하다
bind	bound	bound	묶다
bite	bit	bitten	(베어) 물다
bleed	bled	bled	피를 흘리다
blow	blew	blown	불다
break	broke	broken	부수다
breed	bred	bred	새끼를 낳다
bring	brought	brought	가져오다
broadcast	broadcast	broadcast	방송하다
build	built	built	짓다
burn	burned / burnt	burned / burnt	타다
burst	burst	burst	터지다
buy	bought	bought	사다
cast	cast	cast	던지다
catch	caught	caught	붙잡다
choose	chose	chosen	선택하다
cling	clung	clung	매달리다
come	came	come	오다
cost	cost	cost	(비용이) 들다
creep	crept	crept	기다
cut	cut	cut	자르다
deal	dealt / delt	dealt	거래하다
dig	dug	dug	파다
dive	dived / dove(AmE)	dived	뛰어들다
do	did	done	하다
draw	drew	drawn	그리다/ 끌다
dream	dreamed / dreamt	dreamed / dreamt	꿈꾸다
drink	drank	drunk	마시다
drive	drove	driven	몰다/ 운전하다
dwell	dwelt / dwelled	dwelt / dwelled	거주하다
eat	ate	eaten	먹다

fall	fell	fallen	떨어지다
feed	fed	fed	~을 먹이다
feel	felt	felt	느끼다
fight	fought	fought	싸우다
find	found	found	찾다
flee	fled	fled	달아나다
fling	flung	flung	내던지다
fly	flew	flown	날다
forbid	forbade	forbidden	금지하다
forecast	forecast	forecast	예측(예보)하다
foresee	foresaw	foreseen	예견하다
foretell	foretold	foretold	예언하다
forget	forgot	forgotten	잊다
forgive	forgave	forgiven	용서하다
forego	forewent	foregone	앞에가다
forsake	forsook	forsaken	저버리다
freeze	froze	frozen	얼다
get	got	got / gotten	얻다
give	gave	given	주다
go	went	gone	가다
grind	ground	ground	갈다(빻다)
grow	grew	grown	자라다/ 증가하다
hang	hung / hanged	hung / hanged	걸다/ 매달다
have	had	had	갖다
hear	heard	heard	듣다
hide	hid	hidden / hid	숨기다
hit	hit	hit	치다/ 부딪치다
hold	held	held	잡고 있다
hurt	hurt	hurt	다치게 하다
input	input / inputted	input / inputted	입력하다
keep	kept	kept	보존(유지)하다
kneel	knelt / kneeled	knelt / kneeled	무릎을 꿇다
knit	knit / knitted	knit / knitted	뜨개질하다
know	knew	known	알다
lay	laid	laid	~을 놓다
lead	led	led	이끌다
learn	learned / lernt	learned / learnt	배우다
leave	left	left	떠나다
lend	lent	lent	빌려주다
let	let	let	허용하다
lie	lay	lain	놓여 있다
light	lit / lighted	lit / lighted	불을 켜다
lose	lost	lost	잃다
make	made	made	만들다

mean	meant	meant	의미하다
meet	met	met	만나다
mislead	misled	misled	오도하다
mistake	mistook	mistaken	잘못 판단하다
misunderstand	misunderstood	misunderstood	오해하다
mow	mowed	mown / mowed	(잔디를) 깎다
outgrow	outgrew	outgrown	~보다 더 커지다
overcome	overcame	overcome	극복하다
pay	paid	paid	지불하다
prove	proved	proved / proven	판명되다/ 증명하다
put	put	put	놓다
read	read	read	읽다
rid	rid / ridded	rid / ridded	없애다
ride	rode	ridden	타다
ring	rang	rung	울리다
rise	rose	risen	상승하다
run	ran	run	달리다
saw	sawed	sawn / sawed	톱으로 켜다
say	said	said	말하다
see	saw	seen	보다
seek	sought	sought	찾다/ 구하다
sell	sold	sold	팔다
send	sent	sent	보내다
set	set	set	~을 설정하다
sew	sewed	sewn / sewed	바느질하다
shake	shook	shaken	흔들다
shed	shed	shed	(피,눈물을) 흘리다
shine	shone / shined	shone / shined	빛나다
shoot	shot	shot	쏘다
show	showed	shown / showed	보여주다
shrink	shrank / shrunk	shrunk	오그라지다
shut	shut	shut	닫다
sing	sang	sung	노래 부르다
sink	sank / sunk	sunk	가라 앉다
sit	sat	sat	앉다
slay	slew	slain	죽이다
sleep	slept	slept	잠자다
slide	slid	slid	미끄러지다
sling	slung	slung	내던지다
smell	smelt / smelled	smelt / smelled	냄새가 나다
sow	sowed	sown / sowed	(씨를) 뿌리다
speak	spoke	spoken	말하다
spell	spelt / spelled	spelt / spelled	철자를 말하다
spend	spent	spent	(시간,돈을) 쓰다

spill	spilt / spilled	spilt / spilled	쏟아지다
spin	span / spun	spun	회전하다
split	split	split	분열하다
spoil	spoiled / spoilt	spoiled / spoilt	망치다
spread	spread	spread	펼치다/ 퍼뜨리다
spring	sprang	sprung	(갑자기)뛰어오르다
stand	stood	stood	서 있다
steal	stole	stolen	훔치다
stick	stuck	stuck	달라 붙다
sting	stung	stung	쏘다/ 찌르다
stride	strode	stridden	성큼성큼 걷다
strike	struck	struck	치다/ 공격하다
string	strung	strung	줄로 매달다
strive	strove	striven	분투 노력하다
swear	swore	sworn	맹세하다
sweep	swept	swept	쓸다
swell	swelled	swollen / swelled	부풀다
swim	swam	swum	수영하다
swing	swung	swung	흔들리다
take	took	taken	가지고 가다
teach	taught	taught	가르치다
tear	tore	torn	찢다
tell	told	told	말하다
think	thought	thought	생각하다
thrive	thrived / throve	thrived	번창하다
throw	threw	thrown	던지다
thrust	thrust	thrust	밀치다/ 찌르다
tread	trod	trodden / trod	밟다/ 디디다
undo	undid	undone	원상태로 돌리다
uphold	upheld	upheld	유지시키다
upset	upset	upset	속상하게 만들다
wake	woke / waked	woken / waked	깨다/ 깨우다
wear	wore	worn	입다
weave	wove	woven	짜다/ 엮다
weep	wept	wept	울다
win	won	won	이기다/ 쟁취하다
wind	wound	wound	구비 돌다
withdraw	withdrew	withdrawn	물러나다
withhold	withheld	withheld	주지않다
withstand	withstood	withstood	견뎌내다
wring	wrung	wrung	비틀어 짜다
write	wrote	written	쓰다

그루터기 영문법
Stump English Grammar Book

해/설/집

Answers, Explanations, Translations
&
Vocabulary

해설집 목차 (Contents)

Chapter 1 문장의 구성 ·· 7

Chapter 2 주어와 동사의 일치 ································· 14

Chapter 3 시제 ·· 18

Chapter 4 수동태 ·· 23

Chapter 5 부정사 ·· 28

Chapter 6 동명사 ·· 33

Chapter 7 분사 ·· 39

Chapter 8 가정법 ·· 44

Chapter 9 조동사 ·· 48

Chapter 10 형용사 ·· 53

Chapter 11 부사 ·· 57

Chapter 12 비교 ·· 60

Chapter 13 명사와 한정사 ·· 64

Chapter 14 대명사와 수량사 ···································· 69

Chapter 15 전치사 ·· 76

Chapter 16 접속사 ·· 80

Chapter 17 관계사 ·· 85

Chapter 18 병렬구조/도치/생략/부가 의문문 ············ 90

Chapter 1 문장의 구성

p.18 [check-up questions 1]

[A] 01 worked on, 02 participate, 03 (A), 04 (B), 05 (D), 06 (C), 07 (C)

[B] 01 compete ⋯ compete with, 02 relies heavily ⋯ relies heavily on, 03 suffered from ⋯ suffered, 04 agree ⋯ agree with, 05 hand ⋯ hand in, 06 objected to leave ⋯ objected to leaving

[A]

01
[해설] work는 자동사이므로 목적어를 받을 경우에는 전치사가 필요하다. 목적어가 업무 내용이므로 전치사 on이 들어가서 worked on이 정답.
[어휘] employee: 직원, meet the deadline: 마감 시간을 맞추다
[번역] 직원들은 마감 시간을 맞추기 위하여 열심히 그 프로젝트 일을 했다.

02
[해설] 뒤에 전치사 in이 있으므로 자동사 participate가 정답이다. attend는 타동사이므로 "…에 참석하다"의 의미일 때에는 뒤에 전치사가 오지 않는다.
[어휘] participate in: …에 참가하다, local election: 지방선거
[번역] 18세 이상의 모든 시민들은 지방선거에 참여해야 한다.

03
[해설] 동사 자리 뒤에 전치사가 있으면 그 전치사와 어울리는 자동사를 골라야 하므로 for와 어울리는 자동사는 (A) applied 이다.
[어휘] graduate (n) 졸업생, apply for: …에 지원하다
[번역] 많은 고등학교 졸업생들이 그 대학에 지원했다.

04
[해설] 동사자리 뒤에 전치사 to 가 있으므로 이것과 어울리는 자동사 (B) replied 정답.
[어휘] reply to: …에 답변하다, suggestion: 제안
[번역] 그 고객은 우리의 제안에 대하여 아직 답변하지 않았다.

05
[해설] 전치사 about과 어울리는 자동사는 (D) talked이다.
[어휘] board: 이사회, dilemma: 궁지
[번역] 이사회의 이사들은 회사가 최근 처한 궁지를 논의했다.

06
[해설] 문맥상 "…에 따르다/ 준수하다"의 의미이고 comply 뒤에는 with가 온다.
[어휘] party: (계약) 당사자, term: (계약 등의) 조건, agreement: 합의
[번역] 그 계약은 양 당사자가 합의한 조건들을 따를 것을 요구하고 있다.

07
[해설] 내용상 "…에 달려 있다"의 의미가 가장 자연스런 표현이므로 (C) depends on 정답.
[어휘] fit: 건강한 (반) unfit: 건강이 좋지 않은, work out: 운동하다
[번역] 운동을 함으로써 당신이 신체적으로 튼튼해지는데 얼마나 시간이 걸리느냐 하는 것은 당신이 운동을 처음 시작할 때 몸 상태가 얼마나 안 좋은가에 달려 있다.

[B]

01
[해설] compete는 자동사이므로 뒤에 전치사가 있어야 목적어를 받을 수 있다. 이 경우 with가 들어가서 "…와 경쟁하다"의 뜻이 된다.
[어휘] national mart: 전국 규모의 마트
[번역] 소규모의 지역 매장들은 전국 규모의 대형 마트와는 경쟁할 수 없다.

02
[해설] rely는 자동사이므로 뒤에 전치사 on이 붙어서 "…에 의존하다"가 된다. 단 부사가 자동사를 수식할 때에는 자동사 + 부사 + 전치사의 어순이 되므로 정답은 relies heavily on이 된다.
[어휘] rely on A for B: B를 A에 의존하다, export: 수출(하다), national economy: 국가 경제
[번역] 한국은 국가 경제를 수출에 크게 의존한다.

03
[해설] suffer from 은 "…으로 고통 받다"의 뜻으로 타동사구이므로 뒤에 목적어가 와야하는데, 본문의 경우에는 뒤에 목적어가 없으므로 전치사 from이 필요 없다.
[어휘] industrial city: 산업도시, environmentally: 환경적으로
[번역] 대부분의 산업도시나 지역들은 1970년대 이후로 경제적 그리고 환경적으로 어려움을 겪어왔다.

04
[해설] agree 뒤에는 전치사 to/ with/ on 등이 와서 "…에 동의하다"의 뜻이 되므로 agree with로 고친다.
[어휘] opinion: 의견, someone else: 그 밖에 다른 어떤 사람
[번역] 당신이 다른 누군가와 똑같은 의견을 가지고 있다면 당신은 그에게 동의하는 것이다.

05
[해설] 문맥상 "시험지를 제출하다"의 의미이므로 hand ⋯ hand in. (cf.) hand: 건네주다
[번역] 학생들은 시험이 끝날 때 벨이 울리자마자 시험지를 제출해야 한다.

06
[해설] object to에서 to는 전치사이므로 뒤에 동명사가 와야 하므로 object to leave ⋯ object to leaving.
[어휘] opposite party: (협상의) 상대방, object to: …에 반대하다, leave out: 빼다/ 생략하다, request: 요구(사항), controversial: 논란이 되고 있는, negotiation: 협상
[번역] 우리의 상대방은 협상에서 논란이 되었던 그들의 요구사항 중 하나를 빼는 것에 반대했다.

P21 [check-up questions 2]

[A] 01 impatient, 02 short, 03 (C), 04 (B), 05 (A)

[B] 01 strangely ⋯ strange, 02 darkness ⋯ dark, 03 showed ⋯ turned, 04 more cooly ⋯ cooler, 05 stably ⋯ stable

[A]

01

[해설] grow는 2형식 동사로 쓰일 때는 뒤에 주격보어로서 형용사가 온다. 모든 보어 자리에는 -ly가 붙은 부사는 올 수 없으므로 형용사 impatient가 정답.
[어휘] impatient: 참을성이 없는, constant excuse: 끊임없는 변명
[번역] 선생님은 그 학생의 끊임없는 변명에 화가 치밀어 올라왔다.

02

[해설] run은 2형식 동사로 쓰일 때는 뒤에 형용사가 주격보어로 온다. 따라서 정답은 형용사 short.
[어휘] run short of: …이 부족해지다, gas: gasoline(휘발유)의 줄임말
[번역] 내 차가 기름이 떨어져 가고 있다.

03

[해설] 동사 뒤에 to be + 형용사가 올 수 있는 경우는 보기 중 proved이다.
[어휘] prove (to be) + 보어: …으로 판명되다, attractive: 매력적인, real estate investor: 부동산 투자가
[번역] 그 개발지역은 부동산 투자가들에게 매력적인 것으로 판명되었다.

04

[해설] "익숙해지다"의 표현은 become/ get accustomed to이므로 정답은 (B) becoming이다.
[어휘] gradually: 점차적으로, hot and humid weather: 후텁지근한 날씨
[번역] 우리는 이 섬의 후텁지근한 날씨에 점차 익숙해져 가고 있다.

05

[해설] 동사 뒤에서 형용사가 오는 경우는 2형식 동사이므로 정답은 (A) stay이다.
[어휘] weather forecast: 일기 예보, stay warm: 계속 따뜻한 상태를 유지하다.
[번역] 일기 예보에 의하면 앞으로 며칠간은 계속 따뜻할 것이다.

[B]

01

[해설] sound는 2형식 동사일 때에는 뒤에 주격보어인 형용사가 와야 하므로 strangely ⋯ strange.
[어휘] sound strange: 이상하게 들리다
[번역] 그의 꿈 이야기는 이상하게 들렸다.

02

[해설] get 뒤의 주격보어 자리에는 형용사가 온다. 따라서 명사 darkness를 dark로 바꾼다.
[어휘] get dark: 어두워지다
[번역] 산에서는 일찍 어두워진다.

03

[해설] 문맥상 "창백해지다"의 표현이 와야 하므로 showed를 turned로 바꾼다.
[번역] 존은 그 소식을 들었을 때 얼굴이 창백해졌다.

04

[해설] 감각동사 feel 뒤에는 형용사가 와야 한다. 따라서 more cooly ⋯ cooler.
[번역] 사람들은 대체로 붉게 칠해진 방에서보다 푸른색 방에서 더 서늘하게 느낀다.

05

[해설] [remain + 형용사]는 "…한 상태로 남아 있다"의 표현이다. 따라서 주격보어 자리에 stably ⋯ stable.
[어휘] antioxidant: 항산화제, 노화 방지제, vegetation: 야채
[번역] 야채 속의 항산화제는 조심스럽게 열을 가하는 상태에서는 안정 상태를 유지한다는 것을 여러 연구에서 보여주고 있다.

P25 [check-up questions 3]

[A] 01 reached, 02 contact, 03 attended, 04 return, 05 discussed, 06 paid for/ paid, 07 reaching for, 08 reached
[B] 01 handling with ⋯ handling, 02 allow ⋯ allow for, 03 addressed to ⋯ addressed, 04 (A) confirmed about ⋯ confirmed, 05 (C) prove to be ⋯ prove

[A]

01

[해설] the hotel이 목적어이므로 타동사를 골라야 한다. 따라서 정답은 타동사 reached.
[어휘] delegation: 대표단
[번역] 그 나라에서 온 대표단이 약 1시간 전에 호텔에 도착했다.

02

[해설] your supervisor가 목적어이므로 타동사 contact가 정답.
[어휘] assistance: 도움, supervisor: 상관/ 상사
[번역] 당신이 도움이 필요하면 상관에게 연락하시오.

03

[해설] 뒤에 목적어가 있으므로 타동사 attend가 정답이다.
[어휘] resident: 주민, cultural event: 문화적 행사
[번역] 수많은 도시 주민들이 문화 행사에 참석했다.

04

[해설] 동사 return은 자동사인 때에는 "돌아오다"의 의미이지만 타동사로 쓰일 때는 "…을 반환하다"는 의미이다. 본문의 경우는 문맥상 타동사이므로 전치사가 없는 return이 정답.
[어휘] get a refund: 환불받다 (= get refunded), valid: 유효한, receipt: 영수증
[번역] 환불받기를 원하는 고객들은 유효한 영수증을 반환하여야 한다.

05

[해설] 뒤에 목적어가 있으므로 타동사 discussed가 정답.
[어휘] contemporary: 현대의, literature: 문학
[번역] 대학생들은 현대 미국 문학에 대해서 논했다.

06

[해설] pay(지불하다)는 목적어가 금액, 비용, 계산서 등일 때에는 타동사로 쓰이고 목적어가 구입하는 상품이나 서비스인 때에는 자동사로 쓰여 뒤에 전치사 for가 붙는다. 따라서 앞에는 paying for, 뒤에는 pay가 정답.
[번역] 그녀는 자기가 구입한 상품 값을 지불했고, 또한 식당에서는 식사비를 지불했다.

07

[해설] reach + 목표/ 결정/ 합의/ 장소 (…에 도달하다)인 경우에는 타동사이고, reach for + 물건(…을 집으려고 손을 뻗다)는 자동사이므로 정답은 reaching for.
[번역] 그는 마트에서 선반 위의 과일을 집고 있다.

08
[해설] "목표를 달성하다"의 의미이므로 **reached**가 정답.
[어휘] **sales people**: 영업 사원들, **sales goal**: 판매(영업) 목표, **quarter**: 분기
[번역] 영업사원들은 지난 분기에 판매 목표를 달성했다.

[B]

01
[해설] 동사 **handle**(…을 다루다)은 타동사이므로 뒤에 전치사가 올 수 없다. 따라서 **handling with**에서 전치사 **with**를 뺀다.
[어휘] **be good at**: …에 능하다, **complaint**: 불평
[번역] Cindy는 고객들의 불만 사항을 처리하는 데 능숙하다.

02
[해설] **allow**는 타동사로 쓰일 때는 "…을 허용하다"의 의미이고, **allow for**는 "…을 고려하다, 참작하다"의 의미이다. 본문의 경우는 문맥상 "참작하다"의 뜻이므로 **allow for**로 고친다.
[어휘] **inflation**: 물가 상승, **shop for**: …을 쇼핑하다
[번역] 우리는 식료품점에서 식품을 구입할 때 물가상승을 고려해야 한다.

03
[해설] 동사 **address**는 타동사로 쓰이므로 뒤에 전치사가 올 수 없다. 전치사 **to**를 뺀다.
[어휘] **statesman**: 정치가, **gather**: 모이다, **auditorium**: 강당
[번역] 그 유명 정치가가 강당에 모인 청중에게 연설했다.

04
[해설] (A) **confirm**(…을 확인하다)는 타동사이므로 전치사와 같이 쓰이지 않는다. 따라서 **about**을 뺀다.
[어휘] **researcher**: 연구원, **link between A and B**: A와 B와의 연결/관계
[번역] Leuven 대학교의 연구원들은 온도와 음식 맛과의 관계가 어떻게 작용하는지를 확인했다.

05
[해설] (C) **prove to be**는 뒤에 보어가 와서 "…으로 판명되다"의 뜻인데(2형식), 본문의 경우는 문맥상 "…을 입증하다"의 뜻으로 선행사 **ideas**를 목적어로 받는 타동사이므로 **prove to be** → **prove**.
[어휘] **mathematician**: 수학자, **intuition**: 직관(력), **be to + V**: …해야 한다
[번역] 19세기 위대한 수학자 C. F. Gauss는 당장은 증명할 수 없는 아이디어들이 직관에 의하여 떠오른다는 것을 또한 인정했다. "나는 오랫동안 많은 결과를 얻어왔지만 내가 어떻게 그런 결과들에 도달해 되는지를 아직도 모른다."라고 그는 말했다.

P28 [check-up questions 4]

[A] 01 provided, 02 prohibited, 03 inform, 04 spent, 05 (D), 06 (C), 07 (C), 08 (A), 09 (D), 10 (A)
[B] 01 is endowed in ⋯ is endowed with, 02 protect ⋯ prevent, 03 share us with human-like behaviors ⋯ share human-like behaviors with us, 04 not to get frustrated ⋯ from getting frustrated

[A]

01
[해설] 동사와 전치사와의 상관관계를 묻고 있는 문제이다. **provide A with B** (A에게 B를 제공하다)의 상관관계이므로 정답은 **provided**. **offered**는 뒤에 전치사 **with**를 빼야한다.
[어휘] **sales representative**: 영업 담당자, **detailed instruction**: 상세한 지시사항, **access**: …을 이용하다
[번역] 컴퓨터 기술자들은 영업 담당자들에게 고객 관련 자료 이용에 필요한 상세한 설명서를 제공해주었다.

02
[해설] **prohibit A from v-ing**(A에게 …을 못하게 금지하다)의 상관관계를 묻는 문제이므로 정답은 **prohibited**.
[어휘] **criminal site**: 범죄 현장
[번역] 경찰은 사람들이 범죄 현장에 들어가는 것을 금지했다.

03
[해설] **inform A of B** (A에게 B를 알리다)의 상관관계를 묻고 있으므로 정답은 **inform**.
[어휘] **regret to + v**: …하게 되어 유감이다, **delay**: 지연(시키다), **shipment**: 운송(물)
[번역] 우리는 당신이 주문한 운송물이 지연된다는 것을 알려드리게 되어 유감입니다.

04
[해설] **spend A**(돈/시간)**on B** (A를 B에 소비하다)의 상관관계이므로 정답은 **spent**. (cf.) **invest A in B** (A를 B에 투자하다)
[번역] 그들은 많은 시간과 돈을 웹사이트를 새로 만드는 데 소비했다.

05
[해설] **notify A of B** (A에게 B를 통지하다)의 관계이므로 정답은 (D).
[어휘] **conference organizer**: 회의 주최자, **attendee**: 참석자/출석자
[번역] 회의 주최자들은 모든 참가자에게 일정의 변경사항을 통지해 주어야 한다.

06
[해설] **tell A about B** (A에게 B에 대하여 이야기하다)의 관계이므로 정답은 (C).
[어휘] **prime minister**: 수상, **reporter**: 기자, **current government policy**: 현재의 정부 정책
[번역] 수상은 기자들에게 현재의 정부 정책에 대해서 이야기 했다.

07
[해설] **inquire of A**(사람) **+ B**(의문사절)(A에게 B를 묻다)의 형태이므로 정답은 (C)이다. 나머지 보기는 모두 타동사이고 of 전치사와 어울리지 않는다.
[어휘] **hostess**: 여주인, **another cup of coffee**: 커피 한 잔 더
[번역] 그 손님은 여주인에게 커피 한 잔 더 마실 수 있겠냐고 물어보았다.

08
[해설] **substitute A for B** (B 대신 A 를 쓰다)의 관계를 묻고 있으므로 정답은 (A)이다.
[번역] 당신이 요리할 때에 올리브 기름 대신에 버터를 써도 된다.

09
[해설] **say to + A**(사람) **+ that-**절 (A 에게 …라고 말하다)의 표현을 묻고 있으므로 정답은 (D).
[어휘] **staff meeting**: 직원회의, **president**: 사장, **resign**: 사임하다
[번역] 직원회의에서 사장은 모든 직원에게 자기가 사임할 것이라고 말했다.

10
[해설] **brief A on B** (A에게 B를 설명하다)의 관계를 묻고 있으므로

정답은 (A).
[어휘] financial analyst: 재정(금융) 분석가, investor: 투자가, stock market: 주식시장
[번역] 재정 분석가는 주식시장에 대하여 투자가들에게 설명했다.

[B]

01
[해설] endow (부여하다)는 능동으로 쓰일 때는 endow A with B (A에게 B를 부여해 주다)와 같은 형태이며, 수동태로 되면 A + be endowed with B (A는 B를 부여받다/ 타고 나다) 의 형태가 된다. 따라서 is endowed in ⋯ is endowed with.
[어휘] looks: 아름다운 용모, brains: (뛰어난) 머리
[번역] 내 생각으로는 Mary는 아름다운 용모와 뛰어난 두뇌를 타고나서 행운아이다.

02
[해설] prevent A from v-ing (A가 ⋯을 못하게 막다)의 형태가 와야 하므로 protect를 prevent로 바꾼다. (cf.) protect를 쓴다면 protect yourself from insects로 표현할 수 있다.
[어휘] being bitten: 물리는 것(수동 동명사) (bite-bit-bitten: 물다)
[번역] 당신 자신이 곤충들로부터 물리는 것을 예방할 수 있는 몇 가지 방법들이 있다.

03
[해설] share A with B (A를 B와 공유하다) 의 표현에서 문맥상 A와 B의 위치가 바뀌어졌으므로 share us with human-like behaviors ⋯ share human-like behaviors with us.
[어휘] superficial: 피상적인, resemblance: 닮음/ 유사함, human-like behavior: 인간과 같은 행동
[번역] 단순히 피상적인 닮은꼴만은 아니다. 특히 침팬지들은 우리와 닮았을 뿐만 아니라 인간적인 행동을 우리와 함께 공유하고 있다.

04
[해설] 동사 keep은 keep + 목 + from -ing의 형태로 쓰이므로 not to get frustrated ⋯ from getting frustrated로 바꾼다.
[어휘] get frustrated: 좌절하다, tough: 힘든
[번역] 내가 힘든 상황에 좌절하지 않게 해준 사람은 나의 가장 절친한 친구 중의 하나인 Jonathan이었다.

P31 [check-up questions 5]

01 informed, 02 do/ for, 03 notified, 04 asked, 05 showed, 06 (C), 07 (C), 08 (A), 09 (A), 10 (A), 11 (B), 12 (D)

01
[해설] 동사 뒤에 me는 간접목적어이고 that-절 이하는 직접목적어이므로 4형식 동사 informed가 정답
[어휘] hire: 채용하다, administrative: 행정의/ 관리의, assistant: 보조직원/ 비서
[번역] 그들은 나를 행정 보조직원으로 채용하겠다고 나에게 알려왔다.

02
[해설] me는 간목이고, a favor는 직목이므로 4형식 동사 do가 정답이고, 뒤의 문제는 get(갖다주다)은 전치사 for와 친한 동사이다.
[어휘] do + 사람(A) + a favor: A에게 호의를 베풀다/ A의 부탁을 들어주다
[번역] 부탁 하나 하겠는데 나에게 물 한 잔 갖다 주실래요?

03
[해설] that-절을 직목으로 취할 수 있는 동사를 고르는 문제이므로 정답은 notified. notify + A(IO) + that-절(DO) 이 수동태가 되면 [A(s') + be notified that-절]의 형태(A가 ⋯의 통보를 받다)가 된다.
[어휘] entrance exam: 입학시험
[번역] 나는 대학 입학시험에 합격했다는 통지를 받았다.

04
[해설] me가 간목이고 why 이하의 의문사절은 직목이므로 4형식동사 asked가 정답이다. (cf.) inquire of 사람 + 의문사절
[어휘] return to school: (학생이나 교사로서) 학교로 복귀하다
[번역] 우리 가족은 왜 내가 다시 학교로 복귀하기를 원하느냐고 물었다.

05
[해설] me는 간목이고 how 이하는 직목 이므로 4형식 동사 showed가 정답
[어휘] coworker: 동료(직원), operate: 작동시키다, copy machine: 복사기
[번역] 내 동료가 복사기 작동법을 나에게 가르쳐 주었다.

06
[해설] her son은 간목이고 nothing은 직목 이므로 4형식 동사 (C)가 정답. 나머지는 모두 3형식 동사이다.
[어휘] deny A(IO) + B(DO): A 에게 B 를 거절하다, spoil: 망치다, after all: 결국
[번역] 그 어머니는 자기 아들에게 거절하는 것은 하나도 없었고, 결국 그것이 그를 망치고 말았다.

07
[해설] us는 간목, a month of extension은 직목이므로 4형식 동사 (C)가 정답.
[어휘] director: 이사, grant: 허락하다/ 주다, extension: 기한연장
[번역] 이사는 우리에게 새 프로젝트를 완성하는데 한 달간의 기한연장을 허락해 주었다.

08
[해설] 4형식 문형이 3형식으로 전환될 때 간목 앞에 붙는 전치사를 묻고 있다. send + DO + to + IO의 형태로 쓰이므로 정답은 (A).
[어휘] meeting agenda: 회의록/ 회의 의제, stockholder: 주주
[번역] 회사는 모든 주주에게 회의 의제를 보냈다.

09
[해설] the CEO는 간목, that-절 이하는 직목이므로 4형식 동사 (A) told가 정답.
[어휘] consultant: 상담 전문가, CEO (Chief Executive Officer): 최고 경영자, expansion: 확장, adjust: 조정(조절)하다
[번역] 경영 상담가는 CEO에게 그 확장 계획은 조정할 필요가 있다고 말했다.

10
[해설] 본문은 4형식 문형이다. (A) showed와 (C) informed는 4형식 동사이나 inform은 that-절을 직목으로 해야하므로 (A) showed 정답.
[어휘] feel pleased with: ⋯을 기쁘게 여기다/ 만족해 하다, proudly: 의기양양하게
[번역] 내가 대단한 결정을 내린 것에 대하여 스스로에게 만족감을 느끼면서 의기양양하게 아빠에게 내 계획을 알려 드렸다.

11
[해설] 동사 offer는 3형식으로 전환될 때 간목 앞에 to가 오므로

정답은 (B).
[어휘] the right to vote: 투표권
[번역] 마침내 정부는 여성들에게 투표권을 부여했다.

12
[해설] our students는 간목, full access는 직목이므로 4형식 동사 (D) allow가 정답이다.
[어휘] access to + A: A에 대한 이용/ 접근, take advantage of: …을 이용하다, house: (v) 소장하다
[번역] 학교 당국은 학생들에게 학교도서관이 소장하고 있는 책과 자료를 완전히 이용할 수 있도록 도서관 출입을 전면 허용한다.

P34 [check-up questions 6]

[A] 01 called, 02 get, 03 enabled, 04 make, 05 (A), 06 (C), 07 (D), 08 (B)
[B] 01 difficulty ⟶ difficult, 02 is permitted having ⟶ is permitted to have, 03 (A) hope ⟶ want, 04 (A) allowed to wear ⟶ were allowed to wear

[A]

01
[해설] [call + 목 + 보어]가 수동태가 되면 [be called + 보어]가 되므로 called가 정답이다.
[번역] 그는 걸어 다니는 사전(만물 박사)이라고 불린다.

02
[해설] 목적격 보어가 to-부정사 (to do)이므로 get이 맞다. let은 사역동사이므로 목적격 보어가 원형동사라야 한다.
[어휘] ultimate: 궁극적인/ 최후의/ 최고의, wish: (n) 소망/ 소원
[번역] 최고의 능력은 사람들이 당신의 소망대로 하게 할 수 있는 능력이다.

03
[해설] 목적격 보어가 to-부정사 (to get)이므로 enabled가 정답이다.
[어휘] fluency: 유창함, enable A to + v: A가 …할 수 있도록 가능케 하다
[번역] 그는 영어가 유창해서 외국에서 새로운 직장을 구하는 것이 가능했다.

04
[해설] 목적격 보어가 과거분사 (known)이므로 5형식 동사 make가 정답이다.
[어휘] stand out from: … 중에서 눈에 띄다/ 두드러지다
[번역] 당신이 어느 한 단체에서 존재감을 나타내고자 한다면 당신의 아이디어나 감정을 다른 사람들에게 알려야한다.

05
[해설] [make + 목(A) + 목적격 보어]의 형태를 묻고 있다. 보어는 형용사나 분사가 와야 하므로 정답은 형용사 (A) efficient (능률적인)이다.
[어휘] snowmobile: 눈 자동차, supplies: 공급품/ 보급품, reindeer sled: 순록이 끄는 썰매
[번역] 핀랜드 북부지방에서는 눈 자동차가 순록이 끄는 썰매보다 더 빠르고 보급품 운송을 더 효율적으로 만들어주었다.

06
[해설] 목적격 보어가 to-부정사 (to show)이므로 이것과 어울리는 동사는 (C) ask이다.

[어휘] photo ID: 사진이 부착된 신분증, security guard: 안전 요원/ 경비원
[번역] 안전 때문에 우리는 모든 방문객에게 사진이 있는 신분증을 안전 요원에게 보여줄 것을 요구한다.

07
[해설] self-motivated가 목적격 보어이므로 5형식 동사 (D) considered가 정답.
[어휘] self-motivated: 스스로 동기 부여된
[번역] Morrison 씨는 자기 자신이 스스로 동기 부여되어 있다고 여겼다.

08
[해설] [find + 목(A) + 보어](A가 …한 상태에 있음을 발견하다)의 형태에서 보어 자리를 묻고 있다. 보어는 형용사가 우선이므로 정답은 (B) productive(생산적인)이다.
[어휘] professional workshop: 전문 분야를 다루는 워크숍(토론식 회의나 강의), incredibly: 굉장히
[번역] 나는 그 전문 워크숍이 매우 생산적임을 알았다.

[B]

01
[해설] found의 목적격 보어 자리에 형용사가 와야 하므로 명사 difficulty를 형용사 difficult로 바꾼다.
[어휘] herd: 가축 떼, nomadic 유목(민)의, survive: 살아남다
[번역] 소규모의 가축 떼밖에 없어서 유목민들은 살아남기가 더욱 어려워지게 되었다.

02
[해설] permit은 능동형에서 [permit A to + v] (A에게 …하라고 허용하다)의 형태로 쓰이고 수동형에서는 [A + be permitted to + v]의 형태가 된다. 따라서 is permitted having ⟶ is permitted to have.
[어휘] adopted person: 입양된 사람, birth parents: 생모
[번역] 미국의 대부분 주에서는 18세가 되는 양 자녀는 자기의 생부모님에 관한 정보를 얻는 것이 허용된다.

03
[해설] (A) 동사 hope는 5형식 동사가 아니라 3형식 동사이다. 따라서 hope를 5형식 동사인 want로 바꾼다. (B) to do는 동사 taught의 목적격 보어로서 맞다. (cf.) teach + 목(A) + how to + v (A에게 …하는 법을 가르치다) ⟶ 4형식
[어휘] instead: 그 대신에, teach A to + v: A 에게 …하는 법을 가르치다, carpentry: 목수(목공) 일
[번역] Robert 할아버지는 그가 학교 가는 것을 원하지 않았고, 그 대신에 그의 할아버지는 그에게 목수일 하는 법을 가르쳤다.

04
[해설] (A)에서 allow는 뒤에 to-부정사를 목적어로 받을 수 없다(능동태에서는 [allow 목 to + v]의 형태로쓰임). 따라서 수동형 [be allowed to + v] (…하도록 허용 받다)의 형태로 고쳐야 한다. 본문은 문맥상 가정법 과거이므로 allowed to wear ⟶ were allowed to wear로 고친다. (B) easier는 형용사 easy의 비교급으로 가목적어 it 뒤에 오는 목적격 보어로서 맞다. (C)는 [spend 목 v-ing]의 형태로서 맞다.
[어휘] spend A on B(명사): B에 A를 소비하다, in addition: 게다가
[번역] 학생들이 교복을 입는 것이 허용된다면, 학부모들은 의복에 더 적은 돈을 쓰게 될 것이다. 더 나아가 학생들이 교복을 입는다면 학교에 (지각하지 않고) 제시간에 도착하는 것이 더 쉬워질 것이다.

나는 아침에 무슨 옷을 입고 갈까 하고 결정하는데 많은 시간을 소비하게 된다.

P36 [check-up questions 7]

[A] 01 towed, 02 meet, 03 know
[B] 01 stood by ⋯→ standing(또는 stand) by, 02 (A) feeling good ⋯→ feel good

[A]

01
[해설] 사역동사 [have + 사물(목) + p.p.]의 형태를 묻고 있으므로 정답은 **towed**.
[어휘] **tow**: 견인하다
[번역] Sally는 자기 차를 견인시켰다.

02
[해설] [help + 목 + 원형동사]의 형태를 묻고 있으므로 정답은 **meet**.
[어휘] **sales people**: 영업사원들, **meet one's needs**: 필요사항을 충족시키다
[번역] 우리는 영업사원들이 고객들의 필요사항을 보다 더 잘 충족시켜 줄 수 있도록 도와주어야 한다.

03
[해설] 사역동사 [let + 목 + 원형동사]의 형태를 묻고 있으므로 정답은 **know**.
[어휘] **encounter**: 우연히 마주치다(만나다), **representative**: 대표자/담당자
[번역] 저희 제품에 문제점이 있으면, 저희 고객 서비스 담당자에게 언제든지 알려 주세요.

[B]

01
[해설] 지각동사 [see + 목 + 원 형동사/ 현재분사]의 형태를 묻고 있으므로 stood by ⋯→ standing/ stand by.
[어휘] **aware of**: 잘 알고 있는, **cultural asset**: 문화재, **occupying soldier**: 점령군, **stand by**: 좌시하다, **ransack**: 아수라장으로 만들다/ 뒤져서 약탈하다
[번역] 문화재의 가치를 잘 알고 있는 일부 사람들은 박물관이 약탈당하는 것을 점령군이 수수방관하고 있는 모습을 보고서 충격을 받고 놀랐다.

02
[해설] (A) 사역동사 [make + 목 + 원형동사]의 형태라야 하므로 feeling good ⋯→ feel good. (B) 5형식 문형 [make + 목 + 목적격 보어(형용사)]의 형태이므로 형용사 happy는 맞다.
[어휘] **immature**: 미숙한/ 치기 어린, **selfish**: 이기적인, **in terms of**: …의 관점에서
[번역] 내가 젊었을 때 경험한 유일한 사랑은 "그녀가 나를 편안하게 해주기 때문에 내가 그녀를 사랑한다"고 하는 유치하고도 이기적인 사랑이었다. 이제는 내가 사랑하는 여성에 대하여 그녀가 원하는 것을 위주로 생각하게 되었다. 그녀가 불행하면 내가 행복해질 수 없기 때문에 내가 그녀를 행복하게 해주기를 원하는 것이다.

P37 [문장의 구성 | 종합문제]

[A] 01 (B), 02 (B), 03 (D), 04 (D), 05 (C), 06 (D), 07 (A), 08 (B), 09 (A), 10 (C)
[B] 01 has laid ⋯→ has lain, 02 introduce the student the educational process ⋯→ introduce the student to the educational process, 03 (4) say ⋯→ tell, 04 (1) easy (2) learn (3) be (4) to know, 05 (1) inquire (2) lies (3) contact (4) arranging (5) meet, 06 (1) focusing (2) devoted to (3) impatient (4) ask for
[C] 01 announced/ run, 02 found/ impossible, 03 stay/ warm, 04 encourage/ to keep, 05 granted/ permission
[D] 01 Students should concentrate on the lecture when they participate in classes.
02 The audience remained seated keeping silent for a while even after the performance ended.
03 He attributed his success to his mother's dedicated support.
04 A librarian explained to me how to use the data base on the computer in the library.
05 The airline company grants passengers only one item of hand luggage for each.

[A]

01
[해설] 뒤에 전치사 for를 동반하는 동사를 고르는 문제이므로 (B) register가 정답. (A) attend와 (D) address는 타동사이고, (C) participate는 전치사 in과 함께 쓰인다.
[어휘] **local resident**: 지역 주민, **register for**: …에 등록하다, **course**: 강좌, **community center**: 시민회관/ 문화회관/ 주민 복지 센터
[번역] 모든 지역 주민은 문화회관에서 열리는 다양한 무료 강좌에 등록하는 것이 허용된다.

02
[해설] 간목(customers) + 직목(courteous services)과 함께 쓰이는 4형식 동사를 고르는 문제이므로 정답은 (B) offers이다. 나머지는 모두 3형식 동사이다.
[어휘] **courteous**: 정중한/ 예의 바른, **deliver**: 구하다/ 배달하다/ (연설)하다
[번역] 사거리 모퉁이에 새로 문을 연 태국 식당은 고객들에게 정중한 서비스를 제공한다.

03
[해설] 4형식 동사 [grant + 간목 + 직목]의 형태에서 직목의 자리에 오는 것을 묻고 있으므로 명사가 와야한다. 따라서 정답은 (D).
[어휘] **director**: 이사, **grant**: 허용하다/ 주다, **decorating firm**: 인테리어 회사, **extension**: (기한) 연장, **renovation**: 전면 수리/ 리모델링
[번역] 이사는 인테리어 회사에게 회사건물의 전면 보수공사의 기한연장을 허용해 주었다.

04
[해설] [동사 + to + 사람 + that-절(목적어절)]의 형태에 알맞은 동사는 (D) said이다. (A) spoke와 (B) talked는 자동사이므로 뒤에

that-절을 목적어로 받을 수 없다. (C) told는 뒤에 to가 오지 않는다.
[어휘] staff: 직원(전체), transfer: 전근가다/ (장소를) 옮기다/ 이전하다
[번역] 연례회의 석상에서, 사장은 모든 직원에게 자기가 다른 회사로 옮길 거라고 말했다.

05
[해설] 동사 뒤에 전치사 on이 있으므로 자동사 (C) collaborated가 정답이며 나머지는 모두 타동사이다.
[어휘] reform: 혁신(개혁)하다, collaborate on A with B: A에 대하여 B와 함께 공동 작업하다
[번역] 유명한 그래픽 디자이너인 Jason은 최신 온라인 보안 프로그램에 대하여 S&P 사의 IT 전문가들과 함께 공동 작업을 했다.

06
[해설] [be + p.p. + to + v]의 형태라야 하므로 목적격보어로 to-부정사를 취하는 동사(D)가 정답이다.
[어휘] protective clothes: 보호복, at all times: 항상, perform: (업무를) 수행하다
[번역] 연구원들은 연구실에서 업무를 수행하는 동안에는 항상 보호복을 착용해야 한다.

07
[해설] 뒤에 전치사 to 와 함께 쓰이는 자동사는 보기 중에서 agree 이므로 정답은 (A).
[어휘] look closely over: …을 면밀히 조사하다, proposal: 제안/ 계획안, favor: …에 찬성하다
[번역] Morgan 씨는 계획안에 찬성하기 전에 그것들을 면밀히 검토했다.

08
[해설] 뒤에 전치사 of와 함께 쓰이는 자동사는 보기 중 consist와 dispose이나 의미상 (B) dispose가 정답.
[어휘] dispose of: …을 처분하다, periodically: 주기적으로, offensive: 불쾌한/ 역겨운, consist of: …으로 구성되다, remove: 제거하다/ 치우다, relieve: (고통을) 덜어주다/ 안도하게 하다
[번역] 당신은 역겨운 냄새를 예방하기 위하여 주방 폐기물을 주기적으로 버려야 한다.

09
[해설] [동사 + 사람(A) + on B](A에게 B를 설명하다)의 형태이므로 on과 상관관계를 갖는 (A) brief 정답.
[어휘] official: 관리/ 공무원, reporter: 기자, job creation: 일자리 창출
[번역] 정부 관리는 기자들에게 정부의 일자리 창출 계획에 대하여 설명했다.

10
[해설] 뒤에 형용사(stable)를 동반하는 동사는 2형식 연결 동사라야 하므로 정답은 (C) remained.
[어휘] crude oil: 원유, relatively: 상대적으로, stable: 안정된
[번역] 최근에 국제 석유 시장에서 원유 가격이 상대적으로 안정세를 유지해왔다.

[B]

01
[해설] 주어 the burden이 동사 is 뒤로 간 도치문 형태이다. 관계대명사 which의 선행사는 the burden이며 동사 뒤에 목적어가 없으므로 자동사 lie(놓여 있다)의 과거분사 lain이 온다(lie-lay-lain). 따라서 has laid → has lain. (cf.) 타동사 lay(…을 놓다): lay-laid-laid
[어휘] burden: 짐/ 부담, fatigue: 피로, lie upon …: …에게 부담이 되다, without a break: 중단 없이
[번역] 수년간 끊임없이 나에게 지워져 있는 피로감과 책임감의 부담이 엄청나다.

02
[해설] 동사 introduce는 3형식 동사이므로 [introduce A to B](A를 B를 소개하다/ 접하게 하다)의 형태로 쓰인다. 따라서 the student 뒤에 전치사 to를 넣는다.
[어휘] significance: 의미/ 중요성, systematic: 체계적인, conducive: (…에게) 도움이 되는
[번역] 대학의 중요한 의미는 대학이 체계적이고도 (학생들에게) 도움이는 환경 속에서 학생들로 하여금 교육과정을 접할 수 있게 할 수 있다는 점이다.

03
[해설] (4)의 say는 3형식 동사이므로 4형식 형태로는 쓸 수 없다. 따라서 say → tell. (1-3)은 모두 맞다.
[어휘] run into: 우연히 만나다, contradictory: 모순되는, confused: 혼동되는, true-false quiz: OX 문제

> 운동하라고 모든 사람이 충고한다! 그러나 즉시 운동을 시도할 때 문제에 봉착하게 된다. 모순되면서도 때로는 운동에 대한 부정확한 충고가 너무 많아서 당신은 혼란스럽게 된다. 다음과 같은 OX 문제로 당신 자신을 테스트해보세요. 그러면 당신이 알아야 할 필요가 있는 것을 알려줄 겁니다.

04
[해설]
(1) 5형식 동사 make의 목적격 보어 자리이므로 형용사 easy가 온다.
(2) help 동사의 목적격 보어 자리이므로 원형동사 learn이 정답이다.
(3) 사역동사 lets의 목적격 보어 자리이므로 원형동사 be 정답.
(4) want의 목적격 보어 자리이므로 to-부정사가 온다.

> 우리는 협동작업을 손쉽게 만들 수 있는 도구가 있으며, 우리의 통계 자료와 분석으로 당신의 비디오에 무엇이 작동되고 있으며 무엇이 작동되고 있지 않은지를 알 수 있도록 도와 드립니다. 또한 우리의 완전한 고객 맞춤식 재생기가 당신의 브랜드를 전면과 중앙에 오도록 해드립니다(우리의 브랜드가 아니라). 제가 E-Video에서 처음 일을 시작했을 때 우리는 하나의 브랜드로 성장하고 있었습니다. 우리는 항상 당신이 최상의 작업을 주관하고 영감을 얻기 위해 찾아오는 공간이 되어 왔습니다. 우리는 앞으로 늘 그럴 것이겠지만 지금도 훨씬 더 많이 그런 모습을 갖추고 있고, 우리는 당신과 나머지 세계 사람들이 E-Video는 당신의 동영상을 도와줄 수 있다는 점을 알아주시기 바랍니다.

[어휘] collaborate: 공동 작업하다, stats: 통계치, analytics: 분석, customize: 고객이 원하는 대로 (주문) 제작하다, evolve: 진화(발전)하다, inspiration: 영감

05
[해설]
(1) ask가 "묻다" 의미일 때는 타동사이므로 뒤에 전치사가 오지 않으며, inquire(묻다)는 [inquire about + 질문 내용/ inquire of + 사람]의 형태로 쓰이므로 inquire 정답. (cf.) ask for: …을 요청하다
(2) 뒤에 전치사가 있으므로 자동사 lies 정답.

(3) contact(연락하다)는 타동사이므로 뒤에 전치사가 없는 contact 정답.
(4) arrange는 "(행사를) 준비하다/ 계획하다" 의미일 때는 타동사로 쓰인다. (cf.) arrange for: 고려(배려)하다
(5) meet는 "충족시키다"의 뜻일 때는 타동사로 쓰이므로 meet 정답. (cf.) meet with: …와 약속하여 만나다

> 저는 귀사에 취업 문제를 문의하기 위하여 이 글을 씁니다. 저는 문화자원 관리 분야에서 일자리를 찾고 있습니다. 귀사는 훌륭한 전망을 가진 회사라고 저에게 추천되었습니다. 동봉한 이력서에 나타난 바와 같이 저의 주된 관심은 고고학적 현장 발굴작업과 자료 분석에 있습니다. 저는 저의 능력이 귀사의 필요사항을 얼마만큼 충족시킬 수 있는지를 논의하기 위해 미팅계획을 세우고자 조만간 연락 드리겠습니다.

[어휘] employment: 고용/ 취업, prospect: 전망/ 장래성, enclose: 동봉하다, resume: 이력서, primary: 주된/ 주요한, archeololgical: 고고학적인, fieldwork: 현장 작업, arrange: 주선하다/ 준비(계획)하다

06
[해설]
(1) 뒤에 전치사 on과 함께 쓰이는 자동사는 focus이며, emphasize(강조하다)는 타동사이다.
(2) [be devoted to + 목](…에 헌신하다)의 형태로 쓰인다.
(3) 연결동사 grow 뒤에는 형용사가 주격보어로 와야 하므로 정답은 impatient.
(4) ask + 목(…을 묻다)와 ask for(…을 청하다)의 구별문제. 문맥상 "…을 요구하다"의 뜻이다.

> 사람은 한 가지 일에 집중하여 그것을 완성함으로써 인생에서 진리를 발견할 수 있다고 나는 믿는 바이다. 예컨대 나는 오랫동안 자기 일에 헌신해온 한 목수를 알고 있다. 그는 훌륭한 기술을 습득했고 또한 인생에 대해서도 많은 것을 말할 수 있다. 안타깝게도 오늘날 학교를 막 졸업한 젊은이들은 매력도 없어 보이고 기초수준인 자기들의 업무에 곧잘 인내심이 없어져 간다. 그들은 자기들의 업무가 과연 어떤 의미 있는 결과를 가져올까 하고 의아해 하고 있다. 그러면서 그들은 다른 업무를 요구한다. 그러나 그들은 만족해하지 않을지도 모른다. 우리의 지식이 넓다 해도 얕은 것이면, 우리는 실은 아무것도 모르는 것이나 마찬가지이다.

[어휘] focus on: …집중하다, impatient: 못 견디는, meaningful: 의미 있는, shallow: 피상적인/ 얕은

Chapter 2 주어와 동사의 일치

P44 [check-up questions 1]

01 has, 02 has, 03 is, 04 has been, 05 Most, 06 is, 07 is/is, 08 enjoy, 09 has, 10 (A) consists (B) is

01
[해설] 주어 The great diversity가 단수이므로 동사도 단수동사 has가 정답.
[어휘] diversity: 다양성, background: 배경
[번역] 문화적 배경의 커다란 다양성으로 인하여 다양한 종교를 낳게 되었다.

02
[해설] The rest of 뒤의 명사가 불가산명사(money)이므로 단수동사 has가 온다.
[번역] 내가 받은 돈 나머지는 이미 다 써버렸다.

03
[해설] [Among + 복수 명사 + v + 명사(A)](A는 … 중의 하나이다)의 형태는 도치문으로 동사 뒤의 명사(A)가 주어이다. 따라서 본문의 주어는 the problem이므로 단수 동사 is가 정답.
[번역] 상호 간의 의사소통에서 (발생하는) 오해의 문제가 국제 업무에서 발생하는 문제 중의 하나이다.

04
[해설] three quarters of 뒤의 명사가 단수 명사 (population)이므로 단수 동사 has been이 정답.
[번역] 그 섬 인구의 약 4분의 3이 상어 공격의 희생자가 되었다.

05
[해설] 뒤의 동사 tend가 복수 동사 이므로 주어도 복수 주어 Most가 온다.
[어휘] tend to + v: …하는 경향이 있다, vague: 애매한/ 흐릿한, ghostlike: 유령 같은, in response to: …에 대응하여, demon: 귀신/ 악마, devil: 마귀
[번역] 우리 대부분은 귀신, 마귀 또는 사탄과 같은 단어들에 대해서 불분명한 유령 같은 형체만을 상상하는 경향이 있다.

06
[해설] 55% of 뒤에 불가산 명사구 food supply가 있으므로 단수 동사 is가 정답.
[어휘] potential 잠재적인, pest: 해충(동물), harvest: 수확
[번역] 매년 전 세계의 잠재적인 식량 공급량의 약 55%가 수확 전후에 해충에게 빼앗긴다.

07
[해설] Part of the sunlight가 단수 주어이므로, 단수 동사 is가 오며, 뒤에 the rest도 햇빛 sunlight의 나머지이므로 단수 동사 is가 정답.
[어휘] reflect: 반사하다, absorb: 흡수하다
[번역] 지구상에 부딪치는 햇빛의 일부는 하늘로 반사되고 나머지는 지상에 흡수된다.

08
[해설] People이 주어이므로 복수 동사 have가 왔으며 이와 병렬구조를 이루므로 enjoy가 정답.
[번역] 비타민이 풍부한 과일과 야채를 먹는 사람들이 암에 걸릴 확률이 더 적고 더 나은 건강을 누리게 된다.

09
[해설] 주어에 every가 여러 개 붙어 있는 경우에도 단수 취급하므로 has가 정답.
[번역] 모든 직업이나 장사, 모든 예술 그리고 모든 과학에는 그들 나름대로 전문 용어를 가지고 있다.

10
[해설] (A) 95% of 뒤의 명사(English language)가 단수이므로 단수 동사 consists가 온다. (B) 문장 맨 앞의 one이 주어이므로 단수 동사 is가 온다.
[어휘] consist of: …으로 구성되다, phrase: 구, effective: 효율적인
[번역] 영어의 95% 이상이 구로 이루어져 있다. 따라서 영어를 숙달하는 가장 효율적인 방법 중의 하나는 구를 공부하는 것이다.

P47 [check-up questions 2]

01 Swiss, 02 seeks, 03 show/ fail, 04 (B), 05 (B)

01
[해설] Swiss는 어미가 -ss로 끝나므로 -es를 붙이지 않는다. Swiss가 정답.
[번역] 스위스 사람들 대부분은 몇 개의 언어를 할 줄 안다.

02
[해설] 주어가 고유명사이므로 단수 동사 seeks 가 정답
[어휘] architectural and design firm: 건축설계 회사
[번역] 유수한 건축 디자인 회사인 Grims & Associates 사는 3~5년의 경력을 가진 프로젝트 담당 비서를 구한다.

03
[해설] 앞 빈칸은 주어가 통계자료(Statistics)이고 복수 주어이므로 복수 동사 show가 정답. 뒤에는 businesses가 복수이므로 fail이 정답.
[어휘] release: 발표하다, authorities concerned: 관계 당국
[번역] 관계 당국이 발표한 통계자료에 의하면 신규 기업체의 35 퍼센트가 첫해에 실패하는 것으로 나타난다.

04
[해설] 문맥상 "수익금"이 주어이므로 정답은 (B) proceeds.
[어휘] charity concert: 자선 음악회, in need: 궁핍한, proceedings: 절차/ 공식 기록
[번역] 연례 자선 음악회에서 나온 모든 수익금은 가난한 사람들을 위하여 쓰일 것이다.

05
[해설] 경찰(police)은 복수 취급하므로 정답은 (B).
[어휘] enforce: (법을) 집행/ 시행하다, property: 재산, public order: 공공질서
[번역] 경찰은 법을 집행하고 재산을 보호하며 공공질서를 유지하는 것을 맡고 있다.

P49 [check-up questions 3]

01 or, 02 have, 03 are, 04 is, 05 are

01
[해설] 뒤에 동사가 단수동사 is이므로 or가 정답.
[번역] Lopez나 Sandra 중 한 사람이 내일 세미나에 참석할 예정이다.

02
[해설] Both A and B는 항상 복수 취급하므로 have가 정답.
[번역] 승객들과 운전자 양쪽 모두 구조되었다.

03
[해설] 뒤에 있는 her sisters에 일치시키므로 복수 동사 are가 정답.
[번역] Susan과 그의 자매들 모두 오늘 밤 그 파티에 가지 않을 것이다.

04
[해설] A as well as B에서는 A (Delivery service)에 일치시키므로 단수 동사 is가 정답.
[어휘] delivery: 배달, regular customer: 단골
[번역] 그 마트에서는 단골들에게 할인뿐만 아니라 배달 서비스도 제공된다.

05
[해설] Not only A but (also) B에서는 B (other genetic defects)에 일치하므로 복수동사 are가 정답.
[어휘] hemophilia: 혈우병, genetic: 유전의, defect: 결함, offspring: 자식
[번역] 혈우병뿐 아니라 다른 유전적 결함은 거의 언제나 자식에게 나타나며 부모로부터 자녀들에게 유전된다.

P52 [check-up questions 4]

[A] 01 is, 02 The number of, 03 was, 04 is, 05 is, 06 has to, 07 are
[B] 01 (A) have found ⋯ has found, 02 (B) is ⋯ are

[A]

01
[해설] 동명사구(Finishing 이하)가 주어이므로 단수 동사 is가 정답.
[어휘] a piece of cake: 누워서 떡 먹기/ 손쉬운 일
[번역] 모든 팀원이 함께 일하면서 이 프로젝트를 제시간에 끝내는 것은 식은 죽 먹기이다.

02
[해설] 동사가 단수 동사(has increased)이므로 주어도 단수 주어 The number of 가 정답이다.
[어휘] considerably: 상당히/ 꽤 많이
[번역] 우리 지점매장들의 수가 최근에 꽤 많이 증가했다.

03
[해설] 주격 관계대명사 who의 선행사는 the only man이므로 단수 동사 was가 정답.
[번역] 난 David 을 금방 알아차렸다. 왜냐하면 그가 사무실에서 빨간 타이를 매고 있었던 유일한 사람이었기 때문이다.

04
[해설] whatever action이 주어이므로 단수 동사 is가 정답.
[어휘] be authorized to + v: …할 권한을 위임 받다, take action: 조치를 취하다, ensure: 보장하다
[번역] 당신은 그 프로젝트의 성공을 보장하는 데 필요하다고 생각되는 어떤 조치든 취할 수 있는 권한을 위임 받고 있다.

05
[해설] 주어 most는 앞에 나온 money를 가리키므로 단수 주어 is가 정답.
[어휘] donate: 기증/ 기부하다, necessities: 필수품, flood victim: 홍수 이재민(수재민)
[번역] 모든 기부금 중에서 돈 대부분은 홍수 이재민들을 위한 식량과 일상 필수품을 구입하는 데 쓰인다.

06
[해설] means 앞에 단수 한정사 every가 있으므로 단수동사 has to가 정답이다.
[어휘] every means possible: 가능한 한 모든 수단, meet the deadline: 마감 시간을 맞추다
[번역] 마감 시간을 맞추기 위하여 가능한 한 모든 수단을 강구하여야 한다.

07
[해설] 두 개의 동명사가 두 개의 행위를 나타내므로 복수 동사 are가 정답.

[번역] 올바로 식사하고 적당량의 운동을 하는 것이 자연스럽게 체중을 줄일 수 있는 첫 번째 방법들이다.

[B]

01
[해설] the first one of …에서 one 앞에 서수 the first가 있으므로 the first one이 선행사이고 주격 관계대명사 뒤에는 단수 동사가 온다. 따라서 (A) have found → has found. (B) helps의 주어는 music이므로 단수 동사 helps는 맞다.
[어휘] physician: 내과 의사, conventional: 재래식의/ 종래의, therapy: 치료(법)/ 요법, heal: 치료하다
[번역] Dr. Nash는 미국의 많은 의사들 중에서도 음악이 재래식 치료법과 함께 사용되면 환자들을 치유하는 데 도움이 된다는 것을 발견한 최초의 의사이다.

02
[해설] (A)에서 which의 선행사는 500 Commonly Mispronounced Words이며 이는 책 이름인 고유명사이므로 단수 취급해서 describes는 맞다. (B)에서 that의 선행사는 문맥상 100 words이므로 복수 동사 are가 와야 한다. 따라서 (B) is → are.
[어휘] booklet: 작은 책자, describe: 기술하다/ 설명하다
[번역] 이 소책자는 영어에서 흔히 틀리는 유형을 설명해 놓고 있는 내가 쓴 훨씬 방대한 교재 500 Commonly Mispronounced Words (흔히 잘못 발음되는 500개의 단어들)라는 책을 기초로 하고 있다. 나는 가장 중요하다고 여겨지는 100개의 단어들을 원 교재에서 발췌했다.

P53 [주어와 동사의 일치 | 종합문제]

[A] 01 (A), 02 (A), 03 (C), 04 (A), 05 (A), 06 (C), 07 (D), 08 (C), 09 (C), 10 (D)
[B] 01 (1) are (2) come, 02 (1) are (2) is (3) has, 03 (1) is (2) remains (3) has, 04 (1) proves (2) develop (3) learn (4) corresponds, 05 (1) live (2) want (3) are (4) knows (5) seem
[C] 01 rest/ were, 02 One/ countries/ is, 03 A/ number/ are, 04 Either/ has, 05 The/ number/ does
[D] 01 Each and every boy student and girl student is studying hard in the library now.
02 A series of numbers on each product plays an important role.
03 Not only Timothy but also I am supposed to participate in the science project.
04 Jones Bothers together with other competitors is planning to expand into the Asian market.
05 Most of the residents have moved to other cities since the accident.

[A]

01
[해설] 부정어구(Not only)가 문두에 있으므로 도치문이다. 주어는 the stock market이므로 단수 동사 (A) is가 정답이다.
[어휘] stock: 주식, a new high: 새로운 최고치

[번역] 현재 주식시장이 오르고 있을 뿐만 아니라 곧 새로운 최고치에 도달할 것이다.

02
[해설] the + 형용사가 추상적 의미의 사물을 가리킬 때는 단수 취급한다. 주어 The most important는 "가장 중요한 것" (=The most important thing)을 의미하므로 추상적 의미이다. 따라서 단수 동사 (A) 정답.
[어휘] immigrant: (입국) 이민자/ 이주민, expectations for: …에 대한 기대감
[번역] 이민자들에게 가장 중요한 것은 경제적인 것, 즉 새로운 나라에서 더 높은 수입과 더 높은 생활수준이다.

03
[해설] 명사절(What…close)이 주어이므로 단수 취급되며 문맥상 수동적 의미이다. 따라서 정답은 (C).
[어휘] bring A to close: A를 끝내게 하다, be termed …: …라고 일컬어지다, Neolithic: 신석기(시대)의, Neolithic Revolution: 신석기 혁명
[번역] 구석기 시대를 종식 시킨 것은 신석기 혁명이라고 일컬어져 왔다.

04
[해설] 명사절(Who…are)이 주어이고 문맥상 be 동사가 필요하므로 단수 be 동사 (A) is가 정답.
[번역] 우리가 어떤 (종류의) 사람이라고 믿는 것은 우리가 어떤 사람이 되기를 원하는가에 대한 선택의 결과이다.

05
[해설] 장소 부사구(To…Texas)가 강조되어 문두에 있으므로 도치문이다. 즉 [(강조)장소 부사구 + v + 주어]의 형태. 따라서 주어가 3개 주의 이름들이므로 복수 동사이고 현재시제 (A) lie가 정답.
[어휘] lie – lay – lain: 놓여 있다/ (어떤 상태로) 위치해 있다
[번역] Texas 주 북쪽으로 New Mexico, Oklahoma 및 Arkansas 주가 위치해 있다.

06
[해설] 주어 lords 가 복수이므로 복수 동사 (C) were가 정답.
[어휘] Confucius: 공자, lord: 귀족, gain: 이득, suffering: 고통
[번역] 공자의 견해로는 자기 조국의 귀족들이 사리사욕에만 눈이 어두워졌기 때문에 백성들의 고통에 책임을 져야 한다는 것이었다.

07
[해설] 문맥상 주격 관계대명사 which의 선행사는 a low-fat diet이므로 동사는 단수 동사가 오며 일반적 사실을 설명하고 있으므로 현재 시제가 온다. 따라서 정답은 (D) is.
[어휘] substitute for: …에 대한 대체물, low-fat diet: 저지방 식품, lower: (동)낮추다, colon: 결장
[번역] 아스피린과 같은 의약은 과일, 야채 및 곡물에 풍부한 저지방 식품의 대체물이 아니며, 연구에 의하면 저지방 식품은 결장암의 위험을 낮추어준다고 알려져 있다.

08
[해설] 복수 명사 bullies 앞에 올 수 있고 뒤에 동사가 복수 동사 are가 있으므로 A number of classroom bullies가 주어가 되어야 한다. 따라서 정답은 (C) a number. (cf.) The number of + 복수 명사 → 단수 취급
[어휘] bully: (약자를) 괴롭히는 사람, loudmouthed: 큰 목소리로 말하는/ 잘난체하는, pushy: 밀어붙이는
[번역] 큰 소리로 떠들고 무례하게 밀어붙이는 성인들과 더불어 학교에서 약자를 괴롭히는 수많은 학생들에 이르기까지 사실은

수줍음을 많이 타는 자들이다.

09
[해설] 관계대명사절에서 주어는 shift이므로 단수 동사가 오고, 뒤에 목적어가 없으므로 수동태 (C) is known이 정답.
[어휘] Industrial Revolution: 산업혁명, shift: 변화, transform: 변화시키다, agrarian: 농업의
[번역] 산업혁명이라고 하는 것은 유럽을 농업사회에서 산업사회로 탈바꿈시킨 거대한 사회적, 경제적 및 기술적인 변화로 잘 알려져 있는 이름이다.

10
[해설] 주어가 복수이므로 복수동사가 온다. 문맥상 수동적 의미이므로 정답은 (D) are called.
[어휘] be called on + to + v: …하라고 요청받다, search: 수색(검색)하다, suspected of: …으로 의심되는
[번역] 참가국들은 무기와 관련된 물자를 수송하고 있는 것으로 의심되는 항공기나 배를 검색하라는 요청을 받고 있다.

[B]

01
[해설]
(1) 관계대명사 that의 선행사 The birds가 주어이므로 are 정답.
(2) 주어 the second-stringers 이하가 동사 뒤로 돌아간 도치문이므로 복수 동사 come 정답.

> 아침에 마당에다 어떤 먹이를 뿌려주든지 먹이에 최우선으로 접근할 수 있는 조류는 우두머리로 이름을 날리는 닭들이다. 그들 다음으로는 2류급 새들과 주위를 어슬렁거리는 것들 및 우두머리 행세를 하고싶어하는 것들이다.

[어휘] priority: 우선권/ 우선순위, access: 접근/ 이용 기회, sprinkle: 뿌리다, second-stringer: 2류급 선수나 후보, hanger-on: 주위를 어슬렁거리는 사람, wannabe: 유명인을 동경하는 사람

02
[해설]
(1) one million more births가 주어이므로 복수 동사 are 정답.
(2) 90%가 주어이고 of 이하의 명사가 불가산 명사이므로 단수 동사 is 정답.
(3) [the number of + 복수명사]는 단수 취급하므로 has 정답. (cf.) [a number of + 복수명사]는 복수 취급한다.

> 전 세계적으로 매 112시간마다 사망보다 백만 건이 더 많은 출생이 생겨나며, 이러한 급속한 인구 성장의 90% 이상이 전 세계의 최빈국에서 일어난다. 1994년 이후로 가난하고 취약한 여성들 집단에서 의도치 않은 임신의 건수가 증가해 왔다.

[어휘] rapid: 빠른, unintended: 의도하지 않은, pregnancy: 임신, vulnerable: 취약한

03
[해설]
(1) 목적격 관계대명사 that (go on의 목적어 → go on a journey: 여행 떠나다)의 선행사 The journey가 주어이므로 is 정답.
(2) the amount of water가 주어이므로 단수 동사 remains가 정답.
(3) 앞의 동사 remains와 병렬구조이므로 has 정답. has (remained the same)이 축약된 형태이다.

> 끊임없이 움직이면서, 물은 구름에서 떨어져서 강을 따라 바다로 흘러간다. 물이 대기, 땅, 강 그리고 바다 사이를 순환하면서 이동하는 여행은 물의 순환이라고 알려져 있다. 물은 많이 돌아다니지만, 전 세계적으로 그 양은 정확히 똑같으며 지구가 형성된 이래로 계속 똑같은 상태를 유지해왔다.

[어휘] constantly: 끊임없이, circulate: 순환하다, atmosphere: 대기

04
[해설]
(1) 문장의 맨 앞에 있는 명사 The prestige가 주어이므로 단수 동사 proves가 정답.
(2) The celebrated가 주어이며 [the + 형용사/ 분사](~사람들)는 복수 취급하므로 복수 동사 develop가 온다.
(3) 주어는 They이며 첫 번째 동사 play와 병렬구조이므로 복수 동사 learn이 정답.
(4) this public performance가 주어이므로 단수 동사 corresponds가 정답.

> 나는 많은 사람들이 저명인사와 만나고 싶어하는 열망을 의아하게 여겨왔다. 자기 친구들에게 유명인사를 알고 있다고 말할 수 있어서 얻는 위신이란 것은 단지 자기 자신이 하찮은 존재임을 증명하는 것에 불과하다. 저명인사들은 자기들이 만나는 사람들을 다루는 기술을 연마해 둔다. 그들은 세상 사람들에게 가면을, 그것도 흔히 인상적인 가면을 보여주는 것이지만 자기네 실체를 감추기 위해 주의하고 있다. 그들은 자기들에게 기대되는 역할을 하는 것이며, 연습을 통해 그 역할을 잘 하도록 배운다. 그러나 그들의 이러한 대중 앞에서의 연기가 그들 내면의 인간과 일치된다고 생각하면 어리석은 것이다.

[어휘] passion: 열정/ 욕망, the celebrated: 저명인사들, prestige: 명성/ 위신, of small account: 별로 주요하지 않은, come across: 우연히 만나다, impressive: 인상적인, conceal: 숨기다, correspond with: ~와 일치하다

05
[해설]
(1) 앞에 나온 he cannot에 ride와 함께 병렬구조로 이어지는 원형동사라야 하므로 live가 정답.
(2) 도치문에서 주어 he 앞에 조동사 does가 있으므로 원형동사 want가 정답.
(3) that-절에서 the values가 주어이므로 복수 동사 are가 정답.
(4) The East(동양)가 주어이므로 단수 동사 knows가 정답.
(5) 문두에 있는 to-부정사 (To waste 이하)가 주어이고 조동사 would 뒤에 오므로 원형동사 seem이 정답.

> 자기 이웃보다 더 많은 차와, 더 많은 주택, 더 훌륭한 저택, 더 세련된 가구, 더 비싼 옷으로 치장한 아내와 딸을 소유하는 것 – 이러한 것들은 서양에서는 바람직스러운 것들이다. 그리고 돈도 필요로 한다. 그러나 동양의 평범한 사람은 자기가 한 대 이상의 차를 타고 다닐 수 없으며, 또한 동시에 두 채 이상의 집에서 살 수도 없다는 것을 잘 알고 있다. 그는 다른 사람들이 자기 아내나 딸들을 부러워하는 것을 원하지도 않을 뿐 아니라 타인들의 것도 부러워하기를 원하지 않는다. 전자(서양)가 후자(동양)보다 더 정신적이라거나 혹은 더 물질적이라거나 하는 것이 아니다. 단지 동양에서의 가치와 서양에서의 가치가 다를 뿐이다. 동양인은 서양인보다 인생 그 자체에서 더 많은 것을 이끌어 내기를 원하고

있다. 사실 어느 편인가 하면, 오히려 동양이 서양보다 더 물질주의적이다. 동양은 늙어지면 인생이 얼마나 짧은 것인가를 잘 알게 된다. 인간의 수명이 덧없이 지나간다. 그러므로 인생을 즐기는 것을 미룰 수 없는 것이다. 왜냐하면 노년에는 감각이 무디어지고 따라서 인간은 조금밖에 즐길 수 없기 때문이다. 고로 동양인에게는 돈을 버는 일에 젊음을 낭비하는 것은 순전히 바보 같은 짓으로 보이는 것이다.

[어휘] expensively: 비싸게, desirable: 바람직한, spiritual: 정신적인, the one − the other: 전자−후자, material: 물질적인, if anything: 어느 편인가하면/ 오히려, materialistic: 물질주의적인, put off: 연기하다/ 미루다, dull: 둔해지다/ 누그러지게 하다, sheer: 순전한

Chapter 3 시제

P60 [check-up questions 1]

[A] 01 attend, 02 opened, 03 used to, 04 (A), 05 (D), 06 (B)

[B] 01 have you filled out ⋯ did you fill out, 02 has ⋯ will have, 03 (B) didn't pass ⋯ don't pass, 04 (B) is checked ⋯ will be checked

[A]

01
[해설] 문미에 습관을 나타내는 부사구 in the mornings (아침마다)가 있으므로 현재시제 attends가 정답.
[번역] 부장들은 아침마다 회의에 참석한다.

02
[해설] 문미에 과거를 나타내는 at this time last year(작년 이맘때)가 있으므로 과거시제 opened가 정답.
[번역] 우리 회사 파리 지점이 작년 이맘때 문을 열었다.

03
[해설] 과거의 계속적 상태를 나타내므로 used to가 정답.
[어휘] lively: 활기 넘치는/ 의욕적인, what she was: 과거의 그녀
[번역] Cindy는 예전에는 아주 활기찬 소녀였으나, 지금은 과거의 그녀가 아니다.

04
[해설] 문미에 last Friday가 있으므로 과거시제 (A) welcomed가 정답.
[어휘] division: 부서, welcome − welcomed − welcomed: (단체가입 등을) 환영하다
[번역] 마케팅 부서는 지난 금요일 신입 사원들을 맞아 환영했다.

05
[해설] 문두의 분사구문에 next Friday가 있으므로 미래시제가 오며, 문맥상 수동적 의미로서 (D)가 정답.
[어휘] following speech: 연설에 뒤 이어서, participant: 참가자
[번역] 다음 금요일 연회에서 사장의 연설에 뒤이어서 저녁 식사가 모든 참가자에게 제공될 것이다.

06

[해설] 동사 뒤에 two weeks ago가 있으므로 과거시제 (B) was가 정답.
[어휘] shipment: 운송물, deliver: 배달하다, sold out: 매진된
[번역] 2주 전에 배달된 컴퓨터 입하 물이 거의 다 팔렸다.

[B]

01
[해설] 의문사 when은 과거시제와 함께 쓰이므로 have you filled out ⋯ did you fill out.
[어휘] fill out: 작성하다, application form: 지원서
[번역] 당신은 지원서를 언제 작성했죠?

02
[해설] 문미에 one week from this Wednesday (다음 수요일)은 미래시제를 나타내므로 has ⋯ will have.
[어휘] wedding anniversary: 결혼기념일
[번역] Ms. Mash는 다음 수요일 남편과 함께 결혼 5주년 기념일을 맞이할 것이다.

03
[해설] 앞 문장에 every year는 습관적 반복 동작을 나타내며 현재시제와 함께 쓰인다. 뒤의 문장도 문맥상같은 시제를 써야 하므로 (B) didn't pass ⋯ don't pass로 고친다.
[어휘] emission: 배출(가스), emission center: (자동차) 배출가스 검사소
[번역] 우리 도시의 백만 운전자들은 매년 (배출가스) 검사를 받기 위해 자동차 배출가스 검사소에 가야하는데, 그들 중 3 퍼센트 이상이 검사에 불합격한다.

04
[해설] 문미에 starting April 1 (4월 1일부터 시작하여)는 미래시제를 의미하므로 (B) is checked ⋯ will be checked로 바꾼다.
[어휘] comply with: (규칙 등을) 따르다/ 지키다, dress code: 복장규칙, in an effort to + v: …하기 위한노력의 일환으로, impression: 인상
[번역] 모든 직원은 새 복장 규칙을 따라야 한다. 고객들에게 좋은 인상을 주기 위한 노력의 일환으로 4월 1일부터 시작해서 당신의 복장은 점검받게 될 것이다.

P64 [check-up questions 2]

[A] 01 are checking/ will be, 02 is coming, 03 was looking, 04 (D), 05 (A)

[B] 01 are differing ⋯ differ, 02 모두 맞음, 03 (A) is lacking ⋯ lacks, 04 (A) talked ⋯ were talking

[A]

01
[해설] right now는 현재진행 시제와 함께 쓰이며, 뒤 문장에서 soon (곧) 은 미래시제와 함께 쓰이므로 정답은 각각 are checking/ will be 이다.
[어휘] sales figures: 매출액(고)
[번역] 그들이 지금 현재 매출고를 확인하고 있으므로 곧 그 결과가 나올 것이다.

02

[해설] 문맥상 미래의 일을 말하고 있으므로 미래시제를 대신하는 is coming이 정답.
[번역] 나는 Ted가 정확히 언제 돌아오는지는 모르지만 다가오는 금요일 전에는 돌아올 것으로 확신한다.

03
[해설] 문미에 when I entered the room(내가 그 방에 들어갔을 때)은 과거의 특정한 시점을 언급하는 것이므로 주절은 과거진행 시제(was looking)와 함께 쓰인다.
[번역] Joan은 내가 그 방에 들어갔을 때 자기를 도와줄 사람을 찾고 있었다.

04
[해설] 문두의 Tomorrow는 미래이므로 미래시제 (D) will be buying이 정답.
[번역] 내일 내 비서가 우리에게 시카고행 비행기 표를 구입해 줄것이다.

05
[해설] 문맥상 과거의 동작을 그 순서대로 언급하고 있으므로 모두 단순 과거로 표현한다. 따라서 정답은 (A).
[어휘] sold out: 매진된, sculpture: 조각
[번역] 그들이 극장표가 매진되었음을 알았을 때, 그들은 전 세계에서 온 조각품을 보러 미술관에 가기로 결정했다.

[B]

01
[해설] 일반적 사실을 언급하는 것이므로 현재시제를 사용한다. are differing → differ로 고친다.
[어휘] differ from: …와 다르다, in that + s + v: …이라는 점에서
[번역] 인간은 말을 하고 웃을 수 있다는 점에서 다른 동물들과는 다르다.

02
[해설] (A), (B) 모두 맞는 시제이다. (B)의 become은 "어울리다"(3형식)의 의미일 때에는 진행형 불가이나 "…한 상태가 되다"(2형식)의 뜻일 때에는 진행형이 가능하다.
[번역] 도시의 프로젝트에 대한 일반 대중의 관심이 거의 사라졌음이 명백해져 감에 따라 그 사업에 대한 모든 작업이 갑자기 중단되었다.

03
[해설] (A)의 lack(…을 결여하다)은 상태 동사이므로 진행형 불가 동사이다. is lacking → lacks. (B)의 현재시제는 일반적 상태를 나타내므로 맞다.
[어휘] instruction manual: 사용 설명서, part: 부품, be to + v: …해야 한다, assemble: 조립하다
[번역] 새로 나온 기구의 사용 설명서는 부품을 조립하는 방법에 대하여 명확한 설명이 결여되어 있다.

04
[해설] 주절과 when 이하의 종속절이 과거의 동시 동작인 때에는 주절의 시제는 과거진행 시제라야 하므로(A) talked → were talking.
[어휘] telephone line: 전화선, dead: 작동이 안 되는
[번역] Cindy와 내가 지난여름의 아주 재미있었던 휴가에 대해서 이야기 중이었는데 갑자기 전화 연결이 끊어졌다.

P67 [check-up questions 3]

[A] 01 has begun, 02 have emailed, 03 has become, 04 has been working, 05 have been increasing, 06 has worked/joined, 07 have traveled

[B] 01 had visited → have visited, 02 are discussing → have been discussing, 03 had graduated → graduated, 04 (A) was working → has been working, 05 (A) is raining → has been raining

[A]

01
[해설] 문두에 Recently(최근에)와 함께 쓰여서 결과의미를 나타내므로 현재완료 시제 has begun 정답.
[어휘] aggressively: 공격적으로, expand into: …로 진출(확대)하다
[번역] 최근에 Malcom 사는 새로운 시장에 공격적으로 진출하기 시작했다.

02
[해설] 문미에 for the past few years(과거 수년 동안)는 계속을 의미하므로 have emailed 가 정답.
[어휘] abroad: 해외에, every other week: 2주마다
[번역] 나는 지난 수년 동안 해외에 있는 내 친구에게 2주마다 이메일을 보냈다.

03
[해설] since (…이후로)와 같이 쓰이는 문장의 주절 동사는 계속을 의미하므로 현재완료 시제가 온다.
[어휘] establish: 설립(수립)하다/ 확립하다/ 기초를 세우다
[번역] 새로 건설된 그 신시가지는 2014년도 초에 세워진 이후로 인기 있는 쇼핑의 중심지가 되었다.

04
[해설] 문미에 all this month(이번 달 내내)는 계속을 의미하므로 현재완료(진행) 시제와 친하다.
[번역] 우리 팀은 이번 달 내내 V 프로젝트에 매달려 일해오고 있다.

05
[해설] over the last three years(지난 3년 동안)는 계속 의미이므로 현재완료(진행) 시제와 함께 쓰인다.
[번역] 유가가 지난 3년 동안 꾸준히 오르고 있는 중이다.

06
[해설] [s + have + p.p. … since + s + **과거동사** …]의 형태로 쓰이므로 has worked와 joined가 정답.
[번역] 그녀는 2012년도에 입사한 이래로 계속 그 회사에서 일해 왔다.

07
[해설] 문맥상 경험을 나타내고 있으므로 현재완료 시제 have traveled가 정답.
[번역] 세계여행을 해본 사람은 여행 중 가장 비싼 부분은 호텔비 지불이라는 것을 알게 될 것이다.

[B]

01
[해설] 문맥상 현재의 시점을 기준으로 과거의 경험을 나타내므로 현재완료 시제가 온다. had visited → have visited로 고친다. 과거완료(had + p.p.)는 과거시점이 기준이다.
[번역] 이번이 내가 파리를 3번째 방문하는 것이다.

02
[해설] 문미에 for + 기간이 있으므로 계속을 나타내며 문맥상

계속되는 진행을 의미하므로 현재완료진행 시제가 와야 한다. are discussing → have been discussing으로 고친다.
[어휘] come up with: (해결책/ 아이디어 등을) 생각해내다
[번역] 우리는 프로젝트에 대한 좋은 아이디어를 생각해내기 위하여 거의 2시간 동안 토론하고 있는 중이다.

03
[해설] [since + s + 과거동사]와 같이 since 자체는 과거시제를 이끌며 주절은 현재완료가 온다. 따라서 (B) had graduated → graduated로 바꾼다.
[번역] 나는 대학을 졸업한 이후로 Lee 씨를 알고 지내왔다.

04
[해설] for the past + 기간은 현재완료(진행) 시제와 함께 쓰이므로 (A) was working → has been working으로 고친다.
[번역] Ms. Dorothy는 과거 10년 동안 줄곧 어린이용 장난감 디자인 업무만 맡아오고 있다.

05
[해설] since + 과거시점은 현재완료(진행) 시제와 함께 쓰이므로 (A) is raining → has been raining.
[번역] 세 시간 전부터 계속 비가 오고 있다. 그러나 우리는 옥외행사를 열기 위하여 비가 그치기를 여전히 기다리고 있다.

P69 [check-up questions 4]

01 will have met, 02 had operated, 03 had taken, 04 had been, 05 (D), 06 (D), 07 (B)

01
[해설] twice (두 번) 는 경험을 의미하며 기준시점이 미래이므로 미래완료시제 will have met 가 정답.
[번역] Sally는 내일 Jeff를 만나면 그를 두 번 만나는 셈이 될 것이다.

02
[해설] 과거 시점을 기준으로 그 이전의 계속을 나타내므로 과거완료 시제 had operated 가 정답.
[번역] 그 제조회사는 중국으로 공장을 이전하기 전에 한국에서 10년 동안 운영해 왔었다.

03
[해설] 뒤에 있는 주절의 과거시제보다 더 먼 과거이므로 대과거 had taken이 온다.
[어휘] take a course: 강좌를 수강하다, world-renowned: 세계적으로 유명한
[번역] Ms. Yun은 훌륭한 영어강좌를 많이 수강했기 때문에 세계적으로 유명한 회사에 입사할 수 있었다.

04
[해설] that-절 이하의 과거시제보다 더 앞선 대과거이므로 had been이 정답.
[번역] 표가 거의 팔리지 않았으므로 그 행사는 취소될 수밖에 없었다.

05
[해설] 미래의 특정 시점까지의 계속을 나타내므로 미래완료진행 시제 (D)가 정답.
[번역] 나는 이번에 다가오는 10월까지 해서 5년째 그 아파트에 사는 셈이 될 것이다.

06
[해설] 문맥상 대과거를 의미하므로 (D) 정답.

[어휘] damage: 피해를 주다
[번역] 휴가에서 돌아온 후에 우리는 우리 집이 폭풍으로 피해를 입었다는 것을 알았다.

07
[해설] 미래시점을 기준으로 동작의 완료를 나타내는 미래완료시제 (B)가 정답.
[어휘] get back: 돌아오다, assistant: 보조직원/ 비서
[번역] 당신이 일본 출장 여행에서 돌아올 때까지 회사는 보조직원을 채용해 놓을 것이다.

P71 [check-up questions 5]

[A] 01 expected, 02 would, 03 had piled
[B] 01 (B) went → would go, 02 (D) am going to → was going to

[A]

01
[해설] 주절의 시제가 과거이므로 문맥상 종속절은 대과거이지만, 혼동의 염려가 없으므로 단순과거 expected를 써도 된다.
[번역] 우리 신제품에 대해서 우리가 예상했던 것보다도 불평이 더 적었다.

02
[해설] 주절의 시제가 과거이므로 종속절에 나오는 조동사도 원칙적으로 과거 조동사라야 한다. would 정답.
[어휘] dramatist: 극작가, automatically: 당연히, in the intended manner: 의도했던 방식으로
[번역] 극작가들은 극장 관객들이 그들의 연극을 (자기들이) 의도했던 대로 당연히 이해해줄 것이라고는 믿지 않았다.

03
[해설] 주절의 과거시제보다 앞선 대과거이므로 had piled 정답.
[어휘] build a fire: 불을 피우다, go out into the weather: 악천후를 무릅쓰고 나가다, pile: 쌓다
[번역] 저녁 식사 후에 그는 불을 피우고 자기가 차고 벽에 기대어 쌓아 놓았던 땔감 나무를 가지러 비바람을 무릅쓰고 밖으로 나갔다.

[B]

01
[해설] if-절 이하의 시제는 문맥상 과거에서 바라본 미래(과거미래)이므로 (B) went → would go.
[어휘] schoolyard: (학교) 운동장
[번역] 여름철 어느 토요일 나는 아버지에게 학교운동장으로 내려가서 나하고 같이 농구를 하지 않으시겠냐고 물어보았다.

02
[해설] (D) am going to 이하는 과거에서 바라본 미래이므로 was going to로 고친다. (B) had said는 문맥상 대과거이므로 맞다.
[번역] 나는 월요일 오전에 다음 수업시간에 커피 한 잔을 들고 들어갔다. 그것은 내가 수업을 이끄는 데 도움이 되었다. 내가 커피를 마시느라 (설명을) 멈추게 되면 학생들이 내가 설명한 내용을 생각해볼 수 있는 시간을 줄 뿐만 아니라, 내가 다음에 설명할 내용을 생각할 시간을 나에게도 벌어 주었다.

P74 [check-up questions 6]

[A] 01 retires, 02 take, 03 (B), 04 (C)
[B] 01 had been invented ⋯ was invented, 02 froze ⋯ freezes, 03 wishes ⋯ wished, 04 would get back ⋯ got back, 05 will arrive ⋯ arrives

[A]

01
[해설] 시간 부사절은 미래시제일지라도 will을 사용할 수 없으므로 retires 정답.
[어휘] retire: 은퇴하다
[번역] 그는 다음 달에 은퇴한 후에 해변으로 이사 갈 것이다.

02
[해설] 조건 부사절에서도 will 사용 불가이므로 take 정답.
[번역] 당신이 이 충고를 받아들이면 많은 돈을 절약하게 될 것이다.

03
[해설] as long as (…이기만 하면) 이하는 조건 부사절이다. 문맥상 미래완료시제(will have + p.p.) 이지만 will 을 사용할 수 없으므로 현재완료(have + p.p.)가 대신한다. 따라서 정답은 (B).
[어휘] go on vacation: 휴가가다, handle: 다루다/ 취급하다
[번역] 당신은 지금 다루고 있는 업무를 다 끝내기만 하면 다음 주에 휴가 가도 된다.

04
[해설] 본 문장의 if-절은 조건절이 아니라 명사절이다. 따라서 미래시제인 경우에는 will을 사용해야 하므로(C) 가 정답.
[어휘] apply for: …에 지원하다, internship: 수습(인턴)사원 제도
[번역] 당신은 Linda에게 내일 그 회사의 수습사원 직 프로그램에 지원하겠냐고 물어보았나요?

[B]

01
[해설] 과거의 역사적 사실은 단순과거로 표현하므로 had been invented ⋯ was invented로 바꾼다.
[번역] 우리는 전기는 에디슨에 의해서 발명되었다는 것을 배웠다.

02
[해설] 과학적인 사실은 현재시제를 사용하므로 froze ⋯ freezes로 고친다.
[어휘] experiment: 실험하다, freeze: 얼다 (freeze-froze-frozen), zero degrees Celsius: 섭씨 0도
[번역] 우리는 물이 섭씨 0도에서 언다는 이론을 검증하기 위하여 실험해보았다.

03
[해설] s + wish + S' + v'…에서 wish는 직설법이므로 시제일치의 원칙을 따르며 v' 는 가정법이므로 시제일치의 예외에 해당한다. 따라서 wishes ⋯ wished 로 고치고 could find는 가정법 과거로서 맞다.
[번역] 그는 자기가 외국에서 좋은 직장을 구할 수 있으면 좋겠다고 말했다.

04
[해설] until 이하의 절은 시간 부사절로서 will/ would를 사용할 수 없으므로 would get back ⋯ got back.
[번역] 그는 나더러 자기가 돌아올 때까지 자기 사무실에서 기다리라고 요청했다.

05
[해설] as soon as가 이끄는 절은 시간 부사절이므로 will 사용 불가이다. will arrive ⋯ arrives
[번역] 부장이 도착하면 즉시 우리는 회의를 시작할 수 있다.

P76 [check-up questions 7]

01 send, 02 suggested, 03 essential, 04 be, 05 (B)

01
[해설] 주절 동사가 requested이고 미래에 일어날 일을 요구하고 있으므로 원형동사 send가 정답.
[어휘] express delivery: 속달 운송/ 지급 배달, forward: (v) 발송하다
[번역] 고객은 상품을 속달 편으로 보내 줄 것을 요구했다. 따라서 우리는 가급적 빨리 발송해야 한다.

02
[해설] 종속절의 동사가 원형동사(hand in) 이므로 주절동사는 의지동사 suggested 라야 한다.
[어휘] supervisor: 상관, hand in: 제출하다
[번역] 상관은 자기 직원들이 금요일까지 보고서를 제출하라고 제시했다.

03
[해설] 종속절의 동사가 3인칭 단수동사임에도 불구하고 원형동사(attend)가 나와 있으므로, 이것과 어울리는것은 이성적판단 형용사 essential이라야 한다.
[번역] 신입 사원이 설명회에 참석하는 것은 필수이다.

04
[해설] 주절에 이성적 판단 형용사 desirable이 있고 종속절 주어가 every student이어서 앞으로 그렇게 실현되는 것이 바람직스럽다는 취지이므로 원형동사 be가 온다.
[어휘] highly: 크게/ 매우, be familiar with: …을 잘 알다
[번역] 요즘에는 모든 학생이 컴퓨터를 잘 안다는 것은 매우 바람직스러운 일이다.

05
[해설] 종속절 동사가 원형동사 not sign이므로 주절동사는 의지동사 (B) advised라야 한다.
[어휘] not…until…: …하고 나서야 …하다
[번역] 법률회사는 사장에게 그 계약서를 면밀히 조사하고 나서야 서명하라고 충고했다.

P77 [시제 | 종합문제]

[A] 01 (B), 02 (A), 03 (D), 04 (C), 05 (D), 06 (A), 07 (C), 08 (B), 09 (D), 10 (A)
[B] 01 (4) ranked ⋯ had ranked, 02 (1) discussed (2) watch (3) had done, 03 (1) have dropped (2) opens (3) are laying (4) will be paid, 04 (1) has rated (2) had become (3) will feel (4) cuts
[C] 01 got/ had/ left, 02 has been/ joined, 03 retires/ will start, 04 have lived/ by, 05 had been/ began

[D] 01 Peter will get back (or is getting back) in a couple of hours.
02 I have studied English harder since I graduated from middle school.
03 At this time last year, we couldn't go out of the house because it had snowed enormously.
04 He will enter an electronics company after he graduates from university.
05 It was raining heavily outside when the concert ended last night.

[A]

01
[해설] 법으로 정해 놓은 규칙은 현재시제로 표현하므로 정답은 (B).
[어휘] recall: 하자가 있는 제품을 회수하다, defective: 결함(하자)있는, free of charge: 무료로
[번역] 새 법은 제조회사에 결함 있는 제품을 회수하여 필요한 수리를 무상으로 해줄 것을 요구하고 있다.

02
[해설] 동명사구(Investing … longer)가 주어이므로 단수동사이며 now 가 있으니 현재시제 (A) is 정답.
[어휘] invest in: …에 투자하다, sector 부문, of interest: 이익이 되는
[번역] 지금은 더 기다리기보다는 IT 부문에 투자하는 것이 우리에게 가장 이익이 된다.

03
[해설] 과거의 특정 시점에서 동작의 계속 진행 상황을 묘사하고 있으므로 과거완료진행 시제 (D)가 정답.
[번역] 그들이 야구를 3시간째 하고 있었을 때 갑자기 비가 오기 시작했다.

04
[해설] 과거 시점에서 바라본 과거미래이므로 (C) would reduce 정답.
[어휘] reduce: 줄이다/ 감축하다, workforce: 인력(전체)
[번역] 그 자동차 제조회사는 자사의 인력 20 퍼센트를 감축할 것이라고 지난주에 발표했다.

05
[해설] 문맥상 과거의 시점을 기준으로 그 이전부터 계속되는 진행 상황을 의미하므로 (D) 정답.
[어휘] conduct: (조사 등을) 실시하다, indicate: 나타내다/ 보여주다
[번역] 작년에 실시된 조사결과는 미국에서 인터넷상의 광고는 꾸준히 증가해오고 있었음을 보여주었다.

06
[해설] 연구에 의해 밝혀진 과학적 사실은 현재시제를 쓰므로 (A) 정답.
[어휘] in addition to: …이외에도, body clock: 체내 시계(신체의 생리적 자연현상을 관장하는 몸의 기능)
[번역] 태양이 뜨고 지는 것에 의하여 수면 시간표를 관장하는 체내 시계 외에도, 우리 체내에는 모종의 시간관장 체계가 있다는 것이 동물연구로 밝혀졌다.

07
[해설] 앞 빈칸에는 문맥상 "경험"을 의미하므로 현재완료 시제가 오며, 뒤 빈칸에는 일반적 사실을 묘사하므로 현재시제가 온다.

따라서 정답은 (C)이다.
[번역] 등산을 해본 사람이라면 등산에서 가장 큰 만족스러운 부분은 산 정상에 도달하는 것이라는 것을 알 것이다.

08
[해설] 종속절이 가정법이면 시제일치의 원칙을 따르지 않으며, 본문의 경우 가정법과거 시제이므로 (B) 정답.
[어휘] get involved in: …에 연루되다, serious: 심각한
[번역] 나는 Linda가 그 심각한 문제에 대한 토론에 참여하지 않는다면 모든 문제에 연루되지 않을 텐데라고 말하는 것을 들었다.

09
[해설] 문미에 마감 시간을 나타내는 by + 미래시점(…때까지)이 있으므로 미래완료시제(will have + p.p.)가 오며 문맥상 수동적 의미이므로 정답은 (D).
[어휘] shareholder: 주주, be notified of: …관하여 통지를 받다
[번역] 모든 주주는 연례회의 시작 전까지 일정변경에 대한 통지를 받게 될 것이다.

10
[해설] 단순한 과거의 사실을 차례대로 이야기하고 있으므로 정답은 과거시제인 (A) worked.
[어휘] transfer to: …로 전근가다
[번역] 나는 2009년에서 2012년도까지 Denver 지점에서 일하다가 그 후 Chicago로 전근 갔다.

[B]

01
[해설] (4)의 ranked는 문맥상 대과거라야 한다. 주절동사 were found (과거시제)보다 앞선 대학시절의 이야기이므로 대과거인 had ranked로 고친다. 나머지 (1-3)번은 모두 맞다.

대학시절의 성과와 대학 밖에서(졸업 후) 업무수행과 관련하여 우리가 가지고 있는 가장 구체적인 정보는 2012년도에 실시한 현재 그 유명한 BT 사에 관한 연구 사례이다. BT 사는 대학 졸업생인 15,000명의 직원이력을 조사해보았다. 회사에서의 성공과 종업원이 다녔던 대학의 수준과 더불어 그 종업원의 학업성적 및 정규교과 이외의 특별활동과의 관계를 조사해보았다. (대학의) 학업성적에서 높은 위치를 차지했던 직원들이 BT 사 계열에서 가장 높은 봉급을 받고 있는 것으로 밝혀졌다.

[어휘] concrete: 구체적인/ 사실에 의거한, relating to: ~와 관련하여, performance: 업무수행(실적), academic performance: 학업성적, extra-curricular: 과외의, rank: (등급, 순위를) 매기다(정하다)

02
[해설]
(1) 문맥상 시간적 선후 관계가 없이 단순한 과거의 사실을 말하고 있으므로 주절동사 listened와 동일한 시제인 과거동사 discussed가 온다.
(2) 주절동사가 의지동사인 suggest이므로 종속절에 should가 생략된 원형동사 watch가 온다.
(3) 문맥상 주절동사의 과거시제보다 더 먼 과거의 내용을 언급하고 있으므로 대과거인 had done 정답.

그녀는 내가 몇 가지 쟁점을 논했던 CBC 라디오 방송을 청취했다. 그 방송으로 그녀는 더 깊은 문제들에 대한 의문점이 생겼다. 그녀는 나에게 이메일을 보내서 내가

일반 청취자들을 위하여 책을 집필할 의향이 있었느냐고 물어보았다. 나는 그녀에게 내가 YouTube 채널에서 TVO 프로그램을 맡아서 했던 강연을 시청해보라고 권유했다.

[어휘] broadcast: 방송, audience: 시청자/ 청취자, lecture: 강의/ 강연

03

[해설]
(1) 뒤에 in the last year(지난 1년 동안)은 계속을 나타내므로 현재완료 시제 have dropped 정답.
(2) 시간 및 조건 접속사 절에서는 will을 쓸 수 없고 현재 시제가 미래를 대신하므로 opens가 정답.
(3) 뒤에 미래시점을 나타내는 next month가 있으므로 현재진행 시제가 미래를 나타낸다. are laying 정답.
(4) 뒤에 on your next paycheck이 있으므로 미래 시제 will be paid가 정답이다.

당신도 아마 아시겠지만, 최근의 불경기가 우리 업체에도 심대한 영향을 미쳤습니다. 우리의 매출액은 지난 일 년 동안 거의 45퍼센트나 감소했습니다. 우리는 현재의 이러한 상황이 우리 사업에 장기적으로 우려가 될 거라고는 예상하지 않지만, 우리는 이러한 침체가 우리가 계획 중인 지점매장이 이번 여름에 문을 열어야 회복될 거라고 생각합니다. 우리는 모든 남녀 종업원을 다음 달에 정리해고할 예정이라는 것을 유감이지만 당신에게 통보하는 바입니다. 당신은 퇴직금을 받을 자격이 있으며, 이는 다음 봉급 지불 때 전액 지급될 것입니다.

[어휘] profound: 심오한, impact: 영향/ 충격, long-term: 장기적인, slump: 경기침체, project: 계획(기획)하다, lay off: 정리해고하다, host: (식당 등의) 남자 종업원, hostess: 여자 종업원, severance pay: 퇴직금, paycheck: 봉급

04

[해설]
(1) 뒤에 over eight years (8년간에 걸쳐서)는 계속을 의미하므로 현재완료 시제 has rated 정답.
(2) 연구가 끝날 무렵인 과거시점에서 그 이전에 이루어진 결과를 표현하고 있으므로 대과거 had become이 정답.
(3) 문맥상 미래에 전개되는 상황을 이야기하고 있으므로 will feel 정답.
(4) if-조건절에서는 will을 쓸 수 없으며, 가정법 현재의 표현이므로 현재시제 cuts 정답.

당신이 화를 잘 내는 성미라면 다음 사항을 주의하라: 화를 내는 것은 당신의 폐를 더 약화시킬 수 있다. 최근의 하버드 공중보건 대학 연구에서 폐의 능력을 측정한 후 8년 동안 세 차례에 걸쳐서 670명의 남성들에 대한 적대감의 등급을 매겨보았다. 연구의 결말 부분에서 높은 수준의 적대감을 보였던 사람들의 폐 능력은 낮은 등급을 받은 사람들에 비하여 더 크게 악화되어 있었다.
"당신이 화가 나 있을 때는 당신의 신체가 싸움에 대비하도록 도와주는 호르몬을 분비하게 된다." 라고 Moor Gillon 박사는 말한다. "이 호르몬이 당신의 기관지 내의 세포를 자극시키게 하는 화학물질을 분비하게 된다. 그러면 기관지가 수축되며 당신은 숨이 막히는 것을 느끼게 될 것이다." Moor Gillon 박사는 이러한 유형의 폐 손상은 흡연의 영향과 비교하면 작다고 말한다. 그러나 장기적으로는 회복할 수 없는 손상을 야기 시킬 수 있다. 그래서 당신이 (약속에) 늦었는데 누군가 당신의 차선에 끼어들면 갑자기 분노로 비화하지 말라. 그대신에 심호흡을 하고 열까지 세어보라.

[어휘] prone to + 동사/ 명사: …하기 쉬운, lose one's temper: 화를 내다/ 성질을 부리다, beware: 주의하다, measure: 측정하다, rate: (v)평가하다/ 등급을 매기다, hostility: 적대감(적개심), significantly: 상당히, compared to: …와 비교하여, release: 방출(발산)하다, bronchial tube: 기관지, inflame: 흥분시키다, irreversible: 되돌릴 수 없는, cut into: 끼어들다, fly into: 갑자기…하다/ …으로 비화하다, rage: 분노

Chapter 4 수동태

P84 [check-up questions 1]

[A] 01 open, 02 are required, 03 being carried, 04 found, 05 been left, 06 (B), 07 (C), 08 (A)
[B] 01 The copier hasn't been fixed yet (by us).
02 I was offered a good position./ A good position was offered to me.
03 My room will be kept tidy from now on (by me).
04 Let me be listened to carefully.

[A]

01

[해설] 5형식에서 목적격 보어가 형용사인 경우에 그 수동태는 [s + be + p.p. + 형용사]의 형태로 바뀌어지므로 정답은 형용사 open이다.
[어휘] filing cabinet: 서류 보존함
[번역] 서류 보존함이 열려진 채로 발견되었다.

02

[해설] 5형식에서 목적격 보어가 to-부정사인 경우의 수동태는 [s + be + p.p. + to + v]의 형태이므로 정답은 are required이다.
[어휘] submit: 제출하다
[번역] 우리는 다음 월요일까지 보고서를 제출해야 한다.

03

[해설] 진행 수동태는 [s + be being p.p.]로 표현되므로 being carried가 정답
[어휘] shipment: 운송물, courier: 배달원/ 택배회사, by courier: 택배로, by the end of the day: 오늘 중으로
[번역] 당신의 운송물은 지금 택배로 운송되고 있으므로 오늘 중으로 받게 될 겁니다.

04

[해설] 4형식 동사가 수동형일 때 뒤에 for와 함께 쓰이는 동사는 find이므로 정답은 found.
[어휘] accommodations: 숙박시설/ 호텔 방, busy holidays: 붐비는 연휴
[번역] 붐비는 연휴 기간에 파리의 호텔 방을 마침내 우리가 쓸 수 있도록 구하게 되었다.

05

[해설] 5형식 동사 leave의 수동태는 [be left + 형용사(분사)]의 형태이므로 been left가 정답.
[어휘] controversial: 논란이 많은, subject: 주제, unsolved: 해결되지 않은, heated: 열띤
[번역] 공개토론회에서 열띤 토론에도 불구하고 논란이 많은 그 주제에 대해서 많은 문제점이 해결되지 않은 상태로 남아 있다.

06

[해설] [be + p.p. + to + v]의 형태를 묻고 있으며 동사 enter(…에 들어가다)는 타동사이므로 정답은 (B).
[어휘] restricted area: 제한 구역, photo ID: 사진이 부착된 신분증
[번역] 그들은 사진이 부착된 신분증이 없어서 제한 구역에 입장이 허용되지 않았다.

07

[해설] 문맥상 미래 수동태이므로 (C) will be served 정답.
[번역] 손님들이 연회에 도착하는 대로 즉시 저녁 식사가 제공될 것이다.

08

[해설] send는 수동태에서 전치사 to와 함께 쓰이므로 정답은 (A).
[어휘] regret to + v: …하게 되어 유감이다
[번역] 당신의 주문품이 엉뚱한 주소로 발송되었음을 알려드리게 되어서 유감입니다.

[B]

01

[해설] 현재완료 수동태는 have/ has been + p.p.로 표현.
[어휘] fix: 고치다, copier: 복사기
[번역] 우리는 아직 복사기를 고치지 못했다.

02

[해설] 4형식 동사 offer의 경우 직접목적어가 주어로 나갈 때는 뒤에 간목(me) 앞에 전치사 to를 붙인다(be offered to me).
[어휘] offer: 제의(제안)하다, position: 직책/ 직위
[번역] 그들은 나에게 좋은 직책을 제안했다.

03

[해설] 목적격보어가 형용사(tidy)인 5형식 문형의 미래시제 수동태는 will be left tidy로 표현된다.
[어휘] tidy: 깔끔한/ 잘 정돈된, from now on: 앞으로 쭉
[번역] 난 앞으로 쭉 내 방을 깔끔하게 정돈된 상태로 해두어야겠다.

04

[해설] 긍정 명령문의 수동태는 [Let + 목(me) + be + p.p.]로 표현된다.
[번역] 내 말을 주의 깊게 들어라.

P87 [check-up questions 2]

01 designed, 02 were delivered, 03 expired, 04 takes place, 05 sent, 06 (C), 07 (D)

01

[해설] 뒤에 목적어가 있으므로 능동형 designed가 정답.
[어휘] architect: 건축가
[번역] 새로 지은 우리 회사건물은 유명 건축가가 설계했다.

02

[해설] 뒤에 부사구가 있으므로 수동형 were delivered 정답.
[어휘] supplies: (복수) 보급품/ 물자, deliver: 배달하다
[번역] 우리가 기다리고 있던 보급품이 오늘 아침 배달되었다.

03

[해설] 1형식 동사 expire(만기가 되다)는 자동사이므로 능동형으로 쓰여서 expired 정답.
[번역] 내 여권은 최근에 만기가 되었다.

04

[해설] take place (발생하다/ 개최되다)는 자동사구이므로 능동형으로만 사용된다. takes place 정답.
[번역] 그 국제 음악 경연대회는 2년마다 열린다.

05

[해설] 뒤에 전치사구(to 이하)가 있으므로 수동태이다. 앞에 be 동사 are에 공통으로 연결되므로 sent 정답.
[어휘] earnings: 소득, estimate: 산정(추산)하다, collect: 징수하다, authorities concerned: 관계 당국
[번역] 직원들의 소득에 대한 세금은 고용주에 의하여 산출되고 징수되어서 관계 당국에 송금된다.

06

[해설] prepare는 자동사/ 타동사 양쪽으로 모두 사용된다. [prepare + 목/ prepare for + 목/ be prepared for + 목]의 세 가지 형태가 모두 쓰인다. 정답은 (C).
[어휘] pending: 현안의/ 계류 중인, finalize: 마무리 짓다/ 완결하다
[번역] 변호사는 미결 사건을 마무리 지은 후에 그것에 관한 보고서를 준비할 것이다

07

[해설] 뒤에 전치사구(on…)가 있으므로 수동적인 표현 (D) 정답.
[어휘] note: …을 주목하다/ 유의하다, entrance: 입구, parking garage: 주차 건물, locate: 위치시키다
[번역] 주차 건물 입구는 쇼핑몰 본관 동쪽에 위치하고 있다는 것을 유의하십시오.

P90 [check-up questions 3]

[A] 01 was paid, 02 highly of, 03 been accounted for, 04 is spoken, 05 dealt with
[B] 01 attended ⋯ attended to, 02 (A) were referred ⋯ were referred to

[A]

01

[해설] 뒤에 전치사 to가 있으므로 수동형 was paid 정답.
[어휘] pay attention to: …에 유의(주목)하다
[번역] 연사는 자기가 하는 말에 (청중들이) 별로 주목을 하지 않은 것에 실망했다.

02

[해설] speak highly of (…을 높이 평가하다)가 관용적 표현이므로 정답은 highly of이다.
[어휘] remark: 언급/ 말/ 발언
[번역] 그 늙은 정치인의 발언은 예전처럼 호평을 받지 못했다.

03

[해설] account for는 타동사구이고 뒤에 목적어가 없으므로 수동형 been accounted for가 정답.

[어휘] **supervisor**: 상관, **weird**: 이상한/ 기괴한, **account for**: …을 설명하다
[번역] 상관의 해괴한 행동은 아직 해명되지 않았다.

04
[해설] **speak well of**(…을 칭찬하다)는 타동사구 이므로 수동형은 **is spoken well of**가 된다.
[번역] Jennifer는 자기 동료들 대부분으로부터 칭찬을 받고 있다.

05
[해설] **deal with**(다루다)는 타동사구 이므로 **with**가 빠져서는 안된다. 정답은 **be dealt with**.
[어휘] **fragile**: 깨지기 쉬운, **cautiously**: 조심스럽게
[번역] 깨지기 쉬운 품목들은 아주 조심스럽게 취급해야 한다.

[B]

01
[해설] 문맥상 "출석하다" 의미의 **attend**가 아니라 "처리하다" 의미의 "**attend to**"의 수동태라야 하므로 **attended** ⋯→ **attended to**로 바꾼다.
[어휘] **specifications**: 설명서/ 명세서, **preventive maintenance**: 예방정비
[번역] 설명서에는 주의 깊게 처리해야 할 예방 정비 과정이 있다고 말하고 있다.

02
[해설] (A)의 **refer**는 문맥상 "언급되다"의 뜻이므로 (A) **were referred** ⋯→ **were referred to**로 바꾼다. (B)는 **pay much attention to**(…에 주의를 많이 기울이다)의 수동태로서 맞다.
[어휘] **sensitive**: 민감한, **controversial**: 논란이 많은, **feminism**: 페미니즘(남녀 평등권론), **feminist**: 페미니스트(여권 운동가), **gathering**: 모임, **forum**: 토론회
[번역] 그 모임에서 유명한 페미니스트 지도자의 연설 도중 논란거리가 되는 페미니즘 주제에 관한 몇 가지 민감한 용어들이 몇 차례 언급되었다. 그 토론회에는 많은 참석자들이 있었고 그녀의 연설은 많은 관심을 끌었다.

P92 [check-up questions 4]

01 Your hat fits you well, 02 My uncle owns a large electronics company, 03 Their children are not allowed to go outside after 9:00 p.m., 04 The department consists of five sales people and one manager, 05 The accident in the workshop resulted from careless supervision

01
[해설] **fit** (어울리다/ 알맞다)는 수동태 불가 동사이고 주어는 **Your hat**으로 해서 능동태로 바꾼다.
[번역] 너의 모자는 너에게 잘 어울린다(맞는다).

02
[해설] **own** (소유하다)는 수동태 불가이므로 주어를 **My uncle**로 바꾸어 능동태로 고친다.
[번역] 우리 삼촌은 대규모 전자회사를 소유하고 있다.

03
[해설] 사역동사 **let**은 수동태 불가 동사이므로 **let** ⋯→ **allowed**로 고친다.
[번역] 그들의 자녀들은 오후 9시 이후에는 외출이 허용되지 않는다.

04
[해설] **consist of**(…으로 구성되다)는 수동태 불가이므로 **is consisted of** ⋯→ **consists of**로 고친다.
[번역] 그 부서는 5명의 영업사원과 한 명의 관리자로 구성되어 있다.

05
[해설] **result from** (…에 기인하다)는 수동태 불가이므로 **was resulted from**에서 **was**를 뺀다.
[어휘] **supervision**: 감독/ 관리/ 지휘
[번역] 작업장에서의 그 사고는 부주의한 관리(감독)에 기인한다.

P95 [check-up questions 5]

01 was awarded, 02 estimated, 03 reported, 04 (B), 05 (C), 06 (B), 07 (C)

01
[해설] **award**는 4형식 동사로 뒤에 목적어가 있어도 수동형 **was awarded** 정답.
[어휘] **innovative**: 혁신적인, **strategy**: 전략
[번역] 그 부장은 마케팅 전략에 관한 그의 혁신적인 아이디어로 1등 상을 받았다.

02
[해설] 능동태의 목적어가 **that**-절인 경우의 수동태는 **It is + p.p. + that**-절이므로 **estimated** 정답.
[어휘] **estimate**: 추정하다/ 어림잡다, **passive smoking**: 간접흡연, **be likely to + v**: …인 것 같다
[번역] 간접흡연도 직접흡연만큼 폐암을 유발하는 것으로 추정된다.

03
[해설] 위 02번과 동일한 문제로 **reported** 정답.
[어휘] **respond to**: …에 응답하다, **favorably**: 호의적으로, **new line of products**: 신제품(군)
[번역] 우리 고객들 대부분이 우리의 신제품들에 대하여 호의적으로 반응을 보이는 것으로 보고되고 있다.

04
[해설] 4형식 동사 **give**는 사람(간목)이 주어로 나가면 뒤에 직목(사물)이 있어도 수동태이므로 정답은 (B).
[어휘] **protective clothes**: 보호복
[번역] 모든 근로자는 공장 내에서 작업을 시작하기 전에 보호복을 지급받아야 된다.

05
[해설] 문맥상 수동형이고 수동태 가능 동사는 (C) **allowed**.
[어휘] **personal desire**: 개인적 욕망, **influence**: (v)…에 영향을 미치다
[번역] 개인적 욕망이 공공생활에 영향을 미치도록 허용되어서는 안된다.

06
[해설] 지각동사(**see**)의 수동태는 **be seen v-ing/ to + v** 의 형태이므로 (B) 정답 (**fly** 는 자동사).
[번역] 비행기가 구름 속으로 날아가는 것이 보였다.

07
[해설] 5형식 문형의 목적격 보어자리가 빠져 있고 의미상 수동적

의미이므로 (C)가 정답.
[어휘] make oneself understood: 자기의 뜻을 이해시키다, communicate: 의사소통하다, native: 원주민
[번역] 내가 원주민들과 의사소통을 하려고 했을 때 내 말을 이해시킬 수가 없었다.

P98 [check-up questions 6]

01 satisfying, 02 for, 03 qualified, 04 bored, 05 disappointed, 06 stimulating, 07 for, 08 are allowed

01
[해설] be committed to(…에 전념하다)에서 to는 전치사이므로 뒤에 명사나 동명사(satisfying)가 온다.
[번역] SP 전자회사에 근무하고 있는 저희는 항상 고객 만족에 힘쓰고 있습니다.

02
[해설] be intended for(…을 대상으로 하다)의 형태이므로 for가 정답.
[어휘] release: (신제품을) 출시하다, young adult: 청소년
[번역] 새로 출시된 제품은 청소년들을 대상으로 하고 있다.

03
[해설] be entitled to/ be qualified for (…의 자격이 있다)의 구별을 묻고 있으므로 qualified가 정답.
[번역] 미화 100달러 이상의 물건을 사는 사람들은 우리 매장에 있는 거의 모든 품목에 대하여 10 퍼센트의 할인을 받을 자격이 있다.

04
[해설] 사람이 주어이므로 bored가 온다.
[어휘] routine: 일상적인/ 틀에 박힌, keep records of: …을 기록으로 남기다
[번역] 보조직원은 매일 매일의 일과를 기록해두는 틀에 박힌 업무에 금방 싫증이 났다.

05
[해설] 감정유발 동사는 사람이 주어일 때에는 p.p.가 오므로 정답은 disappointed 이다.
[어휘] final exam: 기말고사
[번역] 그 대학생은 자기의 형편없는 기말고사 성적을 받고 실망했다.

06
[해설] stimulate(고무시키다)는 감정유발 동사이므로 주어가 사물일 때에는 현재분사(stimulating)가 온다.
[어휘] orientation: 예비교육/ 설명회, incentive system: 장려제도(인센티브제)
[번역] 회사의 새로운 인센티브 제도에 대한 설명회는 참가한 직원들에게 고무적으로 들렸다.

07
[해설] A is known as B (A=B 일 때), A is known for B (A≠B 일 때). 따라서 정답은 for.
[번역] Stella는 음악적 재능으로 잘 알려져 있다.

08
[해설] allow는 뒤에 to-부정사가 오지 않고 [allow + 목 + to + v]나 [be allowed to + v]로만 쓰인다.
[번역] 직원들은 가끔 짧은 휴식을 취하는 것이 허용된다.

P99 [수동태 | 종합문제]

[A] 01 (A), 02 (C), 03 (D), 04 (A), 05 (A), 06 (B), 07 (C), 08 (B), 09 (D), 10 (C)
[B] 01 acted upon, 02 (1) be involved in (2) be explained, 03 (1) were forced (2) established (3) were asked, 04 (1) shown (2) implicated (3) had been charged (4) estimated
[C] 01 being cooked/ visited, 02 agreed/ proceed, 03 being prepared for, 04 suggested/ taken, 05 equipped with
[D] 01 These letters were written to me by an unknown person.
02 Maggie was not awarded the first prize at the piano competition.
03 A new machine was being tested when the power failed suddenly yesterday.
04 Citizens are encouraged to use public transportation as far as possible on the day when it snows.
05 They collect cans and newspaper to be recycled.

[A]

01
[해설] decide는 뒤에 to-부정사를 목적어로 취하는 동사이므로 문맥상 단순현재완료 능동형 (A) 정답.
[어휘] inventory: 물품 목록/ 재고(품), inventory storing system: 재고품 저장 체계(제도)
[번역] 기술팀은 새로운 재고품 저장 체계를 만들기로 결정했다.

02
[해설] be reminded to + v (…하라고 상기 받다)의 형태를 묻고 있으므로 (C) 정답.
[어휘] comply with: …을 따르다/ 준수하다, company rules: 사규
[번역] 모든 직원은 새로운 회사의 사규를 지키라고 주의 받았다.

03
[해설] 뒤에 전치사구(for…)가 있고 편지에 동봉한 사실을 언급하고 있으므로 현재 수동태 (D) 정답.
[어휘] enclose: 동봉하다
[번역] 당신의 편의를 위해 우리 회사 약도가 이 편지에 동봉되어 있습니다.

04
[해설] 감정유발 동사는 주어가 사람인 경우 be + p.p.가 오므로 (A) 정답. (B) delightful은 기분 좋게 해주는 대상을 수식할 때 쓰인다. e.g.) delightful seaside (기분 좋은 바닷가)
[어휘] be delighted that + s + v: …하게 되어 기쁘다, renew: 갱신(연장)하다, subscription: 구독
[번역] 우리는 귀하께서 우리 잡지를 재구독 하기로 결정해 주셔서 기쁩니다.

05
[해설] 자동사 arrive는 능동으로만 쓰이므로 정답은 (A).
[번역] 우리의 주문이 뉴욕의 공급회사로부터 방금 도착했다.

06
[해설] 뒤에 전치사구(on…)가 있으므로 수동이다. be briefed on(…관하여 설명을 듣다)의 표현으로 (B) 정답.

[번역] 학부모들은 새로운 학교 프로그램에 관하여 설명을 들었을 때 더 나은 정보를 얻게 되었다.

07
[해설] 앞에는 require의 수동태를 묻고 있으므로 [be required to + v]의 형태이고, 뒤에는 주어가 사람이므로 감정유발 동사 interest의 과거분사가 온다. 따라서 정답은 (C).
[어휘] fill out: (서식 등을) 작성하다, internship: 수습(인턴)사원 제도
[번역] 대학생들은 인턴사원 제도에 관심 있으면 서식을 작성해야 한다.

08
[해설] whether to + v (…인지 아닌지)가 명사구로서 목적어이므로 현재진행 시제 능동형 (C) 정답.
[어휘] management: 경영진, demand: 요구, union: 노조
[번역] 경영진은 현재 노조의 요구를 받아들일 것인가의 여부를 고려중이다.

09
[해설] 뒤에 목적어가 없고 문맥상 대과거이므로 과거완료 수동태 (had been + p.p.)인 (D) 정답.
[어휘] market survey: 시장조사, set a date: 날짜를 정하다, planning manager: 기획부장, general affairs office: 총무부
[번역] 정해진 날짜까지 시장조사를 다 마치지 못했으므로 기획부장은 총무부에 도움을 요청했다.

10
[해설] look up to (존경하다)는 타동사구이며 뒤에 목적어가 없으므로 수동형 (C) 정답.
[어휘] hardworking: 열심히 일하는, supervisor: 상관/ 상사
[번역] Ayward 씨는 부하 직원들로부터 현명하고 열심히 일하는 상관으로 존경받고 있다.

[B]

01
[해설] which 이하의 관계대명사절에서 주어 life의 동사는 should be analyzed와 (should be) acted upon이다. 따라서 analyzed와 병렬구조를 이루며 문맥상 수동적이라야 하며, act는 자동사이므로 수동태가 되려면 뒤에 전치사를 붙여 타동사구로 만들어야 한다. 따라서 acted upon 정답.

> 철학자이며 작가인 Rupert Read는 철학은 원리 원칙이 아니라 실천 관행이며, 삶을 분석하며 그에 맞추어 행동하게 되는 (삶의) 좌표라고 주장한다.

[어휘] argue: 주장하다, a body of: 일련의(전체를 아우르는 말), principle: 원리/ 원칙/ 법칙, practice: 관행/ 관례/ 실행, vantage point: 좋은 위치/ (과거를 돌이켜보는) 상황(시점), act on(upon): …에 따라 행동하다

02
[해설]
(1) 의미상 "…에 참여하다"는 의미가 와야 하며, 선행사 something 뒤에 목적격 관계대명사 that이 생략되었으므로 be involved in 정답.
(cf.) involve: 연루시키다
(2) 뒤에 목적어가 없으므로 수동태 be explained 정답.

> 윤리는 삶의 일부가 아니며 우리가 어떤 특정한 일을 하고 있을 때만 우리가 관여해보기로 선택하는 것도 아니다. 그 대신에 윤리는 삶의 방식이다. 어떤 면에서는 윤리는 우리의 삶을 표현하는 것으로서 설명될 수 있다.

[어휘] ethics: 윤리(학), in some ways: 어떤 점에서는, description: 묘사/ 기술/ 서술/ 표현

03
[해설]
(1) 동사 force는 흔히 [be forced to + v](…할 수밖에 없다)의 형태로 쓰인다. (cf.) 능동형: force 목(A) to + v (A에게 …하도록 강요하다)
(2) 뒤에 목적어가 있으므로 능동형 established 정답.
(3) ask는 [be asked to + v](…하도록 요청 받다)의 형태로 쓰인다.
(cf.) 능동형: ask 목 to + v

> 보수적인 종교집단인 청교도들은 미국의 역사에서 중대한 역할을 했다. 그들은 영국 성공회 개혁을 시도하다 실패한 후에 영국을 탈출할 수밖에 없었다. 미국에 도착하자, 그들은 New England에 다양한 정착지를 세웠다. 그들의 새로운 공동체의 지도 원칙은 종교적 배타성이었다. 그래서 다른 종교관을 가진 정착민들은 개종하거나 아니면 그 공동체를 떠날 것을 요구받았다.

[어휘] Puritan: 청교도, conservative: 보수적인, reform: 개혁하다, Anglican Church: 영국 성공회(국교회), settlement: 정착지, exclusivity: 독점(권)/ 배타성, settler: 정착민, convert: 개종하다/ 전향하다

04
[해설]
(1) 수동태 [A is shown to be B] (A가 B로 판명되다)의 표현이므로 shown 정답.
(2) 뒤에 전치사구가 있으므로 수동형 implicated가 정답.
(3) 뒤에 목적어가 없으므로 수동형 had been charged 정답.
(4) [It (가주어) is + p.p. + that-절]의 형태이므로 estimated 가 정답.

> 1990년대에 Lawrence Adams는 여러 건의 범죄로 기소되었고, Gregory Clark는 강도죄로 기소되었다. 피해자들은 범인 식별절차에서 이 두 사람을 범인으로 확인했다. 그러나 두 사람은 나중에 결백한 것으로 판명되었다. 다른 사람 Richard Mason이 체포되어서 폭행죄에 연루되었음이 드러났을 때 Adams는 혐의를 벗어났다. 나중에 Mason이 폭행죄로 유죄선고를 받은 후에 Clark가 뒤집어쓴 강도 행위도 자백했다.
> 이 두 사람이 목격자들에 의해서 (범인으로) 확인되었는데 어떻게 그러한 범죄 혐의에서 결백하다는 것이 가능할 수 있을까? 목격자들을 어떻게 믿을 수 있겠는가? 배심원들은 목격자들의 증언에 얼마만큼의 의미를 두겠는가? 분명히 이런 질문들은 충분히 물어볼 만한 가치가 있다. 결백한 사람들이 유죄판결을 받는 대부분의 사례에서, 목격자들의 잘못된 식별이 그 원인이다. 사실은 미국에서 매년 4000명 이상의 사람들이 진심이었지만 부정확한 목격자 식별을 근거로 하여 엉터리로 유죄판결을 받고 있다.

[어휘] be accused of: …으로 기소되다, robbery: 강도행위, victim: 희생자/ 피해자, identify: 확인(식별)하다, police lineup: 범인 확인을 위해 피의자들을 줄지어 세워 놓고 식별하는 것, innocent: 결백한/ 무죄의, criminal charge: 범죄 혐의, implicate: 범죄에 연루된 것을 밝히다, assault: 폭행, be convicted of: …의 유죄판결을 받다, confess to: (범죄를) 자백하다, eyewitness: 목격자, place significance on: …에 의미를 두다, jury: 배심원,

testimony: 증언(증거), sincere: 진심의

Chapter 5 부정사

P107 [check-up questions 1]

[A] 01 to upgrade(주격보어), 02 To develop(목적), 03 to meet(원인), 04 to send(판단의 근거), 05 to be(보어), 06 not to talk(목적어이며 not은 to 앞에 온다), 07 to help(목적어), 08 to look(결과), 09 to deal with(명사 수식), 10 to have evolved (주격보어)

[B] 01 to have developed cutting-edge IT technology
02 to have donated a lot of money to charities
03 to have been preparing thoroughly for the game

[A]

01
[해설] 문맥상 주어와 동일한 의미의 주격보어가 와야 하므로 to upgrade가 정답.
[어휘] employee productivity: 직원의 생산성
[번역] 교육(연수)의 목적은 직원들의 생산성을 향상시키는 것이다.

02
[해설] 문장 전체를 수식해주는 것이므로 목적을 나타내는 To develop이 정답
[어휘] strategy: 전략, present: 제시(제출)하다
[번역] 새로운 마케팅 전략을 개발하기 위하여 직원들은 회의 석상에서 각자의 아이디어를 제시해야 한다.

03
[해설] [사람(s) + be + 감정동사의 p.p. + to + v]의 형태로 감정을 유발한 원인을 나타내는 to meet가 정답.
[어휘] meet the deadline: 마감 기한을 맞추다
[번역] 우리는 고객들에게 마감 기한을 맞추게 되어 기쁘다.

04
[해설] 판단의 근거를 나타내는 [must + v + to + v](…하는 것을 보니 …임에 틀림없다)의 표현으로 to send 정답.
[번역] 그가 너에게 그처럼 아름다운 꽃들을 보내온 걸 보니까 그는 너를 무척 사랑하고 있는 게 틀림없다.

05
[해설] [be considered (to be) + 보어(형용사/ 명사) (…으로 여겨지다)의 형태이므로 to be 정답.
[어휘] shared: 공유의/ 공유하는
[번역] 문화라는 것은 사람들이 한 사회 안에서 어떻게 행동해야 하는지에 대한 생각을 함께 공유하는 체계로 여겨진다.

06
[해설] 부정사의 부정은 [not to + v]의 형태이므로 not to talk가 정답.
[번역] 우리는 공공장소에서 큰 소리로 이야기하지 않도록 노력해야 한다.

07
[해설] 타동사 offer는 뒤에 to-부정사를 목적어로 취하므로 to help

정답.
[어휘] offer to + v: 기꺼이 …해주겠다고 제안하다, help 사람(A) with 사물(B): A의 B를 도와주다
[번역] Andrew는 내 보고서를 (작성하는데) 기꺼이 도와주겠다고 제안했다.

08
[해설] 문맥상 결과를 나타내는 to-부정사가 오며 앞에서 차례대로 번역되므로 정답은 to look.
[어휘] be left alone: 혼자 남겨지다, look after: 돌보다
[번역] 그 아이들은 집에 홀로 남겨져서 자기들 스스로 자기 자신을 돌보게 되었다.

09
[해설] [명사 + to + v]에서 앞 명사는 to-부정사의 의미상의 목적어가 되므로 v가 자동사이면 그 뒤에 전치사를 동반한다. e.g.) a house to live in (들어가 살 집)/ paper to write on (글을 쓸 종이). 따라서 [명사 + to deal with] (…을 다루다/ 처리하다)로 표현한다.
[번역] 나는 오늘 중으로 처리해야 할 일이 많다.

10
[해설] to-부정사의 시제가 문장 동사의 시제보다 앞선 경우에는 완료 부정사 to have + p.p.가 온다. 본문은 동사 appears(현재시제)보다 앞선 과거 수 세기에 걸쳐 진화해 온 것이므로 to have evolved 정답.
[어휘] adaptation capacity: 적응력, evolve: 진화하다/ 발전하다
[번역] 동물의 적응력은 과거 수 세기에 걸쳐 진화해 온 것처럼 보인다.

[B]

01
[해설] 주절 동사 seems는 현재시제이고 종속절 동사는 현재완료이므로 seems to have + p.p로 표현한다.
[어휘] cutting-edge: 최첨단의
[번역] 그 회사는 최첨단 IT 기술을 개발한 것으로 보인다.

02
[해설] 종속절 동사의 시제가 주절 동사의 시제보다 먼저이므로 완료부정사 to have donated가 온다.
[어휘] donate: 주다/ 기증하다, charity: 자선(단체)
[번역] 그가 자선단체에 많은 돈을 기증했다고 사람들이 말한다.

03
[해설] 종속절 동사의 시제가 주절동사의 시제보다 먼저이므로 완료부정사 to have been preparing이 온다.
[어휘] rival: 경쟁자, thoroughly: 철저하게
[번역] 우리 경쟁 팀은 그 게임에 대비하여 철저하게 준비해 온 것으로 믿어진다.

P110 [check-up questions 2]

01 of → for, 02 doing → to do, 03 in order them → in order for them, 04 for → of, 05 for her를 뺀다

01
[해설] appropriate (적절한)는 일반 형용사이므로 of → for.
[번역] 당신의 자녀에게 긍정적인 롤 모델(본받고 싶은 사람)을 추천해주는 것이 적절할 것이다.

02
[해설] [for + 명사/ 대명사(의미상의 주어) + to-부정사]의 형태이므로 doing → to do.
[번역] 전화는 손을 써야 하는 것이어서 (전화로) 이야기하는 동안에는 다른 일을 하는 것이 어렵다.

03
[해설] in order to-부정사와 함께 쓰일 때는 의미상 주어는 in order for them to remain으로 표현한다.
[어휘] break: (중간에 잠시 멈추는) 휴식, remain productive: 생산성을 유지하다
[번역] 부장은 직원들에게 능률성을 유지하기 위하여 (작업 중에) 잠시 휴식을 취하라고 권면했다.

04
[해설] considerate(배려하는)는 성질 형용사이므로 뒤에 for → of.
[번역] 교수가 학생들에게 기말 숙제에 대하여 추가 시간(여유)를 더 준 것은 매우 사려 깊은 것이었다.

05
[해설] to-부정사의 의미상 주어가 문장의 주어와 일치할 때에는 생략하므로 for her를 뺀다.
[번역] 그 나이 많은 부인은 90세까지 살았다.

P 113 [check-up questions 3]

[A] 01 예정, 02 가능, 03 운명, 04 의무 or 가능, 05 의무, 06 의도
[B] 01 The problem is how to secure the contract with the company.
02 You are to deal with the complaints our customers made.
03 They haven't decided yet whether to invest more money in the project or not.
04 If you are to succeed in your business, you need to put a lot of effort into it.
05 They don't know when to leave and where to go.

[A]

01
[해설] 뒤에 미래시점(this coming June)이 있으므로 예정 의미.
[번역] 그들은 이번에 다가오는 6월에 결혼할 예정이다.

02
[해설] 부정어와 함께 쓰이는 be + to-부정사는 주로 가능성을 나타낸다.
[번역] 분실된 다이아 반지는 어디에서도 찾을 수가 없었다.

03
[해설] 비상식적인 의미이므로 운명의 의미.
[번역] 그 형제는 서로 헤어진 후 두 번 다시 만나지 못할 운명이었다.

04
[해설] 문맥상 의무 또는 가능성을 나타낸다.
[번역] 그는 어떻게 그 부채를 갚아야 할지를(어떻게 부채를 갚을 수 있을지를) 몰랐다.

05
[해설] 문맥상 예정보다는 의무가 더 자연스럽다.
[번역] 내가 내일 몇 시에 공항에 도착해야 하나요?

06
[해설] if-절에서 be to-부정사는 주로 의도를 나타낸다.
[번역] 비행기 시간에 늦지 않으려면 너는 평소보다 더 일찍 일어나야 한다.

[B]

01
[해설] 의문사절은 의문사 + to-부정사 (how to secure…)로 고칠 수 있다.
[어휘] secure a contract: 계약을 확보하다(따 내다)
[번역] 문제는 우리가 그 회사와의 계약을 어떻게 확보하느냐이다.

02
[해설] 의무성 의미의 문장은 be to-부정사 (You are to deal…)로 고칠 수 있다.
[어휘] deal with: 다루다/ 취급하다, make a complaint: 불평하다
[번역] 당신은 고객들이 제기한 불평 사항을 처리해야 한다.

03
[해설] 의문사-절을 의문사-구 (whether to invest…)로 고친다.
[번역] 그들은 그 사업에 돈을 더 투자해야 할지 말지를 아직 결정하지 못했다.

04
[해설] If-절에서 intend to succeed를 의도의미(are to succeed…)로 고친다.
[어휘] put a lot of effort into: …에 많은 노력을 기울이다
[번역] 당신이 사업에 성공할 의도라면 거기에 많은 노력을 기울여야 한다.

05
[해설] 두 개의 의문사-절을 각각 두 개의 의문사-구 (when to leave/ where to go)로 고친다.
[번역] 그들은 언제 떠나야 할지 그리고 어디로 가야 할지를 모르고 있다.

P 115 [check-up questions 4]

01 to improve, 02 to increase, 03 arranged, 04 manages, 05 tend, 06 (B), 07 (D)

01
[해설] decide 뒤에는 to-부정사가 와야 하므로 to improve 정답.
[번역] 우리는 마케팅 전략을 향상 시키기로 결정했다.

02
[해설] aim to-부정사이므로 to increase 정답.
[번역] 그 새로 나온 제품들은 시장 점유율을 높이는 것을 겨냥한다.

03
[해설] arrange to-부정사/ consider + 동명사(v-ing)의 구별을 묻고 있으므로 arrange 정답.
[어휘] arrange to + v: …할 계획이다
[번역] John은 Sue를 이번 주말에 만날 계획을 세워놓았다.

04
[해설] make 동사 뒤에는 to-부정사가 올 수 없으므로 manages 정답.

[어휘] manage to + v: 그럭저럭 …하게 되다, stay slim: 몸을 날씬하게 유지하다
[번역] Jenny는 거의 매일 조깅 함으로써 몸을 그런대로 날씬하게 유지하고 있다.

05
[해설] admit v-ing (인정하다)/ tend to + v (…하는 경향이 있다)의 구별이므로 tend 정답.
[어휘] become accustomed to + (동)명사: …에 익숙해지다
[번역] 오늘날 사람들은 많은 일을 동시에 하는 경향이 있으며, 그래서 우리는 이러한 생활 방식에 아주 익숙해졌다.

06
[해설] afford 뒤에는 to-부정사가 오므로 정답은 (B).
[어휘] can afford to + v: …할 여유가 있다, enormous: 엄청난
[번역] 그런 대기업체만이 엄청난 광고비를 지불할 여유가 있다.

07
[해설] promise 뒤에는 to-부정사가 오며 그 부정형은 not to + v 로 표현하므로 정답은 (D).
[어휘] sleep late: 늦잠 자다
[번역] 아이들은 아침마다 늦잠 자지 않겠다고 약속했다.

P118 [check-up questions 5]

[A] 01 to increase, 02 for granted, 03 make, 04 (A), 05 (C)
[B] 01 that ⋯ it, 02 of reaching ⋯ to reach, 03 importantly ⋯ important, 04 make a rule ⋯ make it a rule, 05 advised ⋯ considered (thought/ felt) or advised us to introduce…

[A]

01
[해설] 가목적어 it 뒤에 진목적어는 to-부정사라야 하므로 to increase 가 정답.
[어휘] interest rate: 금리(이자율)
[번역] 그들은 금리를 0.5 퍼센트만큼 인상하는 것이 옳다고 여긴다.

02
[해설] [take it for granted to + v/ that-절(…하는 것을 당연하다고 여기다)의 표현이므로 for granted 정답.
[번역] 나는 부유한 사람들이 궁핍한 사람들을 도와주어야 한다는 것을 당연하다고 여긴다.

03
[해설] 가목적어 it을 받을 수 있는 동사를 묻고 있으므로 make 정답.
[번역] 학생들이 교복을 입는다면 그들이 학교에 (지각하지 않고) 정시에 도착하기가 더 쉬울 텐데.

04
[해설] 진주어 두 개가 연결될 경우 두 번째 to-부정사의 to는 보통 생략하므로 원형동사 (A) 정답.
[어휘] moral courage: 도덕적 용기, relevant: 적절한/ 관련 있는, take action: 조치를 취하다, in the face of: …에 직면하여, indifference: 무관심, opposition: 반대
[번역] 무관심이나 반대에 직면하여 도덕적 용기를 보여주고 적절한 조치를 취한다는 것은 쉽지 않다.

05
[해설] 가목적어 it을 받을 수 있는 동사는 (C) made이다.
[어휘] single-family: 1인 가족, unimaginable: 상상할 수 없는, previous: 이전의
[번역] 1인 가족 세대 및 TV와 컴퓨터 발명으로 우리는 이전 세대(의 사람들)에게는 상상도 할 수 없는 개인생활을 가능케 해주었다.

[B]

01
[해설] 문장의 구조상 feel 뒤의 that 자리는 가목적어 자리이므로 that ⋯ it.
[번역] 나는 Lopez가 그러한 좋은 일자리 제안을 받아들이지 않는 것이 이상하게 생각된다.

02
[해설] [leave it to A to-부정사](…하는 것을 A에게 맡기다)의 관용적 표현에서 it는 가목적어이고 진목적어는 to-부정사라야 하므로 of reaching ⋯ to reach로 바꾼다.
[어휘] divine: 신의(하나님의), reach the goal: 목표를 달성하다
[번역] 나는 내가 꿈꾸어왔던 목표를 달성하는 것은 하나님의 능력에 맡기겠다.

03
[해설] 가목적어 it 뒤에는 보어자리로서 형용사가 와야 하므로 importantly ⋯ important.
[어휘] look into: 조사하다, closely: 면밀히
[번역] 나는 당신이 계약서에 서명하기 전에 그걸 꼼꼼히 살펴보는 것이 중요하다고 생각한다.

04
[해설] 뒤에 진목적어 to-부정사가 있으므로 make 뒤에 가목적어 it가 필요하다. ⋯ make it a rule
[어휘] make it a rule to + v: …하는 것을 규칙으로 삼다, hold a meeting: 회의를 열다
[번역] 영업부 직원들은 월요일 아침마다 주례 회의를 여는 것을 규칙으로 삼고 있다.

05
[해설] 본 문장은 가목적어 it가 들어간 문장인데 advise는 가목적어 it와 친하지 않다. 따라서 advised를 considered/ thought 등으로 바꾼다.
[어휘] business consultant: 경영 상담 전문가, up-to-date: 최신의, expand into: …로 확장하다
[번역] 경영 컨설턴트는 우리가 새로운 국제 시장으로 진출하기 위해서는 최신 마케팅 전략을 도입하는 것이 필요하다고 여겼다.

P122 [check-up questions 6]

01 to settle, 02 ask, 03 to revise, 04 expected, 05 eager, 06 enough, 07 to be, 08 think

01
[해설] 명사 authority(권한)는 뒤에 to-부정사와 친하므로 정답은 to settle.
[어휘] authority to + v: …할 권한, settle: 해결하다
[번역] 위원회는 그 문제를 해결하는 권한을 부여받았다.

02
[해설] to-부정사를 목적격 보어로 받는 동사는 ask이다.

[어휘] facilities: 시설, fill in: (서식을) 작성하다
[번역] 안전 때문에 그들은 시설 방문객들 모두에게 서식을 작성하라고 요구한다.

03
[해설] allow는 to-부정사를 목적격 보어로 받을 수 있으므로 to revise가 정답
[어휘] revise: 수정하다
[번역] 온라인 언어학습 프로그램은 수강생들에게 학습 일정을 스스로 수정할 수 있도록 허용한다.

04
[해설] be + p.p.+ to + v의 형태로 쓰일 수 있는 동사 expected가 정답
[어휘] volunteer to + v: 자원하여 …하다, report to: …에게 보고(신고/ 출두)하다
[번역] 지역사회에 자원하여 일하기를 원하는 사람은 누구든지 지역 주민 센터에 신고하기로 되어 있다.

05
[해설] be + 형용사 + to-부정사의 형태로 쓰이는 것은 eager이다.
[어휘] be eager to + v: …하기를 갈망하다, desirable: 바람직한
[번역] 그 식품회사는 자사 제품을 외국에 수출하기를 갈망하고 있다.

06
[해설] 형용사(tall)를 뒤에서 수식할 수 있는 부사는 enough이다.
[번역] 그는 벽에 그림을 걸 수 있을 정도로 충분히 키가 크다.

07
[해설] be afraid 뒤에는 to-부정사가 오므로 to be가 정답.
[어휘] afraid to + v: …하기를 주저하는, strict: 엄격한, scold: 꾸짖다, behave badly: 못되게 행동하다
[번역] 어떤 부모들은 자기 자녀들이 버릇없이 행동할 때 엄하게 꾸짖기를 주저한다.

08
[해설] "the 최상급 + 관계사절 + is" 뒤에는 원형동사가 오므로 think 정답.
[어휘] challenge: 도전
[번역] 나는 어떤 도전에 직면할 때마다 내가 하는 첫 번째 일은 그것에 대하여 나를 도와줄 수 있는 사람을 생각해보는 것이다.

P123 [부정사 | 종합문제]

[A] 01 (A), 02 (C), 03 (B), 04 (B), 05 (A), 06 (C), 07 (D), 08 (A), 09 (B), 10 (A)
[B] 01 (1) to fall (2) To help, 02 (1) going (2) too (3) difficult (4) concentrate, 03 (1) in order for (2) to postpone (3) to be held (4) is encouraged, 04 (4) of determining … to determine
[C] 01 liable/ leave, 02 found/ it/ to come up, 03 urged/ to forward, 04 enough/ carry, 05 benevolent/ to help
[D] 01 Now that I have done my best, I have no choice but to leave it to my fate to win the contest.
02 All passengers should be reminded to fasten a seat belt securely.
03 we made a lot of efforts to persuade him to join our club.

04 I was very delighted to hear the news that the Korean national soccer team had won the championship title.
05 You should get up before 6:00 in the morning to get there on time.

[A]

01
[해설] be reluctant to + v (…하기를 꺼려하다)의 표현이므로 (A) 정답.
[번역] Ms. Lopez는 오늘밤 일과 후에 우리와 함께 저녁 식사 같이하기를 꺼려하는 것 같았다.

02
[해설] be + p.p.+ to + v의 형태를 묻고 있으므로 정답은 (C).
[어휘] be reminded to + v: …하라고 주의 받다, securely: 안전하게/ 튼튼하게
[번역] 모든 승객은 출발 직전에 좌석벨트를 잘 매라고 주의 받았다.

03
[해설] [arrange for 목(A) to + v](A 가 …하도록 배려하다/ 계획하다)의 형태이므로 (B) 정답.
[어휘] explore: 답사(탐험)하다, manufacturing plant: 제조 공장
[번역] Thompson 씨가 신입 사원들이 자동차 제조 공장을 답사하도록 계획을 짜고 있다.

04
[해설] be + p.p.+ to + v의 형태를 묻고 있으므로 (B) encouraged 정답.
[어휘] be encouraged to + v: …하라고 권장 받다, public transportation: 대중교통, at least: 적어도
[번역] 그 도시민들은 적어도 일주일에 한 차례씩 자신의 승용차를 이용하는 것 대신에 대중교통을 이용하라고 권장 받고 있다.

05
[해설] "결국 실패했다" 의미의 결과를 나타내는 관용적 표현을 묻고 있으므로 (A) 정답.
[어휘] persuade A to + v: A에게 …하라고 설득하다, take over: 인계받다, duties: 업무
[번역] 나는 Mary에게 나의 업무 일부를 인계받으라고 설득하고자 모든 노력을 기울였지만 결국 실패했다.

06
[해설] "…하지 않으려고 노력하다" 는 try not to + v 로 표현하므로 (C) 정답.
[어휘] in public: 사람들이 있는데서/ 공개적으로
[번역] 당신은 공공장소에서 전화로 큰소리로 통화하지 않도록 해야 한다.

07
[해설] [명사 + to + 자동사 + **전치사**]의 형태이므로 (D) 정답.
[어휘] planning department: 기획부
[번역] 기획부의 월례회의에서는 이야기할 주제가 많이 있다.

08
[해설] in oder to + v 의 부정형은 [in oder not to + v]로 표현하므로 (A) 정답.
[어휘] centralize: 중앙집권화 하다/ 중앙으로 집중 시키다, full price: 구입가 전액
[번역] 회사는 구입가 전액을 지불하지 않도록 모든 구매 기능을 중앙으로 집중하여 일원화하고 있다.

09

[해설] be judged to be (…으로 판단되다)에서 to be 이하가 문맥상 술어동사(is judged)의 시제보다 먼저 일어난 일이므로 완료 부정사 (B) to have been 정답.
[어휘] hardworking: 열심히 일하는/ 근면한, now that: …이니까, be well known as: …으로 유명하다
[번역] 그는 세계에서 가장 위대한 피아니스트 중 한 사람으로 유명한 걸 보니, 젊었을 때 아주 각고의 노력을 했던 것으로 판단된다.

10
[해설] 성질 형용사 considerate 뒤에는 of가 오며 [help + 목 + 원형동사]의 형태이므로 (A) 정답.
[번역] 우리가 고객들의 불만 사항을 처리하는 걸 그가 도와준 것은 무척 사려 깊은 일이었다.

[B]

01
[해설]
(1) 앞에 가목적어 it가 있고 for them은 to-부정사의 의미상 주어이므로 to fall이 와야 한다.
(2) 문맥상 문두에서 목적의미를 나타내는 to-부정사(…하기 위하여)가 오므로 To help 정답.

> 십대들은 매일 밤 평균 9시간 15분의 수면을 필요로 한다. 그러나 십대의 완고한 체내 시계는 밤 11시 전에 잠드는 걸 어렵게 만든다. 학교가 일찍 시작하는 것도 매일 밤 1시간 9분의 수면을 놓치게 하는 결과를 가져온다. 십대들이 침대에서 더 많은 시간을 갖도록 하기 위하여, 미국에서는 80개 이상의 학구가 학교 수업시간을 변경했다.

[어휘] stubborn: 완고한/ 없애기 힘든, body clock: 체내 시계, mean: ~결과를 의미하다, miss out: (기회를) 놓치다/ 빠뜨리다, school district: 학구

02
[해설]
(1) 문맥상 "시험 삼아 해보다"의 뜻이므로 동명사 going 정답. (cf.) try to + v: …하고자 애쓰다
(2) 문맥상 too … to + v (너무나 …해서 ~할 수 없다)의 표현이므로 too 정답. enough은 형용사/ 부사 뒤에 온다.
(3) 앞에 가목적어 it가 있고 그 뒤에는 목적격 보어가 오므로 형용사 difficult 정답.
(4) to think와 병렬구조이므로 to가 생략된 원형동사 concentrate가 온다.

> 매일 수면과 완전한 휴식을 필요로하지 않는 생물은 없다. 당신이 그 이유를 알고 싶으면, 오랜 기간 동안 잠을 안 자고 지내보라. 당신은 당신의 마음과 몸이 너무 피곤해서 일을 제대로 할 수 없다는 것을 알게 될 것이다. 당신은 짜증이 나고 생각을 명확히 하고 일에 집중하기가 어렵다는 것을 알게 될 것이다.

[어휘] living creature: 생물, go without: …없이 지내다, irritable: 짜증이 나는, concentrate on: …에 집중하다

03
[해설]
(1) in order to + v(…하기 위하여)는 의미상 주어와 함께 쓰일 때는 in order for to + v의 형태로 쓰인다.
(2) decide 뒤에는 to-부정사가 온다(…하기로 결정하다).

(3) 문맥상 be expected to + v(…하기로 정해지다)의 형태가 오며 to-부정사는 뒤에 목적어가 없으므로 수동 부정사 to be held가 온다.
(4) 문맥상 be encouraged to + v(…할 것을 권장 받다)의 형태가 온다. 능동형은 encourage 목 to + v 이다.

> 또다시 일 년 중 그 때가 다가왔습니다. 모두 아시다시피 크리스마스가 일 년 중 가장 바쁜 시기입니다. 매년 관리부는 직원들을 위한 크리스마스 파티를 준비하고자 시간과 에너지를 얻는데 몸부림칩니다. 그래서 금년에는, 그 파티를 바쁜 시기 이후로 연기하기로 결정했습니다. 파티 일자는 1월 둘째 또는 셋째 토요일에 열도록 예정되어 있습니다. 저희는 이 행사를 내년까지 기다릴 수밖에 없게 되어 사과드립니다. 이 행사에 자원하여 도와주시고자 하시는 분은 저희 행사 총 관리 담당자 Dorothy에게 연락 주실 것을 권합니다.

[어휘] struggle: 투쟁(하다), organize: 준비하다/ 주최하다, apologize: 사과하다, celebration: 축하(행사), volunteer to + v: 자원하여 …하다, coordinator: 총 관리자, regarding: …에 관하여

04
[해설]
(1) to give … virtue 의 부정사구가 would be의 주어로서 맞다. 이 경우 would가 있으므로 to-부정사는 가정법과거의 조건절(…이라면 …일 것이다)과 같이 번역한다.
(2) 명사 friendship을 뒤에서 수식하므로 맞다.
(3) power 뒤에는 to-부정사와 of + 동명사 모두 가능하므로 맞다.
(4) 이 경우는 문맥상 of determining이 power를 수식하는 것이 아니고(3번의 경우와 다름), [leave it to A + to + v](…하는 것을 A에게 맡기다)의 관용적인 표현이다. leave 뒤의 it는 가목적어이고 to determine이 진목적어이다. 따라서 of determining → to determine.
(5) choose A as/ to be B (A를 B로 선택하다)의 형태로 맞다.

> 우정이라는 것은 이치를 초월하는 것이다. 왜냐하면, 당신이 친구에게서 미덕을 발견한다 할지라도 그는 그걸 발견하기 전에 이미 당신의 친구였으니까. 우리가 주어야 하기 때문에 주는 것은 선물에 불과하다. 미덕의 보답으로 선물을 준다면 그 미덕에 가격을 매기는 것이 될 것이며, 그러한 짓을 하는 사람들은 나누어 줄 우정도 없는 것이다. 당신이 미덕을 갖춘 것을 근거로 미덕 있는 벗을 원해서 친구를 선택한다면, 당신이 상업적인 이유로 친구를 선택하는 것처럼 진정한 우정과는 거리가 멀 것이다. 게다가 당신의 우정에 가격을 매기는 당신은 대체 어떤 사람인가? 누구나 친구를 사귀는데 (신이 부여한) 천부적인 능력을 가지고 있는 것으로 충분하다. 그래서 그는 누가 자기의 친구가 될 것인가를 결정하는 것은 그 (천부의) 능력에 맡겨야 하는 것이다. 왜냐하면, 당신이 덕 있는 고결한 사람들을 당신의 친구로 선택한다 할지라도, 그들이 당신을 택하지 않을지도 모르기 때문이다. 실로 우정이라는 것은 계산적인 선택이 있는 곳에서는 자라날 수가 없는 것이다.

[어휘] above reason: 이치를 초월하여, set a price on: …에 가격을 매기다, on the ground that: …을 근거(이유)로, company: 벗/ 사귀는 사람, divine: 신의/ 천부의, calculated: 계산된/ 계획적인

Chapter 6 동명사

P 129 [check-up questions 1]

01 Conserving: 동명사(주어)/ saving: 동명사(주격보어)/ living: 현재분사, 02 Constructing: 동명사(주어), 03 learning: 동명사(전치사의 목적어)/ having: 동명사(주격보어), 04 looking: 현재분사/ going: 동명사(전치사의 목적어), 05 putting: 동명사(주어)/ rewarding: 형용사로 변한 현재분사, 06 inheriting: 동명사(전치사 to의 목적어), 07 Cultivating: 동명사(is의 주어)/ transforming: 현재분사(practice 수식)/ understanding: 동명사(highlights의 목적어)/ being: 동명사(전치사 than의 목적어)

01
[해설] Conserving은 동명사구를 이루는 주어이고, saving은 be 동사 뒤에서 주격보어로 쓰인 동명사이다. living은 앞의 species를 수식하는 현재분사이다.
[어휘] conserve: 보호(보존)하다, species: (생물의) 종(단수/ 복수가 같은 형태), ecosystem: 생태계
[번역] 한 (생물의) 종을 보호하는 것은 (그 종과) 같은 생태계에 살고 있는 모든 종을 보호하는 것이다.

02
[해설] Constructing 이하는 동명사구로서 주어를 이루고 있다.
[어휘] skyscraper: 초고층 건물/ 마천루, advanced: 고급의/ 선진의
[번역] 엠파이어 스테이트 빌딩과 같은 초고층 건물을 짓는 것은 고도로 발달된 선진 기술을 필요로 한다.

03
[해설] learning은 전치사 in의 목적어로 쓰인 동명사이고, having은 is 뒤에서 주격보어로 쓰인 동명사이다.
[어휘] keep 목 in mind: …을 명심(유념)하다, steady: 꾸준한, master: 숙달하다
[번역] 외국어를 배우는 데 있어서 명심해 두어야 할 것은 숙달될 때까지 꾸준한 인내심을 갖는 것이다.

04
[해설] looking은 현재진행형으로 쓰인 현재분사이고 going은 전치사 to의 목적어로 쓰인 동명사이다.
[어휘] look forward to + (동)명사: …을 고대하다, go on safari: 사파리 여행가다
[번역] 나는 이번에 다가오는 여름에 아프리카로 사파리(야생동물 구경) 여행 가는 것을 고대하고 있다.

05
[해설] putting은 동명사로 주어 역할을 하며 rewarding(보람 있는)은 원래는 현재분사로서 형용사화 했다.
[어휘] put efforts into: …에 노력을 기울이다, science project: 과학 프로젝트, laborious: 많은 시간과 노력을 요하는/ 힘든
[번역] 과학 프로젝트에 엄청난 노력을 기울이는 것은 어렵고 힘이 드는 것이었으나, 그 결과는 보람이 있었다.

06
[해설] be likened to의 목적어는 inheriting이므로 동명사이며, children은 inheriting의 의미상 주어이다.
[어휘] be likened to + (동)명사: …에 비유되다, inherit: 물려받다,

genetic factor: 유전성 요인/ 유전인자
[번역] 물이 높은 압력에서 낮은 압력 쪽으로 자연스럽게 흘러가는 것은 자녀들이 그들의 부모로부터 유전적 요인을 물려받는 것에 비유될 수 있다.

07
[해설] Cultivating은 뒤의 is의 주어이며, transforming(형질을 변화시키는)은 뒤의 명사 practice를 수식하는 현재분사이다. understanding은 명사화된 동명사로서 전치사 on의 목적어이며, being은 전치사 than의 목적어이므로 동명사이다.
[어휘] cultivate: 기르다/ 함양하다, comprehension: 이해(력), profound: 심오한, transform: 변화시키다, practice: 관례(실천), put emphasis on: …을 강조하다, mindfulness: 마음 챙김/ 염두에 둠(유념)
[번역] 명확한 이해력을 함양하는 것, 즉 우리가 무엇을 하고 있는지 그리고 왜 하는지를 안다는 것은, 심오하고도 (우리의 삶을) 변화시켜주는 실천사항이다. 그것은 (우리의 삶에 대한) 마음 챙기기는 단순히 존재만 하고 있다는 것 이상임을 이해하기를 강조하는 말이다.

P 132 [check-up questions 2]

[A] 01 working, 02 being treated, 03 (A), 04 (B), 05 (D)
[B] 01 Jennifer getting married to my friend, 02 not having kept up my piano lessons when young, 03 having been paid wages unjustly by her employer, 04 John(*or* him/ his) not having accepted the excellent job offer

[A]

01
[해설] at this company와 함께 쓰이고 있으므로 현재시제이다. 따라서 정답은 working.
[어휘] under pressure: 압력(스트레스)을 받고 있는
[번역] 나는 이(우리) 회사에서 압력을 받으며 일하는 데 익숙해져 있다.

02
[해설] 뒤에 부사(badly)가 있고 by + 행위자가 있으므로 being treated 정답
[어휘] treat 취급하다/ 대우하다, officer: 관리자/ 담당자
[번역] 그녀는 담당자로부터 형편없이 대접받고 있음을 불평했다.

03
[해설] 뒤에 목적어가 있으므로 능동형이며 미래를 말하고 있으므로 단순 동명사 (A) 정답.
[어휘] anticipate: 예상하다, talent show 장기자랑대회
[번역] 나는 장기자랑대회에서 일등상을 타리라고는 예상하지 못했다.

04
[해설] 문장동사(enjoyed)와 동시 동작이며 perform은 자동사로 쓰이고 있으므로 (B) 정답.
[어휘] brilliantly: 훌륭하게/ 찬란하게
[번역] 음악회에서 관객들은 음악가들이 훌륭하게 연주하는 것을 즐겼다.

05

[해설] 뒤에 by + 행위자가 있으므로 수동형이며 의미상 처벌받은 것이 먼저이므로 완료동명사 (D) 정답.
[어휘] be ashamed of: …을 부끄러워하다, scold: 꾸짖다, frequently: 빈번하게
[번역] Peter는 빈번하게 지각을 하는 것 때문에 선생님으로부터 꾸짖음 받은 것을 부끄럽게 여긴다.

[B]

01
[해설] 과거에서 바라본 미래이므로 단순 동명사 her getting married가 온다.
[번역] 나는 Jennifer가 내 친구와 결혼할 것이라곤 예상하지 못했다.

02
[해설] 과거의 일을 현재 유감으로 여기므로 완료동명사 not having kept up …이 온다.
[어휘] keep up: …을 계속(유지) 하다
[번역] 나는 어렸을 때 피아노 교습을 계속하지 못한 것이 유감이다.

03
[해설] 술어동사보다 먼저 일어난 일이므로 having been paid로 표현한다.
[어휘] unjustly: 부당하게/ 불공평하게, protest: 항의하다/ 이의를 제기하다
[번역] 그녀는 고용주로부터 임금을 불공평하게 지급 받았었다. 그래서 그에 대하여 항의했다.

04
[해설] 술어동사보다 먼저 일어난 동작이므로 not having accepted …가 온다.
[어휘] job offer: 일자리 제안
[번역] John은 훌륭한 일자리 제안을 받아들이지 않았다. 그래서 그의 부모님은 실망하고 있다.

P134 [check-up questions 3]

01 practice, 02 exchanging, 03 shopping, 04 leaving, 05 suggested

01
[해설] 뒤에 동명사 speaking이 있으므로 practice 정답.
[어휘] practice v-ing: …을 연습하다, communication: 의사소통
[번역] 국제 업무에서 명확한 의사소통을 위하여 영어 말하기 연습을 해야 한다.

02
[해설] recommend 뒤에는 동명사가 오므로 exchanging이 정답.
[어휘] manual: (사용) 설명서, exchange A for B: A를 B로 교환하다
[번역] 그 장비 설명서는 어떤 부품들은 6개월마다 새것으로 교환하라고 권고하고 있다.

03
[해설] avoid 뒤에는 동명사가 오므로 shopping이 정답.
[어휘] outdoor: 옥외의, resident: 주민, avoid v-ing: …을 피하다
[번역] 옥외 시장은 관광객들로 너무 붐비기 때문에 대부분의 그 지역주민들은 거기서 쇼핑하는 것을 피한다.

04
[해설] postpone 뒤에는 동명사가 오므로 leaving 정답.

[어휘] postpone v-ing until + 미래시점: …을 …때로 연기하다
[번역] 나는 우리가 여행 떠나는 것을 다음 달로 연기하는 것이 더 나을 거라고 생각한다.

05
[해설] 뒤에 동명사가 있으므로 suggested가 정답.
[어휘] suggest v-ing: …하자고 제안하다
[번역] Linda는 Wales까지 차를 몰고 가기보다는 기차를 타고 가자고 제안했다.

P137 [check-up questions 4]

[A] 01 to pass, 02 laying, 03 seeing, 04 cutting, 05 to announce
[B] 01 (B) means to offend ⋯→ means offending, 02 (C) try meeting ⋯→ try to meet

[A]

01
[해설] 과거에서 바라본 미래이므로 to pass가 온다.
[어휘] receptionist: 접수 담당자, pass on: 건네주다, upset: (형) 속상한
[번역] 호텔 접수부 직원이 오늘 아침 Warren 씨에게 메시지를 전달하는 것을 잊어버렸는데, 이것이 그를 화나게 했다.

02
[해설] finished의 공동 목적어로 gathering과 같은 동명사라야 하므로 laying이 정답.
[어휘] gather: 모으다/ 수집하다, lay out: (자료 등을) 배치하다/ 정리하다, cover: 다루다/ 취급하다
[번역] Jenny는 충분한 자료를 수집해서 보고서에서 다룰 주요 요점 정리를 다 끝냈다.

03
[해설] 문맥상 과거의 사실을 기억하고 있으므로 seeing이 정답.
[어휘] sculpture: 조각품(상), art museum: 미술관
[번역] 내가 파리의 미술관을 방문했을 때 여러 점의 흥미로운 조각품을 보았던 기억이 난다.

04
[해설] need 뒤에는 수동적 의미의 동명사는 능동형으로 표현하므로 cutting이 정답. (cf.) to-부정사일 때는 to be cut가 온다.
[어휘] emission: 배출(가스), greenhouse gas: 온실가스, by an average of: 평균 … 만큼
[번역] 모든 나라의 온실가스 배출은 2050년까지 평균 4분의 3만큼 줄일 필요가 있을 것이다.

05
[해설] 문맥상 "…하게 되어 유감이다"라는 표현으로 미래를 나타내므로 정답은 to announce.
[번역] 우리는 다음 달부터 시작하여 우리 회사 제품의 가격을 10 퍼센트 만큼 인상할 수밖에 없음을 발표하게 되어 유감입니다.

[B]

01
[해설] [mean to-부정사: …할 의도이다/ mean + v-ing: …의 결과를 가져오다/ 의미하다]의 구별을 묻는 문제이므로 문맥을

살펴보아야 한다. (A)의 mean to offend는 "…의 기분을 상하게 할 의도가 아니었다"는 의미이므로 맞다. (B)의 경우는 "남의 기분을 상하게 하는 결과를 가져오다"는 의미이므로 means to offend → means offending으로 고친다.
[어휘] hurt/ offend: (남의 기분을) 상하게 하다, to my embarrassment: 내가 난처하게도, express oneself: 자기의 생각이나 의견을 표현하다, once in a while: 가끔/ 때때로
[번역] 일전에 내가 Judy에게 그녀에 대한 나의 생각을 이야기 했는데, 그것이 그녀의 마음을 상하겠다. 나는 전혀 그녀의 기분을 상하게 할 의도가 아니었다. 당황스럽게도 내 생각을 진지하게 표현하면 다른 사람들의 마음을 상하게 하는 결과를 가져오는 경우가 종종 있다.

02

[해설] (C)의 try는 문맥상 try to-부정사(…하고자 애를 쓰다)의 표현이므로 try meeting → try to meet로 바꾼다. (cf.) try v-ing: 시험삼아 …해보다.
[어휘] have a tough time v-ing: …하는데 어려움을 겪다, comfortable: 편안한, frustrated: 좌절(불만)을 느끼는, meet needs: 필요사항을 충족시키다
[번역] 부모가 사교적이어서 파티를 즐기고 그들의 자녀는 사람들 무리 속에서 편안한 마음을 갖는 데 어려움을 겪는다면, 부모는 아이에게 불만을 갖게 되고 아이에게 화를 내게 된다. 부모는 자녀들의 필요사항을 살펴보고 그것을 충족시켜 주도록 노력해야 한다.

P.139 [check-up questions 5]

[A] 01 processing, 02 maintenance, 03 participation, 04 instructions, 05 updating, 06 extracting
[B] 01 (C) comparison → comparing, 02 (B) approaching → approach

[A]

01

[해설] 뒤에 목적어(fresh fruit)가 있으므로 동명사 processing이 정답.
[어휘] organic food: 유기농 식품, specialize in: …을 전문으로 하다, process A into B: A를 가공하여 B로 만들다
[번역] 그 유기농 식품회사는 신선한 과일을 가공 처리하여 유아식을 만드는 것을 전문으로 한다.

02

[해설] 뒤에 전치사 of가 있으므로 명사 maintenance가 온다.
[어휘] monthly payment: 월별 대금, maintenance: 유지/ 수선/ 관리
[번역] 월별 대금에는 전체 건물의 관리 비용이 포함되어 있다.

03

[해설] 앞에 the가 있으므로 동명사 participating보다 명사 participation(참가)이 어울린다. the가 없다면 모두 맞다.
[어휘] world-renowned: 세계적으로 유명한, upcoming: 다가오는, charity: 자선
[번역] 그 세계적으로 유명한 가수는 가난한 어린이들을 위한 다가오는 자선 음악회에 참가를 발표했다.

04

[해설] 관계대명사의 선행사이므로 명사 instructions(지시사항)가 정답.
[번역] Hansen 교수는 학생들이 따라야 할 지시사항을 남겨 놓았다.

05

[해설] 뒤에 목적어가 있으므로 동명사 updating이 정답.
[어휘] review: 검토하다, recommendation: 추천/ 권고(사항)
[번역] 위원회는 Ling 씨가 회사의 방침을 새롭게 고칠 것을 권고한 내용을 검토할 것이다.

06

[해설] 뒤에 목적어(water)가 있으므로 동명사 extracting 정답.
[어휘] withstand: 견뎌내다, drought: 가뭄, extract: 추출하다/ 뽑아내다, tap root (system): 곧은 뿌리(주근계 – 땅 속으로 깊이 곧게 뻗어가는 식물의 뿌리체계)
[번역] 그 식물은 깊은 주근계를 가지고 있으므로 땅속의 더 깊은 층에서 수분을 흡수함으로써 가뭄의 상황을 이겨낼 수 있다.

[B]

01

[해설] (A) opportunity 뒤에는 to-부정사가 오므로 맞다. (C)는 뒤에 목적어(attitudes)가 있으므로 동명사 comparing으로 바꾼다.
[어휘] glimpse: 잠깐(언뜻) 보다, norm: 규범, focus on: …에 집중하다/ 초점을 맞추다, comparison: 비교, attitude: 태도/ 자세/ 사고방식
[번역] 속담은 우리에게 문화를 폭넓게 볼 수 있는 기회를 제공해 준다. 속담은 흔히 시간과의 관련성에 초점을 맞추고 있기 때문에, 그것들은 서로 다른 여러 문화에 걸쳐 시간에 대한 사고방식을 비교하는 아주 편리한 방법으로 사용된다.

02

[해설] (A)와 (C)는 뒤에 목적어가 있으므로 동명사 형태는 맞다. (B)는 take an approach(착수하다/ 다루다)의 표현이며 부정관사 a가 앞에 있으므로 approaching → 명사 approach로 바꾼다. (D)의 mean + 동명사는 "…을 의미하다"의 뜻이며, wait은 자동사이므로 뒤에 전치사구가 와도 동명사 형태는 맞다.
[어휘] around specific times: 구체적인 시간에 맞추어, activity-centered: 활동 중심의, arrange an event time: 어떤 행사의 약속시간을 정하다, graze: 풀을 뜯다
[번역] Burundi 인의 마을에서는 사람들이 시계를 차고 다니지 않는다. 그들은 구체적인 시간을 정해 놓고 생활을 체계화하기보다는, 활동 중심의 방식을 취하며 만날 약속은 '소가 풀을 뜯으러 갈 때 내가 너를 만나겠다.' 라고 말하면서 만날 시간을 느슨하게 정하게 된다. 이렇게 하면 한 시간가량 기다리게 된다는 것을 의미한다.

P.141 [check-up questions 6]

[A] 01 studying, 02 banned, 03 discouraging, 04 invest, 05 sleeping
[B] 01 to find → finding, 02 paid → paying, 03 (A) to play → playing, 04 (D) find → finding

[A]

01

[해설] spend 목 + 동명사의 형태이므로 studying이 정답.

[어휘] keep up with: (최신 유행/ 뉴스 등을) 알고 있다/ 뒤쳐지지 않고 따라가다, trend: 추세/ 경향
[번역] 나는 최신 세계 경제 동향을 알기 위하여 경제 상황을 연구하는데 더 많은 시간을 보내야 한다.

02
[해설] 뒤에 from + 동명사의 형태와 함께 쓰이는 동사는 banned 이다.
[어휘] notify: 통지하다, be banned from v-ing: …하는 것이 금지되다
[번역] 누구든지 식당이나 버스 정류장과 같은 공공장소에서는 흡연이 금지되어 있다.

03
[해설] 목적어 뒤에 from + 동명사가 있으므로 discouraging이 정답.
[어휘] focus on: …에 집중하다/ 초점을 맞추다, force 목 to + v: …에게 …하라고 강요하다
[번역] 우리는 어린이들이 다량의 설탕을 포함하는 탄산음료를 너무 많이 마시지 못하도록 신경 써야 한다.

04
[해설] [spend 목 on + 명사/ invest 목 in + 명사(…에 투자하다)]의 구별이므로 invest 정답.
[어휘] proposed expansion: 확장안(계획된 확장 사업안)
[번역] 회사는 계획된 확장 사업에 많은 돈을 투자할 계획을 세우고 있다.

05
[해설] have a problem v-ing 의 형태이므로 sleeping이 정답.
[어휘] aging: 나이가 들어가는/ 늙어가는, sleep soundly: 깊이 잠들다
[번역] 늙어가는 사람들은 보통 밤에 깊이 자는 데 문제를 겪는 경향이 있다.

[B]

01
[해설] have trouble v-ing 의 형태라야 하므로 to find ⋯ finding.
[어휘] adjacent (to): (…에) 인접한/ 가까운, expert: 전문가
[번역] 어젯밤 우리 건물과 인접한 건물에서 큰 화재가 발생했었는데 지금 전문가들이 화재의 발생 원인을 알아내는 데 애를 먹고 있다.

02
[해설] have difficulty v-ing 이므로 paid ⋯ paying으로 고친다.
[어휘] maintenance bill: 관리비 청구서
[번역] 우리는 건물이 점점 악화되고 있기 때문에 건물 관리비 요금을 납부하는 데 어려움을 겪고 있다.

03
[해설] spend 목 v-ing 의 형태이므로 (A) to play ⋯ playing으로 고친다.
[어휘] troublesome: 골칫거리의/ 성가신, leisure time: 여가, outdoor sports: 옥외 스포츠
[번역] 한국의 젊은이들이 여가를 옥외 운동을 하면서 보내는 것 대신에 컴퓨터 앞에서 온라인 게임을 하면서 여가를 보내고 있다는 것은 골칫거리다.

04
[해설] prevent 목 from v-ing and v'-ing 의 형태이며, 두 번째 v'도 똑같은 병렬구조이므로 동명사라야 한다. 따라서 (D) find ⋯ finding으로 고친다.
[어휘] psychologist: 심리학자, encourage: 권장하다, dependence: 의존(성)
[번역] 그 심리학자는 Clinton 부인에게 그녀의 아들의 의존성을 조장하면 그가 정신적으로 성장을 하지 못하도록 방해하며 그리고 다른 여성들과의 건전한 관계를 맺지 못하게 할 것이라고 애를 써서 설명했다.

P143 [check-up questions 7]

[A] 01 success, 02 building, 03 working, 04 improving, 05 going
[B] 01 use ⋯ using, 02 photograph ⋯ photographing, 03 live ⋯ living, 04 (B) decrease ⋯ decreasing

[A]

01
[해설] be committed to (…에 전념하다)에서 to는 전치사이므로 뒤에 명사 success 정답.
[어휘] adopt: 채택하다, behavior: 행동, facilitate: 가능케 하다/ 용이하게 하다, sufficient: 충분한
[번역] 네가 성공에 몰두한다면 규칙적인 출석, 충분한 준비 및 학습과 같이 성공을 용이하게 해주는 행동을 취하게 될 것이다.

02
[해설] object to (…에 반대하다)에서 to는 전치사이므로 뒤에는 동명사 building이 온다.
[어휘] habitat: 서식지
[번역] 나는 동물들의 자연 서식지 가까이에 공장 짓는 것에 반대한다.

03
[해설] be accustomed to (…에 익숙하다)에서 to는 전치사이므로 뒤에 동명사 working이 정답.
[어휘] environment: 환경, under pressure: 압박감(스트레스)을 받고 있는
[번역] 그들은 압박감을 받는 환경하에서 일하는 것에 익숙해져 있다.

04
[해설] committed to에 두 개의 동명사(playing과 함께)가 병렬구조를 이루므로 improving 정답.
[어휘] so + 형용사/ 분사 + that-절: 너무나 …해서 …하다, muscle-building drug: 근육 강화제
[번역] 일부 축구 선수들은 운동장에서 축구 하면서 기술향상에 너무 몰두한 나머지 근육 강화제를 사용한다.

05
[해설] What do you say to (…하는 것 어때요?)에서 to는 전치사이므로 뒤에 동명사 going이 정답.
[어휘] go on a picnic: 소풍(야유회) 가다, for a change: 여느 때와는 달리/ 기분전환으로
[번역] 다음 주말에는 기분 전환하러 소풍 가는 것 어떨까요?

[B]

01
[해설] take to (…의 습관이 있다)에서 to는 전치사이므로 뒤에 동명사가 온다. use ⋯ using으로 고친다.

[어휘] bury: 매장하다
[번역] 어떤 사회에서는 시체를 매장하는 데 바다를 사용하는 습관이 있다.

02
[해설] devote oneself to (…헌신하다)에서 to는 전치사이므로 뒤에는 동명사 photographing이 온다.
[어휘] earnestly: 진지하게/ 열심히, photograph: (동) 사진을 찍다
[번역] 나는 자기의 첫 외아들의 출생을 사진 찍는데 열심인 한 아빠를 알고 있다.

03
[해설] get used to (…에 익숙해지다)에서 to는 전치사이므로 live → living으로 고친다.
[어휘] hot and humid: 덥고 습기 찬/ 후텁지근한, tropical: 열대의
[번역] 그들은 열대 섬에 온 이후로 후텁지근한 날씨 속에서 사는 것에 익숙해져 왔다.

04
[해설] (B)에서 앞에 contribute to의 to는 전치사이므로 decrease → decreasing 또는 a decrease로 바꾼다. (C)의 marrying은 due to의 목적어이며 people은 동명사 marrying의 의미상 주어이므로 맞다.
[어휘] postpone + v-ing: …을 연기하다, have a child: 자식을 낳다, contribute to + (동)명사: 의 원인이 되다/ …에 기여하다, fertility rate: 출산율, (the) latter: 후자(의), decline: 감소
[번역] 자녀의 출산 연기가 가족 규모가 줄어드는 원인이 되고 있다. 영국에서는 출산율이 한 가족당 자녀의 수가 1.6명으로 줄어들었다. 일본에서도 한 가족당 자녀의 수가 1.28 명으로 역대 최저치가 되었다. 이 후자의 감소는 사람들이 늦게 결혼하기 때문이다.

P145 [check-up questions 8]

01 taking, 02 On, 03 thinking, 04 It is, 05 reading

01
[해설] be worth 뒤에는 동명사가 오므로 taking 정답.
[어휘] take one's time to + v: 시간을 내서 …하다, attraction(s): 명소(관광지)/ 명물
[번역] 런던은 시간을 내서 모든 명소를 볼만한 가치가 있다.

02
[해설] on v-ing (…하자마자)의 형태를 묻고 있으므로 hearing 정답.
[어휘] rebellion: 반란, head for: …를 향하여 가다, border: 국경
[번역] 그 나라에서 반란 소식을 듣자마자, 많은 외국인이 국경 쪽으로 향하여 갔다.

03
[해설] cannot help v-ing (…하지 않을 수 없다)의 표현으로 thinking이 정답.
[어휘] must have + p.p: …했음에 틀림없다, offend: (남의) 기분을 상하게 하다
[번역] Laura가 내게서 시선을 딴 데로 돌리는 것으로 보아 내가 그녀의 기분을 상하게 할 만한 어떤 일을 했음이 틀림없다는 생각을 하지 않을 수 없다.

04
[해설] It is no use v-ing (…해보아야 소용이 없다)의 표현으로 It is가 정답.
[어휘] spill - spilt - spilt: 엎지르다, spilt: 엎질러진
[번역] 엎질러진 우유를 보고 울어보아야 소용이 없다.

05
[해설] feel like v-ing (…하고 싶은 기분이 들다)의 표현으로 reading 정답.
[어휘] departure lounge: (공항) 출발 라운지
[번역] Lisa는 공항 출발 라운지에서 비행기를 기다리는 동안 책을 읽고 싶어졌다.

P146 [동명사 | 종합문제]

[A] 01 (B), 02 (B), 03 (C), 04 (C), 05 (C), 06 (A), 07 (C), 08 (B), 09 (B), 10 (A)
[B] 01 (1) doing (2) on (3) volunteering, 02 (1) being caught (2) accepting (3) considering, 03 (1) giving (2) making (3) to have (4) development
[C] 01 On arriving/ proceeded, 02 There/ no/ predicting, 03 spent/ developing, 04 difficulty/ securing, 05 not having been
[D] 01 The management consultant objects to our (or us) investing more money in M project.
02 He is proud of his son having won a scholarship.
03 When I saw her diary by accident, I couldn't resist sneaking a look at it.
04 We are looking forward to going on vacation at the beginning of next month.
05 Lack of money prevented them from completing the project.

[A]

01
[해설] contribute to(…에 공헌하다)의 to는 전치사이므로 동명사 (B) raising 정답.
[어휘] environmental conservation: 환경 보존, awareness: 인식/ 의식
[번역] 환경 보존 캠페인은 일반 대중의 환경에 대한 의식 수준을 높이는 데 이바지했다.

02
[해설] 문맥상 과거의 일을 회상하고 있으므로 동명사 (B) 정답.
[번역] 나는 여름마다 아버지가 우리를 Como 호수 변의 별장으로 데리고 가신 것이 생각난다.

03
[해설] dedicated to (…에 바쳐진/ 전념하는)에서 to는 전치사이므로 동명사 (C) 정답.
[어휘] financial association: 재정 연합회, organization: 조직/ 기구, small business: 중소기업
[번역] 전국 재정 연합회는 중소 기업체들이 별 어려움 없이 재정적 도움을 얻도록 도와주기 위한 기구이다.

04
[해설] 동사의 목적어는 동명사 gathering이며 such a large crowd는 그 의미상 주어이므로 정답은 (C).
[어휘] organizer: 준비자/ 개최자, anticipate v-ing: …을 예상하다
[번역] 축제 개최자들은 그 행사에 그렇게 많은 군중이 모일 것이라고는 예상하지 못했다.

05
[해설] 동사의 목적어가 동명사(changing)이므로 동명사를 목적어로 취하는 동사 (C) 정답.
[어휘] mechanic: 정비공, at regular intervals: 일정한 간격을 두고, insist (on -ing): (…을) 주장하다
[번역] 자동차 정비공은 일정한 간격을 두고 엔진오일을 교환하라고 권고했다.

06
[해설] prevent 목 from v-ing (…을 못하게 막다)의 표현으로 (A) 정답.
[어휘] religious belief: 종교적 신념, trait: 특성, appearance: 외모, express: 표현하다
[번역] 어떠한 회사도 그 종업원들이 외모를 통하여 종교적 신념이나 문화적 특성을 표현하는 것을 못하도록 허용되지 않는다.

07
[해설] 술어동사 (have to apologize)보다 먼저 일어난 일이므로 완료 동명사(having p.p.)인 (C) 정답.
[어휘] apologize to A for B: B에 대하여 A에게 사과하다, awful: 끔찍한/ 지독한
[번역] 나는 네가 그렇게 끔찍한 말을 한 것에 대하여 그녀에게 사과해야 한다고 생각한다.

08
[해설] 전치사 in 뒤에는 동명사가 오며 의미상 수동적이고 미래의 일이므로 단순 수동 동명사 (B) 정답.
[어휘] have advantage over: …보다 유리하다, candidate: 후보자, be promoted to + 직책: …으로 승진되다, personnel manager: 인사부장
[번역] Kelley는 인사부장으로 승진하는 데 있어서 다른 후보자들보다 몇 가지 유리한 점을 가지고 있다.

09
[해설] forget 뒤에 과거의 일이 목적어로 올 때는 동명사가 오며 의미상 수동적이므로 수동 동명사 (B) 정답.
[어휘] invite A to B: A를 B에 초청하다, appear: 나타나다
[번역] Charles는 아직 나타나지 않은 걸로 보아서 파티에 초대받은 것을 잊어버린 것 같다.

10
[해설] be busy v-ing의 표현으로 뒤에 목적어 (accounts)가 있으므로 능동형 동명사 (A) 정답.
[어휘] staff: 직원(전체), department: 부서, busy v-ing: …으로 바쁜, organize accounts: 거래 관계(장부)를 정리하다
[번역] 영업부서의 직원들 대부분이 작년도 거래 관계 장부를 정리하느라고 바쁘다.

[B]

01
[해설]
(1) [spend + 시간 + v-ing](…하면서 시간을 보내다)의 표현을 묻고 있으므로 정답은 doing.
(2) [spend + 시간 + on + 명사](…에 시간을 보내다)의 형태이므로 전치사 on이 온다.
(3) 앞의 동사 spends에 계속 연결되고 있으므로 동명사 volunteering이 온다.

십대들은 남는 시간을 어떻게 활용하는가? 평범한 날에는 54%의 소녀들은 36분 동안 집안일을 하고, 반면에 소년들은 25분만 그와 같은 일을 하며 보낸다. 보통 소년은 종교적 활동에는 (소녀보다) 더 적은 시간을 보내며 자원봉사 일에는 소녀들이 22분 소비하는 것에 비하여 (보통 소년은) 10분만 소비한다.

[어휘] fill the time: 시간을 채우다(활용하다), religious: 종교적인, compared to: …와 비교하여

02
[해설]
(1) be caught V-ing (…하다가 붙잡히다)의 표현을 묻고 있으므로 수동 동명사 being caught 정답.
(2) 동사 deny의 목적어는 명사와 동명사 모두 올 수 있다. 단, 명사와 동명사의 구별은 뒤에 전치사가 있으면 명사이고 없으면 동명사가 오므로 accepting 정답.
(3) [look forward to + v-ing](…을 고대하다)의 형태로 쓰이므로 considering 정답.

제 이름은 Esther Taylor입니다. 제 아들의 이름은 Peter W Taylor입니다. 그는 충실한 남편이고 두 아이들의 다정한 아빠입니다. 지난 6년 동안 제 아들은 다른 무엇보다도 제 손자들의 생일과 크리스마스 때 함께하지 못했습니다. 왜냐하면, 제 아들이 비폭력 초범으로 마약법을 위반하여 감옥살이를 하고 있기 때문입니다. 그는 마약을 실은 차량을 운행하다 붙잡혀서 10년 형을 선고받았습니다. 그는 마약 테스트에서 음성반응이 나왔고 마약 복용자도 아닙니다. 그는 불법 약물을 유통시키고 거래하는 갱단과 연루되었고 그는 이를 깊이 뉘우치고 있습니다. 제 아들 Peter는 저지른 형사범죄에 대하여 책임회피를 한 적이 없습니다. 그는 자기 형기의 절반 이상을 복역했고 수감 중에 모범행동을 보여주었습니다. 제발 제 손자들에게 아빠와 다시 살 수 있다는 희망을 주십시오. 이 요청서를 너그러움으로 배려해 주시기를 저는 학수고대합니다.

[어휘] dutiful: 순종적인, miss out on: …의 좋은 기회를 놓치다, languish: 억류되다, offense: 범죄, be sentenced to: …의 선고를 받다, distribute: 분배하다/ 유통시키다, illegal: 불법의, substance: 물질, criminal offense: 형사범죄, commit: (범죄를) 저지르다, prison confines: 감옥살이, leniency: 관용/ 자비

03
[해설]
(1) be worth v-ing 의 표현으로 giving이 정답.
(2) miss 뒤에는 동명사가 오므로 making이 정답.
(3) 앞에 가주어 it가 있으며 for me는 to-부정사의 의미상 주어이므로 to have 정답.
(4) 뒤에 전치사 than이 있으므로 명사 development가 온다.

나는 어떤 종류의 지식은 나이 21세 전보다는 그 후에 더 잘 얻을 수 있다고 믿을만한 충분한 근거를 가지고 있다. 대학이란 곳이 너무나 많은 학생들이 너무나 적게 배우는 곳이라 할지라도, 한 젊은이에게 청소년에서 성인 남자로 성장하는 비교적 보호받는 4년이라는 기간을 허용할만한 가치가 있다고 나는 여전히 믿고 있다.
나는 내 나이 또래의 친구를 사귀지 못했다. 나는 친구 사귐이 대학 생활의 주된 가치 중 하나라는 데 전적으로 동의한다 – 그러나 흔히 이 말을 하게 만드는 값싼 이유에 대해서는 동의하지 않는다. 나는 사업상 만났던 산전수전 다 겪은 나이 든 사람들과 불가피하게 우정을 쌓으면서 동료애를

얻기보다는 차라리 내 성장 시기에 나와 같은 부류의 젊은이와 우정을 쌓았더라면 더 좋았을 것이라는 인식을 가지고 있다.

[어휘] **have good reason to + v**: …할 만한 충분한 근거가 있다, **even if**: 비록 …일지라도, **youngster**: 청소년, **comparatively**: 비교적, **sheltered**: 보호받는, **miss v-ing**: …을 놓치다, **principal**: 주된/ 주요한, **prompt**: (v) 촉진하다/ 유발하다, **remark**: 언급/ 말, **companionship**: 동지/ 동료애, **inevitably**: 필연적으로, **hard-bitten**: 산전수전 다 겪은

Chapter 7 분사

P152 [check-up questions 1]

[A] 01 caused, 02 focused, 03 (A), 04 (C), 05 (B)
[B] 01 to shake ⋯ shaking, 02 to call ⋯ called, 03 to rush ⋯ rushing, 04 resulted ⋯ resulting

[A]

01
[해설] 분사 뒤에 by 전치사가 있으므로 과거분사 **caused**가 정답.
[어휘] **apologize for**: …에 대해 사과하다, **caused by**: … 때문에 야기된, **mechanical failure**: 기계 고장
[번역] 항공사는 파리행 비행기 편이 기계 고장으로 지연된 것에 대하여 사과했다.

02
[해설] 2형식 동사 stay 뒤에는 형용사나 분사가 주격보어로 오므로 과거분사 **focused**가 정답.
[어휘] **cheer up**: 격려하다, **focus on**: …에 초점을 맞추다, **goal**: 목표
[번역] 훌륭한 친구란 어려운 시기에 당신을 격려해줄 수 있을 뿐 아니라 당신의 목표에 계속 집중할 수 있도록 도와줄 수도 있는 사람이다.

03
[해설] 자동사 remain(남다)이 분사로서 명사를 수식할 때 현재분사가 되므로 정답은 (A).
[어휘] **remaining**: 남아 있는, **strategy**: 전략
[번역] 유일하게 남아있는 문제는 우리가 어떻게 마케팅 전략 프로그램을 세울 수 있느냐이다.

04
[해설] all flights를 후치 수식하는 분사를 고르는 문제이며 자동사는 현재분사가 오므로 (C) 정답.
[어휘] **flight**: 비행기 편, **originate**: 비롯되다/ 처음 시작하다
[번역] 악천후 때문에 시카고에서 출발하는 모든 비행기 편은 취소되었다.

05
[해설] 타동사의 분사가 명사 앞에서는 과거분사가 되므로 (B) 정답.
[어휘] **proper**: 적절한, **be required to + v**: …하도록 해야 한다, **authorize**: 정당한 권한을 위임하다
[번역] 저희 제품에 대하여 적절한 수리를 받기 위해서는 정당한 권한을 위임받은 저희 고객 서비스 센터 중 한 군데를 방문하셔야 합니다.

[B]

01
[해설] 지각동사 [feel + 목적어 + 동사원형 또는 현재분사]의 형태이므로 to shake ⋯ **shaking**.
[번역] 나는 내가 일하고 있는 건물이 흔들리는 걸 느꼈다.

02
[해설] [명사 + called + 보어](…라고 불리는)의 형태이므로 to call ⋯ **called**로 고친다.
[어휘] **ancient**: (명) 고대인, **beverage**: 음료수, **mead**: 꿀로 만든 알콜 음료
[번역] 꿀은 고대인들에 의하여 "mead"라고 불리는 의학적인 음료를 만드는 데 사용되었다.

03
[해설] 부대상황을 나타내는 분사의 표현을 묻고 있으며, rush는 자동사이므로 to rush ⋯ **rushing**.
[어휘] **come rushing out**: (눈물 등이) 갑자기 흘러나오다
[번역] 나는 누가 나를 더 필요로 하겠는가 하고 나 자신에게 물어보았다. 갑자기 또다시 눈물이 솟아 흘렀다. 그러나 (이번에는) 다른 이유에서였다.

04
[해설] (B)의 result (결과로 생기다)는 자동사이므로 현재분사가 명사를 수식한다. resulted ⋯ **resulting**.
[어휘] **combine**: 결합하다, **gene**: 유전자, **organism**: 유기체, **recombinant**: 재조합된, **genetically**: 유전적으로, **modified**: 변형된/ 수정된
[번역] 서로 다른 유기체의 유전자를 결합시키는 것은 재조합된 DNA 기술이라고 알려져 있으며, 그 결과 형성된 유기체는 "유전적으로 변형된"이라고 말해진다.

P154 [check-up questions 2]

01 fading, 02 waiting, 03 flowing, 04 (B), 05 (B), 06 (B), 07 (C), 08 (A)

01
[해설] fade(약해지다)는 자동사이므로 현재분사 **fading**이 정답.
[어휘] **crew**: (비행기나 배 등의) 승무원/ 선원, **bring in**: 도입하다/ 유치하다
[번역] 바람이 약해져서 승무원들이 화재 위에 물을 쏟아붓도록 헬리콥터를 투입하는 것이 가능해졌다.

02
[해설] 목적격 보어로서 wait는 자동사이므로 현재분사 **waiting** 정답.
[번역] 너무 오랫동안 당신을 기다리게 해서 미안합니다.

03
[해설] 뒤에서 stream을 수식하는 flow는 자동사이므로 **flowing**이 정답.
[어휘] **pool**: 저수지/ 연못, **feed**: 공급하다
[번역] 그 물웅덩이들은 시내를 통과하는 개천에 물을 공급해 준다.

04

[해설] speak 뒤에 목적어가 있으므로 능동적인 현재분사인 (B) 가 정답.
[어휘] various: 다양한, ethnic: 민족의/ 종족의
[번역] 남아프리카에는 서로 다른 언어를 사용하는 여러 종족 단체들이 있다.

05
[해설] lead는 자동사이므로 현재분사 (B) 가 정답.
[어휘] defect: 결함, short of: …이 부족한, nutrient: 영양소(분), lead to: …결과를 가져오다, forgetfulness: 건망증
[번역] 뇌의 새로운 세포에 결함이 있으면 산소와 영양분이 부족해지고 결국 건망증을 야기 시킨다.

06
[해설] result는 자동사이므로 현재분사가 온다. (B) resulting 정답.
[어휘] boring: 지루한, result in: 어떤 결과를 가져오다, needless: 불필요한
[번역] 지난 금요일 회의에서 지루한 토론이 한 시간가량 계속되었으나, 불필요한 시간 낭비만 가져왔다.

07
[해설] range는 자동사이므로 (C) ranging 정답.
[어휘] quickly and healthily: 왕성하게, be widely distributed: 널리 분포하다, range from A to B: A에서 B에 이르기까지
[번역] 그 식물 종은 왕성하게 자라며 캐나다에서 남미에 이르기까지 널리 분포되어 있다.

08
[해설] result는 자동사이므로 한정용법이나 보어로 쓰이는 서술용법 모두에서 현재분사만 온다.
[어휘] plant pot: 화분, porch: 현관, sympathetic: 동정하는, point out: 지적하다, reduce: 줄이다/ 낮추다, chances of survival: 살아날 가망성
[번역] 나는 그 화분들을 문밖 현관 옆에 내다 놓자고 제안했으나, 동정심 많은 아내는 그렇게 하면 그것들이 살 가망성이 줄어든다고 지적했다.

P157 [check-up questions 3]

[A] 01 exceeding, 02 signed, 03 qualified, 04 opposing, 05 opposed, 06 (A), 07 (A)
[B] 01 reading → read, 02 sharing → shared, 03 (C) lasted → lasting, 04 (A) implementing → implemented, 05 (A) focused → focusing

[A]

01
[해설] 뒤에 목적어(a value…)가 있으므로 현재분사 exceeding이 정답.
[어휘] purchase: 구매(품), exceed: 초과(초월)하다
[번역] 미화 100달러를 초과하는 모든 구매품마다 10 퍼센트의 할인이 제공된다.

02
[해설] 동사 sign(…에 서명하다)은 타동사이므로 과거분사 signed 정답.
[번역] 동업자는 계약서에 서명하여 우리 회사로 반송해왔다.

03
[해설] 동사 qualify (자격을 주다)는 타동사이므로 명사 앞에서는 과거분사 qualified가 정답.
[어휘] be required of + 사람: 누구에게 …이 요구되다, qualified: 자격을 갖춘, applicant: 지원자
[번역] 그 일자리에 자격을 갖춘 사람이 되려면 경력과 학력이 요구된다.

04
[해설] opposing은 명사 앞에서 "반대되는"의 뜻을 가진 형용사이다. 정답은 opposing.
[어휘] point of view: 견해
[번역] 현재의 경제 정책에는 몇 가지 반대되는 견해들이 있다.

05
[해설] be opposed to(…에 반대하다)의 표현으로 opposed는 보어로만 쓰이며 명사를 수식하지 않는다.
[어휘] consumer: 소비자, pricing policy: 가격 책정(결정) 방침
[번역] 소비자들은 그 대기업체의 가격 정책에 반대한다.

06
[해설] 명사 뒤에서 수식하는 분사는 뒤에 전치사구(as…)가 있으므로 과거분사 (A) 정답.
[어휘] designate: 지정하다, special tourism zone: 관광특구
[번역] 일부 투자가들은 관광특구로 지정된 그 지역에 관심을 가지고 있다.

07
[해설] 뒤에 목적어를 동반하고 있으므로 현재분사가 앞에 있는 명사 (shops)를 수식한다. 정답은 (A).
[어휘] classified section: (신문) 부문별 광고란(면), courteous: 예의바른/ 정중한, classy: 세련된
[번역] 이 광고란에 자기네 제품을 광고하고 있는 가게들은 정중하고 세련된 서비스로 유명하다.

[B]

01
[해설] 동사 read는 여기서 타동사로 쓰였으므로 명사(passage) 앞에서는 과거분사 read가 온다.
[어휘] scrolled papyrus: (파피루스로 만든) 두루마리 문서, previously: 이전에, passage: 글/ 구절
[번역] 고대의 두루마리 문서와는 달리 오늘날의 독자는 이전에 읽은 구절을 찾기 위하여 손쉽게 본문을 (앞 페이지로) 되돌아가 볼 수 있다.

02
[해설] 동사 share(공유하다)는 타동사이므로 명사(system) 앞에서는 과거분사라야 하므로 sharing → shared로 고친다.
[번역] 문화라는 것은 이 세상이 어떻게 움직이는가, 그리고 사람들이 어떻게 행동해야 하는가에 관하여 한 사회가 공통적으로 가지고 있는 생각의 체계라고 여겨진다.

03
[해설] (C)의 동사 last(지속되다)는 자동사이므로 현재분사 lasting이라야 한다.
[어휘] bleeding: 피 흘리는, wounded: 부상당한, have an impact on: …에 영향을 미치다
[번역] 피 흘리는 부상병들의 사진 모두가 그 어린 소년에게 오래 지속되는 영향을 미쳤다.

04
[해설] 명사 뒤에서 수식하는 분사는 그 뒤에 [by + 행위자]가

있으므로 과거분사 implemented가 온다.
[어휘] procedure: 절차/ 방법, implement: 실시(시행)하다, management: 경영진, filing: 서류철
[번역] 경영진에 의해 시행되고 있는 새로운 절차는 서류철 과정을 보다 더 단순하고 정확하게 해주었다.

05
[해설] (A)의 동사 focus(집중하다)는 자동사이므로 현재분사라야 한다. (A) focused ⋯ focusing
[어휘] fuel cell: 연료 전지, of choice: 선택되는, efficiency: 효율성, internal combustion engine: 내연기관, left behind: 뒤쳐진
[번역] 연료 전지가 자동차 엔진으로 선택되는 때가 되면, 내연기관에 초점을 맞추고 있는 자동차 회사들은 자신들이 뒤쳐져 있음을 알게 될 것이다.

P159 [check-up questions 4]

[A] 01 fascinating, 02 tiring, 03 exhausted, 04 alarming, 05 disappointed, 06 annoying
[B] 01 (C) frustrated ⋯ frustrating, 02 (C) embarrassing and disappointing ⋯ embarrassed and disappointed

[A]

01
[해설] 목적어(3D movie)가 사물이므로 그 뒤의 목적격 보어는 fascinating(감정유발 동사)이 정답.
[어휘] fascinating: 매력적인
[번역] 대부분의 사람들은 그 3D 영화가 매력적이라는 것을 알았다.

02
[해설] 사물 주어(tour)이므로 현재분사 tiring이 정답.
[어휘] stop over: 잠시 머무르다
[번역] 여행이 피곤한 것이어서 우리는 그 도시에서 하루 동안 쉬었다 가기로 결정했다.

03
[해설] 주어가 사람이고 주격보어 자리이므로 과거분사 exhausted가 온다.
[번역] 하루의 일과를 마치고 그는 지친 채로 귀가했다.

04
[해설] 수식받는 명사(pace)가 사물이므로 현재분사 alarming이 정답.
[어휘] alarming pace: 놀랄만한 속도, environmental pollution: 환경오염
[번역] 우리의 강과 호수는 환경오염 때문에 놀랄만한 속도로 죽어가고 있다.

05
[해설] 주어가 사람이므로 과거분사 disappointed 정답.
[번역] 회의에 참가한 사람들 대부분이 협상 결과를 듣고 실망했다.

06
[해설] 감정유발 동사의 분사가 사물 명사(buzzing noise)를 수식하므로 현재분사 annoying이 정답.
[어휘] annoying: 짜증나는, buzzing noise: 윙 하는 소리
[번역] 내가 그 기계를 켤 때마다 약 5초 동안 짜증 나게 하는 윙 소리가 난다.

[B]

01
[해설] (A)와 (B)는 감정 유발동사이고 주어가 사람이므로 각각 과거분사는 맞다. (C)의 frustrated는 주어가 앞 문장을 가리키는 This이므로 현재분사 frustrating으로 바꾼다.
[어휘] office worker: 사무직원, interrupt: 방해하다/ 중단시키다, chatter: 수다 떨다, coworker: (직장)동료, instant meeting: 즉석 미팅, confuse: 혼란케하다, upset: 속상하게 하다, frustrate: 불만스럽게 하다, employer: 고용주
[번역] 사무직원들은 전화벨이 울리고, 수다 떠는 동료들 그리고 즉석 미팅 등으로 인하여 업무가 중단될 때는 혼란스럽고 화가 난다. 또한, 이와 같은 비생산적인 업무 시간에 대하여 봉급을 주고 있는 고용주에게도 불만스러운 것이다.

02
[해설] (A)의 감정유발 동사 delighted는 의미상 주어가 사람이므로 p.p.는 맞고, (B)의 satisfying은 사물인 offer(제안)를 수식하므로 현재분사는 맞다. (C)의 두 감정유발 동사는 목적격 보어로서 의미상 주어인 the latter(후자, 즉 the guest)는 사람이므로 각각 과거분사 embarrassed and disappointed로 바꾼다.
[어휘] entertain: 접대하다, joint partnership: 합작 제휴, venture: (벤처)기업, finalize: 마무리짓다, the former: 전자, the latter: 후자
[번역] 한 사업가가 손님을 환대한 후에 그에게 새로운 벤처 기업에 합작 제휴를 제안했다. 손님은 그 만족스러운 제안에 기뻐서 다음 날 아침에 만나서 상세한 내용을 마무리 짓자고 제안했다. 그러나 전자(사업가)는 나타나지 않았다. 이 뜻밖의 상황이 후자(손님)를 당황스럽고 실망스럽게 만들었다.

P163 [check-up questions 5]

[A] 01 Having spent, 02 Situated, 03 getting, 04 appreciating, 05 attended, 06 (A), 07 (B), 08 (D)
[B] 01 Building ⋯ Built, 02 exhausting ⋯ exhausted, 03 (A) Attracting ⋯ Attracted, 04 (A) moved ⋯ moving, 05 (A) left ⋯ leaving

[A]

01
[해설] 문맥상 주절 동사 (decided)는 과거시제이나 분사구문의 시제는 대과거이므로 완료 분사구문 Having spent가 정답.
[어휘] temporarily: 일시적으로/ 임시로, discontinue: 중단하다
[번역] 예산을 다 써버렸기 때문에 회사는 그 사업을 일시적으로 중단하기로 결정했다.

02
[해설] 뒤에 전치사구(between⋯)가 있으므로 과거분사 Situated가 정답.
[어휘] situated: 위치해 있는, resort (place): 휴양지, attract: 끌어모으다
[번역] 바닷가와 산들 사이에 위치해 있어서 그 휴양지는 많은 관광객을 끌어들이고 있다.

03
[해설] 동사 get은 "도착하다" 의미일 때에는 자동사이므로 현재분사 getting 정답.
[어휘] hurry to: ⋯로 서둘러 가다

[번역] 우리는 음악회에 서둘러 가서 딱 정시에 도착했다.
04
[해설] 뒤에 목적어가 있으므로 현재분사 appreciating이 정답.
[어휘] appreciate: 감상하다, originality: 독창성
[번역] 어떤 사람들은 음악의 형식적인 형태나 독창성을 감상하면서 그것이 주는 메시지를 음미하며 듣는다.
05
[해설] 뒤에 by + 행위자가 있으므로 과거분사 attended가 정답.
[번역] 세계 최초의 환경회의가 열렸는데 500명 이상의 참가자들이 참석했다.
06
[해설] 동사 range는 자동사이므로 현재분사 (A) 정답.
[어휘] deforestation: 삼림 황폐화, range from A to B: A에서 B에 걸쳐있다, degradation: 저하/ 악화, catastrophic: 대재앙의/ 파멸의, wildfire: 산불
[번역] 느리게 진행되는 숲의 악화로부터 돌발적인 대재앙의 산불에 이르기까지 산림 황폐화에는 많은 원인이 있다.
07
[해설] 뒤에 목적어(as much space)가 있으므로 현재분사 (B) 정답.
[어휘] mark: (v) …임을 보여주다/ …의 전조이다, technological wonder: 놀랄만한 기술의 발전
[번역] 대형 교실 만한 공간을 차지하면서 최초의 전자 컴퓨터는 놀랄만한 기술발전 시대의 도래를 알렸다.
08
[해설] 뒤에 to complete가 목적어이므로 능동이며 문맥상 대과거이므로 완료 분사구문 (D) 정답.
[어휘] market survey: 시장 조사, set a date: 날짜를 정하다
[번역] 정해진 날짜까지 시장 조사를 다 끝내지 못했으므로 Johnson 씨는 직원들의 숫자를 늘리기로 결정했다.

[B]

01
[해설] 뒤에 목적어가 없고 전치사구(as…)가 있으므로 과거분사가 와야 한다. Building → Built.
[어휘] seal: 물개, icebreaker: 쇄빙선, Greenpeace: 그린피스(국제자연보호 단체), fleet: 함대
[번역] 1995년 물개 사냥 선으로 건조된 그 배는 지금은 그린피스 함대에서 쇄빙선 중의 하나가 되었다.
02
[해설] exhaust는 감정유발 동사이고 의미상 주어는 I 이므로 p.p.가 된다. exhausting → exhausted.
[번역] 나는 춥고 지쳐서 역 바로 옆에 있는 작은 식당으로 들어갔는데, 그것은 밤에 문을 열어놓은 유일한 식당이었다.
03
[해설] 뒤에 by + 행위자가 있으므로 (A) Attracting → Attracted.
[어휘] blink: 깜박거리다, shiny: 반짝반짝 빛나는, squirrel monkey: 다람쥐원숭이
[번역] 깜박이는 빛과 반짝거리는 표면에 매료되어서 다람쥐원숭이들은 방문객들의 전화기를 훔치기 시작했다.
04
[해설] (A)의 동사 move는 "이사 가다" 의미일 때는 자동사이므로 (A) moved → moving으로 고친다.
[어휘] play the outfield: (야구) 외야수로 뛰다
[번역] 내가 다른 새 도시로 이사 간 후 회사 야구팀에 가입했다. 난 가장 나이 많은 선수였기 때문에 외야수로 뛰어야만 했다.
05
[해설] (A)에서 뒤에 목적어가 있으므로 능동형이라야 한다. (A) left → leaving. (B) trail(흔적을 남기다)은 자동사이므로 현재분사는 맞다.
[어휘] creature: 생물, phosphorescence: 인광(푸른 빛), release: (빛/ 열 등을) 발산(방출)하다, tiny pulse of light: 빛의 작은 파동, glow: 빛나다, wake: 흔적/ 자취
[번역] 많은 생물은 밤에 형광을 이용한다. 당신이 물속을 통과해 지나갈 때 플랑크톤이 작은 빛의 파동을 일으켜서 당신 뒤에 아름답게 빛나는 흔적을 남기게 된다.

P165 [분사 | 종합문제]

[A] 01 (C), 02 (D), 03 (D), 04 (A), 05 (A), 06 (B), 07 (B), 08 (C), 09 (D), 10 (B)
[B] 01 (1) ranging (2) teeming, 02 (1) injured (2) awaiting (3) Surrounded (4) prescribed, 03 (1) resulting (2) said (3) worried (4) caused (5) done, 04 (1) defined (2) following (3) applied (4) calling (5) called
[C] 01 apologize/ caused by, 02 only/ remaining, 03 impressed by/ exciting, 04 Having spent, 05 designed/ disappointed
[D] 01 I was at a loss as to how to answer his unexpected question.
02 We have planned to enjoy various outdoor activities including water sports for the summer camp.
03 They were deeply impressed by a touching movie titled "*Broken Heart*".
04 I couldn't make myself understood with the Spanish-speaking people.
05 Judy was very disappointed to know that she wasn't able to find her lost luggage.

[A]

01
[해설] 뒤에 by 이하의 전치사구가 있으므로 과거분사 (C) 정답.
[어휘] temper: 누그러뜨리다/ 완화시키다
[번역] 내 생각은 미국 밖에서 생활하며 일함으로써 점차 누그러졌다.
02
[해설] 뒤에 목적어가 있으므로 현재분사 (D) 정답.
[어휘] insurance: 보험, cover: (보험에서) 보장하다, disaster: 재난/ 재앙
[번역] 보험에서는 지진이나 허리케인과 같은 자연재해를 보장해야 한다.
03
[해설] 타동사 (personalize)의 분사가 명사 앞에서 수식할 때는 과거분사라야 하므로 (D) 정답.
[어휘] treat A with B: A를 B로 치료하다, patient: 환자, symptom: 증세, identify: 확인하다, root cause: 근본 원인, come up with: 찾아내다/ 알아내다, personalize: 개인의 필요에 맞추다

[번역] 비슷한 증세를 보여주는 서로 다른 환자들을 똑같은 약으로 치료하는 것 대신에 의사들은 각 환자에 맞춘 치료법을 알아내기 위하여 질병의 근본 원인을 확인해야 한다.

04 ___
[해설] transmit(전달하다/ 전도하다) 와 scatter(흩어지게 하다)는 모두 타동사이므로 p.p.인 (A) 정답.
[어휘] transmitted light: 투사 광, dew: 이슬, become scattered: (빛 등이) 산란되다
[번역] 투사 광이 이슬방울에 부딪히면 빛이 산란 된다 (사방으로 반사 된다).

05 ___
[해설] 본문에서 분사구문의 의미상 주어는 All these things이고 뒤에는 목적어가 없으므로 수동형 (A) 정답.
[번역] 이 모든 것을 고려해보고 나서 우리는 헌 컴퓨터를 수리하기 보다는 새것을 구입하는 것이 더 낫다는 결론을 내렸다.

06 ___
[해설] 의미상의 주어 he가 수동적으로 질문을 받는 것이므로 수동형 (B) 정답.
[어휘] get lost: 길을 잃다
[번역] 그가 여행에 대해서 어떻게 생각하느냐고 질문을 받는다면, 그는 길을 잃으면 자기가 어떻게 해야 할지를 이제 알게 되었다고 말할 것이다.

07 ___
[해설] 뒤에 목적어가 있으므로 능동형 (B) 정답.
[어휘] with A + 분사(구): (부대상황) A가 …하면서, expand: 확장시키다, flextime: 근무시간 자유 선택제
[번역] 기술의 발달로 작업공간을 사무실 벽을 초월하여 확장시킴으로써, 근무의 세계에서 논리적으로 다음 단계는 근무시간 자유 선택제의 도입이다.

08 ___
[해설] 앞 빈칸은 뒤에 by + 행위자가 있으므로 과거분사 taken이 오며, 뒤 빈칸은 lead가 자동사이므로 현재분사가 와서 정답은 (C).
[어휘] globalization: 세계화, corporation: 대기업/ 법인, collapse: 붕괴, nation-state: 민족국가
[번역] 세계화라는 것은 대기업들에 의하여 점점 더 정치적으로나 경제적으로 (세계를) 장악해 가는 과정이며, 그 결과 민족국가의 붕괴를 가져오게 될 것이다.

09 ___
[해설] [명사 + called + 보어](…라고 불리는)의 형태로 과거분사 (D) 정답.
[어휘] standard: 표준/ 기준, behavior: 행동, norm: 규범
[번역] 각 사회적 단체는 규범이라고 불리는 어떤 행동 기준을 가지고 있다.

10 ___
[해설] participate는 자동사이므로 현재분사 (B) 정답.
[어휘] up to: 최고 …까지, participate in: …에 참가하다
[번역] 수천 명의 컴퓨터 게임 선수들은 space wars(우주 전쟁) 게임에 참여하느라고 일주일에 최고 80시간까지 소비한다.

[B]

01 ___
[해설]
(1) 자동사는 분사로 쓰일 때 현재분사가 오므로 ranging 정답.
(2) 동사 teem(풍부하다)은 자동사이므로 동시 동작을 표현하는 현재분사가 온다.

> 동일한 기후를 공유하고 비슷한 유형의 동식물들이 살고 있는 지역들은 생물계라고 알려져 있다. 지구의 땅은 10개의 주요한 생물계로 나누어질 수 있는데, 거의 불모인 사막으로부터 온갖 종류의 생물체가 풍부한 비옥한 우림지대까지 걸쳐 있다.

[어휘] support: (어떤 지역에) 살게 하다, be divided into: …으로 나누어지다, ranging from A to B: A에서 B까지 걸쳐서, barren: 불모의, fertile: 비옥한, teem with: …으로 풍부하다

02
[해설]
(1) 타동사의 분사 형태는 뒤에 전치사가 오면 p.p.를 쓰므로 injured 정답.
(2) await는 타동사이고 뒤에 목적어가 있으므로 현재분사 awaiting이 온다.
(3) 타동사 surround는 뒤에 by~가 있으면 늘 과거분사 surrounded가 온다.
(4) 타동사 prescribe가 뒤에 있는 명사를 수식하므로 과거분사 prescribed가 정답.

> Mary Streby는 자동차 사고로 중상을 입고서, 성 누가 병원의 수술실에서 마취를 기다리며 누워 있었다. 외과 수술 의료진에 둘러싸여 Streby는 그녀의 심장 박동과 뇌파를 추적하여 보여주는 컴퓨터에 연결되어 있었고, 뿐만 아니라 이어폰으로 카세트에 연결되어 Vivaldi의 사계를 듣고 있었다. 퇴원 후 집에서는 음악을 들으며 회복하는 동안 Streby는 그녀가 처방받은 진통제도 없이 지낼 수 있었다.

[어휘] severely injured: 심하게 부상 당한, operating room: 수술실, anesthesia: 마취, surgical: 외과(수술)의, hook up: (인터넷, 전원 등에) 연결시키다, heart rate: 심장 박동, convalesce: (병후에) 건강을 회복하다, forgo: 포기하다/ …없이 지내다, painkiller: 진통제

03 ___
[해설]
(1) 동사 result는 자동사이므로 분사 용법에서는 늘 현재분사만 온다.
(2) The less (they are) said(다른 사람들이 자기들에 대해서 더 적게 말할수록)의 표현에서 they are 가 생략 된 형태이다.
(3) worry가 감정유발 동사로서 사람을 수식할 때는 과거분사 worried가 온다.
(4) [명사 + caused by…](…에 의하여 야기되는)의 형태이다.
(5) with-부대상황에서 [with + 목 + 분사]의 형태이다. 타동사의 분사 뒤에 목적어가 없으면 p.p.가 온다.

> "중학교는 대부분의 소년들에게는 청소년기의 시작이며, 그 결과 사교적으로 불안정한 시기이다"라고 The Available Parent의 저자인 John Duffy 박사는 말한다. "(다른 사람들이) 자기들에 대해서 더 적게 말할수록 더 적게 조롱거리가 된다. 이리하여 침묵은 자기를 보호하는 방어수단이 된다." 우려하는 부모들은 내가 그랬던 것처럼 당연히 최악의 사태로까지 비화할 수도 있지만, 청소년기 소년의 침묵은 정상적일 가능성이 충분하다. 그것은 사춘기로 인해 야기되는 커다란 신체적 및 정신적 변화의 한 가지 증상일 뿐이다. "대부분의 소년들은 최소의 피해를 겪으면서 이 시기를 벗어나게 된다." 라고 Duffy는 말한다.

[어휘] onset: 시작, adolescence: 청소년기, insecurity: 불안정/ 불안감, ridicule: 조롱하다, self-protective: 자기 방위적인, defense mechanism: 방어수단(기구), nightmare scenario: 최악의 사태, the chances are good that~절: …일 가능성이 충분하다, massive: 엄청나게 큰, puberty: 사춘기, do damage: 피해를 주다

04
[해설]
(1) define(…의 정의를 내리다/ 규정하다)는 타동사이므로 명사 앞에서는 과거분사 defined 정답.
(2) 뒤에 목적어(female roles)가 있으므로 현재분사 following이 정답.
(3) 뒤에 전치사구(to…)가 있으므로 과거분사 applied가 정답.
(4) call for (…을 요구하다)는 타동사구이고 뒤에 목적어(the creation)가 있으므로 현재분사 calling이 정답.
(5) 뒤에 보어(transgender는 목적어가 아니고 보어)가 있으므로 과거분사 called가 정답.

성별이란 사람의 성의 정체성과 관련이 있다. 성 구분은 사회적으로 그리고 문화적으로 만들어진 것이다. 예를 들어 어떤 사람이 한 문화권에서 남성이 해야 할 일로 정의된 역할을 수행할 때에, 사회는 그 사람의 성별을 남성이라고 인정해주고 있다. 여성의 역할을 수행하는 사람은 여성으로 인정되고 있다. 그러나 성 구 분은 오로지 사회에 의해서 개인에게 적용되는 꼬리표가 아니다. 개인들이 성별을 자기들 스스로 정의할 수 있는 것이다.
최근에는 트랜스젠더라고 불리는 제 3의 성의 출현을 주장하는 움직임이 점점 증가해오고 있다. 이 제 3의 성에 속하는 자들 중에는 반대의 성(이성)으로 보이기 위하여 의료적 방법으로 자기의 신체를 바꾸는 사람들을 포함한다.

[어휘] gender: 성/ 성별, be related to: …와 관련되다, identity: 정체성, construct: 건설하다/ 구성하다, identify: 확인하다, lable: 꼬리표, applied to: …에 적용되는, call for: 요구하다, transgender: 성전환의, medical procedure: 의료적 방법, opposite: 반대의/ 대립되는, opposite sex: 이성

Chapter 8 가정법

P171 [check-up questions 1]

01 go, 02 should have, 03 would, 04 can call, 05 should, 06 will, 07 should come

01
[해설] 조건절에서는 조동사 will을 사용할 수 없으므로 go 정답.
[번역] 다음 주에 내가 유럽에 가면 거기서 약 2주일 머물 것이다.

02
[해설] 의미상 양쪽 모두 올 수 있으나 주절의 시제 could get에 어울리는 것은 should have이다.
[어휘] defect: 결함/ 하자, get a refund on: …에 대하여 환불 받다
[번역] 저희 제품에 하자가 있으면 그 제품에 대하여 환불받을 수 있습니다.

03
[해설] 조건절의 동사가 were to + v에 어울리는 주절 시제는 과거라야 하므로 would가 정답.
[어휘] wound: 상처, inflamed: 염증이 생긴/ 악화된, see a doctor: 의사의 진찰을 받다
[번역] 내 상처가 혹시라도 염증이 생겨 악화된다면 즉시 의사의 진찰을 받겠다.

04
[해설] 가정법 현재에서는 주절(귀결절)에는 반드시 조동사가 와야 하므로 can call이 정답.
[번역] 차에 문제가 생기면 서비스 센터에 연락하면 된다.

05
[해설] 가정법 미래에서는 조동사 should + v가 와야 하므로 정답은 should.
[어휘] miss: 놓치다, training session: 연수강좌, contact: 연락하다, in Personnel: 인사과에
[번역] 연수강좌를 놓치게 되면 인사과의 Ms. Roi에게 연락하세요.

06
[해설] 조건절이 가정법 현재이므로 귀결절은 현재 조동사 will이 온다.
[번역] 내가 보고서를 일찍 끝내면, 오늘 밤 그 파티에 갈 것이다.

07
[해설] 귀결절에 과거 조동사 could가 있으므로 조건절에는 가정법 미래인 should come이 온다.
[번역] 네가 이번 금요일 그 설명회에 온다면, 그 주제에 대한 정보를 좀 얻을 수 있을 것인데.

P173 [check-up questions 2]

[A] 01 would have hired, 02 wouldn't, 03 (D), 04 (D), 05 (B)
[B] 01 would happen ⋯→ would have happened, 02 (B) will pay ⋯→ would pay, 03 (C) was ⋯→ is, 04 (C) won't be ⋯→ wouldn't be

[A]

01
[해설] 조건절이 had + p.p. (가정법 과거완료)이므로 귀결절은 would have hired 정답.
[어휘] qualified: 자격을 갖춘, candidate: 지원자, hire: 채용하다
[번역] 그 사람이 자격을 갖춘 지원자였더라면 우리가 그를 채용했을 것인데.

02
[해설] 의미상 혼합가정이므로 귀결절은 현재와 반대되는 가정법 과거 wouldn't 정답.
[어휘] crops: 농작물, promising: (장래가) 유망한/ 조짐이 좋은
[번역] 지난주에 비가 흡족하게 내리지 않았더라면 농작물의 전망이 좋지 않을 텐데.

03
[해설] 의미상 과거와 반대되는 사실을 언급하고 있으므로 가정법 과거완료 시제 (D) 정답.
[어휘] dramatize: 각색하다/ 극본으로 만들다, vividly: 생생하게, impressively: 인상적으로, mere: 단순한, explanation: 설명
[번역] 그 사실을 극화하고 있는 그 책은 단순한 이야기나 설명으로

전달할 수 있었던 것보다 더욱더 생생하고 인상적으로 그 사실을 보여주었다.

04
[해설] 문맥상 가정법 과거의 주절이므로 (D)가 정답.
[어휘] researcher: 연구원, curious: 호기심 있는, exercising: (동명사) 운동하는 것
[번역] 연구원들은 그 노동자들이 자기네 작업이 실제로는 운동하는 것과 마찬가지라는 사실을 전해 들으면 어떻게 될까 하고 호기심을 나타내었다.

05
[해설] 문맥상 혼합가정이므로 조건절은 과거의 사실과 반대되는 가정법 과거완료이고, 주절은 현재의 사실과 반대되는 가정법 과거시제(could + v)가 된다. 따라서 정답은 (B).
[번역] 어제 비가 심하게 오지 않았더라면 바로 지금 코트에서 테니스를 칠 수 있을 텐데.

[B]

01
[해설] 조건절이 가정법 과거완료이므로 귀결절은 would happen …▸ would have happened.
[어휘] piercing: 피어싱(신체 일부에 장신구를 달기 위해 뚫는 것), infected: 감염된
[번역] 지난여름에 너의 피어싱이 심하게 감염되었더라면 어찌 되었겠는가?

02
[해설] 문맥상 가정법 과거이므로 (B) will pay …▸ would pay로 고친다.
[어휘] be pushed around: 이리저리 내둘리다, pay attention: 관심을 갖다/ 주의를 기울이다
[번역] 누군가 당신의 이름을 말하는 것을 듣는다면, 당신이 시끄러운 관중 속에서 이리저리 밀리는 상황이라 할지라도 당신은 관심을 가지고 귀를 기울이게 될 것이다.

03
[해설] (A)는 직설법 현재완료 시제로 맞고 (B)는 가정법 과거이므로 맞다. (C)는 직설법으로 일반적 사실을 언급하고 있다. 따라서 현재시제라야 하므로 (C) was …▸ is로 바꾼다.
[어휘] space technology: 우주과학(기술), exploration: 탐사/ 탐험
[번역] 사람들이 우주과학기술이 지구상의 인간 생활을 얼마나 향상 시켜왔는가를 고려해본다면, 우주 탐험이 문명사회에 실제로 중요하다는 것을 알게 될 것이다.

04
[해설] (A)는 직설법으로 맞으며 (B)는 가정법 과거 귀결절 시제로 맞다. (C)는 앞 조건절에 (B)와 공통으로 걸리는 가정법 과거라야 한다. 따라서 (C) won't be …▸ wouldn't be.
[어휘] intelligent: 총명한, be inclined to + v: …하는 경향이 있다/ …하고 싶어지다, rapidly: 빠르게, slow-witted: 이해가 느린, a variety of: 여러 가지의/ 다양한, consequence: 결과
[번역] 당신이 총명하면 총명할수록 결정을 내리기 전에 많은 요소를 고려하는 경향이 그만큼 클 것이다. 만일 당신이 머리가 둔하다면 (결정을 내리는데) 어려움을 별로 느끼지 않거나, 아니면 전혀 어려움이 없을 것이다. 왜냐하면, 당신은 여러 가지 일어날 수 있는 결과를 생각할 수 없기 때문이다.

P176 [check-up questions 3]

[A] 01 Should, 02 Were, 03 Had, 04 (D), 05 (D)
[B] 01 (A) If …▸ Had, 02 (B) might be rented …▸ might have been rented, 03 (C) would have hired …▸ would hire, 04 (B) is …▸ would be
[C] 01 If it had not been for his hard work, 02 If they (or the police) had not investigated the crime scene very closely, 03 if I were in your place

[A]

01
[해설] 주어(The patient's condition)가 단수임에도 동사는 원형동사(get)이므로 도치형태 Should가 정답.
[어휘] get worse: 악화되다, intensive care unit: 중환자실
[번역] 그 환자의 상태가 혹시라도 악화되면 그들은 그를 중환자실로 옮길 것이다.

02
[해설] 주어 he 뒤에 형용사 보어 eligible이 있으므로 도치된 Were가 정답.
[어휘] be eligible for: …에 자격이 있다, position: 직책
[번역] 그가 그 직책에 자격이 있다면 내가 그를 채용하겠는데.

03
[해설] 가정법 과거완료 형의 도치문이므로 Had 정답.
[어휘] Had it not been for…: …이 없었더라면
[번역] 당신의 제안에 잘못이 없었더라면 우리가 그것을 받아들였을 것인데.

04
[해설] 과거의 사실과 반대되는 내용이므로 가정법 과거완료 시제 (D) 정답.
[어휘] but for: …이 없다면/ 없었더라면, interruption: 중단/ 방해
[번역] 이 방해사건들이 없었더라면 그 공사는 일주일 전에 끝났을 텐데.

05
[해설] 조건절이 가정법 과거완료의 도치형이므로 귀결절도 가정법 과거완료 형 (D) 정답.
[어휘] science project: 과학 프로젝트(과학전람회 출품)
[번역] 그가 과학 프로젝트에 좀 더 열심히 노력했더라면 마지막 경쟁에서 1등 상을 탔을 것인데.

[B]

01
[해설] 주어 뒤에 p.p. 형태인 known이 있으므로 가정법 과거완료의 도치형태이다. (A) If …▸ Had
[번역] 당신이 뉴욕에 오는 것을 알았더라면 내가 당신을 차로 데리러 공항에 갔을 것인데.

02
[해설] If가 생략된 가정법 과거완료 도치형이므로 (B) might be rented …▸ might have been rented
[어휘] available for rent: 임대가 가능한, post: (v) 게시하다/ 발표(공고)하다
[번역] 임대가 가능한 사무실의 새 목록을 회사 웹사이트에 올려놓았더라면, 더 많은 사무실 공간이 임대되었을지도 모르는

건데.

03
[해설] 문맥상 가정법 과거형의 도치문이므로 (A)는 맞고 (B)는 직설법으로 맞다. (C) would have hired … would hire로 고친다.
[번역] 컴퓨터 소프트웨어에 이전의 경력을 가진 지원자들이 있다면 기술팀의 직책에 그들을 채용할 텐데.

04
[해설] 문맥상 otherwise 뒤에 현재 상황과 반대되는 가정법 과거가 와야 하므로 (B) is … would be.
[어휘] decade: 10년, ban: 금지하다, prevalent: 널리 퍼져있는/ 만연된, smoking rate: 흡연율
[번역] 이 나라에서는 10년 전부터 담배 광고가 금지되어 왔다. 그렇지 않더라면 십대 사이의 흡연이 그런 광고를 금지하지 않는 나라만큼 널리 만연되어 있을 것이다. 담배 광고 금지 정책으로 십대의 흡연율이 떨어진 것은 좋은 일이다.

[C]

01
[해설] 가정법 과거완료에서 without/ but for = if it had not been for이다.
[어휘] hard work: 각고의 노력, accomplish: 달성(성취)하다
[번역] 그의 각고의 노력이 없었다면, 그의 인생에서 그가 실현되기를 원했던 꿈을 이룰 수 없었을 것이다.

02
[해설] 본문에서 otherwise는 의미상 과거에 대한 부정조건(그렇지 않았더라면)이므로 가정법 과거완료의 부정형이 온다.
[어휘] investigate: 조사하다, crime scene: 범죄 현장, closely: 면밀히, suspect: (범죄) 용의자
[번역] 경찰이 범죄 현장을 면밀히 조사했다. 그렇지 않더라면 용의자를 놓쳤을 것이다.

03
[해설] 현재의 사실에 대하여 가정하고 있으므로 가정법 과거시제가 온다.
[어휘] job offer: 일자리 제안, in your place: 너의 입장이라면, settle down: 정착하다/ 자리 잡다
[번역] 내가 너의 입장이라면 그 외국 회사의 일자리 제안을 받아들일 텐데. 왜냐하면, 그것은 외국에서 자리잡을 수 있는 좋은 기회이기 때문이야.

P179 [check-up questions 4]

[A] 01 had had, 02 hope, 03 had been, 04 knew, 05 told
[B] 01 she would come to the party this weekend, 02 he were promoted to manager, 03 he had bought a building, 04 our team had won the game, 05 you had prepared for the presentation

[A]

01
[해설] 의미상 과거에 이루지 못한 유감을 나타내므로 가정법 과거완료 had had 정답.
[번역] 네가 떠나기 전에 너에게 말할 기회가 있었더라면 좋았을 텐데.

02
[해설] 종속절이 직설법 시제(will meet)이므로 hope 정답.
[번역] 다음 주 중으로 우리가 다시 만나기를 바랍니다.

03
[해설] 주절 동사의 시제는 현재이며 종속절은 과거의 일이므로 가정법 과거완료형 had been이 정답.
[어휘] have/ had been to + 장소: …에 갔다 왔다/ 가본 적 있다
[번역] Joan은 지난여름 유럽에 갔다 온 것처럼 말한다. 실은 그녀는 그때 동남아시아에 갔었다.

04
[해설] 문맥상 주절과 동일 시제 (뒤에 current 참조)이므로 가정법 과거형 knew 정답.
[번역] 그 신입사원은 마치 자기가 현재의 주식시장을 잘 알고 있는 것처럼 나에게 말했다.

05
[해설] It's time 뒤에는 가정법 과거형이 와야 하므로 told가 정답.
[번역] 당신이 생각해 온 것을 우리에게 솔직히 말할 때가 되었다.

[B]

01
[해설] I wish 뒤에는 가정법이 오고 미래의 사실과 반대되므로 will not come … would come으로 바꾼다.
[번역] 그녀가 이번 세미나에 오면 좋겠는데.

02
[해설] he wasn't promoted는 과거시제이지만 주절과 동일 시제이고, 가정법은 시제 일치의 예외이므로 I wished 뒤에는 과거 당시를 기준으로 그 시점의 사실과 반대되는 가정법 과거를 사용한다. 그리고 사실과 반대이므로 wasn't promoted … were promoted 로 바꾸어 표현한다.
[어휘] be promoted to + 직책: …으로 승진되다
[번역] 당신이 부장으로 승진한다면 좋을텐데라고 생각했었다.

03
[해설] 종속절의 시제가 주절보다 먼저이므로 가정법 과거완료를 그대로 사용하며, but 이하는 생략한다.
[번역] 그는 자기가 건물을 산 것처럼 말했지만 그건 사실이 아니었다.

04
[해설] 의미상 과거에 이루지 못하는 소망을 유감으로 여기고 있으므로 가정법 과거완료로 표현한다.
[번역] 우리 팀이 그 게임에서 이겼더라면 좋았을텐데.

05
[해설] 과거에 이루지 못한 소망을 말하고 있으므로 가정법 과거완료로 표현한다.
[번역] 당신이 설명회 준비를 했었더라면 좋았을 텐데.

P180 [가정법 I 종합문제]

[A] 01 (D), 02 (C), 03 (B), 04 (D), 05 (D)
[B] 01 you were a good student, 02 it had not been for the thick fog, 03 you should stay here with us, 04 you had let me know that you would visit us, 05 you had

given me advice (*or* I had got your advice)

[C] 01 (1) would have done (2) had been, 02 (1) would not have been (2) wouldn't be (3) drove (4) were not, 03 (1) could (2) could grant (3) should, 04 (1) go (2) wouldn't hurt (3) had produced

[D] 01 retires/ will move, 02 But for/ would have left, 03 Had/ would have prepared, 04 high time/ started, 05 Were/ not for/ would

[E] 01 If I had been preparing for the exam, I would not worry about it now. (*or* I wouldn't be worried about …)
02 If you had recommended the house to me, I would have purchased it.
03 I wish I could have lunch with you before I leave Seoul.
04 Even if the earth were to come to an end tomorrow, I would proceed with my plan.
05 If the artist had been born today, he might be a greater man now than he was at the time when he lived.

[A]

01
[해설] 과거의 일을 아쉬워하고 있으므로 가정법 과거완료형 (D) 정답. 뒤의 sold는 앞에 과거완료 조동사 had에 taken과 공동으로 걸리는 과거분사이다.
[번역] 나는 John이 지난주에 Susan의 충고를 받아들여 자기 주식을 팔아버렸더라면 좋았을 걸 하고 분명히 아쉬워하고 있다고 본다.

02
[해설] 미래의 일을 가정하고 있으며, 뒤 주절의 동사가 might be이므로 가정법 미래형 (C) 정답.
[번역] 네가 이번 토요일 그 새로 나온 영화를 보러 간다면 아마 그것에 실망할지도 모른다.

03
[해설] 가정법 과거완료 형의 조건절에서 If가 생략된 도치문이므로 (D) Had가 온다.
[번역] 내가 10시 기차를 놓쳤더라면 세미나에 늦었을 뻔했다.

04
[해설] 문맥상 주절 동사의 시제보다 as if 이하의 시제가 더 먼저이므로 가정법 과거완료형 (D) 정답.
[어휘] do well on the exam: 시험을 잘 치르다
[번역] 난 어젯밤 시험공부를 열심히 했지만 마치 공부를 전혀 하지 않았던 것처럼 시험을 잘 못 보았다.

05
[해설] 주절이 가정법 과거완료이고, If가 생략된 형태이므로 (D) 정답.
[번역] 뜻밖의 문제만 없었더라면 우리가 프로젝트를 마감 시간 전에 다 끝낼 수 있었을 것인데.

[B]

01
[해설] 가정법 과거형이며 주어가 you이므로 If you were a good student로 바꾼다.
[어휘] behave: 행동하다, rude: 무례한
[번역] 네가 훌륭한 학생이라면 그렇게 무례하게 행동하지 않을 텐데.

02
[해설] 문맥상 혼합가정이므로 If it had not been for the thick fog로 바꾼다.
[어휘] but for: …이 없다면/ 없었더라면
[번역] 어제 공항에 짙은 안개가 없었더라면 난 지금 뉴욕에 있을 텐데.

03
[해설] 문맥상 미래를 나타내므로 가정법 미래형의 조건절 If you should stay here…로 바꾼다.
[번역] 네가 여기서 우리와 함께 며칠 더 머물러 있으면 더 좋을 텐데.

04
[해설] 과거의 일을 유감으로 여기고 있고 직설법은 부정형이므로 가정법 과거완료형의 긍정문이 된다.
[번역] 당신이 우리를 방문한다는 것을 미리 알려주었더라면 좋았을 텐데요.

05
[해설] 주절 동사의 시제가 가정법 과거완료 형이므로 조건절도 가정법 과거완료로 바꾼다.
[어휘] With + 명사(구), S + 가정법 시제: …이 있다면/ 있었더라면, purchase: 구입하다
[번역] 당신의 충고만 있었다면 내가 주식을 사지 않았을 것인데.

[C]

01
[해설]
(1) 문맥상 과거의 사실과 반대되는 일을 말하고 있으므로 가정법 과거완료의 귀결절이 온다.
(2) 과거의 사실과 반대되는 가정법 과거완료 조건절 시제이므로 had been이 온다. 단, 이 경우는 양보적 의미(비록 ~일지라도)이다.

> 나는 대부분의 사람들보다 훨씬 운이 좋다. 왜냐하면 나는 소년 시절 이래로 정확히 내가 하고 싶어 했던 일을 하면서 넉넉한 생활비를 벌 수 있었기 때문이다. 즉 설사 아무 보상이 없다 할지라도 내가 아주 기꺼이 무보수로라도 했었을 일을 하면서 말이다.

[어휘] make a living: 생계비를 벌다, precisely: 정확히, for nothing: 무료로/ 거저, reward: 보상

02
[해설]
(1) 조건절이 가정법 과거완료 시제이므로 귀결절도 가정법 과거완료 would not have been 이 온다.
(2) 뒤에 now가 있으므로 혼합가정의 형태이다. 따라서 현재와 반대되는 가정법 과거 wouldn't be 정답.
(3) I am sorry 뒤에는 직설법이 온다. 따라서 단순 과거시제 drove 정답
(4) as if 이하 시제는 주절 시제와 동일 시제이면 가정법 과거가 오므로 were not 정답.

> 그는 어젯밤 친구들과 술을 마신 후에 귀가 도중 교통사고를 당했다. 그는 다리를 다쳤으며 지금 병원에 입원해 있다. 그가 술을 마시고 운전을 하지 않았더라면, 다치지 않았을 것이고

지금 병원에 입원해 있지도 않을 텐데. 그가 마치 술에 취하지 않은 것처럼 음주운전을 한 것이 유감이다.

[어휘] be in hospital: 병원에 입원해 있다. intoxicated: (술, 마약 등에) 취한, drunk: 술 취한

03
[해설]
(1) 귀결절이 가정법 과거 시제이므로 조건절도 가정법 과거(could show)가 온다.
(2) wish 동사 뒤 절은 현재 이루지 못하는 소망은 가정법 과거(could grant)가 온다.
(3) 주절에 in a year(1년 후에) 가 있으므로 가정법 미래 시제 should가 온다.

우리의 오퍼 대리점 제도에 관하여 문의 해주셔서 감사합니다.
우리는 다음과 같은 대리점 운영제도가 있습니다. 당신이 5만 달러 이상의 판매실적을 보여주시면 우리는 당신의 지역에 우리 오퍼 대리점을 개설하도록 공식적인 허가를 해드립니다. 그러나 유감스럽게도 우리는 당신네 나라에 이미 대리점이 있습니다. 지금 당장에 당신에게 대리점을 개설하도록 허용하고 싶습니다만, 당신만 원하신다면 당신의 제안을 일 년 후에 긍정적으로 고려할 수는 있습니다. 일 년 후에 당신과 거래 관계 맺기를 기대합니다.

[어휘] inquire about: …을 문의하다, offer agency: (무역) 오퍼상, permission: 허가, performance: 실적, at the moment: 지금 당장, positively: 긍정적으로/ 적극적으로, look forward to + (동)명사: …을 고대하다

04
[해설]
(1) 시간 부사절에서는 will을 사용할 수 없으므로 go 정답.
(2) 문맥상 "어린애라도 해치지 않을 것이다" 의미로 현재의 사실과 반대되는 가정법 과거형 wouldn't hurt 정답.
(3) 주절 동사가 가정법 과거완료 형이므로 조건절도 had produced가 온다.

"내가 당신에게 말하고 싶은 게 있었어요." 라고 늙은 Sheppard가 말했다. 그러면서 그의 두 눈은 기억을 더듬느라 흐릿해졌다. "그게 무엇이었지? 내가 오늘 아침에 나올 때는 마음속으로 생각하고 있었는데." 그의 두 손은 떨기 시작했으며, 그의 턱수염 위쪽으로는 붉은 반점들이 보였다. 불쌍한 늙은 친구, 그는 이제 생명이 얼마 남지 않았구나 하고 상사는 생각했다. 동정심을 느끼면서 그는 이노인에게 윙크를 하고는 명랑하게 말했다. "당신이 이 추운 날씨에 밖으로 다시 나가기 전에 별 것 아니지만 당신에게 도움이 될 만한 것이 나한테 있어요. 깜찍한 것이죠. 어린아이라도 해롭지 않을 겁니다." 그는 자기의 시계 줄에서 열쇠 하나를 꺼내어 책상 아래에 있는 찬장을 열었다. 그리고 짙은 색의 작달막한 병 하나를 끄집어냈다. "이건 약이죠." 라고 말했다. "내가 이것을 구입했던 그 사람이 아주 은밀한 목소리로 이것은 Windsor 성의 지하 저장고에서 나온 것이라고 나한테 말하더군요."
늙은 Sheppard는 이 광경을 보고 입이 헤벌어졌다. 그는 이 상사가 토끼를 만들어 내었다 한들 이보다 더 놀라워 보이지는 않았을 것이다.

[어휘] dim: 희미한/ 흐릿한, tremble: 떨다, patch: (주변과 다른 조그만) 부분/ 조각/ 점, beard: 턱수염, chap: 친구, kindly: (형) 다정한, jokingly: 농담 삼아, a (little) drop of: 작은/ 소량의, take A off B: B에서 A를 꺼내다, draw forth: 끌어내다, on the quiet: 비밀리에, cellar: 지하 저장고

Chapter 9 조동사

P186 [check-up questions 1]

[A] 01 can't have, 02 can, 03 be able to, 04 was allowed to, 05 can't/ could, 06 couldn't
[B] (B)

[A]

01
[해설] 문맥상 과거의 사실에 대한 부정적 확신(~이었을리가 없다)의 의미이므로 can't have + p.p.가 온다.
[어휘] thoroughly: 철저히
[번역] 그는 그 시험준비를 철저히 해 왔기 때문에 그가 떨어졌을 리가 없다.

02
[해설] 현재의 가능성을 나타내는 can이 정답.
[어휘] suspect: 용의자, guilty: 유죄의
[번역] 그 용의자가 유죄라고 하는 것은 의심의 여지가 있을 수 없다.

03
[해설] 과거의 특정한 상황에서의 능력은 긍정문에서는 be able to를 쓴다.
[번역] 그는 전에는 그 강을 헤엄쳐 건너갈 수 있곤 했다. 그러나 요즘에는 다소 늙어가고 있다.

04
[해설] 문맥상 "…하는 걸 허용 받았다"의 의미이므로 was allowed to 가 정답.
[어휘] leave the office: 퇴근하다, be scheduled to + v: …하기로 되어 있다
[번역] 지난 금요일 나는 고객과 만나기로 되어 있었기 때문에 상관으로부터 일찍 퇴근하도록 허용받았다.

05
[해설] 앞 빈칸은 "불허"의 내용이므로 can't가 오며, 뒤 빈칸은 "부드러운 가능성"을 의미하는 could가 온다.
[어휘] result in: ~결과를 가져오다/ …을 초래하다
[번역] 여기서는 흡연이 화재의 위험을 초래할 수 있으므로 담배를 피울 수 없다.

06
[해설] 과거의 "불가능"을 나타내므로 couldn't 정답
[번역] 지난 토요일에는 비가 종일 심하게 와서 우리는 외출할 수 없었다.

[B]

01
[해설] 주어진 문장에서 could는 "현재나 미래에 대한 불확실한

가능성"을 의미하며, 이것과 가장 가까운 의미를 갖는 것은 (B)의 **could**이다.
[어휘] check out: (도서관에서 책을) 대출하다, **be concerned about**: ~을 걱정하다, **frightful**: 끔찍한/ 무시 무시한, **devastation**: 엄청난 파괴/ 황폐(화), **composition**: 작문
[번역] [보기] 짙은 안개 속에서 차를 운전하고 있다면 반대 방향에서 차가 올 수도 있다는 사실을 꼭 유념하는 것이 좋을 것이다.
(A) 도서관 카드를 가지고 있으면 책이나 비디오를 대출받을 수 있을 텐데. (능력)
(B) 우리는 미래의 전쟁이 가져다줄 수도 있는 더 끔찍한 황폐화를 걱정하고 있다. (가능성)
(C) 그녀는 다른 학생들이 풀 수 없었던 그러한 어려운 문제들의 답을 구할 수 있었다. (능력)
(D) 그렇게 어린 소년이 이처럼 훌륭한 작문을 썼다는 것이 과연 사실일까? (강한 의구심)

P189 [check-up questions 2]

[A] 01 won't, 02 would, 03 will, 04 (C), 05 (B)
[B] 01 (B), 02 (B)

[A]

01
[해설] 단순히 "미래의 예정"이 아니라 "의지"의 표명이므로 **won't** 정답.
[번역] 그 학생은 다시는 수업에 늦지 않겠다고 약속했다.

02
[해설] 과거의 불규칙적인 습관을 의미하므로 **would** 정답.
[번역] 나는 파리에 머무는 동안 한가할 때 Seine 강변을 따라 산책을 하곤 했었다.

03
[해설] 주어의 의지를 나타내므로 **will** 정답.
[번역] 너는 배고파 보인다. 내가 너에게 먹을 것을 사줄게.

04
[해설] 부정문에서 과거의 거절을 나타내므로 **(C) would** 정답.
[어휘] take place: 일어나다/ (행사가) 열리다
[번역] 그 끔찍한 사고가 난 직후에 아무도 무슨 일이 일어났는지 나에게 말해주려고 하지 않았다.

05
[해설] 불확실한 추측은 **would**로 나타낼 수 있으므로 (B) 정답.
[어휘] disability: 장애
[번역] 우리 사회의 인구가 점점 더 고령화되어 감에 따라서 이런저런 신체적 및 정신적 장애를 가진 사람들의 숫자가 아마 늘어날 것이다.

[B]

01
[해설] 문맥상 "부탁"을 의미하므로 같은 의미의 **will**은 (B)이다.
[어휘] get to work: 출근하다, **edit**: 편집하다, **register for**: …에 등록하다, **be scheduled to**: …하기로 예정되다, **judging from**: …으로 판단해보면, **constantly**: 끊임없이
[번역] 내일 아침에는 평소보다 더 일찍 출근 좀 해주실래요?
(A) 지금 출발하면 버스를 잡아탈 수 있을까요? (단순미래)

(B) 연례 영업보고서를 편집하는데 도와주실래요? (부탁)
(C) 다음 주에 열리기로 예정된 세미나에 등록하실 건가요? (의지 미래)
(D) 인류의 오랜 기간의 역사로 판단해보면, 전쟁은 끊임없이 일어나기 마련이다. (일반적 경향)

02
[해설] "차라리 ~하고 싶다"는 선택적 소망을 나타내므로 이와 같은 의미는 (B)의 **would prefer**이다.
[어휘] stay up late: 늦게까지 잠을 안 자고 있다, **asile**: (비행기 등의) 통로, **steadiness**: 끈기
[번역] 난 영화관보다는 미술관에 가고 싶다.
(A) 너는 밤늦게까지 잠을 안 자고 있으면 좋지 않다. (경고적 충고)
(B) 나는 창가 쪽 좌석보다는 통로 쪽 좌석을 더 선호한다. (선택적 소망)
(C) 너는 네가 묻고 싶은 만큼 많은 질문을 하는 것이 좋다. (충고)
(D) 너는 장래에 성공하기를 원한다면 끈기와 근면을 필요로 할 것이다. (**if**-절에서 **would**는 소망)

P192 [check-up questions 3]

01 might, 02 might as well, 03 may, 04 might have been, 05 may, 06 may well, 07 May, 08 might

01
[해설] 시제 일치 원칙에 의하여 **may**의 과거형 **might** 정답. 또는 **without** 이하를 조건절의 축약으로 보면 가정법 과거시제의 **might**라고 보아도 무방하다.
[어휘] proceed with: ~을 계속 진행하다, **funding**: 자금 지원
[번역] 부장이 말하기를 우리는 회사로부터 더 이상의 자금 지원이 없으면, 그 프로젝트를 계속 진행하지 않을 수도 있다고 한다.

02
[해설] 내용상 충고를 하는 말이므로 **might as well** 정답.
[어휘] might as well: ~하는게 낫다, **speak out**: 공개적으로 말하다(밝히다), **disagree**: 동의하지 않다
[번역] 너는 네가 동의하지 않는 바에 대해서는 상관에게 떳떳이 말하는 것이 좋다.

03
[해설] "허가"를 나타내므로 **may** 정답.
[번역] 학생들은 종이 울리면 즉시 시험지에 답안을 작성해도 된다.

04
[해설] 문맥상 "과거의 사실에 대한 추측"을 나타내고, 또 **otherwise** 뒤에는 가정법(이 경우는 가정법 과거완료)이 올 수 있으므로 **might have been** 정답.
[번역] 우리가 일찍 떠난 것은 잘 한 일이었다. 그렇지 않았으면 우리가 그 행사에 늦었을지도 모른다.

05
[해설] 현재의 추측을 나타내는 **may**가 정답. **might**는 현재에 대한 더 불확실한 추측을 나타낸다.
[어휘] variety: 품종, **orchid**: 난초, **play a role**: 역할을 하다, **muscle building**: 근육 형성
[번역] 연구에 의하면 난초의 한 품종이 근육 형성에 모종의 역할을 할지도 모른다는 것을 보여주고 있다.

06
[해설] 내용상 "당연성"을 나타내는 **may well**(…해도 괜찮다)이

정답.
[어휘] painting: 그림, excellent: 뛰어난/ 훌륭한
[번역] 그 그림들은 아주 훌륭하다. 우리가 벽에 걸어 놓을 수 있을 정도이다.

07
[해설] 문맥상 "허가"를 요청하고 있으므로 May 정답.
[번역] 제가 여기서 당신과 당신의 주택을 사진 찍어도 될까요?

08
[해설] 문맥상 "매우 불확실한 추측"을 의미하므로 may보다는 might가 더 어울린다.
[번역] 우리 가족은 약 1년쯤 후에 호주로 이사 갈지도 모르는데, 그럴지 어쩔지는 확실히 모르겠다.

P197 [check-up questions 4]

01 must, 02 should, 03 need to, 04 shall, 05 should, 06 should, 07 don't have to, 08 needn't have bought, 09 must, 10 should

01
[해설] 문맥상 "긍정적 확신"을 나타내므로 must 정답.
[어휘] volunteering: 자원봉사 활동, rewarding: 보람 있는, benefit: (v) …에게 유익하다
[번역] 자원봉사 활동은 자원봉사자에게 보람 있을 뿐 아니라 지역사회에도 틀림없이 유익한 것이다.

02
[해설] 문맥상 "당위성"을 나타내고 있으므로 should 정답.
[어휘] household jobs: 가사 일
[번역] Bessy는 자기와 남편이 가사 일을 분담해야 한다고 생각하고 있다.

03
[해설] 긍정문에서는 need가 본동사로 쓰이므로 뒤에 to-부정사가 온다. 관계대명사 which는 need의 목적이다.
[어휘] oxygen: 산소, aquatic creature: 수생 생물
[번역] 바닷물은 수생 생물들이 호흡하는데 필요한 산소를 포함하고 있다.

04
[해설] "상대방의 의향"을 물을 때 1인칭 주어(I, we)에서는 shall을 사용할 수 있다.
[번역] 우리는 오늘 밤 저녁 식사로 무얼 먹을까?

05
[해설] 주절에 의지동사(주장/ 요구/ 명령/ 제안/ 충고)가 오면 종속절에는 "당위성"을 나타내는 should가 오거나, 또는 생략해도 원형동사가 온다.
[어휘] insist: 주장하다, invest: 투자하다
[번역] 그는 우리가 현재 작업 중인 그 프로젝트에 돈을 좀 더 투자해야 한다고 주장했다.

06
[해설] 문맥상 "놀라움"을 나타내는 should가 온다.
[어휘] get married to: …와 결혼하다, cousin: 사촌
[번역] 그 유명한 여배우가 누구와 결혼하는가 했더니 내 사촌 자신이잖아?

07
[해설] 내용상 "…할 필요가 없다"의 의미이므로 don't have to 정답.

mustn't는 "…해서는 안된다"는 의미.
[어휘] hand in: 제출하다(= submit), extension: 기한 연장
[번역] 학생들은 다음 금요일까지는 리포트를 제출할 필요가 없다(다음 금요일이나 되어서 제출하면 된다). 그들은 1주일간의 기한 연장을 허용받았다.

08
[해설] 내용상 "과거에 불필요한 것을 괜히 했다"는 의미이므로 needn't have bought 정답.
[번역] 우리는 소풍에 그렇게 많은 음식을 살 필요가 없었는데 괜히 샀다. 그렇게 필요하지 않았다.

09
[해설] "현재의 긍정적 확신"을 나타내고 있으므로 must 정답.
[번역] Jack은 지금 사무실에서 틀림없이 일하고 있을 것이다. 그가 약 10분 전에 거기서 서류업무를 하고 있는 것을 내가 보았으니까.

10
[해설] [lest + s + should + v'](s가 …하지 않도록)의 표현을 묻고 있다. 이 표현은 원래 부정적 의미를 담고 있으므로 should 뒤에는 부정어 not/ never는 오지 않는다. 따라서 should 정답.
[어휘] explosion: 폭발, the other day: 일전에/ 지난번, terrible: 끔찍한
[번역] 우리는 일전에 거리에서 폭발사고가 난 후에 끔찍한 사고를 당하지 않도록 감히 외출하지 않았다.

P199 [check-up questions 5]

01 dares, 02 used to, 03 had better not, 04 go, 05 (D), 06 (C), 07 (D)

01
[해설] 의미상 "무모함/ 용기"를 나타내는 dare to + v가 온다. 여기서 dare는 본동사이다.
[어휘] dearly: 몹시/ 비싼 대가를 치르고
[번역] 그가 감히 나를 다시 화나게 한다면, 반드시 그에 대한 비싼 대가를 치르게 하겠다.

02
[해설] belong to (~에게 속하다)는 "과거의 계속적 상태"를 의미하므로 used to 정답.
[어휘] hand over: 넘겨주다/ 양도하다
[번역] 그 차는 (전에는) 내 차였으나, (지금은) 내 아들에게 넘겨주었다.

03
[해설] had better는 준 조동사이므로 not은 그 뒤에 온다. 따라서 had better not이 정답.
[어휘] hang around with: ~와 어울려 돌아다니다
[번역] 너는 그들과 밤늦게까지 어울려 돌아다니지 않는 것이 좋다.

04
[해설] dare는 부정문과 의문문에서는 조동사로 쓰이므로 그 뒤에는 원형동사 go가 온다.
[번역] 그녀가 어찌 무모하게 혼자서 숲속으로 들어간단 말인가?

05
[해설] 문맥상 경고적 충고의 의미이므로 (D) had better 정답.
[어휘] politician in power: 집권자, immediate issue: 시급한 문제, economic revitalization: 경제 활성화, youth unemployment: 청년실업, security: 안보/ 보안

[번역] 집권자들은 경제 활성화, 청년실업 및 안보와 같은 당면 문제에 집중해야 한다.

06
[해설] 과거의 습관과 현재의 상태를 비교하고 있으므로 (C) used to 정답.
[어휘] what with one thing and another: 이런저런 이유로
[번역] 이런저런 이유로 우리는 예전처럼 테니스를 자주 치지 못한다.

07
[해설] 부정문에서 dare는 본동사(미국식 영어), 조동사(영국식 영어) 양쪽으로 쓰이므로 (D) dares to 정답. 본문의 주어가 부정 어주 nobody이므로 (A), (B)는 실격이다.
[어휘] talkative: 수다스러운, for fear of: …을 두려워 하여
[번역] 그 교실의 모든 학생은 그녀가 너무 수다스럽다고 불평하지만, 그녀의 마음을 상하게 할까 봐 아무도 그 점에 대하여 그녀에게 이야기를 감히 하지 못한다.

P202 [check-up questions 6]

01 should not have bought, 02 should have rejected, 03 would have seen, 04 could have won, 05 must have eaten, 06 cannot have seen, 07 might have sat, 08 could not have known

01
[해설] 과거의 사실에 대한 후회는 should have + p.p.이므로 그 부정형인 should not have bought가 정답.
[어휘] stock: 주식, drop: (가격 등이) 떨어지다
[번역] 그 주식 가격이 작년 연말 이후로 계속 떨어지고 있어서 나는 그 주식을 사지 말았어야 했는데.

02
[해설] 과거에 대한 충고도 should have + p.p.이므로 should have rejected 정답.
[어휘] reject: 거절하다, officer: 관리, bribe: 뇌물
[번역] 그 관리는 그들이 제공한 뇌물을 거절했어야 했다.

03
[해설] 과거에 원했으나 이루지 못한 의지는 would have + p.p.로 표현한다.
[어휘] urgent meeting: 긴급회의
[번역] 네가 떠나기 전에 내가 너를 만나보려고 했었는데 긴급한 회의에 참석해야만 했었다.

04
[해설] 과거에 할 수 있었는데 이루지 못했던 가능성은 could have + p.p.로 표현한다.
[어휘] on account of: ~ 때문에, injury: 부상
[번역] 그 축구팀은 우승할 수 있었는데, 스타 선수가 부상 때문에 뛸 수 없었다.

05
[해설] 과거의 긍정적 확신은 must have + p.p.로 표현한다.
[번역] 테이블 위에 초콜릿 몇 개가 있었는데, 누군가가 틀림없이 먹었는가 보다. 지금 하나도 없다.

06
[해설] 과거의 부정적 확신은 cannot have + p.p.로 표현한다.
[번역] 내가 방금 전 그가 도서관에서 공부하고 있는 것을 보았기 때문에, 너는 조금 전 그가 축구하는 모습을 보았을 리가 없다.

07
[해설] 과거에 대한 불확실한 추측은 might have + p.p.이다.
[번역] Amy는 피곤해 보인다. 아마 어젯밤 늦게까지 잠을 안 잤는지도 모르겠다.

08
[해설] 먼 과거의 부정적 확신은 could not have + p.p.로 표현된다.
[어휘] medieval: 중세의, Copernican theory: 지동설, recognize: 인정하다
[번역] 중세인들은 그 시대에는 아직 지동설이 인정되지 않기 때문에 지구가 태양 주위를 돈다는 사실을 알았을 리가 없다.

P203 [조동사 | 종합문제]

[A] 01 (C), 02 (D), 03 (B), 04 (A), 05 (C), 06 (A), 07 (D), 08 (C), 09 (B), 10 (B)

[B] 01 (2) must break ⋯› must have broken, 02 (3) must have made ⋯› should have made (7) won't get ⋯› must not get or are not allowed to get, 03 (1) might (2) could (3) might well (4) could (5) must have been

[C] 01 The president might attend the meeting himself.
02 Amy must have studied very hard to win the first prize in the final exams.
03 What he said can't be true because he is a big talker.
04 You should see your close friends before you go abroad.
05 Shall we go on a picnic this weekend for a change?

[D] 01 You should have checked this product for any defects when you purchased it.
02 I might have left my cell phone at home as it's not in my pocket.
03 I can't have confused one with the other because I had been extra careful about them.
04 We needn't have come to the airport so early.
05 You had better not touch the animals as it might be dangerous.

[A]

01
[해설] 계약서나 법규정 등의 공식문서에서 당사자의 이행사항은 shall로 표현하므로 (C) 정답.
[어휘] employment contract: 고용 계약서, overtime allowance: 초과 수당, work overtime: 잔업하다
[번역] 고용 계약서에는 고용주가 직원들이 잔업 했을 때는 그들에게 초과 수당을 지급한다고 되어 있다.

02
[해설] 현재 "…할 필요가 없다"의 표현이므로 (D) don't have to 정답.
[어휘] fridge: 냉장고
[번역] 냉장고에 과일이 많이 남아서 지금은 과일을 살 필요가 없다.

03

[해설] 과거의 사실에 대한 긍정적 확신의 표현이므로 (B) must have been 정답.
[어휘] work overtime: 초과 근무(잔업)하다, urgent: 긴급한
[번역] 내가 지난주에 James를 만났을 때, 그는 수 주째 긴급한 프로젝트로 잔업을 해오고 있다고 말했다. 당시에 그는 무척 피곤했음이 틀림없다.

04
[해설] 내용상 앞 빈칸은 "경고적 충고" 의미의 had better, 뒤 빈칸은 "불확실한 추측"을 의미하는 might가 알맞다.
[번역] 나중에 눈이 올지도 모르니까 여기서 하룻밤 더 머무는 것이 좋을 거다. 눈 오는데 운전은 위험하니까.

05
[해설] 긍정문에서 "과거의 특정한 일에 대한 가능성과 능력"은 could보다는 was/ were able to를 쓴다. could는 부정문과 의문문에서 사용될 수 있다.
[어휘] assign: (과제를) 부과하다, have trouble -ing: …하느라고 애를 먹다, struggle: 분투노력하다
[번역] A: 지난주에 선생님이 내주신 수학 문제 다 풀었니?
B: 마지막 한 문제를 푸느라고 애를 먹었는데, 거의 한 시간 동안 애쓴 끝에 마침내 그 문제의 해법을 생각해낼 수 있었어.

06
[해설] 일반적 사실의 경우 현재는 can으로, 과거는 could를 쓴다.
[어휘] climate: 기후, the Pamirs: 파미르 고원, harsh: 혹독한
[번역] 파미르 고원의 기후는 거기에 살고 있는 몇 안 되는 사람들에게는 아주 혹독할 수 있다.

07
[해설] 보통 by now (지금쯤)와 함께 쓰여서 "지금쯤 어떤 일이 이루어졌어야 하는데"의 의미는 (D) should have + p.p.를 쓴다.
[어휘] delivery person: 배달원, normally: 보통은/ 보통 때는
[번역] 배달원이 아직 안 보이는 게 이상하다. 보통 때라면 지금쯤 (이미) 나타났어야 했는데.

08
[해설] 앞 빈칸은 현재의 가능성을 부정하는 can't가 오며, 뒤 빈칸은 "과거에 대한 불확실한 추측"을 나타내는 might have + p.p.가 온다.
[번역] 나는 지금까지 쭉 내 책상을 다 찾아보았지만, 그 서류를 발견할 수가 없다. 아마 누군가가 그걸 가져갔는가보다.

09
[해설] "화자의 현재 주관적 의무"는 (B) must로 표현한다. should/ ought to는 이 상황에서는 약한 표현이다.
[번역] 다른 방에서 내 고객이 우리의 미팅이 시작되기를 기다리고 있으니 난 지금 가봐야 한다.

10
[해설] "과거의 계속적 상태"는 (B) used to로 표현한다 (like는 상태동사).
[번역] 나는 대학생이었을 때는 테니스 치기를 늘 좋아했지만, 지금은 항상 너무 바빠서 칠 수가 없다.

[B]

01
[해설]
(1) 밑줄 친 부분은 가정법 과거완료 시제에서 조건절의 if가 생략되어 주어와 조동사가 도치된 형태이다. 즉 if my nerves had not been so strong ⟶ had my nerves not been으로 도치되었으므로 맞다.
(2) 문맥상 과거의 긍정적 확신을 표현해야 하므로 must have broken으로 고친다.
[어휘] anxiety: 불안/ 염려, allot: 할당(배당)하다/ 분담시키다, in abundant measure: 엄청난 양으로, nerve: 신경/ 용기(대담성), under the weight (of …): (…의) 중압감으로/ …의 무게를 못견디고
[번역] 내 삶에서 때때로 불안, 어려움 및 슬픔이 엄청난 양으로 나에게 몰려왔기 때문에, 나의 심지가 굳지 않았더라면 나는 그 중압감으로 틀림없이 무너져버렸을 것이다.

02
[해설]
(3) 문맥상 과거의 사실에 대하여 후회하고 있으므로 must have made(만들었음에 틀림없다) ⟶ should have made(만들었어야 했는데)로 바꾼다.
(4) 문맥상 규칙에 의한 "강한 금지"를 언급하고 있으므로 won't get ⟶ must not get 또는 are not allowed to get으로 바꾼다.

A: 어제 다운받은 파일을 찾을 수가 없어.
B: 거기에 분명히 있을거야. 내가 Sam이 방금 전에 그걸 여는 걸 보았거든.
A: 아냐, 없어. 그가 뭔가를 잘못했음이 틀림없어. 내가 백업 복사본을 만들어 뒀어야 했는데.
B: 걱정 마. 인터넷에서 다시 다운받을 수 있어. 네가 원하면 내가 해줄게.
A: 고마워. 내가 오늘 밤 그걸 보려고 기대하고 있었거든.
B: 그런데, 내일이나 되어야 내가 그걸 할 수 있을 것인데. 내가 보고서 편집을 먼저 끝내야 하거든.
A: 하지만 그건 다음 주 월요일까지 제출하면 되잖아.
B: 맞아. 하지만 내가 그걸 계속하는 게 나을거야. 너도 알다시피 나는 이 일이 진도가 잘 안 나가.
A: 내가 그걸 끝내도록 도와줄까?
B: 아냐, 우리는 다른 사람으로부터 도움받지 못하게 되어 있어. 그건 숫제 우리 자신이 해야 해. 하지만 마음만은 고마워.

[어휘] proceed with: …을 계속 수행하다, get on fast with: (어떤 일을) 빨리 진행해 나아가다

03
[해설]
(1) 문맥상 "불확실한 추측"을 의미하므로 might 정답.
(2) 과거의 능력을 의미하므로 could 정답.
(3) "부드러운 당위성"을 나타내는 might well(…해도 무리가 아니다)가 정답.
(4) "과거의 불확실한 추측"은 could have + p.p. (or might have p.p.)로 나타낸다.
(5) 문맥상 "과거의 강한 긍정적 확신"을 나타내므로 must have been 정답.

화성으로의 유인 탐험이 가능할 것 같다. 미국의 우주 과학자인 Ernst Schiller 박사는 여러 가지 관점에서 화성이 달보다 더 흥미로운 것으로 믿고 있다. 유인 화성 탐사선이 중력이 약해져서 더 이상 산소를 지탱할 수 없어서 사라져버린 문명사회의 흔적을 밝혀줄지도 모른다. 그것을 입증해줄 고고학적 유물들이 있을법도 하다. 왜냐하면, 화성이 어떤 진보된 생명체가 한때 존재할 수 있었던 유일한 행성이기 때문이다. 관찰에 의하면 예상했던 것보다 운석으로 인한 분화구(수)가 훨씬 더 적은 것으로

밝혀졌다. 대부분의 분화구들은 아마도 바람과 물에 의하여 침식되었음이 틀림없다.

[어휘] **manned**: 사람을 태운, **expedition**: 탐험(대), **on the cards**: 발생할 것 같은/ 가능할 수 있는, **probe**: 탐사(선), **uncover**: 밝히다, **trace**: 흔적/ 자취, **gravity**: 중력, **retain**: 유지(보존)하다, **remains**: 유물/ 잔존물, **archaeological**: 고고학적인, **sustain**: 존속시키다/ 살아가게 하다, **observation**: 관찰, **reveal**: 밝히다, **crater**: 분화구

Chapter 10 형용사

P211 [check-up questions 1]

01 successive, 02 current, 03 economic, 04 (C), 05 (A), 06 (B), 07 (D)

[A]

01
[해설] 명사 앞에서는 형용사가 오는 것이 원칙이므로 **successive** 정답.
[어휘] **successive**: 연이은/ 이어받는, **succession**: 계승, **heir**: 상속인
[번역] Charlestone 씨는 자기 아버지가 작고하면 가게의 식품 사업을 이어받는 상속자가 될 것이다.

02
[해설] 명사를 수식하는 것은 형용사이며 부사는 명사를 수식할 수 없으므로 **current** 정답.
[어휘] **break up with**: …와 결별하다
[번역] 그녀는 현재의 남자친구와 결별하기로 결정했다.

03
[해설] 명사 앞에서 형용사가 수식하므로 **economic** 정답.
[어휘] **improving**: 개선되는, **economic condition**: 경제 상황
[번역] 호전되고 있는 경제 상황 때문에 투자가 증가하고 있다.

04
[해설] Anyone + 형용사 + for…(…에 책임 있는 사람)의 형태이므로 (C) **responsible** 정답. (B) **responsive**는 뒤에 전치사 to 가 온다.
[어휘] **error**: 실수/ 오류, **correct**: 정정하다/ 바로잡다, **response**: 응답/ 반응, **responsive**: 반응하는
[번역] 보고서의 오류에 책임 있는 사람은 누구든지 그것을 바로잡아야 한다.

05
[해설] something을 뒤에서 수식하는 형용사 (A)가 정답. 그 앞의 a little은 형용사 sad를 수식하는 부사구.
[번역] 아주 인기가 많았던 죽은 그 여배우에게는 다소 슬퍼 보이는 뭔가가 늘 있었다는 것이 마음이 아프다.

06
[해설] 명사 앞에서는 형용사가 우선이므로 (B) 정답.
[어휘] **take a look at**: …을 바라보다, **spiritual**: 정신적인/ 영적인
[번역] 나는 나의 영적인 삶을 깊이 통찰했다. 그러자 하나님께서 많은 것들에 대하여 내 눈을 열어주셨다.

07
[해설] no는 anyone을 수식할 수 없으며 enough는 형용사나 부사 뒤에서 수식하므로 (D) 정답.
[어휘] **stupid**: 어리석은, **nonsense**: 말도 안 되는 소리/ 허튼소리
[번역] 난 그런 전혀 말도 안 되는 소리를 믿을 만큼 어리석은 사람은 없다고 생각한다.

P214 [check-up questions 2]

01 persuasive, 02 productive, 03 short, 04 smart, 05 (B), 06 (B), 07 (C), 08 (C), 09 (A), 10 (D)

01
[해설] 감각동사 sound 뒤에는 형용사가 주격보어로 와야 하므로 **persuasive** 정답.
[어휘] **consultant**: 상담 전문가, **argument**: 논쟁/ 주장, **persuasive**: 설득력 있는
[번역] 상담 전문가의 주장은 설득력 있게 들렸다.

02
[해설] 2형식 동사 remain 뒤에는 형용사가 주격보어로 와야 하므로 **productive** 정답.
[어휘] **encourage**: 권장하다/ 격려하다, **productive**: 생산적인/ 능률적인
[번역] 그 교사는 학생들에게 계속 능률성을 유지하기 위해 잠시 휴식을 취하라고 권장했다.

03
[해설] 2형식 동사 run 뒤에는 형용사가 주격보어이므로 **short** 정답.
[어휘] **run short of**: …이 부족해지다
[번역] 우리는 프로젝트 자금이 부족해지고 있다.

04
[해설] become 뒤에 오는 주격보어 형용사가 how의 수식을 받아 도치된 형태이므로 **smart**가 정답.
[어휘] [It is + 강조어구 + that + s + v…] (It…that 강조구문), **determine**: 결정하다
[번역] 어린아이가 장차 얼마나 똑똑해지느냐를 결정짓는 데 도움이 되는 것은 가정과 학교의 환경이다.

05
[해설] be 동사 뒤에서는 형용사가 주격보어이므로 (B) 정답. (C)는 [confident of + 명사(구)]의 형태이다.
[어휘] **confident**: 확신하는, **overcome**: 극복하다, **will**: (n) 의지
[번역] 나는 환경의 힘을 강한 의지로 극복할 수 있다고 확신한다.

06
[해설] calm (침착한)은 형용사로 주격보어 역할을 한다. 따라서 2형식 동사 (B) 정답.
[어휘] **embarrassing situation**: 당황스러운 상황
[번역] 놀랍게도 그 어린애는 당황스러운 상황에서도 침착성을 유지했다.

07
[해설] 2형식 동사 smell은 뒤에 명사가 올 때는 of와 함께 쓰이므로 (C) 정답.
[어휘] **chemical**: (n) 화학물질/ 화학약품
[번역] 우리가 방금 구입한 가구에서는 어떤 화학물질 냄새가 난다.

08
[해설] 문맥상 "…할 수 있는" 의미의 형용사가 오며 뒤에 of와 어울릴 수 있는 것은 (C) **capable**이다.
[어휘] **newly purchased**: 새로 구입한, **manufacture**: 제조하다

[번역] 새로 구입한 그 기계는 1시간에 수백 개의 제품을 제조할 능력이 있다.

09
[해설] 문맥상 "…을 고맙게 여기는" 의미의 형용사이며 of와 어울릴 수 있는 (A) appreciative 정답. (cf.) thankful/ grateful 뒤에는 *for*가 온다.
[어휘] department: (회사의) 부서, put an effort into: …에 노력을 기울이다, meet the deadline: 마감 기한을 맞추다, gratitude: (n) 감사
[번역] 이 부서의 부장으로서 나는 직원들이 프로젝트의 마감 기한을 제시간에 맞추기 위해 기울인 모든 노력에 감사드립니다.

10
[해설] "…와 양립할 수 있는" 의미를 가지고 with와 어울리는 (D) compatible 정답.
[어휘] measure: 조치, compatible with: …와 양립할 수 있는, profit: 이익/ 수익
[번역] 연구조사에 의하면, 기업들의 환경 보호 조치는 그들의 수익의 증가와 양립할 수 있다고 한다.

P216 [check-up questions 3]

01 (A), 02 (B), 03 (A), 04 (D), 05 (A)

01
[해설] 5형식 동사 find는 목적어(themselves) 뒤에 형용사가 목적격 보어이므로 (A) 정답.
[어휘] dependent on: …에 의존하는, coworker: 동료, join a company: 회사에 입사하다
[번역] 신입사원들은 입사 직후에 자신들이 동료들에게 의존하고 있다는 것을 아마 발견하게 될 것이다.

02
[해설] cut은 5형식으로 쓰일 때 그 수동태는 [be cut + 형용사](잘라서 …상태가 되다)가 되므로 (B) 정답.
[어휘] mailing envelop: 우편 봉투, deliver: 배달하다, dotted line: 점선
[번역] 사무실로 배달되는 우편 봉투는 푸른색 점선을 따라서 잘라 개봉해야 한다.

03
[해설] 목적격 보어 자리이므로 형용사가 오며 뒤에 of가 있으므로 (B) 정답. (A) worth + 명사/ 동명사, (D) worthwhile + 명사/ to-부정사
[어휘] gladly: 기꺼이, favorable: 유리한
[번역] 나는 열심히 일해왔기 때문에 나 자신이 그러한 유리한 조건을 받을 만하다고 기꺼이 여기는 바다.

04
[해설] 5형식 문형이므로 5형식 동사 (D) made 정답.
[어휘] release: 발표하다/ 출시하다
[번역] 새로 발표된 노래가 그 대중가요 가수를 전 세계적으로 유명하게 만들어 주었다.

05
[해설] [be found + 형용사/ be set + 형용사]이므로 모두 형용사가 온다. 따라서 (A) 정답.
[어휘] suspect: (명) 혐의자/ 용의자, innocent: 결백한, be set free: 석방되다

[번역] 그 용의자는 결백한 것이 밝혀져서 즉시 석방되었다.

P218 [check-up questions 4]

01 timely, 02 friendly, 03 costly, 04 likely, 05 deadly

01
[해설] 명사(reminder) 앞에서는 형용사가 와야 하므로 timely 정답.
[어휘] reminder: 상기시키는 것/ 독촉장, terms of the contract: 계약조건, renew: 갱신하다
[번역] 그는 우리가 계약을 갱신하기 전에 그 조건들을 확인해야 한다고 적시에 상기를 시켜주었다.

02
[해설] 명사 앞에서 그 명사를 수식하는 것은 형용사이므로 friendly 정답.
[어휘] environmentally friendly: 환경친화적인, washing powder: 세제/ 가루비누
[번역] 그 회사는 창사 이래로 환경친화적인 세제를 생산해오고 있다.

03
[해설] 명사 앞에서는 형용사가 와야 하므로 costly 정답.
[어휘] come up with: 알아내다/ 생각해 내다, handle: 다루다/ 처리하다, recruitment: 신입사원 모집
[번역] 우리는 신입사원 모집 과정을 좀 더 저비용으로 처리하는 방법을 찾아내야 한다.

04
[해설] be likely to-부정사(…일 것 같다)의 표현을 묻고 있으므로 정답은 likely.
[어휘] make a remark: 언급하다, offend: (남의) 마음을 상하게 하다
[번역] 타인들의 마음을 상하게 할 수 있는 말은 하지 않도록 주의해야 한다.

05
[해설] disease(질병)을 수식하는 의미상 알맞은 형용사는 deadly(치명적인) 이다.
[어휘] in addition to: …이 외에도, insidious: 서서히(은밀히) 퍼지는, apparent: 명백한
[번역] 암은 치명적인 질병이면서도 명백히 드러나기 전 수년 동안 몸속에 잠복하여 서서히 퍼져가는 병이다.

P221 [check-up questions 5]

[A] 01 the only, 02 living, 03 worth, 04 contented, 05 main
[B] 01 (D), 02 (C), 03 (D), (E)

[A]

01
[해설] 문맥상 "유일한 이유" 의 뜻이므로 형용사로 쓰인 the only가 정답. only the reason (오직 그 이유뿐 ➔ 부사).
[어휘] psychologist: 심리학자, social contacts: 사교계의 연줄, loneliness: 외로움/ 고독

[번역] 심리학자들은 우리가 사귀는 사회적 교제의 수가 외로움을 좌우하는 유일한 이유가 아니라는 것을 알아냈다.

02
[해설] alive(살아 있는)는 명사 수식 불가이므로 living(살아있는)이 정답.
[어휘] life span: 수명, be related to: …와 관계가 있다, metabolism: 신진대사, living thing: 생물
[번역] 연구에 의하면 수명은 생물이 에너지를 소모하는 속도를 나타내는 신진대사와 관계가 있다는 것이 밝혀졌다.

03
[해설] worth v-ing 와 worthy of + (동)명사의 구별문제이므로 worth가 정답.
[어휘] invest: 투자하다, real estate: 부동산
[번역] 이런 시기에 부동산에 투자할 가치가 있다고 생각하십니까?

04
[해설] content(만족한)은 명사 앞에 쓰이지 않으므로 contented(만족스런)가 정답.
[어휘] contented look: 만족스러운 표정, note: 주목하다/ 알다, inspection: 점검/ 검사
[번역] Mike는 자기네가 검사에 통과되었다는 소식을 알고는 얼굴에 만족스러운 표정을 지었다.

05
[해설] 명사 앞에서는 main(주된)이 정답. aware(알고 있는)는 보어로만 쓰인다.
[어휘] defeat: 물리치다 (be defeated: 패하다), lack: (n) 결여/ 부족, confidence: 자신감
[번역] 축구 국가대표팀이 패배한 주된 이유는 자신감의 결여였다.

[B]

01
[해설] certain이 보어로 쓰이면 "확실한/ 확신하는"의 뜻이며, 명사를 수식할 때에는 "어떤"의 뜻이다. 따라서 (A), (B), (C)는 보어로 쓰인 것이므로 (D)가 정답.
[어휘] secure a contract: 계약을 따내다, continuous: 계속적인
[번역] (A) 우리가 그 계약을 따낼 것으로 확신한다.
(B) 그녀는 시험에 합격할 자신이 있어 보인다.
(C) 오늘 밤, 이 지역에 강풍이 몰아쳐 올 것이 확실한 것 같다.
(D) 그가 계속해서 승리하는 것은 어떤 비결이 있는 것이 확실하다.

02
[해설] (A) main은 보어로 쓸 수 없으므로 본문을 They are the main subjects we'll discuss at the meeting. (그것들이 우리가 회의에서 토론하게 될 주요 주제들이다)로 바꾼다.
(B) alike는 명사 앞에서 쓰일 수 없으므로 alike → identical.
(C) alive(살아 있는/ 활기 있는)은 보어로 쓰이므로 맞다.
(D) drunk는 보어로 쓰이므로 drunk → drunken man (술 취한 사람).
[어휘] confuse A with B: A와 B를 혼동하다, identical twins: 일란성 쌍둥이
[번역] (B) 나는 항상 그 일란성 쌍둥이를 서로 혼동한다.
(C) 우리는 우리의 산업의 활성화를 유지하고자 모든 노력을 하고 있다.
(D) 너는 술 취한 사람이 운전하도록 해서는 안 된다.

03
[해설] (A) handsome은 "멋진/ 훌륭한"의 뜻으로 맞다. (B) foreign은 "외제의/ 외국산의"란 의미로 맞다. (C) not only … but (also) (…뿐만 아니라 …도)의 표현으로 맞다. (D) alike는 보어로만 쓰이므로 alike → like(…처럼)로 고친다. (E) mere (단순한)은 명사 앞에서만 사용되므로 의미상 mere → insignificant(하찮은/ 별 볼 일 없는)로 고친다.
[어휘] bestow: 주다/ 부여하다, passenger: 승객, face: (동) 얼굴을 (어느 쪽으로) 향하다, sleekness: 매끄러움/ 세련됨, exterior: 외부/ 겉모습
[번역] 자동차란 멋진 물건이다. 특히 외제인 경우에. 그러나 차는 그 안에 타고 있는 사람에 대해서는 어떤 힘이나 아름다움 같은 것은 전혀 주지 못한다. 그 안에 타고 있는 사람들은 마치 바람을 타고 있는 갈매기나 호기심 어린 팽귄처럼 한쪽 방향으로만 얼굴을 두르고 있을 뿐 아니라, 자동차 외장의 세련됨이나 번쩍거림은 그들을 별 볼 일 없는 존재로 보이도록 만들어 버린다.

P224 [형용사 | 종합문제]

[A] 01 (B), 02 (A), 03 (A), 04 (B), 05 (C), 06 (A), 07 (A), 08 (A), 09 (C), 10 (D)
[B] 01 (1) other (2) identical, 02 (1) practical (2) beneficial, 03 (1) like (2) worth (3) large (4) accurately, 04 (1) living (2) active (3) healthy (4) Only the
[C] 01 worth/ laid, 02 Unlike/ flexible/ imaginable, 03 missing/ alive, 04 fond/ opposite, 05 certain/ successive
[D] 01 The current prime minister attended the event, but the former one(or prime minister) was absent from it.
02 It is certain that consumers depend only on reliable products.
03 Those present at the meeting kept silent for a while.
04 I am opposed to the suggestion that the policy should hold good until the end of this year.
05 My elder (or older) brother is my only sibling.

[A]

01
[해설] 명사 aid를 수식하는 형용사가 필요하다. (B) financial과 other types of가 공동으로 aid를 수식한다.
[어휘] recruit: 모집하다, financial: 재정적인, carry out: 완수하다/ 이행하다
[번역] 우리는 새 프로그램들을 이행하는 데 도움을 주기 위하여 재정 및 기타 원조를 해줄 외부 후원자들을 모집했다.

02
[해설] 명사 way를 뒤에서 수식하는 형용사 (A) similar 정답. 비교급은 문맥상 어울리지 않는다.
[어휘] pupil: 눈동자/ 동공
[번역] 카메라 셔터는 사람의 동공과 같은 방식으로 어둠 속에서는 더 넓어진다.

03
[해설] 2형식 동사 run 뒤에는 형용사 (A) 가 주격보어로서 정답
[어휘] fungus: 곰팡이 균류, invade: 침투하다, disrupt: 교란시키다, run wild: 제멋대로 자라다

[번역] 곰팡이 균류는 동물의 피부에 침투해서 수분의 균형을 교란시키는데, 남북 아메리카와 호주의 일부 지역에서 창궐하고 있다.

04
[해설] 뒤에 전치사 of와 함께 쓰이는 형용사는 (B) aware이다.
[어휘] **reflect**: 반영하다, **be aware of**: …을 인식하다, **driving while drunk**: 음주운전
[번역] 그 의견들은 시민들이 음주운전의 위험성을 인식해야 한다는 기본 도덕적 견해를 반영하고 있다.

05
[해설] 주격보어가 도치되어 문두에 나온 형태이므로 정답은 (C) painful (고통스러운) 이다.
[어휘] 형용사 + **as** + **s** + **may be**: s가 아무리 …한다할지라도, **freedom of speech**: 언론의 자유, **all-or-nothing**: 전부가 아니면 제로인/ 양단간의, **proposition**: 명제/ 과제
[번역] 받아들이기가 아무리 고통스럽다 할지라도 언론의 자유는 전부 아니면 무라는 양자택일의 명제이다.

06
[해설] 5형식 문형 [make + 목 + 형용사]의 형태이므로 목적격 보어 자리에는 (A) simple 정답.
[어휘] **store**: 저장하다
[번역] 기술팀은 고객 데이터베이스 저장 과정을 단순화하고자 애를 쓰고 있다.

07
[해설] 5형식 문형 [keep + 목 + 형용사(oc)]의 형태로 목적격 보어 자리에 오는 형용사를 묻고 있다. 문맥상 "비밀의" 뜻이 와야 하므로 (A) 정답. (B) confident는 "확신하는" 의 뜻.
[어휘] **collect**: 수집하다, **account**: 거래(관계), **strictly**: 엄격하게, **confidential**: 비밀의/ 은밀한
[번역] 모든 직원은 고객과의 거래 관계에서 수집한 모든 고객 정보는 엄격히 비밀로 유지해야 한다.

08
[해설] [최상급 + 명사 + imaginable](상상할 수 있는 것 중 가장 …하는)의 관용적 형태이므로 (A) 정답.
[어휘] **be defeated**: 패배하다, **imaginary**: 상상 속의, **imaginative**: 상상력이 풍부한
[번역] 그 나라 축구 국가 대표 팀은 최악의 상황 속에서 패했다.

09
[해설] 명사 앞에서는 형용사가 와야 하므로 (C) friendly(우호적인) 정답.
[어휘] **hospitality**: 접대/ 환대, **native tribe**: 원주민 부족, **in a friendly manner**: 우호적으로
[번역] 우리는 원주민 부족이 우리를 우호적으로 대해 주었던 환대를 잊을 수 없다.

10
[해설] 문맥상 be likely to-부정사(…할 것 같다)의 표현이므로 (D) 정답.
[어휘] **due to**: … 때문에, **harvest**: 수확(량)
[번역] 금년 가을에는 풍작으로 인하여 과일 가격이 떨어질 것 같다.

[B]

01
[해설]
(1) 막연한 범위에서 "다른 것"을 표현할 때는 **the**를 붙이지 않으므로 other 정답.
(2) 명사 term을 뒤에서 수식하는 형용사 identical이 정답이다.

> 당신이 우리에게 별도의 지시를 해주지 않으면, 당신의 계정은 위에 열거된 현재의 기간과 동일한 기간으로 자동 갱신됩니다.

[어휘] **instruction**: 지시/ 명령, **account**: 계정/ 계좌, **renew**: 갱신하다, **term**: 기간, **identical to**: …와 동일한, **identified**: 확인된, **listed above**: 위에 열거된

02
[해설]
(1) 문맥상 "실용적인"의 의미를 갖는 practical 정답. (cf.) **practicable**: 실행 가능한
(2) 의미상 "유익한"의 의미이므로 beneficial 정답. (cf.) **beneficent**: 선을 베푸는/ 친절한

> 학생들이 학교에서 배우는 지식이나 이론들은 (졸업 후의) 실제 사회에서 실용적인 가치를 지녀야 한다. 즉 말하자면, 그들이 학교에서 배우는 것은 장차 그들의 성공에 유익한 것이라야 한다.

03
[해설]
(1) 뒤에 목적어가 있으면 **like**, 없으면 **alike**가 오므로 이 경우는 like 정답.
(2) 뒤에 동명사나 명사가 바로 오면 worth 가 온다. (cf.) **worthy of** + (동)명사
(3) 뒤에 있는 명사 neurons를 수식하는 형용사라야 하므로 large 정답.
(4) 본 문장은 3형식 문형이며, 3형식은 [S + V + O + 부사]의 형태가 되므로 부사 accurately 정답.

> 당신이 대부분의 사람들과 같다면, 당신은 바닷가재에 대하여 별로 생각하지 않을 것이다. 당신이 바닷가재를 먹지 않는다면 말이다. 그러나 이 흥미롭고 맛있는 갑각류는 고려해 볼 만한 가치가 충분하다. 그들의 신경계는 크고 쉽게 식별할 수 있는 신경세포가 있어서 비교적 단순하다. 이것 때문에 과학자들은 바닷가재의 신경회로망 지도를 아주 정확하게 그릴 수 있었다.

[어휘] **lobster**: 바닷가재, **crustaceans**: 갑각류, **nervous system**: 신경계, **observable**: 관찰(식별) 가능한, **neuron**: 신경세포, **map**: (v) 지도를 그리다, **neural circuitry**: 신경회로망

04
[해설]
(1) **alive**는 보어로만 쓰이므로 명사 앞에 사용 불가이다. living(살아있는)이 정답.
(2) 문맥상 "활발한 기능"의 뜻이므로 형용사 active(활발한) 정답. (cf.) **actual**: 실제상의
(3) 의미상 "건강한 유기체"의 뜻이므로 healthy(건강한)가 정답. (cf.) **healthful**: 건강에 좋은
(4) 문맥상 "오직 죽어가는 자들만"의 뜻이므로 Only the 정답. (cf.) **the** + 형용사/ 분사: ~한 사람들 (복수)

> 간단히 말해서 당신은 나에게 내 인생에서 내가 무슨 만족을 얻으며, 왜 계속 일을 하느냐고 묻고 있다.
> 나는 암탉이 계속 알을 낳는 것과 똑같은 이유로 나도 계속 일을 하는 것이다. 모든 생명체에는 활발한 기능을

수행하고자 하는 불분명하지만 강력한 충동이 있기 마련이다. 생명은 살아갈 것을 필요로 한다. 비활동성은 건강한 유기체에게는 고통스럽고도 위험한 것이다 – 사실은 그건 불가능한 것이다. 오직 죽어가는 것들 만이 사실상 활동이 멈추어지는 것이다.

[어휘] lay eggs: 알을 낳다, obscure: 모호한, impulse: 충동, perform a function: 기능을 수행하다, inaction: 활동부족/ 비활동성, organism: 유기체/ 생물, the dying: 죽어가는 사람들, idle: 활동이 멈춘

Chapter 11 부사

P229 [check-up questions 1]

01 steadily, **02** properly, **03** favorably, **04** irresistibly, **05** rapidly

01
[해설] 조동사(will)와 본동사(grow) 사이에는 부사 steadily가 온다.
[어휘] steadily: 꾸준히, sales: 매출액, significantly: 상당히/ 꽤 많이
[번역] 회사의 매출액이 대폭 감소하지 않으면, 그 회사는 꾸준히 성장할 것이다.

02
[해설] 완전한 문장(s + v + 목) 뒤에는 부사가 오므로 properly 정답.
[어휘] confirm: 확인하다, credit: 신용, properly: 적절히
[번역] 우리는 당신의 신용정보를 잘 받았음을 확인하는 바입니다.

03
[해설] 자동사와 전치사 사이에는 그 동사를 수식하는 부사가 와야 하므로 favorably가 정답.
[어휘] reply to: …에게 답변하다, favorably: 유리하게/ 호의적으로, offer: 제안
[번역] 고객들은 우리의 제안에 호의적으로 답변해 왔다.

04
[해설] 형용사(romantic) 앞에는 부사가 와야 하므로 irresistibly 정답.
[어휘] irresistibly: 억누를 수 없을 만큼/ 단연, reputation: 명성/ 평판
[번역] 그 표현할 수 없을 만큼 낭만적인 정원은 "시인들이 죽으러 가는 장소"라는 명성을 지니고 있다.

05
[해설] 3형식 동사(replace)의 be + p.p. 뒤에는 부사가 와야 하므로 rapidly가 정답.
[어휘] replace: 교체하다, rapidly: 빠르게, initially: 처음에
[번역] 컴퓨터는 우리가 애초에 예상했던 것보다 빠르게 교체되었다.

P232 [check-up questions 2]

[A] **01** highly, **02** close, **03** most, **04** freely, **05** (A)
[B] **01** (B) hard ⋯ hardly, **02** (B) late ⋯ later

[A]

01
[해설] be와 p.p. 사이에는 highly가 온다 (be highly + p.p.의 형태).
[어휘] be highly recommended: 높이 추천되다, former boss: 전 직장의 상관
[번역] 김 씨는 전 직장의 상사로부터 새로운 회사에 높이 평가받으며 추천되었다.

02
[해설] 문맥상 "…에 가까이에"는 close to 로 표현하므로 정답은 close.
[어휘] annual sales figures: 연간 매출고, come close to: …에 가깝다, estimate: 추정치(량)
[번역] 지금까지 기록된 연간 매출액은 금년도 매출 추정치에 가깝게 접근했다.

03
[해설] 과거분사 surprised를 강조하여 수식하므로 most(무척)가 정답.
[어휘] get engaged to: …와 약혼하다
[번역] 나는 Mary가 내 사촌 Tom과 약혼했다는 소식을 듣고 무척 놀랐다.

04
[해설] 문맥상 "마음대로 이용할 수 있는"의 뜻으로 freely 정답. (cf.) free(무료로)는 보통 문장 끝에 온다.
[어휘] association: 협회, available: 이용할 수 있는
[번역] 협회는 회원들이 자기네 정보를 마음대로 이용할 수 있게 하고 있다.

05
[해설] "두 시간 늦게"라는 표현은 two hours late로 나타내므로 (A) late 정답. (cf.) 시간 + later: ~후에
[어휘] due to: … 때문에, mechanical failure: 기계 고장
[번역] 파리행 비행기는 기계 고장 때문에 두 시간 늦게 출발했다.

[B]

01
[해설] 문맥상 부정적 의미이다. s + can hardly + v의 형태이므로 (B) hard ⋯ hardly로 고친다. (C)의 like는 "…와 같은" 의미의 형용사로 쓰였고 뒤에 than이 있으므로 비교급의 형태는 맞다.
[어휘] drag: (질질) 끌다, than ever: 그 어느 때보다도
[번역] 눈이 너무나 깊이 쌓이게 되어서 그들은 작은 다리를 눈 속에서 거의 끌어 옮길 수가 없었다. 나무들은 그 어느 때보다도 (눈이 많이 쌓여) 두툼해져서 서로 비슷하게 보였다.

02
[해설] (A)는 "3시간 늦게"의 뜻이므로 맞다. (B)는 문맥상 "일주일 후에"의 뜻이므로 late ⋯ later.
[어휘] conclude: 마무리 짓다, proposed contract: 계약 안, agreement: 합의
[번역] 우리는 악천후 때문에 서울을 향하여 뉴욕공항을 3시간 늦게 출발했다. 서울에 도착한 즉시 우리의 협력 업체와 계약안을 마무리 짓고자 애를 썼다. 마침내 1주일 후에 우리는 서로에게 만족스러운 합의에 도달했다.

P234 [check-up questions 3]

01 much, 02 much, 03 much, 04 very, 05 very, 06 much

01
[해설] 비교급을 수식하므로 much가 정답.
[어휘] culture shock: 문화적 충격, mild: 약한, in comparison with: …와 비교하여, serious: 심각한
[번역] 문화적 충격은 훨씬 더 심각한 미래의 충격과 비교해보면 상대적으로 약한 것이다.

02
[해설] 수동태에서 과거분사는 much가 수식한다.
[어휘] paradox: 역설, Zeno's paradox: (수학) 제논의 역설
[번역] 역설은 고대 그리스에서 철학자들에게 인기가 있었다. 예를 들어서 제논의 역설은 그 당시에 논쟁이 아주 많은 주제였다.

03
[해설] the same은 much가 수식한다. very는 단어 하나만을 수식하며(예: the very same) 구는 수식할 수 없다.
[번역] 그 주택들은 아주 똑같은 스타일로 지어졌다.

04
[해설] 형용사로 쓰이는 분사(delighted)는 very가 수식한다.
[어휘] delighted look: 기뻐하는 표정
[번역] Fiona는 희소식을 듣고 얼굴에 무척 기뻐하는 표정을 지었다.

05
[해설] the same은 much가 수식하나, 단어 하나인 same은 very가 수식한다.
[번역] 파티에서 다른 여자가 내 것과 아주 똑같은 드레스를 입고 있는 것 보고 나는 놀랐다.

06
[해설] 보어로만 쓰이는 형용사 alike는 much가 수식하는 것이 더 일반적이다. (cf.) very much alike (o)
[어휘] general taste: 전체적인 취향, the way of thinking: 사고방식
[번역] 내 친구들과 나는 전반적인 취향이 똑같고 사고방식에서도 아주 똑같다.

P237 [check-up questions 4]

[A] 01 already, 02 too, 03 yet, 04 (D), 05 (C)
[B] 01 still, 02 enough, 03 almost, 04 already, 05 too, 06 also, 07 yet/ either

[A]

01
[해설] 긍정문에서 have와 p.p. 사이에 already가 와서 "이미 …했다"는 완료 의미를 갖는다.
[어휘] agreement: 합의/ 협정/ 계약, parties concerned: 관련 당사자
[번역] 그 합의서는 모든 당사자에 의해서 이미 서명이 되었다.

02
[해설] too … to + v 의 형태이므로 too가 정답. so는 이 경우에는 뒤에 that-절이 온다.
[어휘] deli: (delicatessen) 조제 식품점/ 식당, occupy: (자리를) 차지하다
[번역] David 식당은 지난 주말에 너무 붐벼서 일부 손님들은 자리를 잡지도 못했다.

03
[해설] 부정문에서 not 바로 뒤에 올 수 있는 것은 yet이다. still은 부정어 앞에 온다.
[어휘] proposed building: 건축 예정인 건물
[번역] 설계 팀은 예정된 건물의 건축을 아직 다 끝내지 못했다.

04
[해설] 형용사 credulous 뒤에서 수식할 수 있는 부사는 (D) enough이다.
[어휘] credulous: 잘 믿는/ 잘 속는
[번역] 그는 다시는 거짓말 하지 않겠다고 말했고 나는 귀가 얇아 그를 믿었다.

05
[해설] all을 수식할 수 있는 부사는 (C) Almost이다.
[번역] 이 마을의 거의 모든 주민은 두 가지 언어를 사용한다.

[B]

01
[해설] 부정어 앞에 올 수 있는 부사는 still 이다.
[번역] 많은 시간이 지났지만, 그들은 여전히 해결책을 찾을 수가 없다.

02
[해설] 형용사(windy) 뒤에서는 부사 enough이 온다.
[번역] 지난 주말에 우리가 서핑(파도타기)을 즐길 수 있을 만큼 바람이 충분히 불어주었다.

03
[해설] everything을 수식하는 부사는 almost 이다.
[어휘] flea market: 벼룩시장
[번역] 공원 옆의 벼룩시장에서는 거의 모든 것을 판매한다.

04
[해설] 현재완료 시제 긍정문에서는 have와 p.p. 사이에는 already가 온다.
[어휘] so kind as to + v: …할 만큼 충분히 친절하다 (친절하게도 …하다), mention: 언급하다
[번역] 제가 위에서 이미 언급한 바와 같이 제 입장을 이해 해주시면 고맙겠습니다.

05
[해설] 뒤에 to-부정사가 있으므로 too … to + v 용법이다.
[어휘] proceed with: …을 계속 진행하다
[번역] 그 프로젝트는 너무나 시간이 오래 걸려서 우리가 계속 진행할 수가 없다.

06
[해설] 문맥상 also가 온다.
[번역] 나는 여행할 만한 충분한 시간도 없거니와 또한 여행할 만큼 여유 있는 돈도 없다.

07
[해설] 앞 빈칸에는 문맥상 부정적 의미이며 have yet to + v (아직 …하지 못하고 있다)의 표현으로 yet 정답. 뒤의 빈칸에는 부정적 의미의 문장 뒤에서 "나도 마찬가지이다" 의미로 either가 정답.
[번역] John은 보고서를 아직 끝내지 못하고 있으며 나도 마찬가지이다.

P239 [check-up questions 5]

01 hardly, 02 ever, 03 rarely, 04 Scarcely, 05 almost

01
[해설] can/ could 뒤에서 hardly가 쓰여서 "거의 …할 수 없다"의 뜻으로 가능성의 부정을 나타낸다.
[번역] 지난 금요일 콘서트홀(공연장)이 너무 사람들로 붐벼서 우리는 거의 움직일 수조차 없었다.

02
[해설] hardly ever + 동사(거의 …하지 않다)이므로 정답은 ever. hardly any + 명사는 "거의 없다"는 의미.
[번역] 그녀는 바지를 무척 좋아했기 때문에 드레스를 좀처럼 입지 않았다.

03
[해설] 문맥상 동작의 빈도를 부정하는 것이므로 rarely 정답.
[번역] Taylor 부부는 너무 연로해서 요즘에는 외출하는 경우가 드물다.

04
[해설] [Scarcely/ Hardly had + s + p.p. … when + s + 과거 동사]의 표현이므로 Scarcely 정답.
[번역] 내가 문을 열자마자 아주 세찬 찬바람이 밀려 들어왔다.

05
[해설] 뒤에 부정어 (never)가 있으므로 hardly는 쓸 수 없고 almost 정답.
[어휘] nervous: 초조한/ 긴장되는, in public: 대중 앞에서
[번역] 나는 사람들 앞에서는 긴장되기 때문에 거의 춤추러 가지 않았다.

P240 [부사 | 종합문제]

[A] 01 (C), 02 (C), 03 (D), 04 (A), 05 (C)
[B] 01 (D) hardly를 뺌, 02 (D) too → either, 03 (D) nearly → almost
[C] 01 (1) late (2) lately, 02 (1) economically (2) informal (3) hugely (4) poorly (5) vulnerable, 03 (1) smoothly (2) Hopefully (3) closely, 04 (1) close (2) only (3) yet (4) too much
[D] 01 hardly/ too/ to, 02 Much/ directly, 03 late/ later/ scheduled, 04 seldom/ before/ almost, 05 so/ scarcely
[E] 01 Peter was highly recommended to the company by his academic advisor.
02 Michael hurriedly drove to the nearby airport.
03 The interviewers closely watched the applicants answer(or reply to) their questions.
04 Hardly had I entered university when I joined the English conversation club.
05 The author has yet to finish his second novel.

[A]

01
[해설] 문맥상 "나중에"의 뜻이므로 (C) later 정답.
[어휘] record: 녹음하다, upset: 기분이 상한, depressed: 우울한, of late: 최근에
[번역] 그것은 내가 화가 나고 속상하고 우울할 때 나 스스로에게 녹음해 두었다가 나중에 그것을 들어보라는 생각을 넣어 주었다.

02
[해설] 의미상 동사 serves를 수식하는 부사의 최상급 (C) the most(가장 많이)가 정답.
[어휘] humble: 겸손한/ 자기를 낮추는, popular choice: 선호하는 대상
[번역] 종(여기서는 국민의 공복을 의미함)은 왕과 같은 (국민의 소리를 잘 듣는) 귀를 가지고 있는 것이다. 그래서 자기를 낮추는 종이 흔히 왕이 되는 것이다. 왜냐면 그가 국민이 선호하는 대상이기 때문이다. 가장 많이 섬기는 자가 가장 빨리 성장하는 법이다.

03
[해설] 형용사 famous를 수식하는 것은 부사라야 하므로 (D)가 정답.
[어휘] classical: 고전의, take place: (행사가) 열리다
[번역] 매년 여름마다 국제적으로 유명한 Wagner 고전 음악 축제가 Villa Rufolo 정원에서 열린다.

04
[해설] 의미상 "아직도 공사 중"이란 뜻이므로 (A) still 정답.
[어휘] under construction: 공사(건축) 중인, traffic jam: 교통 정체
[번역] 그 도로는 아직도 공사 중이어서 그곳은 항상 교통 정체가 있다.

05
[해설] 앞 빈칸은 의미상 have yet to + v (아직 …하고 있지 못하다)이므로 yet 정답이고, 뒤에는 의미상 as well이 온다. 따라서 정답은 (C).
[어휘] settle: 해결하다, financial: 재정적인, as well: 또한
[번역] 회사는 재정 문제를 아직 해결하지 못하고 있어서 그 주가도 또한 떨어지고 있다.

[B]

01
[해설] (D)의 hardly는 다른 부정어(not/ never/ few/ little)와는 함께 사용할 수 없으므로 hardly를 뺀다.
[어휘] start one's own business: 창업하다, have difficulty v-ing: …하는데 어려움을 겪다, run: 운영(경영)하다, besides: 게다가
[번역] 우리는 거의 7개월 전에 창업했었는데, 그 후로 사업을 경영하는 데 계속 어려움을 겪어왔다. 게다가 벌써 남은 돈도 별로 없다.

02
[해설] (D)의 too(…도 역시)는 긍정문 뒤에서 사용하므로 too → either로 고친다.
[번역] 그 연설자(화자)는 너무나 말을 빨리해서 나는 그가 한 말을 거의 이해할 수가 없었다. 내 옆에 앉은 사람에게 화자의 말을 알아들었느냐고 물었더니 그도 역시 이해하지 못했다고 말했다.

03
[해설] (D)의 nearly는 nothing/ no/ nobody/ any 등은 수식할 수 없으므로 nearly → almost로 고친다.
[어휘] uncertain: 불확실한, be aware of: …을 잘 알다/ 인식하다
[번역] 나는 미래가 나에게 너무나 불확실해 보였기 때문에 졸업을 바로 앞두고서는 내 미래에 대하여 매우 걱정하고 있었다. 나뿐만 아니라 다른 학생들도 그들의 미래에 대하여 거의 아무것도 알지

못하고 있었다.

[C]

01

[해설]
(1) 의미상 "늦게 도착했다"이므로 late 정답. (cf.) lately: 최근에, later: 나중에
(2) 문맥상 "최근에 결심했다"의 표현이고, 현재완료 시제와 친한 것은 lately이다.

> 나는 어제 월례회의에 참석하러 본사에 가는 도중에 심한 교통 정체에 걸렸다. 그래서 거기에 약간 늦게 도착했다. 실은 최근에 나는 다시는 지각하지 않겠다고 결심했지만 실패하고 말았다.

[어휘] get stuck in: …에 걸려 꼼짝 못하다, traffic jam: 교통 정체, main office: 본사, be determined to + v: 하기로 결심하다, only to fail: 결국 실패하다

02

[해설]
(1) 뒤의 과거분사 developed를 수식하므로 부사 economically가 온다.
(2) 명사 jobs를 수식하므로 형용사 informal이 온다.
(3) 뒤의 형용사 important를 수식하므로 부사 hugely가 온다.
(4) 수동태를 수식하는 것은 부사이며 [be + 부사 + p.p.]의 형태가 된다.
(5) 문맥상 to be 뒤에 오는 보어 자리이므로 형용사 vulnerable이 온다.

> 한 나라에서의 일반적인 일자리와 봉급은 다양한 요소에 좌우된다. 경제적으로 덜 발달한 나라에서는, 최고 국민의 3분의 2까지 비공식적인 (직장에서) 일을 하는데, (이들은) 소규모이고 어떤 식으로도 규제가 되지 않거나, 또는 경제의 면에서 굉장히 중요한데도 공식적인 통계자료에는 포함되지도 않는 비공식적인 돈벌이 방식이다. 비공식적인 부문에서 일하는 근로자들은 봉급을 형편없이 받는 경향이 있으며, 금융위기가 닥치면 취약해지기 십상이다.

[어휘] a variety of: 다양한, unofficial: 비공식적인(= informal), regulate: 규제하다, hugely: 엄청나게, financial crisis: 재정(금융) 위기

03

[해설]
(1) to-부정사를 수식하는 것은 부사이며 그 위치는 [to + 부사 + v]의 어순이다. 따라서 정답은 smoothly이다.
(2) 문두에서 문장 전체를 수식하는 부사를 문장부사라고 하며, Hopefully가 그 역할을 하고 있다.
(3) 의미상 "긴밀하게 ~와 협력하여 일하다"의 뜻이므로 closely가 온다. (cf.) close: 가까이에

> 오늘 우리는 당신이 비디오 프로젝트와 미디어 파일을 관리하는 곳인 WeViDeo Hub에 대한 주요한 개선사항들을 몇 가지 알려 드립니다. 우리가 당신이 원활하게 내용을 더 간단하고 직관적으로 만들 수 있도록 사용자 접속기를 손질하여 놓은 것을 알게 될 것입니다. 우리는 또한 전후 사정을 고려하는 온라인상의 도움과 새로운 동영상을 추가해 놓습니다. 바라건대, 당신은 또한 우리가 이룩해 놓은 많은 업무수행 향상도 볼 수 있을 것으로 기대합니다. 우리 팀은 의견 청취와 Walled Garden Solution의 개선책을 개발하고자 다중사용자 계정을 가진 고객들이나 동업자들과 함께 긴밀하게 협력하여 일하고 있습니다.

[어휘] notice: 알아차리다, polish: 다듬다/ 손질하다, smoothly: 원활하게, interface: 접속기, intuitive: 직관적인, contextual: 전후사정과 관련된, accomplish: 달성하다, multi-user account: (컴퓨터) 다중 사용자 계정, feedback: 평가/ 의견, come up with: 알아내다, analytics: 신속한 정보 분석기술, capability: 능력/ 역량

04

[해설]
(1) 의미상 "가까이에"의 뜻이 와야 하므로 close 정답. closely는 "밀접하게/ 면밀히"의 뜻.
(2) 문맥상 긍정적 의미이므로 only가 정답. (cf.) hardly: 거의 …아니다
(3) 부정문의 맨 뒤에는 yet이 온다. still은 부정어 앞에 온다.
(4) 동사 frustrating을 수식하는 부사는 much이며 much를 수식하는 부사는 too이므로 too much가 정답.

> 동양에서 인구가 많은 나라의 사람들은 서로 가까이 붙어서 살아왔기 때문에 그들은 전체의 행복은 각 개인의 행복 여하에 달려 있다는 것을 알고 있다. 친밀한 인간 단체인 가족이나 공동체 안에서 개인적인 자유를 허용 받을 때만이 개인들은 행복해질 수 있는 것이다. 그러므로 각 개인은 다른 사람들부터 (독자적인) 한 개인으로 취급 받아야 하는 것이다. 할아버지는 할아버지로서의 필요사항을 가지고 있다. 그는 나이가 들었고 이야기하기를 좋아한다. 누군가가 그의 이야기를 들어 주어야 하며 대답해주고 그가 환영받으며 존경받고 있다는 느낌을 갖도록 해주어야 한다. 어린 손자는 작다(어리다). 그는 아직 처신하는 법을 모른다. 그리고 그 아이한테서는 너무 많은 것을 기대해서는 안 된다. 그는 너무 심하게 좌절감을 느끼지 않고 자기 자신뿐만 아니라 다른 사람들의 필요사항도 배려해야 한다는 것을 배워야 한다.

[어휘] close together: 가까이 딱 붙어서, individual: 개인, human unit: 인간관계를 맺는 구성단위, deal with: 취급하다/ 다루다, talkative: 말하기 좋아하는, welcome: (형) 환영받는

Chapter 12 비교

P246 [check-up questions 1]

01 so much, **02** as, **03** (A), **04** (A), **05** (C), **06** (A), **07** (C)

01
[해설] 부정문에서 동등비교는 not so … as로 표현할 수 있으므로 정답은 so much이다.
[번역] 난 그녀를 여자로서는 배우로서 만큼 좋아하지 않는다. (그녀를 여자로서가 아니라 배우로서 좋아한다)

02
[해설] 앞에 동등비교를 나타내는 as가 있으므로 뒤에도 as가 온다.
[어휘] complain: 불평하다

[번역] 대학들은 대학에 오는 학생들이 예전의 학생들처럼 준비가 잘 갖추어져 있지 않다고 불평한다.

03
[해설] 동등비교의 부정형이므로 not so 원급 as의 형태이다. 따라서 정답은 (A). much는 원급 수식 불가.
[어휘] director: (영화) 감독, latest: 최신의, preceding: 앞선/ 선행하는
[번역] 그 감독의 최신 영화는 그의 이전 영화들만큼 재미가 있지 않다.

04
[해설] not so much as + 동사원형(…조차 하지 않다)의 표현이므로 (A) 정답.
[어휘] manager: 부장, ask A to + v: A에게 …하라고 요구하다
[번역] Sonia는 부장이 요구했던 보고서를 쓰기조차도 하지 않았다.

05
[해설] 문맥상 "…만큼"을 나타내는 정도의 비교이며, 동사 prepare를 수식하므로 (C) as much as 정답.
[어휘] newly introduced: 새로 도입된, employment: 취업, specialized: 전문적인
[번역] 새로 도입된 시스템은 학생들에게 대학에서 더 전문적인 학습을 하도록 해주는 것 못지않게 고교 졸업 후 취업에도 대비하도록 해줄 것이다.

06
[해설] 앞에 as famous와 어울리는 동등비교의 형태이므로 (A) as 정답.
[어휘] fit: 발작, temper: 성질/ 성미
[번역] John은 그의 테니스 실력만큼이나 코트에서 성깔 부리는 것도 똑같이 유명하다.

07
[해설] 문맥상 "가능한 한 많은 돈을"의 뜻이므로 much가 들어가는 (C) 정답.
[어휘] savings: 저축액, borrow: 빌리다
[번역] 대체로 중소기업 소유주들은 자신의 저축한 돈을 사용하여 사업을 시작하다가 곧 가능한 한 많은 돈을 빌리게 된다.

P249 [check-up questions 2]

[A] 01 much less, 02 more, 03 (D), 04 (C), 05 (C)
[B] 01 than ⋯ to, 02 (B) difficult를 more 뒤로, 03 (C) old ⋯ older, 04 (C) fast ⋯ faster

[A]

01
[해설] 부정문 뒤에서는 much less (하물며 …은 말할 것도 없고)를 사용한다.
[어휘] intend to + v: …할 의도이다, offend: (남의) 기분을 상하게 하다
[번역] 나는 그녀의 기분을 상하게 할 의도가 없었다. 하물며 때리는 것은 말할 것도 없다.

02
[해설] the + 비교급, the + 비교급의 형태이므로 비교급 more가 정답.
[어휘] intelligent: 총명한, be inclined to + v: …하는 경향이 있다,
make a decision: 결정하다
[번역] 당신이 똑똑하면 똑똑할수록 어떤 결정을 내리기 전에 많은 요소를 재빨리 고려하는 경향이 있을 것이다.

03
[해설] 앞에 비교급 harder가 있으므로 문맥에 알맞도록 같은 비교급 (D) more(뒤의 speed 수식)가 정답.
[어휘] concern: 걱정/ 우려, ligament: (관절의) 인대
[번역] 테니스 선수들은 볼에서 더 많은 속도를 내기 위하여 더욱 세게 스윙하기 때문에 팔과 인대에 부상을 입을 염려가 있다.

04
[해설] 뒤에 than이 있으므로 비교급 (C) 정답.
[어휘] be likely to + v: …할 가능성이 있다, overweight: 과체중의/ 비만의
[번역] 최근의 연구가 TV를 많이 시청하는 어린이들이 그렇지 않은 어린이들보다 과체중이 될 가능성이 더 많다는 것을 보여주고 있다.

05
[해설] 문맥상 앞 빈칸에는 "3000명 이상"의 뜻이므로 more than이 오며, 뒤에는 "고등교육"을 의미하는 절대 비교급 higher가 온다. 따라서 정답은 (C)이다.
[어휘] contributions: 기부금
[번역] 당신의 기부금으로 3,000명 이상의 학생들이 고등교육의 꿈을 이루도록 도움이 되었습니다.

[B]

01
[해설] -or로 끝난 라틴어는 뒤에 비교 대상 앞에 than이 아니라 to가 와야 하므로 than ⋯ to로 고친다.
[어휘] application period: 원서 접수 기간, prior to: …보다 앞서서, designated: 지정된
[번역] 원서 접수 기간이 지정된 날짜보다 앞서서 마감되었다.

02
[해설] (B) difficult의 비교급은 more difficult이므로 뒤의 문장을 the more difficult it becomes로 고친다.
[번역] 내가 더 빨리 이 보고서를 끝내려고 애를 쓰면 쓸수록 더욱더 어려워진다.

03
[해설] (C) old brothers를 "형들"이라는 뜻인 older(or elder) brothers로 고친다.
[어휘] aggressive: 공격적인/ 적극적인
[번역] 나는 사업에 성공하지 못하고 있다. 왜냐하면, 나는 막내이다 보니 내 형들이나 누나들보다 덜 적극적이기 때문이다.

04
[해설] 전체적인 문맥상 (C)의 fast는 (B)와 병렬구조를 이루므로 비교급이라야 한다. (C) fast ⋯ faster.
[어휘] attentively: 주의 깊게, call me over: 나를 불러서 오라고 하다, bend: 굽히다/ 숙이다
[번역] 아빠는 내가 뛸 때마다 풋볼 시합을 보러 오셨다. 그는 옆쪽에 서서 경기를 주의 깊게 지켜보곤 하셨다. 한 피리어드가 끝나서 내가 경기장을 나오면 아빠는 나에게 손짓을 하여 오라고 부르셨다. 그는 항상 같은 말을 하셨다. "아주 잘했어, Ron. 무릎을 조금만 더 굽혀봐." 나는 시합에 돌아가면 무릎을 더 굽히고 더 빨리 달림으로써 아빠의 의견에 화답을 하곤 했다.

P252 [check-up questions 3]

[A] 01 the most, 02 all the, 03 taller, 04 place, 05 (D), 06 (A)

[B] 01 all students ⋯▸ any other student (*or* all the other students), 02 the very dangerous ⋯▸ the most dangerous, 03 (A) the most ⋯▸ as

[A]

01
[해설] 뒤에 관계사절 (that-절)과 어울리는 표현은 최상급이므로 the most 정답.
[어휘] **violent**: 맹렬한/ 격렬한
[번역] 어젯밤 폭풍은 우리가 (지금까지) 겪은 것 중에서 가장 맹렬한 것이었다.

02
[해설] 앞에 **of**가 있고 뒤의 **companies**가 복수이므로 **all the**가 정답. any other 뒤에는 단수 명사가 온다.
[번역] JK 사는 그 나라의 모든 회사 중 가장 크다.

03
[해설] 뒤에 **than**이 있으므로 비교급 **taller**가 정답.
[번역] 그 도시에서는 The Tower Building보다 더 높은 건물은 없다.

04
[해설] [비교급 + than any other + 단수명사]의 형태이므로 **place**가 정답.
[어휘] **tourist attraction**: 관광명소
[번역] 그 지역의 관광명소가 내가 (그때까지) 방문했던 다른 어떤 장소보다 더 아름다웠다.

05
[해설] **anything** 뒤에는 **else**가 오며, 뒤 빈칸에는 문맥상 열등 비교 **less**가 오므로 정답은 (D).
[어휘] **precious**: 귀중한, **value**: (v) 소중하게 생각하다, **valued**: (a) 귀중하게 평가된
[번역] 건강은 다른 어떤 것보다 더 귀중하다. 그러나 그 어떤 것도 건강만큼 덜 소중하게 여기는 것은 없다(건강을 가장 소중히 여기지 않는다).

06
[해설] 두 빈칸 앞에 정관사 **the**가 있으므로 각각 최상급이 와야 하므로 (A)가 정답.
[번역] 건강이 가장 귀중한 것이지만 가장 하찮게 평가받고 있다.

[B]

01
[해설] 관용적 표현으로서 **all students** ⋯▸ **any other student** *or* **all the other students**.
[어휘] **well-to-do**: 부유한/ 잘 사는
[번역] 비록 그의 가정은 부유하지는 않았지만, **John**은 반에서 어떤 학생보다 더 열심히 공부했다.

02
[해설] [one of the + 최상급 + 복수명사]의 형태이므로 **the very dangerous** ⋯▸ **the most dangerous**.
[어휘] **turn out**: …으로 판명되다, **backdraft**: (화재 때 새로이 산소가 공급되어 일어나는) 폭발 현상, **phenomenon**: 현상 (복수는 phenomena), **fire fighting**: 진화(소방) 작업
[번역] 진화 작업 중 갑작스러운 폭발이 가장 위험한 현상들 중의 하나로 판명되었다.

03
[해설] [as 형용사 + a + 명사 as ever + v] (지금까지 …한 것 중 어느 것 못지않게 …하는)의 형태이므로 (A) the most ⋯▸ as로 고친다. (ex) He was as great a man as ever lived. (그는 지금까지 살았던 사람들 중 어느 누구도 못지않게 위대한 사람이었다. ⋯▸ 가장 위대한 사람이었다)
[번역] 그녀에게 사과의 편지를 쓴다는 것은 그때까지 그에게 일어난 일들 중에서 가장 불쾌한 일이었다.

P255 [check-up questions 4]

01 even, 02 quicker than, 03 (B), 04 (B), 05 (C), 06 (B)

01
[해설] 비교급 앞이므로 **even**이 정답
[번역] 런던 교가 골든 교보다 훨씬 더 넓다.

02
[해설] **far** 뒤에는 비교급이 오므로 **quicker than**이 정답.
[어휘] **express mail**: 속달 우편
[번역] 온라인으로 송금하는 것이 속달 우편보다 훨씬 더 빠르다.

03
[해설] **much**는 비교급을 수식하며 또 동사 **perform**을 수식하므로 부사의 비교급 (B) 정답.
[어휘] **state-of-the-art**: 최신식의, **packaging**: 포장, **enable**: 가능케 하다, **perform**: 업무를 수행하다
[번역] 최신식 포장 기계 덕분으로 근로자들은 업무수행을 훨씬 능률적으로 할 수 있게 되었다.

04
[해설] **even**은 비교급을 수식하므로 정답은 (B).
[어휘] **goal**: 목표, **establish**: 확립하다
[번역] 금년도 우리 회사의 목표 가운데 하나는 우리 협력업체들과 우리 자신과의 사이에 더욱 강력한 유대관계를 확립하는 것이다.

05
[해설] 원급을 수식할 수 있는 부사는 (C) **too** 이다.
[어휘] **lengthy**: 장황한/ 너무나 긴, **description**: 묘사/ 설명/ 기술, **strategy**: 전략
[번역] **James** 씨의 보고서는 마케팅 전략에 관하여 너무나 장황한 설명이 들어 있다.

06
[해설] "인구가 두 배 더 많다"의 표현은 **twice as large as**로 표현한다. **larger than**은 3배 이상일 때 쓴다.
[번역] 2010년대에 그 지역 인구는 1990년대의 인구보다 두 배 더 많다.

P257 [check-up questions 5]

01 expensive, 02 rapidly, 03 surely, 04 (B), 05 (A)

01
[해설] **become**은 2형식 동사이므로 뒤에는 형용사 **expensive**가

온다.
[번역] 컴퓨터 강좌는 전보다 비용이 더 적어졌다.

02
[해설] 동사 grow는 1형식 동사이므로 부사 rapidly가 수식한다.
[어휘] developing country: 개발도상 국가, rapidly: 빠르게/ 빠른 속도로
[번역] 그 신흥 개발도상 국가의 경제는 다른 어떤 나라보다도 더 빠르게 성장하고 있다.

03
[해설] 앞 문장이 3형식 문형이므로 [s + v + 목 + 부사]의 형태를 취한다. 따라서 정답은 surely.
[어휘] chronic fatigue: 만성 피로, keep A from v-ing: A가 …을 못하게 하다, deprive A of B: A에게서 B를 빼앗다
[번역] 만성 피로는 당신이 일을 못 하게 하고, 따라서 마치 도둑처럼 당신의 가족으로부터 수입을 꼭 앗아 간다.

04
[해설] 앞 빈칸은 명사를 수식하므로 형용사의 비교급(slower)이 오며, 뒤 빈칸은 3형식 문형이므로 동사 burn을 수식하는 부사의 비교급(more slowly)이 와서 정답은 (B) 이다.
[어휘] metabolism: 신진대사, heart rate: 심장박동 수
[번역] 더 느린 신진대사를 하는 동물들은 에너지를 더 천천히 소비하게 되고 더 느린 심장박동을 갖게 된다.

05
[해설] 문맥상 "죽은 것이나 마찬가지인"의 뜻을 가진 관용적 표현은 as good as이므로 정답은 (A).
[어휘] pause to wonder: (하던 일을 멈추고) 경탄하다, rapt: 몰입한/ 넋이 빠진, awe: 경외감
[번역] 잠시 멈추어서 감탄하며 경외감으로 더 이상 황홀해 하지 못하는 사람은 죽은 것이나 마찬가지이다.

P258 [비교 | 종합문제]

[A] 01 (B), 02 (B), 03 (C), 04 (A), 05 (A), 06 (D), 07 (B), 08 (A), 09 (D), 10 (C)

[B] 01 (1) no more (2) can, 02 (1) weaker (2) most common (3) toughest, 03 (3) the further → the farther, 04 (1) fertile → most fertile (3) any other environments → any other environment, 05 (2) the more violently → the more violent

[C] 01 last/ expected, 02 times/ hardness, 03 bigger than/ size, 04 senior to/ by, 05 much faster/ those

[D] 01 We worked as hard as possible to meet their demands.
02 The monkey ran away as much as to say "Catch me!"
03 Only Daniel among our team members held the same opinion as mine.
04 I got the highest grade point average in the last final exams that I have ever received.
05 Last year the country achieved the third largest trade volume in the world.

[A]

01
[해설] become은 2형식 동사이므로 뒤에 주격보어 자리에 형용사가 온다. 정답은 (B)
[어휘] aging: 노화, chemical reaction: 화학적 반응, organ: (신체의) 기관
[번역] 노화 현상은 신체의 세포와 기관 내의 화학반응의 효율성이 떨어져 가는 과정이다.

02
[해설] 과거분사 known은 less가 수식하며 (lesser는 "더 적은/ 덜 중요한"의 뜻), 비교급 better는 much가 수식하므로 정답은 (B)이다.
[어휘] 많은 관현악단은 재능은 출중하지만 비교적 덜 유명한 음악가들을 채용하는데 이들은 유명한 일부 음악가들보다 연주를 훨씬 더 잘 한다.

03
[해설] 빈칸 앞의 문장이 3형식이므로 동사 edit을 수식하는 부사가 와야 한다. 따라서 정답은 (C).
[어휘] make a presentation: 설명회를 하다, edit: 편집하다
[번역] 당신이 설명회를 준비할 때에는 슬라이드도 말하는 것만큼이나 주의 깊게 편집해야 한다.

04
[해설] 문맥상 [A + no more ~ than + B ~](A가 ~아닌 것은 B가 ~아닌 것과 같다)의 표현이므로 (A) 정답.
[번역] 그가 불어를 할 줄 모르는 것은 내가 중국어를 할 줄 모르는 것이나 똑같다.

05
[해설] [The 비교급 + s + v, the 비교급 + s + v]의 형태이므로 (A)가 정답.
[번역] 일반적으로 말하면, 동물이 크면 클수록 더 오래 산다.

06
[해설] 문맥상 not so much A as B (A라기보다는 B이다) 의 표현이므로 (D)가 정답.
[어휘] futurist: 미래학자, predict: 예측(예견)하다
[번역] 미래학자들은 미래를 예견하는 데 관심 있기보다는 바람직스러운 미래를 창출하는데 더 관심이 있다.

07
[해설] 5형식 문형에서 목적격 보어 자리이므로 형용사의 비교급 (B)가 정답.
[어휘] partnership: 동업자(동반자) 관계, associate: (n) 제휴업체(회사)
[번역] 금 년에 DH 사는 자기네 제휴업체들과의 사이에 동업자 관계를 더욱 돈독히 하기로 결정했다.

08
[해설] become의 주격보어가 문두에 나온 형태이고, less 뒤에서는 형용사 원급 (A)가 정답.
[어휘] medical imaging technique: 의료영상 기술, frequency: 진동수/ 주파수, sound wave: 음파
[번역] 의료영상 기법에서 음파의 진동수가 낮으면 낮을수록 신체 내의 구조의 화상이 더욱 선명해진다.

09
[해설] [비교급 than any other + 단수명사]의 형태이므로 (D)가 정답.
[어휘] fabric: 섬유, fine: 섬세한/ 고운, last: (v) 지속되다/ 오래가다
[번역] 이 세상의 다른 어떤 목화보다도 이집트산 목화로 만든

섬유가 더 부드럽고 더 곱고 더 오래 간다.

10

[해설] 빈칸 뒤의 문장이 3형식 동사의 수동태이므로 부사가 와야 한다. 따라서 (C)가 정답.
[어휘] commercial: 광고 방송, run: 방영(상영)하다
[번역] 광고가 TV에 나온다면, 광고 방송이 자주 나오면 나올수록 그 광고는 더욱더 많은 사람에게 미치게 될 것이다.

[B]

01

[해설]
(1) 문맥상 "A가 ~ 아닌 것은 B가 ~아닌 것과 같다"의 표현이며, 이것은 [A + no more + v ~ than B + v ~]와 같이 표현되므로 no more 정답.
(2) 위 (1)번 해설 참조. can 정답(형식적 표현은 긍정이지만 뜻은 부정적 의미라는 것에 주의해야 한다).

> 고전이란 것은 윤리적 이유 때문에 살아남는 것은 아니다. 그것은 어떤 기준에 들어맞기 때문에 존속하는 것이다. 고전은 즐거움의 원천이기 때문에 살아남는다. 또한 마치 꿀벌이 꽃을 지나쳐버릴 수 없는 것이나 마찬가지로 열정적인 소수의 사람들이 고전을 소홀히 할 수 없기 때문에 고전은 존속하고 있는 것이다.

[어휘] classic: (책, 음악 등의) 고전/ 명작, ethical: 윤리적인, conform to: …에 따르다/ 순응하다, canon: 규범/ 근본 원리/ 기준, neglect: 소홀히 하다, passionate: 열정적인/ 열렬한

02

[해설]
(1) 뒤에 than이 있으므로 앞에는 비교급 weaker가 온다.
(2) one of the 뒤에는 일반적으로 최상급이 온다. 즉, [one of the + 최상급 + 복수 명사]의 형태이다.
(3) [of + 복수 명사] 앞에 비교의 표현은 최상급이 온다. [최상급 + of + 복수 명사]의 형태이다.

> 때때로 사람들은 대항해서 싸울 수 없기 때문에 괴롭힘을 당한다. 이것은 상대방보다 신체적으로 더 약한 사람들에게 일어날 수 있다. 이것이 어린이들이 겪는 괴롭힘의 가장 흔한 이유 중의 하나이다. 6살짜리 아이 중에 가장 강한 자라도 9살짜리에게는 당해내지 못한다.

[어휘] bully: (약자를) 괴롭히다, fight back: 강력히 맞서다/ 반격하다, opponent: 상대자, tough: 강인한, no match: 적수가 되지 못함

03

[해설]
(1)의 lower는 뒤에 (2) the higher와 어울리는 표현으로 둘 다 맞다.
(3) the further의 비교급 형태는 (4)의 the colder와 상관관계를 이루고 있으나, 공간적으로 더 높이 산을 올라간다는 뜻이므로 거리적인 의미인 farther가 더 좋은 표현이다. further는 양이나 정도가 "더 많은"의 뜻이다.

> 산에서는 차 한잔을 즐기기가 어렵다. 당신이 더 높은 곳에 이를수록 물은 더 낮은 온도에서 끓는다. 그래서 당신이 산을 더 높이 오를수록 당신의 차는 더 차가울 것이다.

04

[해설]

(1) 장소명사의 소유격 뒤에는 일반적으로 최상급이 오므로 fertile ⋯ most fertile.
(3) [비교급 + than any other + 단수명사]의 형태를 묻고 있으므로 environments ⋯ environment.

> 열대 우림은 세계에서 가장 비옥한 생물군계이다. 열대 우림은 일년 내내 따뜻한 온도를 누리며 다른 어떤 환경보다도 더 많은 동식물의 종들이 서식한다.

[어휘] tropical rain forest: 열대 우림, fertile: 비옥한, support: (어떤 장소에) 살게 하다/ 서식하게 하다

05

[해설]
(2) believe + 목 + to be + 보어의 형태에서 보어가 주어 앞으로 도치된 것이므로 형용사가 와야 한다. 따라서 the more violently ⋯ the more violent로 고친다.

> TV 시청은 우리를 더욱더 폭력적으로 만드는데 원인을 제공할 뿐만 아니라 – 주로 갈등문제 해결의 첫번째수단으로 폭력을 모방함으로써 – 우리가 살고 있는 사회를 우리가 더욱 무서워하도록 부추기는 역할을 한다. 문화적 환경 운동의 창시자인 George Gerbner가 주도한 연구에 의하면 사람들이 TV를 많이 시청하면 할수록 그들은 자기 주변의 세상이 더 폭력적일 것이라고 믿게 되며, 따라서 자기네 집을 덜 나서게 되고 타인들과 덜 교제를 나누게 된다는 것을 밝혀주고 있다. 그는 이런 현상을 "야박한 세상 증후군"이라고 부른다. 물론 사람들이 집을 덜 나서게 되면 TV를 더 많이 시청하게 된다. 그리하여 그들은 TV 수상기 앞에서 갇혀서 고립되게 되며 그들이 더 이상 교제를 나누지 않는 세상이 더욱 삭막해진다고 믿게 된다.

[어휘] contribute to: …원인이 되다, violent: 폭력적인, conflict: 갈등, resolution: 해결, resort: (해결) 수단, frightend of: …을 무서워하는, conduct: 실시하다/ 지휘하다, interact with: …와 교제하다, mean: 인색한/ 삭막한, syndrome: 증후군, trap: (동) 가두다, isolate: 고립시키다

Chapter 13 명사와 한정사

P268 [check-up questions 1]

[A] 01 games, 02 contribution, 03 shoppers, 04 attendees, 05 success, 06 (B), 07 (C)
[B] 01 (B) error ⋯ errors, 02 (C) regulation ⋯ regulations, 03 (B) valuable ⋯ valuables, 04 (C) discount ⋯ discounts, 05 (A) term ⋯ terms

---
[A]

01

[해설] 형용사 Popular 앞에 한정사가 없으므로 복수명사 games가 정답.
[어휘] reality: 실제상황/ 현실, downloadable: 내려(다운)받을 수 있는, various: 다양한

[번역] 인기 있는 리얼리티 게임은 다양한 웹사이트를 통해서 손쉽게 내려받을 수 있다.

02
[해설] 형용사 outstanding 앞에 부정관사 an이 있으므로 뒤에는 단수 가산명사 contribution 정답.
[어휘] make a contribution: 공헌(기여)하다, outstanding: 뛰어난, education level: 교육수준
[번역] Ms. Susan은 교육수준의 향상에 뛰어난 공헌을 했다.

03
[해설] shopper는 가산명사이고 그 앞에 한정사가 없으므로 복수 명사 shoppers 정답.
[어휘] shopper: 구매객, beverage: 음료수
[번역] 그들은 구매객들에게 매장 안으로 음식이나 음료수를 가져오지 말라고 요구했다.

04
[해설] 형용사처럼 쓰이는 분사 participating 앞에 한정사가 없으므로 복수명사 attendees가 정답.
[어휘] snorkeling: 스노클링(잠수 놀이), participating: 참가하는, attendee: 참석자(개인), gear: 장비, (cf.) attendance: 참석/ 출석/ 참석자(전체)
[번역] 스노클링 초보자들은 강좌를 들을 기회가 있을 것이고 참가자들은 스노클링 장비를 빌릴 수도 있다.

05
[해설] major 앞에 a가 있으므로 단수 가산명사 success 가 정답. success(성공)는 원래 불가산명사이나 성공한 사례나 성공한 사람을 지칭할 때에는 가산명사로 쓰인다. ex) He is a success as a writer. (그는 작가로서 성공한 사람이다)
[어휘] a major success: 크게 성공한 사례, later than expected: 예상했던 것보다 더 늦게
[번역] 그 사업은 비록 예상했던 것보다 더 늦게 완성되었지만 크게 성공한 사례로 여겨진다.

06
[해설] ask for의 목적어인 명사가 와야 하는데 그 앞에 한정사가 없으므로 복수명사나 불가산 명사가 와야한다. (A) assistant(비서, 보조직원)은 가산명사이므로 단수 형태는 실격이다. assistance(도움)은 불가산명사이므로 (B) 정답.
[어휘] coworker: 동료직원, ask for: 요구하다, pack: (짐을) 싸다/ 포장하다, finished products: 완제품
[번역] 내 동료가 완제품을 포장하는 데 도움을 요청하기 위하여 나에게 전화를 했다.

07
[해설] 전치사 to의 목적어이므로 명사가 오고, 문맥상 사람에게 발표하며 앞에 관사가 없으므로 복수형태 (C) investors 정답.
[어휘] spokesman: 대변인, electronics company: 전자회사, announce to + 사람: …에게 발표하다, profits: 수익금, be likely to + v: …할 것 같다
[번역] 그 전자회사의 대변인은 내년에는 자기네 회사의 수익금이 증가할 것 같다고 투자가들에게 발표했다.

[B]

01
[해설] (B)의 error(오류)는 가산명사이며 앞에 한정사가 없으므로 (B) error → errors.
[어휘] quarterly: 분기의, edit: 편집하다, be full of: …으로 가득

차다, spelling errors: 철자 오류
[번역] Leigh 씨가 편집한 분기별 보고서는 철자 오류투성이다.

02
[해설] (A), (B) 및 (D)의 명사들은 모두 가산명사이므로 복수 형태는 맞으며, (C) regulation(규정)은 가산명사이고 형용사 new 앞에 한정사가 없으므로 (C) regulation → regulations.
[어휘] airline: 항공사, security regulations: 안전 규정, prohibit A from v-ing: A 가 …하는 것을 금지하다, taking off: 이륙, landing: 착륙
[번역] 항공사들은 승객들에게 새로운 정부의 안전 규칙상 승객들이 (비행기) 이착륙 직전에 자리를 뜨는 것을 금지하고 있다고 알려주고 있었다.

03
[해설] (B) valuable(귀중한)은 형용사지만 여기에 -s를 붙여서 "귀중품"의 뜻으로 쓰이므로 (B) valuable → valuables로 고친다. (cf.) accommodation(숙소)는 "숙박할 방"을 의미할 때는 s를 붙인다.
[어휘] accommodations: 숙박 시설(방), ocean liner: 정기 여객선, come up to: …에게 다가가다, purser: (여객선의) 사무장, safe: 금고
[번역] Lee 씨는 정기 여객선의 숙박할 방을 가보고 난 후에 그는 사무장의 집무실에 가서 자기의 귀중품을 그 배의 금고에 보관할 수 있겠느냐고 물어보았다.

04
[해설] (C) discount(할인)는 가산명사이다. fifteen 앞에 한정사가 없으므로 복수형태 discounts로 고친다.
[어휘] current members: 현 회원들, charity organization: 자선단체, souvenir store: 기념품 가게, located: (…에) 위치한, the opposite end: 맞은편 끝쪽, exhibition hall: 전시장/ 전시 홀
[번역] 자선단체의 현 회원들만이 전시장 2층 맞은편 끝에 있는 기념품 가게에서 모든 품목에 대하여 15 퍼센트 할인을 받을 수 있다.

05
[해설] (A) term 은 "용어/ 말/ 표현 "의 뜻으로 가산명사이므로 복수형태인 terms로 고친다. (B)와 (C)는 모두 가산명사이므로 복수 형태로서 맞고 (D) forgiveness(용서)는 불가산명사로서 단수 형태이므로 맞다.
[어휘] quote: (명) 인용구(문), err: 잘못을 저지르다, divine: 신의/ 신성의 (= godlike), normal: 정상적인/ 통상적인, godlike qualities: 신의 속성, uncommon: 희귀한, unnatural: 부자연스러운
[번역] Alexander Pope(영국의 시인)의 유명한 말을 인용하면 "잘못을 저지르는 것은 인간의 일이요, 용서하는 것은 신의 일이다." 라는 말이 있다. 이 간단한 표현 속에서 그는 비록 잘못을 저지르는 것이 흔한 일이고 인간적인 것이긴 하지만, 용서할 수 있기 위해서는 신의 속성을 필요로 한다고 말하고 있다. 우리는 그가 용서는 얼마나 드물게 존재하며 자연스러운 것이 아니라고 생각했는지를 알 수 있다.

P271 [check-up questions 2]

[A] 01 processing, 02 advertisement, 03 luggage, 04 information, 05 ticketing
[B] 01 decent living → a decent living, 02 (B) cost → costs, 03 (B) acquaintance → acquaintances, 04 (A) food → foods, 05 (B) weights → weight

[A]

01
[해설] 형용사 prompt 앞에 한정사가 없으므로 불가산명사 processing이 온다.
[어휘] **prompt security processing**: 신속한 보안 수속, **fill out a form**: 서식(양식)을 작성하다
[번역] 신속한 보안 수속을 위하여 방문객들은 이 서식을 작성해야 한다.

02
[해설] television 앞에 부정관사 a가 있으므로 단수 가산명사 advertisement가 정답. (cf.) advertising(광고류 전체/ 광고 업무)은 불가산명사.
[어휘] **advertising director**: 광고담당 이사, **put an advertisement**: 광고를 내다
[번역] 광고 담당 이사는 TV 광고를 내기로 결정했다.

03
[해설] a piece/ article of 뒤에는 불가산명사가 와야 하므로 luggage(짐)가 정답.
[어휘] **passenger**: 승객, **carry A into B**: A를 B 안으로 운반하다/ 가지고 들어가다
[번역] 승객들은 오직 한 개의 짐만 비행기 안으로 가지고 들어가야 한다.

04
[해설] information(정보)은 불가산명사이므로 단수 형태 information이 정답.
[어휘] **manager** (회사의) 부장, **overseas partner**: 해외의 동업자/ 협력 업체
[번역] 부장은 해외 협력 업체로부터 많은 정보를 받을 것으로 기대했다.

05
[해설] on-line 앞에 한정사가 없으므로 불가산명사 ticketing(발권)이 정답.
[어휘] **thanks to**: …덕분으로, **save**: 절약하다
[번역] 온라인상의 발권 덕분으로 승객들은 많은 시간을 절약하게 될 것이다.

[B]

01
[해설] living은 생계비의 의미로 쓰일 경우, 가산명사이므로 a decent living으로 고친다.
[어휘] **part-time job**: 부업/ 아르바이트, **decent**: 적당한/ 훌륭한/ 괜찮은
[번역] 그는 자기 가족을 위하여 충분한 생계비를 벌 수 있도록 부업을 하나 더 구해야 한다.

02
[해설] (A) productivity(생산성)는 불가산명사이므로 단수 형태로만 쓰이고 (B) cost는 "사업상의 경비"의 의미일 때는 복수 형태로 쓰이므로 costs로 바꾼다.
[어휘] **worker productivity**: 근로자들의 생산성, **decrease**: 감소하다/ 줄이다, **labor costs**: 노동 비용
[번역] 회사 대변인은 근로자들의 생산성은 증가시키고 반면에 노동 비용은 줄이게 되었다고 발표했다.

03
[해설] (A) resignation(사임)은 불가산 명사이고 (B) acquaintance는 "아는 사람, 친지"의 의미일 때에는 가산명사이고 본문의 경우는 "아는 사람"의 뜻이므로 acquaintances로 고친다.
[어휘] **spread**: (소식 등이)널리 퍼지다/ 퍼뜨리다 spread – spread – spread
[번역] Lopez 씨는 회사 내에 친구나 아는 사람들이 많아서 그녀의 사임 소식이 빠르게 퍼져나갔다.

04
[해설] (A) food 는 "음식, 식량"의 의미일 때에는 불가산명사이나 "음식의 종류"를 의미할 때는 가산명사이다. 본문의 경우 문맥상 "음식의 종류"를 언급한 것이므로 food ⋯⋯▶ foods.
[어휘] **sweet(s)**: 단 음식이나 과자, **soda**: 소다수/ 탄산음료, **second helping**: (가산명사) 두 그릇째
[번역] 나는 내가 잘못된 여러 음식을 먹어왔다는 것을 알고 있다. 즉 점심으로는 소다수나 감자튀김 등을, 그리고 저녁 식사에는 두 그릇(2인 분)을 먹었었다.

05
[해설] (B)의 weight는 "무게" 의미일 때에는 불가산명사이므로 복수 형태가 아닌 weight로 고친다. (cf.) "추"의미일 때에는 가산명사. (D)의 room 은 "방"의 의미일 때에는 가산명사이나 "공간"의 의미일 때에는 불가산명사이므로 (D)는 맞다.
[어휘] **come up with**: (아이디어나 해결책 등)을 생각해 내다, **spacecraft**: 우주선, **take up**: (면적이나 시간 등)을 차지하다.
[번역] NASA (미국 항공우주국)의 새 프로그램은 무게를 더 추가하지 않고 또 전기를 지나치게 사용하지 않으며 많은 공간을 차지하지 않고서 우주선 내의 온도를 조절할 수 있는 방법을 생각해 냈다.

P275 [check-up questions 3]

[A] 01 all, 02 all, 03 another, 04 (C), 05 (C)
[B] 01 every the students ⋯⋯▶ all the students *or* every student, 02 either ⋯⋯▶ both, 03 recent some ⋯⋯▶ some recent, 04 the half women ⋯⋯▶ half the women, 05 (B) other ⋯⋯▶ another

[A]

01
[해설] 괄호 뒤에 다른 한정사 the가 있으므로 그 앞에는 전치 한정사 all만 올 수 있다.
[어휘] **simple process**: 간단한 절차, **solve**: (문제를) 해결하다/ 풀다
[번역] 이 간단한 절차가 당신의 컴퓨터의 거의 모든 문제를 해결해 줄 것이다.

02
[해설] baggage는 불가산명사이므로 그 앞에는 전치 한정사인 all이 정답. (cf.) every + 단수 가산명사.
[어휘] **put a name tag on** …: …에 명찰을 부착하다
[번역] 여행할 때 모든 짐에다 명찰을 부착하는 것은 좋은 생각이다.

03
[해설] 뒤에 단수 가산명사(company)가 있으므로 another 정답. (cf.) other + 복수명사/ 불가산명사
[어휘] **have a problem**: 문제를 겪다, **partner company**: 협력회사. **work with**: …와 함께 일하다/ 거래하다
[번역] 협력회사와 몇 가지 문제를 겪고 난 후에 그들은 다른 회사와

거래하기로 결정했다.

04
[해설] 뒤에 복수명사(ways)가 있고 막연한 범위이므로 the가 없는 (C) other 정답.
[어휘] measure: 조치, work: (사물이 주어) 효과가 있다
[번역] 새로운 조치가 효과가 없으면 우리는 그 문제를 해결할 다른 방법들을 찾아봐야 한다.

05
[해설] 뒤에 복수명사(men)이므로 (C) most가 정답. (B) almost는 부사이므로 명사를 바로 수식불가.
[어휘] far luckier: 훨씬 더 운이 좋은, make a good living: 넉넉한 생계비를 벌다
[번역] 나는 대부분의 사람보다 훨씬 더 운이 좋다. 왜냐하면, 나는 내가 하고 싶어 하는 일을 해서 충분한 생계비를 벌어 올 수 있기 때문이다.

[B]

01
[해설] every와 the는 겹쳐서 사용될 수 없고 뒤에 복수 명사이므로 all the students 또는 every student로 고친다.
[어휘] inform A of B: A 에게 B 를 통지하다/ 알리다, as soon as possible: 가능한 한 빨리
[번역] 그들은 모든 학생에게 가능한 한 빨리 기말시험 결과를 알려 주기로 결정했다.

02
[해설] either 뒤에는 단수 가산명사가 오며 문맥상 "길 양쪽" 을 의미하므로 both sides로 고친다.
[어휘] dozens of: 수십의/ 수많은, wild flower: 야생의 들꽃, countless varieties: 무수히 많은 종류/ 품종, path: 좁은 길/ 오솔길
[번역] 수많은 품종의 많은 야생 꽃들이 오솔길 양쪽의 땅을 뒤덮고 있다.

03
[해설] 한정사는 일반 형용사보다 앞에 와야 하므로 recent some ⋯ some recent.
[어휘] government official: 정부 관리/ 관계자, recent: 최근의, labor troubles: 노동 문제점/ 노사분규, take place: 일어나다/ 발생하다, auto manufacturing industry: 자동차 제조업
[번역] 많은 정부 관계자들이 자동차 제조 분야에서 일어나고 있는 최근 몇몇 노사분규를 걱정하고 있다.

04
[해설] half는 전치 한정사로서 일반 한정사 the 앞에 와야 하므로 half the women으로 고친다.
[어휘] under the age of six: 6세 미만의, school-age children: 학교 갈 나이의 어린이들(학령 아동)
[번역] 6세 미만의 어린이를 둔 여성들의 절반 이상이 직업을 가지고 있으며, 학령 아동을 가지고 있는 여성들의 68 퍼센트가 직장생활을 하고 있다.

05
[해설] moment (순간, 시기, 때)는 가산명사이므로 (B) other moment ⋯ another moment.
[어휘] mist: 안개, vapor: 증기/ 수증기, fly by: 빨리 지나가다, precious: 귀중한
[번역] 성경은 "우리는 (덧없는) 안개나 증기와 같은 존재이다"라고 한다. 우리는 잠시동안 이 세상에 있다가 이내 사라진다. 인생은

빠르게 지나간다. 그러므로 당신의 귀중한 시간을 또 한순간이라도 화내며 슬퍼하며 걱정하며 낭비하지 말라.

P278 [check-up questions 4]

[A] 01 not, 02 another, 03 every, 04 (B), 05 (D), 06 (D), 07 (D)
[B] 01 another ⋯ any other, 02 not ⋯ no, 03 No ⋯ Not

[A]

01
[해설] 뒤에 한정사 any가 있으므로 not가 와야 한다.
[어휘] response: 응답/ 반응, suggestion: 제안, the other party: 상대방 당사자
[번역] 상대방 당사자로부터 아직 우리 제안에 대한 아무런 응답이 없다.

02
[해설] 숫자 앞에는 another가 와서 "얼마 더" 의 의미를 가지므로 another가 정답.
[어휘] extension: 기한연장/ 확장 ex) a week of extension (일주일간의 기한 연장)
[번역] 우리는 그 사업이 완성되기 위해서는 2주일간의 기한연장을 필요로 한다.

03
[해설] 숫자 앞에 every가 오면 "매 ⋯마다" 뜻이 되며 일반적으로 all 뒤에는 숫자가 오지 않으므로 every가 정답.
[어휘] organization: 조직/ 기구/ 단체, hold a conference: (대규모) 회의를 열다
[번역] 그 단체는 2년마다 국제 협의회를 개최한다.

04
[해설] value라는 명사 앞이므로 한정사가 와야 하고 문맥상 "가치가 없는" 의 의미이므로 no가 정답.
[어휘] become evident: 명백해지다, practical: 실용적인/ 실제적인, of no value: 가치가 없는
[번역] 그들의 지식은 한계가 있으며 실제적인 가치도 전혀 없다는 것이 곧 명백해졌다.

05
[해설] 문맥상 "또 한 명의 승객"의 뜻이므로 (D) another 정답. (B) each other(서로)는 대명사구 이므로 명사를 수식할 수 없다.
[어휘] go on board a ship: 배에 탑승하다, share the cabin: 선실을 같이 사용하다
[번역] Leech 씨는 배에 올랐을 때 또 한 사람의 다른 승객이 자기와 객실을 함께 나누어 사용해야 한다는 것을 알았다.

06
[해설] 문맥상 "매 100마리의 사자 새끼들 중에서" 의 의미이므로 (D) every가 정답.
[어휘] cub: (동물의) 새끼, the age of one: 한 살의 나이
[번역] 사자 새끼 100마리 중에 약 40마리가 만 한 살이 되기 전에 죽는다.

07
[해설] 어법상으로는 (A), (B), (C), (D) 모두가 빈칸에 올 수 있으나 문맥상으로 "다른 상품"을 의미하므로(D) any other가 와야 한다.
[어휘] advertiser: 광고주, distribute: 분배하다/ 나누어 주다,

promotional item: 홍보용 상품
[번역] 많은 광고주들이 다른 홍보용 상품 대신에 펜이나 다이어리(일기용 수첩)를 나누어 준다.

[B]

01
[해설] 비교급 than any other + 단수명사(다른 어떤 …보다 더 …하는)의 형태이므로 another → any other.
[어휘] reliable: 믿을만한 (= dependable), on the market: 시중(시장)에 나온 (상품 중에서)
[번역] 우리의 새로 개발된 상품은 시중에 나온 다른 어떤 상품보다 더 믿을만하다.

02
[해설] [There is no + 비교급 + than A] (A보다 더 …한 것은 없다)의 표현이므로 not → no로 고친다.
[어휘] effective way: 효과적인 방법, have it modeled for…: …에게 그것의 모범을 보이다
[번역] 직원들이 그 메시지를 이해하는데 있어서 흔히 부장이 그들에게 그 모범을 보이는 것보다 더 효과적인 방법은 없다.

03
[해설] many나 much와 같은 수량형용사 원급 앞에는 no가 아니라 주로 not가 나오므로 No → Not
[어휘] extraordinarily: 유별나게/ 엄청나게, pleasant life: 즐거운 인생, despite the fact that…: …와 같은 사실에도 불구하고, have a share of: …을 함께 하다, woes: (복수)고생/ 화/ 재난
[번역] 나는 (다른 사람들과 똑 같은) 흔히 겪는 고생을 해 왔다는 사실에도 불구하고 유독 즐거운 인생을 살아 왔다. 나만큼 행운인 사람은 그리 많지 않다고 난 믿는다.

P279 [명사와 한정사 종합문제]

[A] 01 (C), 02 (D), 03 (A), 04 (B), 05 (B), 06 (D), 07 (A), 08 (A), 09 (C), 10 (B)
[B] 01 (1) bacterium (2) every (3) this (4) animals (5) all these, 02 (1) holders (2) each (3) representative, 03 (1) symbols (2) characteristics (3) the other (4) another
[C] 01 not any, 02 other *or* second, 03 likely/ another, 04 every effort, 05 checked/ pieces/ luggage
[D] 01 This potato dish needs to be heated for another ten minutes.
02 Our teacher has a talk with students' parents every three months.
03 The beautiful beach is another popular tourist attraction of the island's.
04 We get a lot of information and advice on the trend in the international market from our overseas partners.
05 They made every effort to succeed in the project, but they got no returns.

[A]

01
[해설] "두 숟갈 분의…" 의 표현은 two spoonfuls of … 로 표현하므로 (C) spoonfuls가 정답.
[어휘] put A in/ into B: A 를 B 에 넣다
[번역] 당신이 내 커피에 두 숟갈의 설탕을 넣어 주셨으면 합니다.

02
[해설] 불가산명사를 셀 때는 [숫자 + piece(s) of + 불가산명사]로 표현하므로 (D) pieces of가 정답.
[어휘] place an order for + 상품: 상품을 주문하다 (= make an order for)
[번역] 우리는 신입사원들이 사용할 가구 세 점을 주문했다.

03
[해설] those 뒤에는 복수명사가 와야 하므로 (A) machines가 정답이다. machinery(기계류)는 불가산명사.
[어휘] unexperienced: 경험이 없는, be at a loss: 당황해 하다, handle: 다루다/ 취급하다
[번역] 그 경험이 없는 직원은 기계들을 어떻게 다뤄야 할지 몰라서 쩔쩔맸다.

04
[해설] 운송요금은 fee이며 가산명사이므로 앞에 한정사가 없으면 복수형 (B) fees가 정답.
[어휘] construction of a plant: 공장의 건설(공사), eliminate: …을 배제(제거)하다, local residents: 지역 주민들, shipping fees: 운송요금(= shipping charges/ costs/ rates)
[번역] 그 지역에 공장을 건설함으로써 지역 주민들은 (물건을) 주문할 때 많은 운송비를 지불할 필요가 없게될 것이다.

05
[해설] information은 불가산명사이므로 (B)가 정답. (cf.) a piece of incorrect information (o)
[어휘] editor: 편집자 incorrect: 부정확한, reporter: 보고자/ 기자
[번역] 편집자는 기자로부터 약간의 부정확한 정보를 받았다.

06
[해설] 빈칸의 명사는 뒤의 관계사절의 manufacturing(제조하다)의 목적어이고 의미상 "제품"의 뜻인 product가 와야하므로 복수형태인 (D) products가 정답.
[어휘] creative marketing strategy: 독창적인 마케팅 전략, production: 생산(량), productivity: 생산성
[번역] 기획팀은 현재 제조하고 있는 신제품에 대한 독창적인 마케팅 전략을 만들어 냈다.

07
[해설] passenger는 단수 가산명사이므로 이것과 어울릴 수 있는 한정사 (A) every가 정답.
[어휘] flight attendant: 비행기 승무원, be properly seated: 안전하게 잘 앉아 있다.
[번역] 비행기 승무원들은 모든 승객이 잘 앉아 있도록 확실히 해야 한다.

08
[해설] college student는 단수 가산명사이므로 이 앞에는 (A) any가 알맞다.
[어휘] internship: 수습사원 제도, sign up (for): (…에) 등록하다/ 신청하다, department: 부/ 학과
[번역] 수습사원 제도에 관심 있는 대학생은 누구든지 자기네 학과에서 신청해야 한다.

09
[해설] audiences는 복수형태이며 의미상 "다른 관람객들"이라는 의미이므로 (C) the other가 정답.

[어휘] consideration: 고려/ 배려, turn off one's cell phone: 휴대전화를 끄다
[번역] 휴대전화를 꺼서 다른 관람객들을 위하여 배려해 주십시오.

10
[해설] member는 단수 가산명사이므로 (B) Not every 정답. (A)와 (D)는 한정사가 겹쳐서 실격이다.
[어휘] offer one's opinion: 자기 의견을 내놓다, board meeting: 이사회 회의
[번역] 이사회 회의에서 모든 이사가 각자의 의견을 내놓은 것은 아니었다.

[B]

01
[해설]
(1) from A to B(A에서 B까지)에서 A와 B는 병렬구조를 이루고 B에 해당하는 elephant가 대표단수(종 전체를 대표하는 단수)이므로 박테리아도 단수가 오며 단수는 bacterium이다. bacteria는 복수이다.
(2) organism이 단수 가산명사이므로 every 정답. (cf.) all + 불가산명사/ 복수명사
(3) 앞 문장의 energy를 가리키므로 단수 대명사 this가 온다.
(4) 수식어 plant-eating 앞에 한정사가 없으므로 뒤에 오는 명사는 복수명사 animals라야 한다.
(5) all은 전치 한정사이고 these는 일반 한정사이므로 all these의 어순이 맞다.

> 가장 작은 박테리아로부터 가장 큰 코끼리에 이르기까지, 모든 유기체는 살아남기 위해서는 에너지를 필요로 한다. 에너지가 어떤 환경 속에서 유기체에서 유기체로 전해지는 방식은 먹이 그물(먹이사슬 체계)이라고 알려져 있다. 식물(생산자)은 태양으로부터 그들의 에너지를 얻는다. 이것(에너지)의 일부가 초식성 동물(1차 소비자)에게 전달되는데, 이들은 이번에는 자기네 에너지 일부를 육식성 동물(2차 및 3차 소비자)에게 전달해 준다. 결국 이러한 모든 유기체들은 분해자(미생물)에 의해 분해되고, 이러한 과정이 다시 시작된다.

[어휘] tiny: 아주 작은, organism: 유기체, food web: 먹이 그물/ 먹이사슬 체계, carnivorous: 육식성의, tertiary: 제 3(차)의, break down: 분해되다, decomposer: 분해자

02
[해설]
(1) 수식어 season-ticket 앞에 한정사가 없으므로 복수 명사 holders가 온다.
(2) 막연한 "각 행사"를 의미하고 뒤에 단수 명사가 있으므로 each가 온다.
(3) 의미상 "티켓 판매 담당자"의 뜻이므로 representative가 정답. (cf.) representation: 표현/ 대표

> 저희 뮤지컬 정기 입장권이 다음 달에 판매에 들어갑니다. 그래서 맨 처음 알리는 사람들 중에 귀하도 포함 시키고 싶었습니다. 귀하께서 이번 기회를 이용하시기를 바랍니다. 왜냐하면 저희는 내년부터는 정기 입장권의 가격을 부득이 인상할 수밖에 없기 때문입니다. 저희는 매 공연마다 객석의 30%를 채우는 데 정기 입장권에 의존하고 있거든요. 다음 시즌의 입장권을 구입하시려면 저희 웹사이트 www.tmusical.net 를 방문하시거나, 또는 (721) 450-8977로 매표 담당자에게 전화해 주십시오.
> 내년에도 관객 중에서 귀하를 다시 뵐 수 있기를 고대합니다.

[어휘] season ticket: 정기 입장권/ 정기 승차권, go on sale: 판매에 들어가다, raise: 인상하다, rely on: …에 의존하다, season-ticket holder: 정기 입장권 소지자, seating: 좌석배정, purchase: 구입하다, ticket agent representative: 매표대행 담당자, look forward to + (동)명사: …하기를 고대하다

03
[해설]
(1) symbol(상징)은 가산명사이고 all 뒤에서 가산명사는 복수형이라야 하므로 symbols 정답.
(2) [강조 부사구 + be + 주어] 형태의 도치문이므로 are의 주어는 복수 명사 characteristics가 정답.
(3) 동전의 양면 중에 한쪽 면은 one side, 다른 한쪽 면은 the other side이다.
(4) set가 단수 가산명사이므로 another가 정답.

> 상징이라는 것은 다른 어떤 것을 나타내는 부호나 대상이다. 모든 상징은 마치 양면을 가진 동전처럼 작용한다. 한쪽 면에는 형상을 나타내는 특징이 있으며 다른 한쪽 면에는 그 의미 즉 그 상징이 나타내는 것들이 있다. 일종의 상징인 은유는 상징체계의 연구 분야에서 인류학자들이 사용한 중요한 분석적 개념이다. 은유라는 것은 사람들이 다른 체계의 사상을 나타내기 위하여 사용하는 또 하나의 사상이다. 게임이 흔히 인생을 표현하는 은유로 사용된다. 게임은 투쟁과 경쟁이 내포된 것이다. 때로는 이길 때도 있으며 때로는 질 때도 있는 것이다. 그러나 게임은 일련의 규칙에 맞추어 행해져야 하는 것이다.

[어휘] object: 물체/ 대상, represent: 나타내다, operate: 작용하다/ 효과를 나타내다, as if: 마치 …인 것처럼, stand for: …을 상징하다/ 나타내다, metaphor: 은유(비유), analytical concept: 분석적 개념, anthropologist: 인류학자, struggle: (n) 투쟁, competition: 경쟁

Chapter 14 대명사와 수량사

P285 [check-up questions 1]

[A] 01 mine, 02 its, 03 his, 04 his own, 05 us
[B] 01 her ⋯▸ hers, 02 their own one ⋯▸ their own, 03 (B) you ⋯▸ yours

[A]

01
[해설] my one은 비문법적 표현이므로 mine 정답.
[어휘] (car or auto) repair shop: 자동차 정비소
[번역] 너의 차가 정비소에 있는 동안 내 차를 쓰면 된다.

02
[해설] 뒤의 service system을 수식해주는 소유격은 its이다. it's는 it is/ it has + (p.p.)의 축약형이다.

[어휘] automobile company: 자동차 회사
[번역] 그 자동차 회사는 내년에 서비스 체계를 향상 시키기로 결정했다.

03
[해설] 문맥상 "그의 것" 이라는 표현이 와야하므로 his가 정답이다.
[어휘] suitcase: (여행용) 가방, appearance: 겉모양
[번역] 이 씨는 미스 김의 가방 모양이 자기 것하고 똑같아 보였기 때문에 그것을 (잘못) 가져갔다.

04
[해설] 문맥상 "자기 자신의 돈"을 의미하므로 his own이 정답.
[어휘] how to save money: 돈을 절약하는 방법, lavish: (씀씀이가) 헤픈/ 낭비하는
[번역] 그는 사람들에게 돈 절약하는 법을 이야기하면서 정작 자기 돈에 대해서는 매우 낭비적이다.

05
[해설] 전치사 of 뒤이므로 목적격 대명사 us가 와야 한다. 뒤의 동사 have의 주어는 we가 아니고 Most이다.
[어휘] biologically: 생물학적으로, default: (컴퓨터의) 기본값, defaul mode: 기본 모드(방식)
[번역] 우리들 대부분은 생물학적으로 시간에 대한 특정한 기본 모드를 가지고 있다.

[B]

01
[해설] 문맥상 "그녀의 일을 끝내다" 의미이므로 her → hers.
[어휘] complete: 다 끝내다, 완성하다, offer to + v: …하자고 제안하다
[번역] Smith 씨는 자기 일을 다 끝내고 Jones 씨에게 그녀의 일을 끝내도록 도와주겠다고 제안했다.

02
[해설] 소유격 형용사 + own 뒤에는 one이 올 수 없으므로 their own one → their own (or theirs).
[어휘] fear: 두려움, hang around: (주변에) 서성이다/ 도사리고 있다, freelance writer: 프리랜서 작가, (cf.) freelance: 자유 계약의, freelancer: 자유 계약자
[번역] 프리랜서 작가들에게는 두려움이 늘 도사리고 있다. 이들은 다른 작가들의 작품(글)은 잡지에 나오는 것을 보지만, 반면에 자기 자신의 글은 계속 우편으로 반송되어 오기 때문이다.

03
[해설] (A) the one은 management consultant 중 불특정한 한 사람을 가리키고 뒤의 관계사절의 수식을 받으므로 the가 붙어서 맞다. (B) you는 경영 상담가의 비전과 경영철학이 당신의 것과 어울려야 한다는 취지이므로 you → yours.
[어휘] management consultant: 경영 상담 전문가, might as well + v: …하는 것이 낫다
[번역] 당신이 경영 상담가를 구할 때는 그의 비전이나 경영철학이 당신의 것과 어울리는 사람을 선택하는 것이 좋다.

P287 [check-up questions 2]

[A] 01 it, 02 it, 03 (C), 04 (A), 05 (D)
[B] 01 (B) them → it, 02 (A) their → its, 03 (B) this → them, 04 (B) them → me

[A]

01
[해설] 문맥상 information(정보)을 가리키므로 it가 와야 한다.
[어휘] outdated: 낡은/ 시대에 뒤진, not + v…any longer (any more): 더 이상 …하지 않다
[번역] 그 정보는 낡아서 그 대부분은 더 이상 쓸 수 없다.

02
[해설] 문맥상 the United States를 가리키며 고유명사는 복수라 할지라도 단수 취급하므로 it 정답.
[어휘] export: 수출하다, the rest of the world: 나머지 다른 나라들, import: 수입하다, similar: 유사한
[번역] 매년 미국은 "문화 상품"을 다른 나라들에게 수출하고 반면에 미국은 다른 나라들로부터 자기네 것과 유사한 상품만을 수입한다.

03
[해설] 의미상 빈칸에는 앞에 나온 막연한 사람 a person을 가리키므로 (C) his or her가 정답.
[어휘] foolishly: 어리석게도, arrogant: 교만한/ 오만한, 형용사 + as + S + be: S 가 비록 …하지만/ …해서, intellectual power: 지적 능력, attainment: 성취/ 성과/ 업적
[번역] 어리석게도 나는 교만해서, 사람의 가치를 그 사람의 지적 능력이나 업적으로 판단하곤 했다.

04
[해설] 의미상 If–절의 주어 you를 가리키므로 (A) you가 정답이다.
[어휘] dare to + v: 감히 …하다/ …할 용기가 있다, take the initiative: 주도권을 쥐다/ 솔선해서 하다, self–revelation: 자기표현(표출), reveal secrets to: …에게 비밀을 밝히다/ 폭로하다
[번역] 당신이 먼저 솔선하여 자기를 보여줄 용의가 있다면, 상대방도 당신에게 비밀을 기꺼이 밝힐 것이다.

05
[해설] 앞 빈칸은 혼성 합창단의 Everybody이므로 his or her로 받고, 뒤 빈칸은 여성 합창단의 everybody이므로 her로만 받는다. 따라서 정답은 (D).
[어휘] mixed chorus: (남녀) 혼성 합창단, female chorus: 여성 합창단
[번역] 혼성 합창단의 모든 사람은 단복을 입었는데, 여성 합창단 단원들은 단복을 아직 지급 받지도 못했다.

[B]

01
[해설] (A)는 이중소유격[한정사 + 명사 of 소유대명사]의 표현으로서 맞다. (B)는 앞에 나온 the answer를 가리키므로 them → it로 바꾼다.
[어휘] brilliant: 훌륭한/ 뛰어난/ 멋진, put A into words: A를 말로 표현하다
[번역] 나의 훌륭한 친구가 한번은 나에게 "네가 갑자기 어떤 문제를 바라볼 때, 네가 그 해답을 말로 표현할 수 있기도 전에 답을 얻는 경우가 생겨난다."라고 말했다.

02
[해설] (A)의 their는 a country를 의미하므로 their → its로 고치고, (B) their는 coins를 가리키므로 맞다.
[어휘] reflect: …을 반영하다, aspiration: 열망/ 포부/ 염원, collection: 수집, based on: …에 근거하여, place of origin: 발생지
[번역] 동전은 한 나라의 역사와 열망을 반영하며, 따라서 (동전의) 발생지에 맞추어서 동전 수집이 이루어져야 한다는 것은 당연하다.

03
[해설] (B) this는 ships를 가리키므로 this → them으로 바꾼다.
[어휘] **essential work**: 필수 업무, **fleet**: (여러 배들로 구성된) 선단/ 함대, **originally**: 원래
[번역] 그린피스의 필수 업무 중 많은 부분이 이 단체의 소규모 선단이 없다면 불가능할 것이다. 이 배들은 모두 원래는 모종의 업무를 담당하는 배들이었었다.

04
[해설] (B) them은 문맥상 이 말을 하고 있는 본인 자신(I)을 가리키므로 them → me.
[어휘] **symposium**: 심포지엄(자유토론회), **challenge**: 도전하다/ 토론 등을 신청하다, **colleague**: 동료, **with boast**: 자랑스럽게, **I will bet**: …을 장담하다, **session**: (어떤 활동을 하는) 기간/ 회기/ 회의
[번역] 한 유명한 정신과 의사가 환자들에게 그들 자신에 대해서 마음을 열게 하는 방법을 주제로 하는 토론회를 주재하고 있었다. 그 의사는 동료들에게 자랑하며 이렇게 흥미를 끄는 말을 했다. 즉, "나는 내 기법으로 새 환자에게 첫 치료기간 동안, 내가 요청도 할 필요도 없이 가장 사적인 부분에 대해서도 말을 꺼내게 할 수 있다고 장담한다." 라고.

P289 [check-up question 3]

[A] 01 himself, 02 their own, 03 himself, 04 yourselves, 05 beside, 06 (B)
[B] 01 (B) by itself → by themselves, 02 (A) them → themselves, 03 (B) him → himself, 04 (A) in it → in itself

[A]

01
[해설] 주어 the president를 강조하므로 himself 정답.
[어휘] **greet**: 맞아들이다/ 환영하다, **reception**: 연회
[번역] 사장 자신이 연회에 초대된 손님들을 직접 맞아들였다.

02
[해설] 문맥상 "직원들 스스로"의 뜻인 on one's own이 와야 하므로 their own 정답.
[어휘] **make every effort**: 온갖 노력을 기울이다, **productivity**: 생산성
[번역] 직원들은 생산성을 향상시키기 위하여 효율적으로 일하도록 스스로 모든 노력을 기울여야 한다.

03
[해설] 주어(Daniel)를 강조하는 재귀대명사 himself 정답.
[번역] Daniel은 자기의 차를 자기가 직접 손보기보다는 수리를 맡기기로 결정했다.

04
[해설] 전치사 of의 목적어로 주어 You와 일치하고 앞에 all이 있으므로 복수 형태인 yourselves가 정답.
[어휘] **be proud of**: 자랑으로 여기다, **impressive**: 인상적인/ 감명 깊은, **sales record**: 매출기록
[번역] 여러분 모두가 인상적인 매출기록을 달성한 것에 대하여 여러분 스스로를 자랑스럽게 여길 만하다.

05
[해설] 뒤에 감정 명사 with joy가 있으므로 "…으로 제 정신이 아닌" 의 뜻을 가진 beside 정답.
[어휘] **win the championship**: 우승하다, **final tournament**: 결승 토너먼트
[번역] 그들은 마침내 결승에서 우승을 하게 되자 기뻐서 제정신이 아니었다.

06
[해설] 계속적 관계대명사 which의 선행사는 앞 문장 전체를 가리키므로 단수 취급되고, 문맥상 "그 자체로서"의 뜻이므로 (B) 정답.
[어휘] **distribute**: 나누어 주다/ 분배하다, **leaflet**: 전단지, **conventional**: 재래식의/ 관습(관례)적인
[번역] 대부분의 매장들이 그들의 상품에 대하여 아직도 전단지를 나누어 주고 있는데, 이것은 그 자체가 자기네 상품을 광고하는 평범한 재래식 방법이다.

[B]

01
[해설] (B) by itself는 의미상 "교육생들 스스로"를 의미하므로 by themselves로 바꾼다.
[어휘] **allow + 목(A) + to-v**: A에게 …하도록 허용하다, **trainee**: 훈련생/ 교육생, **revise**: 수정하다
[번역] 온라인 언어학습 프로그램은 그 수강생들에게 학습 일정을 스스로 수정할 수 있도록 허용한다.

02
[해설] (A) them은 동명사 presenting의 의미상 주어인 people과 일치하므로 them → themselves.
[어휘] **be good (poor) at**: …에 능숙하다(서툴다), **present oneself**: (자신의 생각이나 의견을) 표명하다, **have difficulty v-ing**: 하는 데 어려움을 겪다, **convince A of B**: A에게 B를 확신 시키다/ 깨닫게 하다, **capability**: 능력/ 가능성/ 용량
[번역] 나는 자신의 업무에는 아주 능하나 자신의 생각을 표현하는 데는 서툰 사람들을 보아 왔다. 그래서 나는 그들에게 그들의 능력을 확신 시켜주는 데 어려움을 겪게 된다.

03
[해설] (B) him은 현재분사 screaming at의 의미상의 주어 John과 일치하므로 him → himself.
[어휘] **singles match**: (테니스의) 단식 경기, **go one's way**: 자기 방식대로 진행되다, **go downhill**: 쇠퇴하다/ 악화되다, **scream at**: …에 고함을 지르다, **slam**: (세차게) 내던지다
[번역] 어느 날 오후 나는 존을 상대로 중요한 테니스 단식 경기를 벌이고 있었다. 상황이 자기 방식대로 되어가지 않자 그는 더욱 기울어지기 시작했고 게임을 불평하고 스스로에게 고함을 지르고 자기 라켓을 내동댕이쳤다.

04
[해설] (A) in it은 주어 technology를 강조하여 "기술 그 자체로서"의 의미이므로 in it → in itself.
[어휘] **in the field of**: …의 분야에서, **distance learning**: (인터넷 등의) 원격 강의, **prime focus**: 핵심, **place a focus on**: …에 중점을 두다, **identify A as B**: A를 B라고 확인하다, **responsiveness**: 반응성
[번역] 원격학습 분야에서는 주된 초점이 원격학습의 기술의 역할에 맞추어져 있다는 사실에도 불구하고, 경험 있는 교육자들은 기술 그 자체는 다른 요소들만큼 중요하지 않다고 주장한다. 그 대신에 그들은 학습자의 동기부여와 교사의 대응성이 원격학습에서 매우 중요하다는 점을 명백히 하고 있다.

P292 [check-up questions 4]

[A] 01 another, 02 ones, 03 the other, 04 (D), 05 (C)
[B] 01 no other ⋯▶ no one or none, 02 (C) the others ⋯▶ others, 03 (C) the someone ⋯▶ the one, 04 (B) each other ⋯▶ another

[A]

01
[해설] 나머지가 여러 개 중에서 불특정한 것 하나는 another로 표현한다.
[어휘] transfer: 계좌 이체하다, at any time: 언제든지, account: 계좌
[번역] 한 계좌에서 다른 계좌로 온라인으로 언제든지 송금할 수 있다.

02
[해설] space missions(우주 비행 임무)를 언급하는 것이므로 같은 복수형태인 ones가 정답.
[어휘] manned space mission: 유인 우주 비행 임무, costly: 비용이 많이 드는, unmanned: 무인의
[번역] 유인 우주 비행 임무가 무인의 경우보다 비용이 더 많이 드는 반면에, 더 많은 성공을 거둔다.

03
[해설] 문맥상 두 개 중에서 나머지 하나를 언급하는 것이므로 the other가 정답.
[어휘] belief: 믿음/ 신념, immortality: 불멸, dissociate A from B: A와 B를 분리해서 생각하다
[번역] 신을 믿는다고 해서 불멸을 꼭 믿는 것은 아니지만 양자를 분리해서 생각하기란 어렵다.

04
[해설] 문맥상 "불특정한 하나의 주차할 공간"을 의미하므로 (D) one이 정답.
[어휘] at present: 현재는, a handful of: 소수의/ 소량의
[번역] 현재는 도서관 근처 도로상의 주차 공간이 아주 소수밖에 없다. 따라서 비어있는 한 자리를 발견하면 당신은 운이 좋은 것이다.

05
[해설] 협상 회의에 참석한 두 당사자 중 나머지 하나를 언급하는 것이므로 (C) the other가 정답.
[어휘] negotiation meeting: 협상 회의, party: 당사자, sit across a table: 테이블 맞은편에 앉다
[번역] 당신이 협상 회의에 참석하고 있을 때는 당신네 편과 상대편은 보통 테이블 맞은편에 앉게 된다.

[B]

01
[해설] "아무도 ⋯하지 않다"의 표현에서 주어는 no one/ none으로 표현하므로 no other ⋯▶ no one.
[어휘] be trusted: 신뢰 받다
[번역] 누구도 신뢰해서는 안 된다고 (그렇게) 믿는 사람들도 있다.

02
[해설] (C) the others는 동물의 세계 전체를 언급하고 있어서 범위가 막연하므로 the를 뺀다.
[어휘] species: (동식물의) 종 (단수/ 복수형태가 동일함), crowd together: 함께 모이다, avoid: 피하다
[번역] 동물의 세계에서는 어떤 종들은 함께 모여서 서로 신체적인 접촉을 필요로 한다. 그러나 또 다른 종들은 접촉을 피한다.

03
[해설] (C)의 someone은 관사 the와 함께 쓰일 수 없으므로 the someone ⋯▶ the one.
[어휘] attach oneself to: ⋯에 애착을 갖다, territory: 영토/ 영역, tend to + v: ⋯하는 경향이 있다
[번역] 가족 내에서 조차도 우리는 우리 자신의 영역에 애착을 가지고 있다. 예를 들어 주방은 식사를 준비하는 사람에 "속하는" 경향이 있다.

04
[해설] 막연한 나머지 여러 나라들 중, 또 하나를 의미하므로 another로 고친다.
[어휘] make money exchange: 환전하다, be concerned with: ⋯와 관련 되다, capital: 자본
[번역] 사람들은 여러 가지 이유로 환전하기를 원한다. 어떤 사람들은 한 나라와 다른 나라 사이에 상품과 서비스의 수출입과 관련되어 있다. 또 다른 사람들은 자본을 한 지역에서 다른 지역으로 이동하기를 원한다.

P294 [check-up questions 5]

[A] 01 Most, 02 the other, 03 Most of, 04 members, 05 (A)
[B] 01 the main principle ⋯▶ the main principles, 02 each of it ⋯▶ each of them, 03 another ⋯▶ the other

[A]

01
[해설] 뒤의 동사 are와 어울리는 주어를 골라야 하므로 Most가 정답.
[어휘] shopper: 구매객, affordable: 감당할 수 있는/ 저렴한
[번역] 그 마트에서는 구매객들 대부분이 저렴한 가격에 만족한다.

02
[해설] 한 부모에 딸린 자녀의 수는 정해져 있으므로 한 자녀를 제외한 나머지는 the others로 표현한다.
[어휘] favor: (n) 호의/ 친절/ 편애, (v) ⋯에 찬성하다/ 편애하다
[번역] 그 부모는 한 자녀를 다른 자녀들보다 편애하는 걸 피하기 위하여 가능한 모든 일을 다 했다.

03
[해설] 부정대명사는 of와 함께 쓰이면 뒤에 the가 오며 of가 없으면 the가 빠지므로 Most of가 정답.
[어휘] department store: 백화점, have a sale: (가게 등이) 할인판매를 하다
[번역] 백화점들 대부분이 이번 주에 할인판매를 단행하고 있다.

04
[해설] all of the 뒤에는 복수명사나 불가산명사만 와야 하므로 members 정답.
[어휘] the board: 이사회, product development: 제품개발
[번역] 모든 이사는 제품개발에 관한 회의에 참석했다.

05

[해설] "…의 일부"는 [some of the + 명사]로 표현하므로 (A) some이 정답.
[어휘] detailed information: 상세한 정보, newly published books: 새로 출판된 책들
[번역] 학생들은 학교 웹사이트에서 신간 서적들 중 일부의 책들에 관한 상세한 정보를 찾아 볼 수 있다.

[B]

01
[해설] one of the 뒤에는 복수명사가 와야 하므로 the main principle ⋯→ the main principles.
[어휘] principle: 원리/ 원칙, draw: (그림을) 그리다, odd: 이상한/ 괴상한
[번역] 내가 야외에서 그림을 그릴 때 따르는 원칙 중 하나는 너무 어렵거나 괴상한 주제는 선택하지 않는다는 것이다.

02
[해설] each of 뒤에 오는 대명사는 복수 대명사(us, you, them)가 오므로 each of it ⋯→ each of them. 여기서 them은 strings를 가리킨다.
[어휘] tension: 긴장/ 장력, string: (현악기의) 줄, equilibrium: 평형, straight line: 직선
[번역] 바이올린은 현에서 장력(잡아당기는 힘)을 만들어 내서 각각의 현으로 하여금 평형을 이루는 형태, 즉 직선이 되도록 해준다.

03
[해설] 채팅은 두 사람 간의 대화이므로 상대방은 the other로 표현한다. 따라서 another ⋯→ the other.
[번역] 온라인 채팅은 당신 자신에 관하여 당신이 원하는 어떤 이미지도 만들어 내도록 해주며, 또 당신 자신에 관하여 상대방에게 어떤 이야기라도 해줄 수 있게 해준다.

P296 [check-up questions 6]

[A] 01 those, 02 that, 03 someone
[B] 01 them ⋯→ those, 02 those ⋯→ that

[A]

01
[해설] 관계대명사의 선행사 중 "막연한 사람들"은 보통 [those who + v⋯]의 형태이므로 those 정답.
[어휘] candidate: 지원자/ 후보자, application: 지원(서)/ 신청(서), be qualified for: …에 자격이 있다, position: 직책/ 지위, contact: 연락하다
[번역] 우리는 모든 지원자에게 지원해 주신 것을 감사드립니다만, 이 직책에 자격이 있는 사람들만 다음 주초에 연락을 받을 것입니다.

02
[해설] money를 반복하고 있으므로 that이 정답.
[어휘] thanks to: …덕분으로, foreign exchange market: 외환시장
[번역] 외환 시장 덕분으로 사람들은 손쉽게 한 나라의 돈을 다른 나라의 돈으로 환전할 수 있다.

03
[해설] 관계대명사절의 수식을 받는 "막연한 사람(단수)"을 의미하므로 someone 정답.

[어휘] manner: 태도/ 방법, be accustomed to + (동)명사: …에 익숙하다, point of view: 견해
[번역] 회의에서 Lopez 씨의 태도는 다른 사람들의 견해를 경청하는 것에 익숙하지 않은 사람의 태도였다.

[B]

01
[해설] 뒤에 있는 분사구의 수식을 받는 막연한 사람들이므로 them을 those로 바꾼다.
[어휘] airline: 항공사, alternative meal: 대체 식사, available: 이용 가능한, on request: 요구하는 대로/ 요구에 따라서, undergo: (어떤 변화나 좋지 않은 일을) 겪다/ 받다, dietary cure: 식이요법
[번역] Trans Continental 항공사에서는 식이요법을 하고 있는 사람들을 위하여 그들의 요구에 따라 (기내식의) 대체 식사 선택제도를 이용할 수 있다.

02
[해설] (B) those는 앞에 나온 field(단수 명사)를 반복하므로 those ⋯→ that.
[어휘] two-thirds: 3분의 2, graduate: (n) 졸업생, be engaged in: …에 종사하다
[번역] 한 연구 결과에 의하면 졸업한 지 5년 이내인 모든 대학 졸업생들의 3분의 2가 자기들이 대학에서 준비했다고 생각한 분야와는 전혀 다른 분야에 종사하고 있다는 것을 보여준다.

P299 [check-up questions 7]

[A] 01 much, 02 little, 03 plenty of, 04 hundred, 05 (C), 06 (B), 07 (A)
[B] 01 (A) many ⋯→ much, 02 (A) hundred thousands of ⋯→ hundreds of thousands of, 03 (B) 80 millions of ⋯→ 80 million

[A]

01
[해설] of 이하의 명사 equipment는 불가산명사이므로 이와 어울릴 수 있는 것은 much이다.
[어휘] astronaut: 우주인, in space: 우주에서
[번역] 로봇과 우주인들은 우주에서 똑같은 장비를 많이 사용한다.

02
[해설] effort(노력)는 가산/ 불가산 양쪽 모두 가능하나 본문의 경우 불가산 형태이므로 little 정답.
[어휘] in no time: 곧/ 당장에/ 눈 깜짝할 사이에, with little effort: 별로 노력을 들이지 않고
[번역] 당신은 짧은 거리를 움직이는 것은 매우 쉬워서 당장이라도 별로 힘들이지 않고 시행할 수 있다고 생각 할 것이다.

03
[해설] a lot of 에서 a를 빼면 실격이나, plenty of는 a 를 붙이지 않으므로 plenty of가 정답.
[어휘] search for: …을 찾다, field: 분야
[번역] 새 직장을 구할 때는 유용한 정보를 얻기 위하여 그 분야에서 일하고 있는 많은 사람들과 이야기를 해보아야 한다.

04

[해설] 앞에 구체적인 숫자(three)가 있으므로 단수 형태이며 of가 없는 hundred가 정답.
[어휘] ancient kingdom: 고대 왕국, last: (v) 지속되다, be conquered: 정복되다, invader: 침략자
[번역] 그 고대 왕국은 약 300년 동안 지속해오다가 외래 침입자들에 의해서 정복되었다.

05
[해설] staff members 앞에 한정사 our가 있으므로 (C) Many of가 정답.
[어휘] flexible: 융통성 있는/ 유연한, shift: (교대) 근무 조, e.g.) night shift (야간 근무 조)
[번역] 우리 직원들 중 많은 수가 회사의 유연한 근무 체계에 만족하고 있다.

06
[해설] 동사가 빠져 있고 Many는 수량대명사로서 이 문장의 주어이므로 뒤에는 동사 (B) questioned 정답.
[어휘] question: (v) 질문하다, unusual experience: 특이한 경험, native tribe: 원주민 부족
[번역] 많은 사람이 나에게 아프리카에서 원주민 부족과 함께 생활한 특이한 경험에 대해서 질문했다.

07
[해설] 빈칸에는 뒤에 한정사가 없으므로 of가 오지 않으며 문맥상 부정적 의미라야 하므로 (A) few가 정답.
[어휘] put a help-wanted advertisement: 직원 구하는 광고를 내다, qualified applicant: 자격을 갖춘 지원자, vacancy: 빈자리/ 공석 (= opening)
[번역] 마케팅 부서의 빈자리에 자격을 갖춘 지원자들이 거의 지원하지 않았기 때문에, 우리는 직원 구하는 광고를 다시 내야 할 것이다.

[B]

01
[해설] (A)의 many는 앞의 동사 cost (비용이 들다)를 수식하는 부사라야 하므로 many → much. (B) those는 fixtures (욕실 등의 설비)를 반복한 것이므로 맞다.
[어휘] twice as much as: …보다 두 배나 많이, regular items: 일반 상품(품목), deluxe: 호화로운
[번역] Noah 사의 욕실 제품들은 일반 제품보다 두 배정도 가격이 나간다. 이 회사의 가장 저렴한 설비 제품들도 40달러이다. 그러나 고급 계열의 품목들은 가격이 150달러까지나 나간다.

02
[해설] (A)는 "수십만"이라는 막연한 숫자이므로 hundreds of thousands of로 바꾼다.
[어휘] national organization: 전국 규모의 단체, register: 등록하다, voter: 유권자, elect: 선출하다, affect: 영향을 미치다, secure: 확보하다, minority: 소수(민족)
[번역] 그 전국 단체는 수십만 명의 유권자들을 (그 단체에) 등록시키는데 성공을 거뒀으며 많은 관리자들을 뽑는데 도와주고 공공 정책에 영향을 미치고 수많은 분야에서 소수민족들을 위하여 전문직 일자리를 확보해 주는 데 도움이 되었다.

03
[해설] (B)에서 구체적인 숫자(80) 뒤이므로 80 millions of → 80 million으로 바꾼다.
[어휘] simple: 쉬운, spelling book: 철자법 교재, reader: 독본(읽기 교재), copy: (책 등의) 부수
[번역] Webster는 영어에 관하여 이해하기 쉬운 3권의 책, 즉 철자법 교재, 문법, 독본에 관하여 작업을 시작했다. The American Spelling Book이라는 제목으로 향후 100년 동안 8천만 부가 팔려나갔다.

P300 [대명사와 수량사 I 종합문제]

[A] 01 (B), 02 (A), 03 (D), 04 (C), 05 (B), 06 (A), 07 (C), 08 (D), 09 (A), 10 (C)
[B] 01 (1) it (2) that (3) many (4) themselves, 02 (1) our (2) another (3) its, 03 (1) our own (2) one (3) someone (4) much
[C] 01 Neither/ applicants, 02 ones, 03 Most/ their own, 04 Both/ parents, 05 Some/ the rest (or the others)
[D] 01 This year's sales figures of our company are much larger than last year's (or those of last year).
02 Anyone who is interested in the vacancy in the administrative department should submit his or her resume.
03 The machines relieve millions of farmers of much harvest burden of theirs.
04 If you find yourself imprisoned in routines, you had better try to release yourself from them.
05 At some times I wanted to become a scientist, and at other times I longed to be a businessman in order to make a fortune.

[A]

01
[해설] 도로의 "어느 쪽이든"을 의미하고 뒤에 단수 명사이므로 (B) either가 정답. (cf.) both sides
[어휘] traditional product: 전통 상품
[번역] 서울 인사동 거리 어느 쪽에도 한국의 전통 상품을 판매하는 여러 가게들이 있다.

02
[해설] 막연한 범위에서 "또 하나의 단체"를 의미하고 뒤에 동사가 단수동사 is이므로 정답은 (A) another.
[어휘] resident: 주민, road improvement: 도로 개선(보수), be opposed to + (동)명사: …에 반대하다
[번역] 그 도시 주민의 한 단체는 도로 개선을 위한 예산을 삭감해야 한다고 믿고 있으며, 또 다른 한 단체는 삭감에 강력히 반대하고 있다.

03
[해설] 문맥상 앞에 나온 money를 가리키며 "대부분"의 뜻이므로 부정대명사 (D) most가 정답.
[어휘] donate: 기증하다, charity: 자선(단체), victim: 난민, disaster: 재난
[번역] 자선기금에 기증된 모든 돈 중에서 대부분이 이재민들의 식량과 의복에 사용된다.

04
[해설] 가게에서 어떤 고객이 산 제품 이외에 "나머지 중 다른 것 하나"는 (C) another로 표현한다.

[어휘] microwave: 전자레인지, work well: 작동이 잘 되다, exchange A for B: A를 B로 교환하다
[번역] 내가 지난 주 당신네 가게에서 구입한 전자레인지가 작동이 잘 되지 않아서 다른 것으로 교환해주시기를 요구하는 바입니다.

05
[해설] 상대방이 사오라고 부탁한 책들을 의미하므로 특정한 책들이다. 따라서 정답은 (B) them.
[번역] "당신이 외출할 때 내가 사 오라고 부탁한 책들을 사 오는 걸 잊지 마시오.", "네, 그 책들 사는 걸 기억해 두겠습니다."

06
[해설] system을 반복하므로 that이 오며 다른 많은 나라 중 한 나라이므로 another가 와서 (A) 정답.
[번역] 한 나라의 정치 및 경제의 체계는 다른 나라의 체계와 항상 똑같은 것은 아니다.

07
[해설] 복수명사(citizens) 앞에 올 수 있는 수량형용사라야 하므로 (C) a number of가 정답.
[어휘] establish: 설립하다, devoted to: …에 헌신하는, in need: 궁핍한
[번역] 요즘에는 많은 시민들이 어려운 사람들을 도와주는데 헌신하는 자선단체를 설립했다.

08
[해설] 주격 관계대명사 who 뒤의 동사가 복수형이므로 (D) the ones(막연한 사람들)가 정답.
[어휘] anticipate: 예상(예측)하다, adjust to: …에 적응하다
[번역] 성공하는 관리자들은 변화하는 환경을 예측하고 거기에 적응하는 사람들이다.

09
[해설] 명사 good과 harm은 모두 불가산명사이므로 (A) little과 much가 수식한다. not A but B에서 not 대신 little이 쓰였다.
[어휘] a majority of: 다수의, psychologist: 심리학자, spanking: (어린이를 체벌로서) 찰싹 때리기, do good: 도움이 되다, do harm: 해가 되다
[번역] 다수의 아동 심리학자들은 (어린이를) 찰싹 때리는 것은 어린이들에게는 별로 도움이 되지 않으며 오히려 많은 해를 끼친다고 생각하는 것 같다.

10
[해설] 현재분사 knowing의 주어(minds: 사람들)와 목적어가 일치하므로 (C) themselves 정답.
[어휘] characteristic: 특성/ 특징, commonplace: 평범한/ 흔한, commonplace minds = the commonplace: 평범한 사람들, have assurance to + v: 자신 있게 …하다/ 확신을 가지고 …하다
[번역] 현대의 특징은 평범한 사람들이 자신들이 평범하다는 것을 알고서 평범한 사람들의 권리를 선언할 만큼 확신을 가지고 있다는 점이다.

[B]

01
[해설]
(1) 문맥상 notice의 목적어 the change를 가리키므로 it 정답.
(2) 앞의 cultures를 반복하고 있으나 미국 한 나라만의 문화를 의미하므로 단수 명사 culture를 나타내는 that 정답.
(3) of 이하의 명사가 복수 명사(values)이므로 many 정답.
(4) 주어와 목적어가 일치할 때 목적어는 주어와 일치하는 재귀대명사가 와야 하므로 themselves 정답.

> 문화는 시간이 지남에 따라 변화한다. 때로는 그 변화가 매우 느리게 그리고 점진적으로 일어나기 때문에 변화가 일어나는 것을 알아차리기가 어렵다. 또 어떤 때는 그것은 빠르고 갑작스럽게 일어난다. 미국의 문화와 같은 수많은 서구 문화는 1960년대 말경에 대중적인 젊은이의 문화를 시작으로 급격한 문화의 변화를 겪었다. 젊은이들은 사회적 인간관계와 물질주의와 관련하여 자기네 부모들의 많은 가치관에 도전했다. 그들은 행동과 복장과 음악에서 기성세대와는 달리 자기 자신을 표현했다.

[어휘] rapid: 빠른, mass: (a) 대규모의/ 대중적인, in relation to: …와 관련하여, materialism: 물질주의, express oneself: 자신의 생각(의견) 등을 표현하다, older generation: 기성 세대

02
[해설]
(1) 문맥상 주어 we와 일치하는 소유격 형용사 our 정답.
(2) 나머지 source가 여러 개 있을 수 있고 그중에 불특정한 하나를 의미하는 another 정답. (cf.) other + 복수 명사
(3) 문맥상 앞의 명사 a university를 가리키므로 its를 고른다.

> Nostridge 대학 동창생들에게
> 우리 주에서 가장 높이 평가 받고 있는 5대 대학교 중에서도, 우리 대학교가 학비 면에서는 가장 낮다는 평가를 받아 왔습니다. 그러나 우리는 학생들에게 저렴한 비용으로 학문서비스를 제공할 수 없게 될지도 모르겠습니다. 왜냐하면, 주 정부의 자금지원이 지난 10년 동안 70%에서 40%로 줄어들었기 때문입니다. 학생들의 등록금으로는 여전히 우리 학생들을 교육시키는 데 드는 비용의 오직 30%만을 확보해 줄 뿐입니다. 그것은 나머지(30%)는 다른 재원에서 나와야 한다는 것을 의미합니다. 그 재원이 우리의 동창생들입니다. 당신이 당신의 모교가 높이 평가받고 비용이 적게 드는 대학교로 계속 남아 있기를 원한다면, 지금이 여러분의 후배들을 위해서 뭔가를 되돌려줄 때입니다. 우리는 한 대학교의 위대성은 곧 그 대학교 동창생들의 위대성이라고 확신하는 바입니다. 협조해 주셔서 매우 감사합니다.

[어휘] alumni (alumnus 의 복수형): 동창생, rate: 평가하다, in terms of: …의 면에서, affordable: 감당할 능력이 있는/ 저렴한, funding: 자금지원, cover: 보장하다/ 비용을 대다, alma mater: 모교, junior: 후배

03
[해설]
(1) 명사 knowledge를 수식하므로 our own 정답.
(2) 막연한 일반 주어는 one으로 표현한다.
(3) 주격 관계대명사 who 뒤의 동사가 단수동사(assumes) 이므로 단수 선행사 someone이 정답.
(4) of 뒤에 the world가 불가산명사로 쓰이고 있으므로 much가 정답.

> 외국어도 또한 굉장히 중요한 것이다. 불어, 러시아어, 중국어 및 기타 외국어에 대한 지식은 우리 자신의 언어(모국어)에 대하여 훨씬 더 깊은 지식을 제공한다. 더구나 외국 문화에 대한 진정한 통찰력은 우리가 그 문화의 언어를 알고 있을 때만 가능하다.

> 그리고 학생들이 숙달해야 할 비언어적 "언어"도 존재한다. 통계학과 수학은 명백히 기술이나 과학에서 필수 불가결한 역할을 담당하고 있다. 이러한 (비언어적) "언어들"은 사회과학이나 예술 분야에서도 또한 필수적이다. 수학을 당연히 무시해도 된다고 여기는 사람은 슬프게도 잘못을 범하고 있는 것이며 현대 세계의 많은 부분으로부터 단절되고 말 것이다.

[어휘] **foreign tongue**: 외국어, **nonlinguistic**: 비언어적인, **statistics**: 통계학, **indispensable**: 필수 불가결한, **safely ignore**: 당연히 무시하다, **shut off from**: …으로부터 차단된(분리된)

Chapter 15 전치사

P308 [check-up questions 1]

[A] 01 since, 02 by, 03 (D), 04 (C), 05 (A), 06 (C)
[B] 01 during ⋯➝ for, 02 to ⋯➝ until, 03 in ⋯➝ within

[A]

01
[해설] 과거의 어느 시점부터의 계속은 since(~이래로)로 표현한다.
[어휘] **work for** + 직장/ 회사: …에서 일하다
[번역] 나는 지난 3월 이후로 그 회사에 쭉 일해오고 있다.

02
[해설] deliver(배달하다)는 완료의미 동사이므로 by 정답.
[어휘] **purchase**: 구입하다/ 구매(품)
[번역] 우리가 이번 주 금요일까지 당신의 구매품을 배달하지 않으면 10퍼센트 할인을 제공하겠습니다.

03
[해설] 문맥상 "…하기 전에"의 의미이므로 (D) before 정답.
[어휘] **measure**: 측정하다, **carry-on**: 휴대용(가방)
[번역] 승객들은 비행기에 휴대용 짐을 가지고 탑승하기 전에 무게를 재야 한다.

04
[해설] 어느 특정한 활동 기간은 during으로 표현한다.
[어휘] **managerial**: 관리(경영)의, **executive**: 이사/ 중역/ 임원, **incentive**: 동기부여 혜택
[번역] 관리 능력에 관한 워크숍을 하는 동안 이사진은 직원들을 위한 인센티브 개발에 대하여 논했다.

05
[해설] 완료의미 동사 + in a day (하루만에…하다)로 표현하므로 (A) in 정답.
[어휘] **amazing**: (좋은 의미로) 놀라운
[번역] 우리가 마침내 그 나머지 프로젝트를 하루 만에 끝냈다고 하는 것은 놀랍다.

06
[해설] month 앞에 the가 있으므로 특정한 기간으로 보아서 (C) during 정답.
[어휘] **employer**: 고용주, **resume**: 이력서, **hire**: 고용하다

[번역] 고용주는 직원의 이력서에 어떤 허위 정보라도 즉시 또는 당신이 고용된 후 몇 달 동안에 발견하게 될 것이다.

[B]

01
[해설] 뒤에 구체적인 숫자 15 years가 있으므로 during을 for로 고친다.
[번역] Matt 씨는 Decker 기업에서 15년 이상 일해왔다.

02
[해설] "A를 어느 미래시점으로 연기하다"는 [postpone A until + 미래시점]으로 표현한다.
[어휘] **later this week**: 이번 주의 후반
[번역] 내 고객 한 사람이 우리의 만남을 이번 주의 후반으로 연기할 수 있는지 묻기 위해 전화를 걸어왔다.

03
[해설] "어느 기간 이내에"의 표현은 "within + 기간"이 "in + 기간"보다 더 강한 표현이다.
[어휘] **return**: 반환한다, **defective**: 결함 있는, **purchase date**: 구입일자
[번역] 그 매장의 방침은 고객들이 결함 있는 제품은 구입일로부터 30일 이내에 반환하도록 요구하고 있다.

P311 [check-up questions 2]

[A] 01 across, 02 within, 03 in, 04 throughout, 05 (A), 06 (A), 07 (B)
[B] 01 next ⋯➝ next to, 02 in ⋯➝ at, 03 at ⋯➝ on, 04 (A) at ⋯➝ in, 05 (C) below ⋯➝ under

[A]

01
[해설] 길, 다리, 강 등을 "건너서"는 across로 표현한다.
[어휘] **short drive**: 자동차로 가까운 거리
[번역] Martin 네 새 사무실은 여기서 자동차로 Golden 교를 건너 가까운 거리에 있다.

02
[해설] "걸을 수 있는 거리 내에"의 표현이므로 within 정답
[어휘] **within walking distance**: 걸을 수 있는 거리 내에, **close to**: …가까이에
[번역] B&B 아이스크림 숍은 우리 집에서 걸을 수 있는 거리에 위치해 있다.

03
[해설] 실내의 공간에서 "구석에"는 in the corner로 표현한다.
[어휘] **vending machine**: 자판기
[번역] 3층 왼쪽 구석에는 자판기가 하나 있다.

04
[해설] 어떤 장소 "전역에"는 throughout(or across)로 표현하며, through는 "…를 통과하여"의 뜻이다.
[어휘] **auto manufacturing corporation**: 자동차 제조 회사, **a (large) number of**: 수많은
[번역] 그 거대 자동차 제조회사는 전 세계에 수많은 지점을 가지고 있다.

05
[해설] 사거리 "모퉁이에"는 at or on the corner 로, "오른(왼)쪽에"는 on으로 표현하므로 (A) 정답
[번역] 그 사거리 모퉁이에서 당신의 오른쪽으로 타워 빌딩이 보일 겁니다.

06
[해설] 장소 명사 area/ zone/ place/ region 등은 주로 전치사 in과 친하므로 (A) 정답
[어휘] Enclosed is + 명사(S): …이 동봉되어 있다(도치문), be well received by …: …로부터 환영 받다, special tourism zone: 관광특구
[번역] 그 관광특구에서 고객들로부터 서비스가 환영받는 식당들의 명단이 동봉되어 있다.

07
[해설] 컴퓨터와 관련된 용어는 주로 on을 사용하므로 (B) 정답
[어휘] install: 설치하다, on-line traffic: 온라인상의 소통(통신, 거래)량
[번역] 회사는 자기네 웹사이트에서 점점 증가하는 온라인상의 거래량을 지원하기 위하여 새로운 서버를 설치해야 한다.

[B]

01
[해설] "…옆에"는 next to로 표현한다.
[어휘] painter: 화가, move to: …로 이사가다
[번역] 화가 Vincent Bill은 그 도시로 이사 간 후로 줄곧 Grand Park 옆에서 살아왔다.

02
[해설] "회의에서"의 표현은 주로 [at + 회의(meeting/ coference)]로 표현하므로 in → at.
[어휘] make a presentation: 발표하다, sales conference: (대규모) 영업회의
[번역] Mark는 다음 달 초에 열리는 영업 회의에서 발표를 앞두고 마케팅에 관한 많은 정보 얻고자 노력을 하고 있다.

03
[해설] 뒤에 desk가 있으므로 at → on.
[어휘] organization: 기관/ 기구/ 조직, brochure: 안내 책자, reception desk: 접수처
[번역] 당신이 우리 조직의 회원이 되고 싶으면 접수처에 비치된 안내 책자를 하나씩 집어가세요.

04
[해설] "그 지역에서"는 in the region/ area/ zone/ place로 표현하므로 (A) at → in.
[어휘] be eager to + V: …하기를 열망하다, modernize: 현대화 하다, infrastructure: 기반시설, lag behind: 뒤처지다/ 낙후되다, in the last five years: 지난 5년 동안에
[번역] 그들은 지난 5년 동안 경제 상황이 낙후된 산업 지역의 기반시설을 현대화하기를 열망하고 있다.

05
[해설] "수 중에서"의 표현은 under water로 표현하므로 (C) below → under. below는 어떤 기준 아래를 표현할 때 사용한다. e.g.) below sea level (해수면 아래)
[어휘] seal: 바다표범, hold (one's) breath: 숨을 멈추다
[번역] 바다표범들은 바다에서 생활하도록 만들어져 있다. 그들은 피와 근육 속에 산소를 저장한다. 이것은 그들이 수중에서 장시간 호흡을 멈추는 데 도움이 된다. 게다가 그들의 신체구조는 그들이 물속을 빠르게 통과해 지나가는 데 도움이 되도록 만들어져 있다.

P313 [check-up questions 3]

01 by, 02 through, 03 on, 04 regarding, 05 for, 06 for, 07 0n

01
[해설] "…함으로써" 의미의 수단/ 방법을 나타내는 전치사는 by + 동명사로 표현한다.
[어휘] market share: 시장 점유율
[번역] 기업들은 신제품을 개발함으로써 그들의 시장 점유율을 늘일 수 있다.

02
[해설] 의미상 "…을 통하여" 라는 매개수단을 나타내는 전치사 through가 정답
[어휘] employment agency: 직업소개소
[번역] Jenny는 인터넷상의 직업소개소를 통해서 직장을 구했다.

03
[해설] 전문적 또는 특수한 주제에 관한 전치사는 on(…에 관하여)으로 표현한다.
[어휘] stock: 주식, invest A in B: A를 B에 투자하다
[번역] 나는 당신이 내가 어떤 주식에 투자해야 할지에 대하여 훌륭한 조언을 해주시기를 바랍니다.

04
[해설] "…에 관하여"는 regarding 정답. relating은 뒤에 to가 붙는다.
[어휘] inquiry: 문의, 조회, 질문
[번역] 저는 당신의 최근 문의에 관하여 답변을 드리고자 이 이메일을 쓰는 바입니다.

05
[해설] 의미상 "…을 위하여" 의미이므로 for가 정답
[번역] Lohan 씨는 어린 딸을 위한 생일 선물로 예쁜 인형을 샀다.

06
[해설] 어느 시기 또는 기간에 "해당하는" 의미는 for로 표현한다.
[어휘] sales target: 매출 목표
[번역] 우리는 금년도 매출 목표를 이미 달성했다.

07
[해설] 어떤 단체나 조직에의 "소속"은 on으로 표현한다.
[어휘] promotion review committee: 승진 심사 위원회
[번역] Thompson 씨는 승진 심사 위원회 소속 위원이다.

P316 [check-up questions 4]

01 by, 02 on, 03 under, 04 by, 05 but, 06 (B), 07 (C), 08 (C)

01
[해설] 지불/ 결재 수단은 by card(카드로), by check(수표로)로 표현한다. (cf.) in cash(현금으로)
[번역] 제가 상품값을 수표로 지불 해도 될까요?

02
[해설] "전화로"의 표현은 by phone/ on the phone/ over the phone (관사 유무 주의)이다.

[번역] 너는 전화로 누구와 이야기 했니?

03
[해설] "고려 중인"의 표현은 **under consideration**.
[어휘] **relocate**: (사무실을) 이전하다/ (직원을) 이동시키다.
[번역] 공장을 해외로 이전시킬 가능성이 고려되고 있다.

04
[해설] 증감 변화/ 정도의 차이 등은 **by**로 표현한다.
[번역] 유가가 배럴당 2달러 더 떨어졌다.

05
[해설] "끝에서 두 번째"의 표현은 **the last but one**이다.
[어휘] **vice president**: 부사장, **corridor**: 복도
[번역] 부사장의 방은 복도를 따라 끝에서 두 번째 방이다.

06
[해설] "…이 없다면"는 (B) **except for**이며 **except that/ but that** 뒤에는 절이 온다.
[어휘] **occupation**: 직업
[번역] Nicol은 직업만 아니면 바닷가로 이사 갔을 텐데.

07
[해설] 문맥상 "…에게는 제외하고"의 뜻을 가지며 뒤에 다른 전치사가 올 수 있는 것은 **except**.
[어휘] **authorized**: 정당한 권한을 가진
[번역] 정당한 권한을 가진 방문객에게만 제외하고 아무도 그 구역에 들어가는 것이 허용되지 않는다.

08
[해설] 문맥상 "맨 …만 하다" 의미인 "do nothing but + 원형동사"가 와야 하므로 (C) 정답.
[번역] 그들은 만나기만 하면 맨 다른 사람들 이야기만 했다.

P319 [check-up questions 5]

01 (C), 02 (D), 03 (A), 04 (B), 05 (A), 06 (B), 07 (C)

01
[해설] 명사(구) 앞에서 이유를 나타내는 전치사는 **because of/ due to/ on account of** 등이므로 (C) 정답.
[어휘] **delay**: 지연시키다/ 연기하다, **current snowstorm**: 현재 불고 있는 눈보라
[번역] 파리행 757편기의 출발이 지금 불고 있는 눈보라 때문에 지연되고 있다.

02
[해설] 문맥상 "…의 관점에서"는 **in terms of**로 표현하므로 (D) 정답.
[어휘] **handle**: 다루다/ 처리하다, **complaint**: 불평/ 항의, **comparison**: 비교
[번역] 우리는 항상 모든 불평 사항들을 고객 만족의 측면에서 다루어야 한다.

03
[해설] 문맥상 "…보다 앞서서, 미리"의 뜻은 **in advance of**로 표현하므로 (A) 정답.
[어휘] **agenda**: 의제(안건), **distribute**: 분배하다/ 나누어 주다
[번역] 모든 안건은 적어도 회의 한 시간 전에 배포해야 한다.

04
[해설] 문맥상 "…일 경우를 대비하여"는 **in case of/ in the event of**로 표현하므로 (B) 정답.
[어휘] **indoor program**: 실내에서 할 수 있는 프로그램

[번역] 그들은 비가 올 경우를 대비하여 실내 프로그램을 하나 더 준비해 두었다.

05
[해설] 문맥상 "…에 관하여"는 **in regard to/ regarding/ relating to** 등으로 표현한다.
[어휘] **present**: 제시하다, **uncertainty**: 불확실성, **international finance**: 국제 경제(상황)
[번역] 그들은 국제 경제 동향에 관하여 다양한 의견을 제시하였다.

06
[해설] 문맥상 "…이외에도"의 표현은 **in addition to**이므로 (B) 정답.
[어휘] **give a lecture**: 강의하다, **run**: 경영(운영)하다, **in addition**: 게다가
[번역] 그는 리서치 회사(여론조사 기업)를 운영하는 것 이외에도 대학에서 강의도 한다.

07
[해설] 문맥상 "…에도 불구하고"의 표현은 **despite/ in spite of**로 표현하므로 (C) 정답.
[어휘] **save oneself from debt**: 부채에서 스스로 벗어나다, **go bankrupt**: 파산하다
[번역] 부채에서 스스로 벗어나기 위한 그들의 모든 노력에도 불구하고 그 회사는 파산했다.

P320 [전치사 | 종합문제]

[A] 01 (A), 02 (C), 03 (D), 04 (A), 05 (A), 06 (B), 07 (B), 08 (C), 09 (D), 10 (A)

[B] 01 (1) into/ to (2) to/ on, 02 (4) from ⋯ at, 03 (1) throughout (2) in (3) by (4) towards, 04 (1) regarding (2) after (3) for (4) in (5) at

[C] 01 in favor of, 02 regardless of, 03 in honor of/ for, 04 in terms of, 05 at/ on behalf of

[D] 01 I signed up for the piano competition a day in advance of the deadline.
02 Korea's export record of this year has increased by 9 percent in comparison with that of last year.
03 They set up a monument in honor of the victory in the battle.
04 According to news reports, the plane took off in spite of inclement weather.
05 Anybody can participate in the event regardless of his or her age, sex and skin color.

[A]

01
[해설] 증가나 감소의 폭 및 정도의 차이는 **by**로 표현하며, 둘 사이에는 **between**을 쓴다.
[어휘] **youth**: (집합적) 젊은이 전체(복수 취급)
[번역] 1995년에서 2005년 사이에 전 세계 젊은이들 인구가 13.2 퍼센트만큼 증가했다.

02
[해설] "교차로에서"의 장소표시 전치사는 **at**이다.

[어휘] at the intersection of A and B: A(도로)와 B(도로)가 만나는 교차로에
[번역] Greenstone 빌딩은 Elm 가와 Damart 가가 만나는 교차로에 있다.

03
[해설] 문맥상 "…에 관하여"의 뜻이므로 (D) regarding이 정답.
[어휘] be committed to + (동)명사: …에 전념(헌신)하다, excluding: …은 제외하고
[번역] 기술지원팀은 속도가 느린 인터넷 서비스에 대한 고객 불만을 처리하는 데 전념하고 있다.

04
[해설] 문맥상 "…앞에(먼저)"의 표현은 prior to/ in advance of를 쓴다.
[어휘] applicant: 지원자, due to: … 때문에, in advance: 미리
[번역] 우리는 모든 지원자를 면접하기 전 적어도 30분 먼저 도착해줄 것을 권고하는 바이다.

05
[해설] 문맥상 "…대신에"의 표현이므로 (A) 정답.
[어휘] advertiser: 광고주, give away: (나누어)주다, promotional: 홍보(판촉)의, utility: 효용성(유용성), excepting: …은 제외하고, on behalf of: …을 대신(대표)하여
[번역] 많은 광고주는 그 유용성 때문에 다른 판촉물 대신에 펜을 나누어주고 있다.

06
[해설] 문맥상 "얼마 만에"의 표현은 in + 기간으로 표현한다.
[어휘] CEO: Chief Executive Officer (최고 경영자), boost: 신장시키다/ 북돋우다
[번역] 신임 최고 경영자는 회사의 수익을 1년 만에 적어도 30 퍼센트 신장시키겠다고 약속했다.

07
[해설] 문맥상 "…의 중심에"는 [in the heart (or center) of]로, "걸어서 몇 분 이내로"는 [within + 숫자-minute walk]로 표현하므로 (B) 정답.
[어휘] be located: 위치해 있다
[번역] Han's 식당은 당신이 묵고 있는 호텔에서 걸어서 10분 이내의 거리에 있다.

08
[해설] 문맥상 가벼운 이유는 with로 표현한다.
[어휘] revenue: 총 수입, set a record: 기록을 세우다
[번역] 총수입이 20 퍼센트 증가해서 우리 회사는 영업(판매) 기록을 세웠다.

09
[해설] 막연히 "…들 사이에서"는 [among + 복수 명사]를 사용하며 "둘 사이"는 between이다.
[어휘] noticeable: 뚜렷한(현저한), enthusiasm: 열성(열광)
[번역] 새 스마트 폰을 기대하고 있는 고객들 사이에 눈에 띄는 열기가 있었다.

10
[해설] 자격을 나타내는 전치사는 as(…으로서)이다.
[어휘] oversee: (작업, 활동 등을) 감독하다, sales promotion: 판매촉진(판촉), senior manager: 고위 관리자(운영자)
[번역] William은 고위 관리자로서 아시아 시장에서의 판촉업무를 총괄할 것이다.

[B]

01
[해설]
(1) 앞 빈칸은 명사 insight 뒤에는 일반적으로 into가 붙는다. 뒤 빈칸에는 관계대명사절에서 be a stranger to(…에 익숙하지 않다)의 표현에서 전치사 to가 관계대명사 which 앞으로 나간 형태이므로 to 정답.
(2) 앞 빈칸은 subordination to(…에의 종속)의 표현이므로 to 정답. 뒤 빈칸은 on a basis(…한 근거로)의 표현이므로 on 정답.

> (1) 세속적인 상실을 통해서 그는 그렇지 않았더라면 잘 알게 되지 못했을지도 모르는 영적 진리에 대한 통찰력을 얻게 되었다.
> (2) 그 시절에는 남성에 대한 여성의 종속이라고 하는 동양적 사상이 팽배했었기 때문에, 그녀는 감히 남자들을 대등하게 만나지 못했다.

[어휘] (1) worldly: 속세의/ 세속적인, loss: 상실/ 손실, insight: 통찰력, be a stranger to: …에 익숙하지 않다/ 잘 모르다 (2) oriental: 동양의, subordination: 종속/ 복종, prevail: 만연하다, on an equal basis: 대등하게

02
[해설]
(1) "매시 20분에"의 뜻으로 at는 맞다.
(2) schedule은 on과 친하므로 맞다.
(3) direction은 전치사 in과 함께 쓰이므로 맞다.
(4–5) from A till B(A시점에서 B시점까지)의 표현 자체는 맞지만, 앞에 beginning이 있으므로 (4)의 from을 at로 바꾼다.

> 리무진 버스(공항버스)는 매시 20분에 시내를 출발하여 40분 후에 공항에 도착한다. 반대 방향에서도 똑 같은 시간표로 운행되는데, 오전 5시 20분에 시작해서 자정까지 운행된다.

[어휘] the Limousine: 공항버스(공항과 시내를 왕복하는 버스), in the opposite direction: 반대 방향으로

03
[해설]
(1) through + 장소명사는 "…을 관통하여"의 뜻이며, throughout + 장소명사는 "…도처에"의 뜻이므로 throughout 정답.
(2) 주어 Participation과 상관관계를 이루는 전치사는 in이다.
(3) "…함으로써"를 나타내는 수단의미의 전치사는 by -ing로 표현한다.
(4) "어떤 목표를 향하여"의 의미는 towards로 표현한다.

> Trans World Hotel 조직은 세계 전역에 1,000개의 지점 호텔을 가진 국내에서 가장 큰 호텔 네트워크입니다. 각 (지점) 호텔은 안목 있는 전 세계의 여행객이 요구하는 호화 서비스를 많이 제공합니다. TWH 조직이 Avian 항공사의 Travel Bonus program에의 참여는 미국에 소재하는 호텔의 경우 2020년 7월 1일부터 실행됩니다. 단순히 이들 호텔 중 한 군데에서 숙박함으로써, 당신은 향후 무료여행 보너스 티켓을 향하여 1,000마일의 보너스를 받게 됩니다.

[어휘] location: (기업체의) 지점, lxuries: 사치품/ 호화 상품, discriminating: 안목 있는, participation in: …에의 참여, effective: 실행되는/ 발효되는

04
[해설]

(1) "…에 관하여"는 regarding/ relating to/ concerning 등으로 표현한다.
(2) 문맥상 "비용 발생 일자 후 1개월"의 의미이므로 after 정답
(3) reason 뒤에서 이유를 나타내는 전치사 for가 정답
(4) 절차(procedure)나 과정(process) 등은 전치사 in과 함께 쓰인다.
(5) 처음(beginning)과 끝(end) 앞에는 at을 쓴다.

> 모든 영업부 직원들에게 알려 드립니다. 여러분 중 많은 분이 올바른 비용 청구서 제출 절차에 대하여 질문을 해 왔습니다. 비용 발생 일자로부터 적어도 1개월 이내에 비용 청구서를 제출해야 한다는 것을 명심하십시오. 모든 청구서는 다음과 같은 내용이 포함돼야 합니다. 즉, 비용 발생 일자, 비용이 들게 된 공식적인 이유, 청구 금액, 영업부장의 서명 등입니다. 불완전한 청구서는 비용정산 절차를 지연시키는 이유가 됩니다. 이 밖에 더 의문 사항이 있으면 제출 절차문서에 최근 새롭게 약해해 놓은 안내문을 참조하십시오. 이 안내문은 이번 주말에 회람시킬 예정입니다.

[어휘] voucher: 증명서/ 영수증(expense voucher: 비용 청구서), submit: 제출하다(submission: 제출), reimbursement: 상환/ 환불/ 배상, updated: 최신의, outline: 개요를 서술하다/ 약해하다, circulate: 회람시키다/ 돌리다

Chapter 16 접속사

P326 [check-up questions 1]

01 analyzing, 02 so, 03 (C), 04 (B), 05 (D), 06 (C), 07 (A), 08 (D), 09 (B), 10 (D)

01
[해설] designing과 병렬구조이므로 analyzing 정답.
[어휘] analyze: 분석하다, security: 보안/ 안전
[번역] 그들은 웹사이트를 디자인하고 있으며 또한 보안시스템을 분석하고 있다.

02
[해설] 문맥상 결과를 의미하므로 so가 정답.
[어휘] check out: …을 확인하다
[번역] 나는 이상한 소리를 들어서 그것을 확인하러 침대 밖으로 나왔다.

03
[해설] 문맥상 앞뒤 문장이 서로 대조를 나타내므로 (C) but 정답.
[어휘] be sold out: 매진되다
[번역] 그는 그 인기 있는 연극을 보기를 원했으나, 표가 이미 매진되어 버렸다.

04
[해설] 뒤에 동사 is가 단수 동사이므로 or가 와야 한다. A or B가 주어인 경우에 동사는 B에 일치시킨다.
[번역] Mark 나 Scott 중 어느 한 사람이 그 세미나에 참석할 예정이다.

05
[해설] 문두에서는 종속 접속사만 올 수 있으므로 (D) Because가

정답.
[어휘] conclude: 결론짓다/ 마무리하다, in time: 제 시간에 알맞게/ 제 때에
[번역] Shindler 씨는 런던에서 업무를 제 때에 마무리 지을 수 있었기 때문에 더 일찍 집으로 돌아가는 비행기를 잡아탈 수 있었다.

06
[해설] 앞 문장이 부정문이고 뒤 문장이 도치의 형태이므로 (C) nor가 정답. (D) not은 부사이므로 문장을 이끌 수 없다.
[번역] Nicol은 지난 주말 영화 보러 가기를 원하지 않았으며, 바닷가에도 가지 않았다.

07
[해설] 양보를 나타내는 대조 의미이므로 (A) yet 정답.
[번역] 그 절벽을 오르는 것은 무척 위험해 보이지만, 그는 다음 주에 그걸 시도할 계획을 세우고 있다.

08
[해설] 주관적 이유를 나타내고 있으며 앞 문장 뒤에 커마가 있을 때에는 because를 쓰지 않고 (D) for를 쓴다.
[어휘] proceed with: ~을 계속 진행하다, run short of fund: 자금이 부족해지다
[번역] 그들은 그 사업을 계속 진행하기가 점점 어렵다는 것을 알았다. 왜냐하면, 자금이 부족해지고 있었기 때문이었다

09
[해설] 앞 문장은 원인이고 뒤 문장은 결과이므로 (B) so 정답. therefore는 접속부사이므로 뒤에 커마가 와야한다. (→ [7] 접속부사 참조)
[번역] 갑자기 비가 심하게 내리기 시작했다. 그래서 야구시합은 연기되어야만 했다.

10
[해설] not A but B(A가 아니라 B이다)의 상관관계이므로 yet은 올 수 없고 (D) 정답.
[어휘] use a rod: 매를 들다, discipline: 훈육하다
[번역] 부모들은 때때로 자녀들을 미워해서가 아니라 사랑하기 때문에 그들을 훈육하기 위하여 매를 든다.

P328 [check-up questions 2]

01 either, 02 (B), 03 (C), 04 (B), 05 (D)

01
[해설] 뒤에 or와 상관관계를 맺는 등위 상관접속사는 either이다.
[어휘] driver's license: 운전 면허증, facility: 시설
[번역] 회사의 정책상 그들의 시설에 들어가기 위해서는 방문객들에게 운전 면허증이나 여권을 보여줄 것을 요구하고 있다.

02
[해설] 뒤에 but also와 상관관계를 이루는 것은 (B) not only이다.
[어휘] admission review committee: 입학 심사 위원회, analyze: 분석하다, academic performance: 학업성적, potential: 잠재력
[번역] 대학입학 심사위원회는 학생의 학업성적 기록뿐만 아니라 장래의 잠재력도 분석할 것이다.

03
[해설] not A but B (A가 아니라 B이다)의 상관관계를 묻고 있으므로 (C) 가 정답.
[어휘] be promoted to: …으로 승진하다, personal relation: 대인관계, outstanding: 뛰어난, managerial skill: 관리 능력

[번역] Green 씨는 좋은 대인관계 때문이 아니라 뛰어난 관리 능력 때문에 부장으로 승진했다.

04
[해설] 뒤의 and와 상관관계를 이루는 것은 (B) both이다.
[어휘] practicable: 실행 가능한/ 실현할 수 있는, affordable: 감당할 수 있는/ (가격이)저렴한
[번역] 차의 가격을 낮게 책정함으로써 일반 대중은 경제적으로 (차를) 살 수 있도록 해주고 동시에 젊은 소비자들에게도 (차 값을) 감당할 수 있게 해주고 있다.

05
[해설] 빈칸 앞에 to present와 뒤의 to meet의 병렬구조를 이루게 할 수 있는 것은 (D) as well as이다.
[어휘] encourage A to + v: A가 …하라고 권장하다, present: …을 제시하다/ 제출하다, on a regular basis: 정기적으로
[번역] 부장은 팀원들에게 정기적으로 모임을 가질 뿐만 아니라 그 모임에서 훌륭한 아이디어도 내놓으라고 권장했다.

P.331 [check-up questions 3]

[A] 01 what, 02 that, 03 (A), 04 (C), 05 (B), 06 (D), 07 (A)
[B] 01 if → whether, 02 (A) if → whether, 03 (A) that → what

[A]

01
[해설] 뒤에 told는 4형식 동사이며 직접목적어가 빠진 불완전한 문장이므로 what이 정답.
[번역] 나는 그가 나에게 말한 것을 믿는다.

02
[해설] 뒤에 완전한 문장이므로 that이 정답.
[어휘] proceed: (계속) 진행되다(자동사)
[번역] 나는 그 프로젝트가 계속 진행될 것으로 믿는다.

03
[해설] 뒤에 완전한 문장이고 확정된 사실이므로 (A) That 정답.
[번역] 그가 1등 상을 탔다는 것은 별로 놀랄 일이 아니다.

04
[해설] 뒤에 완전한 문장이고 문맥상 불확실한 내용이므로 (C) Whether 정답.
[어휘] be confused about: …에 혼란스러워하다/ 잘 모르다
[번역] 나는 우리가 부서의 모든 직원을 다 초청해야 할 것인지 잘 모르겠다.

05
[해설] 뒤에 완전한 문장이므로 명사절을 인도하는 (B) that 정답.
[어휘] ensure: 반드시 …하게 하다/ 보장하다, publicize: 알리다/ 홍보하다
[번역] Ms. Lory는 연례행사를 널리 확실히 홍보하기 위해 열심히 노력했다.

06
[해설] 주어절에서 like의 목적어가 빠져 있으므로 (D) What 정답.
[어휘] pastime: 소일거리/ 심심풀이
[번역] 그는 소일거리로 제일 좋아하는 것은 컴퓨터로 게임하는 것이다.

07
[해설] 뒤에 완전한 문장이고 문맥상 불확실한 내용이므로 (A) Whether 정답.
[어휘] relocate: 이전하다
[번역] 우리가 공장을 해외로 이전할 것인지는 아직 결정되지 않았다.

[B]

01
[해설] 선택 의문사 if는 주어절에서 쓸 수 없고, 가주어 it를 내세우고 if-절을 뒤로 보낸 표현은 어색한 표현이므로 if → whether로 바꾼다.
[번역] 당신이 떠날 것인지 여기서 체재를 더 연장할 것인지는 당신이 선택할 일이다.

02
[해설] 선택 의문사 if는 보어절에서 쓰이지 않으므로 (A) if → whether.
[어휘] proceed with: …을 계속 진행시키다, urgently: 긴급하게
[번역] 문제는 우리가 그 프로젝트를 계속 진행할 것인가 말 것인가이다. 그래서 우리는 그 문제를 토론하고 지원 여부를 결정하기 위하여 급히 회의를 열어야 할 것이다.

03
[해설] 명사절을 인도하는 (A)의 that은 makes의 주어가 빠져있으므로 what으로 고친다.
[어휘] in direct proportion to: …와 정비례하는, equate A with B: A와 B를 동일시하다
[번역] 인간의 삶의 질은 욕구의 충족과 정비례하는 것으로 여겨진다. 그러나 인간의 삶을 의미 있게 해주는 것과 인간의 욕구를 충족시켜 주는 것을 동일시할 수는 없다.

P.334 [check-up questions 4]

[A] 01 (B), 02 (C)
[B] 01 which → that, 02 What do you know → Do you know what, 03 could를 league 와 defeat 사이로 이동, 04 when would she → when she would, 05 which → that

[A]

01
[해설] (B) 간접의문문의 어순에서 주절 동사가 know이므로 의문사 what은 know 뒤로 이동해야 한다.
[어휘] newly released: 새로 출시된, gut feeling: 직감, delegate: (대표를) 뽑다/ 파견하다/ 위임하다
[번역] (A) 산에서 시신이 발견되었다는 경찰 보고가 어제 TV에 나왔다.(동격절)
(B) 새로 출시된 휴대전화가 어떻게 생겼는지 너는 아니?(간접의문문)
(C) 나는 축구대회에서 우리가 우승할 것이라는 직감이 들었다.(동격절)
(D) 우리는 국제회의에 누구를 파견할 것인가에 대하여 논의했다.(간접의문문)

02
[해설] (C) 동격 명사 The news와 that-동격절이 떨어져 있는

경우이다. 따라서 which ⋯➝ that.
[어휘] participate in: …에 참가하다, general affairs division: 총무부, abolish: 폐지하다, have no idea + 의문사구/ 절: …을 모르다
[번역] (A) Jane의 부모님은 그녀의 새 남자 친구가 어떤 사람인지 궁금해 한다.
(B) 다음 주에 열릴 우리의 행사에 그들이 참가하지 않을 것이라는 메시지가 방금 도착했다.
(C) 낡은 몇 가지 방침들이 폐지될 것이라는 소식이 총무부로부터 나왔다.
(D) 나는 우리가 언제 그리고 어디로 여행을 할 것인지 아직 모른다.

[B]

01
[해설] 문맥상 동격절을 인도하는 접속사가 오므로 which ⋯➝ that.
[번역] 대부분의 폐암은 흡연 때문에 발생한다는 사실은 잘 알려져 있다.

02
[해설] 간접의문문에서 주절의 동사가 know일 때에는 의문사가 문중에 오므로 What do you know의 어순을 Do you know what으로 바꾼다.
[어휘] resignation: 사임
[번역] 당신은 그의 갑작스러운 사임의 이유가 무엇인지 압니까?

03
[해설] 간접의문문에서 어순은 [의문사 + s + v]의 순이므로 could를 league 뒤에 둔다.
[어휘] defeat: 물리치다
[번역] 많은 축구팬들은 리그에서 가장 약한 축구팀이 어떻게 가장 강한 팀을 이길 수 있었는지 의아하게 여긴다.

04
[해설] 간접의문문의 어순문제이므로 would를 she 뒤로 옮긴다.
[어휘] go study abroad: 유학길에 오르다
[번역] 너는 Kimberly에게 언제 유학 떠나는지 물어봤니?

05
[해설] 동격 명사 suggestion과 that-동격절이 떨어져 있는 경우이다. 따라서 which ⋯➝ that.
[어휘] opposite party: (협상 등에서) 상대방, negotiation: 협상, give up on: …을 단념(포기)하다
[번역] Peter는 자기의 주장 중 하나를 포기하라고 하는 상대방의 제안이 그 협상에서 최종적인 것이긴 하지만, 마음에 들지 않았다.

P.338 [check-up questions 5]

[A] 01 (C), 02 (D), 03 (A), 04 (C), 05 (B), 06 (D), 07 (C)
[B] 01 as, 02 in case, 03 so that, 04 until, 05 since, 06 while, 07 whether

[A]

01
[해설] 문맥상 조건 의미이므로 (C) If 정답.
[어휘] marketing head: 마케팅 부장, transfer to: …로 전근가다
[번역] 마케팅부장이 싱가포르로 전근 가면 빈자리가 생길 것이다.

02
[해설] 문맥상 그리고 뒤 주절에 조동사 will이 있으므로 조건 의미의 (D) Once 정답.
[어휘] paperwork: 서류업무/ (절차에 필요한 모든) 서류, file: (v) (절차에 필요한 서류를) 제출하다, officially: 공식적으로, register: 등록하다, accountant: 회계사
[번역] 일단 모든 서류가 제출되면 당신은 이 회사에 회계사로 등록이 될 겁니다.

03
[해설] 문맥상 부정조건의 의미이므로 (A) unless 정답.
[어휘] undergo: 겪다, revival: 회복, 부활
[번역] 미국 경제가 극적으로 회복이 되지 않으면 달러의 가치는 계속 떨어질 것이다.

04
[해설] 주절 동사가 계속 의미의 현재완료이므로 (A) since 정답.
[어휘] promotion: 홍보/ 판촉(활동), air: (v) 방송하다
[번역] 몇 시간 전에 홍보 방송이 나간 이후로 직원들은 수백 통의 전화를 받았다.

05
[해설] 문맥상 회의를 여는 목적이 나와 있으므로 (B) so that이 정답이며, (A)는 in oder that이라야 한다.
[어휘] gathering: 모임, senior manager: 선임(고참) 부장, arrange: (행사 등을) 준비하다
[번역] 고객 불만족을 비롯한 몇 가지 문제들을 논의하기 위하여 사내의 모든 선임 부장들 모임이 마련되었다.

06
[해설] 종속절 뒤에 or not가 있고 의미상 양보 의미의 (D) Whether 정답.
[번역] 당신이 그 문제를 다루기 원하든 원하지 않든 간에, 당신이 그것을 처리해야 한다.

07
[해설] 의미상 조건의 강조이므로 (C) as long as (…이기만 한다면) 정답.
[번역] 당신은 다음 주 월요일까지 돌아오기만 한다면 어디든 여행해도 된다.

[B]

01
[해설] 형용사/ 부사/ 명사 + as + S + V (S가 아무리 …한다 할지라도)의 형태이므로 as 정답.
[번역] 그 배우는 아무리 인기가 있다 할지라도 혼자 있을 때는 거의 항상 외로움을 느낀다.

02
[해설] 문맥상 "…일 경우에 대비하여"의 의미이므로 in case 정답.
[어휘] sooner or later: 조만간
[번역] 조만간 시험이 있을 경우를 대비하여 너는 시험 준비를 해야 된다.

03
[해설] 의미상 "…하지 않도록"의 의미이므로 so that 정답.
[어휘] pack: 짐을 싸다/ 포장하다, glassware: 유리 제품(그릇)
[번역] 너는 유리그릇이 깨지지 않도록 각별히 주의해서 포장해야 한다.

04
[해설] 의미상 "…할 때까지" 의미의 until이 정답

[번역] 나는 대기업에 정규직 일자리를 얻을 때까지 가게에서 시간제로 일하고 있는 중이다.

05
[해설] 주절에 계속 의미의 현재완료 시제가 있으므로 since 정답.
[번역] 그 공사가 시작된 지 거의 2년이 지났다.

06
[해설] 문맥상 대조를 나타내는 while(…인 반면에)이 정답
[어휘] suitable for: …에 적합한, barren: 척박한/ 황량한
[번역] 그 지역은 농사짓기에 적합한 땅이 많은 반면에, 이 직역 땅은 숫제 불모지이다.

07
[해설] 종속절 뒤에 or not과 상관관계를 이루는 접속사는 whether이다.
[어휘] demanding: 까다로운, colleague: 동료
[번역] 그녀는 자기 동료들이 그녀를 좋아하든 안 하든 간에, 함께 일하기가 까다로운 사람이다.

P.340 [check-up questions 6]

01 so → such, 02 as soon as → when or before, 03 No sooner I had → No sooner had I, 04 Just like → Just as, 05 as → that, 06 such many → so many

01
[해설] [such (a) 형용사 + 명사 + that]의 형태이므로 so를 such로 고친다.
[번역] 태권도 대회는 아주 인기 있는 게임이어서 시합이 있는 날에는 체육관이 늘 만원이었다.

02
[해설] hardly는 when이나 before와 상관관계를 이루므로 as soon as → when (or before).
[어휘] curb: (도로의) 경계석/ 연석, parking ticket: 주차 위반 딱지
[번역] 도로의 연석 옆에 차를 주차하자마자 나는 주차 위반 딱지를 받았다.

03
[해설] 부정 어구가 문두에 오면 도치하므로 had를 I 앞으로 옮긴다.
[번역] 내가 문을 열자마자 세찬 찬 바람이 들어왔다.

04
[해설] [(Just) as + s + v …, so + s' + v'…]의 형태이므로 Just like를 Just as 로 고친다.
[번역] 미국인들이 야구를 좋아하는 것처럼 영국인들은 축구를 좋아한다.

05
[해설] so와 상관관계를 이루는 것은 that이므로 as를 that으로 고친다.
[번역] 그녀는 아주 멋진 차를 가지고 있어서 그녀의 친구들은 그녀를 부러워한다.

06
[해설] [many/ much/ few/ little + 명사] 앞에는 so를 사용하므로 such many → so many로 고친다.
[번역] 그 주차장에는 차들이 너무나 많아서 나는 주차 공간을 찾을 수가 없었다.

P.342 [check-up questions 7]

01 (D), 02 (C), 03 (C), 04 (A), 05 (D), 06 (C), 07 (B)

01
[해설] 앞 뒤 문장의 의미가 대조를 이루므로 (D) nevertheless 정답.
[번역] 우리는 지치고 졸렸다. 그럼에도 불구하고, 우리는 계속 일을 했다.

02
[해설] 뒤 문장이 가정법 과거완료 시제가 있으므로 조건을 의미하는 연결부사 (C) Otherwise가 와야한다.
[번역] 그들은 두 장의 유럽 무료여행 티켓을 받았다. 그렇지 않았더라면 그들은 그곳에 갈 여유가 없었을 것이다.

03
[해설] 뒤에 동명사구가 있으므로 연결부사는 올 수 없고 전치사나 구전치사가 와야 하며 의미상 "…이외에도"의 뜻이므로 (C) In addtion to가 정답이다.
[어휘] edit: 편집하다, financial report: 재정 보고서
[번역] 영업보고서를 작성하는 것 이외에도, 그녀는 재정 보고서를 편집해야 한다.

04
[해설] 앞 문장과 뒤 문장의 문맥을 보면 대조를 나타내므로 (A) However 정답.
[어휘] process: (v) 처리하다, renewal: 재계약/ 갱신, membership cycle: 회원 자격 기간
[번역] 회원 자격에 대한 귀하의 신청서를 지금 처리해드린다는 것을 알아두십시오, 그러나 귀하의 새로운 회원자격 기간은 현재의 자격 기간이 다 끝나고 나서야 다시 시작될 겁니다.

05
[해설] 앞뒤 문맥상 결과를 나타내므로 (D) As a result 정답.
[어휘] notify: 통지하다, be supposed to do: …하기로 정해져 있다, accommodations: 숙박시설/ 호텔 방
[번역] 나는 내가 참석하기로 되어 있던 회의의 날짜를 4월 말로 연기하는 것이 좋겠다는 통지를 받았다. 그 결과, 나는 호텔 방 예약을 취소했다.

06
[해설] 앞 문장과 뒤 문장의 의미가 대조를 나타내므로 (C) In contrast 정답.
[어휘] developing country: 개발 도상국, advanced country: 선진국
[번역] 개발 도상국 인구는 일반적으로 빠르게 성장하고 있다. 대조적으로, 선진국의 인구는 아주 더디게 증가하고 있다.

07
[해설] 앞 문장과 뒤 문장의 의미가 유사한 내용을 나타내므로 (B) Similarly 정답.
[어휘] track and field event: 육상 경기, top three places: 1, 2, 3등
[번역] 지난 올림픽 경기에서는 미국이 육상 경기의 대부분에서 승리했다. 마찬가지로, 수영에서도 1, 2, 3등이 미국인에게로 돌아갔다.

P.343 [접속사 | 종합문제]

[A] 01 (B), 02 (C), 03 (A), 04 (A), 05 (D), 06 (C), 07 (B), 08 (A), 09 (D), 10 (A)

[B] 01 (4) that …⇒ what, 02 (1) During (2) but (3) as, 03 (1) Otherwise (2) In other words (3) Accordingly, 04 (1) what (2) if (3) Therefore (4) but
[C] 01 such/ that, 02 Not only/ but, 03 neither/ nor, 04 Otherwise/ held, 05 Hardly had/ when *or* before
[D] 01 What we need to do is both to study hard and to do exercise regularly.
02 The soccer game was so exciting that I couldn't turn my attention to others.
03 The people there are worried about what they eat every day.
04 Our competitor doesn't know the fact that we are short of funds.
05 No sooner had I got on the bus than I realized that I had left my cell phone at home.

[A]

01
[해설] 뒤에 or와 상관관계를 이루는 경우는 (B) either 정답.
[어휘] regular mail: 보통우편, extra charge: 추가 요금, express mail: 속달 우편
[번역] 고객들은 보통우편을 택하든지 아니면 추가 요금을 내고 속달 우편을 택할 수도 있다.

02
[해설] 문맥상 "…하기 전에" 의미의 (C) before가 정답.
[어휘] review: 검토하다, compile: (책을) 엮다/ 편집하다
[번역] Ms. Lee는 분기별 보고서를 편집하기 전에 수집한 자료를 검토하고자 한다.

03
[해설] 주절의 현재완료 시제와 어울리는 접속사는 (A) Since이다.
[번역] Sokolv 씨는 5년 전에 JC Software 사에 입사한 이래로 자기가 그의 팀에서 아주 능숙한 직원임을 스스로 증명해 왔다.

04
[해설] 문맥상 "있는 그대로"를 의미하는 양태 접속사 (A) as가 정답.
[어휘] be made clear: 명백해지다
[번역] 모든 사실이 명백해질 때까지 물건들을 있는 그대로 놓아두어야 한다.

05
[해설] 앞뒤 문장이 대조를 나타내므로 (D) However 정답.
[어휘] prescribe: (약을) 처방하다, under trial: (임상) 실험 중인
[번역] 어떤 의사들은 임상 실험 중인 신약을 처방한다. 그러나 그 약들은 제대로 효과가 있는지 그리고 안전한지는 아직 불분명하다.

06
[해설] so + 형용사 + that의 상관관계 용법을 묻고 있으므로 정답은 (C).
[어휘] vaccination: 백신(예방) 접종, smallpox: 천연두
[번역] 천연두에 대한 예방접종은 아주 효과가 좋아서 요즘은 그 병에 걸리는 사람들이 거의 없다.

07
[해설] 도치된 문장이므로 문두에 부정어구가 오며 뒤에 but과 상관관계를 맺는 (B) Not only가 정답.
[어휘] tribe: 부족, cooperate with: …와 협력하다
[번역] 그 부족들은 서로 협조를 하지 않을 뿐만 아니라 자기들끼리 싸우기도 했다.

08
[해설] 부사절을 동반하는 주절에는 다른 접속사가 필요 없으므로 정답은 (A).
[어휘] knowledgeable: 아는 것이 많은
[번역] Mary는 비록 대학에 가지 않았지만 아는 것이 아주 많은 여성이다.

09
[해설] not only A but (also) B에서 A와 B는 병렬구조이고 A가 원형동사(reduce) 이므로 B도 원형동사(extend) 가온다. also는 생략 가능하나, but은 생략되지 않으므로 정답은 (D).
[어휘] substantial: 상당한/ 꽤 많은, reduction: 감소, rate: 속도, cell proliferation: 세포증식, life span: 수명, various: 다양한, organism: 유기체/ 생물
[번역] 상당한 열량을 감축함으로써 세포증식의 속도를 줄일 수 있을 뿐 아니라, 다양한 생물들의 최대 수명을 연장할 수 있다.

10
[해설] 앞의 빈칸에는 know의 목적어인 명사절이 와야 하므로 that이 오며, 뒤의 빈칸에는 독립된 등위절이고 문맥상 이유를 나타내는 의미이므로 등위 접속사 for가 온다.
[어휘] Icarus: 이카로스(그리스 신화에 나오는 인물), wax: 밀랍
[번역] Icarus는 밀랍으로 만든 한 쌍의 날개를 가진 그리스 신화에 나오는 젊은이인데, 아마도 밀랍이 열이 가해질 때 녹는다는 것을 몰랐던 것 같다. 왜냐하면, 그가 태양의 열기 속으로 날아갔다가 그의 날개를 잃었기 때문이다.

[B]

01
[해설]
(1) 앞의 the question과 동격절을 이루며 뒤 문장의 or와 상관관계를 이루는 whether는 맞다.
(2) 완전한 명사절을 유도하는 접속사 that은 맞다.
(3) 문맥상 가벼운 이유를 나타내는 in that(…이라는 점에서)은 맞다.
(4) 뒤 문장에 [conceive 목(A) to be + 보어(B)](A를 B라고 생각하다)의 형태에서 목적어가 빠져 있으므로 what이 와야 한다.

> 내가 비관주의자인가 아니면 낙관주의자인가 하는 질문에 대하여, 나는 내가 알기로는 비관주의적이지만, 내 의도와 바람은 낙관주의적이다. 이 세상사가 아무런 목적도 없이 흘러간다고 절실하게 여기고 있다는 점에서는 나는 비관주의적이다.

[어휘] pessimist: 비관주의자, optimist: 낙관주의자, in its full weight: 전적으로/ 완전히

02
[해설]
(1) 뒤에 명사가 있으므로 전치사 during이 온다.
(2) 앞에 not only와 상관관계를 이루는 but (also)가 온다. also는 생략 가능하다.
(3) 문맥상 양태 의미의 as(…하면서)가 온다.

> 이 강좌를 수강하는 동안 당신은 강의와 교재로부터 Poverty and Population(가난과 인구)에 관하여 배울 기회가 있을 뿐만 아니라, 강의가 전개되면서 정책 토론에도 참여할 수 있을 것입니다.

[어휘] course: 강좌, lecture: 강의, reading: 읽을거리/ 교재, debate: 토론, unfold: 펼쳐지다

03
[해설]
(1) 문맥상 앞 문장과 대조를 나타내므로 Otherwise 정답. (cf.) therefore: 그러므로
(2) 문맥상 앞 문장을 부연 설명하므로 In other words(즉 말하자면) 정답. (cf.) in contrast: 대조적으로
(3) 문맥상 앞 문장에 이어서 결과를 나타내므로 Accordingly(따라서) 정답. (cf.) in addition: 게다가

> 모든 소설에는 줄거리가 있어야 한다. 그렇지 않으면, 수필이나 인물묘사가 되고 만다. 이야기가 시작될 즈음에 줄거리가 전개되게 하는 어떤 사건이 일어난다. 두 등장인물이 심각하든 아니든 간에 어떤 문제에 대하여 의견을 달리하게 된다. 또는 한 등장인물의 마음속에서 어떤 우유부단함, 즉 그를 괴롭히는 어떤 회의감이 일어나기 마련이다. 다시 말하면, 모종의 갈등이나 문제점이 있기 마련이다. 소설의 시작 부분에서 독자는 그 문제점을 알게 된다. 따라서 독자는 그 문제가 어떻게 해결되어 갈 것인가를 몹시 알고 싶어 하는 것이다.

[어휘] action: (소설의) 줄거리, character sketch: 인물묘사, disagreement: 의견 충돌, indecision: 우유부단, conflict: 갈등, work out: (문제를) 해결하다

04
[해설]
(1) 앞에 선행사가 없고 뒤에 want의 목적어가 없으므로 what이 정답.
(2) 문맥상 불확실한 내용을 이끄는 명사절이므로 선택 의문사 if가 정답.
(3) 문맥상 앞 문장에 대한 결과를 나타내는 절을 유도하는 Therefore가 정답.
(4) not A but B의 상관관계이므로 but이 정답.

> 우리는 많은 TV 시청을 그만두기를 원하지만, 분명히 우리는 또한 TV 시청을 많이 하고 싶어 하기도 한다. 그래서 우리가 진정으로 원하는 것은 우리가 하고 싶은 것을 멈추는 것처럼 보인다. 우리는 역설적인 상황 속에 깊이 빠져 있는 것이다. 즉 가장 훌륭한 행동 방향을 택하기로 결정하면서 (실제로는) 다른 방향의 행동을 한다는 점이다. 이점에 관하여 해결책은 (우리가 빠져있는) 습관이 우리의 꼭 필요한 것에 대한 반응인가를 먼저 보아야 한다는 것이다. 이것은 당연한 것처럼 들리지만, 습관을 바꾸기 위한 수많은 노력은 그 습관의 영향력을 무시하고 있다는 것이다. 예컨대, 당신의 식습관이 나쁘다면, 건강에 좋은 식사를 시작하기로 결심할 것이다. 그러므로 마음이 편안해지고 느긋하며 행복감을 느끼기 위해 버거나 아이스 크림을 먹는 경우에, 그것들을 브로콜리나 당근 쥬스로 바꾸어 먹는 것은 마치 욕실의 물이 새고 있는 수도꼭지를 손보거나, 또는 주방을 다시 페인트칠하는 것이나 마찬가지이다. 필요한 것은 (건강에) 더 좋은 식사가 아니라 편안하고 마음이 느긋해지는 대체방안을 찾는 것이다.

[어휘] demonstrably: 명백히, be trapped in: (궁지나 함정에) 빠져있다/ 갇혀 있다, paradox: 역설(적인 상황), the way around this: 이점에서 해결할 수 있는 방법, implication: 영향, 결과, resolve

to + v: …하기로 결심하다, comforted: 위안이 되는, relaxed: 느긋한, replace A with B: A를 B로 교체하다, deal with: 다루다/ 취급하다, leaky tap: (물이) 새는 수도꼭지, alternative: 대체 방안(이 되는)

Chapter 17 관계사

P350 [check-up questions 1]

[A] 01 which, 02 whose, 03 what, 04 who, 05 (C), 06 (A), 07 (C), 08 (B), 09 (C), 10 (B)
[B] 01 it을 뺌, 02 (B) that → what, 03 which → who, 04 that → whose, 05 (A) and → which

[A]

01
[해설] 선행사가 사물이므로 which 정답.
[어휘] install: 설치하다, assemble: 조립하다, device: 기구/ 기기
[번역] 우리는 1분에 200개의 기기를 조립할 수 있는 기계를 방금 설치했다.

02
[해설] 뒤에 명사 painting은 talked about의 목적어이고 완전한 문장이므로 whose 정답.
[번역] 이분은 우리가 이야기했던 그 그림을 그린 화가분이다.

03
[해설] 앞에 선행사가 없고 뒤의 절에서 주어가 빠져 있으므로 what이 정답.
[어휘] carry out: 수행하다
[번역] 정부는 지금 해야 할 필요가 있는 것을 곧 수행할 것이다.

04
[해설] 선행사는 문맥상 developer이므로 who 정답.
[어휘] developer: 개발(업)자/ 개발회사, innovative: 혁신적인
[번역] 기술부서에서 일하던 그 프로그램 개발자는 그의 혁신적인 아이디어로 상을 받았다.

05
[해설] 선행사는 restaurant이며 뒤의 관계사절이 완전한 문장이므로 주어 service를 수식하는 whose 정답.
[번역] 이것은 그 지역에서 고객들로부터 서비스가 (좋다고) 환영받고 있는 식당들의 목록이다.

06
[해설] 선행사는 employees이며 주어가 빠져있으므로 주격 관계사 who 정답.
[어휘] transfer: 전근가다, overseas: 해외로, trend: 추세/ 경향
[번역] 해외전근을 고려 중인 마케팅 부서의 모든 직원은 최근의 세계시장 동향에 관한 세미나에 초청받았다.

07
[해설] 선행사가 없으며 뒤 관계사절에서 직접목적어가 빠져있으므로 (C) what 정답.
[어휘] review: 검토하다, 복습하다
[번역] 그 학생은 선생님들이 그에게 가르쳐 주시는 내용을 늘

복습한다.

08
[해설] 선행사는 applicants이고 관계사절의 looking for의 목적어를 필요로 하므로 who(m)이 온다.
[어휘] qualified applicant: 자격을 갖춘 지원자, accounting: 회계(업무), postpone: 연기하다
[번역] 회사가 구하고 있는 회계 분야에 자격을 갖춘 지원자를 구할 수 없다면 면접을 연기할 것이다.

09
[해설] 뒤의 관계사절에서 빠진 것이 없고 관계사 뒤에 명사가 있으므로 소유격 관계대명사 (C) whose 정답.
[어휘] single performance: 단 한 차례의 연주
[번역] 당신이 그 이름을 자주 들어 본 음악가들은 한 차례의 연주로 3만 달러에서 5만 달러까지 벌어들인다.

10
[해설] 뒤 관계사절이 완벽하므로 소유격 관계대명사 (B) whose 정답.
[어휘] researcher: 연구원/ 조사자, index finger: 집게손가락(인지), ring finger: 약지, excel at: …에 뛰어나다
[번역] 6세에서 7세 사이의 어린이 75명에 대한 새로운 연구에서, 연구 학자들은 집게손가락이 넷째 손가락에 비하여 짧은 어린이들은 숫자에 뛰어난 경향이 있다는 것을 알아냈다.

[B]

01
[해설] 관계사 that이 about의 목적어 역할을 하므로 중복되는 (B) it을 뺀다.
[번역] 이것이 내가 너에게 이야기했던 바로 그 컴퓨터이다.

02
[해설] (B)의 that 앞에 선행사가 없고 뒤에 say의 목적어가 빠져있으므로 관계사 what으로 바꾼다.
[어휘] one-word stage: (영유아가) 한 단어씩만 말하는 단계, influence: 영향을 미치다
[번역] 아이들이 한 단어씩만 말하는 단계일 때에는 다른 사람들이 말하는 것을 듣는 것이 그들 스스로 말하는 것에 영향을 미친다.

03
[해설] 문맥상 선행사는 women scholars이므로 which → who.
[어휘] scholar: 학자, self-educated: 독학한
[번역] 과거에는 거의 전적으로 독학한 여성 학자들의 숫자가 매우 많았었다.

04
[해설] 의미상 선행사는 The city이고 뒤에는 완전한 절이므로 that → whose.
[어휘] banking: 금융/ 은행거래 export: 수출(품), machinery: 기계류, instrument: 도구/ 기구, grain: 곡물
[번역] 그 도시는 주요 국제항구로 금융의 중심지이며 그 수출 품목에는 기계류, 공구류 및 곡물이 포함되어 있다.

05
[해설] (A) and 뒤 문장에서 use의 목적어가 빠져있으므로 money를 선행사로 하는 목적격 관계대명사 which가 필요하다. (A) and → which. (cf.) 계속적 용법(커머 뒤)에서는 that은 쓸 수 없다.
[어휘] exchange A for B: A를 B로 교환하다, specialized goods: 특산품
[번역] 어떤 사람들은 그들의 서비스를 화폐로 교환해서, 다른 사람들로부터 자기들이 필요로 하는 특산품과 서비스를 구입하기 위하여 그 돈을 사용한다.

P353 [check-up questions 2]

01 which, 02 who, 03 (D), 04 (D), 05 (D), 06 (A), 07 (A), 08 (B), 09 (C), 10 (B)

01
[해설] 문맥상 앞 문장 중 that-절이 선행사이므로 which 정답.
[번역] 그는 자기가 학생이라고 말했으나 그 말은 거짓말이었다.

02
[해설] 절과 절을 연결할 때에는 커머(,) 하나로만 연결할 수 없고 접속사가 와야 하므로 and he 또는 who가 와야 한다.
[어휘] replace: …을 대체(대신)하다, retire: 은퇴하다
[번역] Jeff가 Hansen의 후임자로 선발되었는데, 그(Hansen)는 이달 말 은퇴할 예정이다.

03
[해설] 선행사는 ten people이고 커머 뒤에 접속사가 없으므로 (D) most of whom 정답.
[어휘] be composed of: …으로 구성되다
[번역] 영업 팀은 10명으로 구성되어 있고 그들 대부분은 30세 미만이다.

04
[해설] 커머 뒤에 접속사 and가 있을 때는 관계대명사가 올 수 없으므로 일반대명사 (D) them 정답.
[어휘] resident: 주민, tourist attraction: 관광 명소, outstanding: 뛰어난, spa: 온천(장)
[번역] 그 도시민들은 그 지역의 관광명소를 자랑으로 여기고 있는데 그중 가장 뛰어난 것은 훌륭한 온천장이다.

05
[해설] 선행사는 languages이고 커머 뒤에서는 that을 쓸 수 없으므로 (D) which 정답.
[어휘] human race: 인류, evolve: 진화하다, amid: …중에서 (가운데), a diversity of: 다양한(= varied), pool: (정보 등이 모여 있는)저장고, world view: 세계관
[번역] 인류는 다양한 언어들 속에서 진화했으며, 그 언어들은 다양한 생각들과 세계관이 풍부하게 모여 있는 저장고를 형성했다.

06
[해설] 선행사는 presidents이고 I thought는 삽입절이며, 그 뒤 were의 주어가 빠져있으므로 (A) who 정답.
[어휘] sculptor: 조각가, monument: 기념비/ 기념물
[번역] Gitzon Borglum이라는 조각가가 South Dakota 주에 기념물을 창작하고자 미국의 상징이 된다고 생각되는 네 명의 대통령을 선택했다.

07
[해설] 선행사는 partner이고 삽입절 I thought 뒤의 동사 expected의 주어가 빠져있으므로 (A) who 정답.
[번역] 나는 어떤 중요한 문제에 대하여 나로부터 정보를 얻기를 기대하고 있다고 생각되는 나의 동업자에게 편지를 썼다.

08
[해설] 계속적 관계사절에서 문맥상 선행사는 앞 문장 전체이고 삽입절 I think 뒤에 will be의 주어를 필요로하므로 (B) which가 정답이다.

[번역] 다음 달에 새 부장이 올 예정인데, 그것은 우리 부서의 변화를 위해 좋은 기회라고 생각된다.

09
[해설] 선행사는 the most famous therapists이고 관계사절의 주어가 빠져있으므로 주격 관계대명사 (C) that이 정답이다.
[어휘] therapist: 치료사, demonstrate: 시범을 보이다/ 입증하다, music therapy: 음악 요법
[번역] 나는 두어 달 전에 TV에서 음악 요법을 시범으로 보여주었던 가장 유명한 음악 요법 치료사를 지난주에 만났다.

10
[해설] 계속적 관계대명사 앞에는 접속사가 오지 않으므로 커머 뒤에 접속사가 있으면 대명사가 온다. 따라서 some of which 또는 and some of them 둘 중 하나가 와야 하므로 정답은 (B)이다.
[어휘] summer cottage: 여름철 별장, commanding the sea: 바다가 내려다 보이는
[번역] 바다가 내려다보이는 언덕 위에는 수십 채의 여름 별장들이 있었는데, 그들 중 일부가 지난 산불로 다 타버렸다.

P355 [check-up questions 3]

01 along which, 02 which, 03 (C), 04 (A), 05 (D)

01
[해설] 뒤의 관계사절이 완전한 문장이고 문맥상 "길을 따라서"의 의미이므로 along which 정답.
[어휘] set up: 세우다/ 놓다, track: 길, burrow: (동물의) 굴
[번역] 개미들은 자기네 굴에서부터 쭉 따라서 이동할 수 있는 좁은 길을 낸다.

02
[해설] 선행사는 willow bark이며 커머 뒤에서는 that을 쓸 수 없으므로 which 정답.
[어휘] prescribe: (약을)처방하다, willow: 버드나무, bark: (나무)껍질, aspirin: 아스피린(해열 진통제)
[번역] 약 2400년 전에 히포크라테스는 버드나무 껍질을 약으로 처방했는데, 거기에는 천연 형태의 아스피린이 포함되어 있다.

03
[해설] 선행사는 situation이며 뒤 관계사절이 완전하므로 (C) in which 정답.
[어휘] job interview: 입사 면접(시험), impression: 인상, earning: 소득/ 수입, capacity: 능력
[번역] 입사 면접시험은 사람의 장래 소득 능력을 결정지을 수 있는 상황이다.

04
[해설] 선행사는 insects이며 뒤 관계사절에서 feed upon의 목적어가 빠져 있으므로 (A) that 정답.
[어휘] pesticide: 살충제, kill off: 대대적으로 죽이다, skylark: 종달새, feed upon: …을 먹고 살다, year-round: 연중 계속되는, harvesting: 수확, drive: 몰아내다
[번역] 살충제가 종달새들이 먹이로 삼고 있는 곤충들을 박멸해 버렸으며, 연중 계속되는 농작물 수확으로 인하여 새들이 겨울 둥지를 짓지 못하게 내쫓아 버렸다.

05
[해설] 선행사는 case이며 뒤 관계사절에서 빠진 것이 없고 case는 전치사 in과 함께 쓰이므로 (D) in which 정답.

[어휘] autism: 자폐증, lifelong: 평생 동안의, identify: 확인하다, exhibit: 드러내다, symptom: 증세
[번역] 자폐증은 평생의 투병 거리이지만 자폐증 확진을 받고 나서 조기에 치료를 받은 어린이들이 더 이상 그 증세를 보이지 않는다고 보고된 사례들도 있다.

P358 [check-up questions 4]

01 what, 02 what, 03 (D), 04 (A), 05 (C)

01
[해설] 앞에 선행사가 없고 뒤 관계사절에서 타동사 thought의 목적어가 빠져있으므로 what 정답.
[번역] 우리가 만들려고 계획 중인 프로그램에 관하여 내가 생각해낸 것을 너에게 알려줄게.

02
[해설] 선행사가 없고 뒤 관계사절에서 doing의 목적어가 없으므로 what 정답.
[어휘] the needy: 가난한 사람들
[번역] 어려운 사람들에게 베풀어 줄 때는 너의 오른손이 하는 것을 너의 왼손이 모르도록 하라.

03
[해설] 선행사가 없고 뒤의 절에서 believe의 목적어 역할을 하는 (D) what 정답.
[어휘] contrary to: …와는 반대로, receptive: 수용적인 (받아들이는), relaxing: 느긋하게 해주는, strenuous: 힘이 많이 드는/ 분투노력하는
[번역] 우리가 보통 믿고 있는 것과는 반대로, 우리의 삶에서 가장 좋은 순간은 수동적으로 받기만 하고 긴장이 풀어진 때가 아니라 적극적으로 애써 노력하는 때이다.

04
[해설] 앞 빈칸은 뒤의 절에서 considered의 목적어가 없으므로 What이 오며, 뒤 빈칸은 완전한 명사절을 이끌어주는 that이 오므로 (A) 정답.
[어휘] Erie Canal: 1825년 완공되어 미국 5대호에서 뉴욕주 대서양까지 연결해주는 운하, advent: 도래/ 출현, assure: 보장하다/ 확약하다, instant: 즉각(순간)적인, downfall: 몰락
[번역] Erie 운하의 건설자들이 고려하지 못했던 점은 철도의 출현으로 인하여 그 운하가 반드시 곧바로 몰락할 것이라는 점이었다.

05
[해설] 앞에 선행사가 없고 뒤에는 주어가 없으므로 what이 주어 역할을 하며, 문맥상 join이 "…에 가담하다"의 의미이므로 뒤에 in이 필요하여 (C) in what이 온다. what-절은 전치사 in의 목적어절이다.
[어휘] join in: …에 가담하다, go down: 기억되다/ 기록되다/ (후세에) 남다, demonstration: 시위(행진)
[번역] 나는 오늘 우리나라 역사상 자유를 위한 최대의 행진으로 역사에 기록될 행사에 여러분과 함께 참여하게 된 것을 기쁘게 생각합니다.

P360 [check-up questions 5]

01 Whichever, 02 Whoever, 03 whatever, 04 whose, 05

whichever

01
[해설] 주절과의 사이에 커머가 있으므로 독립된 부사절이며 의미상 양보절을 만드는 복합관계 형용사 Whichever 정답.
[번역] 당신이 그 상황을 어느 방식으로 바라보든 그 결과는 똑같을 것이다.

02
[해설] 앞에 선행사가 없으므로 복합관계대명사 Whoever 정답.
[어휘] be involved in: …에 연루되다, scandal: 추문(부도덕적이고 충격적인 사건이나 행위)
[번역] 그 추문 사건에 연루된 사람은 누구든지 처벌받아야 한다.

03
[해설] 앞에 선행사가 없으며 offer의 목적어 역할 하는 whatever 정답.
[번역] 내가 제안하는 것은 무엇이든지 그녀는 동의하지 않을 것이다.

04
[해설] 선행사가 있을 때는 복합관계대명사를 쓸 수 없으므로 whose 정답.
[어휘] qualification: 자격, position: 직책/ 지위
[번역] 나는 자기의 자격이 그 직책에 가장 알맞은 사람을 채용할 것이다.

05
[해설] 뒤에 A or B의 형태로 선택적인 경우에는 whichever 정답.
[번역] 나는 당신이 기차와 비행기 중 어느 쪽을 택하더라도 거기에 따를 것입니다.

P.364 [check-up questions 6]

01 how, 02 (C), 03 (B), 04 (D), 05 (A), 06 (D), 07 (A), 08 (B), 09 (C), 10 (A)

01
[해설] 선행사가 없고 뒤 문장이 완전하므로 관계부사 how 정답.
[어휘] figure out: 알아내다/ 이해하다
[번역] 그는 그 시스템이 작동되는 방법을 알아내고자 애를 쓰고 있다.

02
[해설] 앞에 선행사가 없고 뒤 문장이 완전하며 문맥상 방법을 나타내므로 (C) how 정답.
[어휘] start one's own business: (독립하여) 창업하다
[번역] Hughes 씨는 자기가 5년 전에 자신의 사업을 창업하게 된 방법을 우리에 이야기 해주었다.

03
[해설] 주어 The day를 선행사로 하는 시간 관계부사 (B) when 정답.
[번역] 내가 서울을 떠나야 할 날이 다가오고 있다.

04
[해설] 문맥상 장소 의미의 관계부사 (D) where 정답(선행사는 생략됨).
[어휘] originally: 원래/ 애초에, place: 놓다
[번역] 그 서류는 원래 있었던 장소에 놓아두시오.

05
[해설] 앞에 선행사가 없고 의미상 방법 관계부사가 와야 하므로 (A) the way 정답.
[어휘] take care of: 처리하다
[번역] 그 문제를 가장 잘 처리할 수 있는 방법을 찾아보시오.

06
[해설] 앞에 fashion은 way와 같이 방법을 나타내는 선행사이므로 관계부사적 용법의 (D) that 정답.
[어휘] part: 헤어지다, cordial: 다정한/ 화기애애한, fashion: 방식
[번역] 우리는 처음 서로를 만났을 때처럼 화기애애한 분위기 속에서 헤어졌다.

07
[해설] 선행사는 place이고 from의 목적어가 빠져있으므로 (A) which 정답.
[어휘] swift: 재빠른/ 신속한, disappear: 사라지다
[번역] 한 사나이가 몸을 잽싸게 돌려서 자기가 왔던 쪽으로 사라졌다.

08
[해설] 의미상 시간을 나타내는 복합관계부사 (B) whenever 정답.
[어휘] drop by: 들르다
[번역] 당신이 편할 때면 언제든지 들러주기를 정말 원합니다.

09
[해설] 문맥상 양보절이며 뒤에 형용사가 있으므로 (C) However 정답.
[어휘] excellent: 우수한/ 뛰어난, ceaselessly: 끊임없이
[번역] 그의 피아노 연주 재능이 아무리 뛰어나다 할지라도, 그는 끊임없이 연습해야 한다.

10
[해설] 방법을 나타내는 관계부사에서 앞에 the way가 있을 때는 that, 또는 in which가 온다.
[어휘] insist on + 명사: …을 주장하다(고집하다)
[번역] 그는 자기가 그 일을 해왔던 방식을 고집했다.

P.366 [check-up questions 7]

01 as, 02 As, 03 as, 04 (D), 05 (B)

01
[해설] 관계사 that은 comma 뒤에는 올 수 없으며, 앞문장 전체를 선행사로 받는 as가 정답.
[어휘] board: (회사의) 이사회, reject: 거절하다
[번역] 이사회는 예상했던 것과 마찬가지로 사장의 제안을 거절했다.

02
[해설] "흔히 있는 일이지만"의 관용적 표현으로 뒤 문장을 선행사로 받는 As가 정답
[어휘] the union: 노조, be opposed to: …에 반대하다, management: 경영진, lay-off: 정리해고
[번역] 흔히 있는 경우지만 노조는 경영진이 정리해고를 하기로 선택한 결정에 반대하고 있다.

03
[해설] 선행사 앞의 Such와 상관관계를 이루는 관계사는 as이다.
[어휘] assistance: 도움, timely: 시기에 딱 알맞은
[번역] 그들이 우리에게 해준 조언과 도움은 시기에 적절했으며 유익했다.

04

[해설] 선행사 things 앞에 비교급 more가 있으므로 목적격 유사관계대명사 (D) than 정답.
[번역] 이 세상에는 네가 마음속으로 생각하고 있는 것보다 훨씬 더 많은 것들이 있다.

05
[해설] 선행사가 부정어구인 no one이며 관계사절의 내용이 부정적 의미이므로 이와 상관관계를 이루는 (B) but 정답.
[번역] 이 세상에서 성공하기를 원하지 않는 사람은 하나도 없다.

P.367 [관계사 | 종합문제]

[A] 01 (A), 02 (D), 03 (C), 04 (B), 05 (B), 06 (B), 07 (C), 08 (B), 09 (D), 10 (A)
[B] 01 (1) in which (2) that, 02 (1) What (2) which, 03 (1) which (2) that (3) that, 04 (1) where (2) that (3) Whenever (4) where
[C] 01 when, 02 Whoever/ win, 03 which/ competence, 04 yourself/ whatever, 05 how/ what
[D] 01 Habitat diversity means the variety of places where living things exist.
02 There are ten employees in our department, three of whom are foreigners.
03 There is a case in which an autistic child who was treated no longer exhibited symptoms.
04 He promised to give her whatever she asked for.
05 A relationship in which one species benefits and the other is harmed is called parasitism.

[A]

01
[해설] customers를 선행사로 하는 주격 관계대명사를 필요로 하므로 (A) 정답.
[어휘] purchase: 구입하다, merchandise: 상품, be eligible for: …의 자격이 있다
[번역] 우리 웹사이트에서 상품을 구매하는 모든 고객은 10 퍼센트의 할인을 받을 자격이 있다.

02
[해설] 선행사가 없으며 뒤에 like의 목적어 역할을 하고 막연한 범위이므로 (D) whatever 정답.
[어휘] participant: 참가자, talent contest: 장기자랑대회
[번역] 장기자랑대회에 참가자들은 자기들이 좋아하는 것은 무엇이든지 보여주는 것이 허용된다.

03
[해설] 선행사는 stocks이며 뒤에 명사 value가 있고 관계사절에 빠진 것이 없으므로 (C) whose 정답.
[어휘] financial analyst: 재정(금융) 분석가, invest in: …에 투자하다, stock: 주식, steadily: 꾸준히
[번역] 재정 분석가는 그 가치가 꾸준히 오르고 있는 주식에 투자하라고 조언했다.

04
[해설] 선행사가 없으며 뒤 절에서 전치사 like의 목적어를 필요로 하므로 (B) what 정답이며, 여기서 what은 의문사로 볼 수 있다(관계대명사 what과 의문사 what은 어법은 같고 의미만 다르다).
[어휘] review: 검토하다, suggestion/ proposal: 제안(의견)
[번역] 나는 당신의 제안을 검토해보았습니다만, 그 밖에 다른 사람의 제안이 어떤 것인지도 궁금합니다.

05
[해설] 문맥상 시간 관계부사의 강조형인 (B) whenever 정답.
[어휘] competition for: (~에 대한) 경쟁, cherry: 버찌 열매, backyard: 뒷마당
[번역] 내가 어렸을 때 나는 뒷마당에 있는 버찌나무 열매를 두고 새들과 경쟁했는데, 그들은 내가 거기에 없을 때마다 그 나무에 함께 모여서 재빨리 그 열매를 먹곤 했다.

06
[해설] 앞 빈칸에는 way를 선행사로 하는 주격 관계대명사 which나 that이 올 수 있으며 뒤 빈칸에는 선행사가 없으므로 is의 주어 역할 하는 what이 온다.
[어휘] teach oneself to do: …하는 법을 배우다, neglect: 소홀히 하다, ongoing: 계속 진행 중인, meaningful: 의미 있는/ 중요한
[번역] 사물을 진정으로 바라보고 아름답고 의미 있는 것을 포착함으로써 지금까지 계속되어 온(구태의연한) 경험을 도외시하는 방식으로 카메라를 사용하는 법을 배워 보라.

07
[해설] system을 선행사로 하고 뒤에 완전한 문장이므로 관계부사 where 대용인 (C) in which가 온다.
[어휘] communication: 의사소통, pronounce: 발음하다/ 표명하다
[번역] 구어체 언어는 입을 통하여 말을 표현하는 형식의 의사소통 체계이다.

08
[해설] 뒤 절은 완전한 문장이고 의미상 방법 관계부사가 와야 하며, difference는 선행사가 아니고 전치사 in과 함께 쓰여서 "…에서의 차이점"의 의미이며, how−절은 in의 목적어절이 된다. 정답은 (B).
[어휘] psychologist: 심리학자, orient oneself: (새로운 상황에) 적응하다, be attributed to: …에 기인하다, physiological: 생리적인
[번역] 몇몇 심리학자들이 남녀가 새로운 상황에 적응하는 방법에서의 차이는 생리적 원인에 기인할 수 있다는 것을 알아냈다.

09
[해설] 의미상 방법 관계부사가 오며 그 표현으로 맞는 것은 (D) the way in which이다.
[어휘] means: 수단(단수와 복수 동형), of major importance: 매우 중요한, pass on: 넘겨주다/ 전달하다
[번역] 말은 의사소통의 수단으로서 문화를 공유하고 전달하는 방법이기 때문에 아주 중요한 것이다.

10
[해설] 앞 빈칸은 say의 목적어인 what이 오며, 뒤 빈칸도 did (said의 대동사)의 목적어인 what이 온다.
[어휘] government official: 정부 관리/ 국가 공무원, turn out to be: …으로 판단되다
[번역] 정부 관리들이 언급하지 않은 부분이 그들이 언급한 내용보다 더 중요하다는 것이 드러났다.

[B]

01
[해설]
(1) be written in the language 의 표현에서 the language가 선행사이고 in이 관계대명사 which 앞으로 나간 형태이므로 in which

정답. 여기서는 장소적 개념이 아니므로 where는 실격이다.
(2) 앞에 명사(선행사)가 있을 때는 what을 쓸 수 없다. 주어가 빠져 있으므로 주격 관계대명사 that 정답.

> 비록 영어가 미합중국의 공식 언어, 즉 미국의 법률과 공공문서에 쓰여지는 언어이며, 거의 모든 시민에 의해서 어느 정도 유창하게 구사되는 언어이긴 하지만, 그것은 어떤 면에서는 영국에서 사용되는 영어와는 다르다.

[어휘] **public documents**: 공공문서, **more or less**: 다소/ 거의, **in some respects**: 어떤 면에서는

02

[해설]
(1) 뒤의 절에서 find의 목적어가 빠져 있으므로 what 정답. 명사절을 이끄는 that은 뒤에 완전한 절이 온다.
(2) 뒤의 관계사절에서 live in의 목적어가 빠져 있으므로 which 정답.

> 외국인이 미국 생활에서 가장 못마땅하게 느끼는 점은 기본적으로 편안함이 결여되어 있는 점이다. 물질적 풍요를 잘 알고 있는 어떤 (나라의) 국민도 미국인들이 먹는 음식, 그들이 살고있는 좁은 아파트, 소음, 붐비는 지하철이나 버스 등을 참지 못할 것이다.

[어휘] **objectionable**: 못마땅한/ 불쾌한, **material well-being**: 물질적 쾌적함(풍요), **endure**: 견디다/ 참다, **cramped**: 비좁은/ 갑갑한

03

[해설]
(1) much 앞에 접속사(and, or 등)가 없으므로 계속적 관계대명사 which가 와야 한다.
(2-3) 앞의 the assumption that-절의 that은 동격절을 이끌고 있으며, (2)와 (3)번에서도 앞의 that과 병렬구조를 이루는 동격절을 이끌고 있으므로 둘 다 that이 정답이다.

> 노예제도는 주인과 노예 양자에게 편리한 것이라는 아리스토텔레스의 견해는 많은 비판을 끌게 했으며, 그 중의 많은 비판은 당연하며 정당한 이유가 있다. 그 견해에 찬성하여 어떤 말을 할 수 있겠는가? 그것은 분명히 대부분의 주인들은 이성적이고 노예들은 그렇지 않다는 가정, 아니 더 정확히 말하면 인간은 선뜻 두 계급, 즉 이성적인 계급과 비이성적인 계급으로 나누어진다는 가정과 그래서 전자(주인)가 후자(노예)를 지배해야 한다는 가정에 의존하고 있다.

[어휘] **expedient**: 편리한/ 편의주의적인, **criticism**: 비판, **obvious**: 분명한/ 뻔한, **justified**: 정당한/ 정당한 이유가 있는, **assumption**: 가정/ 추정, **rational**: 합리적인/ 이성적인, **irrational**: 비이성적인, **the former**: 전자, **the latter**: 후자

04

[해설]
(1) 뒤 절이 완전한 문장이므로 관계부사 where 정답.
(2) 앞에 way가 있으므로 관계부사적 용법의 that 정답.
(3) 뒤 문장이 완전한 절이므로 복합관계부사 Whenever 정답.
(4) 뒤 절이 완전하므로 관계부사 where 정답.

> 당신은 이 세상을 모든 사람이 다른 모든 사람을 대상으로 경쟁하는 거대한 경쟁의 장으로 여긴다. 당신은 이 세상에는 일정한 양의 행운과 악운이 존재한다고 여긴다. 당신은 모든 사람이 다 모든 것을 가질 수 있는 방법은 없다고 믿는다.

> 다른 사람들이 실패할 때에 당신은 당신이 성공할 수 있는 더 좋은 기회가 있다고 여긴다. 그러나 이 세상에는 자원의 한정된 공급량만 있는 것은 아니다. 한 사람이 승리할 때 모든 사람이 승리하는 것이다. 한 사람이 이룩한 모든 승리는 모든 사람에게 획기적인 발전이 되는 것이다. 올림픽 수영 선수가 새로운 세계 기록을 세울 때마다, 그것은 다른 사람들에게 자극을 주어서 그들이 최선을 발휘하여 그 기록을 뛰어넘어서 인간이 달성할 수 있는 새로운 기록을 세우게 하는 것이다. 한 유전학자가 DNA 분자의 새로운 비밀을 밝혀낼 때마다, 그것은 우리의 지식 기반에 보탬이 되고 우리 인간의 삶의 조건을 더 향상시켜 준다. 인생이란 다수의 승리자들이 존재하는 곳이라는 것을 기억하라.

[어휘] **compete against**: …와 경쟁하다, **out there**: 이 세상에서, **resource**: 자원, **breakthrough**: 돌파구/ 획기적인 발전, **set a record**: 기록을 세우다, **inspire A to do**: A 가 …하도록 자극(영감)을 주다, **bring out the best within**: …의 최선을 발휘하다, **performance**: 수행/ 성과, **geneticist**: 유전학자, **unlock**: 열다/ 드러내다, **molecule**: 분자, **better**: (v) 향상시키다, **multiple**: 다수의/ 많은

Chapter 18 병렬구조/도치/생략/부가 의문문

P375 [check-up questions 1]

[A] 01 intelligence, 02 analyze, 03 preparing, 04 (D), 05 (B), 06 (D), 07 (A)
[B] 01 colder countries ⟶ those in colder countries, 02 keeping ⟶ keeps, 03 to strip ⟶ stripping, 04 the larger fox ⟶ for the larger fox, 05 (B) has become ⟶ became, 06 (A) the United States ⟶ that of the United States

[A]

01
[해설] 앞에 있는 명사 diligence와 병렬구조를 이루는 주어이므로 **intelligence** 정답.
[어휘] **diligence**: 근면, **intelligence**: 총명함
[번역] 그의 근면과 총명함이 그를 성공적인 사업가로 만들어 주었다.

02
[해설] collect와 병렬구조이므로 원형 동사 **analyze** 정답.
[어휘] **collect**: 수집하다, **analyze**: 분석하다
[번역] 그 연구원은 자료를 수집할 뿐만 아니라 분석도 할 것이다.

03
[해설] filling out과 병렬구조인 **preparing** 정답.
[어휘] **fill out**: (서류 등을) 작성하다, **application**: 지원서, **tiresome**: 성가신/ 힘들고 지치게 하는
[번역] 입사 지원서를 작성하고 면접시험을 준비하는 것은 당신을 힘들고 지치게 할 수도 있다.

04
[해설] 전치사 at과 before가 병렬구조를 이루고 있으므로 등위접속사가 오며 의미상 **(D) or**가 정답.

[어휘] tenant: 세입자, rent: 임대료
[번역] 그 건물 세입자들은 매월 말이나 그 전에 임대료를 지불해야 한다.

05
[해설] 뒤의 원형 동사 distribute와 병렬구조를 이루는 것은 (B) will create이다.
[어휘] distribute: 나누어주다, manual: 사용 설명서, staff member: 직원
[번역] 기술지원팀은 소프트웨어 프로그램 설명서를 만들어서 모든 직원에게 나눠 줄 것이다.

06
[해설] 뒤의 employees를 공동으로 수식하는 형용사 competent와 병렬구조가 되는 (D) experienced 정답.
[어휘] competent: 유능한, experienced: 경험있는, advertise: 광고하다
[번역] 경험 있고 유능한 직원들을 찾고 있는 기업주들은 신문에 광고된 웹사이트에서 그들을 구할 수 있다.

07
[해설] work와 병렬구조를 이루며 조동사 would를 공동으로 받는 (A) transfer 정답.
[어휘] would rather v(A) than v(B): A 하기보다는 차라리 B 하고 싶다, domestic: 국내의, location: (회사의) 매장이나 지점, transfer to: …로 전근가다, overseas: 해외의
[번역] 나는 해외 지점으로 전근 가기보다는 차라리 국내 지점 중 한 군데에서 일하는 게 낫겠다.

[B]

01
[해설] 비교되는 두 대상은 병렬구조를 이루어 더운 나라 주택들과 추운 나라의 주택들을 비교하므로 앞의 houses를 받아 those in colder countries로 바꾼다.
[어휘] feature: 특성/ 특색
[번역] 더운 나라들의 주택들은 추운 나라들의 그것들과는 다른 특성을 지니고 있다.

02
[해설] My breakfast를 공동 주어로 하는 두 동사를 필요로 하므로 is와 병렬구조를 이루는 keeps로 바꾼다.
[어휘] low-fat: 저지방의, keep A from v-ing: A가 …못하게 막다, overeat: 과식하다
[번역] 나의 조반 식사는 저지방 식사이며 점심때 과식을 막아준다.

03
[해설] to strip은 앞의 cutting과 병렬구조를 이루므로 stripping으로 바꾼다.
[어휘] splice: (두 줄을 함께 꼬아서) 잇다, scissor(s): 가위, kit: (도구나 장비) 세트, be designed for: …하도록 만들어지다, strip: (껍질)벗기다, insulation: 절연(재료)
[번역] 전선을 잇는 가위와 칼 도구 세트는 전선이나 전화선을 자르고 절연체의 껍질을 벗기는 용으로 만들어져 있다.

04
[해설] 두 개의 비교 대상은 병렬구조를 이루므로 똑같은 형태라야 한다. 따라서 for a rabbit과 대등하게 the larger fox ⟶ for the larger fox로 고친다.
[어휘] run after: …을 뒤쫓다, zigzag: 지그재그(갈지자)로 나아가다
[번역] 여우가 토끼를 뒤쫓고 있을 때는 지그재그로 가는 것이 몸집이 작은 토끼에게는 몸집이 큰 여우보다 더 쉬운 일이다.

05
[해설] (B)의 has become은 앞의 took 와 병렬구조이며 문맥상 동일한 과거시제(became)라야 한다.
[어휘] take a course: 강습을 받다(수강하다), nursing: 간호직(업무), superintendent: 관리자/ 감독자
[번역] Ms. Nightingale은 영국의 부유한 가정에서 태어났다. 그녀는 국내의 병원들과 외국의 병원들을 방문하기 시작했다. 그녀는 간호직 강습을 받았으며 런던 병원의 관리자가 되었다.

06
[해설] 비교되는 두 대상은 병렬구조를 이루어 같은 내용이라야 한다. 사하라 사막의 면적과 미국의 면적을 비교하는 것이므로 (A)는 앞에 있는 area를 받아서 that of the United States로 바꾼다. (B) there are 뒤에는 앞에 나온 people이 생략되었다.
[어휘] excluding: …은 제외하고
[번역] 세계에서 제일 큰 사막인 사하라는 알래스카를 제외한 미국의 면적보다 더 큰 면적을 가지고 있다. 그러나 이 광활한 전 사막 지역에는 어느 한 대도시에 있는 사람들보다 훨씬 더 적은 사람들이 있다.

P.378 [check-up questions 2]

[A] 01 did they meet, 02 so do I, 03 (B), 04 (A), 05 (C)
[B] 01 are를 small 앞으로 도치시킴, 02 did women in the United States gain ⟶ women in the United States gained, 03 (B) did people interested in the contest came ⟶ came people interested in the contest, 04 (A) are ⟶ is

[A]

01
[해설] "only + 장소/ 시간/ 수단 부사구" 가 문두에 오면 그 문장은 도치되므로 did they meet 정답.
[번역] 3년 후에서야 그들은 서로를 다시 만났다.

02
[해설] "~도 또한 마찬가지이다" 의 표현은 [so + be/ 조동사 + s]로 표현하므로 so do I 정답.
[어휘] marketing manager: 마케팅 부서의 부장
[번역] 그들은 Linda가 마케팅부 부장으로 적합한 인물이라고 생각하고 있으며 나도 또한 마찬가지이다.

03
[해설] 부정문을 되받을 때는 nor/ and neither를 쓰므로 and 뒤에서는 (B) neither 정답.
[어휘] suspect: (n) 용의자/ 혐의자 (v) 수상히 여기다/ 의심하다
[번역] 경찰은 그 용의자가 한 말을 믿지 않았으며 일반 대중도 또한 마찬가지로 믿지 않았다.

04
[해설] 도치문이므로 부정어구가 문두에 오며 장소 부사라야 하므로 (A) Nowhere 정답.
[어휘] take a rest: 휴식을 취하다, overlooking: …이 내려다보이는
[번역] 우리는 그 어디에서도 바다가 내려다보이는 그 정원만큼 휴식을 취하기에 완벽한 장소를 찾을 수가 없었다.

05
[해설] 부정어구가 문두에 있으므로 도치문이며 긍정 조동사 will이

주어 앞에 나오므로 (C) 정답.
[번역] 오후 6시가 되어서야 우리 비행기가 출발할 것이다.

[B]

01
[해설] 장소부사구(Along…)가 강조되어 문두에 나온 형태(장소부사구 + be + 주어)이므로 are small areas 앞에 둔다.
[번역] 바위투성이인 New England 해안가를 따라서 작은 백사장들이 있다.

02
[해설] It ~ that 강조구문에서 that 이하는 도치되지 않으므로 did를 빼고 gain → gained로 고친다.
[어휘] right to vote: 투표권
[번역] 미국 여성들이 투표권을 획득한 것은 겨우 1920년이었다.

03
[해설] 자동사는 도치할 때 조동사를 쓰지 않고 직접 주어 앞으로 나오므로, came이 주어 앞에 오고 did는 삭제한다.
[번역] 전국에서부터 그 시합에 관심 있는 사람들이 그것을 보러 왔다.

04
[해설] "Among + 복수명사"가 문두에 오면 일반적으로 도치문이 된다. (A) are의 주어는 뒤의 that-절이므로 단수 동사 is로 바꾼다.
[어휘] widespread: 널리 퍼져 있는, persistent: 끈질긴/ 집요한, myth: (많은 사람들이 믿는 근거없는) 믿음/ 신화, social grace: 사람을 다룰 줄 아는 능력/ 기술, employer: 고용주
[번역] 재치, 매력, 사교적인 기술 및 대학 활동 기록 등이 다른 어떤 단 하나의 요소 특히 단순한 성적보다 대학 졸업 후 첫 고용주에게 더 중요할 것이라는 사실은 대학생들이 다 가지고 있는 가장 널리 퍼져있으면서도 끈질긴 근거 없는 믿음 중 하나다.

P.381 [check-up questions 3]

[A] 01 decided to, 02 (B), 03 (A), 04 (D), 05 (A)
[B] 01 to get → getting, 02 were → did, 03 맞음, 04 (A) I'd like → I'd like to

[A]

01
[해설] decide 동사 뒤에는 to-부정사가 오며 decided to buy에서 buy를 생략할 수 있으므로 decided to 가정답(대부정사).
[어휘] convince A to + v: A에게 …하라고 설득하다, brand-new: (상품이) 새로 나온
[번역] 그들은 나에게 신형 스마트 폰을 구입하라고 설득해서 나는 사기로 결정했다.

02
[해설] 조동사 will 뒤에서 be held와 병렬구조를 이루고 있는 것은 (B) (will be) attended 정답.
[어휘] hold: (회의/ 행사 등을) 열다, applicant: 신청자(지원자)
[번역] 그 연극에 대한 오디션이 극장에서 열릴 것이고 많은 신청자가 참석할 것이다.

03
[해설] 부사절 접속사(when/ while/ if/ although 등) 뒤에서 주절의

주어와 일치할 때에는 while + s + be + 분사에서 [s + be]는 생략되고 while + 분사가 된다. 따라서 while they are traveling에서 they are는 생략되고 (A) traveling만 남는다.
[어휘] purchase an insurance: 보험에 가입하다, protect against: …을 막다(대비하다)
[번역] 일부 여행자들은 여행 중 돈을 잃는 것에 대비하여 여행(자) 보험에 가입한다.

04
[해설] will not be publicized에서 will be는 앞에 있으므로 생략되고 (D) not publicized만 남는다.
[어휘] performance: 업무실적/ 업무수행, evaluate: 평가하다, publicize: (사람들에게 널리) 알리다
[번역] 직원들의 업무실적은 평가될 것이지만, 평가 결과는 공표되지 않을 것이다.

05
[해설] try는 자동사로도 쓰이므로 그 뒤에서 앞에 나온 말을 반복할 필요가 없으므로 (A) try 정답. (cf.) try to 도 맞다.
[번역] 우리가 시합에서 이기는 것은 어려울 거라는 것을 알고 있지만, 노력은 해볼 작정이다.

[B]

01
[해설] 의미상 while I am getting에서 I am이 생략되었으므로 to get → getting으로 고친다.
[번역] 나는 아침에 업무를 준비하면서 커피 한 잔 마시고 싶다.

02
[해설] 앞에 나온 동사 read의 대동사이며 문맥상 과거시제를 나타내므로 were → did로 고친다.
[번역] 많은 어른들은 오늘날의 어린이들은 20년 전의 어린이들보다 책을 더 적게 읽는다고 생각한다.

03
[해설] if they are unable에서 they are는 생략되었으므로 맞는 표현이다.
[어휘] refer to: …을 참조(언급)하다, enclosed manual: 동봉한 설명서, device: 기기/ 기구
[번역] 모든 고객은 그 기기를 조절할 수 없으면 동봉한 설명서를 참조할 것을 권고받고 있다.

04
[해설] (A)에 오는 완전한 문장은 I'd like to try snorkeling이 되지만, 반복되는 try 이하를 생략할 수 있으나 like는 타동사이므로 to는 생략되지 않는다. 따라서 I'd like → I'd like to로 고친다.
[어휘] snorkeling: 스노클링(잠수놀이), get used to + 명사/ 동명사: …에 익숙해지다, hands-on: 직접해보는/ 실습을 곁들인, gear: 장비, somewhat: 약간/ 다소 (= a little)
[번역] M: 이번 다가오는 휴가 때 스노클링을 해보시지 않을래요?
F: 나도 해보고 싶어요. 하지만 거기에 익숙해지려면 시간이 좀 걸릴 텐데요.
M: 실습을 곁들인 강습을 몇 시간 받으면 돼요. 그리고 나면 바로 물속으로 잠수할 수 있어요.
F: 우리는 스노클링 장비도 구입해야 할 거에요. 게다가 나는 물도 좀 무서워해요.
M: 나도 그래요. 하지만 물속에서 헤엄치는 것에 익숙해지기를 바래요.
F: 당신이 그럴 수 있기를 바래요.

P.384 [check-up questions 4]

01 can't she, 02 haven't I, 03 aren't there, 04 shall we, 05 didn't they, 06 is it, 07 didn't they, 08 won't you, 09 will you, 10 isn't it, 11 do they, 12 did they, 13 can

01
[해설] 주문장의 조동사가 can이고 긍정문이므로 can't she 정답 (Laura는 여자 이름).
[번역] Laura는 피아노를 잘 치는 거죠?

02
[해설] have가 조동사이고 긍정문이므로 haven't I 정답.
[번역] 내가 여기에 제시간에 맞게 도착한 거죠?

03
[해설] 유도부사 There로 시작되는 문장은 there로 받고 긍정문이므로 aren't there 정답.
[번역] 그 휴양 도시에는 관광객들이 많죠?

04
[해설] Let's로 시작하는 문장은 shall we?로 받는다.
[번역] 이번 주말에는 그 아름다운 호숫가로 캠핑 가자, 응?

05
[해설] 준 조동사 used to의 부가 의문문은 did로 받으므로 didn't they 정답.
[번역] 그들은 겨울이면 스키 타러 가곤 했었죠?

06
[해설] Nothing이 주어일 때는 it로 받고 부정문이므로 is it 정답.
[번역] 그 기념품 가게에는 매력적인 것이 하나도 없지, 그렇지?

07
[해설] Everyone이 주어일 때는 they로 받으므로 didn't they 정답.
[번역] 모든 사람이 그 뜻을 다 이해했겠죠?

08
[해설] 긍정 명령문의 부가 의문문은 will you/ won't you? 모두 맞다.
[번역] 내가 말하는 걸 주의 깊게 들어 줄래요?

09
[해설] 부정 명령문의 부가 의문문은 will you? 만 쓴다.
[번역] 입에다 (음식을) 가득 넣은 채로 말 좀 하지 말래?

10
[해설] 주어가 That일 때 부가 의문문은 it로 받는다.
[번역] 저것은 너의 집 맞지?

11
[해설] rarely는 "좀처럼 …하지 않는다"는 부정적 빈도 부사로서 부정문을 만들므로 do they 정답.
[번역] 그들은 좀처럼 고기를 먹지 않죠, 그죠?

12
[해설] hardly(거의 …하지 않다)는 부정 어구이고 anyone은 they로 받으므로 did they 정답.
[번역] 어느 누구도 감히 그 일을 할려고 하지 않았죠?

13
[해설] 등위접속사 but 뒤의 문장에 부가 의문문이 따르므로 can 정답.
[번역] 그는 학교 다닐 때 독일어를 공부했지만, 독일어를 잘 못하는 거 맞죠?

P.385 [병렬구조/도치/생략/부가 의문문 | 종합문제]

[A] 01 (B), 02 (D), 03 (A), 04 (A), 05 (D), 06 (B), 07 (C), 08 (A), 09 (B), 10 (D)

[B] 01 (2) doing ⋯▸ doing so, 02 (4) Nature can have ⋯▸ can Nature have, 03 (1) analyze (2) to teach (3) serving (4) be able (5) have

[C] 01 So does another day go by, 02 Not until World War I did/ become, 03 Among his merits is his spirit of self-sacrifice, 04 At the end of an elephant's trunk are two muscles, 05 What she needs is someone/ to listen to/ to understand

[D] 01 Down on the farmer's head did the sun hit all day long.
02 They didn't believe a word she said, nor did we.
03 Rarely do I forget the names and telephone numbers of others I meet.
04 Among the most widespread myths shared by college students is that a record of campus activities will be more important to the first employers.

[A]

01
[해설] "하나님도 또한 마찬가지이다" 의 표현이므로 (B) 정답.
[어휘] witness: 증인, holy: 거룩한, righteous: 의로운, blameless: 흠(책임)이 없는
[번역] 우리가 얼마나 거룩하고, 의롭고 또한 흠이 없었는지는 너희가 증인이며 하나님 또한 마찬가지다.

02
[해설] "…도 마찬가지" 의 의미이므로 (D) 정답.
[어휘] magician: 마술사, wonder: 경이(감)/ 경이로움, magic: 마술
[번역] 모자에서 토끼를 꺼내는 마술사처럼 우리도 또한 인생의 경이로움과 신비로움을 겪는다.

03
[해설] I asked you to send …(5형식)에서 send 이하는 생략하고 대부정사 to만 남아서 (A) 정답.
[번역] 내가 당신에게 보내 달라고 요청했던 당신네 제품의 견본을 가급적 빨리 발송하는 걸 잊지 마시오.

04
[해설] send out과 병렬구조이므로 원형동사 (A) wait 정답.
[어휘] send out: 발송하다, resume: 이력서, wait for A to + v: A가 …해 주기를 기다리다
[번역] Sarah는 이력서를 그 회사에 발송하고 그들이 자기에게 전화해주기를 기다릴 것이다.

05
[해설] 부정어구가 문두에 오면 도치하여 [부정어구 + 조동사 + S + 원형(V)]의 형태가 되므로 (D) 정답.
[어휘] duty: 업무
[번역] 그 팀은 회의를 열어서 직원들의 업무를 논의하는 경우가 별로 없다.

06
[해설] Only now를 강조하는 도치문이며 understand와 병렬구조인 (B) plan 정답.

[어휘] **training session**: 연수강좌 (기간)
[번역] 이제서야 **Kelly**는 연수강좌의 중요성을 이해하고 거기에 참석할 계획을 세우고 있다.

07
[해설] 부정문 뒤에서는 **nor**나 **and neither**를 사용하므로 **(C)** 정답.
[어휘] **qualified**: 자격을 갖춘, **submit**: 제출하다, **required document**: 구비서류
[번역] 자격을 갖추지 못한 지원자들은 면접 대상에 고려되지 않을 것이며, 구비서류를 제출하지 않는 지원자들도 또한 마찬가지다.

08
[해설] "운동도 또한 마찬가지다" 의미가 와야 하므로 **(A)** 정답.
[어휘] **laughter**: 웃음, **lower**: 낮추다
[번역] 웃음은 스트레스 수치를 낮춰 주며 운동도 또한 마찬가지다.

09
[해설] 상대방의 말을 긍정적으로 받아들일 때는 **(B)**와 같이 **I hope so**로 표현한다.
[어휘] **convention**: (대규모) 협의회/ 대회
[번역] A : 당신은 파리에서 열리는 화가 협의회에 참석할 겁니까?
B : 그러길 바래요.

10
[해설] "**Among** + 복수명사"가 문두에 나오면 보통 도치되어서 **innocent civilians**가 주어이므로 **(D)** 정답.
[어휘] **casualties**: 사상자, **blast**: 폭발, **innocent**: 무죄의/ 순결한, **civilian**: 시민/ 민간인
[번역] 그 폭탄 폭발사고의 사상자에는 몇몇 무고한 민간인들도 포함되어 있다.

[B]

01
[해설]
(1) **have been**의 주어 **I**를 **planned**와 공동으로 받고 있으므로 생략된 것은 맞다.
(2) **doing**은 문맥상 앞의 **come to you**를 가리키며, 이 경우에는 주어 바로 뒤에 나오는 일반 대동사가 아니므로 **doing** 뒤에 **so**를 붙여야 한다. 따라서 **doing ⟶ doing so**
(3) **have had** 뒤에 앞에 나온 목적어 **a harvest**의 반복을 피하기 위한 생략형태이므로 맞다.

> 형제들아, 내가 여러번 너희에게 가고자 한 것을 너희가 모르기를 원하지 않는바, 이는 내가 너희 중에 다른 이방인 중에서와 같이 열매를 맺기 위함이었으나 지금까지 너희에게 가지 못했다.

[어휘] **unaware**: …을 알지 못하는, **in order that + s + may + v**: **s**가 …하기 위하여, **harvest**: 수확(물), **Gentile**: 비유대인(이방인)

02
[해설]
(1) **As**는 앞 문장의 **a related ambiguity in Nature**를 선행사로 하는 유사관계대명사로서 주어 역할을 하는 주격 관계대명사로 맞다.
(2) [부사절 접속사 + **s** + **be** + 분사]에서 주절의 주어와 일치할 때는 부사절의 [**s** + **be**]를 생략하고 [부사절 접속사 + 분사]만 남는다. 따라서 이 경우는 맞다. 즉 **because Nature is totalized**에서 **Nature is**가 생략 되었다.
(3) **certainly**와 **wholly**는 병렬구조를 이루며 뒤의 과거분사 **dominated**를 공동으로 수식하므로 맞다.

(4) 문두에 [**Only** + 강조 어구]가 있으므로 뒤에는 [조동사 + **s** + **v**]의 형태로 도치되므로 **Nature can have** ⟶ **can Nature have**로 바꾼다.
(5) 앞에 나온 **to-**부정사들과 병렬구조를 이루므로 맞다.

> 자연과 관련된 애매모호성을 숙고해보자. 그 점에 대해서는 이미 암시한 바와 같이, 일부 생명 과학자들과 환경 운동가들은 자연에 대하여 적어도 두 가지 의미를 함께 논하는 경향이 있다. 즉, 하나는 자연이 전부다는 의미로, (자연이 인간과) 통합되어 있기 때문에 빠져나갈 수 없이 모두를 아우르고 있다는 의미이다. 두 번째 의미는 자연은 완전히는 아닐지라도 확실히 인간에 의하여 지배되고 있는 대상이며, 그리고 자연은 (인간의) 문화와는 분리될 수 있다는 것이다. 오로지 두 번째 의미에서만 자연은 규범적인 역할을 맡고 있는데, 그것도 파괴하고 정복하고 탐색하며 그리고 하나가 될 수 있는 대상으로서 말이다.

[어휘] **ambiguity**: 애매모호함, **environmentaist**: 환경 운동가, **run together**: 결합시키다/ 섞다, **inescapable**: 피할 수 없는, **all-encompassing**: 모두를 아우르는, **totalize**: 통합하다, **dominate**: 지배하다, **separable**: 분리될 수 있는, **normative**: 규범적인

03
[해설]
(1) **to define**과 병렬구조이므로 원형동사 **analyze** 정답.
(2) 줄표 뒤의 **to teach**와 병렬구조이므로 **to teach** 정답.
(3) **by living**의 **living**과 병렬구조이므로 **serving** 정답(전치사 **by** 뒤에 공동 목적어이므로 **by**는 생략 됨).
(4) **must** 뒤의 **understand**와 병렬구조이므로 **be able** 정답.
(5) **not only** 뒤의 **understand**와 병렬구조를 이루므로 **have** 정답.

> 오래전 내가 예일 경영대학원에서 조교수였을 때, 경영 지도력을 육성하는 열쇠는 때 묻지 않은 지력에 있다고 나는 생각했다. 경영대학원의 역할은 사업의 다양한 기능들에 대해서 모두 알고 있는 미래의 경영자들을 양성하는 것 즉, 문제들을 명확히 규정해서 이 문제들을 분석하고 뚜렷하고 논리적인 방식으로 대체방안을 찾아내는 법을 가르치며, 결국에는 그들에게 총명한 결정을 내리는 법을 가르치는 것이라고 나는 생각했다. 나의 생각은 미국 밖에서 생활하고 일하면서, 그리고 대학 총장으로 7년간 종사함으로써 점차적으로 정리되었다. Babson College 총장 재직 중에 나는 훌륭한 경영자가 갖추어야 한다고 여겨지는 자질과 능력을 몇가지 더 추가하게 되었다. 첫째는 자기의 생각을 명확히 표현하는 능력이다. 둘째는 지도자적 능력이라고 부르는 일련의 무형적 자질을 가지고 있어야 한다. 훌륭한 지도자가 되기 위해서는 사람들을 이해하고 그들에 민감해야 하며 공동의 목표달성을 향하여 그들에게 영감을 줄 수 있어야 한다. 유능한 경영자는 비즈니스의 세계를 이해할 뿐만 아니라 또한 문화적, 사회적, 정치적, 특히 (인간의) 삶과 사회의 국제적 상황에 대한 감각을 지니고 있는 폭넓은 인간이 되어야 한다고 나는 결론을 내리게 되었다.

[어휘] **assistant professor**: 조교수, **managerial**: 경영의, **raw**: 가공되지 않은, **business school**: 경영대학원, **succinctly**: 간결하게/ 명료하게, **alternative**: 대체방안, **intelligent**: 총명한, **temper**: 누그러뜨리다/ 완화시키다/ 단련하다, **presidency**: 총장직(임기), **trait**: 기질/ 특성, **express oneself**: 자기의 생각(의견)을 표현하다, **intangible**: 무형의, **sensitive to**: ~에 민감한, **inspire**: 고무(격려)하다